비전 통독

예수 그리스도를 초점으로 읽는
90일 성경 1독

비전 통독

지은이 | 조상연
초판 발행 | 2017년 7월 26일
15쇄 발행 | 2023년 9월 13일
등록번호 | 제1988-000080호
등록된 곳 | 서울특별시 용산구 서빙고로 65길 38
발행처 | 사단법인 두란노서원
영업부 | 2078-3352 FAX | 080-749-3705
출판부 | 2078-3331

책값은 뒤표지에 있습니다.
ISBN 978-89-531-2924-5 04230
(Set) 978-89-531-2926-9 04230

독자의 의견을 기다립니다.
tpress@duranno.com www.duranno.com

두란노서원은 바울 사도가 3차 전도여행 때 에베소에서 성령 받은 제자들을 따로 세워 하나님의
말씀으로 양육하던 장소입니다. 사도행전 19장 8-20절의 정신에 따라 첫째 목회자를 돕는 사역과
평신도를 훈련시키는 사역, 둘째 세계선교(TIM)와 문서선교(단행본·잡지) 사역, 셋째 예수문화 및 경배
와 찬양 사역, 그리고 가정·상담 사역 등을 감당하고 있습니다. 1980년 12월 22일에 창립된 두란
노서원은 주님 오실 때까지 이 사역들을 계속할 것입니다.

예수
그리스도를
초점으로 읽는

90일
성경 1독

비전 통독

조상연 지음

두란노

《비전 통독》은 성경 읽기에 관한 또 한 권의 책이 아닙니다. 이 책은 저의 친애하는 벗인 '말통대장'(말씀 통독을 대변하는 일에 영적인 장수) 조상연 목사의 삶의 결정체입니다. 그는 좁은 길, 고난의 길을 한평생 더불어 걷고 싶은 아름다운 목사입니다. 이 책을 장만해서 책상에 펼쳐 놓고 주님의 말씀을 읽는 일이 몸에 밸 때까지 헌신한다면 한국 교회와 흩어진 한인 디아스포라 교회들이 뜨겁게 부흥될 것을 확신하며 추천하는 바입니다. **가정호** 세대로교회 담임목사, 디모데성경연구원 신구약파노라마 강사

《비전 통독》은 구속사로 성경을 관통하는 예수님의 스토리입니다. 예수님은 성경의 주제이십니다(요 5:39). 성경의 이야기는 예수님의 이야기입니다. 예수님은 성경을 열어 주는 마스터키가 되십니다. 예수님을 통해 성경을 읽을 때 우리 눈을 가리고 있던 수건이 벗겨지게 됩니다(고후 3:16). 이 책에는 저자의 예수님 사랑, 말씀 사랑에 대한 거룩한 애정과 열정 그리고 눈물이 담겨 있습니다. 성경을 구속사적 관점으로 통달하기 원하는 분들에게 이 책을 추천합니다. 성경의 핵심을 간파할 수 있도록 성경의 역사와 지리와 인물과 사건을 구속사적으로 배우기를 원하는 분들에게 이 책을 추천합니다. **강준민** LA새생명비전교회 담임목사

신구약 66권은 동일하게 한곳을 지향하고 있습니다. 바로 예수 그리스도입니다. 1년 4독의 거룩한 습관을 가짐과 동시에 날마다 주님과 동행하고 싶은 한국 교회 모든 성도님들에게 기쁜 마음으로 이 책을 추천합니다. **김은호** 오륜교회 담임목사

성경을 읽는 목적은 예수만이 나의 구원이심을 절실히 깨닫기 위함입니다. 예수님의 구속 역사에 초점을 맞춘 《비전 통독》이 말씀 안에 살아 움직이시는 예수님을 만나는 가교 역할을 해 줄 것으로 믿습니다.

문봉주 동경 온누리교회 담당목사 《성경의 맥을 잡아라》 저자

성경 통독은 한국 교회의 경건한 전통으로서 성도님들에게 위로와 도전을 주는 중요한 은혜의 수단이었습니다. 하지만 근래 이 좋은 전통이 홀대 받고 있는 느낌을 지울 수 없습니다. 《비전 통독》은 성경을 연 4독 할 수 있도록 구성되었습니다. 또한

통독 후 핵심 메시지를 잘 이해할 수 있도록 다양한 자료들을 제공합니다. 다시 한번 성경 읽기의 거룩한 운동이 본서와 함께 일어나기를 기대합니다.

송태근 삼일교회 담임목사

《비전 통독》의 장점은 성경을 읽으면서 그리스도를 만나고, 하나님의 마음을 깨닫게 하는 데 있습니다. 조상연 목사님이 사명감에서 심혈을 기울인 《비전 통독》을 적극 추천합니다. **유도순** 우리교회 원로목사, 《구속사의 관점에서 본 시편》 등 강해 시리즈 저자

《비전 통독》은 창세기부터 요한계시록까지 성경을 예수님 스토리로 읽게 합니다. 90일 동안 끝까지 읽게 되면 구약성경에 숨겨진 예수 그리스도의 생애와 사역에 대한 계시적 예언이 신약성경과 서로 대조되면서 성경이 성경으로 해석되는 은혜를 경험하게 될 것입니다.

이재훈 온누리교회 담임목사

담임목사로서 가장 큰 고민 중 하나는 어떻게 하면 성도들이 하나님의 말씀을 어려워하지 않고 매일 꾸준히 반복적으로 읽게 하느냐 하는 것입니다. 그러던 중 지난해 조상연 목사님이 인도하시는 성경 통독 프로그램에 참여하게 됐고, 저희 교회 약 1,000여 명의 구역장과 교사들이 성경을 완독할 수 있었습니다. 올해는 주일학교를 포함한 전교인이 성경 3독을 목표로 시작해 벌써 2독 째 진행중에 있습니다. 오늘날은 말씀에 대한 해석과 설교가 난무한 시대입니다. 하지만 말씀 자체를 꾸준히 읽고 묵상하는 이는 참 드문 것 같습니다. 바라기는 《비전 통독》이 말씀으로 역사하시는 하나님의 성령을 더 깊이 경험하게 하는 축복의 통로가 되기를 소망합니다.

조운 울산대영교회 담임목사

성경의 중심 메시지는 예수 그리스도입니다. 그러므로 《비전 통독》은 성경 전부를 예수 그리스도의 구속사적 관점에서 보게 하는 놀라운 도우미입니다. 그런 의미에서 이 책은 성경 66권에서 예수 그리스도를 설교해야 하는 설교자들과 목회자들에게도 필독서입니다. **주승중** 주안장로교회 담임목사

《비전 통독》둘러보기

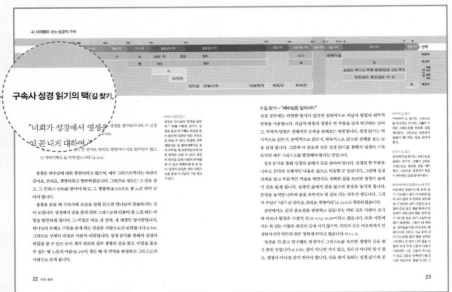

성경 읽기 개관
구속사적 성경 읽기의
구조와 방법을 한눈에
볼 수 있도록 정리했
습니다.

1. 주차별 개관

성경 책별 개관
책별 줄거리와 역사적
배경, 구속사 메시지를
파악할 수 있는 개관을
담았습니다.

성구
해설에 인용한 성경 구
절의 의미 파악을 위해
성경을 찾는 번거로움
을 줄였습니다.

2. 주차별 참고 자료

본문 이해를 돕는 일
러스트나 도표로 정리
된 참고 자료를 담았
습니다.

• **일러두기** 이 책에 쓰인 지도와 참고 자료는 두란노서원의 《컬러비전성경》, 《온 가족이 함께 보는 일러스트 우리말성경》, 《레노바레 성경》, 《두란노 NIV영한성경》, 《두란노 성서지도》에서 발췌 또는 참고했습니다. 90일 성경 읽기 분류는 두란노서원의 《큰글로 읽는 비전성경(90일 성경 통독)》 표를 근거로 구성했습니다.

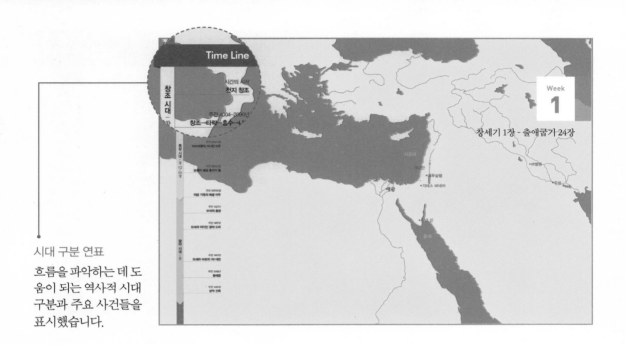

시대 구분 연표

흐름을 파악하는 데 도움이 되는 역사적 시대 구분과 주요 사건들을 표시했습니다.

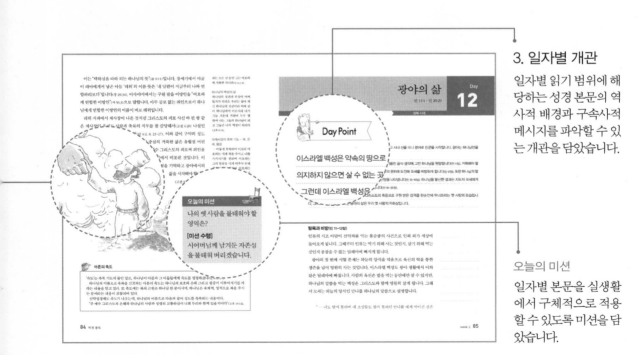

3. 일자별 개관

일자별 읽기 범위에 해당하는 성경 본문의 역사적 배경과 구속사적 메시지를 파악할 수 있는 개관을 담았습니다.

오늘의 미션

일자별 본문을 실생활에서 구체적으로 적용할 수 있도록 미션을 담았습니다.

〈1독〉

- 시작한 날: _____ 년 _____ 월 _____ 일

- 마친   날: _____ 년 _____ 월 _____ 일

〈2독〉

- 시작한 날: _____ 년 _____ 월 _____ 일

- 마친   날: _____ 년 _____ 월 _____ 일

〈3독〉

- 시작한 날: _____ 년 _____ 월 _____ 일

- 마친   날: _____ 년 _____ 월 _____ 일

〈4독〉

- 시작한 날: _____ 년 _____ 월 _____ 일

- 마친   날: _____ 년 _____ 월 _____ 일

90일	오늘의 말씀	시대
1주차	**창세기/출애굽기**	
제 1일	창 1:1 - 창 11:26	창조
제 2일	창 11:27 - 창 25:11	족장
제 3일	창 25:12 - 창 36:43	족장
제 4일	창 37:1 - 창 50:26	족장
제 5일	출 1:1 - 출 11:10	광야
제 6일	출 12:1 - 출 24:18	광야
2주차	**레위기/민수기**	
제 7일	출 25:1 - 출 40:38	광야
제 8일	레 1:1 - 레 10:20	광야
제 9일	레 11:1 - 레 16:34	광야
제 10일	레 17:1 - 레 27:34	광야
제 11일	민 1:1 - 민 10:36	광야
제 12일	민 11:1 - 민 20:29	광야
3주차	**신명기/여호수아**	
제 13일	민 21:1 - 민 36:13	광야
제 14일	신 1:1 - 신 11:32	광야
제 15일	신 12:1 - 신 26:19	광야
제 16일	신 27:1 - 신 34:12	광야
제 17일	수 1:1 - 수 12:24	정복
제 18일	수 13:1 - 수 24:33	정복
4주차	**사사기/룻기/사무엘상·하**	
제 19일	삿 1:1 - 삿 10:5	사사
제 20일	삿 10:6 - 삿 21:25	사사
제 21일	룻 1:1 - 삼상 7:17	사사, 통일
제 22일	삼상 8:1 - 삼상 15:35	통일
제 23일	삼상 16:1 - 삼상 31:13	통일
제 24일	삼하 1:1 - 삼하 10:19	통일
5주차	**열왕기상·하**	
제 25일	삼하 11:1 - 삼하 20:26	통일
제 26일	삼하 21:1 - 왕상 2:46	통일
제 27일	왕상 3:1 - 왕상 11:43	통일
제 28일	왕상 12:1 - 왕상 22:53	분열
제 29일	왕하 1:1 - 왕하 8:15	분열
제 30일	왕하 8:16 - 왕하 17:41	분열

6주차	역대상하	
제 31일	왕하 18:1 - 왕하 25:30	분열
제 32일	대상 1:1 - 대상 10:14	통일
제 33일	대상 11:1 - 대상 29:30	통일
제 34일	대하 1:1 - 대하 10:19	통일
제 35일	대하 11:1 - 대하 24:27	분열
제 36일	대하 25:1 - 대하 36:23	분열
7주차	에스라/느헤미야/에스더/욥기/시편	
제 37일	스 1:1 - 스 10:44	포로 귀환
제 38일	느 1:1 - 느 13:31	포로 귀환
제 39일	에 1:1 - 욥 3:26	족장, 포로 귀환
제 40일	욥 4:1 - 욥 27:23	족장
제 41일	욥 28:1 - 욥 42:17	족장
제 42일	시 1:1 - 시 41:13	통일
8주차	시편/잠언	
제 43일	시 42:1 - 시 72:20	통일
제 44일	시 73:1 - 시 89:52	통일
제 45일	시 90:1 - 시 106:48	통일
제 46일	시 107:1 - 시 150:6	통일
제 47일	잠 1:1 - 잠 9:18	통일
제 48일	잠 10:1 - 잠 22:16	통일
9주차	전도서/아가/이사야	
제 49일	잠 22:17 - 잠 31:31	통일
제 50일	전 1:1 - 아 8:14	통일
제 51일	사 1:1 - 사 12:6	분열
제 52일	사 13:1 - 사 23:18	분열
제 53일	사 24:1 - 사 39:8	분열
제 54일	사 40:1 - 사 66:24	분열
10주차	예레미야/예레미야애가/에스겔	
제 55일	렘 1:1 - 렘 13:27	분열
제 56일	렘 14:1 - 렘 25:38	분열
제 57일	렘 26:1 - 렘 33:26	분열
제 58일	렘 34:1 - 렘 45:5	분열
제 59일	렘 46:1 - 애 5:22	분열, 포로
제 60일	겔 1:1 - 겔 11:25	포로

11주차	다니엘/호세아/요엘/아모스/오바댜/요나	
제 61일	겔 12:1 - 겔 24:27	포로
제 62일	겔 25:1 - 겔 39:29	포로
제 63일	겔 40:1 - 겔 48:35	포로
제 64일	단 1:1 - 단 7:28	포로
제 65일	단 8:1 - 호 14:9	분열, 포로
제 66일	욜 1:1 - 욘 4:11	포로
12주차	미가/나훔/하박국/스바냐/학개/스가랴/말라기/마태복음	
제 67일	미 1:1 - 습 3:20	분열
제 68일	학 1:1 - 말 4:6	포로 귀환
제 69일	마 1:1 - 마 10:42	복음
제 70일	마 11:1 - 마 18:35	복음
제 71일	마 19:1 - 마 28:20	복음
제 72일	막 1:1 - 막 9:50	복음
13주차	마가복음/누가복음/요한복음	
제 73일	막 10:1 - 막 16:20	복음
제 74일	눅 1:1 - 눅 9:50	복음
제 75일	눅 9:51 - 눅 19:44	복음
제 76일	눅 19:45 - 눅 24:53	복음
제 77일	요 1:1 - 요 12:50	복음
제 78일	요 13:1 - 요 21:25	복음
14주차	사도행전/로마서/고린도전·후서	
제 79일	행 1:1 - 행 11:18	교회
제 80일	행 11:19 - 행 20:38	교회
제 81일	행 21:1 - 행 28:31	교회
제 82일	롬 1:1 - 롬 16:27	교회
제 83일	고전 1:1 - 고전 16:24	교회
제 84일	고후 1:1 - 고후 13:13	교회
15주차	갈라디아서/에베소서/빌립보서/골로새서/데살로니가전·후서/디모데전·후서/디도서/빌레몬서/히브리서/야고보서/베드로전·후서/요한일·이·삼서/유다서/요한계시록	
제 85일	갈 1:1 - 엡 6:24	교회
제 86일	빌 1:1 - 살후 3:18	교회
제 87일	딤전 1:1 - 몬 1:25	교회
제 88일	히 1:1 - 약 5:20	교회
제 89일	벧전 1:1 - 유 1:25	교회
제 90일	계 1:1 - 계 22:21	영원

차례

week1
창 1장 - 출 24장

week2
출 25장 - 민 20장

week15
갈 1장 - 계 22장

· **갈라디아서** | 자유의 복음 예수 그리스도
· **에베소서** | 교회의 복음 예수 그리스도
· **빌립보서** | 일체의 비밀 예수 그리스도
· **골로새서** | 실체의 비밀 예수 그리스도
· **데살로니가전서** | 재림의 비밀 예수 그리스도
· **데살로니가후서** | 진리의 비밀 예수 그리스도
· **디모데전서** | 충성의 복음 예수 그리스도
· **디모데후서** | 경건의 복음 예수 그리스도
· **디도서** | 선함의 복음 예수 그리스도
· **빌레몬서** | 용서의 복음 예수 그리스도
· **히브리서** | 아들의 복음 예수 그리스도
· **야고보서** | 믿음의 복음 예수 그리스도
· **베드로전서** | 참소망의 복음 예수 그리스도
· **베드로후서** | 참현실의 복음 예수 그리스도
· **요한일서** | 참계명의 복음 예수 그리스도
· **요한이서** | 참교훈의 복음 예수 그리스도
· **요한삼서** | 참섬김의 복음 예수 그리스도
· **유다서** | 참진리의 복음 예수 그리스도
· **요한계시록** | 계시의 복음 예수 그리스도

성경을 예수님의 마음으로 읽는
《비전 통독》의 초점, 예수 그리스도!

성경은 오직 한 분 '예수 그리스도'의 이야기입니다!

성경을 올바르게 읽으려면 성경의 핵심을 먼저 알아야 합니다. 성경이 어떤 초점으로 기록되었는지 알면 성경의 핵심도 자연스럽게 알게 됩니다.

"너희가 성경에서 영생을 얻는 줄 생각하고 성경을 연구하거니와 이 성경이 곧 내게 대하여 증언하는 것이니라"(요 5:39).

성경은 예수 그리스도를 초점으로 하여 기록된 책입니다. 구약성경은 오실 예수 그리스도의 이야기이고, 신약성경은 오신 예수 그리스도의 이야기입니다. 성경은 예수 그리스도를 주제로 약 1,600년에 걸쳐 40여 명의 기자에 의해 일관성 있게 하나님의 감동으로 기록되었습니다(딤후 3:16).

성경은 세상의 어떤 책과도 전혀 다른 방법, 즉 하나님의 감동으로 기록되었습니다. 그러므로 성경은 예수 그리스도의 마음으로 읽어야 합니다(빌 2:5).

"그는 근본 하나님의 본체시나 하나님과 동등됨을 취할 것으로 여기지 아니하시고 오히려 자기를 비워 종의 형체를 가지사 사람들과 같이 되셨고 사람의 모양으로 나타나사 자기를 낮추시고 죽기까지 복종하셨으니 곧 십자가에 죽으심이라"(빌 2:6-8).

성경은 눈으로만 읽어서는 안 됩니다. 성경은 하나님에게 복종해 십자가에 달려 돌아가신 예수님, 즉 죽으시고 부활하신 예수 그리스도의 마음으로 읽어야 합니다. 하나님의 감동으로 기록된 성경의 핵심 내용이 예수 그리스도이기 때문입니다.

예수님은 부활하신 후 그분의 부활을 '마음에 더디 믿는 자들'에게 이렇게 말씀하십니다.

> "이르시되 미련하고 선지자들이 말한 모든 것을 마음에 더디 믿는 자들이여 그리스도가 이런 고난을 받고 자기의 영광에 들어가야 할 것이 아니냐 하시고 이에 모세와 모든 선지자의 글로 시작하여 모든 성경에 쓴 바 자기에 관한 것을 자세히 설명하시니라"(눅 24:25-27).

또한 예수님은 '마음에 의심하는 자들'을 위해서 구약성경의 핵심을 풀어 주십니다.

> "또 이르시되 내가 너희와 함께 있을 때에 너희에게 말한 바 곧 모세의 율법과 선지자의 글과 시편에 나를 가리켜 기록된 모든 것이 이루어져야 하리라 한 말이 이것이라 하시고 이에 그들의 마음을 열어 성경을 깨닫게 하시고 또 이르시되 이같이 그리스도가 고난을 받고 제 삼 일에 죽은 자 가운데서 살아날 것과 또 그의 이름으로 죄 사함을 받게 하는 회개가 예루살렘에서 시작하여 모든 족속에게 전파될 것이 기록되었으니"(눅 24:44-47).

구약성경이 예수 그리스도에 대한 이야기임을 예수님이 증언하셨습니다. 사도 바울도 복음 전파 사역을 위해 구약성경을 가지고 예수 그리스도에 대해 강론했습니다(행 28:23). 그러므로 우리는 성경을 읽어야 예수 그리스도를 만날 수 있습니다.

지금은 말씀의 홍수 시대입니다. 그러나 말씀을 아는 만큼 순종이 뒤따르지 못하고 있습니다. 말씀에 순종하는 삶을 살았던 믿음의 선진들에 비해 이 시대는 풍성한 신학 지식만큼 삶을 살아 내는 사람을 찾기 어렵습니다. 때문에 예수 그리스도에게 정확히 초점을 두고 성경을 읽는 것이 무엇보다 필요합니다. 성경을 읽으면 믿음이 생기고, 믿음으로 말미암아 순종할 수 있기 때문입니다(롬 1:5).

히브리서 기자는 이스라엘 백성이 40년의 광야 시대 동안 엄청난 기적을 경험하고도 순종하지 않았던 이유를 이렇게 설명합니다.

> "성경에 일렀으되 오늘 너희가 그의 음성을 듣거든 격노하시게 하던 것같이 너희 마음을 완고하게 하지 말라 하였으니 듣고 격노하시게 하던 자가 누구냐 모세를 따라 애굽에서 나온 모든 사람이 아니냐 또 하나님이 사십 년 동안 누구에게 노하셨느냐 그들의 시체가 광야에 엎드러진 범죄한 자들에게가 아니냐 또 하나님이 누구에게 맹세하사 그의 안식에 들어오지 못하리라 하셨느냐 곧 순종하지 아니하던 자들에게가 아니냐 이로 보건대 그들이 믿지 아니하므로 능히 들어가지 못한 것이라"(히 3:15-19).

순종하는 믿음은 그리스도의 말씀을 들을 때 생겨납니다.

> "그러므로 믿음은 들음에서 나며 들음은 그리스도의 말씀으로 말미암았느니라"(롬 10:17).

콩나물 재배법은 밑 빠진 독에 물을 붓는 것입니다. 희한하게도 물은 다 빠져나가지만 콩나물이 자라납니다. 성경 읽기 또한 밑 빠진 독에 물을 붓는 것과 같습니다. 성경을 아무리 읽어도 손에 잡히는 것이 없습니다. 하지만 콩나물이 자라듯 자기도 모르는 사이에 믿음이 조금씩 자라날 것입니다. 그러므로 《비전 통독》과 함께 성경을 예수님 초점으로 읽어 날마다 믿음이 자라게 하는 귀한 성경 읽기 운동에 여러분을 초대합니다.

《비전 통독》은 창세기부터 요한계시록까지 성경의 초점을 예수님에게 맞추어 읽는 구속사적 관점을 제시합니다. 구속사는 예수 그리스도의 생애와 사역에 대한 계시적 예언입니다. 또한 하나님의 구원 역사를 말합니다. 그러므로 구속사는 하나님이 예수님을 통해 이루신 구원의 역사입니다.

지난 10년 동안 하나님은 저에게 성경을 집중적으로 읽게 하셨습니다. 구약성경과 신약성경 그리고 바울 서신과 로마서를 수백 독에서 수천 독 하게 하셨습니다. 이렇게 성경을 읽게 된 것은 현대 의학으로도 고칠 수 없는 큰 질병 때문이었고, 또 그 질병이 딸에게 유전된 것을 알고부터입니다. 하나님은 제가 저와 딸의 인생을 책임질 수 없다는 무력함을 깨닫고 철저히 말씀만 의지하라고 성경을 읽게 하셨습니다.

그런데 성경을 읽으면 읽을수록 성경의 글자 이면의 하나님 마음이 읽히고, 예수님의 생명이 마음에 담기는 것을 느끼게 되었습니다. 이렇게 하나님은 성경 읽기가 단순한 문자 읽기가 아니라 예수님의 생명을 담아내는 것임을 알게 하셨습니다. 성경을 왜 읽어야 하는지, 하나님이 성경을 기록하신 목적이 무엇인지 새롭게 알게 하셨습니다. 그 목적은 예수 그리스도를 통한 구속을 우리에게 알려 주셔서 우리 자신은 죽고 예수의 생명으로 살게 하시려는 것입니다. 이러한 진리를 소개하기 위해 성경을 구속사적 관점으로 읽게 도와주는 《비전 통독》을 집필하게 되었습니다.

이 책을 통해서 임마누엘되신 예수 그리스도가 주인으로 살아 숨 쉬시는 복된 생명을 누리시기를 바랍니다. 날마다 말씀 읽기 좋은 날이 되시기를 축복합니다.

2017. 7. 26
조상연 (레제나 하우스 대표)

구속사적 관점으로 성경 읽기

성경 읽기의 중요성

성경을 읽다 보면 그 내용과 줄거리를 이해하는 데 급급할 때가 있습니다. 생소한 지명이나 인명, 국가, 민족이 열거되는 부분에서는 더욱 그렇습니다. 하나님이 언제, 어디서, 누구에게, 어떻게 말씀하셨는지보다 더 중요한 것은 그 말씀의 초점입니다. 성경에는 창조의 목적과 인생의 목적, 성도의 목적이 드러나 있습니다. 성경 전체에 흐르는 주제는 '예수 그리스도'입니다(요 5:39). 성경은 성도가 하나님 나라에서 그리스도와 함께 왕 노릇 하는 이야기입니다.

성경 읽기의 방법

성경을 읽는 방법에는 여러 가지가 있습니다. 전체를 통독하기도 하고, 짧은 본문을 정독하며 깊이 묵상하기도 하고, 연대기로 읽기도 합니다. 여러 방법으로 성경을 읽으며 성경 역사에 대한 지식과 성경의 뼈대와 같은 성경 구조를 이해하게 되면 성경을 좀 더 쉽게 읽을 수 있습니다. 이렇게 성경 읽기를 지속하다 보면 성경의 초점인 구속사를 볼 수 있는 눈이 생깁니다. 성경 읽기를 통해서 구속사를 알게 되면 말씀이 삶을 다스리는, 그리스도와 더불어 왕 노릇 하는 삶을 살게 됩니다.

구속사적 관점으로 보는 성경의 구조

성경은 약 1,600년에 걸쳐 40여 명의 기자들이 성령의 감동으로 기록한 하나님의 사랑 편지입니다. 구약성경은 옛 언약으로, 오실 그리스도에 대한 주제를 담고 있고, 신약성경은 새 언약으로, 오신 그리스도에 대한 주제를 담고 있습니다. 또한 최후의 심판과 다시 오실 예수 그리스도의 이야기를 담고 있습니다. 그러므로 성경 66권은 예수 그리스도에 대한 주제로, 성도가 그분의 나라에서 그리스도와 함께 왕 노릇 하는 이야기에 초점이 맞추어져

성경의 주제는 예수 그리스도
너희가 성경에서 영생을 얻는 줄 생각하고 성경을 연구하거니와 이 성경이 곧 내게 대하여 증언하는 것이니라(요 5:39).

창조의 목적
하나님은 사람을 위해 세상을 창조하셨다. 그러므로 모든 창조물은 하나님의 자녀를 출생시키기 위해 움직이고 있다(롬 8:19).

하늘이여 위로부터 공의를 뿌리며 구름이여 의를 부을지어다 땅이여 열려서 구원을 싹트게 하고 공의도 함께 움돋게 할지어다 나 여호와가 이 일을 창조하였느니라(사 45:8).

인생의 목적
인생의 목적은 성도(하나님의 자녀)가 되는 것이다. 세상에서 인생의 목적을 발견하지 못하면 살기 위해 남을 죽이는 인생이 된다. 그러나 이러한 생존 경쟁은 남을 죽이고 내가 사는 것이 아니라 결국 나도 함께 죽어 가는 전쟁이 된다. 그러므로 육신의 부흥은 예수 그리스도를 믿어 생명을 얻는 것이다.

성도의 목적
성도의 목적은 하나님의 동역자가 되는 것이다. 성도의 목적을 발견한 사람은 세상에 사는 동안 남을 살리는 인생이 된다. 자기를 부인하고 자기 십자가를 지고 주님을 좇는 삶이다.

있습니다. 이렇듯 성경의 결론은 왕 노릇이기에 사망이 왕 노릇 하는 세상에서 생명의 왕 노릇으로 전환되고, 육신이 왕 노릇 하는 사람의 기준에서 말씀이 왕 노릇 하는 하나님의 기준으로 전환되는 반전을 경험하게 됩니다.

성경 66권을 한 권의 책으로 보면, 서론은 하나님 나라의 방향을 제시합니다. 본론은 하나님 나라로 이끄는 복음을 설명하는 내용이 전개됩니다. 복음의 효력으로 성령의 역사가 시작되어 예수 그리스도를 믿게 되면 그들은 모두 하나님의 백성이 됩니다. 하나님의 백성이 되어야 새 하늘과 새 땅에 들어갈 수 있기 때문입니다.

하나님은 타락한 인간을 예수 그리스도를 통해 구원하시고 자녀로 삼으셨습니다. 그들과 함께 왕 노릇 하는 하나님 나라를 세우려고 하신 것입니다. 그리고 하나님의 자녀다운 생활 방식을 가르치셨고, 요한계시록에서는 하나님 나라가 완성되는 것을 보여 주셨습니다.

영혼의 부흥은 나는 죽고 예수 그리스도로 사는 것이다.

연대기적 성경 읽기
성경 66권을 시대별로 분류해서 역사적 흐름을 주도하는 책을 중심으로 재배열하는 것을 말한다. 예를 들어 구약성경 11권(창세기-출애굽기-민수기-여호수아-사사기-사무엘상-사무엘하-열왕기상-열왕기하-에스라-느헤미야)과 신약성경 3권(누가복음-사도행전-요한계시록)을 읽는 것이다. 총 14권으로 성경의 뼈대를 세우는 작업이다. 성경의 전체적인 초점을 빠른 시간에 잡을 수 있어 유용하다.

구약성경의 구조

역사서(17권)	시가서(5권)	선지서(예언서)(17권)
창세기, 출애굽기, 레위기, 민수기, 신명기, 여호수아, 사사기, 룻기, 사무엘상·하, 열왕기상·하, 역대상·하, 에스라, 느헤미야, 에스더	욥기, 시편, 잠언, 전도서, 아가	이사야, 예레미야, 예레미야애가, 에스겔, 다니엘, 호세아, 요엘, 아모스, 오바댜, 요나, 미가, 나훔, 하박국, 스바냐, 학개, 스가랴, 말라기

신약성경의 구조

역사서(5권)	서신서(21권)		예언서(1권)
	바울 서신(13권)	일반 서신(8권)	
마태복음, 마가복음, 누가복음, 요한복음, 사도행전	로마서, 고린도전·후서, 갈라디아서, 에베소서, 빌립보서, 골로새서, 데살로니가전·후서, 디모데전·후서, 디도서, 빌레몬서	히브리서, 야고보서, 베드로전·후서, 요한일·이·삼서, 유다서	요한계시록

성경의 구속사적 구조

구조	언약(아담, 아브라함, 다윗)	새 언약(성령, 임마누엘)		언약의 완성(하나님 나라)
구속사	구원의 역사	구원의 삶	구원의 증거	구원의 완성
구약(옛 언약) 오실 예수	역사서 17권 (창세기-에스더)	체험서 5권 (욥기-아가)	선지서 17권 (이사야-말라기)	그림자(여자의 후손) 모형도(복, 씨, 땅) 설계도(성전)
	창조, 족장, 광야, 정복, 사사, 왕정, 포로·귀환 시대	족장 시대, 통일 왕국 시대	분열 왕국 시대, 포로·귀환 시대	침묵 시대
신약(새 언약) 오신 예수	복음서 4권 (마태복음-요한복음)	역사서 1권 (사도행전)	서신서 21권 (로마서-유다서)	예언서 1권 (요한계시록)
	복음 시대	교회 시대		영원 시대

시대별로 보는 성경의 구조

구약	창조 시대	족장 시대	광야 시대	정복 시대	사사 시대	통일 왕국 시대	분열 왕국 시대
	주전 2166	1876 1446	1406	1390	1050	930	
역사서	창	출/민	수	삿	삼상·하	왕상	왕하
		레/신		룻	대상		대하
시가서	욥				시		
					잠/전/아		
예언서						암/호/욘	욥/욜/사/미

구속사적 성경 읽기의 맥(길 찾기, 새 언약, 왕 노릇)

"너희가 성경에서 영생을 얻는 줄 생각하고 성경을 연구하거니와 이 성경이 곧 내게 대하여 증언하는 것이니라"(요 5:39).

"예수께서 이르시되 내가 곧 길이요 진리요 생명이니 나로 말미암지 않고는 아버지께로 올 자가 없느니라"(요 14:6).

성경은 예수님에 대한 증언이라고 했으며, 예수 그리스도는 자신이 길이요, 진리요, 생명이라고 말씀하셨습니다. 그러므로 성도는 그 길을 찾고, 그 진리(새 언약)를 알아야 하고, 그 생명력(골 3:3)으로 왕 노릇 하며 살아야 합니다.

성경을 구속사에 초점을 맞춰 읽으면 하나님이 말씀하시는 길이 보입니다. 성경에서 길을 찾게 되면 그리스도와 더불어 왕 노릇 하는 비밀을 발견하게 됩니다. 그 비밀은 바로 새 언약, 새 계명인 참사랑입니다. 하나님의 은혜로 구원을 얻게 하는 믿음은 사랑으로만 표현됩니다(갈 5:6). 그러므로 구원의 비밀은 사랑의 비밀입니다. 성경 읽기를 통해서 성경의 비밀을 볼 수 있는 눈이 생겨 진리의 길과 생명의 길을 찾고, 비밀을 품을 수 있는 왕 노릇의 마음(빌 2:5)이 생길 때 새 언약을 완성하신 그리스도의 사랑으로 살게 됩니다.

구속사적 성경 읽기
성경은 하나님의 목적을 알려주기 위해 기록된 것이다. 성경을 읽고 연구해도 초점을 잡지 못하면 내용만 아는 지식으로 끝날 수 있다. 복잡한 수학 계산식은 잘 풀어내면서도 정작 수학을 왜 공부하는지에 대한 목적은 모를 수 있다. 성경의 목적을 알면 내용의 의미를 좀 더 쉽고 명확하게 알 수 있다. 성경의 초점은 예수 그리스도를 통한 하나님의 구원 역사에 있다.

605	538	404	주전 4	주후 30 47		67	95	
포로 시대	포로 귀환 시대	침묵 시대	복음 시대	교회 시대		영원 시대		**신약**
	스/느		마/막/눅/요					복음서
	에		행					역사서
			갈/살전·후/고전·후/롬 빌/골/엡/몬 딤전·후/딛					서 신 서 바울 서신
			약/히/벧전·후/유/요일·이·삼					일반 서신
나/습/합/렘	애/겔/단	학/슥/말			계			예언서

© 2013 조상연

길 찾기 – "예수님은 길이시다"

성경 공부에는 다양한 방식이 있지만 일반적으로 귀납적 방법과 연역적 방법을 사용합니다. 귀납적 방법의 장점은 한 부분을 깊게 연구하는 것이고, 연역적 방법은 전체적인 윤곽을 살펴보는 것입니다. 성경 읽기는 역사적으로 읽든지, 문학적으로 읽든지 반복해서 읽을 때 전체를 보는 눈을 갖게 됩니다. 그런데 더 중요한 것은 성경 읽기를 통해서 성경의 기록 목적인 예수 그리스도를 발견해야 한다는 것입니다.

성경 읽기를 통해 성경의 숲에서 길을 찾아야 합니다. 성경의 한 부분을 나무로 본다면 전체적인 내용은 숲으로 비유할 수 있습니다. 그런데 성경 전체를 알고 부분적인 적용을 하면서도 정확한 길을 모르면 성경의 숲에서 길을 잃게 됩니다. 성경의 숲에서 길을 잃으면 본질을 놓치게 됩니다. 본질을 놓치면 나무와 숲을 보면서도 딴 길로 가는 경우가 생깁니다. 그래서 주님은 "내가 곧 길이요 진리요 생명이니"(요 14:6)라고 말씀하셨습니다.

잠언에서도 길의 중요성을 설명합니다. 어떤 길은 사람이 보기에 바르나 필경은 사망의 길(잠 14:12, 16:25)이라고 했습니다. 또한 시편에서는 복 있는 사람은 죄인의 길에 서지 않으며, 의인의 길은 여호와가 인정하시지만 악인의 길은 망하게 된다고 했습니다(시 1:1, 6).

성경을 다 읽고 연구해도 영생이신 그리스도를 모르면 생명의 길을 찾지 못한 것입니다(요 5:39). 길이 아니면 가지 말고, 진리가 아니면 알지 말고, 생명이 아니면 살지 말아야 합니다. 길을 찾지 못하는 성경 읽기와 공

구약의 길 찾기
구약에서 길 찾기는 그리스도를 믿으라는 것이다. 그래서 구약은 그리스도를 믿도록 길을 제시한다. 그러므로 성경에서 율법이 제시하는 길을 찾아야 한다.

신약의 길 찾기
신약에서 길 찾기는 그리스도로 살라는 것이다. 그래서 신약은 그리스도로 살도록 길을 제시한다. 그러므로 성경에서 복음이 제시하는 길을 찾아야 한다.

부는 혼란을 가중시키고, 진리를 모르는 성경 읽기와 공부는 비진리의 세상에서 방황하게 만들며, 진짜 생명을 모르는 성경 읽기와 공부는 인생의 목적을 놓치게 만듭니다. 그러나 진리의 길과 생명의 길을 찾게 되면 성경이 열리고, 인생이 열립니다.

성경은 이 길을 설명하기 위해 구약과 신약의 큰 줄기를 보여 주면서 숲을 이루고 있습니다. 성경의 숲에서 분명하고 명확한 길을 찾게 되면 어떤 숲에서도 헤매지 않고, 어떤 부분에서도 멈추지 않고 뚫고 갈 수 있습니다. 이렇게 성경을 진리로 뚫게 되면 인생이 뚫리고 세상도 뚫려서 이 땅에서 나는 죽고 예수로 사는 삶을 살게 됩니다. 그리고 성경이 뚫리면 하늘도 뚫려서 그리스도와 함께 세세토록 왕 노릇 하는 길이 열리게 됩니다.

성경 전체의 초점을 보게 되면 진리의 길을 찾게 됩니다. 성경에서 길을 찾은 자는 그리스도의 생명으로 살게 됩니다. 이처럼 성경에서 길 찾기는 너무도 중요합니다. 구약성경에서 율법은 길(그리스도)을 제시합니다. 그래서 율법은 사람들을 그리스도에게로 인도하는 선생이 되어 믿음으로 말미암아 의롭다 함을 얻으라고 말합니다(갈 3:24). 신약성경에서 복음은 진리의 길(그리스도)을 제시합니다. 복음에는 하나님의 의가 나타나서 믿음으로 살게 합니다(롬 1:17).

성경 전체는 그리스도의 길을 찾도록 안내하고, 그 길을 찾게 되면 그 길에서 살게 합니다. 진리의 길로 행하는 것은 예수의 생명으로 산다는 것입니다. 길을 찾은 사람은 그리스도와 함께 십자가에서 죽고, 그리스도의 부활로 인해 새 생명으로 거듭나게 됩니다. 그 생명은 그리스도와 함께 하나님 안에 감추인 것으로 육의 생명으로 사는 것은 가짜 생명이고, 예수 생명으로 사는 것이 진짜 생명입니다(골 3:3-4).

새 언약 – "예수님은 진리(새 언약)이시다"

성경은 언약으로 시작해서 언약으로 끝납니다. 옛 언약(율법) 안에 감추어진 새 언약(복음)이 있고, 새 언약 안에 드러난 옛 언약이 있습니다. 옛 언약과 새 언약은 동전의 양면과 같습니다. 물론 율법과 복음도 떼려야 뗄 수 없습니다. 똑같은 언약을 돌판과 마음 판에 새겼다는 차이만 있을 뿐입니다. 그러나 이 차이는 하늘과 땅처럼 큰 효력이 있습니다.

옛 언약과 새 언약
옛 언약은 사람의 행위로, 새 언약은 예수를 믿는 믿음으로 사람을 하나님의 백성이 되게 하는 것이다. 그러므로 언약의 목적은 사람을 하나님의 백성이 되게 하는 것이다.

시대별 구속사적 성경 읽기 ① – 길 찾기

시대 구분	길 찾기	내용
창조 시대	생명나무 (창 3:22)	아담은 선악과를 먹고 사망의 길로 간다. 아담의 범죄 후 사람은 생명나무로 가는 길이 막혀 생명으로 가는 길을 찾지 못한다(창 3:22-24). 오직 그리스도를 통해서만 생명나무로 가는 길을 찾을 수 있다(요 14:6, 계 2:7, 22:2). 사람은 사망의 길을 가지만 그리스도는 잃어버린 자기 양들을 찾아서 생명의 길로 인도하신다(사 53:6). 사람이 하나님 없이 왕 노릇 하게 되면 선악과를 먹게 되고 타락의 길로 간다. 그 길은 필경 사망의 길이다(잠 14:12).
족장 시대	족장들의 길 (창 12:1)	하나님은 아브라함에게 보여 줄 땅으로 가라고 말씀하셨고, 아브라함은 하나님의 말씀을 좇아 간다(창 12:4). 그는 말씀을 좇아가다가 천국으로 가는 길을 보게 된다(창 13:15-18, 히 11:8-10). 이삭은 아버지를 따라 번제로 드려질 모리아 산으로 간다. 그러나 여호와 이레로 대신해서 번제로 드릴 어린 양을 만난다. 이렇게 이삭은 십자가의 길을 찾게 된다(창 22:7, 13). 야곱은 세상에서 잠시 방황하다가 하나님의 인도로 하나님의 집으로 돌아온다(창 35:9-15). 요셉은 하나님이 함께하심으로 세상 죽음의 길에서 만민의 생명을 구원하는 통로가 된다(창 50:20).
광야 시대	유월절 어린 양 (요 1:29)	어린 양 예수 그리스도가 구름 기둥과 불 기둥으로 광야 길을 인도하신다. 죄의 종살이에서 해방된 광야 교회(행 7:38)는 세상의 시험에 빠져 멸망하는 길에서 헤매는 현대 교회가 경계해야 할 본보기가 된다. 그러나 광야 교회의 여호수아와 갈렙은 하나님의 은혜로 피할 길을 찾는다. 광야 같은 세상에서 피할 길은 오직 예수 그리스도뿐이다(고전 10:4, 13).
정복 시대	아골 골짜기 (수 7:24-26, 호 2:15)	아간의 불순종은 탐욕이다. 아골 골짜기는 아간과 같은 탐욕을 갖고 있는 인간의 욕심을 죽이는 무덤이다. 그리스도는 인간의 욕심을 정복하시기 위해 아골 골짜기를 십자가를 지고 올라가신다. 그리스도와 함께 십자가를 지고 자기를 부인하는 자는 아골 골짜기에서 생명의 길을 찾게 된다(막 8:33-35).
사사 시대	영적 전쟁 (삿 21:25)	반복적인 죄악의 주기를 깨뜨리기 위해 싸워야 한다. 어디가 숲인지, 어디가 늪인지 알지 못하고 여기저기 방황하는 자들은 길을 잃은 것이다. 자기 소견에 옳은 길은 필경 사망의 길이다. 세상의 비진리와 끝까지 싸워서 말씀의 옳은 길을 찾아야 한다.
왕정 시대 (통일, 분열)	다윗의 길 (왕상 3:14)	하나님은 다윗을 통해 옳은 길을 제시하시고, 생명의 길을 안내하신다. 옳은 길은 하나님의 법도를 따라 주님이 가신 순종의 길을 가는 것이고, 생명의 길은 헷 사람 우리아를 죽인 범죄를 인식해서 통회하고 자복하는 회개의 길을 가는 것이다. 하나님이 보시기에 악한 길은 여로보암이 행한 우상 숭배이고, 선한 길은 다윗이 행한 순종의 마음이다. 죽기까지 순종하신 예수 그리스도의 마음을 품은 자는 길을 찾은 것이다(행 13:22, 빌 2:5).
포로 시대 (포로, 귀환)	하나님의 본심 (렘 29:11)	세상 포로지에 사는 성도에 대한 하나님의 생각은 평안과 소망이다. 세상의 환란에서 예수 그리스도가 주시는 평안으로 마음의 근심과 두려움이 사라진 자는 길을 찾은 것이다(요 14:27).
침묵 시대	예수 그리스도의 음성(요 5:25)	아무도 진리를 말하지 않아 진리의 길을 찾을 수 없다. 비진리가 마치 진리인 것처럼 모두 그 길로 갈 때 아무도 듣지 않는 선한 목자의 음성을 듣고 좁은 길을 가는 자는 이미 길을 찾은 것이다.
복음 시대	예수 그리스도의 말씀(골 3:16)	말씀이 육신이 되어 우리 가운데 오신 그리스도가 사람들과 함께 사시면서 육신이 말씀이 되게 하신다(요 1:14). 땅에서 태어나서 땅의 것만 먹고 죄만 짓던 자가 하늘에서 오신 분의 은혜로 성령으로 다시 태어나면 하늘의 양식을 먹고 의를 행하게 된다. 이렇게 사람이 하나님의 자녀가 되고, 죄인이 의인이 된다. 그러므로 육신으로 살지 않고 말씀으로 사는 자는 길을 찾은 것이다(요 6:35).
교회 시대	증인의 생활 (행 1:8)	참성전으로 건축된 성도는 성령이 내주하신다(고전 3:16). 내주하신 성령이 충만하시어 예수님이 나타나는 생활을 하는 자는 길을 찾은 것이다.
영원 시대	생명나무 (계 22:2)	예수 그리스도는 생명나무의 실과이시며, 그분이 그리로 가는 길이고, 진리이고, 생명이시다. 생명나무로 가는 길을 찾은 자는 새 언약의 새 계명, 참사랑을 가지고 이기는 자로 산다(계 2:7).

구약의 '율법적' 율법은 죄와 사망을 보게 하고, 신약의 '복음적' 율법은 사랑으로 율법을 완성하는 모습을 보게 합니다. 예수 그리스도는 율법의 마침표가 되시어 사랑으로 율법을 완성하십니다(롬 10:4, 13:10). 하나님의 사랑에 의해 세워진 율법은 옛 언약이고, 사랑으로 율법을 완성한 복음은 새 언약입니다. 구약은 오실 그리스도를 믿으라는 것이고, 신약은 오신 그리스도를 믿으라는 것입니다.

성경을 읽고 결론을 찾기보다 결론인 초점을 알고 읽으면 효과적입니다. 성경의 초점은 예수 그리스도이고, 언약의 초점도 예수 그리스도입니다. 그러므로 구약의 옛 언약과 신약의 새 언약은 모두 예수 그리스도를 겨냥합니다.

옛 언약인 율법보다 새 언약인 복음이 더 율법적입니다. 돌판에 새겨진 율법은 어긋난 행동을 하지 않으면 율법을 지키는 것으로 간주됩니다. 그런데 마음 판에 새겨진 복음은 마음에 음욕을 품기만 해도 간음이 되고, 죽이고 싶은 마음만 품어도 살인이 됩니다. 성경에서 말하는 언약의 진리를 모르면 은혜만 강조하다가 복음의 삶을 놓치고, 율법만 강조하다가 은혜를 놓칠 수 있습니다. 언약의 진리는 빙산의 일각과 같기 때문입니다.

구약에서는 빙산의 일각처럼 율법의 일각으로 하나님의 계명이 보입니다. 구약을 통해서 보이는 것은 율법이지만 바닷속에 보이지 않는 큰 얼음 덩어리처럼 만세와 만대로부터 감추어졌던 크고 놀라운 새 언약이 있습니다. 신약에서는 빙산의 일각처럼 복음의 일각으로 예수님이 보입니다. 그러나 그분 안에 감추어진 보물은 바닷속의 큰 빙산처럼 잘 보이지 않습니다. 바다에 잔뼈가 굵은 선장은 빙산의 일각만 보아도 한눈에 바닷속의 큰 빙산 덩어리를 알아봅니다. 이처럼 말씀에 잔뼈가 굵은 성도가 되면 말씀의 일각을 보고도 그 말씀 속의 깊이를 알아볼 수 있을 것입니다.

하나님이 미리 정하신 언약을 430년 후에 생긴 율법이 없이 하지 못하고, 그 약속을 헛되게 하지 못한다(갈 3:17)고 했습니다. 하나님은 율법이 생기기 430년 전에 아브라함에게 그리스도를 약속하셨습니다. 예레미야 31장에 새 언약이 거론되면서 시내 산 언약(율법)은 옛 언약이 된 것입니다. 이렇게 언약은 옛 언약과 새 언약으로 나뉩니다.

성경은 율법을 첫 언약이라고 합니다(히 8:7). 하나님은 첫 언약인 율법을

빙산의 일각
빙산일각(氷山一角)은 빙산의 뿔이라는 뜻으로, 대부분이 숨겨져 있고 외부로 나타나 있는 것은 극히 일부분에 지나지 않음을 비유할 때 쓰는 말이다.

먼저 주셨습니다. 그러나 새 언약은 이미 하나님의 계획 속에 있었기 때문에 아브라함에게 미리 알려 주셨습니다. 결국 첫 언약보다도 새 언약이 먼저 있었던 것입니다. 언약의 목적이 새 언약, 즉 예수 그리스도이기 때문입니다. 율법을 명시하기 전에도 하나님은 마음속에 언약을 품고 계셨습니다. 로마서에서는 그것을 가리켜 율법 외에 하나님의 한 의가 나타났다고 말합니다(롬 3:21).

하나님은 창세 때부터 품고 있었던 새 언약을 아브라함에게 말씀하셨고, 그로부터 430년 후에 율법이 생긴 것입니다. 율법보다 미리 정하신 새 언약과 모세에게 주신 옛 언약은 사실 같은 언약입니다. 언약의 방식을 어떻게 할 것인가에 따라 옛 언약과 새 언약으로 갈라질 뿐입니다.

옛 계명을 한마디로 말하면, 하나님과 이웃을 사랑하라는 것입니다. 새 계명은 서로 사랑하라는 것입니다. 이런 의미로 두 언약은 같은 내용을 말합니다. 그런데 이 둘은 완전히 다른 결과를 낳습니다. 사람은 율법을 지킬 수 없으나 새 계명은 그리스도가 은혜로 다 행해 주셨기 때문에 우리도 할 수 있습니다. 그러므로 언약을 지키는 방법은 새 언약으로 옛 언약을 덮는 것입니다.

새 언약의 복음이 은혜인 것은 법을 지키는 주체가 다르기 때문입니다. 율법은 사람이 주체가 되어 지키는 것인 반면, 새 언약은 예수 그리스도가 주체가 되어 사람으로 지키게 하시는 것입니다. 사람이 노력해서 율법을 지킬 수 없는 것처럼 새 언약도 사람의 노력으로는 안 됩니다. 사람의 노력으로는 구원에 도달할 수 없다는 것을 성경의 역사 속에서 충분히 설명하고 있습니다.

예레미야에게 말씀하신 새 언약은 그리스도의 피로 세워지는 십자가 언약입니다. 그러므로 새 언약은 예수 그리스도가 십자가에서 죽으심으로 완성되었습니다. 이렇게 역사적인 새 언약은 십자가에서 완성되었지만 개인적인 새 언약은 마음 판에 새겨질 때 완성됩니다. 사람의 마음에 은혜의 십자가가 세워져 마음으로 믿어 의에 이르고, 입으로 시인해서 구원에 이르는 것입니다(롬 10:10).

그러면 도대체 율법이 무엇일까요? 약속하신 그리스도가 오실 때까지 죄가 무엇인지 깨닫게 하기 위한 것입니다. 세상에 법이 없으면 죄를 규정

미리 정하신 언약과 율법
모세에게 율법을 주시기 전에 미리 정하신 언약은 아브라함에게 약속하신 새 언약의 그리스도시다. 또한 모세에게 시내산의 율법을 주시기 전에 미리 정하신 율법은 아담에게 주신 에덴동산의 선악과다.

예레미야에게 말씀하신 새 언약
여호와의 말씀이니라 보라 날이 이르리니 내가 이스라엘 집과 유다 집에 새 언약을 맺으리라 이 언약은 내가 그들의 조상들의 손을 잡고 애굽 땅에서 인도하여 내던 날에 맺은 것과 같지 아니할 것은 내가 그들의 남편이 되었어도 그들이 내 언약을 깨뜨렸음이라 여호와의 말씀이니라 그러나 그날 후에 내가 이스라엘 집과 맺을 언약은 이러하니 곧 내가 나의 법을 그들의 속에 두며 그들의 마음에 기록하여 나는 그들의 하나님이 되고 그들은 내 백성이 될 것이라 여호와의 말씀이니라 그들이 다시는 각기 이웃과 형제를 가리켜 이르기를 너는 여호와를 알라 하지 아니하리니 이는 작은 자로부터 큰 자까지 다 나를 알기 때문이라 내가 그들의 악행을 사하고 다시는 그 죄를 기억하지 아니하리라 여호와의 말씀이니라(렘 31:31-34).

할 수 없기에 어떤 것이 죄인지 알려 주는 것이 법입니다. 로마서에서 죄의 삯은 사망이라고 했습니다(롬 6:23). 그런데 아담부터 모세까지 아담의 범죄와 같은 죄를 짓지 않은 자들 위에도 사망이 왕 노릇 했습니다(롬 5:14). 모세에게 주신 율법(옛 언약)이 있기 전부터 아브라함에게 약속하신 '미리 정하신 언약'(새 언약)이 있었던 것처럼, 아담 때에 미리 정하신 율법이 있었던 것입니다. 하나님이 미리 정하신 율법은 바로 선악과입니다. 시내 산 율법 전에 하나님이 미리 정하신 에덴동산의 선악과를 먹지 말라는 율법입니다. 율법은 죄를 규정하고, 죄의 삯은 사망이라는 것을 아담을 통해서 보여 주셨습니다.

예수 그리스도가 새 언약을 완성하실 때까지 율법은 죄를 경고하지만, 죄를 해결하는 것은 새 언약의 그리스도입니다(갈 3:19). 그러므로 그리스도가 성도 안에 임마누엘로 오셔서 주인으로 사실 때 용서하고 사랑하며 살 수 있습니다. 사람이 율법을 지키려고 하는 율법적 복음은 정죄하는 칼날이 됩니다. 은혜로 복음을 믿은 사람이 자기의 열심과 자기의 의로 계명을 지키려고 하는 것이 곧 율법적 복음입니다. 그러나 그리스도가 성도 안에 주인으로 사실 때 나타나는 하나님의 열심과 의는 복음적 율법입니다. 복음적 율법은 그리스도의 사랑으로 율법을 완성해 가는 것을 말합니다.

"무엇보다도 뜨겁게 서로 사랑할지니 사랑은 허다한 죄를 덮느니라"(벧전 4:8).

새 언약은 은혜의 약속입니다. 아브라함에게 은혜로 주신 것입니다(갈 3:18). 율법은 지키면 지킬수록 자랑할 것이 있지만 새 언약은 자랑할 것이 없습니다. 내가 한 것이 아무것도 없기 때문입니다. 율법은 사람이 드러나지만 복음은 주님이 드러나십니다. 옛 계명은 사람의 죄만 드러나고, 새 계명은 주님의 의만 드러납니다.

율법도 지킬 수 없는데, 율법보다 더 율법적인 복음을 지킬 수 있을까요? 그러므로 복음은 사람이 지키는 것이 아니라 하나님의 은혜가 믿음으로 살게 하는 것입니다. 율법은 육신으로 행하는 행위이고, 복음은 마음으로 행하는 믿음이기 때문입니다. 세상의 시험과 환란 그리고 원수 같은 사람들은 하나님이 허락하신 것으로, 사람이 임의로 바꿀 수 없습니다. 그러

율법적 복음
율법적 복음은 복음이 율법이 되어 자기의 의로 살아 보려는 것을 말한다. 자기 열심으로 사는 사람은 세상의 기준으로 살다가 새 언약의 복음이신 그리스도를 만나고도 여전히 정죄하는 율법으로 산다. 그러므로 율법적 복음은 은혜가 은혜답지 못한 모습처럼 보인다.

복음적 율법
복음적 율법은 율법이 복음이 되어 그리스도의 은혜로 살아가는 것을 말한다. 사도 바울은 율법의 기준으로 살다가 새 언약의 복음이신 그리스도를 만나고 나서 사망에서 생명을 살게 하는 복음으로 살았다. 그러므로 복음적 율법은 은혜가 은혜다운 모습처럼 보인다.

나 하나님의 은혜가 사람의 마음을 주장해서 새 계명의 사랑을 할 수 있게 합니다.

　그러므로 새 언약은 환경을 바꾸지 않고 새 마음을 주어 사람의 마음을 바꿉니다. 사람의 마음을 바꾸는 하나님의 의지가 새 언약입니다. 여전히 내 의지로 사는 것은 죄가 됩니다. 그러나 복음의 새 언약은 주님의 의지로 사는 의가 됩니다. 새 계명으로 살라는 것은 주님이 그렇게 살게 하시겠다는 것입니다. 사람은 믿기만 하면 됩니다(롬 6:11).

옛 계명과 새 계명
옛 계명은 사람의 행위로, 새 계명은 예수를 믿는 믿음으로 하나님과 사람을 사랑하며 살게 하는 것이다. 그러므로 계명의 목적은 하나님의 백성을 사랑으로 살게 하는 것이다.

행위 언약과 은혜 언약

'행위 언약'이란, "어떤 것을 하라", 또는 "하지 말라"는 행위를 전제로 한 언약이다. 그리고 그러한 인간의 행위와 관계없이 하나님이 일방적으로 언약하시고 그 언약을 성취하시는 것을 '은혜 언약'이라고 한다. 그러므로 행위 언약을 율법이라고 한다면, 은혜 언약은 복음의 새 언약이다.

　아담이 무죄한 상태에서 선악과를 먹고 죄를 범한 것은 인간이 하나님의 은혜가 아니면 절대로 살 수 없다는 것을 보여 준다. 하나님이 아담에게 "선악을 알게 하는 나무의 열매는 먹지 말라 네가 먹는 날에는 반드시 죽으리라"(창 2:17)고 하신 행위 언약은 창조주 하나님 앞에서 피조물인 인간의 존재가 하나님의 은혜가 없으면 사망한다는 것이다. 그러나 은혜 언약은 여자의 후손이신 그리스도가 죽은 자를 살려 내시는 것이다.

원시 복음과 원시 언약

'원시 복음'은 창세기 3장 15절 말씀이다. "내가 너로 여자와 원수가 되게 하고 네 후손도 여자의 후손과 원수가 되게 하리니 여자의 후손은 네 머리를 상하게 할 것이요 너는 그의 발꿈치를 상하게 할 것이니라"(창 3:15). 이것은 뱀과 여자의 후손인 그리스도가 원수 관계임을 말한다. 여자의 후손이신 그리스도는 뱀의 머리를 상하게 하실 것이고, 뱀은 그리스도의 발꿈치를 상하게 할 것이다. 이것은 십자가 사건에서 성취된다. 하나님이 먹지 말라고 하신 선악과를 아담과 하와가 따 먹음으로 죄와 사망이 임하게 된다. 그러나 하나님은 인간이 사망으로 망하게 된 것을 그대로 버려두지 않으시고 하나님과 인간 사이에 죄의 담을 허시며 여자의 후손으로 살려 낼 것을 약속하셨다. 이것이 '원시 복음'이다. 첫 번째 아담의 불순종으로 모든 사람이 죄인이 되었고, 마지막 아담이신 예수 그리스도의 순종으로 죄인들의 죄가 사해지는 구원의 길이 열린 것이다.

　원시 복음이 있듯이 '원시 언약'도 있다. 원시 언약에는 모세를 통해서 주어진 옛 언약과 예레미야를 통해서 드러난 새 언약, 즉 두 언약이 함께 있다. 옛 언약은 행위 언약을 상징하는 선악과이고, 새 언약은 은혜 언약을 상징하는 생명나무의 실과다. 행위 언약인 선악과는 사람이 먹지 말아야 하는 것이고, 은혜 언약은 예수 그리스도가 하나님의 낙원에 있는 생명나무의 과실을 주어서 먹게 하시는 것이다(계 2:7).

시대별 구속사적 성경 읽기 ② – 새 언약

시대 구분	새 언약	내용
창조 시대	예수 그리스도를 상징하는 생명나무 (창 3:22, 계 2:7)	창조 시대의 생명나무와 선악을 알게 하는 나무는 선악과를 먹은 옛 사람은 죽고, 하나님의 은혜로 생명나무의 실과를 먹은 새사람은 살아난다는 것을 상징한다. 선악과는 행위 언약으로 율법이고, 생명나무는 은혜 언약으로 하나님이 값없이 먹게 하시는 새 언약이다.
족장 시대	아브라함에게 약속하신 씨 (창 15:4, 갈 3:16)	하나님이 족장 시대에 아브라함과 그 후손들에게 여러 차례 약속하신 씨의 언약은 바로 그리스도이시다(갈 3:16). 그러므로 그 약속의 씨로 출생한 이삭은 새 언약을 비유하고, 육체를 따라 난 이스마엘은 옛 언약을 비유한다(갈 4:24, 29). 그래서 새 언약의 상징인 이삭은 모리아 산에서 번제로 드려지는 순종의 모습으로 그려진다. 야곱처럼 험악한 인생을 살아도 축복자로 바꿀 수 있는 것이 새 언약의 복음이다.
광야 시대	유월절 어린 양 (출 12:27, 고전 5:7)	출애굽 당시 죽임당한 유월절 어린 양은 예수 그리스도가 십자가에서 죽으시는 예표다. 하나님은 애굽의 장자를 죽이심으로 세상을 상징하는 애굽의 모든 백성을 죽이신 것이다. 그런데 이스라엘 백성은 택하심을 받았다는 이유로 죽지 않고 살아남는다. 이들이 애굽의 백성보다 깨끗하고 착하기 때문이 아니다. 오직 하나님의 은혜다. 출애굽의 유월절 사건은 세상 죄를 지고 가는 하나님의 어린 양(요 1:29), 예수 그리스도의 십자가 사건의 모형이다. 새 언약은 흠도 없고, 점도 없는 어린 양이 대신 죽으심으로 선악과를 먹고 허물과 죄로 죽은 자들을 살려 낸다.
정복 시대	여호수아 (신 31:7-8)	히브리어인 '여호수아'를 헬라어로 말하면 '예수'다. 광야에서 죽은 구세대는 옛 사람을 상징하고, 가나안에 입성한 신세대는 새 언약의 은혜로 새사람을 상징한다. 모세는 율법을 받은 행위 언약의 상징으로 광야에서 죽고, 여호수아는 새 언약의 상징으로 가나안에 입성하게 된다. 광야 시대의 백성이 홍해를 건넌 것처럼 정복 시대의 백성도 요단 강을 건넌다. 그러므로 현시대의 사람들도 세상 바다를 새 언약의 은혜로 건너서 새 하늘과 새 땅으로 가게 될 것이다. 이처럼 성경은 하나님의 은혜로만 약속의 땅에 들어갈 수 있다는 것을 점진적으로 보여 준다.
사사 시대	여호와의 사자 (출 33:20, 삿 5:22, 13:21-22)	모세를 떨기나무에서 대면한 여호와의 사자는 그리스도이시다(출 3:2, 6). 그분이 이스라엘 백성으로 하여금 홍해를 건너게 하신다(출 14:13, 19). 또한 하나님의 사자이신 그리스도가 앞서 가셔서 가나안 땅을 점령하신다(출 23:20-33, 32:34, 33:2, 34:11). 그 여호와의 사자가 사사 시대에도 등장한다. 여호와의 사자가 길갈에서부터 보김으로 올라와 "내가 너희를 애굽에서 올라오게 하여 내가 너희의 조상들에게 맹세한 땅으로 들어가게 하였으며 또 내가 이르기를 내가 너희와 함께한 언약을 영원히 어기지 아니하리니"(삿 2:1)라고 말한다. 또한 기드온에게 나타나 "큰 용사여 여호와께서 너와 함께 계시도다"(삿 6:12)라고 하면서 그 증거로 기드온의 300용사로 미디안의 손에서 구원한다. 단 300명으로 구원하신 이유는 이스라엘이 스스로의 힘으로 구원한 것이 아님을 보여 준 것이다(삿 7:2). 삼손의 아버지 마노아에게 나타난 여호와의 사자는 자신의 이름을 '기묘'라고 밝힌다(삿 13:18). 기묘는 그리스도의 이름이다. 이사야서에 그 이름이 기록되어 있다. "한 아기가 우리에게 났고 한 아들을 우리에게 주신 바 되었는데 그의 어깨에는 정사를 메었고 그의 이름은 기묘자라, 모사라, 전능하신 하나님이라, 영존하시는 아버지라, 평강의 왕이라 할 것임이라"(사 9:6). 인간은 계속 악을 행하지만 하나님은 새 언약의 상징이신 그리스도를 여호와의 사자로 보내셔서 은혜로 구원하시는 모습을 사사를 통해서 보여 주신다. 그래서 사사가 생존할 때만 태평한 것이다(삿 3:11, 3:30, 5:31, 8:28).
왕정 시대 (통일, 분열)	다윗의 언약 (아브라함에게 약속하신 씨에 대한 언약의 반복, 삼하 7:12)	"전에 내가 사사에게 명령하여 내 백성 이스라엘을 다스리던 때와 같이 아니하게 하고 너를 모든 원수에게서 벗어나 편히 쉬게 하리라 … 내가 네 몸에서 날 네 씨를 네 뒤에 세워 그의 나라를 견고하게 하리라 그는 내 이름을 위하여 집을 건축할 것이요 나는 그의 나라 왕위를 영원히 견고하게 하리라"(삼하 7:11-13). 족장 시대의 언약이 왕정 시대에 반복되는 것은 다윗에게 약속하신 나라가 그리스도를 통해 은혜로 들어가는 영원한 하나님의 나라를 상징하고 있기 때문이다. 아들 솔로몬 이후에 둘로 갈라진 북 이스라엘은 주전 722년에 앗수르에게 멸망하고, 남 유다는 주전 586년에 바벨론에게 멸망한다. 그러므로 새 언약은 역사적인 육적 이스라엘을 말하는 것이 아니라 그리스도를 통

해서 은혜로 세워지는 메시아 왕국에 들어가는 영적 이스라엘을 말하는 것이다. 인간의 힘으로 이루는 나라는 멸망하고, 새 언약에 의해 세워지는 은혜의 나라가 다윗에게 약속된 영원한 나라다. 그러므로 왕정 시대의 선지자 예레미야를 통해서 '새 언약'이라는 이름이 구체적으로 등장한 것이다.

포로 시대 (포로, 귀환)	뜨인 돌 (손대지 아니한 돌, 단 2:34)	바벨론에 포로로 잡혀 온 다니엘이 느부갓네살 왕이 꾼 꿈을 해석한다. "이 여러 왕들의 시대에 하늘의 하나님이 한 나라를 세우시리니 이것은 영원히 망하지도 아니할 것이요 그 국권이 다른 백성에게로 돌아가지도 아니할 것이요 도리어 이 모든 나라를 쳐서 멸망시키고 영원히 설 것이라 손대지 아니한 돌이 산에서 나와서 쇠와 놋과 진흙과 은과 금을 부서뜨린 것 … "(단 2:44-45). 장래 일은 점진적으로 하나님이 인간 나라를 다스리시며 자기의 뜻대로 그것을 누구에게든지 주시는 것으로 드러난다(단 4:25, 32). 하늘의 왕좌에 앉으신 하나님이 예수 그리스도에게 권세와 영광과 나라를 주시고, 모든 백성과 나라들과 다른 언어를 말하는 모든 자들로 그분을 섬기게 하셨으므로 그 권세는 영원한 권세이기에 소멸되지 않을 것이며 그 나라는 멸망하지도 않을 것이다(단 7:9-14). 뜨인 돌로 세우신 새 언약의 나라는 성도에게 약속된 영원한 나라다(단 7:22, 27).
침묵 시대	뜨인 해 (떠오르는 해, 말 4:2)	"내 이름을 경외하는 너희에게는 공의로운 해가 떠올라서 치료하는 광선을 비추리니 … "(말 4:2). 하나님은 예수 그리스도의 뜨인 돌로 인간의 교만한 우상을 깨뜨리고, 새 언약의 뜨인 해로 치료하고 회복시키신다. 그분은 언약의 사자이시기 때문이다(말 3:1). 어둠의 침묵 시대는 뜨인 돌로 깨지고, 죄를 은혜로 깨끗하게 하는 뜨인 해는 구약의 침묵 시대(초림)와 신약의 침묵 시대(재림)에 나타나실 새 언약의 예수 그리스도다. 그분이 오시면 "다시 밤이 없겠고 등불과 햇빛이 쓸데없으니 이는 주 하나님이 그들에게 비치심이라 그들이 세세토록 왕 노릇"(계 22:5) 하게 된다.
복음 시대	그리스도의 세계 (마 1:1)	마태복음은 족보로 시작한다. "아브라함과 다윗의 자손 예수 그리스도의 계보라"(마 1:1). 아브라함에게 약속하신 약속의 씨가 다윗에게 이어지고, 드디어 예수 그리스도가 탄생하신다. 예레미야에게 말씀하신 새 언약이 그리스도의 피로 세워지게 된다(눅 22:20). 그리스도의 피로 세우신 새 언약이 하나님의 은혜로 마음 판에 새겨지는 사람은 그리스도의 족보에 들어가게 되어 하나님 나라의 백성이 된다.
교회 시대	왕 같은 제사장 (벧전 2:9)	그리스도가 피로 세우신 새 언약의 은혜로 왕 같은 제사장이 된 하나님의 백성은 어두운 죄를 벗어버리고 은혜의 빛에 들어가게 하신 하나님의 아름다운 구원을 찬양해야 한다(벧전 2:9). 새 언약은 왕 같은 제사장으로 살게 하려는 것이기 때문이다. 그러므로 성도는 왕 노릇 하면서 복음의 제사장으로 세계 선교하는 사명을 부여 받은 것이다(롬 15:16).
영원 시대	성도의 인내 (계 14:12)	성도의 인내는 그리스도의 인내를 말한다(살후 3:5). 그러므로 그리스도의 인내를 이루는 것이 성도의 인내가 된다. 성도의 인내는 하나님의 계명과 예수 믿음을 지키는 것이다(계 14:12). 사람의 노력으로 인내하는 것이 아니다. 그리스도가 주인으로 살아 주실 때 가능한 것이다. 에덴동산에는 선악을 알게 하는 나무와 생명나무가 있었지만, 새 하늘과 새 땅에는 생명나무만 있다. 그러므로 영원 시대의 새 언약은 그리스도의 인내로 생명나무가 있는 영원한 나라에 들어가도록 약속된 것이다. 하나님은 영원한 시대로 진입하는 기회로 이 땅의 삶을 살아가는 시간을 주셨다. 또한 시간은 인간이 새로워지기까지 그 더러움을 참아 내시는 그리스도의 인내다. 이 땅에서 사는 동안 그리스도의 인내에 들어가게 되면 영원으로 들어가는 것이다. 그러므로 영원의 의미로 현재를 사는 성도의 목적은 현재에도, 미래에도 영원한 생명이신 예수 그리스도이어야 한다.

왕 노릇 – "예수님의 생명으로 살라"

마크 트웨인의 유명한 동화 《왕자와 거지》 또는 영화 〈광해, 왕이 된 남자〉에서는 왕자, 또는 왕이 아닌 신분의 사람이 왕자 노릇, 왕 노릇을 하는 장면이 나옵니다. 영화 〈광해, 왕이 된 남자〉의 주인공

하선은 왕과 똑같은 외모는 물론이고 타고난 재주와 말솜씨로 왕의 흉내도 완벽하게 해냅니다. 하선은 왕이 되어서는 안 되는 사람이지만 조선의 왕이 됩니다. 진짜 광해군을 대신해서 왕의 대역을 맡게 된 것입니다. 저잣거리의 한낱 만담꾼에서 하루아침에 조선의 왕이 되어 버린 천민 하선은 말투부터 걸음걸이, 국정을 다스리는 법까지 함부로 입을 놀려서도, 들켜서도 안 되는 위험천만한 왕 노릇을 시작합니다. 천한 백성이 왕 노릇을 하려면 왕처럼 말하고, 왕처럼 생활하는 법을 학습해야 합니다. 그래야 진짜 왕 흉내를 낼 수 있기 때문입니다. 하지만 왕 노릇 연기는 단순히 흉내 내기만으로는 완벽할 수 없습니다. 자신 속에 있는 또 다른 나를 끄집어내어 그 캐릭터로 동화되는 과정이 필요합니다.

그리스도인들이 자신 안에 임마누엘로 계신 예수님의 모습을 나타내는 것은 단순히 흉내 내기로는 불가능합니다. 예수 그리스도가 계시지 않는 사람은 흉내조차도 낼 수가 없습니다. 예수로 동화되는 것은 예수화 되는 것이며, 곧 예수님처럼 왕 노릇 하는 것입니다. 그리스도인들에게는 예수 그리스도가 계시기에 진짜 예수님 모습으로 전환되는 것입니다. 예수님을 닮은 속사람이 옛 사람의 자아를 내려놓게 하고 새사람으로 살게 합니다. 성경은 그리스도와 함께 왕 노릇 하는 나라를 꿈꿉니다. 실제로 역사 속에서 그리스도와 더불어 왕 노릇 하는 나라가 도래할 것입니다. 그러나 요한계시록에서 완성될 나라가 가시적으로 임하기 전에도 왕 노릇은 이미 창세기에서 출발했습니다. 사람을 용서하고 사랑하며 세상을 축복하는 왕 노릇은 아담에게 먼저 주어졌습니다. 아담은 사람의 총칭어로, 모든 사람이 왕 노릇을 할 수 있다는 것을 의미합니다.

예수 그리스도의 생명으로 사는 왕 노릇의 기준은 하나님의 말씀입니다. 하나님의 말씀에 불순종하면 사망이 왕 노릇 합니다. 그러나 말씀에 순종하면 예수의 생명이 왕 노릇 합니다. 성경은 사망이 왕 노릇 하는 무리와 생명이 왕 노릇 하는 무리로 나누어지는 모습을 적나라하게 보여 줍니다. 성경 역사의 줄기가 이 초점을 기준으로 흘러가고 있습니다. 그러므로 성경을 읽을 때 나는 죽고 예수로 사는 초점을 놓치지 말아야 합니다.

왕 노릇의 목적

왕 같은 제사장의 왕 노릇의 목적은 어두운 데서 불러내어 그분의 기이한 빛에 들어가게 하신 이의 아름다운 덕을 선포하게 하려는 것이다(벧전 2:9).

왕 노릇의 싸움

인간은 자신이 왕인 줄 착각할 때 죄를 짓게 된다. 율법은 이것을 죄라고 규정한다. 하나님은 죄인을 그리스도의 피로 구원하시어 하나님의 자녀로 살게 하신다. 이때부터 속사람이 원하는 하나님의 법과 옛 사람의 본성이 서로 싸우게 된다. 그것은 육신을 입고 사는 동안 한순간도 하나님을 의지하지 않으면 살 수 없도록 만들어졌기 때문이다. 이 싸움에서 승리하는 비결은 성령을 의지하는 것이다. 한순간이라도 말씀에서 멀어지면 죄의 종노릇을 하게 되고, 성령의 인도하심을 받으면 임마누엘하시는 예수 캐릭터가 왕 노릇으로 나타난다.

시대별 구속사적 성경 읽기 ③ – 왕 노릇

시대 구분	왕 노릇	내용
창조 시대	하나님의 말씀에 순종해서 선악과를 먹지 않는 것	첫 사람 아담의 불순종으로 선악을 알게 하는 나무의 실과를 먹고 그때부터 사망이 왕 노릇 했다.
족장 시대	왕 노릇의 모델 (아브라함, 이삭, 야곱, 요셉)	하나님이 함께 거하시는 모습이 족장들에게 나타날 때마다 그들의 순종하는 모습을 볼 수 있다. 아브라함은 이삭을 번제로 드리고, 이삭은 순종한다. 험악한 인생을 살았던 야곱이지만 축복의 사람이 되고, 요셉은 하나님이 함께하심으로 종살이와 옥살이에서도 형통해서 총리가 되어 자기 백성을 구원함으로 생명이 왕 노릇 하는 통로가 된다.
광야 시대	시내 산 언약에 순종하는 것	불순종하는 40년 동안의 광야에서는 사망이 왕 노릇 했지만, 여호수아와 갈렙의 "그들은 우리의 먹이라"(민 14:9)는 신앙고백을 통해서 광야 같은 세상에서 왕 노릇 하는 본을 보여 준다.
정복 시대	가나안 문화를 정복하는 것	순종으로 세상의 견고한 성을 무너뜨린다. 순종은 여리고 성을 무너뜨리지만, 불순종은 작은 아이 성도 정복하지 못한다. 아간과 같은 교만한 탐욕의 마음은 사망이 왕 노릇 하게 만든다. 치열한 영적 전쟁에서 왕 노릇 하는 비결은 말씀으로 육신의 탐욕스런 자아를 완전 정복하는 것이다.
사사 시대	하나님의 말씀에 통치를 받는 것	말씀의 통치 기준을 버리고 자신의 소견에 옳은 대로 세상의 물질과 쾌락을 섬기면 사망이 왕 노릇 한다. 하나님이 말씀으로 통치하실 때 생명이 왕 노릇 하게 된다. 그러므로 생명이 왕 노릇 하는 공동체는 자신의 소견이 아니라 말씀의 기준으로 살게 된다.
왕정 시대 (통일, 분열)	말씀으로 통치하시는 하나님을 왕으로 섬기는 다윗 왕	왕 노릇의 모델이 된 다윗은 말씀에 순종해서 하나님이 제시하시는 생명의 길로 가고, 불순종의 모델이 된 여로보암은 자기의 소견에 옳은 대로 행해서 사망의 길로 간다.
포로 시대 (포로, 귀환)	하나님의 거룩을 나타내는 것	사자 굴에 들어간 다니엘과 불 속으로 들어간 다니엘의 세 친구는 진짜 왕은 세상에서 군림하는 왕이 아니라 하나님이심을 나타낸다. 세상의 포로 시대의 왕 노릇은 천국으로 귀환할 때까지 세상의 사자 굴과 세상의 불 속에서 신앙고백으로 사는 것이다.
침묵 시대	습관적인 종교 생활을 깨는 것	어두운 침묵 시대는 세상 문화에 깊숙이 침투당해서 왕 노릇을 못한다. 개인적인 침묵 시대의 암흑은 복음으로 깨지고, 영혼의 침묵 시대는 복음의 빛으로 새롭게 살아난다.
복음 시대	율법적인 신앙생활에서 벗어나 복음적인 신앙생활을 하는 것	율법적인 신앙생활은 자신이 드러나는 것이고, 복음적인 신앙생활은 그리스도가 드러나시는 것이다.
교회 시대	세계 선교, 나는 죽고 예수로 사는 삶으로 성령의 인도하심을 받는 것	육체의 소욕은 사망이 왕 노릇 하는 열매를 맺고, 성령의 소욕은 예수의 생명이 왕 노릇 하는 열매를 맺는다.
영원 시대	마지막 아담이신 그리스도의 순종이 임하는 것	생명나무의 과실을 먹고 그리스도와 함께 땅에서 왕 노릇, 천 년 동안 왕 노릇, 세세토록 왕 노릇 하는 것이다.

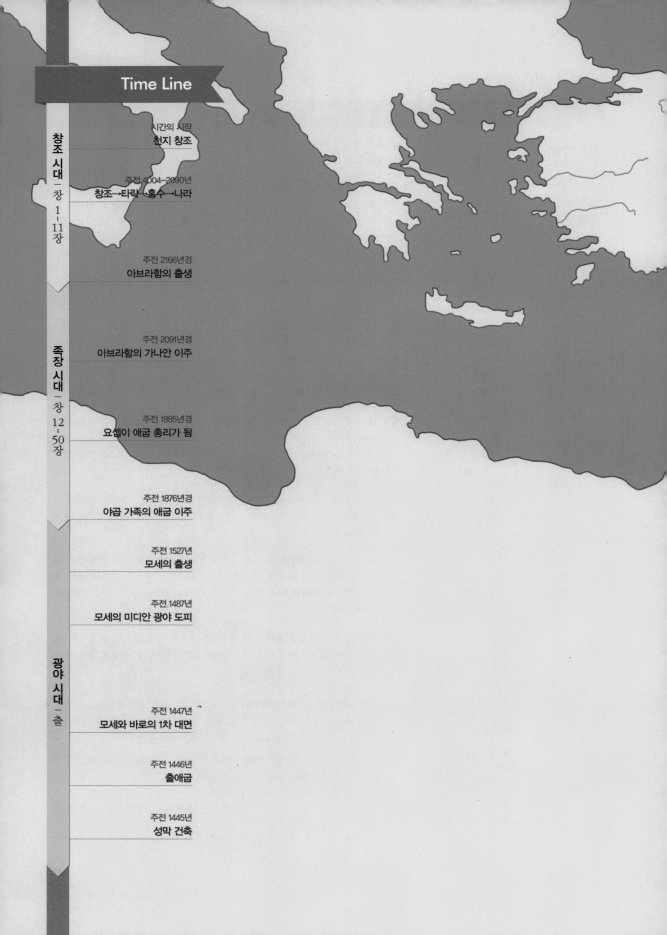

Time Line

창조 시대 ― 창 1-11장

시간의 시작
천지 창조

주전 4004-2090년
창조 → 타락 → 홍수 → 나라

주전 2166년경
아브라함의 출생

족장 시대 ― 창 12-50장

주전 2091년경
아브라함의 가나안 이주

주전 1885년경
요셉이 애굽 총리가 됨

주전 1876년경
야곱 가족의 애굽 이주

주전 1527년
모세의 출생

주전 1487년
모세의 미디안 광야 도피

광야 시대 ― 출

주전 1447년
모세와 바로의 1차 대면

주전 1446년
출애굽

주전 1445년
성막 건축

Week
1

창세기 1장 - 출애굽기 24장

지중해

가나안

•예루살렘

•가데스 바네아

애굽

시내 산 ▲

홍해

•바벨론

•우르

창세기

 **Key Point**

여자의 후손 예수 그리스도

예수 그리스도는 태초에 하나님과 함께 천지를 창조하신 분이십니다. 그러나 예수 그리스도에 관해서는 하나님의 비밀로 감추어져 있습니다(요 1:1, 골 1:16, 26–27). 성경은 점진적으로 예수 그리스도에 대해 증언합니다. 창세기는 특히 '4대 사건'을 통해 예수 그리스도가 여자의 후손(창 3:15, 갈 4:4)으로 오실 것을 예고합니다(창 1–11장). 그리고 하나님이 '4대 인물'과 맺으신 약속을 통해 그 비밀을 점진적으로 드러냅니다(창 12–50장).

4대 사건(창 1–11장) : 창조, 타락, 홍수, 바벨탑

인간 창조의 비밀은 생명이 왕 노릇 하는 창조입니다(창 1:1, 3). 그런데 아담이 하나님 없는 왕 노릇으로 교만해져 하나님이 먹지 말라고 명하신 선악과를 먹고 사망이 왕 노릇 하게 됩니다. 그러나 여자의 후손이신 예수 그리스도가 십자가에 죽으신 순종으로 말미암아 생명이 왕 노릇 하게 됩니다. 아담은 오실 자, 예수 그리스도의 모형이기 때문입니다(롬 5:14). 그러므로 한 사람 아담으로 인해 이 세상에 죄와 사망의 법이 시작되었지만, 마지막 아담이신 예수 그리스도로 인해 죄와 사망의 법에서 해방됩니다(롬 8:2, 고전 15:22, 45).

아담과 하와는 선악과를 먹은 후 자기들이 벗은 줄 알고 무화과 나뭇잎을 엮어 몸을 가립니다. 그러나 하나님은 그들의 죄를 가리시기 위해 가죽옷을 입히십니다. 피 흘림이 없이는 사함이 없기 때문입니다(히 9:22). 그러므로 인간의 노력으로는 죄 문제를 해결할 수 없고, 여자의 후손으로 오시는 그리스도의 희생으로만 구원을 얻을 수 있습니다.

가인은 동생 아벨을 죽임으로 여자의 후손으로 오시는 예수 그리스도의 줄기를 끊으려고 합니다. 그러나 하나님은 죽은 아벨 대신에 다른 씨, 셋

하나님의 천지 창조
태초에 하나님이 천지를 창조하시니라 … 하나님이 이르시되 빛이 있으라 하시니 빛이 있었고(창 1:1, 3).

아담, 그리스도의 모형
그러나 아담으로부터 모세까지 아담의 범죄와 같은 죄를 짓지 아니한 자들까지도 사망이 왕 노릇 하였나니 아담은 오실 자의 모형이라(롬 5:14).

여자의 후손, 예수 그리스도
내가 너로 여자와 원수가 되게 하고 네 후손도 여자의 후손과 원수가 되게 하리니 여자의 후손은 네 머리를 상하게 할 것이요 너는 그의 발꿈치를 상하게 할 것이니라 하시고(창 3:15).

을 계보(系譜)로 주십니다(창 4:25). 이렇게 셋으로 다시 시작되는 여자의 후손의 계보가 노아까지 이어집니다.

노아는 세상의 죄악이 홍수처럼 밀려오는 시대 속에서 의인이요, 당대에 완전한 자로 하나님의 명령을 준행하며 하나님과 동행하는 삶을 살아갑니다(창 6:9).

> "믿음으로 노아는 아직 보이지 않는 일에 경고하심을 받아 경외함으로 방주를 준비하여 그 집을 구원하였으니 이로 말미암아 세상을 정죄하고 믿음을 따르는 의의 상속자가 되었느니라"(히 11:7).

 노아의 방주

노아의 방주는 길이, 너비, 높이가 각각 300, 50, 30규빗이다. 이를 비율로 환산하면 10:1.7:1이 된다. 이 비율은 조선공학적으로 볼 때 구조 안정성, 복원 안정성, 파랑 안정성 모두를 만족시키는 완벽한 비율이다.

방주의 히브리어 원어인 '테바'는 배가 아닌 '상자'라는 뜻의 단어다. 아기 모세를 담았던 그릇인 '갈대 상자'에서도 같은 단어가 사용되었다. 노아의 방주에는 노, 삿대, 돛, 닻과 같은 배에 부착되는 장치가 포함되어 있지 않았다. 그저 둥둥 떠 있는 상자에 불과했다. 즉 방주의 선장은 노아가 아닌 하나님이셨음을 보여 준다.

하나님은 부패하고 포악함이 가득한 땅과 세상을 대홍수로 심판하십니다. 인류의 대재앙인 홍수 심판 이후에 하나님은 유일한 생존자인 노아의 가족에게 복을 주시며 노아 언약을 맺으십니다. 노아의 계보는 아들들인 셈과 함과 야벳을 통해 생육, 번성하고 땅에 충만해져 갑니다.

노아의 아들들 중에 함은 아버지의 실수를 폭로하다가 저주를 받고, 그의 자손은 바벨탑 사건을 주도하다가 세계 열방으로 흩어지게 됩니다. 그러나 아버지의 실수를 덮어 주고 축복을 받은 셈과 그의 자손 아브라함에게는 여자의 후손인 '씨'가 약속으로 주어집니다(창 12:1-3).

4대 인물(창 12-50장) : 아브라함, 이삭, 야곱, 요셉
하나님은 갈대아 우르에서 아브라함을 불러내셔서 여자의 후손이신 예수 그리스도를 통한 인류 구원의 거대한 여정을 시작하십니다. 하나님은 아브라함과 영원한 언약을 맺으시고, 그의 후손에서 예수 그리스도의 나심과 그분의 구속 사역을 통해 구원 받은 믿음의 창대한 민족을 이루실 것을 약속하십니다.

> "이 약속들은 아브라함과 그 자손에게 말씀하신 것인데 여럿을 가리켜 그

자손들이라 하지 아니하시고 오직 한 사람을 가리켜 네 자손[씨]이라 하셨으니 곧 그리스도라"(갈 3:16).

이 언약 안에 들어온 사람은 하나님의 백성이 되고, 언약을 성취하신 하나님은 그들의 하나님이 되십니다(창 17:4-8, 19). 이렇게 아브라함에게 약속된 영원한 언약의 씨는 그리스도를 예표하는 이삭으로 연결됩니다(창 21:12, 26:4).

그리고 야곱은 하나님이 아브라함에게 하신 동일한 약속을 점진적인 형태로 받습니다. 땅의 모든 족속이 야곱과 그의 자손으로 말미암아 복을 받고, 그의 씨가 바다의 셀 수 없는 모래와 같이 번성하게 됩니다. 또한 야곱의 열두 아들들이 이스라엘 열두 지파 계보의 시조가 됩니다. '이스라엘'이라는 이름으로 나라의 왕들이 야곱의 허리에서 나와 큰 민족을 이루고, 아브라함과 이삭에게 약속된 땅을 야곱과 그의 후손들이 받게 됩니다(창 28:14, 32:12, 35:9-13).

하나님은 약속대로 큰 민족을 이루시기 위해 이스라엘(야곱) 족속을 당시 요셉이 총리로 있던 애굽으로 이주하게 하십니다(창 46:3-4). 그리고 그 전에 애굽에 팔려 간 요셉은 만민의 생명을 구원하는 그리스도의 모형으로 등장합니다(창 50:20).

아브라함 언약
내가 너로 심히 번성하게 하리니 내가 네게서 민족들이 나게 하며 왕들이 네게로부터 나오리라 내가 내 언약을 나와 너 및 네 대대 후손 사이에 세워서 영원한 언약을 삼고 … 이 땅 곧 가나안 온 땅을 주어 영원한 기업이 되게 하고 나는 그들의 하나님이 되리라(창 17:6-8).

애굽으로 내려가라!
… 나는 하나님이라 네 아버지의 하나님이니 애굽으로 내려가기를 두려워하지 말라 내가 거기서 너로 큰 민족을 이루게 하리라 내가 너와 함께 애굽으로 내려가겠고 반드시 너를 인도하여 다시 올라올 것이며 … (창 46:3-4).

요셉, 생명의 구원자
요셉이 그들에게 이르되 … 당신들은 나를 해하려 하였으나 하나님은 그것을 선으로 바꾸사 오늘과 같이 많은 백성의 생명을 구원하게 하시려 하셨나니(창 50:19-20).

 야곱의 인생 여정에서 생긴 일

브엘세바 : 형 에서의 발꿈치를 잡고 태어남(창 25:26). 팥죽 한 그릇으로 장자권을 빼앗음(창 25:27-34). 형이 받을 축복을 가로챔(창 27:1-29). 형을 피해 도망가는 도망자 신세가 됨(창 28:1-5).

벧엘 : 하늘로 닿은 사닥다리 환상을 경험함(창 28:10-22).

밧단아람 : 라헬을 얻기 위해 20년간을 라반의 집에서 일함(창 29:15-35). 두 명의 아내와 두 명의 몸종을 통해 열두 아들과 한 명의 딸을 얻음. 묘한 방법으로 큰 부자가 됨(창 30:25-31:13). 라반에게 쫓겨 가나안으로 귀향함(창 31:17-55).

애굽 : 야곱 가족 70명의 집단 이민, 아들 요셉 덕분에 17년간의 말년을 호강하며 살다가 조상들의 땅에 묻힘(창 47:30).

헤브론 : 골치 아픈 자식들 문제(강간당한 디나, 서모인 빌하와 간통한 르우벤, 요셉을 둘러싼 시기와 암투)와 사랑하는 아내 라헬을 잃은 슬픔에 싸임.

얍복 나루터 : 천사와 씨름한 야곱, 비록 부상을 당하기는 했지만 결국 '이스라엘'(하나님과 겨루어 이긴 자)이라는 영광스러운 이름을 얻음.

출애굽기

 **Key Point**

유월절 어린 양 예수 그리스도

출애굽기는 죄를 범한 사람이 어떻게 구원을 받게 되는지에 대해 말해 줍니다. 이를 위해 출애굽 과정에서의 열 가지 기적과 유월절 어린 양을 통해 예수 그리스도의 십자가 사건을 예표로 보여 줍니다(요 1:29, 계 7:10).

하나님이 사람을 구원하신 목적은 하나님의 백성으로 삼으시려는 것이고(출 6:6-7), 그들에게 율법을 주신 이유는 하나님의 백성답게 살게 하시려는 것입니다(출 1–18장). 또한 하나님이 언약에 대한 증표로 성막을 주신 것은 사람과 함께 살고자 하신 것입니다(고전 3:16, 살전 5:9–10).

성막은 복음의 모형으로, 예수 그리스도(요 2:19–21, 계 21:22)를 나타냅니다(출 19–40장).

출애굽 과정(출 1–18장) : 열 가지 기적, 유월절 어린 양

가나안 땅으로 다시 돌아오게 하겠다는 하나님의 약속을 받고 애굽으로 내려간 야곱의 가족 70명은 창세기 마지막에서부터 출애굽기 시작까지의 공백 기간 동안 한 나라에 견줄 만한 큰 민족을 이룹니다(창 46:3-4, 27, 출 1:5-7). 이스라엘 백성이 이런 과정을 겪게 될 것에 대해서는 하나님이 아브라함에게 그의 자손이 이방에서 객이 되어 400년 동안 이방인들을 섬긴 후 큰 재물을 이끌고 나오리라고 미리 말씀하셨습니다(창 15:13-14). 애굽의 노예가 된 하나님의 백성을 출애굽시키심으로 세상에 매여 사탄의 종노릇하는 자들을 구원하시는 방법을 예시하신 것입니다.

하나님은 그분의 백성을 구원하시기 위해 모세를 애굽 왕궁에서 40년 그리고 광야에서 40년간 준비시키셨습니다(행 7:18-35). 모세는 장래에 말할 것을 증언하기 위해서 준비된 것입니다(히 3:5). 이는 이스라엘 백성이 모세를 통해 애굽에서의 고통과 억압에서 출애굽 했듯이 죄악의 흑암에서 신음하며 죽어 가는 자들이 예수 그리스도를 통해 출세상(出世上, 영적 출

나는 여호와, 너희의 하나님!
… 이스라엘 자손에게 말하기를 나는 여호와라 내가 애굽 사람의 무거운 짐 밑에서 너희를 빼내며 그들의 노역에서 너희를 건지며 편 팔과 여러 큰 심판들로써 너희를 속량하여 너희를 내 백성으로 삼고 나는 너희의 하나님이 되리니 … (출 6:6-7).

언약의 약속과 성취
여호와께서 아브람에게 이르시되 너는 반드시 알라 네 자손이 이방에서 객이 되어 그들을 섬기겠고 그들은 사백 년 동안 네 자손을 괴롭히리니 그들이 섬기는 나라를 내가 징벌할지며 그후에 네 자손이 큰 재물을 이끌고 나오리라(창 15:13-14).

애굽) 할 수 있다는 증언입니다. 그러므로 하나님의 구원 계획에 쓰임 받은 모세는 예수 그리스도를 잘 예표합니다(히 11:24-26).

하나님은 모세를 통해 애굽에서 열 가지 기적을 일으키십니다. 그런데 열 가지 기적은 애굽 백성에게는 재앙이고, 이스라엘 백성에게는 복이 됩니다. 가장 큰 복은 유월절 어린 양의 피입니다. 그 피로 인해 출애굽에 성공하게 됩니다. 마지막 열 번째 재앙에서 유월절 어린 양의 피를 좌우 문설주와 인방에 뿌린 이스라엘 가정들은 죽음의 그림자가 비켜 넘어감으로 구원을 받습니다.

바로 왕은 장자의 죽음 재앙을 맛본 후에야 이스라엘을 애굽에서 쫓아냅니다. 인간의 죄로 인한 죽음으로부터의 구원은 오직 어린 양 예수 그리스도의 피로만 해결 받을 수 있습니다(히 9:14-15, 10:19-20).

출애굽에 성공한 이스라엘 백성은 믿음으로 홍해를 건너면서 세(침)례를 받고, 신령한 음식과 신령한 음료의 성찬식에 참여하는 광야 교회로 거듭나게 됩니다(행 7:38, 고전 10:1-4, 히 11:29).

언약과 성막(출 19-40장) : 시내 산 언약, 성막 건축

광야 교회로 거듭난 이스라엘 백성은 애굽 땅을 떠난 지 3개월 만에 시내 광야에 도착합니다(출 19:1). 오순절 성령 강림 때 신약의 초대교회가 시작되었듯이, 구약의 광야 교회는 시내 산에서 언약을 체결하면서 본격적으로 시작됩니다. 광야 교회는 언약을 통해서 하나님의 백성답게 사는 법을 배우게 됩니다. 시내 산에서 모세로 말미암아 받은 첫 언약의 율법이 새 언약인 예수 그리스도의 복음으로 완성됩니다(마 5:17, 롬 10:4).

그러므로 하나님의 백성다운 삶은 돌판에 새겨진 율법의 형식적인 준수가 아니라 피 뿌림의 번제로 드려져야 합니다(출 24:4-8, 히 9:19-22). 그래서 하나님이 율법과 함께 성막을 주신 것입니다(출 25:8-9).

율법으로는 죄를 깨닫고, 그 죄를 해결 받기 위해 성막에서 제사를 드립니다. 예수 그리스도는 육신을 입고 우리 가운데 임마누엘로 오신 성막의 실체이십니다(요 1:14). 그리고 성막에서 제사로 드려지는 어린 양의 실체는 "세상 죄를 지고 가는 하나님의 어린 양"(요 1:29) 예수 그리스도이십니다(히 9:11-22).

관리와 속량자, 모세!
내 백성이 애굽에서 괴로움 받음을 내가 확실히 보고 그 탄식하는 소리를 듣고 그들을 구원하려고 내려왔노니 이제 내가 너를 애굽으로 보내리라 … 그 모세를 하나님은 가시나무 떨기 가운데서 보이던 천사의 손으로 관리와 속량하는 자로서 보내셨으니(행 7:34-35).

믿음의 모세 – 고난, 수모, 상을 받음
믿음으로 모세는 장성하여 바로의 공주의 아들이라 칭함 받기를 거절하고 도리어 하나님의 백성과 함께 고난 받기를 잠시 죄악의 낙을 누리는 것보다 더 좋아하고 그리스도를 위하여 받는 수모를 애굽의 모든 보화보다 더 큰 재물로 여겼으니 이는 상 주심을 바라봄이라(히 11:24-26).

예수 그리스도의 피
하물며 영원하신 성령으로 말미암아 흠 없는 자기를 하나님께 드린 그리스도의 피가 어찌 너희 양심을 죽은 행실에서 깨끗하게 하고 살아 계신 하나님을 섬기게 하지 못하겠느냐 이로 말미암아 그는 새 언약의 중보자시니 이는 첫 언약 때에 범한 죄에서 속량하려고 죽으사 부르심을 입은 자로 하여금 영원한 기업의 약속을 얻게 하려 하심이라(히 9:14-15).

모세의 광야 교회
시내 산에서 말하던 그 천사와 우리 조상들과 함께 광야 교회에 있었고 또 살아 있는 말씀을 받아 우리에게 주던 자가 이 사람이라(행 7:38).

제사장

하나님을 섬기는 사람으로서 백성을 대신해서 제사를 드렸다. 예수님의 그림 자라고 할 수 있다. 제사를 드리기 위해서는 제사를 드리는 장소와 제물 그리 고 반드시 제사장이 있어야 했다.

- 일반 제사장 : 매일의 희생 제사를 주관하고 율법을 가르침
- 대제사장 : 지성소에 들어갈 수 있으며, 대속죄일에 모든 백성의 죄를 대신 해서 제사를 드림

제사장의 변천사
- **자신을 위한 제사장** : 아담, 가인, 아벨, 노아, 아브라함
- **가족을 위한 제사장** : 가장, 어른(출 12:3)
- **국가를 위한 제사장** : 아론 자손
- **하나님의 교회를 위한 제사장** : 예수님(히 3:1)
- **신약 시대 제사장** : 믿는 모든 사람들(벧전 2:9)

제사장의 옷
- **겉옷** : 에봇의 받침이 되는 긴 청색의 옷
- **속옷** : 겉옷 안에 입는 세마포(베로 만든 옷) 두루마기
- **에봇** : 대제사장들이 맨 위에 입는 앞뒤로 늘어져 걸치는 옷
    (금색, 청색, 자주색, 홍색 실과 고운 베실로 정교하게 짠 옷)
- **가슴패** : 가슴에 다는 큰 패. 열두 지파의 이름을 기록한 열두 보석이 붙어 있음
- **관** : '여호와께 성결'이라고 쓴 모자
- **띠** : 에봇과 같은 재료로 만듦

관
가슴패
속옷
띠
에봇
겉옷

언약의 피

모세가 여호와의 모든 말씀을 기록하고 이른 아침에 일어나 산 아래에 제단을 쌓고 이스라엘 열두 지파대로 열두 기둥을 세우고 이스라엘 자손의 청년들을 보내어 여호와께 소로 번제와 화목제를 드리게 하고 모세가 피를 가지고 반은 여러 양푼에 담고 반은 제단에 뿌리고 언약서를 가져다가 백성에게 낭독하여 듣게 하니 그들이 이르되 여호와의 모든 말씀을 우리가 준행하리이다 모세가 그 피를 가지고 백성에게 뿌리며 이르되 이는 여호와께서 이 모든 말씀에 대하여 너희와 세우신 언약의 피니라(출 24:4-8).

창조의 목적

창 1:1 - 창 11:26

Day Point

하나님은 모세를 통해서 창세기를 문자 기록으로 남기십니다.

출애굽 당시 이스라엘 백성에게 창세기는 역사 속에서 이미 진행된 과거의 이야기입니다.

왜 하나님은 이스라엘 백성을 애굽의 노예 생활에서 해방시키셨을까요?

이스라엘 백성과 언약을 체결하신 하나님은 창세기의 창조, 타락, 홍수, 바벨탑 사건을 통해서 하나님 자신이 어떤 분인지 드러내십니다.

창조(창 1-2장)

"태초에 하나님이 천지를 창조하시니라"(창 1:1).

천지를 창조하시고 사람을 만드신 분은 하나님이십니다(창 1:27-28). 하나님이 세상을 창조하신 목적은 무엇일까요?

"피조물이 고대하는 바는 하나님의 아들들이 나타나는 것이니"(롬 8:19).

"하늘이여 위로부터 공의를 뿌리며 구름이여 의를 부을지어다 땅이여 열려서 구원을 싹트게 하고 공의도 함께 움돋게 할지어다 나 여호와가 이 일을 창조하였느니라"(사 45:8).

이처럼 창조의 초점은 인간이 하나님과 교제하며, 하나님의 자녀가 되게 하는 구원에 있습니다. 그러므로 왕 같은 존재로 지음 받은 사람이 세상에서 참된 생명으로 왕 노릇 하려면 창조의 주인이신 구원의 하나님을 찾고, 교제 관계를 회복해야 합니다(사 45:19, 22).

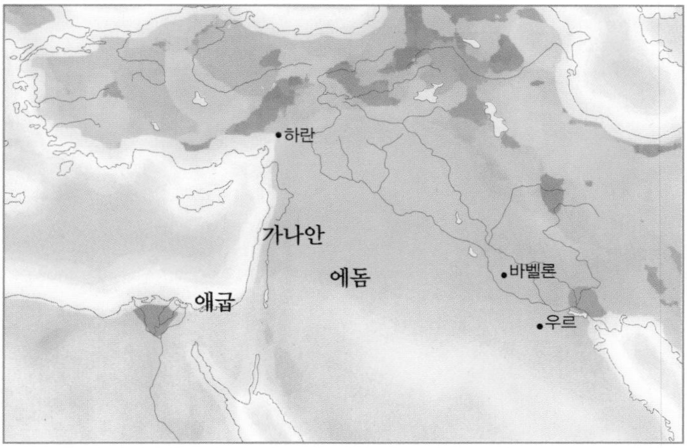

▼ 창세기의 지리적 배경

타락(창 3-5장)

하나님은 사람을 창조하시고 에덴동산을 경작하며 지키게 하십니다. 각종 나무의 열매를 자유롭게 먹을 수 있으나 선악을 알게 하는 나무의 열매는 먹지 말라는 금지 명령이 주어집니다.

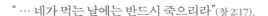

"… 네가 먹는 날에는 반드시 죽으리라"(창 2:17).

아담은 하나님으로부터 '행위 언약'을 받지만 간교한 뱀의 유혹으로 그 언약을 어기게 됩니다(창 3:6, 호 6:7). 아담은 언약을 어긴 죄로 인해 보게 된 자신의 수치심 때문에 나뭇잎 치마를 만들어 입지만 그 죄를 가릴 수가 없었습니다. 그는 에덴동산에서 추방되어 하나님과의 관계가 단절된, 수고와 고통과 죽음의 상태로 타락합니다.

그러나 하나님은 타락한 인간을 구원하시기 위해 '은혜 언약'을 주십니다. 하나님은 사람의 죄를 해결하시기 위해 여자의 후손(예수 그리스도)을 보내셔서 구원하는 은혜 언약을 주시고, 그 증표로 아담과 하와에게 가죽옷을 지어 입히십니다(창 3:15, 21, 겔 16:8, 롬 5:14, 13:14).

또한 아벨의 제사와 가인의 살인 사건을 통해 은혜 언약이 어떠한 과정을 거쳐 점진적으로 예수 그리스도를 드러내는지 보여 주십니다.

레위기에서 제사를 통해 하나님에게 나아가는 방법을 설명하듯이 인간의 죄로 인해 막힌 생명나무의 길을 여는 방법은 바로 제사입니다. 믿음으로 드린 아벨의 제사는 어린 양 예수 그리스도의 희생을 상징적으로 보여 줍니다(히 11:4). 또한 아벨은 죽음으로 은혜 언약을 믿는 믿음과 순종을, 가

오늘의 말씀

사람, 하나님의 형상을 닮다!
하나님이 자기 형상 곧 하나님의 형상대로 사람을 창조하시되 남자와 여자를 창조하시고 하나님이 그들에게 복을 주시며 … 이르시되 생육하고 번성하여 땅에 충만하라, 땅을 정복하라, … 모든 생물을 다스리라 하시니라(창 1:27-28).

유일한 구원자, 하나님!
땅의 모든 끝이여 내게로 돌이켜 구원을 받으라 나는 하나님이라 다른 이가 없느니라(사 45:22).

하나님의 가죽옷
여호와 하나님이 아담과 그의 아내를 위하여 가죽옷을 지어 입히시니라(창 3:21).

아벨의 제사
믿음으로 아벨은 가인보다 더 나은 제사를 하나님께 드림으로 의로운 자라 하시는 증거를 얻었으니 하나님이 그 예물에 대하여 증언하심이라 그가 죽었으나 그 믿음으로써 지금도 말하느니라(히 11:4).

인은 살인으로 교만과 불순종을 입증합니다. 하나님은 아벨의 제사를 받으심으로 믿음으로 구원 받는 것을 입증하십니다(창 4:4-5, 레 1:3). 우리 삶의 예배도 아벨의 제사처럼 믿음과 순종의 삶을 입증해야 합니다(롬 12:1).

홍수(창 6-9장)

하나님은 홍수 심판과 구원의 방주를 통해 죄에 대해 심판하시지만 은혜로 구원하는 분이십니다. 가인이 죽인 동생 아벨 대신 다른 씨, 즉 셋으로 시작해 노아까지 여자의 후손이 이어지면서 세상은 급속하게 죄에 물들게 됩니다.

　사람의 죄악이 세상에 가득하고, 사람이 그 마음으로 생각하는 모든 계획이 항상 악할 뿐임을 탄식하신 하나님은 대홍수 심판을 통해 지면에서 사람을 쓸어버리십니다. 그리고 방주 안에 들어간 노아의 가족 여덟 명을

노아 언약과 무지개
내가 너희와 언약을 세우리니 다시는 모든 생물을 홍수로 멸하지 아니할 것이라 땅을 멸할 홍수가 다시 있지 아니하리라 … 내가 내 무지개를 구름 속에 두었나니 이것이 나와 세상 사이의 언약의 증거니라(창 9:11, 13).

구원하시고(창 6:18, 벧전 3:20), 다시는 물로 생물을 멸망시키지 않겠다는 '노아 언약'을 맺으십니다(창 9:8-17). 이 사건에 대해 예수님은 마지막 날에 인자의 임함도 노아의 때와 같으므로 준비하고 깨어 있으라고 경고하십니다(마 24:37-44).

온 인류에게 하나님의 심판이 임할 때 구원 받는 방법은 구원의 방주이신 예수 그리스도 안에 있는 것입니다. 이러한 구원 방법에 대해 베드로 사도는 "물은 예수 그리스도께서 부활하심으로 말미암아 이제 너희를 구원하는 표니 곧 세례"(벧전 3:21)라고 말합니다(롬 6:3-4).

이제 우리의 교만하고 불순종한 옛 사람이 수장(홍수)되었으니 예수 그리스도(방주) 안에서 믿음으로 순종하는 새사람으로 살아야 합니다.

바벨탑(창 10장-11:26)

대홍수 이후 노아의 세 아들들로부터 사람들이 온 땅에 퍼져 나갑니다. 노아의 아들 중에 함의 자손은 자기 나라를 세우고 스스로의 이름을 내어 하나님에게 대항하려는 의도로 탑을 쌓습니다(창 10:8-10, 11:4). 이에 하나님은 사람의 언어를 혼잡(바벨)하게 하심으로 그들을 온 지면에 흩으십니다(창 11:9). 인간의 교만과 반항의 바벨탑은 훗날 여자의 후손 예수 그리스도에 의해 무너질 큰 성 바벨론으로, 용(옛 뱀, 마귀, 사탄)의 세력을 상징합니다(계 16:19, 18:2, 20:2).

하나님은 사랑하시는 아들의 나라를 세우시기 위해 셈의 자손인 아브라함을 흑암의 권세가 있는 갈대아 우르에서 부르십니다(창 18:18-19, 골 1:13). 이와 같이 흑암의 권세가 있는 세상에서 부르심을 받은 복된 자들은 교만해서 불순종하는 자기 우상의 바벨탑을 깨 버리고 하나님 나라를 위해 믿음으로 순종하며 생명 탑을 쌓아야 합니다.

바벨탑, 혼잡과 흩어짐!
··· 성읍과 탑을 건설하여 그 탑 꼭대기를 하늘에 닿게 하여 우리 이름을 내고 온 지면에 흩어짐을 면하자 ··· 그 이름을 바벨이라 하니 이는 여호와께서 거기서 온 땅의 언어를 혼잡하게 하셨음이니라 여호와께서 거기서 그들을 온 지면에 흩으셨더라(창 11:4, 9).

오늘의 미션

말씀 읽기를 시작하면서 주님에게 맡길 기도 제목은?

[미션 수행]

90일 동안 말씀에 감추어진 보화를 캐내며 나의 심령이 말통이 되게 해 주십시오.

아브라함과 이삭

창 11:27 - 창 25:11

Day Point

하나님은 당신의 아들이 다스리는 나라를 세우시기 위해 셈의 자손인 아브라함을 일방적인 은혜로 선택하셔서 흑암의 권세가 있는 갈대아 우르에서 불러내십니다(창 18:18-19, 골 1:13).

　강 저쪽 갈대아 우르의 우상을 섬기는 가정에서 살았던 아브라함은 고향과 친척과 아버지의 집을 떠나 보여 줄 땅으로 가라는 하나님의 부르심을 받습니다. 그리고 땅과 자손과 복의 근원이 되는 세 가지 약속을 받게 됩니다(창 12:1-2, 13:15-16, 15:4-5, 17:4-8, 22:17).

　이것은 여자의 후손이신 그리스도에 대한 약속입니다(갈 3:16). 그러므로 하나님의 약속이 성취될 땅은 가나안에서 천국으로 연결됩니다(히 11:15-16). 많은 자손의 약속은 거룩한 씨로 인해 아브라함과 다윗의 자손, 예수 그리스도의 세계를 이룹니다(마 1:1). 복은 장차 그리스도를 통해서 땅의 모든 족속이 얻게 되는 구원입니다(엡 1:3).

언약(창 11:27-15장) : 땅, 자손, 복

하나님이 아브라함에게 약속하신 땅과 자손과 복의 근원이 되는 축복은 아담에게 여자의 후손을 약속(창 3:15)하신 원시(原始) 복음보다 더 구체화된 것입니다. 여자의 후손인 '씨'는 아브라함의 자손으로 오시는 예수 그리스도이며, 그분으로 인해 땅의 모든 족속이 구원의 복과 약속의 땅을 받기 때문입니다. 신약성경은 아브라함이 받은 언약을 '복음'이라고 정의합니다.

　"또 하나님이 이방을 믿음으로 말미암아 의로 정하실 것을 성경이 미리 알고 먼저 아브라함에게 복음을 전하되 모든 이방인이 너로 말미암아 복을 받으리라 하였느니라"(갈 3:8).

아브라함은 약속의 복음을 듣고 여호와를 믿음으로 의롭다 함을 얻게 됩니다(롬 4:3). 아브라함에게 전해진 복음은 상속자인 아들을 주겠다는 하나님의 약속입니다(갈 3:16, 롬 4:18).

"아브람이 여호와를 믿으니 여호와께서 이를 그의 의로 여기시고"(창 15:6).

믿음은 자기 암시나 신념이 아니라 하나님의 약속을 믿는 것입니다. 아브라함은 자기 생각이 아니라 하나님의 말씀을 좇아갑니다. 그러나 아브라함의 조카 롯은 눈에 보기 좋은 외면의 안락함을 좇아 멸망할 소돔으로 들어갑니다.

그러므로 믿음과 순종은 말씀을 좇아 좁은 길로 가는 것이고, 교만과 불순종은 자기 생각을 좇아 멸망할 세상으로 들어가는 것입니다.

두 언약(창 16-21장) : 하갈과 이스마엘 vs 사라와 이삭

성경은 두 개의 언약을 설명하는데, 사람을 하나님의 백성으로 삼는 내용입니다(창 17:7-8). 하나님의 백성이 되는 방식에 따라 '행위 언약'(율법)과 '은혜 언약'(복음), 또는 '옛 언약'과 '새 언약'이라 부릅니다.

행위 언약은 어떤 것을 '하라', '하지 말라'는 행위를 전제로 한 것입니다. 은혜 언약은 인간의 행위와 관계없이 하나님이 일방적으로 언약하시고, 그 언약을 성취하시는 것입니다. 아담이 무죄한 상태에서 선악과를 먹고 죄를 지은 것은, 전적인 타락 상태에 빠진 인간은 오직 하나님의 은혜로만 살 수 있다는 것을 보여 줍니다. 그러나 은혜 언약은 여자의 후손이신 그리스도가 죄로 죽은 인간을 구원하시는 것입니다.

하나님은 아브라함에게 이런 두 언약의 차이점을 구체적으로 설명하십니다. 아브라함이 자신의 생각과 노력으로 낳은 아들 이스마엘의 어머니인 여종 하갈은 '율법'을 상징합니다. 반면에 하나님의 약속으로 아들 이삭을 낳은 아내 사라는 '복음'을 상징합니다(갈 4:21-31). 율법은 사람의 노력으로 구원 받으려는 것이고, 복음은 하나님의 은혜로 구원 받는 것입니다. 하나님의 은혜로 구원 받은 약속의 자녀는 교만해서 불순종하는 육신의 옛 사람을 내쫓아야 합니다(창 21:10, 갈 4:30).

오늘의 말씀

아브라함을 부르심 - 떠나, 가라!
여호와께서 아브람에게 이르시되 너는 너의 고향과 친척과 아버지의 집을 떠나 내가 네게 보여 줄 땅으로 가라 내가 너로 큰 민족을 이루고 네게 복을 주어 네 이름을 창대하게 하리니 너는 복이 될지라(창 12:1-2).

아브라함의 자손, 그리스도
이 약속들은 아브라함과 그 자손에게 말씀하신 것인데 여럿을 가리켜 그 자손들이라 하지 아니하시고 오직 한 사람을 가리켜 네 자손이라 하셨으니 곧 그리스도라(갈 3:16).

믿음의 조상, 아브라함
아브라함이 바랄 수 없는 중에 바라고 믿었으니 이는 네 후손이 이 같으리라 하신 말씀대로 많은 민족의 조상이 되게 하려 하심이라(롬 4:18).

여종 하갈과 자유인 사라
기록된 바 아브라함에게 두 아들이 있으니 … 여종에게서는 육체를 따라 났고 자유 있는 여자에게서는 약속으로 말미암았느니라 … 그런즉 형제들아 우리는 여종의 자녀가 아니요 자유 있는 여자의 자녀니라(갈 4:22-23, 31).

독자 이삭을 드리라, 순종 출발!
여호와께서 이르시되 네 아들 네 사랑하는 독자 이삭을 데리고 모리아 땅으로 가서 내가 네게 일러 준 한 산 거기서 그를 번제로 드리라 아브라함이 아침에 일찍이 일어나 … 가더니(창 22:2-3).

새 언약(창 22장-25:11) : 이삭의 번제와 여호와 이레

하나님이 사랑하는 독자를 번제로 드리라고 아브라함을 시험하시자 그는 지체하지 않고 순종합니다(창 22:2-3). 죽은 자를 다시 살리시는 하나님을 믿었기 때문입니다(히 11:17-19).

이삭의 번제 사건은 아브라함의 자손으로 오시는 예수 그리스도로 말미암아 모든 족속이 구원의 복을 받는 방법을 설명합니다. 이는 그리스도의 피로 세우는 새 언약을 말합니다(눅 22:20).

이삭은 장차 여인의 후손으로 오실 예수 그리스도의 모형입니다. 모리아 산에서 번제로 드려지는 이삭의 순종은 하나님의 사랑하는 독생자 예수 그리스도가 이 땅에 오셔서 사람의 죄를 위해 십자가에서 죽기까지 순종하시는 모습입니다(빌 2:8). 또한 이삭 대신 번제로 드려지는 모리아 산 위의 어린 양은 여호와 이레로 준비되신 갈보리 산 위의 예수 그리스도를 상징합니다(창 22:13-14, 마 27:33).

그러므로 아브라함이 하나님의 약속으로 받은 아들 이삭은 새 언약의 '모형'(模型)이고, 그리스도는 새 언약의 '원형'(原型)이십니다(갈 3:16). 나의 죄를 대신해 십자가 위에서 죽으시고 3일 만에 부활하신 예수님을 믿는 자는 이삭처럼 믿음으로 순종하며 살게 됩니다.

"여호와 이레", 준비되리라!
아브라함이 눈을 들어 살펴본 즉 한 숫양이 뒤에 있는데 뿔이 수풀에 걸려 있는지라 아브라함이 가서 그 숫양을 가져다가 아들을 대신하여 번제로 드렸더라 아브라함이 그 땅 이름을 여호와 이레 … 여호와의 산에서 준비되리라 하더라(창 22:13-14).

오늘의 미션

성경을 읽어야하는 이유는?

[미션 수행]
성경을 읽어야 말씀에 대한 지식과 믿음이 생깁니다.

 피 제사

하나님에게 드리는 피 제사는 이스라엘 백성과 하나님의 관계를 회복하기 위한 수단이다. 죄로 말미암아 죽임을 당해야 할 사람이 동물의 죽음과 그에 따른 피 제사를 통해 죄에서 구원 받을 수 있게 된 것이다(히 9:22). 피 제사를 통한 속죄의 원리는 예수님의 십자가 죽음에서 확실히 증명되었다(마 26:26-29, 막 10:45, 히 10:10).

야곱과 에서

창 25:12 - 창 36:43

Day Point

원시 복음(창 3:15)의 주요 내용인 여자의 후손과 뱀의 후손은 두 줄기로 갈라지며, 이는 아벨과 가인, 이삭과 이스마엘, 야곱과 에서로 구분됩니다.

　아벨은 믿음으로 가인보다 더 나은 제사를 하나님에게 드림으로 의로운 자라는 증거를 얻습니다. 아벨은 그리스도의 피로 구원받는 믿음의 제사(창 4:4, 히 11:4)로, 이삭은 사람의 노력이 아닌 하나님의 약속을 믿는 복음(창 17:19, 롬 9:8, 갈 4:28)으로, 야곱은 행위가 아니라 택하심을 따라 되는 하나님의 뜻으로 여자의 후손이신 예수 그리스도의 계보의 줄기(롬 9:11-13, 엡 1:4-5)가 됩니다.

　그러므로 구원은 하나님의 택하심(엡 1:4)과 예수 그리스도의 피의 구속하심(엡 1:7)과 성령의 인치심을 받는(엡 1:13), 즉 삼위 하나님이 역사하시는 사역입니다. 태초에 삼위 하나님이 사람을 창조하셨듯이 새 창조에도 삼위 하나님이 역사하셔서 사람 속에 죄로 인해 깨어진 하나님의 형상을 회복시키십니다(창 1:26-28, 엡 1:3-14).

장자의 명분과 아들의 명분(창 25:12-28장)

아브라함과 맺으신 하나님의 언약 속 세 가지 축복(자손, 땅, 복의 근원)은 이삭과 야곱의 언약을 통해 이어집니다.

　이삭은 40세에 리브가와 결혼해 20년 만에 쌍둥이 아들인 야곱과 에서를 낳습니다. 두 아이는 태 속에서 싸우다가 에서가 먼저 나오고, 야곱은 에서의 발꿈치를 잡고 나옵니다. 그러나 태 속에서부터 하나님의 택하심을 받은 야곱은 형 에서의 장자권을 거래하여 소유합니다(창 25:23, 31). 장자 에서는 하나님의 택하심을 받지 못했으며, 장자의 명분을 가볍게 여깁니다(창 25:34, 히 12:16-17).

　야곱이 형 에서에게서 한 그릇 음식을 주고 얻은 장자의 명분은 어머니 리브가의 희생과 아버지 이삭의 축복 그리고 하나님의 약속을 통해 확증됩니다(창 27:12-13, 27-29, 28:13-15).

먼저 리브가는 적극적으로 남편 이삭에게 차남 야곱을 장남 에서로 속여서 장자의 축복을 야곱에게로 가로챕니다. 그리고 속임수로 인한 저주는 자신에게로 돌리라고 말합니다(창 27:12-13).

▼ 야곱의 이동 경로

"그리스도께서 우리를 위하여 저주를 받은 바 되사 율법의 저주에서 우리를 속량하셨으니 기록된 바 나무에 달린 자마다 저주 아래에 있는 자라 하였음이라"(갈 3:13).

예수 그리스도는 율법의 저주 아래 있는 자들을 속량하시고 우리로 아들의 명분을 얻게 하시려고 십자가에 달려 죽으셨습니다(갈 4:5).

또한 이삭은 아들의 옷의 향취를 맡고서 야곱에게 장자의 축복을 줍니다(창 27:27-29). 에덴동산에서 추방된 아담과 하와의 죄를 가리기 위해 하나님이 지어 입히신 가죽옷처럼 죄인이 의롭게 되는 방법은 예수 그리스도로 옷 입는 것입니다(롬 13:14). 그 옷은 어린 양의 피로 깨끗해진 흰옷이며(계 7:13-14), 천국 혼인 잔치에 참여하는 예복입니다(마 22:11-12, 계 19:8).

야곱을 향한 장자의 축복은 하나님의 약속으로 확증됩니다. 예수님은 혼인 잔치에서 예복 입은 자를 '택함을 입은 자'로 비유하십니다. 이로써 야곱을 택하신 하나님의 무조건적인 사랑과 은혜가 더욱 선명히 드러나고(마 22:14), 장자의 명분이 하나님으로부터 받은 약속으로 확증됩니다(창 25:23, 28:13-15).

아브라함의 하나님, 이삭의 하나님, 야곱의 하나님, 그 참 좋으신 하나님이 바로 우리를 창세전에 자녀로 택하셨습니다.

열두 아들과 이스라엘(창 29-36장)
하나님의 택하심을 입은 야곱은 장자의 축복을 가로챈 후, 고향인 아버지

오늘의 말씀

믿음의 제사를 드린, 아벨!
믿음으로 아벨은 가인보다 더 나은 제사를 하나님께 드림으로 의로운 자라 하시는 증거를 얻었으니 하나님이 그 예물에 대하여 증언하심이라 그가 죽었으나 그 믿음으로써 지금도 말하느니라(히 11:4).

하나님의 택하심을 입은 자, 야곱!
그 자식들이 아직 나지도 아니하고 무슨 선이나 악을 행하지 아니한 때에 택하심을 따라 되는 하나님의 뜻이 행위로 말미암지 않고 오직 부르시는 이로 말미암아 서게 하려 하사 … 기록된 바 내가 야곱은 사랑하고 에서는 미워하였다 하심과 같으니라(롬 9:11-13).

장자의 명분을 판 망령된 자, 에서!
음행하는 자와 혹 한 그릇 음식을 위하여 장자의 명분을 판 에서와 같이 망령된 자가 없도록 살피라 … 그가 그 후에 축복을 이어받으려고 눈물을 흘리며 구하되 버린 바가 되어 회개할 기회를 얻지 못하였느니라(히 12:16-17).

의 집을 떠나 외삼촌 라반의 집에서 20년을 지냅니다. 아버지와 형을 속인 야곱은 외삼촌으로부터 사기 결혼과 품삯을 탈취당하는 등 속임의 대가를 받습니다. 고난 속에서도 야곱은 열두 명의 아들을 얻고 큰 부자가 되어 "아브라함과 이삭이 거류하던 헤브론"(창 35:27) 고향으로 돌아옵니다.

처음 아버지 집을 떠날 때 벧엘에서 야곱을 만나 주신 하나님은 야곱이 고향으로 돌아와 벧엘로 올라가서 제단을 쌓자 다시 그에게 나타나셔서 축복하십니다(창 35:9-13).

하나님이 야곱을 다시 돌아오게 하실 계획으로 고향과 친척을 떠나게 하신 이유는 무엇일까요? 하나님은 아브라함에게 약속하신 큰 민족을 이루시기 위해 야곱에게 이스라엘의 열두 지파가 되는 열두 아들을 낳게 하시고, 하나님 나라의 백성을 상징하는 '이스라엘'이라는 이름을 얻게 하시어 고향으로 돌아가게 하십니다. 이는 참고향과 참가족이 있는 영원한 하나님의 집으로 가는 방법을 사닥다리로 설명하시려는 것입니다. 그래서 야곱에게 나타나신 하나님의 약속의 장소가 벧엘(하나님의 집)이 되는 것입니다(창 28:16-19, 35:6).

"오직 너희 죄악이 너희와 너희 하나님 사이를 갈라놓았고 너희 죄가 그의 얼굴을 가리어서 너희에게서 듣지 않으시게 함이니라"(사 59:2).

벧엘에서 야곱의 꿈속에 나타난 꼭대기가 하늘에 닿은 사닥다리는(창 28:12) 하나님과 죄인 사이의 끊어진 관계를 연결하는 예수 그리스도의 십자가 다리를 예표합니다(요 1:51).

또한 브니엘(하나님의 얼굴)에서 받은 야곱의 새 이름인 '이스라엘'은 하나님의 얼굴을 볼 수 있는 하나님의 백성을 의미합니다(창 32:28-30, 민 6:24-26). 그러므로 참이스라엘이 되어 영원한 본향인 하나님의 집으로 갈 수 있는 방법은 오직 예수 그리스도를 통해서만 가능합니다(요 14:6, 롬 9:6).

도망자 야곱과 벧엘의 하나님
내가 너와 함께 있어 네가 어디로 가든지 너를 지키며 너를 이끌어 이 땅으로 돌아오게 할지라 내가 네게 허락한 것을 다 이루기까지 너를 떠나지 아니하리라 … 하나님의 집이요 이는 하늘의 문이로다 하고 … 그곳 이름을 벧엘이라 하였더라 (창 28:15-19).

아브라함 언약의 점진적인 성취
… 야곱에게 나타나사 … 이르시되 나는 전능한 하나님이라 생육하며 번성하라 한 백성과 백성들의 총회가 네게서 나오고 왕들이 네 허리에서 나오리라 내가 아브라함과 이삭에게 준 땅을 네게 주고 내가 네 후손에게도 그 땅을 주리라 하시고(창 35:9-12).

야곱 꿈속의 하늘 사닥다리
야곱이 브엘세바에서 떠나 하란으로 향하여 가더니 … 꿈에 본즉 사닥다리가 땅 위에 서 있는데 그 꼭대기가 하늘에 닿았고 또 본즉 하나님의 사자들이 그 위에서 오르락내리락하고(창 28:10-12).

오늘의 미션
마태복음 1장 1절 말씀 적기.
[미션 수행]
아브라함과 다윗의 자손 예수그리스도의 계보라(마 1:1).

Day 04 유다와 요셉

창 37:1 - 창 50:26

창조 시대 | 족장 시대 | 광야 시대

Day Point

신약성경 마태복음에 나오는 예수 그리스도의 족보는 아버지에서 아들로 내려오는데, 아브라함으로 시작해 다윗을 거쳐 예수 그리스도에 이릅니다(마 1:1-17). 이는 아브라함에게 약속하신 자손(씨)이 예수 그리스도이심을 증명합니다.

누가복음에서는 마태복음과는 반대로, 예수 그리스도로부터 시작해 아담을 창조하신 하나님에게까지 이릅니다(눅 3:23-38). 누가복음의 족보는 마리아의 족보로 연결됩니다. 이는 예수 그리스도가 여자의 후손으로 오신 하나님의 아들 메시아이심을 증명한 것입니다.

예수 그리스도가 야곱의 족보(창 37:2)에 나타난 유다 지파의 족보를 통해 약속된 자손이심을 확인할 수 있습니다. 애굽에 팔려 간 요셉은 고난 받은 후 애굽의 총리로서 만민의 생명을 구합니다. 이로써 요셉은 약속된 메시아의 예표임을 알 수 있습니다.

유다(창 37-38장)

야곱의 열두 아들 중 열한 번째 아들인 요셉은 열일곱 살에 한 꿈을 꿉니다. 그 꿈은 형들의 곡식 단이 그의 곡식 단에 절하는 것이었습니다. 그리고 또 하나의 꿈을 꾸는데 해와 달과 열한 별이 그에게 절하는 것이었습니다(창 37:5-9).

이 꿈으로 인해 형들은 요셉을 시기해 죽일 계획을 세웁니다. 유다는 요셉을 죽이지 말고 노예로 팔 것을 제안합니다. 결국 형들의 미움을 받은 요셉은 애굽으로 가는 상인들에게 은 이십 개에 팔리고, 애굽 왕 바로의 신하인 친위대장 보디발의 집의 노예가 됩니다(창 37:36). 형들은 요셉을 판 후 그의 채색옷에 숫염소 피를 적셔 요셉이 짐승에게 잡아먹혔다며 아버지 야곱을 속입니다. 야곱은 요셉으로 인해 오래도록 슬퍼하며 웁니다.

요셉으로 인해 슬퍼하는 아버지의 모습을 더 이상 지켜볼 수 없었던 유다는 자기 형제들을 떠나서 가나안 여인과 결혼해 세 아들(엘, 오난, 셀라)을 낳게 됩니다. 유다의 큰아들 엘은 다말과 결혼합니다. 그런데 여호와 앞에서 악을 행한 그는 죽게 됩니다.

이스라엘의 관습에는 가족의 결속과 보호를 위해 후손의 대를 이어 주는 계대 결혼(繼代結婚, 고엘 제도)이 있습니다(창 38:8, 신 25:5-6). 계대 결혼을 한 둘째 아들 오난이 형수 다말에게 계대 의무를 다하지 않는 악을 행하자 여호와는 그도 죽이십니다.

유다는 막내아들 셀라까지 잃게 될까 봐 큰며느리 다말에게 계대 결혼을 시키지 않습니다. 그러자 다말은 유다를 속이고 창녀로 가장해 유다로 말미암아 임신해서 쌍둥이 아들을 낳습니다. 쌍둥이 중에 먼저 나오려는 세라를 밀치고 베레스가 앞서 나옵니다. 이는 형 에서의 발꿈치를 잡고 나오는 야곱의 출생 장면을 연상시킵니다.

이처럼 태 속에서부터 하나님의 선택은 사람의 상상을 초월합니다. 또한 시아버지와 며느리의 근친상간을 죄로 여기지 않는 것도 놀랍습니다. 이로 보건대 다말이 창녀로 가장해 유다로부터 아들을 잉태함으로 계대를 통해 하나님의 언약을 이어 간 것은 이해할 수 없는 하나님의 계획입니다(창 49:8).

이 사건을 룻기에서 좀 더 선명하게 풀어 줍니다. 보아스가 모압 여인 룻과 결혼할 때 베들레헴 사람들은 이렇게 축복합니다.

> "여호와께서 이 젊은 여자로 말미암아 네게 상속자를 주사 네 집이 다말이 유다에게 낳아 준 베레스의 집과 같게 하시기를 원하노라"(룻 4:12).

룻기에서는 다말이 유다에게 낳아 준 베레스의 족보로 시작해 다윗까지 연결됩니다(룻 4:18-22).

하나님의 본체이신 예수 그리스도가 아브라함과 다윗의 혈통을 통해 이 세상에 사람의 모양으로 오신 성육신(成肉身) 사건은 더욱 이해할 수 없는 일입니다(빌 2:6-8). 그래서 예수 그리스도를 통한 구원은 도저히 이해할 수 없을 정도로 무한한 하나님의 사랑입니다.

오늘의 말씀

마태복음, 예수 그리스도의 계보
아브라함과 다윗의 자손 예수 그리스도의 계보라 아브라함이 이삭을 낳고 … 맛단은 야곱을 낳고 야곱은 마리아의 남편 요셉을 낳았으니 마리아에게서 그리스도라 칭하는 예수가 나시니라(마 1:1-2, 15-16).

누가복음, 예수 그리스도의 계보
예수께서 … 사람들이 아는 대로는 요셉의 아들이니 요셉의 위는 헬리요 그 위는 맛닷이요 … 그 위는 유다요 그 위는 야곱이요 그 위는 이삭이요 그 위는 아브라함이요 … 그 위는 셋이요 그 위는 아담이요 그 위는 하나님이시니라(눅 3:23-38).

유다, 예수 그리스도의 계보
유다야 너는 네 형제의 찬송이 될지라 네 손이 네 원수의 목을 잡을 것이요 네 아버지의 아들들이 네 앞에 절하리로다(창 49:8).

베레스, 다윗의 계보
베레스의 계보는 이러하니라 베레스는 헤스론을 낳고 헤스론은 람을 낳았고 … 보아스는 오벳을 낳고 오벳은 이새를 낳고 이새는 다윗을 낳았더라(룻 4:18-22).

사람의 모양으로 오신 예수
그는 근본 하나님의 본체시나 하나님과 동등됨을 취할 것으로 여기지 아니하시고 오히려 자기를 비워 종의 형체를 가지사 사람들과 같이 되셨고 사람의 모양으로 나타나사 자기를 낮추시고 죽기까지 복종하셨으니 곧 십자가에 죽으심이라(빌 2:6-8).

요셉(창 39-50장)

요셉은 해와 달과 열한 별이 자신에게 절하는 꿈을 꾼 것을 계기로 형들의 시기를 받아 애굽으로 팔려 가게 됩니다. 이 꿈의 실마리는 요한계시록에서 풀리게 됩니다.

> "하늘에 큰 이적이 보이니 해를 옷 입은 한 여자가 있는데 그 발아래에는 달이 있고 그 머리에는 열두 별의 관을 썼더라 이 여자가 아이를 배어 해산하게 되매 아파서 애를 쓰며 부르짖더라 … 여자가 아들을 낳으니 이는 장차 철장으로 만국을 다스릴 남자라 그 아이를 하나님 앞과 그 보좌 앞으로 올려 가더라"(계 12:1-2, 5).

여자가 낳은 남자아이는 여자의 후손으로, 인류를 구원하실 예수 그리스도이십니다. 그러므로 요셉이 꿈꾼 해와 달과 열한 별은 영적 이스라엘인 교회를 상징하고, 절을 받은 요셉은 교회의 머리 되신 예수 그리스도의 예표가 됩니다.

하나님은 큰 민족을 이루시기 위한 준비 작업으로 야곱에게 열두 아들과 '이스라엘'이라는 이름을 주십니다. 그리고 이스라엘 민족의 태동과 영적 출애굽을 통한 구원을 계시하시기 위해 육적 이스라엘인 야곱의 가족을 애굽으로 내려가게 하십니다(창 46:3-4). 하나님은 애굽에서 야곱 가족이 큰 민족을 이루며, 다시 가나안 땅으로 돌아올 것이라고 하십니다. 하나님은 큰 구원으로 야곱 가족의 생명을 보존하시고, 그 후손들이 번성하도록 하시기 위해 한 사람 요셉을 앞서 애굽으로 보내신 것입니다(창 45:7-8, 50:20, 시 105:17-19).

하나님 관점에서 본 요셉의 인생 해석

하나님이 큰 구원으로 당신들의 생명을 보존하고 당신들의 후손을 세상에 두시려고 나를 당신들보다 먼저 보내셨나니 그런즉 나를 이리로 보낸 이는 당신들이 아니요 하나님이시라 … (창 45:7-8).

오늘의 미션

구원 받은 자로서 감사해야 할 것은?

[미션 수행]

세상 그 어떤 복과도 비교할 수 없는 예수의 복으로 살게 하심을 감사합니다.

모세와 열 가지 기적

출 1:1 - 출 11:10

| 족장 시대 | 광야 시대 | 정복 시대 |

 **Day Point**

출애굽기는 하나님의 백성인 영적 참이스라엘의 태동과 구원의 방법을 계시합니다. 죄에 빠진 사람은 스스로의 힘으로는 구원에 도달할 수 없습니다. 그러므로 창세기는 여자의 후손이신 예수 그리스도를 통한 구원의 방법을 제시하면서 그분이 어떤 방법, 즉 약속의 씨로 나타나실 것을 말합니다. 그분이 어떻게 구원을 이루시는가에 대해서는 아담의 가죽옷, 아벨의 어린 양 제사, 노아의 구원 방주, 이삭의 번제, 한 사람 요셉으로 어렴풋하게 나타납니다.

그리고 출애굽기에서는 좀 더 선명한 그림자로 유월절 어린 양을 그리스도의 예표로 보여 줍니다(요 1:29, 계 7:10). 어린 양의 피로 구속된 하나님의 백성을 영적 이스라엘로 세우시고 젖과 꿀이 흐르는 영원한 본향 가나안 땅으로 인도하시려는 것입니다(히 11:16). 모세가 인도자로 준비되고 열 가지 기적 중 마지막 기적, 즉 어린 양의 피 뿌림으로 이스라엘의 출애굽은 시작됩니다.

모세(출 1-6장)

"그러므로 함께 하늘의 부르심을 받은 거룩한 형제들아 우리가 믿는 도리의 사도이시며 대제사장이신 예수를 깊이 생각하라 그는 자기를 세우신 이에게 신실하시기를 모세가 하나님의 온 집에서 한 것과 같이 하셨으니 그는 모세보다 더욱 영광을 받을 만한 것이 마치 집 지은 자가 그 집보다 더욱 존귀함 같으니라 집마다 지은 이가 있으니 만물을 지으신 이는 하나님이시라 또한 모세는 장래에 말할 것을 증언하기 위하여 하나님의 온 집에서 종으로서 신실하였고 그리스도는 하나님의 집을 맡은 아들로서 그와 같이 하셨으니 우리가 소망의 확신과 자랑을 끝까지 굳게 잡고 있으면 우리는 그의 집이라"(히 3:1-6).

히브리서에서 모세는 그리스도를 예표합니다. 그리스도는 집을 맡은 아들로 충성하셨는데, 그 집은 하나님 나라와 교회를 말합니다. 모세가 하나님 나라의 백성인 이스라엘을 '출애굽'시키는 데 충성한 것은 예수 그리스도가 "죽음을 통하여 죽음의 세력을 잡은 자 곧 마귀를 멸하시며 또 죽기를 무서워하므로 한평생 매여 종노릇하

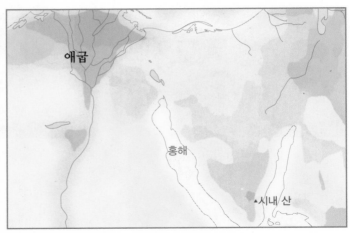

애굽

홍해

▲시내 산

▶ 출애굽기의 지리적 배경

는 모든 자들을 놓아주려 하심"(히 2:14-15)으로 '출세상'에 충성하신 것을 예표합니다. 그러므로 모세가 "장래에 말할 것을 증언"(히 3:5)한 것이 예수 그리스도가 그림자와 모형으로 기록되신 모세오경의 내용입니다.

하나님은 아브라함, 이삭, 야곱에게 세우신 언약을 기억하시고 모세를 부르셔서 그에게 능력을 주시고 출애굽의 인도자로 세우십니다(출 3:2-4).

> "네가 선 곳은 거룩한 땅이니 네 발에서 신을 벗으라"(출 3:5).

거룩하신 하나님에게 자신의 권리를 포기, 항복할 때 하나님의 사명을 감당하게 됩니다. 여호수아서를 보면, 이와 동일하게 여호와의 군대 대장이 여호수아에게 "네 발에서 신을 벗으라"(수 5:15)고 말하는 장면이 나옵니다. 모세와 여호수아에게 신을 벗으라고 말씀하신 분은 동일한 예수 그리스도이십니다. 그분에게 항복하고 내 삶의 주도권을 맡기는 믿음과 순종이 영적 전쟁에서 승리하는 비결입니다.

믿음과 순종하는 마음으로 사명을 받은 모세는 애굽 왕 바로에게 전할 하나님의 말씀을 받습니다(출 3:14).

> " … 이스라엘은 내 아들 내 장자라 내가 네게 이르기를 내 아들을 보내 주어 나를 섬기게 하라 하여도 네가 보내 주기를 거절하니 내가 네 아들 네 장자를 죽이리라"(출 4:22-23).

오늘의 말씀

세상 죄를 지신 하나님의 어린 양, 예수
이튿날 요한이 예수께서 자기에게 나아오심을 보고 이르되 보라 세상 죄를 지고 가는 하나님의 어린 양이로다(요 1:29).

보좌에 앉으신 어린 양 예수
큰 소리로 외쳐 이르되 구원하심이 보좌에 앉으신 우리 하나님과 어린 양에게 있도다 하니(계 7:10).

영원한 본향을 예비하심
그들이 이제는 더 나은 본향을 사모하니 곧 하늘에 있는 것이라 이러므로 하나님이 그들의 하나님이라 일컬음 받으심을 부끄러워하지 아니하시고 그들을 위하여 한 성을 예비하셨느니라(히 11:16).

"나는 스스로 있는 자", 하나님!
하나님이 모세에게 이르시되 나는 스스로 있는 자이니라 또 이르시되 너는 이스라엘 자손에게 이같이 이르기를 스스로 있는 자가 나를 너희에게 보내셨다 하라(출 3:14).

이렇게 하나님은 그분의 백성을 구원하기 위한 구속의 방법이 열 가지가 아닌 '장자의 죽음' 한 가지라고 예고하십니다(출 6:6-7, 11:1).

열 가지 기적(출 7–11장)

능력의 하나님이 왜 열 가지씩이나 기적을 동원하셨을까요?

> "내가 내 손을 애굽 위에 펴서 이스라엘 자손을 그 땅에서 인도하여 낼 때에야 애굽 사람이 나를 여호와인 줄 알리라"(출 7:5).

애굽 사람들로 하여금 하나님이 여호와 되심과 천하에 그와 같은 분이 없음을 알게 하시려는 것입니다. 또한 이 기적은 애굽 사람에게는 재앙이고 이스라엘 백성에게는 축복으로, 그들을 구별하시려는 것입니다(출 8:22-23, 9:4, 26, 10:23, 11:7).

그런데 피, 개구리, 이, 파리, 돌림병, 악성 종기, 우박, 메뚜기, 흑암 등 아홉 가지 기적으로도 이스라엘은 출애굽 할 수 없었습니다. 사람의 어떤 노력으로도 구원을 얻을 수 없습니다. 출애굽 할 수 있는 오직 한 가지 표징(출 10:1, 11:1)은 장자의 죽음으로, 이는 애굽 사람과 이스라엘 사이를 구별하는 것입니다(출 11:7). 한 가지 표징인 어린 양 예수 그리스도의 피로 구별되어야만 구원이 임합니다.

우리도 한 가지 표징으로 구원을 받았습니다. 오직 예수 그리스도의 피가 나를 죄의 죽음에서 구원했습니다.

한 가지 재앙, 장자의 죽음
여호와께서 모세에게 이르시기를 내가 이제 한 가지 재앙을 바로와 애굽에 내린 후에야 그가 너희를 여기서 내보내리라 … (출 11:1).

구별, 택한 자와 이방인
그러나 이스라엘 자손에게는 사람에게나 짐승에게나 개 한 마리도 그 혀를 움직이지 아니하리니 여호와께서 애굽 사람과 이스라엘 사이를 구별하는 줄을 너희가 알리라 하셨나니 (출 11:7).

오늘의 미션

보혈에 관한 찬송 부르기.

[미션 수행]
존귀한 주 보혈이 내 영을 새롭게 하네.

출애굽과 시내 산 언약

출 12:1 - 출 24:18

Day Point

출애굽 당시 예수 그리스도를 예표하는 어린 양이 죽어서 유월절이 생겨났습니다. 성경대로 유월절 절기에 어린 양 예수 그리스도가 죽으셨습니다. 그리고 사흘 만에 다시 살아나셨습니다(고전 5:7, 15:3-4). 그러므로 출애굽의 핵심은 유월절 어린 양이고, 구원의 핵심은 그리스도의 죽으심과 부활입니다.

유월절 어린 양의 죽음으로 이스라엘 백성은 애굽의 노예 생활에서 놓여 홍해를 건넙니다. 신약성경은 홍해 사건을 '세(침)례'라고 말합니다(고전 10:1-2).

"무릇 그리스도 예수와 합하여 세례를 받은 우리는 그의 죽으심과 합하여 세례를 받은 줄을 알지 못하느냐 그러므로 우리가 그의 죽으심과 합하여 세례를 받음으로 그와 함께 장사되었나니 이는 아버지의 영광으로 말미암아 그리스도를 죽은 자 가운데서 살리심과 같이 우리로 또한 새 생명 가운데서 행하게 하려 함이라"(롬 6:3-4).

구원 받은 백성은 하나님의 법으로 살아야 하기에 시내 산에서 하나님과 언약을 맺게 됩니다.

출애굽(출 12-18장)

출애굽의 모든 초점은 한 가지 표징, 즉 "세상 죄를 지고 가는 하나님의 어린 양"(요 1:29) 예수 그리스도입니다. 한 가지 표징의 핵심은 어린 양의 피 흘림입니다(히 9:22). 그 흘린 피로 인해 죄로부터 깨끗해지는 구원은 "여호와의 유월절 제사"(출 12:27)로 설명됩니다. 흠 없는 어린 양의 피를 좌우 문설주와 인방에 뿌린 집(출 12:7, 22)은 여호와가 애굽 땅을 심판하실 때 죽음의 재앙이 넘어갑니다(출 12:13).

어린 양 예수 그리스도의 피는 택하심을 입은 자들에게만 뿌려지는 것이며, 구원의 능력이 있습니다. 그러므로 예수 그리스도의 피가 뿌려지지 않으면 구원이 없습니다.

예수 그리스도의 피 뿌림을 얻기 위해 택하심을 받은 자들은(벧전 1:2) 구원의 표징으로 홍해를 건너게 되는데, 이를 '세(침)례'라고 합니다(고전 10:1-2). 홍해는 세상의 능력과 실력이 아닌 믿음으로 건넙니다(히 11:29). 뒤에는 우는 사자처럼 삼킬 자를 쫓아오는 바로의 군대가 있고, 앞에는 홍해가 가로막고 있는 진퇴양난 속에서 구원은 전적으로 하나

님만 신뢰하는 믿음에서 옵니다. 홍해를 건너는 실물 교육에서 구원을 위해 싸우시는 여호와는 곧 예수 그리스도의 모습입니다(출 14:13-14, 히 2:14-15).

구원의 기쁨으로 광야에 진입한 이스라엘 백성에게 하나님은 하늘에서 일용할 양식을 비같이 내려 주십니다(출 16:4). 하늘의 만나는 날마다 먹어야 할 영혼의 양식으로, 예수 그리스도를 가리킵니다(마 6:11, 요 4:34, 6:27-29, 47-51). 약속의 땅 가나안으로 가는 광야 길에는 마실 물도 필요합니다. 여호와는 모세가 서 있는 호렙 산의 '그 반석'을 치면 물이 솟아날 것이라고 알려 주십니다(출 17:6). 고린도전서에서 '그 반석'은 예수 그리스도라고 설명합니다(고전 10:4).

이스라엘 백성이 광야에서 먹고 마신 하늘의 만나와 반석의 생수는 신령한 음식과 신령한 음료입니다(고전 10:3-4). 그러므로 하늘의 만나(요 6:48-51)와 반석의 생수(요 7:37-38)는 그리스도의 살과 피를 상징합니다(요 6:53).

시내 산 언약(출 19-24장)

이스라엘 백성이 어린 양의 피를 뿌려 죽음을 면하고, 홍해를 건너며, 하늘의 만나와 반석의 생수를 맛본 것처럼 구원은 하나님의 무조건적인 은혜로 주어집니다. 시내 산에서 주어진 율법은 이렇게 구원 받은 이스라엘이 하나님의 백성답게 사는 법입니다.

예수님은 십계명(출 20:1-17)의 핵심이 첫째, 하나님을 사랑하는 것이고, 둘째, 네 이웃을 네 자신과 같이 사랑하는 것(마 22:37-40)이라고 말씀하시

오늘의 말씀

유월절 어린 양의 피로 구원 받음
내가 애굽 땅을 칠 때에 그 피가 너희가 사는 집에 있어서 너희를 위하여 표적이 될지라 내가 피를 볼 때에 너희를 넘어가리니 재앙이 너희에게 내려 멸하지 아니하리라(출 12:13).

홍해를 건너다! 구름과 바다의 세례
형제들아 … 우리 조상들이 다 구름 아래에 있고 바다 가운데로 지나며 모세에게 속하여 다 구름과 바다에서 세례를 받고(고전 10:1-2).

가만히 서서 구원을 보라!
모세가 백성에게 이르되 너희는 두려워하지 말고 가만히 서서 여호와께서 오늘 너희를 위하여 행하시는 구원을 보라 … 여호와께서 너희를 위하여 싸우시리니 너희는 가만히 있을지니라(출 14:13-14).

신령한 음식과 신령한 음료
다 같은 신령한 음식을 먹으며 다 같은 신령한 음료를 마셨으니 이는 그들을 따르는 신령한 반석으로부터 마셨으매 그 반석은 곧 그리스도시라(고전 10:3-4).

면서 "서로 사랑하라"(요 13:34)는 새 계명을 우리에게 주셨습니다.

율법으로는 구원 받을 수 없고 죄만 깨닫게 되듯이, 사랑으로 율법을 완성한 언약의 실체이신 예수 그리스도가 임마누엘로 우리와 함께하실 때만 계명을 지킬 수 있습니다(롬 10:4, 13:10). 사람은 스스로 계명을 지킬 수 없기 때문입니다. 그러므로 예수 그리스도의 은혜로 구원 받은 사람은 자신은 죄에 대해 죽고, 그 안에 계신 예수 그리스도로 살아야 합니다(롬 6:11).

십계명
하나님이 이 모든 말씀으로 말씀하여 이르시되 나는 너를 애굽 땅, 종 되었던 집에서 인도하여 낸 네 하나님 여호와니라 너는 나 외에는 다른 신들을 네게 두지 말라 … (출 20:1-17).

율법을 완성하신 그리스도의 의 그리스도는 모든 믿는 자에게 의를 이루기 위하여 율법의 마침이 되시니라(롬 10:4).

오늘의 미션

예수 그리스도의 십자가 사랑 묵상하기.

[미션 수행]
〈십자가 그 사랑〉 찬양을 들으며 주님의 은혜와 사랑을 묵상하겠습니다.

이스라엘의 절기

유월절(저녁)/무교절(일주간)
애굽으로부터의 해방을 기념하는 날.

초실절(무교절의 마지막 날)
첫 보리 수확의 한 단을 하나님에게 바침.

칠칠절/맥추절/오순절(유월절이 지나고 50일째 되는 날)
곡물 수확을 기뻐하며 감사드림.

나팔절/신년(유대력 7월의 첫날)
양각 나팔을 불어서 신호했던 엄숙한 날.

속죄일(유대력 7월 10일)
국가적인 회개와 금식을 하는 날.

초막절/수장절(과실 수확 끝 절기)
광야 시절을 생각하며 가족이 일주일 동안 초막에서 야영함.

수전절/광명절
유다 마카비가 성전을 정화한 것을 기념함.

부림절
하만의 궤계로부터 벗어난 날을 기념하는 날. 에스더 이야기를 생각나게 함.

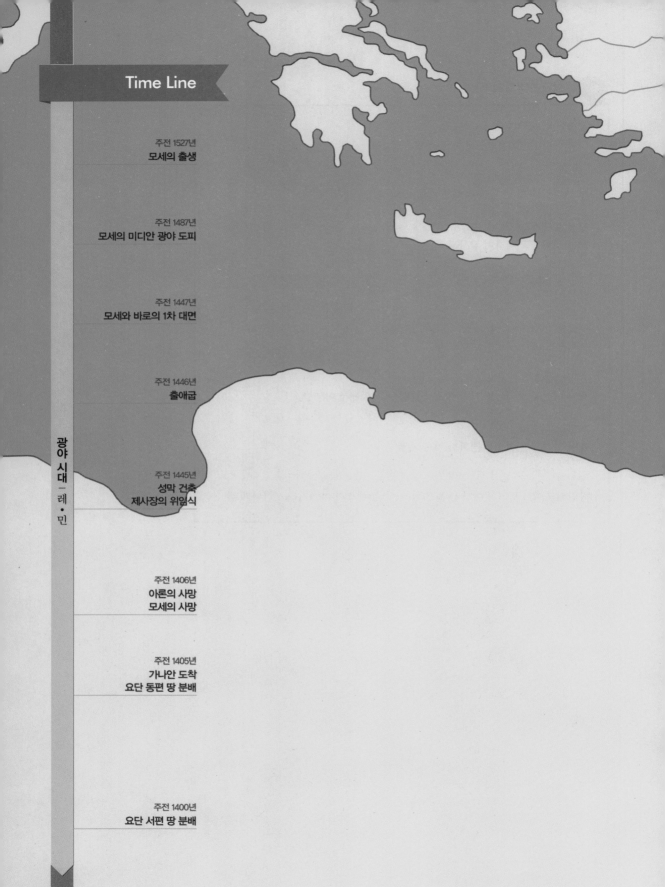

Time Line

주전 1527년
모세의 출생

주전 1487년
모세의 미디안 광야 도피

주전 1447년
모세와 바로의 1차 대면

주전 1446년
출애굽

주전 1445년
성막 건축
제사장의 위임식

주전 1406년
아론의 사망
모세의 사망

주전 1405년
가나안 도착
요단 동편 땅 분배

주전 1400년
요단 서편 땅 분배

광야 시대 ― 레 · 민

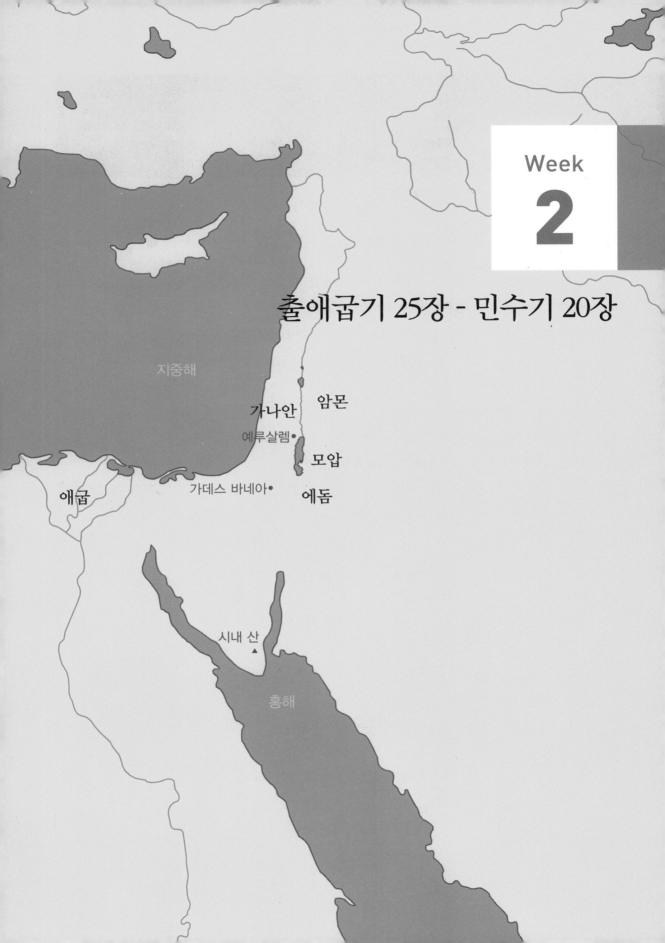

Week
2

출애굽기 25장 - 민수기 20장

지중해

가나안   암몬

예루살렘•

모압

가데스 바네아•   에돔

애굽

시내 산
▲

홍해

레위기

5대 제사(1–10장) : 번제, 소제, 화목제, 속죄제, 속건제
5대 거룩(11–27장) : 음식, 질병, 문화, 직분, 절기

 **Key Point**

언약의 원형 예수 그리스도

레위기는 제사를 통해서 죄인이 거룩해지는 법(레 1–10장)과 거룩해진 하나님의 백성이 그것을 유지하는 방법을 제시합니다 (레 11–27장). 이러한 제사법과 거룩법은 언약을 통해서 성립됩니다.

거룩한 하나님의 백성이 되는 언약서의 내용은 번제와 화목제로 드려진 동물의 피로 세운 첫 언약(시내 산 율법 언약)입니다 (출 24:3–8, 히 9:18–22). 그리고 그 첫 언약의 원형은 예수 그리스도입니다. 죄 사함을 얻게 하는 것은 동물의 피가 아닌 그리스도의 피로만 되기 때문입니다(히 10:1–4).

5대 제사(레 1–10장) : 번제, 소제, 화목제, 속죄제, 속건제

레위기의 '5대 제사'는 출애굽기에서 보듯이 성막에서 제사장이 대속 제물을 가지고 드리는 제사 예식입니다. 성막과 대속 제물과 제사장의 원형은 예수 그리스도입니다. 모형과 그림자인 구약의 제사 제도를 통해서 원형이신 어린 양 예수 그리스도를 설명하는 것입니다(히 10:1).

먼저, 신약성경은 성막에 대해서 이렇게 설명합니다.

> "광야에서 우리 조상들에게 증거의 장막이 있었으니 이것은 모세에게 말씀하신 이가 명하사 그가 본 그 양식대로 만들게 하신 것이라"(행 7:44).

모세가 본 성막의 실체는 바로 예수 그리스도입니다(히 8:5, 요 2:19–21, 계 21:22).

그리고 대속 제물에 대해서는 5대 제사 제물의 원형이 예수 그리스도이시라고 설명합니다(마 20:28, 히 9:23).

내가 거룩하니 너희도 거룩하라! 나는 너희의 하나님이 되려고 너희를 애굽 땅에서 인도하여 낸 여호와라 내가 거룩하니 너희도 거룩할지어다(레 11:45).

피를 통한 속죄의 필연성
육체의 생명은 피에 있음이라 내가 이 피를 너희에게 주어 제단에 뿌려 너희의 생명을 위하여 속죄하게 하였나니 생명이 피에 있으므로 피가 죄를 속하느니라(레 17:11).

모형과 그림자인 율법
율법은 장차 올 좋은 일의 그림자일 뿐이요 참형상이 아니므로 해마다 늘 드리는 같은 제사로는 나아오는 자들을 언제나 온전하게 할 수 없느니라(히 10:1).

64 비전 통독

" … 그 첫째 것을 폐하심은 둘째 것을 세우려 하심이라 이 뜻을 따라 예수 그리스도의 몸을 단번에 드리심으로 말미암아 우리가 거룩함을 얻었노라"(히 10:9-10).

또한 제사장에 대해서는 영원한 대제사장이신 예수 그리스도가 더 좋은 언약의 보증이 되시기에 그분에게 힘입어 하나님에게 나아갈 수 있다고 설명합니다(히 7:25).

"우리가 이 소망을 가지고 있는 것은 영혼의 닻 같아서 튼튼하고 견고하여 휘장 안에 들어가나니 그리로 앞서 가신 예수께서 멜기세덱의 반차를 따라 영원히 대제사장이 되어 우리를 위하여 들어가셨느니라"(히 6:19-20).

그러므로 5대 제사인 번제, 소제, 화목제, 속죄제, 속건제는 예수 그리스도를 통해서 완성된 예배의 모형입니다. 그리스도를 통한 예배의 실제는 속죄제와 속건제로 죄에 대해 죽고, 희생과 헌신의 산 제물이 되어 번제와 소제의 화목제물로 드려지는 영적 예배의 삶입니다(롬 12:1).

5대 거룩(레 11-27장) : 음식, 질병, 문화, 직분, 절기

출애굽기에서 이스라엘 백성은 흠 없는 유월절 어린 양의 희생으로 죽음의 재앙에서 구원 받습니다. 그리고 레위기에서는 흠 없는 동물의 희생으로 죄인이 하나님에게 나아가는 제사 제도를 갖게 됩니다. 제사 제도를 통해 하나님과 교제하는 거룩한 백성은 거룩을 유지해야 합니다.

레위기에서 주요하게 등장하는 '5대 거룩'의 내용은 부정한 음식을 먹지 않는 음식에서의 거룩(레 11장), 몸을 더럽히지 않는 질병에서의 거룩(레 12-17장), 세상을 본받지 않는 문화에서의 거룩(레 18-20장), 감투를 탐내지 않고 백성을 축복하는 제사장 직분에서의 거룩(레 21-22장), 우상을 숭배하지 않고 하나님을 예배하는 절기에서의 거룩(레 23-25장)입니다. 죄인을 거룩하고 흠이 없게 하시려고 그리스도가 대신 죽으셨기 때문입니다(엡 1:4, 5:27, 골 1:22).

그러므로 음식에서 흠이 없는 거룩은 정결한 음식이 아니라 그리스도의 말씀입니다(딤전 4:5). 또한 질병에서 흠이 없는 거룩은 그리스도의 살과 피로 더 이상 육체의 질병이 없는 부활입니다(요 6:53-54, 계 21:3-4). 세속 문화에서 흠이 없는 거룩은 유월절 양이신 예수 그리스도의 희생으로 구별된 삶입니다(고전 5:7). 제사장 직분에서 흠이 없는 거룩은 그리스도와 더불어 왕 노릇 하는 복음의 제사장 직무입니다(롬 15:16, 계 20:6). 절기에서 흠이 없는 거룩은 그리스도의 죽으심(유월절, 무교절)으로 함께 죽고, 그분의 부활하심(초실절, 오순절)으로 함께 살면서 그분의 재림(초막절, 수장절)을 기대하며 자신을 산 제물로 드리는 예배자입니다(롬 6:5, 12:1). 이러한 백성이 곧 거룩한 하나님의 백성입니다(레 26:12).

민수기

광야 생활 준비(1~10장) : 유월절 예식
거룩한 광야 생활(11~36장) : 1세대 광야 생활과 2세대 가나안 입성 준비

 **Key Point**

언약의 완성 예수 그리스도

민수기는 이스라엘 민족이 출애굽기에서 유월절 어린 양으로 구원 받아, 하나님의 백성답게 살기 위한 레위기의 언약서를 가지고, 광야 생활에서 예수 그리스도의 모형인 성막의 인도함을 받는 이야기입니다.

언약의 원형이신 유월절 어린 양 예수 그리스도가 동물의 피로 세우신 첫 언약(출 24:7-8, 시내 산 언약)을 완성하시기 위해 모형인 성막으로 나타나셔서 이스라엘 백성을 광야에서 인도할 준비를 하십니다(민 1~10장). 본격적인 광야 생활에서 불순종한 옛 사람의 모형(히 3:17)인 출애굽 1세대는 광야에서 죽고(민 11~25장), 새사람의 모형(히 4:8)인 출애굽 2세대는 가나안 입성을 준비하게 됩니다(민 26~36장).

광야 생활 준비(민 1~10장) : 유월절 예식

"이스라엘 자손이 애굽에 거주한 지 … 사백삼십 년이 끝나는 그날에 여호

와의 군대가 다 애굽 땅에서 나왔은즉"(출 12:40-41).

이스라엘 백성이 애굽에서 나온 후 20세 이상으로 싸움에 나갈 만한 모든 자를 계수하니 약 60만 명이 되었습니다(민 1:3, 46, 출 12:37). 신약성경에서는 하나님의 백성을 군대의 병사로 부릅니다.

"병사로 복무하는 자는 자기 생활에 얽매이는 자가 하나도 없나니 이는 병사로 모집한 자를 기쁘게 하려 함이라"(딤후 2:4).

광야 같은 세상을 사는 동안 하나님의 백성은 예수 그리스도의 좋은 군대의 병사입니다. 그들은 복음과 함께 고난을 받습니다(딤후 2:3). 바울 사도는 자신이 전한 복음대로 "다윗의 씨로 죽은 자 가운데서 다시 살아나신 예수 그리스도를 기억하라"(딤후 2:8)고 합니다.

그러므로 광야 생활에서 꼭 기억해야 할 것은 출애굽 당시에 죽은 어린 양의 유월절 사건입니다. 구약에서 유월절 사건은 복음의 핵심을 잘 보여 주기 때문입니다. 그래서 이스라엘 백성은 본격적인 광야 생활을 시작하기 전에 먼저 시내 광야에서 유월절 예식을 행하게 됩니다(민 9:5). 유월절 예식에서 특이한 점은 어린 양의 뼈를 하나도 꺾지 않는 것입니다(민 9:12, 출 12:46). 요한복음은 십자가에서 죽으신 예수 그리스도의 뼈가 꺾이지 않은 것을 들어 그분이 유월절 어린 양이심을 더욱 분명하게 보여 줍니다(요 19:31-36).

"그의 모든 뼈를 보호하심이여 그중에서 하나도 꺾이지 아니하도다"(시 34:20).

이 말씀은 복음으로 인해 고난 받는 의인을 보호하신다는 것을 의미합니다(시 34:19). 그러므로 광야 생활을 시작하기 전에 피 흘려 죽은 어린 양의 유월절 사건에 관한 말씀을 꼭 믿어야 믿음으로 순종하는 삶을 살 수 있습니다.

민수기, 광야 회막에서의 말씀
이스라엘 자손이 애굽 땅에서 나온 후 둘째 해 둘째 달 첫째 날에 여호와께서 시내 광야 회막에서 모세에게 말씀하여 이르시되 … (민 1:1-2).

불순종한 옛 사람
또 하나님이 사십 년 동안 누구에게 노하셨느냐 그들의 시체가 광야에 엎드러진 범죄한 자들에게가 아니냐(히 3:17).

새사람의 모형
만일 여호수아가 그들에게 안식을 주었더라면 그 후에 다른 날을 말씀하지 아니하셨으리라(히 4:8).

두 번째 유월절, 시내 광야에서
그들이 첫째 달 열넷째 날 해 질 때에 시내 광야에서 유월절을 지켰으되 이스라엘 자손이 여호와께서 모세에게 명령하신 것을 다 따라 행하였더라(민 9:5).

어린 양의 뼈를 꺾지 않음
아침까지 그것을 조금도 남겨 두지 말며 그 뼈를 하나도 꺾지 말아서 유월절 모든 율례대로 지킬 것이니라(민 9:12).

한 집에서 먹되 그 고기를 조금도 집 밖으로 내지 말고 뼈도 꺾지 말지며(출12:46).

예수의 뼈가 꺾이지 않음
이날은 준비일이라 유대인들은 그 안식일이 큰 날이므로 그 안식일에 시체들을 십자가에 두지 아니하려 하여 빌라도에게 그들의 다리를 꺾어 시체를 치워 달라 하니 군인들이 가서 예수와 함께 못 박힌 첫째 사람과 또 그 다른 사람의 다리를 꺾고 예수께 이르러서는 이미 죽으신 것을 보고 다리를 꺾지 아니하고 그중 한 군인이 창으

거룩한 광야 생활(민 11-36장) : 1세대 광야 생활과 2세대 가나안 입성 준비

애굽의 노예였던 이스라엘 백성은 이제 여호와의 군대가 되어 유월절 예식을 마치고 그리스도의 모형인 성막의 인도함을 받아 광야로 진입하게 됩니다. 그들의 광야 생활은 광야 교회의 생활입니다(행 7:38). 신약성경은 그들의 교회 생활을 이렇게 평가합니다.

> "그들에게 일어난 이런 일은 본보기가 되고 또한 말세를 만난 우리를 깨우치기 위하여 기록되었느니라"(고전 10:11).

광야 교회는 신약 교회에 본보기가 되었고, 오늘날 현대 교회에도 많은 경계의 거울이 됩니다(고전 10:5-6). 레위기의 '5대 거룩'이 민수기에서는 '5대 경계'가 되었습니다. 그것은 여호와의 군대인 그리스도의 좋은 병사가 하나님을 기쁘시게 해야 하는데, 세상 광야를 바라보면서 시험에 빠졌기 때문입니다.

민수기에서의 '5대 경계'는 다음과 같습니다. 음식 거룩에서의 경계, 즉 하늘의 만나로는 부족하다는 탐욕입니다(민 11장). 질병 거룩에서의 경계, 즉 문둥병에 걸린 미리암의 비방입니다(민 12장). 문화 거룩에서의 경계, 즉 가데스 바네아에서 '우리는 메뚜기'라고 했던 불신앙의 고백입니다(민 13-15장). 직분 거룩에서의 경계, 즉 직분을 감투로 보는 고라당의 반역과 지도자의 혈기입니다(민 16-20장). 절기 거룩에서의 경계, 즉 발람의 꾀에 빠진 우상 숭배와 음행입니다(민 21-25장).

이스라엘 백성의 광야 교회는 하나님의 거룩을 나타내지 못했습니다. 그러나 예수 그리스도의 예표인 여호수아(헬라어로 '예수')는 출애굽 2세대를 이끌고 첫 언약을 완성하기 위해 가나안 입성을 준비합니다(민 26-36장).

로 옆구리를 찌르니 곧 피와 물이 나오더라 이를 본 자가 증언하였으니 그 증언이 참이라 그가 자기의 말하는 것이 참인 줄 알고 너희로 믿게 하려 함이니라 이 일이 일어난 것은 그 뼈가 하나도 꺾이지 아니하리라 한 성경을 응하게 하려 함이라 (요 19:31-36).

광야 교회 생활
시내 산에서 말하던 그 천사와 우리 조상들과 함께 광야 교회에 있었고 또 살아 있는 말씀을 받아 우리에게 주던 자가 이 사람이라(행 7:38).

멸망의 본보기
그러나 그들의 다수를 하나님이 기뻐하지 아니하셨으므로 그들이 광야에서 멸망을 받았느니라 이러한 일은 우리의 본보기가 되어 우리로 하여금 그들이 악을 즐겨한 것같이 즐겨하는 자가 되지 않게 하려 함이니(고전 10:5-6).

불순종, 약속의땅을 겉돌다 죽다!
내 영광과 애굽과 광야에서 행한 내 이적을 보고서도 이같이 열 번이나 나를 시험하고 내 목소리를 청종하지 아니한 그 사람들은 내가 그들의 조상들에게 맹세한 땅을 결단코 보지 못할 것이요 또 나를 멸시하는 사람은 한 사람도 그것을 보지 못하리라(민 14:22-23).

족장 시대　　　　　　광야 시대　　　　　　정복 시대

Day Point

하나님이 이스라엘 민족을 출애굽시키신 것은 그분의 백성과 함께 사시기 위함입니다(살전 5:9–10).

하나님은 당신의 백성과 함께 사는 방법을 설명하시려고 예수 그리스도의 모형인 성막을 짓게 하십니다(출 25:8, 고전 3:16,

히 8:5, 계 21:22). 하나님이 함께 사시는 성막이 완성되려면 시내 산에서 체결된 언약을 지켜야 합니다(출 19:5–6).

그런데 하나님과 이스라엘 백성 사이에 피로 세워진 첫 언약(출 24:7–8)이 기록된 두 돌판은 금송아지 우상 사건으로 파기

되고 맙니다(출 32:19). 시내 산에서 내려온 모세가 백성의 방자함을 보고 두 돌판을 던져 깨뜨렸기 때문입니다.

그러나 하나님은 모세가 다시 가져온 새 돌판에 계명을 기록하시고, 범죄한 이스라엘 백성과 다시 언약을 세우십니다. 그

리고 하나님을 대면한 모세의 얼굴에 광채가 나게 하십니다(출 34:1, 10, 29). 이것은 복음의 광채이신 그리스도로 인해 참성전

이 완성되는 비밀을 말해 줍니다(요 2:19–22, 고후 4:4, 골 1:26). 그러므로 시내 산의 율법과 성막은 예수 그리스도의 복음과 참성

전의 그림자입니다(히 10:1).

성막 설계(출 25–31장)

출애굽기는 구원의 과정을 선명하게 보여 줍니다. 먼저 그리스도를 예표

하는 유월절 어린 양의 피로 구속되는 것과 세(침)례의 의미인 홍해를 건너

는 사건은 구원의 표징이 됩니다. 또한 시내 산 언약을 통해 하나님과 이스

라엘 백성 사이에 의무와 책임 관계가 성립되고, 하나님의 처소인 성막으

로 그 관계가 확증됩니다. 그러므로 성막의 실체이신 예수 그리스도가 성

도 안에 임마누엘로 함께 사시는 것이 참성전의 모습입니다.

모세가 시내 산에서 받은 성막의 설계도는 복음의 모형도와 같습니다.

성막은 율법으로 인해 깨달은 죄를 해결하는 곳이기 때문입니다. 성막에

서 죄를 해결할 수 있다는 것은 성막의 실체이신 예수 그리스도만이 사람

의 죄를 용서하실 수 있다는 뜻입니다. 예수 그리스도의 모형인 성막의 설계도를 살펴보면 그 이유를 알 수 있습니다.

성막의 구조를 살펴보면, 성막 안에 뜰이 있고, 뜰 안쪽에는 성소, 그 안쪽에는 지성소가 있습니다. 성막 뜰에는 번제단과 물두멍이, 성소에는 진설병 상(떡 상)과 등잔대, 분향단이, 지성소에는 언약궤(법궤)와 속죄소(시은좌)가 있습니다.

▲ 시내 산에서 성막 완성

이제 예수님과 함께 성막 문을 열고 들어가 보겠습니다(요 10:9). 먼저, 성막 뜰에 있는 번제단에서 예수님이 유월절 어린 양으로 희생되십니다(요 1:29, 10:11). 예수 그리스도의 복음을 믿는 자들은 정결하게 씻는 물두멍에서 홍해를 건너는 세(침)례를 받게 됩니다(요 3:5).

다음으로, 성소에 있는 진설병 상과 등잔대와 분향단은 "생명의 떡"(요 6:48)과 "생명의 빛"(요 8:12)이신 예수님이 중보 기도하시는 모습을 상징합니다(요 17장, 히 7:25, 계 5:8). 이렇게 예수님은 겟세마네 동산에서 기도하시고(레 16:13, 마 26:36-46), 십자가에서 죽으심으로 지성소로 들어가는 휘장을 열어 놓으십니다(마 27:51, 히 10:19-20).

이제 지성소에 들어가면 언약궤와 그 위에 속죄소가 있습니다. 이곳은 언약(율법)을 지키지 못한 죄지은 백성이 속죄소에 뿌려진 예수 그리스도의 피로 구원 받게 되는 복음의 은혜를 나타내는 구조입니다(레 16:15, 롬 6:14).

성막 완성(출 32-40장)

성막은 여호와가 명하신 대로(출 25-31장) 브살렐과 오홀리압 등 헌신된 수종자들을 통해 완성됩니다(출 35-40장). 성막을 세우는 일은 참성전인 교회를 세우는 일입니다. 이 일에 예물과 재능을 가지고 헌신하는 모든 자들은 하나님의 동역자들입니다(고전 3:9).

그런데 아름다운 성막이 완성되는 과정에서 금송아지 우상 숭배 사건이

피로 맺으신 시내 산 언약
언약서를 가져다가 백성에게 낭독하여 들게 하니 그들이 이르되 여호와의 모든 말씀을 우리가 준행하리이다 모세가 그 피를 가지고 백성에게 뿌리며 이르되 이는 여호와께서 이 모든 말씀에 대하여 너희와 세우신 언약의 피니라(출 24:7-8).

언약 준수 - 제사장 나라, 거룩한 백성의 길
세계가 다 내게 속하였나니 너희가 내 말을 잘 듣고 내 언약을 지키면 너희는 모든 민족 중에서 내 소유가 되겠고 너희가 내게 대하여 제사장 나라가 되며 거룩한 백성이 되리라 … (출 19:5-6).

광야의 성막 완성
모세가 그같이 행하되 곧 여호와께서 자기에게 명령하신 대로 다 행하였더라 둘째 해 첫째 달 곧 그달 초하루에 성막을 세우니라(출 40:16-17).

발생합니다(출 32-34장). 하나님이 성막을 지으라고 명하신 후 성막을 완성하는 중간에 이 금송아지 사건이 기록된 이유는 무엇일까요?

금송아지 사건으로 인해 시내 산에서 모세가 하나님으로부터 받은 두 돌판이 깨지게 됩니다. 처음부터 사람은 율법을 지킬 수 없음을 보여 주는 사건입니다

모세의 사생결단 중보 기도
… 슬프도소이다 이 백성이 자기들을 위하여 금 신을 만들었사오니 큰 죄를 범하였나이다 그러나 이제 그들의 죄를 사하시옵소서 그렇지 아니하시오면 원하건대 주께서 기록하신 책에서 내 이름을 지워 버려 주옵소서(출 32:31-32).

감추어진 비밀의 영광, 그리스도
이 비밀은 만세와 만대로부터 감추어졌던 것인데 이제는 그의 성도들에게 나타났고(골 1:26).

수건, 진리(그리스도)를 덮다
그러나 그들의 마음이 완고하여 오늘까지도 구약을 읽을 때에 그 수건이 벗겨지지 아니하고 있으니 그 수건은 그리스도 안에서 없어질 것이라(고후 3:14).

(출 32:19, 렘 31:31-32). 오직 예수 그리스도의 피로 세운 새 언약, 복음으로만 하나님이 거하시는 참성전이 세워질 수 있기 때문입니다(렘 31:33).

구원의 핵심을 다루는 출애굽기에서 새 언약의 그림을 보여 주는 부분은 성막 설계와 성막 완성 사이에서 발생한 금송아지 사건 현장입니다. 그 실제적 장소는 하나님 이외에 우리를 인도할 다른 신인 금송아지 우상을 품고 있는, 여호와 부재(不在) 상태인 우리의 마음입니다.

율법을 지킬 수 없는 부패한 사람에게 그리스도의 예표인 모세의 중보 기도로 구원의 길이 열리게 됩니다(출 32:31-32, 딤전 2:5). '행위 언약'(옛 언약)인 돌판은 깨지고, 이제 나타나는 '은혜 언약'(새 언약)은 마음 판에 새겨집니다. 이는 만세와 만대로부터 감추어진 비밀입니다(골 1:26). 그래서 하나님을 만난 모세의 얼굴에서 복음의 비밀의 광채가 나타났고, 이를 수건으로 가린 것입니다(출 34:29, 35).

그리스도의 영광된 복음의 비밀의 광채를 가린 모세의 수건은 이제 그리스도 안에서 벗겨지고(고후 3:14), 그 복음의 빛이 우리 마음에 비침으로 은혜 언약이 마음 판에 새겨집니다(고후 3:3, 4:6).

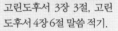

오늘의 미션

고린도후서 3장 3절, 고린도후서 4장 6절 말씀 적기.

[미션 수행]

너희는 우리로 말미암아 나타난 그리스도의 편지니 이는 먹으로 쓴 것이 아니요 오직 살아 계신 하나님의 영으로 쓴 것이며 또 돌판에 쓴 것이 아니요 오직 육의 마음 판에 쓴 것이라

(고후 3:3).

어두운 데에 빛이 비치라 말씀하셨던 그 하나님께서 예수 그리스도의 얼굴에 있는 하나님의 영광을 아는 빛을 우리 마음에 비추셨느니라

(고후 4:6).

Day Point

레위기는 크게 제사법(레 1~10장)과 거룩법(레 11~27장)으로 구분됩니다. 특히 레위기 제사법의 '5대 제사'(번제, 소제, 화목제, 속죄제, 속건제)는 예수 그리스도가 성취하실 구속 사역을 미리 보여 줍니다.

화목제물이신 예수 그리스도로 말미암아 우리의 죄가 용서함을 받아 하나님 앞으로 나아가게 됩니다. 또한 우리는 그분의 죽으심으로 하나님의 거룩한 백성으로 살 수 있게 됩니다.

예수 그리스도는 우리를 위해 화목제물이 되셔서 속죄제와 번제로 드려지셨습니다(히 10:5~6). 또한 "그가 거룩하게 된 자들을 한 번의 제사로 영원히 온전하게"(히 10:14) 하심으로 레위기의 5대 제사를 완성하셨습니다.

5대 제사(레 1~7장)

하나님은 예수 그리스도로 드려지는 순종의 제사를 기뻐하십니다. 그러므로 하나님은 우리를 왕 같은 제사장으로 삼으시고, 산 제물로서의 삶을 요구하십니다(롬 12:1, 빌 2:8, 벧전 2:9). 5대 제사는 다음과 같이 드려집니다.

첫째, '번제'는 동물을 태워 드리는 제사입니다(레 1장). 그리스도의 생명을 예표하는 번제는 생명을 하나님에게 드리는 희생 제사입니다.

그러므로 번제는 나 중심이 아니라 죄인의 죄를 제거하기 위해 자신의 삶을 불태우신, 죄인을 위해 대신 죽으신 예수의 생명으로 사는 것을 의미합니다. 내 생명, 내 지식, 내 생각이 아니라 예수의 길과 예수의 진리와 예수의 생명으로 살아야 합니다(요 14:6).

둘째, '소제'는 곡식을 태워 드리는 제사입니다(레 2장). 그리스도의 사명을 예표하는 소제는 재물을 하나님에게 드리는 헌신 제사입니다.

그러므로 소제는 자신의 모든 것을 드려 하나님과 사람을 섬기신 예수의 사명으로 사는 것을 의미합니다. 무슨 일을 하든지 마음을 다해서 주님에게 하듯 하고, 주님이 오실 때까지 사랑하고 축복하며 살아야 합니다(마 20:27-28, 골 3:23).

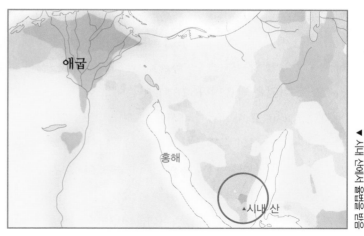

셋째, '화목제'는 이웃과의 화목을 요구하는 제사입니다(레 3장). 그리스도의 중보를 예표하는 화목제는 하나님과 사람 사이를 화목하게 하는 중재자의 역할입니다(딤전 2:5).

그러므로 화목제는 천사도 흠모하는 직책을 받은 그리스도의 대사로 사는 것을 의미합니다(고후 5:20). 그리스도의 대사인 우리는 하나님의 동역자로서 모든 일에 원망과 시비가 없어야 합니다(빌 2:14). 또한 화평을 심어 하나님의 자녀를 출생시키는 의의 열매를 거두어야 합니다(약 3:18).

넷째, '속죄제'는 죄 용서를 받기 위해 드리는 제사입니다(레 4장). 그리스도의 의를 예표하는 속죄제는 우리의 죄를 대신 지신 그리스도의 구속의 은총입니다.

그러므로 속죄제는 예수의 의로 사는 것을 의미합니다(벧전 2:24). 이것은 그리스도 안에서 하나님에 대해 살아 있는 것이고(롬 6:11), 죄와 육체와 세상에 대해서는 죽은 것입니다(롬 6:6, 갈 6:14, 5:24). 육신의 생각은 하나님과 원수가 되어 하나님을 기쁘시게 할 수 없습니다(롬 8:7-8). 예수 그리스도의 죽으심으로 죄인이 의인 되고, 하나님의 자녀로 변화된 존재로서 새로운 삶을 살아가야 합니다(롬 7:6, 고후 5:17).

다섯째, '속건제'는 죄로 인해 발생한 허물을 용서 받기 위해 드리는 제사입니다(레 5장). 그리스도의 형상을 예표하는 속건제는 우리의 허물을 대신 지신 예수 그리스도의 사랑의 은총입니다.

그러므로 속건제는 날마다 성화되어 그리스도의 형상을 닮아 가는 것을 의미합니다(갈 4:19). 허물과 죄로 죽었던 우리를 거룩하고 흠이 없는 하나님의 자녀로 살리시기 위해 예수 그리스도가 속건 제물로 드려지셨기 때문입니다(엡 2:1).

오늘의 말씀

기이한 빛 안의 왕 같은 제사장
너희는 택하신 족속이요 왕 같은 제사장들이요 거룩한 나라요 그의 소유가 된 백성이니 이는 너희를 어두운 데서 불러내어 그의 기이한 빛에 들어가게 하신 이의 아름다운 덕을 선포하게 하려 하심이라(벧전 2:9).

화목제물 그리스도
그러므로 우리가 그리스도를 대신하여 사신이 되어 하나님이 우리를 통하여 너희를 권면하시는 것같이 그리스도를 대신하여 간청하노니 너희는 하나님과 화목하라(고후 5:20).

제사장의 속죄제
그 모든 기름을 화목제 어린 양의 기름을 떼낸 것같이 떼내어 제단 위 여호와의 화제물 위에서 불사를지니 이같이 제사장이 그가 범한 죄에 대하여 그를 위하여 속죄한즉 그가 사함을 받으리라(레 4:35).

유일한 자랑, 십자가
그러나 내게는 우리 주 예수 그리스도의 십자가 외에 결코 자랑할 것이 없으니 그리스도로 말미암아 세상이 나를 대하여

제사장 위임법(레 8-10장)

죄를 지은 죄인이 죄를 해결 받기 위해서는 대속 제물과 제사를 집행할 제사장이 있어야 합니다(레 6-7장). 아론과 그 아들들은 제사를 집행하는 제사장으로 위임을 받습니다(레 8장). 아론이 드린 첫 제사는 여호와가 명하신 대로 드려지고 하나님이 제사를 기쁘게 받으신 징표로 불이 여호와 앞에서 나와 제단 위의 번제물과 기름을 사릅니다(레 9:24).

그런데 아론의 아들 나답과 아비후는 여호와가 명하시지 않은 다른 불로 분향하다가 여호와의 불에 삼켜져 죽게 됩니다(레 10:1-2). 불법을 행하다가 불에 타 죽은 불행한 일입니다. 우리는 산제사를 위임 받은 왕 같은 제사장으로서 하나님이 명하신 대로 예배의 산제사를 날마다 드려야 합니다(롬 12:1, 15:16, 벧전 2:9).

십자가에 못 박히고 내가 또한 세상을 대하여 그러하니라 (갈 6:14).

화목제, 여호와가 나타나시다! 또 화목제를 위하여 여호와 앞에 드릴 수소와 숫양을 가져오고 또 기름 섞은 소제물을 가져오라 하라 오늘 여호와께서 너희에게 나타나실 것임이니라 하매(레 9:4).

하나님을 가까이하는 자
… 이는 여호와의 말씀이라 이르시기를 나는 나를 가까이하는 자 중에서 내 거룩함을 나타내겠고 온 백성 앞에서 내 영광을 나타내리라 … (레 10:3).

제사(Sacrifice)

하나님은 이스라엘 백성이 제사를 통해 어떻게 죄를 용서 받고, 어떻게 거룩한 백성으로 살아갈 수 있는지 알려 주셨다. 제사드리는 사람이 희생제물에 안수할 때 그 사람의 죄가 그 짐승에게 전가된다. 그리고 그 짐승이 피 흘려 죽음으로 그 사람은 속죄 받고 그 제물 대신 생명을 얻게 된다.

구약의 5대 제사

번제 (레 1장, 6:8-13)	정의	제물을 완전히 태워 드리는 제사
	제물	바치는 사람의 형편에 따라 흠 없는 수소, 숫양이나 숫염소, 산비둘기나 집비둘기 새끼
	방법	제물 드리는 사람이 제단 앞에서 짐승의 머리에 손을 얹는다. 제물 드리는 사람이 짐승을 죽여 각을 뜨면, 제사장이 제물의 피를 제단 사방에 뿌린다. 제단 위에 제물을 놓고 태운다.
	의미	자발적으로 드리는 제사로, 향기로운 냄새다. 속죄와 하나님에게 드리는 온전한 헌신과 순종을 뜻한다. 흠이 없으신 예수님은 우리 죄를 위해 하나님에게 자신을 온전히 드리셨다.
소제 (레 2장, 6:14-23)	정의	곡식으로 드리는 제사(피가 없는 제사이기 때문에 번제나 화목제와 함께 드림)
	제물	올리브 기름과 유향과 소금을 섞은 고운 곡식 가루나 누룩 없는 빵
	방법	고운 가루에 올리브 기름과 유향을 섞어 제단에서 태운다. 화덕에 굽거나 조리용 판에 부치거나 솥에 삶아 드릴 수도 있다. 누룩이나 꿀을 섞어서는 안 되지만, 소금은 반드시 넣어야 한다.
	의미	하나님의 은혜에 감사해서 자발적으로 드리는 제사다.
화목제 (레 3장, 7:11-36)	정의	하나님과 사람 사이의 화목을 위해 드리는 제사(감사, 서원, 자원 예물로 드림)
	제물	바치는 사람의 형편에 따라 흠 없는 소, 양, 염소
	방법	제물 드리는 사람이 제단 앞에서 짐승의 머리에 손을 얹고 죽인다. 제물의 피를 제단 사방에 뿌리고, 내장의 기름과 두 콩팥을 떼어 제단 위에서 태운다. 가슴과 오른쪽 뒷다리는 각각 요제와 거제로 드린 후 제사장이 가진다. 나머지는 제사장과 제물을 바치는 사람이 남김없이 다 먹는다.
	의미	자발적으로 드리는 제사로, 향기로운 냄새다. 죄를 용서 받고 하나님과 화목하게 되었음을 뜻한다. 제사 후에 예물을 나눠 먹는 것은 하나님과의 친밀한 교제를 뜻하며, 제사장에게 몫을 돌리는 것은 감사와 기쁨을 더불어 나누는 것을 뜻한다. 예수님은 하나님과 사람 사이를 화목하게 하시는 화목제물이셨다.
속죄제 (레 4장-5:13, 6:24-30, 12:6-8)	정의	뜻하지 않게 지은 죄나 모르고 지은 죄를 용서 받기 위해 드리는 제사
	제물	형편에 따라 흠 없는 황소, 어린 양, 염소, 산비둘기나 집비둘기, 고운 밀가루 10분의 1에바
	방법	**제사장의 죄 :** 흠 없는 수송아지를 안수한 후 잡아서 그 피를 성소의 휘장 앞에 일곱 번 뿌리고 향단 뿔에 바른다. 나머지 피는 제단 밑에 쏟고, 송아지 전부를 진 밖 정결한 곳에 가져다가 나무 위에서 불로 태운다. **회중의 죄 :** 제물은 제사장의 죄와 똑같이 처리한다. **지도자의 죄 :** 흠 없는 숫염소를 예물로 드린다. 염소의 피를 제단 뿔에 바르고 나머지는 제단 밑에 쏟고 모든 고기, 기름은 제단 위에서 태운다. **평민의 죄 :** 흠 없는 암염소나 어린 양을 제물로 바친다. 제물은 지도자의 죄와 똑같이 처리한다. 형편에 따라 비둘기나 고운 곡식 가루를 바칠 수 있다.
	의미	죄에 대해서는 반드시 제물을 바쳐 속죄를 받아야 한다는 것을 알려 준다. 예수님은 모든 사람의 죄를 위해 드려진 속죄 제물이셨다.
속건제 (레 5:14-6:7, 7:1-10, 14:12-18)	정의	하나님의 성물을 더럽히거나 계명을 어겼을 경우, 사람에게 해를 끼친 경우에 용서 받고자 드리는 제사
	제물	흠 없는 숫양, 어린 양
	방법	제물 드리는 사람이 제단 앞에서 짐승의 머리에 손을 얹는다. 짐승을 죽이면 제사장이 제물의 피를 제단 사방에 뿌린다. 내장의 기름과 두 콩팥을 떼어 제단 위에서 태운다. 흠 없는 짐승을 제물로 드리며, 벌금도 지불해야 한다(제물의 5분의 1을 더 지불).
	의미	죄를 회개할 때 피해를 입은 상대방에게 알맞은 보상을 해야 함을 알려 준다. 예수님은 우리의 허물을 위해 드려진 속건 제물이셨다.

Day 09 정결법과 속죄법

레 11:1 - 레 16:34

| 족장 시대 | 광야 시대 | 정복 시대 |

Day Point

레위기의 5대 제사를 통해서 거룩해진 하나님의 백성은 거룩하게 살아야 합니다. 하나님은 "나는 너희의 하나님이 되려고 너희를 애굽 땅에서 인도하여 낸 여호와라 내가 거룩하니 너희도 거룩할지어다"(레 11:45)라고 말씀하십니다.

하나님의 백성에게 요구되는 거룩은 크게 두 가지입니다. 그것은 몸의 거룩과 삶의 거룩입니다. 정결한 몸의 거룩을 위해서는 먹는 것, 입는 것, 만지는 것을 구별해야 하고, 전염성 있는 몸의 질병으로부터도 구별되어 정결해야 합니다(레 11~15장). 또한 정결한 삶의 거룩을 위해서도 성별된 생활을 해야 합니다.

"누가 깨끗한 것을 더러운 것 가운데에서 낼 수 있으리이까 하나도 없나이다"(욥 14:4).

전적으로 타락하고 부패한 인간은 예수 그리스도의 피의 공로가 아니면 한시도 정결한 몸으로 거룩한 삶을 살 수 없습니다. 그러므로 우리 죄를 지고 십자가에서 죽으신 예수 그리스도를 예표하는 '아사셀 염소'(광야로 내보내는 속죄제 염소)가 속죄법으로 필요한 것입니다(레 16장).

정결법(레 11~15장) : 음식과 질병

거룩하신 하나님은 그분의 백성에게 몸의 거룩을 요구하십니다(레 11:44).

음식 정결법은 성별된 삶을 강조하려는 것입니다. 몸을 구별해 거룩하게 하려면 노예로 살았던 애굽의 식생활에서 거룩한 백성의 식생활로 전환해야 합니다. 요즘의 음식 문화는 '맛의 문화'입니다. 그러나 하나님의 백성의 음식 문화는 부정한 음식으로 몸이 부정해지면 안 되는 '거룩의 문화'입니다. 이런 새로운 음식 문화의 목적은 음식 자체에 있는 것이 아니라 성별된 삶을 강조하는 데 있습니다.

또한 성별된 삶은 외식적인 행위가 아니라 마음속 깊은 곳에서의 성별을 의미합니다. 그래서 예수님은 외식하는 자들에게 "입으로 들어가는 것이 사람을 더럽게 하는 것이 아니라 입에서 나오는 그것이 사람을 더럽게 하는 것이니라"(마 15:11)고 말씀하십니다. 입에서 나오는 것은 마음에서 나오는 악한 생각과 살인과 간음과 음란과 도둑질과 거짓 증언과 비방입니다(마 15:19).

음식으로 몸을 정결하게 할 수는 있지만 마음까지 정결하게 할 수는 없습니다. 결국 입으로 먹는 음식의 거룩을 통해 입에서 나오는 마음의 거룩을 말씀하시려는 것입니다(롬 12:2).

그렇다면 어떻게 마음까지 거룩해질 수 있을까요? 거룩하신 그리스도 예수의 마음을 품고(빌 2:5), 그 마음에 감사와 찬양의 말씀을 풍성히 채워야 합니다(골 3:16).

또한 음식 정결법의 궁극적인 목적은 창조주 하나님의 형상을 따라 지식에까지 새롭게 하심으로 부정한 이방인을 구원하시려는 것입니다(골 3:10, 사 55:8-9). 이런 목적으로 하나님은 베드로의 환상 가운데 레위기에서 먹지 말라고 규정하셨던 부정한 음식을 먹으라고 하십니다(행 10:9-16). 이것은 하나님이 부정한 음식을 깨끗하게 하시듯이 부정한 이방인을 그리스도의 죽음으로 구원하신다는 의미입니다(행 10:28, 11:18).

거룩한 몸을 정결하게 하려면 질병에서도 거룩해야 합니다. 특히 몸의 질병에는 피에서 오는 유출병과 살에서 오는 피부병이 있습니다. 이러한 병은 인간의 근본적인 죄로 인해 나타나는 현상입니다(마 9:6, 요 5:14).

출애굽기에서는 치료 방법으로 하나님의 말씀을 지키고, 세상의 우상을 섬기지 말며, 하나님을 섬기라고 말합니다(출 15:26, 23:25). 하나님의 자녀의 몸은 곧 하나님의 성전이기 때문입니다(레 15:31). 그러므로 각색 질병에서 영혼까지 정결해지는 것은 그리스도의 살과 피를 먹는 성찬의 삶입니다(마 4:23-24, 요 6:53-55).

속죄법(레 16장) : 아사셀 염소

속죄에 대한 내용(레 16장)은 아론의 두 아들(나답과 아비후)이 다른 불을 담아 여호와 앞에 분향하다가 죽은 사건(레 10:1-2) 이후에 주신 말씀입니다. 이와 같이 하나님에게 나아가는 자는 거룩하고 속된 것, 정하고 부정한 것을 분별해야 죽음을 면할 수 있습니다. 속되고 부정한 자는 하나님에게 나

오늘의 말씀

이방인을 향한 구원 계획
유대인으로서 이방인과 교제하며 가까이하는 것이 위법인 줄은 너희도 알거니와 하나님께서 내게 지시하사 아무도 속되다 하거나 깨끗하지 않다 하지 말라 하시기로(행 10:28).

순종함으로 얻는 몸의 구별
… 너희 하나님 나 여호와의 말을 들어 순종하고 내가 보기에 의를 행하며 내 계명에 귀를 기울이며 내 모든 규례를 지키면 내가 … 모든 질병 중 하나도 너희에게 내리지 아니하리니 나는 너희를 치료하는 여호와임이라(출 15:26).

"내가 거룩하니 너희도 거룩하라"
아론의 아들 나답과 아비후가 각기 향로를 가져다가 여호와께서 명령하시지 아니하신 다른 불을 담아 여호와 앞에 분향하였더니 불이 여호와 앞에서 나와 그들을 삼키매 그들이 여호와 앞에서 죽은지라(레 10:1-2).

아사셀, 죄를 대신 지고 광야로 가다
아론은 그의 두 손으로 살아 있는 염소의 머리에 안수하여 이스라엘 자손의 모든 불의와 그 범한 모든 죄를 아뢰고 그 죄를

유월절 준비
유월절 전날 집 안을 깨끗이 청소하고 누룩이 든 과자나 빵을 모두 없애 버린다. 또 밀, 보리, 옥수수, 콩, 귀리 등의 곡식을 모두 없애며, 누룩을 넣지 않은 빵인 무교병(마짜)만 허용된다. 이는 부정을 제거하고 악을 말살하는 의미가 있다.

유월절 식사 방법
식사는 이스라엘이 겪은 과거의 고난을 기억하고, 현재의 축복에 감사하며, 미래의 소망을 기원하는 순서로 진행된다. 아버지가 아이들에게 출애굽에 대한 이야기를 한 후에 축복 기도를 하고 음식을 먹으며, 식사 후에는 유대인의 노래로 모든 의식을 끝맺는다.
"우리는 노예들이었네. 그러나 지금은 자유롭다네 …."

아갈 수 없습니다. 그러므로 속죄법은 근본적으로 속되고 부정한 인간이 하나님에게 나아갈 수 있는 근본적인 방법을 제시합니다.

출애굽 당시 유월절 어린 양의 피가 이스라엘 백성의 집 좌우 문설주와 인방에 뿌려졌습니다. 이처럼 부패한 인간의 죄를 속하기 위해서는 여호와를 위해 제비 뽑힌 속죄제 염소의 피가 성막의 속죄소에 뿌려져야 합니다(레 16:15-16).

그것은 예수 그리스도의 죽음을 예표하는 것입니다. 대제사장이 아사셀을 위해 제비 뽑힌 염소에게 안수해 백성의 죄를 전가시킵니다. 그 후 죄와 허물을 짊어진 염소는 광야로 쫓겨가서 죽게 됩니다(레 16:21, 히 13:11-13). 이것은 사람의 죄를 예수 그리스도에게 전가해 그분이 대신 십자가에 죽으시는 속죄를 상징합니다.

염소의 머리에 두어 … 광야로 보낼지니(레 16:21).

피의 속죄제로 깨끗해지다
또 백성을 위한 속죄제 염소를 잡아 그 피를 가지고 휘장 안에 들어가서 … 속죄소 위와 속죄소 앞에 뿌릴지니 곧 이스라엘 자손의 부정과 그들이 범한 모든 죄로 말미암아 지성소를 위하여 속죄하고 … (레 16:15-16).

죄와 허물을 짊어진 제물
이는 죄를 위한 짐승의 피는 대제사장이 가지고 성소에 들어가고 그 육체는 영문 밖에서 불사름이라 그러므로 예수도 자기 피로써 백성을 거룩하게 하려고 성문 밖에서 고난을 받으셨느니라 그런즉 우리도 그의 치욕을 짊어지고 영문 밖으로 그에게 나아가자(히 13:11-13).

오늘의 미션
제사의 구성 요소는?

[미션 수행]
예수님이 성전이 되고 제물이 되고 제사장이 되면 구원이 발생되고, 내가 참 성전이 되고 참제물이 되고 왕 같은 제사장이 되면 순종이 나타납니다.

족장 시대	광야 시대	정복 시대

Day Point

하나님의 백성이 거룩한 몸으로 살아가기 위해서는 속죄법이 필요합니다. 하나님을 섬기는 백성은 삶의 거룩을 어떻게 유지할 수 있을까요?

첫째, 애굽과 가나안의 세속화된 풍속의 문화를 떠나는 것입니다(레 18–20장). "전에 음란하게 섬기던 숫염소에게 다시 제사"(레 17:7)하는 우상 숭배를 버리고, 제물을 하나님에게 화목제로 드리고 그분을 섬겨야 합니다(레 17장).

둘째, 왕 같은 제사장으로서 모든 생활에서 거룩한 처신을 해야 합니다(레 21–22장).

"너희가 내게 대하여 제사장 나라가 되며 거룩한 백성이 되리라"(출 19:6).

셋째, 매 절기의 예배를 통해 구원의 은혜를 깊이 묵상하고 감사하며(레 23–25장), 하나님의 복을 누려야 합니다(레 26–27장).

거룩법(레 17–25장) : 문화, 직분, 절기

"육체의 생명은 피에 있음이라 내가 이 피를 너희에게 주어 제단에 뿌려 너희의 생명을 위하여 속죄하게 하였나니 생명이 피에 있으므로 피가 죄를 속하느니라"(레 17:11).

예수 그리스도는 염소와 송아지의 피가 아닌 오직 자기의 피로 영원한 속죄를 이루사 단번에 성소에 들어가셨습니다(히 9:12). 피 흘림이 없으면 죄 사함이 없기 때문입니다(히 9:22). 이렇게 그리스도의 흘린 피가 뿌려짐으로 죄에서 구원 받은 백성은 삶에서도 거룩해야 합니다.

첫째, 세속 문화에서 거룩해야 합니다(롬 12:2). 이 세상을 상징하는 애굽과 가나안 땅의 문화에서 본받지 말아야 할 것은 크게 두 가지입니다(레 18:3, 21,

20:1-5, 23). 하나는 도덕적으로 성적인 타락이고, 또 하나는 종교적으로 우상 숭배입니다. 성적 타락인 간음은 세상과 벗 된 것으로, 하나님과 원수가 되게 합니다(약 4:4). 그리고 곧바로 우상 숭배로 이어지게 합니다. 음란과 우상 숭배는 옛 사람의 같은 줄기에서 나오기 때문입니다(골 3:5).

애굽 땅은 구원 받기 전의 세속 문화, 가나안 땅은 구원 받은 후의 세속 문화와 같습니다. 이처럼 세상은 구원 받은 거룩한 백성에게 죄를 감염시키기에 충분한 곳입니다.

이러한 세속 문화 속에서 전에 행하던 음란과 우상 숭배를 어떻게 멀리 할 수 있을까요(벧전 4:2-3)? 그리스도의 피로 깨끗해진 거룩한 백성은 그 안에 그리스도가 주인으로 사실 때만 세속 문화에서 거룩할 수 있습니다. 죽은 자와 산 자의 주가 되시기 위해 예수 그리스도가 죽으셨다가 다시 살아나셨음을 기억해야 합니다(롬 14:7-9).

둘째, 왕 같은 제사장 직분을 거룩하게 수행해야 합니다(벧전 2:9). 제사장인 아론의 자손 중에 흠이 있는 자는 제사장 직무를 수행할 수 없습니다(레 21:21). 이로 보건대 구약의 제사장 제도는 신약의 대제사장이신 예수 그리스도가 흠 없는 중보자이심을 상징적으로 보여 주는 것입니다(히 7:21-22).

그러므로 우리는 하나님이 기쁘게 받으시는 신령한 제사를 드릴 거룩한 제사장(롬 12:1, 벧전 2:5)으로 겸비해서 이방인을 구원해 예수 그리스도에게 제물로 드리는 복음의 제사장 직분을 잘 감당해야 합니다(롬 15:16).

셋째, 하나님에게 예배하는 여호와의 절기를 거룩하게 지켜야 합니다(레 23:3). 여호와의 절기는 삶 속에서 무너진 거룩을 회복하는 은혜의 날이기 때문입니다.

유월절에는 어린 양 예수 그리스도의 구속의 은혜를 묵상합니다. 초실절에는 부활의 첫 열매이신 그리스도의 부활을 감사합니다. 오순절에는 성령 강림의 역사를 생생하게 기억합니다. 초막절에는 광야 같은 세상에서 약속의 땅을 바라보며 주의 재림을 기대합니다.

그러므로 절기는 예수 그리스도의 죽으심과 부활하심을 통한 성령 강림 그리고 재림으로 나타날 천국을 소망하게 만듭니다.

레위인

레위인은 레위의 세 아들 게르손, 고핫, 므라리의 자손이다(민 3:17). 하나님은 금송아지 사건 때(출 32:26-29) 충성을 보였던 이들을 특별히 선택하셔서(민 1:47-53) 성막에서 봉사하도록 하셨다.

하는 일
레위인은 궤, 상, 등잔 받침대 등 제단에 관련된 일과 성막과 장막과 성막의 널빤지, 가로대, 기둥, 받침대, 말뚝 등을 운반하는 일을 했다. 그러나 성전이 건축된 후에는 성막과 기구들을 운반하는 일을 더 이상 할 필요가 없었다. 다윗 왕 때에는 3만 8천 명의 레위 사람 중 4천 명이 찬양하고 악기를 연주하는 등 성전에서 찬송하는 일을 했고(대상 23장), 백성에게 율법을 가르치는 일도 담당했다(신 33:10, 대하 17:7-9).

뽑은 이유
이스라엘 자손 가운데 모든 맏아들을 대신해서 하나님을 섬기게 하기 위함이다(민 8:18). 출애굽 때 이스라엘의 맏아들을 살려 주신 것을 기념해서 레위 사람을 뽑으신 것이다.

상벌법(레 26-27장) : 축복과 저주

레위기 마지막 부분에 하나님은 예수 그리스도를 통해 율법에 순종하는 자들에 대한 축복과 불순종하는 자들에 대한 저주를 기록하셨습니다(레 26:9-13). 복을 얻으려고 우상 숭배하는 자들은 반드시 저주를 받게 됩니다. 그들은 오직 그리스도를 통해서만 구원이 있다는 언약을 믿지 않기 때문입니다.

모세에게 주신 시내 산 언약 율법은 하나님이 미리 정하신 은혜 언약을 앞서지 못합니다(갈 3:17). 이 은혜 언약은 하나님이 아브라함과 맺으신 언약으로 자손, 땅, 복의 근원이 되는 축복을 그 내용으로 합니다(레 26:42).

> "내가 너희를 돌보아 너희를 번성하게 하고 너희를 창대하게 할 것이며 내가 너희와 함께한 내 언약을 이행하리라"(레 26:9).

하나님은 은혜 언약을 폐하지 않으시고 기억하셔서 예수 그리스도를 통해 구원을 성취하십니다. 그러므로 구원은 약속된 그리스도에게 있습니다.

오늘의 미션

오늘 축복을 전해야 할 사람은?

[미션 수행]
말하지 않아도 알 거라 생각했던 가족에게 사랑과 축복의 말을 전하겠습니다.

11

광야 생활 준비

민 1:1 - 민 10:36

| 족장 시대 | 광야 시대 | 정복 시대 |

Day Point

유월절 어린 양이신 예수 그리스도를 통해 구원 받은 백성은 주님이 오실 때까지 영적 전쟁을 치릅니다. 그래서 출애굽기에서는 이스라엘이 출애굽을 시작할 때 그들을 가리켜 "여호와의 군대"(출 12:41)라고 표현합니다.

민수기에서는 싸움에 나갈 만한 자를 계수해 군대 조직을 만들고, 그 중심에 성막을 두고 열두 지파가 움직입니다(민 1~2장). 성막은 예수 그리스도를 예표합니다. 그러므로 성막 중심의 조직은 예수 그리스도를 중심에 두는 광야의 삶을 나타냅니다. 이런 성막 중심의 삶을 사는 대표적인 예는 레위인과(민 3~5장), 여호와에게 자기 몸을 구별해 드리는 나실인입니다(민 6장).

이제 이스라엘 백성은 광야로의 출발을 앞두고 출애굽기에서 완성된 성막에 기름을 발라 거룩히 구별하고, 열두 지파가 12일 동안 제단에 예물을 드리며, 구별된 레위인들은 정결 의식을 행하고, 마지막으로 유월절 예식을 행함으로 준비를 모두 마칩니다(민 7~10장).

성막과 군대(민 1~2장)

이스라엘 백성이 애굽에서 나온 지 만 1년쯤 되었을 때 성막이 완성되었고(출 40:17), 그들은 이를 시점으로 광야로 진군할 준비를 합니다. 먼저 이스라엘 중 20세 이상의 싸움에 나갈 만한 모든 자를 진영별로 계수하니 장정만 약 60만 명이었습니다(민 1:46, 출 12:37).

계수된 열두 지파는 예수 그리스도를 예표하는 성막을 중심으로 동서남북에 각 세 지파씩 진을 칩니다. 이것은 광야 같은 세상에서 나 중심의 고단한 인생살이를 청산하고 예수 그리스도 중심의 행복한 예수살이의 시작을 알리는 것입니다.

이것을 민수기에서 군대 조직으로 설명한 것은 창조주에게 피조물은 순종만이 살길이며, 또한 영적 전쟁에서 하나님의 전신 갑주를 입고 마귀의 간계를 능히 대적하기 위함입니다 (엡 6:11, 13).

그래서 바울은 믿음 안에서 참아들인 디모데를 "그리스도 예수의 좋은 병사"(딤후 2:3)로 부릅니다. 바울은 순교하기 직전에 쓴 디모데후서에서 "나는 선한 싸움을 싸우고 나의 달려갈 길을 마치고 믿음을 지켰으니"(딤후 4:7)라고 고백합니다. 광야같은 세상에서 치르는 믿음의 선한 싸움은 먹고사는 것보다 더 중요한 영생의 싸움입니다(딤전 6:12).

▶ 시내 산에서 가나안으로 출발 준비

이 영적 전쟁을 승리로 이끌 대장 되신 예수 그리스도가 유다 지파를 통해 오실 것을 이스라엘의 군대 조직에서 암시합니다. "동방 해 돋는 쪽에 진칠 자는 그 진영별로 유다의 진영의 군기에 속한 자"(민 2:3)로, 하나님은 유다 지파를 성막 앞쪽 선두에서 인도하게 하셨습니다(민 10:13-14).

길과 진리와 생명이신 예수 그리스도(요 14:6)는 돋는 해처럼 위로부터 우리에게 임하셔서 "어둠과 죽음의 그늘에 앉은 자에게 비치고 우리 발을 평강의 길"(눅 1:79)로 인도하십니다.

성막 봉사자(민 3-10장)

여호와의 군대를 지파별로 계수할 때 레위 지파는 제외되었습니다. 제사장을 도와 성막 관리를 맡기기 위함입니다. 레위 지파는 어떻게 이러한 복을 받게 되었을까요? 창세기에 나타나듯이, 사실 야곱의 아들 레위는 여동생 디나의 사건이 벌어졌을 때 세겜 사람을 무참하게 학살해 야곱의 저주를 받았습니다(창 34:25-27, 49:5-7). 그런데 하나님은 레위인을 성막 봉사자로 택하십니다.

"보라 내가 이스라엘 자손 중에서 레위인을 택하여 이스라엘 자손 중에 태를 열어 태어난 모든 자를 대신하게 하였은즉 레위인은 내 것이라"(민 3:12).

오늘의 말씀

전신 갑주를 입으라!
그러므로 하나님의 전신 갑주를 취하라 이는 악한 날에 너희가 능히 대적하고 모든 일을 행한 후에 서기 위함이라(엡 6:13).

유다 자손, 진영 앞으로!
이와 같이 그들이 … 행진하기를 시작하였는데 선두로 유다 자손의 진영의 군기에 속한 자들이 그들의 진영별로 행진하였으니 … (민 10:13-14).

레위인을 구별하라
… 레위인을 흔들어 바치는 제물로 여호와 앞에 드릴지니 이는 그들에게 여호와께 봉사하게 하기 위함이라 … 너는 이같이 이스라엘 자손 중에서 레위인을 구별하라 … 그들은 이스라엘 자손 중에서 내게 온전히 드린 바 된 자라 … (민 8:11, 14, 16).

나실인의 구별
… 남자나 여자가 특별한 서원 곧 나실인의 서원을 하고 자기 몸을 구별하여 여호와께 드리려고 하면 … 자기의 몸을 구별

이는 "택하심을 따라 되는 하나님의 뜻"(롬 9:11)입니다. 창세기에서 야곱이 레아에게서 낳은 아들 '레위'의 이름 뜻은 '내 남편이 지금부터 나와 연합하리로다'입니다(창 29:34). 이사야서에서는 구원 받을 이방인을 "여호와께 연합한 이방인"(사 56:3)으로 말합니다. 아무 공로 없는 죄인으로서 하나님에게 연합한 이방인의 이름이 바로 레위입니다.

레위 지파에서 제사장이 나온 것처럼 그리스도의 피로 사신 바 된 왕 같은 제사장인 우리도 사랑과 축복의 직무를 잘 감당해서(고전 6:20) 나실인처럼 구별된 삶을 살아야 합니다(민 6:2, 8, 23-27). 이와 같이 구약의 성도(레제나) 레위인, 제사장, 나실인의 성전 중심의 거룩한 삶은 유월절 어린 양이신 예수 그리스도의 피로써 죄인을 구원해 주심에서 비롯된 것입니다. 이제 이것을 기억하고 광야에서의 삶을 시작해야 합니다

(고전 3:16, 고후 6:16).

하는 모든 날 동안 그는 여호와께 거룩한 자니라(민 6:2, 8).

하나님의 백성의 삶

하나님의 성전과 우상이 어찌 일치가 되리요 우리는 살아 계신 하나님의 성전이라 이와 같이 하나님께서 이르시되 내가 그들 가운데 거하며 두루 행하여 나는 그들의 하나님이 되고 그들은 나의 백성이 되리라(고후 6:16).

대제사장의 축복 기도 – 복, 은혜, 평강

… 이렇게 축복하여 이르되 여호와는 네게 복을 주시고 너를 지키시기를 원하며 여호와는 그의 얼굴을 네게 비추사 은혜 베푸시기를 원하며 여호와는 그 얼굴을 네게로 향하여 드사 평강 주시기를 원하노라 할지니라 하라(민 6:23-26).

오늘의 미션

나의 옛 사람을 불태워야 할 영역은?

[미션 수행]

시어머님께 남겨둔 자존심을 불태워 버리겠습니다.

 아론의 축도

'축도'는 축복 기도의 줄인 말로, 하나님이 아론과 그 아들들에게 축도를 명령하셨다(민 6:22-27).

하나님의 이름으로 축복을 선포하는 아론의 축도는 하나님의 보호와 은혜 그리고 평강이 이루어지기를 바라는 내용을 담고 있다. 또 축도에는 복의 근원은 하나님 한 분이시며, 하나님은 육체적, 영적으로 복을 주시는 분이라는 내용이 포함되어 있다.

신약성경에도 축도가 나오는데, 하나님의 이름으로 다음과 같이 성도를 축복하는 내용이다.

"주 예수 그리스도의 은혜와 하나님의 사랑과 성령의 교통하심이 너희 무리와 함께 있을지어다"(고후 13:13).

족장 시대	광야 시대	정복 시대

Day Point

이스라엘 백성은 약속의 땅으로 가기 위한 모든 준비를 마치고 시내 산을 떠나 광야로 진군을 시작합니다. 광야는 하나님만을 의지하지 않으면 살 수 없는 곳입니다.

그런데 이스라엘 백성은 애굽의 노예 생활 중에 먹었던 기름진 음식 생각에 그만 하나님을 원망합니다(민 11장). 거룩해야 할 백성의 삶이 원망과 탐욕으로 물들어 가자 그들은 지도자의 권위에 도전해 모세를 비방하게 됩니다(민 12장). 또한 하나님의 말씀도 믿지 못해 가나안 정탐 후 가데스 바네아에서 불신앙을 나타냅니다(민 13-15장). 하나님을 불신한 결과는 지도자 모세에게 도전하는 고라당의 반역과 모세의 혈기로 이어집니다(민 16-20장).

이 모든 것은 유월절 어린 양이신 예수 그리스도의 죽음으로 구원 받은 감격을 한순간에 무너뜨리는 옛 사람의 모습입니다. 그러므로 민수기에 기록된 광야의 삶은 우리 옛 사람의 자화상입니다.

탐욕과 비방(민 11-12장)

인류의 시조 아담이 선악과를 먹는 불순종의 사건으로 인해 죄가 세상에 들어오게 됩니다. 그때부터 인류는 먹기 위해 사는 것인지, 살기 위해 먹는 것인지 종잡을 수 없는 딜레마에 빠지게 됩니다.

광야의 첫 번째 시험 문제는 하늘의 양식을 먹음으로 육신의 떡을 통한 생존을 넘어 영원히 사는 것입니다. 이스라엘 백성도 광야 생활에서 이와 같은 딜레마에 빠집니다. 사람의 육신은 밥을 먹는 동안에만 살 수 있지만, 하나님의 말씀을 먹는 백성은 그리스도와 함께 영원히 살게 됩니다. 그래서 모세는 하늘의 양식인 만나를 하나님의 말씀으로 설명합니다.

" … 너도 알지 못하며 네 조상들도 알지 못하던 만나를 네게 먹이신 것은

사람이 떡으로만 사는 것이 아
니요 여호와의 입에서 나오는
모든 말씀으로 사는 줄을 네가
알게 하려 하심이니라"(신 8:3).

예수님은 광야에서 먹는 문제로
사탄에게 시험 받으실 때 이 말씀
을 인용하십니다(마 4:4). 광야 같은
세상은 탐욕스런 옛 사람의 본성을
자극하는 마귀의 시험이 도사리고
있고, 먹고사는 근본적인 생존 문제의 시험을 통과해야 하는 곳입니다.

"너희 조상들은 광야에서 만나를 먹었어도 죽었거니와 … 나는 하늘에서
내려온 살아 있는 떡이니 사람이 이 떡을 먹으면 영생하리라"(요 6:49, 51).

이스라엘 백성이 광야에서 먹었던 만나는 생명의 근원이신 그리스도를
상징합니다. 하나님의 말씀은 영혼을 복되게 하는 하늘의 양식 만나입니다.
그럼에도 탐욕에 물든 이들은 만나 외에 다양한 음식을 요구합니다(시
106:14-15). 급기야 미리암과 아론이 지도자 모세를 비방하고(민 12:1), 주동
자인 선지자 미리암이 문둥병에 걸립니다(출 15:20, 민 12:10). 이것은 하나님
과 사람 사이의 중보자는 보통 선지자가 아닌 예수 그리스도를 예표하는
모세임을 분명히 밝히는 사건입니다(민 12:6-8, 히 3:2, 5, 딤전 2:5).

문화와 감투(민 13-20장)
애굽 땅과 가나안 땅의 문화는 육신의 정욕과 안목의 정욕과 이생의 자랑
으로 타락한 세상을 그림자처럼 보여 줍니다(약 3:15, 요일 2:16).
광야의 두 번째 시험 문제는 하늘의 문화로 세상의 문화를 통과하는 것
입니다. 세상의 문화는 눈에 보이는 현실 세계에 집착하지만, 하늘의 문화
는 눈에 보이지 않는 참현실 세계를 바라봅니다(고후 4:18, 히 12:2, 벧후 3:13).
민수기에서 가장 중요하게 다루는 열두 정탐꾼 사건은 광야의 현실 세

오늘의 말씀

탐욕, 하늘 양식 만나를 폄하
누가 우리에게 고기를 주어 먹
게 하랴 우리가 애굽에 있을 때
에는 값없이 생선과 오이와 참
외와 부추와 파와 마늘들을 먹
은 것이 생각나거늘 이제는 우
리의 기력이 다하여 이 만나 외
에는 보이는 것이 아무것도 없
도다 하니(민 11:4-6).

여호와의 손이 짧으냐?
그들을 위하여 양 떼와 소 떼를
잡은들 족하오며 바다의 모든
고기를 모은들 족하오리이까
여호와께서 모세에게 이르시
되 여호와의 손이 짧으냐 네가
이제 내 말이 네게 응하는 여부
를 보리라(민 11:22-23).

배부른 탐욕, 쇠약한 영혼
광야에서 욕심을 크게 내며 사
막에서 하나님을 시험하였도
다 그러므로 여호와께서는 그
들이 요구한 것을 그들에게 주
셨을지라도 그들의 영혼은 쇠
약하게 하셨도다(시 106:14-15).

계를 뚫고 약속의 땅으로 진입하는 방법을 설명합니다. 그것은 오직 하나님의 약속을 믿는 믿음입니다. 열 명의 정탐꾼은 '광야의 눈'으로 현실을 보다가 가나안 땅을 못 본 채 재앙으로 죽었습니다(민 14:37). 그러나 광야를 뚫고 약속의 땅으로 들어간 두 명의 정탐꾼인 여호수아와 갈렙은 약속의 가나안 땅으로 인도하실 예수 그리스도를 '믿음의 눈'으로 바라보았습니다(민 14:30, 고전 10:4). 그러므로 광야에서의 거룩한 삶은 믿음의 눈으로 세상을 바라보고 하나님의 약속을 믿는 신앙고백입니다(민 14:9).

광야에서 세 번째로 통과해야 할 시험 문제는 하나님의 거룩을 나타내는 것입니다(출 19:5-6, 벧전 2:9). 그러나 하나님의 거룩을 드러내야 할 레위 지파의 직분자인 고라당이 모세에게 반역을 일으킵니다(민 16:1). 모세 또한 신 광야 므리바에서 반석의 물을 낼 때 하나님의 말씀을 거역해 혈기를 부립니다(민 20:10-13).

직분을 감투로 본 고라당은 땅이 갈라져 땅속으로 매장당합니다. 직분에 충성한 모세(민 12:7, 히 3:2, 5)는 므리바 물 사건을 통해 아쉽게도 가나안 땅에 들어가지 못하고, 예수 그리스도의 예표인 여호수아에게 약속의 땅으로 인도할 직분을 넘겨줍니다(신 31:7). 이러한 배턴터치는 율법이 모세를 통해 나왔지만, 은혜와 구원의 진리는 그리스도를 통해 나오는 것을 떠올리게 합니다(요 1:17, 갈 3:24). 그리하여 불순종과 반역의 출애굽 1세대는 광야에서 죽고, 새롭게 훈련된 2세대가 가나안 입성의 주역이 됩니다.

모세의 차별성, 하나님과의 친밀함
… 그는 내 온 집에 충성함이라 그와는 내가 대면하여 명백히 말하고 은밀한 말로 하지 아니하며 그는 또 여호와의 형상을 보거늘 너희가 어찌하여 내 종 모세 비방하기를 두려워하지 아니하느냐(민 12:7-8).

지나가는 것과 영원한 것
이는 세상에 있는 모든 것이 육신의 정욕과 안목의 정욕과 이생의 자랑이니 다 아버지께로부터 온 것이 아니요 세상으로부터 온 것이라(요일 2:16).

여호수아와 갈렙, 믿음의 눈
… 우리가 두루 다니며 정탐한 땅은 심히 아름다운 땅이라 … 젖과 꿀이 흐르는 땅이니라 … 또 그 땅 백성을 두려워하지 말라 그들은 우리의 먹이라 그들의 보호자는 그들에게서 떠났고 여호와는 우리와 함께하시느니라 … (민 14:7-9).

오늘의 미션
신명기 8장 3절 말씀 적기.

[미션 수행]
너를 낮추시며 너를 주리게 하시며 또 너도 알지 못하며 네 조상들도 알지 못하던 만나를 네게 먹이신 것은 사람이 떡으로만 사는 것이 아니요 여호와의 입에서 나오는 모든 말씀으로 사는 줄을 네가 알게 하려 하심이니라(신 8:3).

광야 시대 _ 신

정복 시대 _ 수

주전 1446년
출애굽

주전 1445년
성막 건축

주전 1406년
후계자 여호수아 임명
요단 동편 정복

주전 1405년
가나안 도착
요단 동편 땅 분배

주전 1400년
요단 서편 땅 분배

주전 1390년
여호수아의 사망

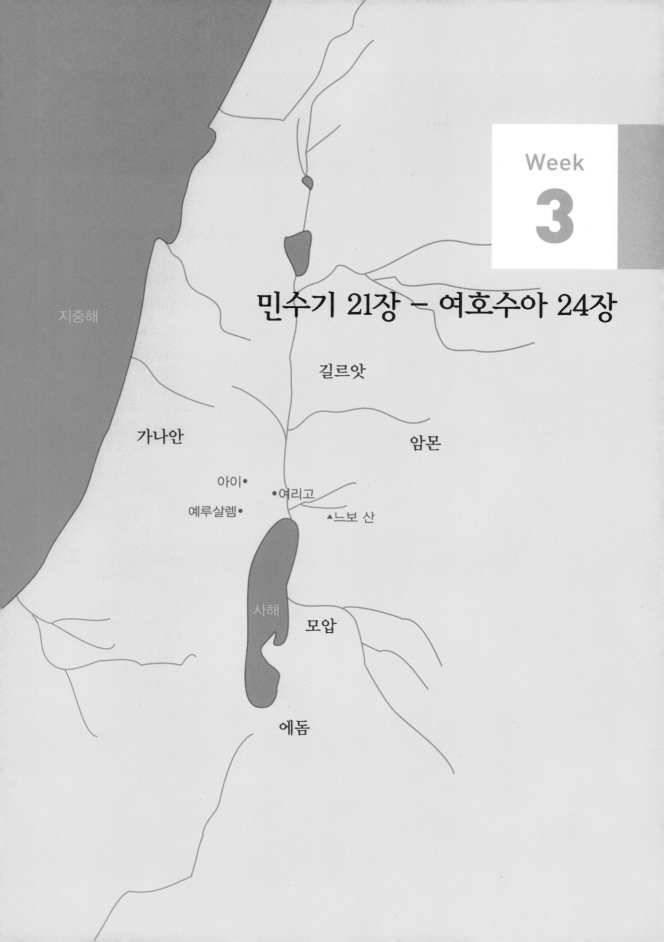

Week
3

민수기 21장 – 여호수아 24장

지중해

길르앗

가나안

암몬

아이•   •여리고
예루살렘•   ▲느보 산

사해

모압

에돔

신명기

 **Key Point**

새 언약의 실체 예수 그리스도

신명기는 '두 번째 율법'이라는 뜻으로, 모압 평지에서 모세가 약속의 땅 가나안을 바라보면서 전한 세 편의 설교입니다.

첫 번째 설교에서는 광야 40년 동안의 민수기 내용을 압축해 회고합니다(신 1-4장). 두 번째 설교에서는 출애굽기의 시내 산

언약과 레위기의 핵심이 되는 율법을 풀이하고 순종을 촉구합니다(신 5-26장). 세 번째 설교에서는 축복과 저주가 선포된

언약에 참여한 백성에게 시내 산에서 세우신 언약(시내 산 언약) 외에 모압 땅에서 세우신 새로운 언약(모압 언약)을 선포합니다

(신 27-34장).

시내 산 언약은 맹세 없이 세워진 반면에, 새로운 언약은 맹세 위에 세워집니다(신 29:12-13). 새로운 언약은 시내 산 언약이

세워지기 430년 전 하나님이 아브라함과 약속하신 언약으로, 맹세의 실체는 바로 예수 그리스도이십니다(갈 3:16-17, 히 6:17

-20, 7:20-22).

시내 산 언약(신 1-26장) : 과거 역사와 현재 율법

모세는 광야 40년의 여정을 마치고 감격스럽게 약속의 땅 앞에 도착합니다. 모세의 첫 번째 설교(신 1-4장)는 회고 부분으로, 그의 파란만장했던 광야 생활이 주마등처럼 스쳐 지나갑니다. 그 내용의 핵심을 새로운 출애굽 2세대에 전하기 위해 기록한 책이 신명기입니다.

신명기의 서두는 호렙 산(시내 산)에서 세일 산을 지나 열두 정탐꾼을 가나안 땅에 파송한 가데스 바네아까지 열하루 길이라고 말합니다(신 1:2). 길어도 한 달이면 들어갈 가나안 땅을 40년 동안 방황하게 된 원인을 광야 생활 40년의 과거 역사를 압축해 '불순종한 옛 사람의 자화상'으로 설명합니다(신 2:14, 민 14:19-23, 34).

히브리서에서는 좀 더 간단하게 하나님의 약속을 믿지 않는 자들은 약속의 땅에 들어갈 수 없다고 말합니다(히 3:15-19). 그러나 약속을 믿는 자

> **아브라함 언약의 실체, 그리스도**
> 이 약속들은 아브라함과 그 자손에게 말씀하신 것인데 여럿을 가리켜 그 자손들이라 하지 아니하시고 오직 한 사람을 가리켜 네 자손이라 하셨으니 곧 그리스도라 내가 이것을 말하노니 하나님께서 미리 정하신 언약을 사백삼십 년 후에 생긴 율법이 폐기하지 못하고 그 약속을 헛되게 하지 못하리라 (갈 3:16-17).

들은 약속의 땅을 상징하는 안식에 들어가게 됩니다(히 4:3). 광야 같은 세상에서 옛 사람의 행위로는 하나님의 말씀에 순종할 수 없지만 새사람의 믿음은 순종할 수 있음을 설명하는 것입니다. 그래서 복음은 예수 그리스도를 믿어 하나님에게 순종하게 합니다(롬 1:5).

모세의 두 번째 설교(신 5-26장)는 새로운 출애굽 2세대에게 시내 산에서 세우신 현재 율법(시내 산 언약)을 전수하고, 아브라함(열조)과 세우신 언약과의 차이점을 설명합니다(신 5:2-3). 모세는 하나님이 조상들과 세우신 시내 산 언약은 "오늘 여기 살아 있는 우리"(신 5:3), 곧 출애굽 2세대와 맺으신 것이라며 계속적인 유효성을 말합니다.

출애굽 후에 주신 시내 산 언약(율법)의 핵심이 되는 십계명에 대해 예수님은 '하나님과 이웃을 사랑하라'는 계명이라고 말씀하십니다(마 22:37-39). 그러나 사람은 율법을 온전히 지킬 수 없습니다. 그러므로 아브라함에게 하신 언약으로 구원 받은 우리의 감격은 더욱 큰 것입니다(롬 3:20, 7:7, 19, 24, 골 3:5).

새로운 언약(신 27-34장) : 옛 언약과 새 언약

모세가 새로운 2세대에게 마지막으로 한 세 번째 설교(신 27-34장)에서는 옛 언약과 새 언약을 명확하게 구분합니다. 에발 산에서는 저주가 선포되고, 그리심 산에서는 축복이 선포됩니다(신 27:12-14, 26). 시내 산 언약은 분명한 율법이고, 사람은 그 누구도 율법을 지킬 수 없습니다. 그래서 저주가 선포되는 에발 산에 단을 쌓고 하나님 여호와에게 번제를 드리라고 하는 것입니다(신 27:4-6). 이는 예수 그리스도가 "우리를 위하여 저주를 받은 바 되사 율법의 저주에서 우리를 속량"(갈 3:13)하신 것을 나타내려는 것입니다.

이제 시내 산에서 세우신 시내 산 언약 외에 모압 땅에서 새롭게 세우신 모압 언약을 통해 아브라함과 세우신 언약이 바로 새 언약이라는 것을 간접적으로 설명합니다. 하나님의 언약과 맹세에 새사람의 모형인 출애굽 2세대를 참여시킵니다(신 29:12-13). 새로운 모압 언약에는 모든 공동체와 또한 "오늘 … 여기[모압 평원] 있지 아니한 자"(신 29:15), 즉 미래 세대까지 포함됩니다(신 29:10-11). 이들은 아브라함과 맺으신 이 새 언약 덕분에 약속의 땅에 들어가게 된 것입니다.

불순종, 가나안에 들어가지 못함
성경에 일렀으되 오늘 너희가 그의 음성을 듣거든 격노하시게 하던 것같이 너희 마음을 완고하게 하지 말라 하였으니 듣고 격노하시게 하던 자가 누구냐 모세를 따라 애굽에서 나온 모든 사람이 아니냐 또 하나님이 사십 년 동안 누구에게 노하셨느냐 그들의 시체가 광야에 엎드러진 범죄한 자들에게가 아니냐 또 하나님이 누구에게 맹세하사 그의 안식에 들어오지 못하리라 하셨느냐 곧 순종하지 아니하던 자들에게가 아니냐 이로 보건대 그들이 믿지 아니하므로 능히 들어가지 못한 것이라(히 3:15-19).

죄를 깨닫게 하는 율법
그러므로 율법의 행위로 그의 앞에 의롭다 하심을 얻을 육체가 없나니 율법으로는 죄를 깨달음이니라(롬 3:20).

이 언약은 나중에 예레미야서에서 새 언약의 근원(렘 31:33, 히 10:16)이 되는 것으로, 율법(시내 산 언약)이 생기기 430년 전에 아브라함과 맺으신 맹세의 언약입니다(신 29:13, 갈 3:17). 이것은 오늘 우리에게도 맹세의 언약(신 29:14-15, 롬 4:20-24, 히 6:13-14)이며, 맹세의 실체이신 예수 그리스도가 언약의 보증으로 십자가 위에서 세우신 새 언약입니다(눅 22:20, 히 7:21). 이 새 언약을 통해 마음에 예수 그리스도의 할례를 받아 하나님을 사랑하게 되는 것입니다(신 30:6, 골 2:11).

여호수아

정복 전쟁(1-12장) : 정복 전쟁의 승리는 믿음과 순종
기업 분배(13-24장) : 땅 분배는 참안식의 예표

 **Key Point**

완전한 정복자 예수 그리스도

여호수아서는 하나님이 아브라함에게 약속하신 땅을 차지하고(수 1-12장), 그 땅을 열두 지파에게 분배(수 13-24장)하는 내용입니다. 하나님이 아브라함에게 약속하신 땅을 어떻게 정복하게 될 것인지, 하나님의 사자가 앞서 가겠다고 출애굽기에서 미리 알려 줍니다(출 23:20, 23, 34:11). 그리고 신명기 마지막에서도 "여호와께서 이미 말씀하신 것과 같이 네 하나님 여호와께서 너보다 먼저 건너가사 이 민족들을 네 앞에서 멸하시고 네가 그 땅을 차지하게 할 것이며 여호수아는 네 앞에서 건너갈지라"(신 31:3)고 말합니다.

그러므로 가나안 땅은 어제나 오늘이나 영원토록 동일하신 예수 그리스도가 함께하시면서 싸워 주셔야만 완전 정복(수 1:5-6, 23:10, 히 13:5-8)할 수 있습니다. 그리스도의 예표인 여호수아가 정복한 땅에서 열두 지파는 땅을 기업으로 분배 받게 됩니다.

정복 전쟁(수 1-12장) : 정복 전쟁의 승리는 믿음과 순종

모세는 약속의 땅 가나안을 눈앞에 두고 그 땅으로 인도할 후계자 여호수아를 세우면서 자신의 사명을 마감합니다. 하나님이 "이는 내가 아브라함과 이삭과 야곱에게 맹세하여 그의 후손에게 주리라 한 땅이라 내가 네 눈

앞서 가시는 하나님
내가 사자를 네 앞서 보내어 길에서 너를 보호하여 너를 내가 예비한 곳에 이르게 하리니
(출 23:20).

성경에 나타난 인구조사

모세와 아론 때
광야에서 생명의 대가로 내는 돈(속전)과 성막 봉사를 위한 돈을 걷기 위해 조사했다(출 30:11-16).

모세 때
시내 광야에서 가나안 정복을 위한 군사적 목적으로 조사했다(민 1:2-3).

모세 때
모압 평야에서 군사적 목적과 가나안 땅 분배를 위해 조사했다(민 26:2).

다윗 왕 때
자신의 군사력을 자랑하려는 목적으로 조사했다가 하나님의 징계를 받았다(삼하 24:1-10, 대상 21:1-6).

에스라, 느헤미야 때
바벨론에서 귀환한 유대인의 수를 조사했다(스 2장).

가이사 아구스도 때
예수님이 태어나셨을 때 황제는 세금을 올리고 호적을 조사했다(눅 2:1-3).

으로 보게 하였거니와 너는 그리로 건너가지 못하리라"(신 34:4) 하고 모세에게 말씀하셨기 때문입니다.

하나님과 대면한 모세가 가나안 땅에 들어가지 못하는 이유는 무엇일까요? 모세는 율법의 상징이고, 예수 그리스도는 은혜와 진리이시기 때문입니다(요 1:17).

그러므로 모세오경은 창세기에서 아브라함에게 언약하신 약속으로 인해 출애굽기에서 홍해를 건넌 것이 레위기의 율법으로 성취되는 것이 아님을 민수기 광야 생활에서 보여 줍니다. 또한 두 번째 율법, 즉 신명기에서 새 언약의 근간이 되는 아브라함에게 맹세하신 언약으로 요단 강을 건넌다는 것을 여호수아를 통해서 보여 줍니다.

이렇듯 율법으로는 약속의 땅에 들어갈 수 없습니다. 그러나 예수 그리스도의 예표인 여호수아를 통해 육적 이스라엘을 가나안 땅으로 인도하신 것처럼 예수 그리스도가 영적 이스라엘을 그분의 천국으로 인도하실 것을 미리 보여 줍니다(딤후 4:18).

성경은 구원의 비밀을 점진적이고 반복적으로 보여 줍니다. 그러므로

내가 너와 함께 있을 것이라
네 평생에 너를 능히 대적할 자가 없으리니 내가 모세와 함께 있었던 것같이 너와 함께 있을 것임이니라 내가 너를 떠나지 아니하며 버리지 아니하리니 강하고 담대하라 너는 내가 그들의 조상에게 맹세하여 그들에게 주리라 한 땅을 이 백성에게 차지하게 하리라(수 1:5-6).

그리스도인의 싸움
돈을 사랑하지 말고 있는 바를 족한 줄로 알라 그가 친히 말씀하시기를 내가 결코 너희를 버리지 아니하고 너희를 떠나지 아니하리라 하셨느니라 그러므로 우리가 담대히 말하되 주는 나를 돕는 이시니 내가 무서워하지 아니하겠노라 사람이 내게 어찌하리요 하노라 하나님의 말씀을 너희에게 일러 주고 너희를 인도하던 자들을 생각하며 그들의 행실의 결말을 주의하여 보고 그들의 믿음을

홍해를 건넌 것을 세(침)례로 비유하듯이 요단 강을 건넌 것도 동일하게 표현합니다(수 4:23-24). 또한 요단 강에서 행한 세(침)례 의식(롬 6:4, 열두 돌을 요단 강 속에 세우고, 요단 강 속에 있는 열두 돌을 취해 길갈에 세움)을 길갈에서의 할례 의식(창 17:11, 언약의 표징)과 유월절 의식(고전 5:7, 구속의 은혜)으로 연결해 정복 전쟁 준비를 마칩니다(수 1-5장).

이제 가나안 정복 전쟁은 영적 전쟁으로서 힘이 아니라 믿음으로 순종하면 승리하고, 교만해서 불순종하면 패배한다는 것을 각각의 여리고 성과 아이 성 전투에서 보여 줍니다(수 6-8장). 그 방법으로 남부 지역(수 9-10장) 기브온 전투에서 아모리 다섯 왕을 이기고, 북부 지역(수 11-12장) 메롬 물가 전투에서 하솔 왕 연합군을 진멸하게 됩니다.

기업 분배(수 13-24장) : 땅 분배는 참안식의 예표

여호수아를 통해 정복한 가나안 땅은 모세가 요단 강 동편의 땅을 먼저 르우벤, 갓, 므낫세 반 지파에게 분배했으므로(수 12:6) 나머지 아홉 지파와 반 지파에게 분배하게 됩니다(수 14:2, 19:51).

여호수아는 가나안 땅을 완전히 정복하지는 못했지만 부분적으로 정복한 땅을 분배하고, 그 땅에 피난처 되시는 예수 그리스도에 대한 모형(히 6:18)인 도피성을 세웁니다. 그리고 열두 지파에게 분배한 48개 성읍에 레위 지파를 파송합니다(민 35:6, 수 21:41). 레위 지파를 이렇게 흩어 보낸 것은 하나님의 말씀으로 통치하는 하나님의 교회를 상징적으로 보여 줍니다. 훗날 이들의 역할이 얼마나 중요한가를 사사기에서 적나라하게 보여 줄 것입니다.

이렇게 레위 지파까지 땅 분배를 마친 후 하나님은 그 조상들에게 맹세하신 대로 그들 주위에 안식을 주십니다(수 21:44, 23:1). 이것은 훗날 세상을 완전 정복하신 예수 그리스도가 다시 오실 때 영적 가나안, 새 하늘과 새 땅에서 참안식을 누리는 예표입니다(히 4:3, 8-9).

본받으라 예수 그리스도는 어제나 오늘이나 영원토록 동일하시니라(히 13:5-8).

영원한 인도와 구원
주께서 나를 모든 악한 일에서 건져 내시고 또 그의 천국에 들어가도록 구원하시리니 그에게 영광이 세세무궁토록 있을지어다 아멘(딤후 4:18).

요단과 홍해를 건너게 하심
너희의 하나님 여호와께서 요단 물을 너희 앞에서 마르게 하사 너희를 건너게 하신 것이 너희의 하나님 여호와께서 우리 앞에 홍해를 말리시고 우리를 건너게 하심과 같았나니 이는 땅의 모든 백성에게 여호와의 손이 강하신 것을 알게 하며 너희가 너희의 하나님 여호와를 항상 경외하게 하려 하심이라 하라(수 4:23-24).

그리스도와 함께 죽고 살아나다
그러므로 우리가 그의 죽으심과 합하여 세례를 받음으로 그와 함께 장사되었나니 이는 아버지의 영광으로 말미암아 그리스도를 죽은 자 가운데서 살리심과 같이 우리로 또한 새 생명 가운데서 행하게 하려 함이라(롬 6:4).

어린 양 그리스도의 죽음
너희는 누룩 없는 자인데 새 덩어리가 되기 위하여 묵은 누룩을 내버리라 우리의 유월절 양 곧 그리스도께서 희생되셨느니라(고전 5:7).

영원한 안식
만일 여호수아가 그들에게 안식을 주었더라면 그 후에 다른 날을 말씀하지 아니하셨으리라 그런즉 안식할 때가 하나님의 백성에게 남아 있도다(히 4:8-9).

기업 분배

땅 분배의 원칙

이스라엘이 가나안 땅을 분배할 때는 이방 민족들과 달리 지파별, 식구별로 온 백성에게 분배했다. 아울러 가나안은 언약에 근거해서 주어진 장소였기 때문에 언약(율법)을 지킬 때에만 이곳에서 살 수 있었다(수 24:25-26의 '세겜 언약' 참조). 가나안 땅의 분배 원칙은 다음과 같다.

첫째, 하나님의 명령을 따랐다.
　　하나님이 모세에게 말씀하신 대로(민 26:52-56, 33:54) 땅을 분배했다(수 13-19장).
둘째, 제비 뽑는 방법을 사용했다(민 26:55-56).
　　땅을 분배할 때 비옥함이나 척박함으로 인한 시기와 분쟁, 불만의 요소를 없애기 위함이었으며 제비뽑기를 통한 하나님의 간섭과 인도하심을 믿었기 때문이다.
셋째, 인구수대로 땅을 분배했다(민 33:54).
　　땅을 많이 얻은 자에게는 많은 세금을 요구했고(레위인에게 줌), 적게 가진 자에게는 적은 세금을 요구했다(민 35:8).

열두 지파에게 분배된 가나안 땅

가나안은 하나님의 땅(수 22:19)으로 하나님이 이스라엘의 조상들에게 주겠다고 약속하셨고(수 1:6), 실제로 주신 땅(수 21:43-44)이다.

〈므낫세 반 지파〉

므낫세 지파는 요셉의 장남인 므낫세에서 시작되었다(대상 5:23). 가나안에 들어가기 전, 므낫세 지파의 반은 모세에게 르우벤, 갓 지파와 함께 요단 강 동쪽에 거하고 싶다고 요구했다(민 32:33-42). 여기서 므낫세 지파의 2분의 1을 의미하는 반 지파라는 말이 나왔다. 그들은 가나안 땅을 점령한 후 매우 비옥한 요단 강 동쪽 땅을 분배받았다(신 3:12-17, 수 13:29-31). 그러나 이들은 그 지역의 이방 신들을 섬기게 되었고 하나님은 그들을 앗수르에 잡혀가게 하셨다(대상 5:23-26).

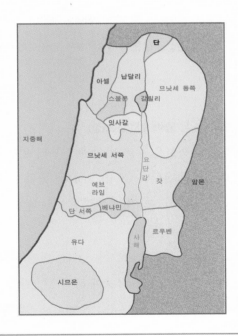

　한편 요단 서편 땅에 들어간 다른 므낫세 반 지파는 에브라임 지파 북쪽과 스불론, 잇사갈 지파의 남쪽 지역 땅을 유산으로 받았다(수 17:7-13).

새로운 삶

민 21:1 - 민 36:13

족장 시대　　　　　　광야 시대　　　　　　정복 시대

Day Point

민수기는 광야 생활 40년 중 38년 동안의 이야기입니다(민 14:34, 신 2:14). 38년 동안의 주된 사건은 민수기 11–25장에 나옵니다. 나머지 앞부분(민 1–10장)은 출애굽 1세대의 인구조사와 광야 출발 준비이고, 뒷부분(민 26–36장)은 출애굽 2세대의 인구조사와 가나안 입성 준비입니다.

　광야 생활의 마지막 부분은 에돔 땅을 우회하려다 마음이 상해 원망함으로 불 뱀에 물린 사건(민 21장)과 발람 선지자의 꾀에 빠져 바알브올 제사에 가담한 우상 숭배와 모압 여자들과의 음행(민 25:1, 31:16) 사건입니다(민 22–25장). 이 사건을 통해 광야의 삶에서 옛 사람의 본성적인 죄악을 깨끗이 정리하고, 그리스도를 예표하는 여호수아가 모세의 후계자(민 27:18, 신 31:7)가 되어 새로운 삶을 살게 될 약속의 땅으로 인도할 준비를 합니다(민 26–36장).

발람과 우상 숭배(민 21–25장)

이스라엘 백성은 광야의 삶 초기부터 원망으로 시작해 마지막 순간까지 원망을 토해 냅니다(민 11:1, 21:4-6). 에돔 땅을 우회하게 되자 그 일로 인해 마음이 상한 이스라엘 백성은 원망을 쏟아 냅니다.

> "백성이 하나님과 모세를 향하여 원망하되 어찌하여 우리를 애굽에서 인도해 내어 이 광야에서 죽게 하는가 이곳에는 먹을 것도 없고 물도 없도다 우리 마음이 이 하찮은 음식을 싫어하노라 하매"(민 21:5).

　험난한 광야 길과 한결같은 식물 만나에 싫증을 느낀 백성은 일만 생기면 구속의 은총을 잊어버리고 애굽의 노예 생활에서 구출된 것을 원망합니다. 옛 사람의 본성은 주님이 가신 고난의 길과 하늘의 양식인 만나를 상징하는 그리스도를 싫어합니다. 원망의 결과, 그들은 여호와의 불과 불 뱀으로 인해 죽게 됩니다(민 11:1, 21:6).

창세기에서 아담이 선악과를 따 먹을 때 개입한 뱀과 광야에서 등장한 불 뱀은 요한계시록에서 '용'(옛 뱀, 마귀, 사탄)이라고 불립니다(계 20:2). 구약에서 뱀으로 등장한 사탄은 연약한 인간의 본성을 타고 들어와 죄를 짓게 합니다(롬 7:11). 그러나 모세가 광야에서 놋 뱀을 만들어 장대 위에 단 것처럼 그리스도는 사망의 세력인 사탄을 멸망시키고 일생에 매여 종노릇하는 자들을 구원하시려고 십자가에 달리십니다(민 21:9, 요 3:13-14, 히 2:14-15).

그러므로 사탄인 용은 최후에 죽고, 광야 같은 세상에서 구원 받은 거룩한 백성은 그리스도와 더불어 왕 노릇 하며 살게 됩니다(계 20:6).

이렇게 고귀한 이스라엘 백성을 저주하려고 모압 왕 발락은 이방 술사 발람을 부르지만 하나님은 발람으로 하여금 이스라엘 백성을 저주 대신 축복하게 하십니다(신 23:4-5). 그들은 하나님에게 사랑과 복을 받은 자들이기 때문입니다(민 22:12, 사 61:9). 또한 이스라엘 백성은 구별된 제사장 나라의 백성(출 19:6, 민 23:9)으로서 만왕의 왕이신 예수 그리스도를 부르며(민 23:21), 또한 아브라함에게 약속하신 복이 되는(민 24:9, 창 12:2-3) 유다 지파의 계보에서 태어나실 예수 그리스도를 기다리는 백성입니다(민 24:17, 창 49:8, 10, 마 2:2, 히 1:8).

이렇게 축복 받은 백성에게 광야에서의 마지막 시험은 이방 술사 발람으로 등장한 사탄의 마지막 유혹입니다(민 25:1-3). 그로 인해 이스라엘 백성은 싯딤에서 모압 여자들과 음행하고, 바알브올에게 절하는 죄를 짓게 됩니다.

> "보라 이들이 발람의 꾀를 따라 이스라엘 자손을 브올의 사건에서 여호와
> 앞에 범죄하게 하여 … "(민 31:16).

사탄은 발람처럼 겉으로는 축복을 선포하듯이 좋은 말만 하지만 속으로는 저주를 퍼붓듯이 유혹해 세상의 우상을 섬기게 만듭니다. 그래서 요한계시록은 마지막까지 우상의 제물과 음행을 경계할 것을 당부합니다(계 2:14).

오늘의 말씀

발람의 꾀, 우상 숭배와 음행
그러나 네게 두어 가지 책망할 것이 있나니 거기 네게 발람의 교훈을 지키는 자들이 있도다 발람이 발락을 가르쳐 이스라엘 자손 앞에 걸림돌을 놓아 우상의 제물을 먹게 하였고 또 행음하게 하였느니라(계 2:14).

모세 후계자, 여호수아!
모세가 여호수아를 불러 온 이스라엘의 목전에서 그에게 이르되 너는 강하고 담대하라 너는 이 백성을 거느리고 여호와께서 그들의 조상에게 주리라고 맹세하신 땅에 들어가서 그들에게 그 땅을 차지하게 하라(신 31:7).

복 받은 자손, 이스라엘!
그들의 자손을 뭇 나라 가운데에, 그들의 후손을 만민 가운데에 알리리니 무릇 이를 보는 자가 그들은 여호와께 복 받은 자손이라 인정하리라(사 61:9).

유다 지파 계보, 예수 그리스도
유다야 너는 네 형제의 찬송이 될지라 네 손이 네 원수의 목을 잡을 것이요 … 규가 유다를 떠나지 아니하며 통치자의 지팡이가 그 발 사이에서 떠나지 아니하기를 실로가 오시기까지 이르리니 그에게 모든 백성이 복종하리로다(창 49:8, 10).

여호수아와 갈렙(민 26–36장)

광야 생활 40년 마지막에 출애굽 1세대는 광야에서 다 죽고, 출애굽 2세대가 새롭게 계수됩니다(민 26:1-2). 이것은 광야의 삶을 마치고 새로운 삶을 살기 위해서는 옛 사람은 죽고 새사람으로 살아야 한다는 순종을 말합니다(민 26:64-65). 오직 그나스 사람 여분네의 아들 갈렙과 눈의 아들 여호수아만이 여호와를 온전히 따랐습니다(민 32:11-12). 그래서 애굽에서 나온 자들 중에 20세 이상은 갈렙과 여호수아 외에는 하나님이 아브라함과 이삭과 야곱에게 맹세하신 약속의 땅 가나안을 결코 보지 못하게 됩니다. 그들은 하나님을 온전히 따르지 않았기 때문입니다.

여호와의 목전에 악을 행한 옛 사람의 모형 출애굽 1세대는 마침내 다 죽게 됩니다(민 32:13). 그러나 새사람의 모형 2세대는 하나님의 은혜로 약속의 땅 가나안에 들어가게 됩니다.

이것은 광야 같은 세상에서 불현듯 닥치는 시험으로 쓰러져 죄로 죽은 옛 사람의 자화상을 거울삼아 지금의 새사람은 구원의 은혜에 감사하라는 교훈이며, 온전히 순종하라는 경고일 뿐 사람의 행위에 근거해 약속의 땅이 결정된다는 의미는 아닙니다.

그런데 특별히 여호수아와 갈렙을 등장시키신 이유는 무엇일까요? 여호수아는 모세의 후계자로 등장합니다. 그는 눈에 보이지 않는 영적인 약속의 땅, 새 하늘과 새 땅으로 인도하실 예수 그리스도를 예표하는 자이기 때문입니다. 또한 갈렙은 예수 그리스도가 탄생하실 유다 지파 출신으로서, 예수님이 탄생하실 땅을 예비하게 되기 때문입니다(수 14:12-13).

"내 종 갈렙은 그 마음이 그들과 달라서 나를 온전히 따랐은즉 그가 갔던 땅으로 내가 그를 인도하여 들이리니 그의 자손이 그 땅을 차지하리라"(민 14:24).

갈렙, 여호수아, 앞으로 가!
모세와 제사장 아론이 시내 광야에서 계수한 이스라엘 자손은 한 사람도 들지 못하였으니 … 그들이 반드시 광야에서 죽으리라 하셨음이라 이러므로 여분네의 아들 갈렙과 눈의 아들 여호수아 외에는 한 사람도 남지 아니하였더라(민 26:64-65).

갈렙의 기업, 헤브론!
그날에 여호와께서 말씀하신 이 산지를 지금 내게 주소서 … 그곳에는 아낙 사람이 있고 그 성읍들은 크고 견고할지라도 여호와께서 나와 함께하시면 내가 여호와께서 말씀하신 대로 그들을 쫓아내리이다 하니 여호수아가 … 헤브론을 그에게 주어 기업을 삼게 하매(수 14:12-13).

오늘의 미션

겉으로는 축복하고 속으로는 원망했던 사람은?

[미션 수행]
나를 힘들게 했던 직장 상사를 이제는 진정으로 축복하고 용서하기 원합니다.

과거 역사와 율법 교육

신 1:1 - 신 11:32

| 족장 시대 | 광야 시대 | 정복 시대 |

Day Point

모세는 신명기 서두에서 이스라엘이 광야에서 보낸 40년의 과거 역사를 회고합니다.

광야 40년 역사 속에서 가장 중요한 부분은 가데스 바네아에서의 열두 정탐꾼 사건입니다. 가나안 정탐의 목적은 단지 어느 길을 따라 어느 성읍으로 들어갈지를 결정하려는 것이었습니다(신 1:22). 그런데 하나님의 약속을 믿지 못하고 그분의 명령을 거역하는 불순종으로 인해 출애굽 1세대는 약속의 땅에 들어가지 못하게 됩니다(신 1~4장).

그러므로 모세는 새로운 출애굽 2세대에게 세상 사는 날 동안 하나님에게 순종하고, 하나님을 경외하는 법을 가르치려고 시내 산에서 받은 율법을 재교육시킵니다(신 5~11장).

과거 역사(신 1~4장)

민수기에서 이스라엘 백성이 시내 산을 출발해 신명기의 모압 평지에 도착하기까지 40년의 광야 생활 역사는 길고도 먼 방황의 시간이었습니다. 그들은 시내 산에서 가나안 땅을 정탐한 장소인 가데스 바네아까지 열하루 만에 도착했습니다(신 1:2).

하나님이 창세기에서 아브라함과 약속하신 언약을 지키시기 위해(창 22:17, 신 4:31) 출애굽기에서 그리스도의 예표인 유월절 어린 양의 피로 구속하시고(요 1:29), 레위기 제사법으로 우리 죄를 깨끗하게 하시려고 예수 그리스도가 죽으시고 거룩법으로 살아나십니다. 그리고 하나님은 민수기의 험난한 광야 생활 동안 이스라엘 백성과 함께하시며 보호하시고(신 2:7), 신명기에서 모세는 하나님이 이스라엘 백성을 약속의 땅으로 인도하려고 명령하신 것을 회고합니다.

"내가 너희의 조상 아브라함과 이삭과 야곱에게 맹세하여 그들과 그들의 후손에게 주리라 한 땅이 너희 앞에 있으니 들어가서 그 땅을 차지할지니라"(신 1:8).

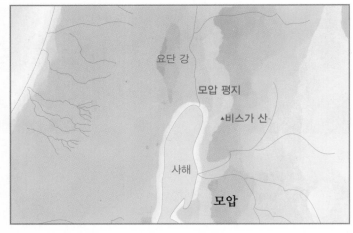

그런데 이스라엘 백성은 약속의 땅 가나안을 목전에 두고 열두 명의 가나안 정탐꾼 사건으로 인해 광야에서 발목이 잡히고 맙니다. 그리하여 열하루 길이면 갈 수 있는 약속의 땅을 40년 동안 방황하게 됩니다. 이처럼 하나님의 약속의 말씀을 믿지 못하는 자들은 세상에 발목이 잡혀 먹고사는 문제로 원망하다가 죽게 되는 옛 사람의 전형적인 모습입니다. 또한 이스라엘의 40년간의 광야 역사는 광야 같은 세상에서 사는 우리 인생과도 같습니다.

그래서 바울은 고린도교회 교인들에게 이스라엘의 광야 역사를 설명하면서 그들의 불순종을 본받지 말라고 경고합니다(고전 10:10-11). 옛 사람의 교만하고 불순종한 광야 역사는 우상 숭배이기 때문입니다(고전 10:14). 그러기에 성경은 과거 역사를 통해 현재를 사는 믿음의 백성에게 광야 같은 세상에서 믿음과 순종하는 마음으로 하나님을 섬기는 것의 중요성을 인식시켜 줍니다(신 4:32-35).

율법 교육(신 5-11장)

하나님이 시내 산에서 세우신 율법(십계명)의 목적은 하나님에게 순종하고 경외하는 법을 가르치려는 것입니다.

"네가 호렙 산에서 네 하나님 여호와 앞에 섰던 날에 여호와께서 내게 이르시기를 나에게 백성을 모으라 내가 그들에게 내 말을 들려주어 그들이 세상에 사는 날 동안 나를 경외함을 배우게 하며 그 자녀에게 가르치게 하리라 … 오늘 내가 네게 명하는 이 말씀을 너는 마음에 새기고"(신 4:10, 6:6).

오늘의 말씀

아브라함 언약
내가 네게 큰 복을 주고 네 씨가 크게 번성하여 하늘의 별과 같고 바닷가의 모래와 같게 하리니 네 씨가 그 대적의 성문을 차지하리라(창 22:17).

광야 40년의 돌보심
네 하나님 여호와께서 네가 하는 모든 일에 네게 복을 주시고 네가 이 큰 광야에 두루 다님을 알고 네 하나님 여호와께서 이 사십 년 동안을 너와 함께하셨으므로 네게 부족함이 없었느니라 하시기로(신 2:7).

광야의 불순종, 경계의 거울
그들 가운데 어떤 사람들이 원망하다가 멸망시키는 자에게 멸망하였나니 너희는 그들과 같이 원망하지 말라 그들에게 일어난 이런 일은 본보기가 되고 또한 말세를 만난 우리를 깨우치기 위하여 기록되었느니라(고전 10:10-11).

유일하신 여호와 하나님
어떤 신이 와서 시험과 이적과 기사와 전쟁과 강한 손과 편 팔과 크게 두려운 일로 한 민족을 다른 민족에게서 인도하여 낸

신명기의 지리적 배경 ▲

신명기(두 번째 율법)라는 책 이름처럼 율법을 다시 거론하는 이유는 이제 들어가는 가나안 땅에서 십계명의 핵심인 하나님과 이웃을 사랑하며 살게 하시기 위함입니다(신 4:13-14).

일반적으로 광야는 세상을, 가나안은 천국을 상징합니다. 그러나 신명기에서는 가나안 땅이 율법을 실천하며 살아야 하는 세상에 비유되고 있습니다(신 6:1). 성경은 하나님의 구속 사역을 점진적이고 반복적으로 설명하기 때문입니다. 그래서 여호수아가 요단 강을 건넌 것을 모세가 홍해를 건넌 것과 함께 설명합니다(수 4:22-23).

> "땅의 모든 백성에게 여호와의 손이 강하신 것을 알게 하며 너희가 너희의 하나님 여호와를 항상 경외하게 하려 하심이라"(수 4:24).

가나안 땅은 믿음으로 가는 천국을 상징하는 동시에 믿음으로 살아야 하는 세상에 비유됩니다. 홍해와 요단 강은 이스라엘 백성의 공의와 정직함 때문이 아니라 하나님의 은혜로 건너게 됩니다(신 4:37, 9:5). 이렇게 하나님의 은혜를 받은 백성에게 계명은 광야 같은 세상에서 가나안 같은 세상 문화를 정복하기 위해 꼭 필요한 것입니다.

그런데 계명을 지킬 수 없는 사람들이 금송아지 우상을 만들면서 두 돌판이 깨집니다(신 9:15-17). 하나님은 새로 만드신 두 돌판에 계명을 다시 쓰시고, 그 계명을 통해 하나님을 경외하는 진정한 목적은 사람의 행복이라고 설명하십니다(신 10:12-13). '하나님의 요구'는 곧 '사람의 본분'이기 때문입니다 (전 12:13).

일이 있느냐 이는 다 너희의 하나님 여호와께서 애굽에서 너희를 위하여 너희의 목전에서 행하신 일이라(신 4:34).

여호와를 섬기는 행복
이스라엘아 네 하나님 여호와께서 네게 요구하시는 것이 무엇이냐 곧 네 하나님 여호와를 경외하여 그의 모든 도를 행하고 그를 사랑하며 마음을 다하고 뜻을 다하여 네 하나님 여호와를 섬기고 내가 오늘 네 행복을 위하여 네게 명하는 여호와의 명령과 규례를 지킬 것이 아니냐(신 10:12-13).

하나님 경외, 사람의 본분
일의 결국을 다 들었으니 하나님을 경외하고 그의 명령들을 지킬지어다 이것이 모든 사람의 본분이니라(전 12:13).

오늘의 미션

전도서 12장 13절, 신명기 33장 29절 말씀 적기.

[미션 수행]
일의 결국을 다 들었으니 하나님을 경외하고 그의 명령들을 지킬지어다 이것이 모든 사람의 본분이니라(전 12: 13).

이스라엘이여 너는 행복한 사람이로다 여호와의 구원을 너같이 얻은 백성이 누구냐 그는 너를 돕는 방패시요 네 영광의 칼이시로다 네 대적이 네게 복종하리니 네가 그들의 높은 곳을 밟으리로다(신 33:29).

현재의 율법과 율법의 핵심

신 12:1 - 신 26:19

| 족장 시대 | 광야 시대 | 정복 시대 |

Day Point

하나님이 사람의 행복을 위해 요구하신 계명은 현재 우리에게 주신 것입니다. 율법의 표면적 의미는 하나님의 은혜로 구원 받은 사람을 하나님의 백성답게 살게 하려는 것입니다. 그리고 율법의 내면적 의미는 정확하게 예수 그리스도를 겨냥합니다(갈 3:24).

그러므로 신명기에서 반복해서 말하는 '현재의 율법'(신 12-16장)은 하나님의 은혜로 얻게 될 가나안 땅에서 하나님이 자기의 이름을 두시려고 택하신 성전에서 제사를 드리라고 말합니다(신 12:1, 5-6, 왕상 9:2-3, 창 22:2, 대하 3:1, 삼하 24:18, 24-25). 이것은 구원의 근거가 율법의 제사 의식을 통해서 성막(성전)으로 예표되신 예수 그리스도에게 있기 때문입니다. 그러므로 이 '율법의 핵심'(신 17-26장)은 하나님의 말씀을 가지고 오는 모세와 같은 선지자, 곧 예수 그리스도이십니다(신 18:15, 18, 롬 10:4). 그분이 율법의 요구를 이루시기 때문입니다(롬 8:4).

현재의 율법(신 12-16장)

요단 강을 건너 들어간 약속의 땅 가나안은 하나님의 전적인 은혜로 주어진 선물입니다.

"네가 가서 그 땅을 차지함은 네 공의로 말미암음도 아니며 네 마음이 정직함으로 말미암음도 아니요 이 민족들이 악함으로 말미암아 네 하나님 여호와께서 그들을 네 앞에서 쫓아내심이라 여호와께서 이같이 하심은 네 조상 아브라함과 이삭과 야곱에게 하신 맹세를 이루려 하심이니라"(신 9:5).

하나님은 약속의 땅에서 '그분이 선택하실 그 장소'인 특별한 한 곳으로 나아와 예배하라고 말씀하십니다. 그 선택 장소는 하나님이 거하시며, 그분의 이름을 두시는 곳입니다.

> "오직 너희의 하나님 여호와께서 자기의 이름을 두시려고 너희 모든 지파 중에서 택하신 곳인 그 계실 곳으로 찾아 나아가서 너희의 번제와 너희의 제물과 너희의 십일조와 … 너희 소와 양의 처음 난 것들을 너희는 그리로 가져다가 드리고"(신 12:5-6).

또한 "너는 삼가서 네게 보이는 아무 곳에서나 번제를 드리지 말고"(신 12:13)라고 말씀하십니다. 하나님은 아브라함을 부르실 때 "내가 네게 보여 줄 땅으로 가라"(창 12:1)고 하시는데, 이는 신명기에서 하나님이 은혜로 차지하게 하신 땅을 말합니다. 또한 독자 이삭을 번제로 드리라고 하실 때는 "내가 네게 일러 준 한 산"(창 22:2), 즉 모리아 산으로 가라고 지시하시는데, 이는 신명기에서 하나님이 자기 이름을 두시려고 택하신 곳을 말합니다. 그곳은 솔로몬 성전이 있는 곳(왕상 9:2-3)으로, 하나님이 다윗을 통해 성전 터로 정하신 곳이기도 합니다(대하 3:1).

이로 보건대 구원의 은혜는 오로지 하나님이 정하시고 예비하신 곳에서 발생합니다. 그것은 성전이 세워진 그 장소에서 예수 그리스도가 십자가 위에서 모형으로 보여 주신 이삭의 번제를 완성하셨기 때문입니다.

그러므로 예수 그리스도의 구원을 예표하는 유월절 예식과 칠칠절, 초막절도 각 성에서 드리지 말고 하나님이 자신의 이름을 두시려고 택하신 곳에서 드려야 합니다(신 16:1-2, 5-6, 16). 이것은 율법의 제사 의식을 통해서 구원의 은혜가 예수 그리스도이시라는 것을 명확히 설명하는 것입니다. 예수 그리스도 외에 다른 이로써는 구원을 얻을 수 없기 때문입니다(행 4:12). 구약 시대에는 제사 의식을 통해서 오실(초림) 예수 그리스도를 기다리고, 신약 시대에는 성찬 의식을 통해서 다시 오실(재림) 예수 그리스도를 기다립니다(고전 11:23-26).

율법의 핵심(신 17–26장)

율법은 하나님의 백성이 지켜야 할 삶의 기준입니다. 훗날 이스라엘에 왕이 세워지자 하나님은 왕에게도 율법 준수를 요구하십니다.

오늘의 말씀

하나님의 명령을 전하는 선지자
내가 그들의 형제 중에서 너와 같은 선지자 하나를 그들을 위하여 일으키고 내 말을 그 입에 두리니 내가 그에게 명령하는 것을 그가 무리에게 다 말하리라(신 18:18).

율법의 완성자, 그리스도
그리스도는 모든 믿는 자에게 의를 이루기 위하여 율법의 마침이 되시니라(롬 10:4).

하나님의 택하신 곳, 성전 건축
솔로몬이 예루살렘 모리아 산에 여호와의 전 건축하기를 시작하니 그곳은 전에 여호와께서 그의 아버지 다윗에게 나타나신 곳이요 여부스 사람 오르난의 타작마당에 다윗이 정한 곳이라(대하 3:1).

성찬, 주의 죽으심을 기념
너희가 이 떡을 먹으며 이 잔을 마실 때마다 주의 죽으심을 그가 오실 때까지 전하는 것이니라(고전 11:26).

모세와 같은 선지자, 그리스도
네 하나님 여호와께서 너희 가운데 네 형제 중에서 너를 위하여 나와 같은 선지자 하나를 일으키시리니 너희는 그의 말을 들을지니라(신 18:15).

살인자의 도피성
네 하나님 여호와께서 네게 기업으로 주시는 땅 전체를 세 구역으로 나누어 길을 닦고 모든 살인자를 그 성읍으로 도피하게 하라(신 19:3).

쉐마란?

'쉐마'는 히브리어로 '들으라'는 뜻으로, 이스라엘 백성이 자녀들에게 가르친 하나님에 관한 교육 내용을 말한다.	**쉐마는 어떻게 가르치나?** 쉐마를 집 문설주와 바깥 문(대문과 문의 양쪽에 세운 기둥)에 적고, 미간과 손목에 매어 놓는다(신 6:8-9).
쉐마는 언제 가르치나? 기회를 만들어 언제든지 하나님의 말씀을 가르친다 (신 6:7).	**쉐마를 가르치는 목적은 무엇인가?** 하나님을 경외하는 것이 가장 중요하기 때문이다.

"평생에 자기 옆에 두고 읽어 그의 하나님 여호와 경외하기를 배우며 이 율법의 모든 말과 이 규례를 지켜 행할 것이라"(신 17:19).

삶의 기준이 되는 율법의 핵심은 예수 그리스도를 통한 구원입니다.

"이같이 율법이 우리를 그리스도께로 인도하는 초등 교사가 되어 우리로 하여금 믿음으로 말미암아 의롭다 함을 얻게 하려 함이라"(갈 3:24).

신명기에서는 모세와 같은 선지자 하나를 하나님과 사람 사이의 중보자로 세워 구원하실 것을 예언합니다(신 18:15, 18, 행 3:22, 딤전 2:5, 히 8:6).

그러므로 모세에게 주신 율법은 약속하신 자손, 예수 그리스도가 오시기 전까지 맡겨진 한시적인 것입니다(갈 3:19-20, 히 9:1, 10). 그래서 영적 출애굽, 죄로부터의 해방은 육신의 몸을 입고 오시는 예수 그리스도를 통해서 성취됩니다(요 1:14, 17). 그분은 구약의 도피성으로, 그분에게로 피한 자는 죽음에서 살 수 있습니다(신 19:3, 고전 10:13, 히 6:18). 예수 그리스도는 우리 죄를 위해 대신 저주를 받으사 십자가 나무에 달려 죽으셨기 때문입니다(신 21:22-23, 갈 3:13).

오늘의 미션

예수 그리스도는 내 삶의 주인인가?

[미션 수행]

주님이 내 삶의 주인이심을 인정하며 힘들고 어려울 때마다 사람이 아닌 주님을 찾겠습니다.

Day Point

신명기의 마지막은 결론적인 부분으로, 새로운 언약에 초점을 맞춥니다. 새로운 언약은 "호렙에서 이스라엘 자손과 세우신 언약 외에 여호와께서 모세에게 명령하여 모압 땅에서 그들과 세우신 언약의 말씀"(신 29:1)을 말합니다.

그러므로 모압 땅에서 세우신 모압 언약에 대비되는 언약은 시내 산(호렙 산)에서 세우신 시내 산 언약을 말합니다. 시내 산 언약은 모세에게 주신 율법으로, 언약을 지키지 않으면 저주를 받고, 언약을 지켜 행하여 순종하면 복을 받습니다(신 27-28장).

다시 새롭게 세우신 모압 언약을 통해서 궁극적으로 새로운 언약은 모세와 세우신 시내 산 언약(율법)이 아니라 예전에 아브라함과 이삭과 야곱과 맺으신 맹세 언약임을 간접적으로 말합니다(신 29:13).

모세는 새로운 언약에 대한 내용을 끝으로 여호수아를 후계자로 세우고 120세에 생을 마감합니다(신 29-34장).

옛 언약(신 27-28장)

이스라엘 백성이 약속의 땅 가나안에 들어가는 날에 큰 돌들을 세우고 그 위에 율법의 말씀을 기록하고, 에발 산에 돌단을 쌓고 그 위에 하나님 여호와에게 번제와 화목제를 드리고 즐거워하라고 합니다(신 27:2-7). 그리심 산에서는 축복이 선포되는 반면 에발 산에서는 저주가 선포됩니다. 그런데 어떻게 즐거워할 수 있을까요(신 27:12-14, 26)? 율법을 지키면 복이 임하지만 지키지 못하면 저주가 임한다는 선포입니다.

그런데 사람이 율법을 지킬 수 없어 저주 받을 수밖에 없는 상황에서 하나님은 아들이신 그리스도로 하여금 죄를 대신 지고 죽게 하심으로 저주 받을 사람을 구원하십니다.

"율법이 육신으로 말미암아 연약하여 할 수 없는 그것을 하나님은 하시나니 곧 죄로 말미암아 자기 아들을 죄 있는 육신의 모양으로 보내어 육신에 죄를 정하사"(롬 8:3).

어린 양 예수 그리스도의 대속의 피 흘리심으로 "율법의 요구"(롬 8:4)가 이루어지도록 저주가 선포된 에발 산에 번제를 드릴 제단이 세워졌기 때문에 즐거워할 수 있는 것입니다.

새 언약(신 29-34장)

옛 언약(율법)은 시내 산에서 동물의 피로 세워졌습니다(히 9:18-20, 출 24:8). 또한 새 언약(복음)은 예수 그리스도의 피로 세워졌습니다(히 8:8, 9:12, 마 26:28, 눅 22:20). 시내 산 율법(시내 산 언약, 옛 언약)은 예수 그리스도의 피로 개혁할 때까지 맡겨 두신 것이므로 그리스도가 오실 때까지 그분을 증거해야 합니다(히 9:10, 갈 3:24).

모세는 모세오경의 마지막 부분에서 율법과 복음을 분명하게 설명합니다. 시내 산 언약은 물론이고 모압 땅에서 세우신 신명기(신 29:1, 13)의 모압 언약 역시 민수기(민 15:41), 레위기(레 26:45) 그리고 출애굽기(출 6:3-8)에서 반복된 내용으로, 창세기에서 아브라함과 맺으신 언약을 확인시켜 줍니다(창 17:7-8).

" … 하나님께서 미리 정하신 언약을 사백삼십 년 후에 생긴 율법이 폐기하지 못하고 그 약속을 헛되게 하지 못하리라"(갈 3:17).

그러므로 율법으로 구원을 받을 수는 없지만 하나님의 구원 계획을 확인할 수는 있습니다. 그래서 모세는 온 이스라엘을 소집하고 말합니다.

" … 여호와께서 애굽 땅에서 너희의 목전에 바로와 그의 모든 신하와 그의 온 땅에 행하신 모든 일을 너희가 보았나니 곧 그 큰 시험과 이적과 큰 기사를 네 눈으로 보았느니라 그러나 깨닫는 마음과 보는 눈과 듣는 귀는 오늘 여호와께서 너희에게 주지 아니하셨느니라"(신 29:2-4).

오늘의 말씀

피로 세우신 시내 산 언약
모세가 그 피를 가지고 백성에게 뿌리며 이르되 이는 여호와께서 이 모든 말씀에 대하여 너희와 세우신 언약의 피니라(출 24:8).

그리스도의 피로 세우신 새 언약
저녁 먹은 후에 잔도 그와 같이 하여 이르시되 이 잔은 내 피로 세우는 새 언약이니 곧 너희를 위하여 붓는 것이라(눅 22:20).

율법이 그리스도에게로 인도함
이같이 율법이 우리를 그리스도께로 인도하는 초등 교사가 되어 우리로 하여금 믿음으로 말미암아 의롭다 함을 얻게 하려 함이라(갈 3:24).

감추어졌던 비밀, 그리스도의 영광
이 비밀은 만세와 만대로부터 감추어졌던 것인데 이제는 그의 성도들에게 나타났고 하나님이 그들로 하여금 이 비밀의 영광이 이방인 가운데 얼마나 풍성한지를 알게 하려 하심이라 이 비밀은 너희 안에 계신 그리스도시니 곧 영광의 소망이니라(골 1:26-27).

아브라함 언약, 모든 만민의 복
또 하나님이 이방을 믿음으로 말미암아 의로 정하실 것을 성경이 미리 알고 먼저 아브라함에게 복음을 전하되 모든 이방인이 너로 말미암아 복을 받으리라 하였느니라 그러므로 믿음으로 말미암은 자는 믿음이 있는 아브라함과 함께 복을 받느니라(갈 3:8-9).

젖과 꿀이 흐르는 가나안

하나님이 이스라엘에게 주시기로 약속하셨던 가나안 땅은 줄곧 '젖과 꿀이 흐르는' 이상적인 곳으로 묘사되어 왔다 (신 31:20, 수 5:6). 그러나 실제 가나안 땅은 인간이 마음대로 개간을 하거나 농경을 할 만큼 기름진 땅이 결코 아니었다 (신 11:10-11). 그럼에도 불구하고 왜 성경은 이 땅을 '젖과 꿀이 흐르는 땅'이라고 말했을까?

그것은 하나님이 적당한 때에 이른 비와 늦은 비를 내려 주시기 때문에 '젖과 꿀이 흐를 정도로' 모든 것이 잘되는 땅이라는 뜻이다. 그러나 이것은 무엇보다 이스라엘 백성의 순종을 전제로 한 것이다 (신 11:13-17). 광야 생활이 그러했던 것처럼 '약속의 땅' 가나안도 하나님만 바라보고 살아야 하는 땅임을 알려 주는 말이다.

이는 모세오경 전체에서 아브라함에게 약속하신 구원 계획이 예수 그리스도이시라는 것을 이스라엘 백성이 눈치채지 못했기 때문입니다. 출애굽 구원의 핵심은 바로 유월절 어린 양의 피로 말미암은 것이며, 그 사건은 예수 그리스도를 통한 구원 계획의 예표입니다.

이 구원 계획은 "하나님 속에 감추어졌던 비밀의 경륜"(엡 3:9)이었기 때문에 알 수 없었지만, 이제는 그 비밀이 하나님의 성도들에게 나타났습니다(골 1:26-27). 모세는 이 비밀을 알고 하나님이 아브라함에게 맹세하신 언약을 재차 거론합니다. 그리고 모든 계층과 "여기 있지 아니한 자"(신 29:15)인 미래 세대까지 포함해 이 새로운 모압 언약, 즉 여호와의 언약과 맹세에 참여하게 합니다(신 29:12).

> **새로운 모압 언약, 미래 세대까지!**
> 내가 이 언약과 맹세를 너희에게만 세우는 것이 아니라 오늘 우리 하나님 여호와 앞에서 우리와 함께 여기 서 있는 자와 오늘 우리와 함께 여기 있지 아니한 자에게까지이니 (신 29:14-15).

> **오늘의 미션**
> 새 언약을 붙잡음으로써 내가 할 수 있는 결단은?
>
> [미션 수행]
> 질병을 두려워하는 대신 음식 조절과 규칙적인 운동을 하겠습니다.

"이제는 율법 외에 하나님의 한 의가 나타났으니 … 곧 예수 그리스도를 믿음으로 말미암아 모든 믿는 자에게 미치는 하나님의 의니 차별이 없느니라"(롬 3:21-22).

이 언약과 맹세를 통해 오늘 우리에게까지 구원이 임하게 된 것입니다 (신 29:14-15, 갈 3:8-9).

정복 전쟁

수 1:1 - 수 12:24

Day Point

여호수아의 원래 이름은 '호세아'였는데, 가데스 바네아에서 가나안 땅을 정탐하러 갈 때 모세가 '여호수아'로 부르면서 바뀌었습니다(민 13:16). 여호수아는 '하나님의 구원'을 뜻하는 이름으로, 헬라 식으로는 '예수'라고 부릅니다.

그는 예수 그리스도의 예표로 가나안을 정복합니다. 먼저 여리고를 정탐하고 난 후에 요단 강을 건너 길갈에 진을 치고, 하나님 말씀대로 할례와 유월절 의식을 행합니다. 여호와의 군대 대장으로 나타나신 그리스도를 만난 여호수아는 믿음과 순종하는 마음으로 대장 되신 그리스도의 명령을 따를 때 전쟁에서 승리할 수 있음을 알게 됩니다(수 1-5장).

여호수아는 순종 작전으로 전쟁을 수행해 견고한 여리고 성을 가볍게 승리하지만 그만 교만해져 아이 성 전투에서 패배하고 맙니다(수 6-8장). 그 후 죄악의 불순종을 해결하고 남부 지역(수 9-10장) 기브온 전투에서 아모리 다섯 왕과 북부 지역(수 11-12장) 메롬 물가 전투에서 하솔 왕 연합군에게 승리해 가나안 정복 전쟁을 마칩니다.

전쟁 준비(수 1-5장)

이스라엘 백성이 출애굽 할 당시에 하나님의 도우심 없이 애굽의 군대와 전쟁을 했다면 모두 몰살당했을 것입니다. 애굽의 군대가 뒤에서 쫓아오고 앞에는 홍해가 있는 진퇴양난의 상황에서 그들이 살아남을 수 있었던 것은 하나님이 싸워 주셨기 때문입니다(출 14:13-14). 그런데 가나안 땅을 정복하기 위해 요단 강 앞에 선 여호수아는 40년 전보다 더 어려운 상황을 맞이하게 됩니다. 이번에도 하나님은 친히 싸워 주실 것을 예고하십니다.

"강하고 담대하라 너는 내가 그들의 조상에게 맹세하여 그들에게 주리라 한 땅을 이 백성에게 차지하게 하리라"(수 1:6).

이렇게 하나님의 든든한 지원을 받게 된 여호수아가 요단 강을 건너기에 앞서 왜 정탐꾼을 여리고에 보냈을까요? 여호수아서는 민수기의 열두 정탐꾼 사건과는 전혀 다른 느낌을 전합니다. 정탐에 대한 정보는 별로 없고, 기생 라합의 신앙고백과 구원 요청에 따라 진실한 표를 주고 온 것이 전부입니다.

▲ 여호수아서의 지리적 배경

진실한 표는 창문에 매단 '붉은 줄'로, 출애굽 당시 유월절 어린 양의 피가 문 인방과 좌우 설주에 뿌려지고, 그 안에 있는 사람들이 집 밖에 나가지 않으면 구원 받는 것과 같은 약속입니다(출 12:22, 수 2:18-19). 그러므로 붉은 줄은 장차 죄로 말미암아 죽게 되는 사망의 법에서 구원시키는 그리스도의 피를 예표한 것입니다(레 17:11, 히 9:22).

이렇게 그리스도의 피로 구원 받는 표징을 붉은 줄뿐만 아니라 요단 강을 건너는 과정에서도 보여 줍니다. 열두 돌을 요단 강 중간에 세우고(수 4:9), 그 강에서 취한 열두 돌을 유숙할 곳인 길갈에 세웁니다(수 4:8, 20).

이는 홍해를 세(침)례로 보는 것처럼(수 4:23, 고전 10:2) 옛 사람을 요단 강에 수장시키고 새 생명 가운데 살게 하는 세(침)례 의식(롬 6:4)으로, 길갈에서 행한 할례 의식과 연결해 애굽의 수치를 벗겨 냅니다(수 5:9). 할례는 아브라함에게 주신 "언약의 표징"(창 17:11)으로, 유월절 의식과 연결해 언약의 결과는 유월절 어린 양의 피로 구속된다는 것을 확증합니다.

이제 구원 받은 백성이 죄로 물든 가나안의 세상 문화를 정복하는 영적 전쟁은 여호와의 군대 대장이신 그리스도에게 믿음으로 순종해야 승리할 수 있습니다(수 5:15).

순종 작전(수 6-12장)

여호수아는 전쟁 준비를 마치고 여리고 성을 점령하러 출전합니다. 성을 점령하기 위한 작전은 성 주위를 7일 동안 모두 열세 바퀴를 돌고 나팔을

오늘의 말씀

여호와께서 싸우시리니 …
모세가 백성에게 이르되 너희는 두려워하지 말고 가만히 서서 여호와께서 오늘 너희를 위하여 행하시는 구원을 보라 너희가 오늘 본 애굽 사람을 영원히 다시 보지 아니하리라 여호와께서 너희를 위하여 싸우시리니 너희는 가만히 있을지니라(출 14:13-14).

라합, 구원의 붉은 줄, 어린 양의 피
우리가 이 땅에 들어올 때에 우리를 달아 내린 창문에 이 붉은 줄을 매고 네 부모와 형제와 네 아버지의 가족을 다 네 집에 모으라(수 2:18).

길갈, 수치를 떠나게 함
여호와께서 여호수아에게 이르시되 내가 오늘 애굽의 수치를 너희에게서 떠나가게 하였다 하셨으므로 그곳 이름을 오늘까지 길갈이라 하느니라(수 5:9).

나, 십자가에 못 박다
그리스도 예수의 사람들은 육체와 함께 그 정욕과 탐심을 십자가에 못 박았느니라(갈 5:24).

불며 큰 소리를 치는 것이 전부입니다(수 6:3-5). 이런 우스꽝스런 작전은 믿음으로 순종하는 작전입니다.

"믿음으로 칠 일 동안 여리고를 도니 성이 무너졌으며"(히 11:30).

영적 전쟁은 "어떤 견고한 진도 무너뜨리는 하나님의 능력"(고후 10:4)입니다. 그러므로 우리 속에 아직도 깨지지 않은 영적 여리고, 견고한 자아도 믿음으로 순종하면 깨집니다.

그러나 아간처럼 하나님의 언약을 어기고 교만해서 불순종하면 아이 성 전투에서 패배한 것처럼 인생의 쓴맛을 보게 됩니다(수 7:11-12). 하나님의 영광을 가린 아간의 범죄는 탐욕스런 육신의 정욕입니다(갈 5:24). 그리스도는 육신의 죄를 정복하시기 위해, 아간 같은 우리가 가야 할 아골 골짜기를 소망의 문이 되게 하시려고 유월절 어린 양이 되시어 해골, 죽음의 골짜기로 가셨습니다(수 7:26, 호 2:15).

가나안 정복 전쟁은 기브온 전투에서 우박이 내리고 태양과 달이 머무는 것으로 보아 하나님이 주관하십니다(수 10:11-12, 14). 영적 전쟁을 상징하는 정복 전쟁은 사망의 세력을 잡은 사탄을 멸하고, 육신의 원주민이 점유한 마음의 땅을 완전 점령하면 비로소 그치게 됩니다 (수 11:23, 히 2:14, 마 24:14).

아골, 죽음의 골짜기
그 위에 돌무더기를 크게 쌓았더니 오늘까지 있더라 여호와께서 그의 맹렬한 진노를 그치시니 그러므로 그곳 이름을 오늘까지 아골 골짜기라 부르더라(수 7:26).

기브온 전투, 하나님이 싸우심
여호와께서 사람의 목소리를 들으신 이 같은 날은 전에도 없었고 후에도 없었나니 이는 여호와께서 이스라엘을 위하여 싸우셨음이니라(수 10:14).

오늘의 미션
갈라디아서 5장 24절 말씀 적기.

[미션 수행]
그리스도 예수의 사람들은 육체와 함께 그 정욕과 탐심을 십자가에 못 박았느니라(갈 5:24).

광야 시대   정복 시대   사사 시대

Day Point

여호수아가 가나안 땅을 점령하고 이스라엘 지파의 구분에 따라 땅을 분배해 기업으로 준 후 전쟁이 그치게 됩니다(수 11:23). 요단 동편은 모세에 의해 정복된 헤스본 왕 시혼과 바산 왕 옥의 땅을 르우벤, 갓, 므낫세 반 지파에게 이미 분배를 마쳤습니다(수 13장). 그리고 요단 서편 가나안 땅의 분배는 제비를 뽑아 아홉 지파와 반 지파에게 분배합니다(수 14-19장).

그리고 레위 지파에게는 땅을 분배하지는 않지만(수 13:33) 이스라엘 열두 지파가 사는 중심적인 42개 성읍과 6개의 도피성에 흩어지게 합니다(수 20-21장).

이렇게 기업 분배를 마치자 하나님은 조상들에게 맹세하신 대로 안식을 주십니다(수 21:44, 23:1). 여호수아는 안식을 주신 은혜를 잊지 말고 오직 여호와만 섬기라고 세겜에서 백성과 언약을 세우고, 110세의 나이로 생을 마감합니다(수 22-24장).

땅 분배(수 13-21장)

여호수아 13장은 요단 동편 지역, 14-19장은 요단 서편 지역의 땅 분배가 진행된 내용입니다.

그런데 특이한 사항은 이스라엘 열두 지파 중에 유다 지파의 땅 분배입니다. 유다 지파의 갈렙은 45년 전 가데스 바네아에서 정탐한 땅 헤브론을 기업으로 달라고 여호수아에게 요청합니다(수 14:12).

여호수아서에 갈렙의 땅 분배 요청이 자세히 기록된 이유는 무엇일까요? 그것은 아브라함에게 약속하신 자손(갈 3:16), 그리스도를 보내시는 땅이 어디인지를 어렴풋하게 드러내려는 것입니다. 성경은 유다 지파를 통해서 예수 그리스도가 오실 것을 예언합니다(창 49:10, 민 24:17, 시 78:67-68, 히 7:14). 그러므로 유다 지파가 분배 받는 땅에서 그리스도가 나시며, 또한 그리스도가 나시는 곳에 유다 지파가 땅을 차지하고 있어야 하는 것입니다.

그러므로 훗날 다윗이 왕권을 갖게 될 때 헤브론에 도읍을 정하도록 하나님의 지시를 받게 됩니다(삼하 2:1). 하나님이 아담에게 약속하신 여자의 후손으로 오시는 예수 그리스도가 아브라함의 민족인 이스라엘의 유다 지파에서 나시고, 그분이 가나안 땅 어느 동네에서 탄생하실지, 그 비밀이 점진적으로 드러나는 것입니다.

그래서 700년 후에 미가서는 약속된 예수 그리스도가 유다 베들레헴에서 나실 것을 구체적으로 예언합니다(미 5:2). 그리고 미가의 예언 700년 후에 예수 그리스도가 그곳 베들레헴에서 탄생하시게 됩니다(눅 2:11).

하나님은 땅 분배를 통해서도 예수 그리스도의 탄생을 준비하셨습니다. 따라서 예수 그리스도를 통해 우리가 기업으로 받을 영원한 땅도 이미 준비되었음을 믿을 수 있습니다(요 14:2-3).

땅 분배의 또 다른 특이한 사항은 레위 지파에게는 땅을 분배하지 않은 것입니다.

> "오직 레위 지파에게는 모세가 기업을 주지 아니하였으니 이는 그들에게 말씀하신 것과 같이 이스라엘의 하나님 여호와께서 그들의 기업이 되심이었더라"(수 13:33).

레위 지파에게 땅의 기업이 없는 대신 하나님이 기업이 되어 주시는 것은 출애굽 당시에 유월절 어린 양의 피로 인해 죽음에서 살게 된 장자를 대신해 이스라엘 자손 중에 레위인을 하나님이 택하셨기 때문입니다(민 3:12). 그래서 그들은 도피성(수 20장)을 포함한 48개 성읍(수 21장)에 흩어져 이스라엘 백성에게 하나님의 말씀을 잘 가르쳐서 그들의 기업이 영적으로 하나님의 것이 되게 하는 사명을 받았습니다. 오늘날 하나님이 택하신 성도의 사명이기도 합니다.

참안식(수 22-24장)

아브라함에게 약속하신 땅이 여호수아를 통해 정복되었고, 열두 지파의 땅 분배가 끝났습니다. 그리고 도피성 제도와 레위 지파까지 주요 48개 성읍에 배치가 끝남으로 가나안 정착이 완료됩니다. 정착이 완료된 증거로

오늘의 말씀

갈렙, 헤브론을 기업으로 받다!
그날에 여호와께서 말씀하신 이 산지를 지금 내게 주소서 당신도 그날에 들으셨거니와 그곳에는 아낙 사람이 있고 그 성읍들은 크고 견고할지라도 여호와께서 나와 함께하시면 내가 여호와께서 말씀하신 대로 그들을 쫓아내리이다 하니(수 14:12).

유다 지파 선택, 예수 그리스도의 계보
또 요셉의 장막을 버리시며 에브라임 지파를 택하지 아니하시고 오직 유다 지파와 그가 사랑하시는 시온 산을 택하시며(시 78:67-68).

미가서, 예수의 베들레헴 탄생 예고
베들레헴 에브라다야 너는 유다 족속 중에 작을지라도 이스라엘을 다스릴 자가 네게서 내게로 나올 것이라 그의 근본은 상고에, 영원에 있느니라(미 5:2).

레위인, 하나님의 소유
보라 내가 이스라엘 자손 중에서 레위인을 택하여 이스라엘 자손 중에 태를 열어 태어난 모든 자를 대신하게 하였은즉 레위인은 내 것이라(민 3:12).

가나안 정복 후 안식
여호와께서 주위의 모든 원수들로부터 이스라엘을 쉬게 하신 지 오랜 후에 여호수아가 나이 많아 늙은지라(수 23:1).

참안식, 새 하늘과 새 땅에서!
모든 눈물을 그 눈에서 닦아 주시니 다시는 사망이 없고 애통하는 것이나 곡하는 것이나 아픈 것이 다시 있지 아니하리니 처음 것들이 다 지나갔음이러라(계 21:4).

레위인의기업관

레위 지파는 열두 지파의 소유 가운데 48성읍에 거주할 수 있으며, 성읍 주변의 들을 가축을 키울 목초지로 사용할 수 있을 뿐이었다. 레위인들은 자신들에게 주어진 적은 몫에 대해 불평하지 않았다. 하나님만이 그들의 기업이 되심을 인정했기 때문이다. 그들에게 가장 중요한 것은 하나님을 섬기는 일이었으며 땅을 많이 차지하는 것이 아니었다.

하나님은 그들에게 안식을 주십니다(수 21:44, 23:1).

여호수아서의 마지막이 안식으로 끝나는 것은 훗날 세상을 완전 정복하신 예수 그리스도가 다시 오실 때 영적 가나안 땅인 새 하늘과 새 땅에서 참안식을 누리는 예표이기 때문입니다(히 4:3, 8-9). 그러므로 참안식은 예수 그리스도 안에서 성취되는 것입니다.

오늘의 미션

말씀과 기도와 찬양을 통해 자유롭게 안식 누리기.

[미션 수행]
〈평안을 너에게 주노라〉찬양을 들으며 안식하겠습니다.

"수고하고 무거운 짐 진 자들아 다 내게
로 오라 내가 너희를 쉬게 하리라"

(마 11:28).

또한 참안식은 장차 요한계시록의 새 하늘과 새 땅에서 완성될 것입니다(계 21:4). 그때까지 이 땅에 사는 동안 예수 그리스도의 말씀이 풍성히 거하게 해서(골 3:16) 예수 그리스도가 주시는 평안을 가지고(요 14:27) 믿음으로 순종해서 "오직 나와 내 집은 여호와를 섬기겠노라"(수 24:15) 하고 고백하면 그것이 참으로 복된 인생입니다.

주전 1375년
사사 통치의 시작

주전 1216년
드보라

주전 1169년
기드온

주전 1117년
룻과 나오미

주전 1091년
사무엘이 소명 받음

주전 1075년
삼손
미스바 회개

주전 1050년
사울과 통일 왕국 시대

주전 1025년
기름 부음 받은 다윗

주전 1020년
다윗과 골리앗

주전 1010년
사울의 사망
다윗의 즉위

주전 991년
다윗의 간음죄

주전 990년
솔로몬의 출생

주전 979년
압살롬의 반란

주전 970년
다윗의 사망
솔로몬의 즉위

사
사
시
대
─
삿
·
룻

통
일
왕
국
시
대
─
삼
상
·
삼
하

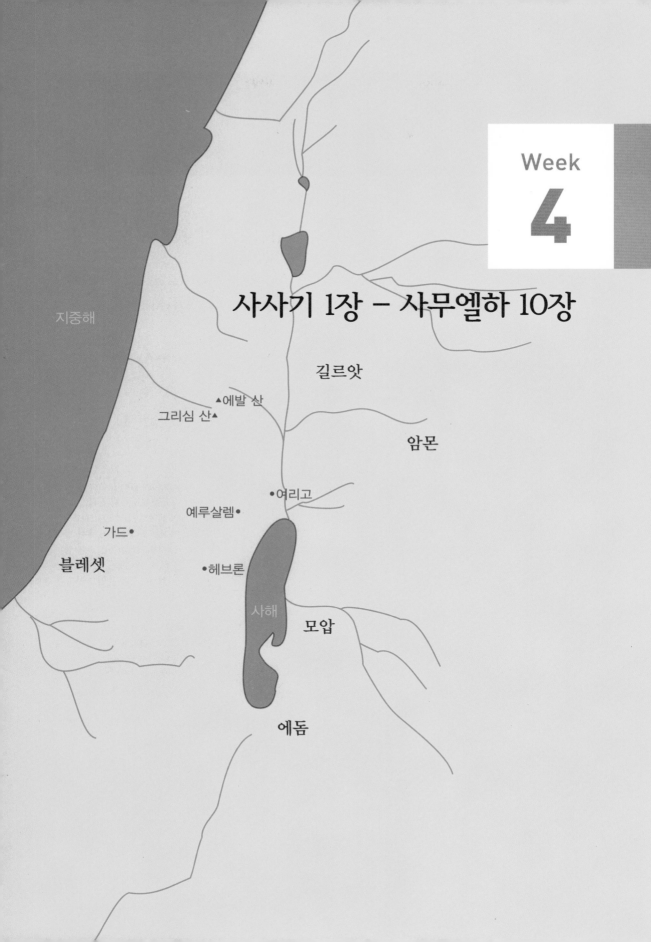

사사기 1장 – 사무엘하 10장

지중해

길르앗

▲에발 산
그리심 산▲

암몬

•여리고
예루살렘•

가드•

블레셋

•헤브론

사해

모압

에돔

사사기

 **Key Point**

영원한 구원자 예수 그리스도

레위 지파는 여호수아를 통해 열두 지파가 땅을 분배 받아 살고 있는 48개 주요 성읍에 흩어져 살았습니다. 그런데 레위인이 말씀을 가르치는 사명을 감당하지 못함으로(삿 2:10) 하나님이 통치하기 원하시는 레위 시대가 세속화됩니다(삿 3:6). 이로 인해 사사가 등장해 약 350년 동안 일곱 번이나 반복되는 죄악에서 구원합니다(삿 3–16장).

사사들은 영원한 구원자 예수 그리스도를 예표합니다. 하나님을 왕으로 섬기지 않는 자들의 실상은 종교적이고 도덕적인 타락입니다(삿 17–21장).

사사들의 등장(삿 1–16장), 레위들의 등장(삿 17–21장)

광야 시대 모세는 출애굽 2세대를 하나님이 족장 시대 아브라함과 세우신 언약에 참여시킵니다(신 29:12). 정복 시대 여호수아는 세겜에서 백성과 언약을 맺습니다(수 24:25).

> " … 이제 너희 중에 있는 이방 신들을 치워 버리고 너희의 마음을 이스라엘의 하나님 여호와께로 향하라"(수 24:23).

그런데 사사 시대에 와서 여호수아 세대의 사람들이 다 죽고, 그 후에 일어난 다른 세대는 하나님을 알지 못해(삿 2:10) 언약에서 떠나 바알을 섬기고(삿 2:11), 이방인들과 결혼해 이방 신들을 섬기게 됩니다(삿 3:6). 하나님은 그들의 악한 행위로 인해 당하는 고통, 즉 약 350년 동안 일곱 번의 반복적인 고통에서 그들을 구원하시려고 때마다 사사를 세우십니다(삿 3-16장).

하나님이 '한 구원자'로 세우신 사사들은 영원하고 완전한 구원자 예수

레위인의 율법 교육 부재 – 여호와를 모르는 다른 세대
그 세대의 사람도 다 그 조상들에게로 돌아갔고 그 후에 일어난 다른 세대는 여호와를 알지 못하며 여호와께서 이스라엘을 위하여 행하신 일도 알지 못하였더라(삿 2:10).

사사 시대의 세속화
그들의 딸들을 맞아 아내로 삼으며 자기 딸들을 그들의 아들들에게 주고 또 그들의 신들을 섬겼더라(삿 3:6).

생명의 성령의 법이 너를 해방
그러므로 이제 그리스도 예수 안에 있는 자에게는 결코 정죄함이 없나니 이는 그리스도 예수 안에 있는 생명의 성령의 법이 죄와 사망의 법에서 너를 해방하였음이라(롬 8:1-2).

그리스도를 예표합니다(마 1:21). 예수 그리스도만이 죄악과 고통의 반복적인 악순환의 주기를 끊으실 수 있기 때문입니다(롬 8:1-2).

사사기는 사사들을 통해 구원자 예수 그리스도를 드러내고, 사명을 무시한 레위인들을 통해 기복주의 신앙의 종교적인 죄와 사명을 망각한 쾌락주의 신앙의 도덕적 타락을 적나라하게 보여 줍니다(삿 17-21장).

가나안 땅을 정복해 말씀으로 통치하려고 세우신 레위인들은 그동안 어디 있었는지 숨어 있다가 사사기 끝에 등장합니다. 그런데 놀랍게도 그들의 모습은 사명을 망각한 현대 그리스도인의 모습과 너무도 흡사합니다. 그래서 세상 끝에 사는 성도들에게 사명의 중요성을 더욱 실감 나게 합니다.

레위인, 사명을 망각
미가가 그에게 이르되 네가 나와 함께 거주하며 나를 위하여 아버지와 제사장이 되라 내가 해마다 은 열과 의복 한 벌과 먹을 것을 주리라 하므로 그 레위인이 들어갔더라 … 그 청년이 미가의 제사장이 되어 그 집에 있었더라(삿 17:10, 12).

나오미의 가정(1-2장) : 모압과 베들레헴
룻의 축복(3-4장) : 보아스와 다윗

룻기

 **Key Point**

영혼의 기업 무를 자 예수 그리스도

룻기는 사사들이 치리하던 때의 이야기로, 룻기에 나오는 룻은 암울한 사사 시대의 한 줄기 빛과 같습니다. 그녀는 시어머니 나오미가 모압에서 남편(엘리멜렉)과 두 아들(말론과 기룐)이 모두 죽자 고향 베들레헴으로 돌아오는 길을 함께 따라옵니다. 모압과 베들레헴 사이에서 10년 동안 벌어진 일은 나오미가 룻을 데리고 온 계기가 되었습니다(룻 1장).

룻은 기업을 무를 보아스를 만나서 결혼해 다윗의 증조모가 됩니다(룻 2-4장). 룻과 결혼한 보아스는 우리를 예수 그리스도의 신부로 삼아 영혼의 기업을 무르실 그리스도를 예표합니다(고후 11:2).

나오미의 가정(룻 1-2장), 룻의 축복(룻 3-4장)

사사 시대는 우상 숭배의 영적인 흉년으로 인해 육적인 흉년의 기근과 압제가 극심한 시기였습니다. 이 시기에 나오미의 가정은 베들레헴에서 모압으로 이주해 10년 동안 지내게 됩니다. 모압에서 나오미의 남편과 두 아들이 죽게 되고, 모압 출신 며느리인 룻이 시어머니를 따라 베들레헴으로 들어오게 됩니다.

이스라엘에 왕이 없다고 소견에 옳은 대로 행하던 때(삿 21:25)에 이방 여인 룻은 시어머니 나오미에게 하나님을 왕으로 섬기겠다는 고백을 합니다.

> " … 어머니의 백성이 나의 백성이 되고 어머니의 하나님이 나의 하나님이 되시리니"(룻 1:16).

이방인이 하나님의 가족이 되는 방법은 정복 시대 라합(수 2:11)이 그랬듯이 언약 안으로 들어오는 고백입니다(롬 10:10).

나오미의 가정은 나약한 여인 둘뿐이었지만 보리밭 추수 때에 기업 무를 자인 보아스의 밭에서 다시 기업을 회복할 소망을 추수하게 됩니다(룻 1-2장). 이 소망은 암울한 시대에 한 줄기 빛으로 오시는 예수 그리스도의 탄생을 예고합니다. 모압 땅에서 남편의 죽음으로 과부가 된 룻은 베들레헴에서 보아스를 만나 새롭게 회복됩니다(룻 3-4장).

베들레헴은 예수 그리스도가 탄생하실 곳입니다(미 5:2). "네 집이 다말이 유다에게 낳아 준 베레스의 집과 같게 하시기를 원하노라"(룻 4:12)는 축복대로, 이곳에서 보아스는 예수 그리스도가 탄생하실 유다 지파와 연결되고(창 49:10), 룻은 다윗의 줄기에서 오시는 예수 그리스도의 족보에 기록됩니다(룻 4:22, 마 1:1).

사사 시대, '자기의 소견에 옳은 대로'
그때에 이스라엘에 왕이 없으므로 사람이 각기 자기의 소견에 옳은 대로 행하였더라(삿 21:25).

여호와의 날개 아래로 온 룻
보아스가 그에게 대답하여 이르되 네 남편이 죽은 후로 네가 시어머니에게 행한 모든 것과 네 부모와 고국을 떠나 전에 알지 못하던 백성에게로 온 일이 내게 분명히 알려졌느니라 여호와께서 네가 행한 일에 보답하시기를 원하며 이스라엘의 하나님 여호와께서 그의 날개 아래에 보호를 받으러 온 네게 온전한 상 주시기를 원하노라 하는지라(룻 2:11-12).

Key Point

메시아 왕국의 실체 예수 그리스도

하나님이 직접 통치하시는 신정 시대 끝에 나실인 삼손이 사사기의 막을 내립니다. 그리고 나실인 사무엘이 사무엘상에서 왕국 시대의 막을 올립니다. 하나님은 새로운 시대를 알리시기 위해 엘리 제사장에게 희귀했던 말씀을 사무엘에게 밝히 증거하십니다(삼상 1~7장).

이렇게 신정 시대가 지나고 왕국 시대가 오는 것은 메시아 왕국의 모형을 알리는 것입니다. 그리고 사람이 택한 왕이 아닌 하나님의 마음에 맞는 다윗 왕은 예수 그리스도를 예표합니다(삼상 8~31장).

엘리와 사무엘(삼상 1~7장), 사울과 다윗(삼상 8~31장)

사사기의 마지막은 "이스라엘에 왕이 없으므로 사람이 각기 자기의 소견에 옳은 대로 행하였더라"(삿 21:25)라고 기록합니다. 룻기의 마지막은 "이새는 다윗을 낳았더라"(룻 4:22)라고 기록합니다. 그러므로 사무엘상의 초두에 나오는 사무엘의 출생은 예수 그리스도를 예비하는 세례 요한의 출생처럼 새로운 시대를 알리는 서막입니다. 사무엘은 왕이 없어 자기 소견에 옳은 대로 행하는 암울한 시기에 하나님에게 소망을 둔 레위의 가정(엘가나와 한나)에서 출생합니다(삼상 1:1-3, 20, 2:11-12).

이때는 암흑의 시기였지만 하나님의 등불은 꺼지지 않았습니다. 그래서 하나님은 사무엘에게 새로운 시대를 예고하십니다(삼상 1-3장). 그 내용은 타락한 엘리의 집이 저주를 받는 것이며, 그 결과 두 아들이 블레셋과의 전쟁에서 죽게 되고 하나님의 언약궤를 뺏기게 된다는 것입니다(삼상 4-7장).

이제 사무엘 시대가 왔지만 하나님은 메시아 왕국의 모형으로 왕국 시대에 예수 그리스도를 예표할 자로서 다윗을 이미 룻기에서 보여 주셨습니다. 사무엘은 왕을 세우는 역할을 하게 됩니다(삼상 10:1, 16:13). 이스라엘 왕

한나의 기도 응답, 사무엘 출생
한나가 임신하고 때가 이르매 아들을 낳아 사무엘이라 이름하였으니 이는 내가 여호와께 그를 구하였다 함이더라(삼상 1:20).

나실인 사무엘, 여호와 앞에서!
사무엘은 어렸을 때에 세마포 에봇을 입고 여호와 앞에서 섬겼더라 … 사무엘이 자라매 여호와께서 그와 함께 계셔서 그의 말이 하나도 땅에 떨어지지 않게 하시니(삼상 2:18, 3:19).

이새의 줄기 다윗의 계보, 그리스도
이새의 줄기에서 한 싹이 나며 그 뿌리에서 한 가지가 나서 결실할 것이요(사 11:1).

기름 부음 받은 다윗
사무엘이 기름 뿔 병을 가져다가 그의 형제 중에서 그에게 부

국 시대의 초대 왕은 사울이지만(삼상 8-15장) 하나님은 이미 다윗을 준비하고 계셨습니다(삼상 16-31장). 베냐민 지파의 사울은 사람이 택한 왕입니다. 그러나 유다 지파의 다윗은 하나님이 택하신 왕으로, 이새의 줄기에서 오실 예수 그리스도를 예표합니다(창 49:10, 삼상 13:14, 행 13:20-23, 사 11:1).

였더니 이날 이후로 다윗이 여호와의 영에게 크게 감동되니라 사무엘이 떠나서 라마로 가니라(삼상 16:13).

사무엘하

다윗 왕권의 확립(1-10장) : 헤브론과 예루살렘
다윗 왕권의 위기(11-24장) : 다윗의 범죄와 회복

Key Point

마음의 성전 예수 그리스도

하나님이 택하신 다윗은 헤브론에서 유다의 왕으로 7년 6개월 동안 다스리고, 그 후 예루살렘에서 33년 동안 온 이스라엘과 유다를 다스리게 됩니다(삼하 5:5). 다윗의 마음 안에 계신 하나님은 그가 마음에 성전을 품게 된 것을 이미 아시고 왕권을 보장해 주십니다(삼하 1-10장). 그러므로 다윗이 품은 마음의 성전은 예수 그리스도의 구속으로 인해 완성될 참성전의 예표입니다(요 2:21, 요일 4:13, 고전 3:16, 엡 2:22). 다윗의 범죄로 인해 왕권의 위기가 오지만 하나님은 그를 아들로 대우해 징계하시고 번제로 회복시키십니다(삼하 11-24장).

다윗 왕권의 확립(삼하 1-10장), 다윗 왕권의 위기(삼하 11-24장)

하나님이 택하신 다윗은 헤브론에서 유다의 왕이 됩니다(삼하 2:1, 11). 헤브론은 아브라함이 땅을 주겠다는 하나님의 언약을 믿고 거주한 곳이며, 가족들이 장사된 곳입니다(창 13:15-18, 23:19, 25:9, 35:27, 49:30-31). 또한 하나님이 유다 지파의 갈렙에게 "그의 자손이 그 땅을 차지하리라"(민 14:24)고 약속하신 땅입니다(수 14:9, 13). 그러므로 하나님이 유다 지파의 다윗을 헤브론에서 왕이 되게 하신 것은 아브라함의 언약을 연결 짓는 중요한 증표입니다.

그리고 다윗이 7년 후 예루살렘에서 온 이스라엘을 통치하게 된 것은

나는 하나님이 거하시는 처소 너희도 성령 안에서 하나님이 거하실 처소가 되기 위하여 그리스도 예수 안에서 함께 지어져 가느니라(엡 2:22).

아브라함의 최초 소유지, 헤브론 그 후에 아브라함이 그 아내 사라를 가나안 땅 마므레 앞 막벨라 밭 굴에 장사하였더라 (마므레는 곧 헤브론이라) 이와 같이 그 밭과 거기에 속한 굴이 헷 족속으로부터 아브라함이 매장

그가 유대인의 왕으로 오시는 예수 그리스도의 예표이기 때문입니다. 그곳은 아브라함이 이삭을 번제로 드린 곳이며, 다윗이 품은 성전이 솔로몬에 의해 세워질 곳입니다. 또한 신명기에서 유월절 제사는 "하나님 여호와께서 자기의 이름을 두시려고 택하신 곳에서"(신 16:6) 드리라는 바로 그곳이기도 합니다(왕상 9:3). 하나님은 이렇게 다윗의 왕권을 확립하시어 메시아 왕국의 왕권으로 오시는 예수 그리스도를 상징적으로 보여 줍니다(삼하 1-10장).

성전이 마음에 임한 다윗은 또한 징계와 사랑을 받는 하나님의 자녀의 예표를 보여 줍니다. 자녀가 죄를 범하면 하나님 아버지의 징계를 받지만, 용서와 사랑 안에서 다시금 믿음으로 순종하는 법을 배우게 됩니다(삼하 7:14, 히 5:8, 12:7). 다윗은 인구조사의 죄로 인해 재앙의 위기를 맞습니다. 그러나 하나님은 성전이 세워질 아라우나의 타작마당에서 번제와 화목제를 드리게 하시어 재앙을 그치게 하십니다(삼하 11-24장, 시 32:1-2, 롬 4:6-8).

할 소유지로 확정되었더라(창 23:19-20).

헤브론에서 왕이 된 다윗
다윗이 헤브론에서 유다 족속의 왕이 된 날수는 칠 년 육 개월이더라(삼하 2:11).

유다 지파 갈렙의 기업, 헤브론
여호수아가 여분네의 아들 갈렙을 위하여 축복하고 헤브론을 그에게 주어 기업을 삼게 하매(수 14:13).

허물의 사함을 받는 복
허물의 사함을 받고 자신의 죄가 가려진 자는 복이 있도다 마음에 간사함이 없고 여호와께 정죄를 당하지 아니하는 자는 복이 있도다(시 32:1-2).

아들을 향한 사랑의 징계
나는 그에게 아버지가 되고 그는 내게 아들이 되리니 그가 만일 죄를 범하면 내가 사람의 매와 인생의 채찍으로 징계하려니와(삼하 7:14).

 이스라엘 사사들의 활동

사사란, 이스라엘에 왕이 세워지기 전까지 이스라엘 백성을 담당 지도한 정치적, 군사적 지도자를 말한다. 평소에는 재판을 담당하며(삿 4:5), 백성을 정치적으로 다스렸고, 비상시에는 군사적 지도자로 활동했다. 이스라엘이 주변의 나라들로부터 공격 받을 때마다 하나님은 백성을 구원하기 위해 사사를 세워 주셨다.
사사들의 직업과 신분은 다양했고, 임무가 끝나면 대부분 제자리로 돌아갔다. 사사는 이스라엘 전체를 다스리기보다 지역적으로 다스렸으며 세습되지는 않았다.

Day Point

여호수아가 죽고 난 후 사사가 등장하면서 시작된 사사 시대는 왕이 세워지기까지 약 350년 동안 지속됩니다.

이 기간 동안 사사가 등장하게 된 배경은 이스라엘 백성이 약속의 땅 가나안에 들어가서 가나안 원주민을 완전히 쫓아내지 못한 원인이 가장 큽니다(삿 1:19). 그다음에는 새로운 세대에 대한 지속적인 말씀 교육의 부족입니다(삿 2:10, 신 4:10, 6:4-7). 그로 인해 점점 세속화되면서 가나안 풍속에 물들게 되어 바알을 섬기는 우상 숭배(삿 2:11)가 극에 달했기 때문입니다(삿 1-2장). 그들의 이러한 범죄는 하나님의 목전에서 행해짐으로 하나님의 진노가 임하고, 그로 인해 가나안 족속으로부터 고통을 당하고, 그러면 하나님에게 부르짖는 회개를 하고, 하나님이 한 구원자(사사)를 세우시어 구원하시는 패턴을 반복합니다(삿 3-10장).

세속화된 세상에서 되풀이되는 죄의 악순환을 끊을 수 있는 방법은 '한 구원자'의 예표이신 예수 그리스도에게 믿음으로 순종하며, 그분을 온전히 왕으로 섬기는 것입니다.

세속화(삿 1-2장)

정복 시대의 여호수아서가 사사 시대의 사사기로 연결되는 것은 계속되는 영적 싸움을 해야 하기 때문입니다(삿 1:1). 이 싸움에서 밀리면 세속화로 세상의 죄에 물들고, 싸움에서 이기면 세상을 복음화하게 됩니다. 영적인 복음화는 우리 안에 옛 사람의 원주민을 완전히 쫓아내는 것이고, 영적인 세속화는 죽은 존재인 옛 사람과 그 행위를 벗어 버리지 못하는 것입니다(골 3:5-9).

이스라엘 백성이 가나안 땅을 정복할 당시 하나님이 싸우시지 않았다면 약속의 땅에 들어올 수 없었습니다(수 1:6, 23:3). 그러므로 하나님이 함께하시면 가나안 원주민을 쫓아낼 수 있습니다.

그런데 그들은 왜 철병거가 있는 원주민을 쫓아내지 못한 것일까요(삿

1:19)? 그것은 불신앙과 불순종 때문입니다. 민수기 14장에 나오는 가데스 바네아에서의 열두 정탐꾼 사건으로 인한 40년간의 광야 생활도 이와 같은 불신앙 때문입니다. 하나님을 의지하는 믿음과 순종하는 마음이 아니라 자신의 힘을 기준으로 판단하는 교만하고 불순종한 태도 때문입니다(삿 1:27-28).

거룩한 하나님의 백성이 가나안 땅에 사는 목적은 말씀으로 복음화하기 위해서입니다. 세상을 본받지 말고 세상의 본이 되어야 합니다(롬 12:2).

그럼에도 불구하고 세속화되는 것은 옛 사람의 속성과 일치하는 세상의 매력 때문입니다. 그 매력은 보암직하고 먹음직하고 탐스럽기에 부족함이 없습니다. 세상의 힘과 능력은 하나님의 말씀보다 더 매력적일 만큼 강합니다. 그러나 그 매력적인 세상이 가시가 되고 올무가 됩니다(삿 2:3). 그러므로 하나님의 은혜가 없으면 하나님보다 가나안 문화를 더 사랑하게 됩니다. 이스라엘과 세우신 언약을 영원히 어기지 않고 지키시는 것, 그것이 하나님의 은혜입니다(삿 2:1).

그런데 그들은 언약을 망각해 하나님을 섬기지 않는 다른 세대를 출생시키며, 언약을 어기고 바알을 섬깁니다(삿 2:11-12, 20). 이로써 가나안 땅은 믿음의 시험장이 됩니다.

> "이는 이스라엘이 그들의 조상들이 지킨 것같이 나 여호와의 도를 지켜 행하나 아니하나 그들을 시험하려 함이라 하시니라"(삿 2:22).

인간은 행위로는 구원 받을 수 없는 존재임을 인식해야 합니다. 오직 예수 그리스도로 구원하겠다는 하나님의 언약만이 우리의 소망입니다.

오늘의 말씀

옥에 티, 미완의 가나안 정복
여호와께서 유다와 함께 계셨으므로 그가 산지 주민을 쫓아내었으나 골짜기의 주민들은 철 병거가 있으므로 그들을 쫓아내지 못하였으며(삿 1:19).

말씀, 부지런히 가르치고 강론하라
이스라엘아 들으라 우리 하나님 여호와는 오직 유일한 여호와이시니 너는 마음을 다하고 뜻을 다하고 힘을 다하여 네 하나님 여호와를 사랑하라 오늘 내가 네게 명하는 이 말씀을 너는 마음에 새기고 네 자녀에게 부지런히 가르치며 집에 앉았을 때에든지 길을 갈 때에든지 누워 있을 때에든지 일어날 때에든지 이 말씀을 강론할 것이며(신 6:4-7).

우리를 위해 싸우시는 여호와
너희의 하나님 여호와께서 너희를 위하여 이 모든 나라에 행하신 일을 너희가 다 보았거니와 너희의 하나님 여호와 그는 너희를 위하여 싸우신 이시니라(수 23:3).

사사들(삿 3장-10:5)

하나님은 "가나안의 모든 전쟁들을 알지 못한 이스라엘을 시험하려 하시며 이스라엘 자손의 세대 중에 아직 전쟁을 알지 못하는 자들에게 그것을 가르쳐 알게"(삿 3:1-2) 하시려고 이방 민족들을 남겨 두십니다. 이방 민족들을 통한 하나님의 시험은 올무가 아니라 훈련으로, 하나님만 의지하게 하시려는 것입니다. 이는 하나님의 백성을 아들로 대우하시는 특혜와 같은 훈련입니다(히 12:7-8).

이런 훈련 가운데 죄악된 인간은 가나안의 음란한 문화에 쓰러지고 넘어집니다(삿 3:6). 광야 같은 세상의 마지막 시험은 '발람의 교훈'을 좇는 음란과 우상 숭배입니다(민 31:16, 계 2:14).

이런 상황에도 불구하고 하나님은 '한 구원자'를 세우셔서 일곱 번 넘어질지라도 다시 일으키시는 구원 사역을 펼치십니다(삿 3:9, 15, 잠 24:16). 이렇게 등장하는 사사들은 영원한 구원자로 오실 예수 그리스도를 예표합니다. 그분은 자기 백성을 그들의 죄에서 구원할 자이십니다(마 1:21). 그분은 여호와의 사자로 나타나셔서 '이 땅에 거하는 주민들의 제단들을 헐라'고 말씀하십니다(삿 2:2).

그러나 백성이 청종하지 않자 그 일을 실행하시려고 사사의 중심인물인 기드온에게 나타나셔서 "주 되시는 표징"(삿 6:17)을 보이시고, 그에게 바알의 제단을 헐게 하시고, 여호와에게 번제를 드리게 하십니다(삿 6:25-26).

이는 사사들의 구원 사역이 그리스도가 번제로 대신 죽으심으로 완전하게 성취되는 예표의 사역임을 보여 줍니다.

언약의 영원성
여호와의 사자가 … 말하되 내가 너희를 애굽에서 올라오게 하여 내가 너희의 조상들에게 맹세한 땅으로 들어가게 하였으며 또 내가 이르기를 내가 너희와 함께 한 언약을 영원히 어기지 아니하리니(삿 2:1).

백성, 언약 파기
여호와께서 이스라엘에게 진노하여 이르시되 이 백성이 내가 그들의 조상들에게 명령한 언약을 어기고 나의 목소리를 순종하지 아니하였은즉(삿 2:20).

한 구원자, 예수!
아들을 낳으리니 이름을 예수라 하라 이는 그가 자기 백성을 그들의 죄에서 구원할 자이심이라 하니라(마 1:21).

오늘의 미션
성도의 매력을 마음껏 드러내기 위해서는?

[미션 수행]
예수의 매력을 사랑하고 그것을 삶으로 드러내며 살겠습니다.

사사의 타락과 레위의 타락

삿 10:6 - 삿 21:25

 **Day Point**

사사 시대 초기, 이스라엘 백성이 반복적인 범죄로 인해 고통당할 때마다 회개하면 하나님은 사사(옷니엘, 에훗, 삼갈, 드보라, 기드온, 돌라, 야일)들을 보내 구원하셨습니다(삿 3장~10:5). 그런데 사사 시대 말기에도 여전히 똑같은 죄를 반복적으로 짓게 됩니다. 이때도 하나님은 사사(입다, 입산, 엘론, 압돈, 삼손)들을 보내십니다(삿 10:6~16장). 사사 열두 명 중에서 기드온은 참 괜찮은 인물입니다. 그러나 기드온은 금으로 에봇을 만들어 종교적으로 교만한 모습을 보입니다(삿 8:27). 나실인 삼손은 유혹하는 여인의 꼬임에 빠져 도덕적으로 타락하는 모습을 보입니다(삿 14:1, 16:1, 4).

　사사들이 생존할 때만 구원이 이루어지는 부분적인 사역은 완전한 구원자 예수 그리스도의 사역을 예표합니다. 또한 그들의 타락은 인간 중에는 완전한 구원자가 없음을 알리는 동시에 예수 그리스도만 바라보게 합니다(히 12:2). 또한 레위인의 타락(삿 17~21장)은 우상 숭배와 성적인 타락을 종합 세트로 보여 줍니다.

사사의 타락(삿 10:6~16장)

하나님이 이스라엘 백성을 구원하기 위해 세우신 사사들은 일시적이었기에 사사가 생존할 때까지만 평온했습니다(삿 3:11, 30, 5:31, 8:28). 이는 영원한 사사이신 예수 그리스도가 우리 안에 임마누엘로 함께 살아 주시는 동안 참안식을 누릴 수 있다는 증거입니다.

　예수 그리스도의 구속의 은혜로 영원한 안식을 약속 받은 자들도 교만해서 불순종하면 한순간에 넘어질 수 있습니다. 그들의 타락은 크게 두 가지로 나눌 수 있는데, 첫째는 종교적 교만이고, 둘째는 도덕적으로 성적인 타락입니다.

　사사 입다는 길르앗의 "머리"(삿 10:18, 11:8-9, 11)가 됩니다. 이는 "한 구원자"(삿 3:9, 15)와 같은 의미로, 교회의 머리가 되시는 그리스도를 상징합니다(고전 11:3, 엡 5:23, 골 2:19). 이런 상징적인 인물도 종교적 교만으로 잘못된 열심을 가지고 하나님에게 서원(맹세)해 참담하고 괴로운 날을 보내게 됩니다(삿 11:31, 35). 미가 선지자는 잘못된 열심을 가지고 드린다면 그게 무엇이든 하나님을 기쁘시게 할 수 없다고 말합니다(미 6:6-8).

입다 이후에 세 명(입산, 엘론, 압돈)의 사사가 지나가면(삿 12:8-15) 마지막 사사 삼손이 나옵니다. 여호와의 사자가 삼손을 나실인 사사로 세우기 위해 그의 부모에게 나타납니다(삿 13:3-5). 삼손의 아버지 마노아가 여호와의 사자를 위해 번제를 준비하려고 할 때 여호와의 사자가 번제는 여호와에게 드려야 한다고 말합니다. 이는 여호와의 사자가 기드온에게 나타날 때와 비슷한 상황이지만 좀 더 구체적입니다(삿 6:26, 13:16). 하나님에게 드리는 번제는 이삭의 번제처럼 하나님이 친히 준비하십니다(창 22:8).

여호와의 사자의 이름은 '기묘'로, 이사야 선지자가 증거하는 예수 그리스도입니다(삿 13:18, 사 9:6). 마노아가 번제를 드릴 때 여호와의 사자가 그 제단으로부터 나오는 불꽃에 휩싸여 올라간 것은 예수 그리스도가 번제로 드려지시는 한 몸이심을 미리 보여 주는 것입니다(삿 13:19-20, 히 10:5).

이렇게 상징적인 인물도 도덕적으로 성적인 유혹에 빠지고 맙니다(삿 14:1, 16:1, 4). 그래서 바울은 다음과 같이 당부합니다.

"그런즉 선 줄로 생각하는 자는 넘어질까 조심하라"(고전 10:12).

"내가 내 몸을 쳐 복종하게 함은 내가 남에게 전파한 후에 자신이 도리어 버림을 당할까 두려워함이로다"(고전 9:27).

오늘의 말씀

믿음의 주, 예수를 바라보자
믿음의 주요 또 온전하게 하시는 이인 예수를 바라보자 그는 그 앞에 있는 기쁨을 위하여 십자가를 참으사 부끄러움을 개의치 아니하시더니 하나님 보좌 우편에 앉으셨느니라 (히 12:2).

한 구원자, 사사를 세우시다
이스라엘 자손이 여호와께 부르짖으매 여호와께서 이스라엘 자손을 위하여 한 구원자를 세워 그들을 구원하게 하시니 그는 곧 갈렙의 아우 그나스의 아들 옷니엘이라 (삿 3:9).

주님이 구하시는 것
사람아 주께서 선한 것이 무엇임을 네게 보이셨나니 여호와께서 네게 구하시는 것은 오직 정의를 행하며 인자를 사랑하며 겸손하게 네 하나님과 함께 행하는 것이 아니냐(미 6:8).

기묘자, 예수 그리스도
여호와의 사자가 그에게 이르되 어찌하여 내 이름을 묻느냐 내 이름은 기묘자라 하니라 (삿 13:18).

예수 그리스도의 이름
이는 한 아기가 우리에게 났고 한 아들을 우리에게 주신 바 되었는데 그의 어깨에는 정사를 메었고 그의 이름은 기묘자라, 모사라, 전능하신 하나님이라, 영존하시는 아버지라, 평강의 왕이라 할 것임이라(사 9:6).

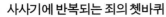
사사기에 반복되는 죄의 쳇바퀴

여호수아 세대가 죽은 후 이스라엘 백성은 반복되는 죄의 쳇바퀴를 돌렸다. 죄로 인해 어려움을 당하면, 회개하며 도움을 요청하고, 하나님이 구원해 주시는 패턴이 사사기에 반복, 심화되어 나타난다. 그래서 어떤 이들은 사사기를 '실패의 책'이라고 한다. 그리고 어떤 이들은 '하나님의 은총으로 가득 찬 책'이라고 한다. 이스라엘 백성이 하나님을 떠나 타락하고 죄를 짓는데도 그들을 완전히 버리지 않고 기다리시는 하나님의 모습이 나타나 있기 때문이다.

인간의 연약함을 깨닫고 자신을 돌아보아 믿음으로 순종하며 하나님만 바라봐야 합니다.

레위의 타락(삿 17-21장)

사사 시대의 사사기는 사사가 중심이 아니라는 것을 증명하듯 마지막 장식을 레위인들이 끝내 줍니다. 이스라엘 열두 지파가 분배 받은 주요 거점 48개 성읍에 흩어져 살았던 레위는 어디에 꽁꽁 숨어 있다가 이제야 모습을 나타낸 것일까요?

구약의 마지막 선지자 말라기는 레위와 세우신 언약은 생명과 평강의 언약이며, 이 언약을 주신 것은 하나님을 경외하게 하시려는 것이라고 말합니다(말 2:5). 백성이 죄를 지어 모세의 율법에 의해 정죄를 당하게 될 때 레위는 48개 성읍에 살면서 그들에게 성막에서 드려지는 희생 제사로 생명과 평강을 얻을 수 있다고 가르쳐야 했습니다(말 2:7-8).

그런데 레위인들은 옳은 길에서 떠나 백성을 율법에 거스르게 해서 율법이 요구하는 예수 그리스도를 밝히 드러내지 못합니다(롬 8:4, 갈 3:24). 자기 소견에 옳은 대로 언약을 무시하고 기복적인 신앙으로 돈을 좇아 미가의 집에서 단 지파로 이동합니다(삿 17-18장). 또한 언약을 망각하고 쾌락적인 신앙으로 음란하게 타락합니다(삿 19-21장). 사사 시대와 방불한 현 교회 시대에 성도들은 예수 그리스도를 왕으로 모시고 언약 안에 살아야 합니다.

레위인, 언약 일탈
제사장의 입술은 지식을 지켜야 하겠고 사람들은 그의 입에서 율법을 구하게 되어야 할 것이니 제사장은 만군의 여호와의 사자가 됨이거늘 너희는 옳은 길에서 떠나 많은 사람을 율법에 거스르게 하는도다 나 만군의 여호와가 이르노니 너희가 레위의 언약을 깨뜨렸느니라(말 2:7-8).

오늘의 미션

사사 시대처럼 여전히 나의 소견에 옳은 대로 살고 있는 내 모습은 무엇인가?

[미션 수행]
예수님이 왕이셔야 되는데 여전히 내가 왕 노릇 하고 있음을 회개합니다.

룻과 사무엘

룻 1:1 - 삼상 7:17

Day Point

룻은 모압 여인으로 이방인이고, 사무엘은 유대인으로 레위 지파 사람입니다. 성경에 나오는 중요한 인물들은 이방인이든 유대인이든 모두 예수 그리스도에게 초점을 맞춥니다.

이방 여인 룻은 시어머니의 하나님을 자기의 하나님으로 섬기겠다는 신앙고백을 했습니다. 그 결과 나오미 가정의 기업을 무를 자 보아스를 만나고 다윗의 증조모가 됩니다(룻 1–4장). 이는 이방인이 하나님의 자녀가 되는 방법을 예표로 보여 주는 동시에 예수 그리스도가 다윗의 줄기에서 오실 것을 미리 알려 줍니다(행 13:22–23).

그리고 사무엘은 이스라엘을 통치하는 사사로, 왕의 역할을 하면서 제사장과 선지자의 직분을 동시에 가지고 있습니다 (삼상 7:15, 17, 9:27). 이것은 예수 그리스도가 왕과 제사장과 선지자의 직분으로 사역하실 것을 예표합니다(요 18:37, 히 6:20, 1:1–2, 마 21:11).

룻(룻 1–4장)

룻기는 사사가 치리하던 시대의 이야기로, 당시는 종교적, 도덕적으로 진리의 기준이 없는 혼란의 시기였습니다.

> "이스라엘에 왕이 없으므로 사람이 각기 자기의 소견에 옳은 대로 행하였더라"(삿 21:25).

엘리멜렉과 그의 아내 나오미는 자기 소견에 옳은 대로 두 아들을 데리고 베들레헴에서 모압 지방으로 가서 살게 됩니다.

> "사람이 마음으로 자기의 길을 계획할지라도 그의 걸음을 인도하시는 이는

여호와시니라"(잠 16:9).

비극적인 슬픔을 겪은 후 하나님은 나오미의 발걸음을 다시 베들레헴으로 돌이키게 하십니다. 하나님은 나오미의 가정이 모압으로 갈 때는 풍족하게 하셨지만 돌아올 때는 빈털터리가 되게 하십니다. 나오미는 남편과 두 아들과 재산을 다 잃고 돌아온 것입니다. 그래서 '희락', '기쁨'의 이름 '나오미'는 괴롭고 쓸쓸한 '마라'로 전락하고 맙니다(룻 1:20-21).

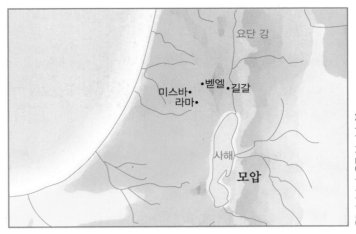

▼ 룻기와 사무엘상의 지리적 배경

그들의 발걸음을 인도하신 하나님은 모압 여인 룻을 통해 이방 사람도 하나님의 백성이 될 수 있다는 복음을 제시하십니다. 그 증거로, 괴롭고 쓸쓸한 '마라'의 쓴 물로 전락한 나오미를 기쁨으로 회복시키는 기업 무를 자인 보아스를 만나게 하십니다.

이방 여인 룻과 결혼한 보아스는 이방인이었던 우리와 결혼하신 예수 그리스도의 예표입니다. "내가 하나님의 열심으로 너희를 위하여 열심을 내노니 내가 너희를 정결한 처녀로 한 남편인 그리스도께 드리려고 중매함이로다"(고후 11:2)라고 바울은 말합니다.

이스라엘 백성이 출애굽 당시에 광야에서 먹을 물이 없을 때 '마라'의 쓴 물에 하나님이 지시하신 '한 나무'를 모세가 던지니 물이 달게 되었습니다(출 15:25). 자기 소견에 옳은 대로 살았던 쓰

오늘의 말씀

예수, 다윗의 줄기
다윗을 왕으로 세우시고 증언하여 이르시되 내가 이새의 아들 다윗을 만나니 내 마음에 맞는 사람이라 내 뜻을 다 이루리라 하시더니 하나님이 약속하신 대로 이 사람의 후손에서 이스라엘을 위하여 구주를 세우셨으니 곧 예수라(행 13:22-23).

디쓴 인생에서 보아스는 '한 나무'와 같은 예수 그리스도의 십자가 희생의 예표입니다(벧전 2:24).

전인격적으로 예수 그리스도를 만나면 인생의 쓴 뿌리가 뿌리째 뽑히게 됩니다(히 12:15). 그러므로 룻기는 나오미를 '희락의 나오미'가 되게 하고, 이방인을 '하나님의 자녀'가 되게 하는, 영적 암흑 시대인 오늘의 복음입니다.

사무엘(삼상 1-7장)

사사기의 끝부분에 등장한 레위인의 타락은 모두 "에브라임 산지"(삿 17:1, 19:1)에서 발생합니다. 사무엘상은 사사기의 마지막과 연결됩니다. 그러므로 사무엘상의 초반부는 사사 시대의 연장선에 있는 것입니다.

사무엘상 초두에 나오는 "에브라임 산지"(삼상 1:1)는 같은 시대에 같은 지역에서 발생한 사건을 차별화하려는 것입니다. 레위인 엘가나와 한나의 가정은 종교적, 도덕적으로 암흑과 같은 시기에 하나님만 의지하고 바라보다가 새로운 시대를 여는 사무엘을 출생하게 됩니다. 새로운 시대를 여는 증거로 그동안 말씀이 희귀해 보이지 않던 '이상'이 사무엘에게 나타나기 시작합니다(삼상 3:1).

구약의 말라기 이후 암흑 시대와 방불한 신구약 중간기의 침묵 시대가 깨진 것도 제사장 사가랴가 성소 안에서 '이상'을 본 후부터입니다(눅 1:22). 그 '이상'은 그리스도의 길을 예비할 세례 요한의 출생으로, 예수 그리스도의 탄생을 알리는 전주곡이었습니다(말 3:1, 4:5, 눅 1:13, 17, 마 11:14).

사무엘을 통해 메시아 왕국의 예표인 왕정 시대가 준비되고 만왕의 왕이신 예수 그리스도를 예표하는 다윗이 준비되는 동안 하나님은 블레셋과의 전쟁에서 빼앗긴 언약궤(삼상 4:11)를 통해 블레셋의 다곤 신을 벌하시고, "독한 종기의 재앙"(삼상 5:6, 9)을 내리십니다. 그리고 하나님의 언약궤는 다시 이스라엘로 돌아오게 됩니다. 그런데 그 궤는 원래 있던 에브라임 지파 지역의 실로(수 18:1)가 아니라 유다 지파 지역인 벧세메스를 거쳐 기럇여아림으로 오게 됩니다(삼상 7:1, 수 15:9-10).

언약궤는 성막의 핵심이고, 성막은 임마누엘 함께하시는 예수 그리스도의 모형이기에 예수 그리스도가 유다 지파를 통해서 오실 것을 예표하는 것입니다(시 78:60, 67-68, 70, 히 7:14).

룻의 붙좇음
룻이 이르되 … 어머니께서 가시는 곳에 나도 가고 어머니께서 머무시는 곳에서 나도 머물겠나이다 어머니의 백성이 나의 백성이 되고 어머니의 하나님이 나의 하나님이 되시리니 어머니께서 죽으시는 곳에서 나도 죽어 거기 묻힐 것이라 … (룻 1:16-17).

나오미, 텅 빈 마라가 되어
나오미가 그들에게 이르되 나를 나오미라 부르지 말고 나를 마라라 부르라 이는 전능자가 나를 심히 괴롭게 하셨음이니라 내가 풍족하게 나갔더니 여호와께서 내게 비어 돌아오게 하셨느니라 … (룻 1:20-21).

영적 암흑 속에 깨어 있는 한 사람
아이 사무엘이 엘리 앞에서 여호와를 섬길 때에는 여호와의 말씀이 희귀하여 이상이 흔히 보이지 않았더라(삼상 3:1).

말 못 하는 사가랴
그가 나와서 그들에게 말을 못 하니 백성들이 그가 성전 안에서 환상을 본 줄 알았더라 그가 몸짓으로 뜻을 표시하며 그냥 말 못 하는 대로 있더니(눅 1:22).

예수, 유다의 계보
우리 주께서는 유다로부터 나신 것이 분명하도다 … (히 7:14).

오늘의 미션
내 안에 예수 그리스도를 채우기 위해 비워야 할 것은?

[미션 수행]
세상적인 성공에 대한 욕심을 내려놓고 주님과 더 많이 교제하는 시간을 갖겠습니다.

왕정 제도

삼상 8:1 - 삼상 15:35

사사 시대   통일 왕국 시대   분열 왕국 시대

 **Day Point**

신명기는 이스라엘의 왕정 시대가 오기 약 400년 전에 왕정 제도에 대해서 말합니다(신 17:14-20). 이 제도의 내용에 의하면, "반드시 네 하나님 여호와께서 택하신 자"(신 17:15)를 왕으로 세우라고 합니다. 이는 왕국 시대가 메시아 왕국을 예표하기 때문입니다(요 18:36). 그래서 하나님은 유다 지파에서 왕을 준비하고 계셨습니다(창 49:10, 룻 4:22).

백성은 자기들이 택한 왕을 세울 것을 요구했고(삼상 8:5), 하나님은 그것이 얼마나 큰 죄인지를 설명하십니다(삼상12:12-13, 19). 그럼에도 백성이 원한 사울이 왕이 됩니다(삼상 8-12장). 사울은 사람이 택한 세속적인 왕을 상징적으로 보여 줍니다. 그는 블레셋과의 전쟁에서 제사장만이 드릴 수 있는 번제를 드리는 불신앙과 불순종을 행합니다. 아말렉과의 전쟁에서도 여전히 불순종을 행해 '아말렉을 진멸하라'는 선지자의 예언을 무시합니다(삼상 13-15장). 이것은 신명기에서 말한 왕정 제도를 어긴 것입니다(신 17:18-19). 그러므로 왕국 시대의 왕정 제도는 오직 예수 그리스도만이 만왕의 왕이심을 반증합니다(계 19:16).

사울 왕(삼상 8-12장)

하나님이 약 400년 전에 이미 말씀하신 대로, 백성은 '모든 나라와 같은 왕'을 요구합니다(삼상 8:5). 모든 나라와 같은 왕을 원하는 이유는 이웃 나라를 침략해 죽이고 탈취해서 부강한 나라를 만들어 잘 먹고 잘 살고 싶은 마음 때문입니다. 즉 그들은 '우리의 싸움'을 싸워 줄 정치적인 왕을 요구한 것입니다(삼상 8:19-20).

사람들의 마음이 원래부터 악해 여전히 바뀌지 않았음을 요한복음에서는 오병이어의 기적이 일어난 후 사람들이 먹고 배부른 까닭에 예수님을 억지로 임금 삼으려는 모습으로 보여 줍니다(요 6:15).

하나님이 원하시는 왕국은 인류를 구원하는 메시아 왕국입니다. 하나님은 메시아 왕국의 예표로 다윗을 이스라엘 왕국 시대의 왕으로 세우려는

마음을 품으셨습니다(행 13:21-22). 그런데 백성이 모든 나라와 같은 왕으로 사울을 택함으로 그가 왕이 됩니다(삼상 11:15). 이에 대해 하나님은 "너희가 왕을 구한 일"(삼상 12:17)이 얼마나 큰 죄인지 알게 하십니다.

그들이 행한 모든 죄에 왕을 구한 악을 더한 것(삼상 12:19)은 이스라엘을 애굽에서 친히 구원하신 하나님을 왕으로 섬기지 않는다는 의미입니다(삼상 10:18-19). 그것은 자신들 스스로가 잘 살아 보겠다는 교만이며 자력으로 구원하겠다는 의도입니다.

▲ 사무엘상의 지리적 배경

그럼에도 하나님이 사울을 왕으로 허락하신 이유는 사람 스스로 구원이 불가능하다는 사실을 깨닫게 하시려는 것입니다. 그러기에 오직 살길은 "여호와를 따르는 데에서 돌아서지 말고 오직 너희의 마음을 다하여 여호와를 섬기라"(삼상 12:20)는 말씀을 따르는 것입니다.

"돌아서서 유익하게도 못하며 구원하지도 못하는 헛된 것을 따르지 말라"

(삼상 12:21).

예전에 그들의 조상은 애굽에서 구원하신 하나님을 금송아지로 알고 우상을 섬겼습니다(출 32:1, 31). 이처럼 메시아 왕국의 예표가 되지 못하는 왕과 백성은 자신의 죄로 멸망하게 됩니다(삼상 12:25). 이에 대해 호세아서는 하나님의 마음을 드러냅니다.

"내가 분노하므로 네게 왕을 주고 진노하므로 폐하였노라"(호 13:11).

그리고 그 결과는 사울 왕의 통치 과정에서 대표적으로 나타납니다.

오늘의 말씀

왕의 자격, 하나님의 선택
반드시 네 하나님 여호와께서 택하신 자를 네 위에 왕으로 세울 것이며 네 위에 왕을 세우려면 네 형제 중에서 한 사람을 할 것이요 네 형제 아닌 타국인을 네 위에 세우지 말 것이며(신 17:15).

하나님 대신 왕정 요구
… 너희의 하나님 여호와께서는 너희의 왕이 되심에도 불구하고 너희가 내게 이르기를 아니라 우리를 다스릴 왕이 있어야 하겠다 하였도다(삼상 12:12).

왕의 법, 말씀 연구
그가 왕위에 오르거든 이 율법서의 등사본을 레위 사람 제사장 앞에서 책에 기록하여 평생에 자기 옆에 두고 읽어 그의 하나님 여호와 경외하기를 배우며 이 율법의 모든 말과 이 규례를 지켜 행할 것이라(신 17:18-19).

왕을 구하는 죄
모든 백성이 사무엘에게 이르되 당신의 종들을 위하여 당신의 하나님 여호와께 기도하여 우리가 죽지 않게 하소서 우

사울의 불순종(삼상 13-15장)

사울 왕은 예견한 대로 통치 기간 40년 중 초기 2년이 지나면서부터 폐위의 징조를 보이기 시작합니다(삼상 13:1). 첫 번째 사건은 블레셋과의 전투 과정에서(삼상 13-14장), 두 번째 사건은 아말렉과의 전투 과정에서 일어납니다(삼상 15장).

하나님의 분노는 백성이 하나님을 왕으로 인정하지 않는 것이며, 하나님의 진노는 하나님 외에는 구원자가 없음에도 우상을 만들어 섬기는 것입니다(호 13:2, 4).

사울이 하나님을 왕으로 인정하지 않고 하나님의 진노를 일으키게 된 것은 제사장의 영역을 침범하고 자기 마음대로 번제를 드렸기 때문입니다(삼상 13:12-14). 또한 '아말렉을 진멸하라'는 명령에 불순종하고 전리품을 챙겨 온 것 때문입니다.

이에 대한 '순종이 제사보다 낫다'는 사무엘 선지자의 책망은 불순종으로 드리는 제사는 자신을 위해 우상을 섬기는 것이라는 뜻입니다. 이로 인해 사울 왕은 폐위를 당합니다(삼상 15:3, 11, 22-23). 사울은 하나님이 주신 권력을 이용해서 잘 살아 보려는 옛 사람의 전형적인 모습입니다.

리가 우리의 모든 죄에 왕을 구하는 악을 더하였나이다(삼상 12:19).

사울 왕을 향한 후회와 근심
내가 사울을 왕으로 세운 것을 후회하노니 그가 돌이켜서 나를 따르지 아니하며 내 명령을 행하지 아니하였음이니라 하신지라 사무엘이 근심하여 온 밤을 여호와께 부르짖으니라(삼상 15:11).

순종이 제사보다 낫고
사무엘이 이르되 여호와께서 번제와 다른 제사를 그의 목소리를 청종하는 것을 좋아하심같이 좋아하시겠나이까 순종이 제사보다 낫고 듣는 것이 숫양의 기름보다 나으니(삼상 15:22).

오늘의 미션

내 안에 왕으로 군림하고자 하는 마음이 있다면?

[미션 수행]
자녀가 하나님의 시간표가 아닌 나의 계획과 시간표대로 살아 주기를 원했던 마음을 내려놓겠습니다.

Day Point

사울은 옛 사람의 전형적인 모습으로, 자신을 위해 하나님을 이용합니다(삼상 16–22장). 그러나 다윗은 새사람의 전형적인 모습으로, 하나님 말씀에 자신을 복종시킵니다(삼상 23–31장). 두 사람의 대조적인 모습은 바울의 고백처럼 때로 우리 안에 교차되어 나타납니다(롬 7:21–25).

메시아 왕국을 준비하시는 하나님은 이스라엘 왕국의 출발 지점에서 사울과 다윗 두 왕을 대조하십니다. 죄와 사망의 법 아래에서 육신을 따라 사는 사람과 생명의 성령의 법 아래에서 은혜를 따라 사는 사람이 있다는 복음의 양면성을 설명하십니다(롬 8:2).

그러므로 사울처럼 육신을 따라 사는 사람은 세상의 여러 가지 상황을 만나면 자신의 생각을 기준으로 행동하고, 다윗처럼 은혜를 따라 사는 사람은 말씀을 기준으로 행동합니다. 그래서 사울은 폐위당한 상태에서도 왕권을 유지하기 위해 다윗을 죽이려고 하지만(삼상 18:25, 19:10), 다윗은 말씀에 근거해 사울을 두 번씩이나 살려 줍니다(삼상 24:5–6, 26:11–12).

사울의 생각(삼상 16–20장)

하나님은 말씀을 버린 사울을 폐위할 것을 확정하십니다(삼상 15:23). 그리고 메시아 왕국의 왕이신 예수 그리스도를 예표하는 다윗을 선보이십니다. 다윗은 사람의 기준으로 볼 때 볼품은 없었지만(삼상 16:7) 하나님이 "내 마음에 맞는 사람이라"(행 13:22)고 평가하십니다. 이에 대해 이사야서는 "그는 주 앞에서 자라나기를 연한 순 같고 마른 땅에서 나온 뿌리 같아서 고운 모양도 없고 풍채도 없은즉 우리가 보기에 흠모할 만한 아름다운 것이 없도다"(사 53:2)라고 말합니다.

하나님이 택하신 다윗은 예수 그리스도를 예표하는 동시에 하나님의 백성도 택하심으로 된다는 진리를 깨닫게 합니다(고전 1:26–29, 엡 1:4). 그러므로 하나님의 택하심을 받은 우리는 사울을 통해서는 우리 옛 사람의 모습을 살펴보고, 다윗을 통해서는 우리에게 역사하실 임마누엘 예수 그리스도를 바라봐야 합니다.

다윗은 골리앗을 죽이고(삼상 17장) 백성에게 칭송을 받습니다. 그러자 사람이 택한 사울은 하나님의 택하심으로 왕으로 기름 부음 받은(삼상 16장) 다윗을 죽이려고 합니다

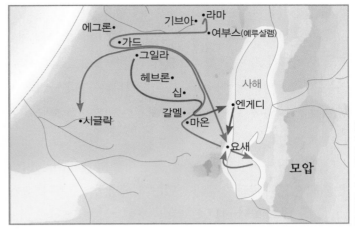

(삼상 18장). 이는 자신을 위해 우상을 섬겼던 옛 사람의 속성 때문입니다(삼상 15:23, 골 3:5-10).

블레셋의 대표 '한 사람' 골리앗을 이긴 이스라엘의 대표 '한 사람' 다윗은 새사람 예수 그리스도의 예표가 됩니다(삼상 17:8, 롬 5:19). 이것은 예수 그리스도가 십자가 위에서 사탄의 머리를 밟고 승리하신 영적 전쟁의 예표입니다(창 3:15, 삼상 17:51, 롬 16:20).

블레셋 사람 골리앗이 대표자 간의 싸움을 요구하자 사울과 온 이스라엘은 놀라 크게 두려워합니다(삼상 17:11). 그러나 이때 이스라엘의 대표 '한 사람' 다윗이 만군의 여호와의 이름으로 나아가 싸워서 이깁니다(삼상 17:45, 47).

이런 다윗에게 하나님이 함께하신다는 것을 알고도 교만한 마음으로 불순종한 사울은 다윗을 죽이면 왕권을 유지할 수 있을 것이라고 생각합니다(삼상 18:12, 25, 20:31). 그 모습은 마치 스스로 잘 살아 보려는 우리 옛 사람의 자화상과 같습니다.

다윗의 생각(삼상 21-31장)

사울은 자기 왕국을 세우기 위해 무모하게도 하나님이 함께하시는 다윗을 죽이려고 합니다. 이는 마치 포도원 농부가 주인의 아들을 보고 "이는 상속자니 자 죽이고 그의 유산을 차지하자"(마 21:38)고 말하는 비유와 같습니다. 하나님 나라, 곧 메시아 왕국은 이렇게 인간의 계획으로 차지하는 것이 아닙니다. 그럼에도 사울은 평생 다윗의 대적이 되어 그를 쫓습니다. 이로

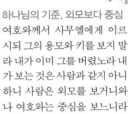

오늘의 말씀

하나님의 기준, 외모보다 중심
여호와께서 사무엘에게 이르시되 그의 용모와 키를 보지 말라 내가 이미 그를 버렸노라 내가 보는 것은 사람과 같지 아니하니 사람은 외모를 보거니와 나 여호와는 중심을 보느니라 하시더라(삼상 16:7).

하나님의 마음에 맞는 사람, 다윗
다윗을 왕으로 세우시고 증언하여 이르시되 내가 이새의 아들 다윗을 만나니 내 마음에 맞는 사람이라 내 뜻을 다 이루리라 하시더니(행 13:22).

만군의 여호와의 이름으로 앞으로!
다윗이 블레셋 사람에게 이르되 너는 칼과 창과 단창으로 내게 나아오거니와 나는 만군의 여호와의 이름 곧 네가 모욕하는 이스라엘 군대의 하나님의 이름으로 네게 나아가노라(삼상 17:45).

하나님이 떠난 두려움
여호와께서 사울을 떠나 다윗과 함께 계시므로 사울이 그를 두려워한지라(삼상 18:12).

써 다윗은 사울에게 쫓겨 광야에서 생활하게 됩니다.

하나님이 다윗을 택하신 것은 고난당하는 다윗을 통해 예수 그리스도의 고난을 예표하고, 예수 그리스도가 결국에는 왕권을 가지고 다시 오시리라는 것을 선명하게 나타내시기 위함입니다. 그러므로 다윗이 고난 받는 동안에 쓴 시편에는 장차 예수 그리스도가 받으실 고난이 기록되어 있습니다(시 34편).

다윗은 두루 다니며 삼킬 자를 찾는 대적 마귀처럼(벧전 5:8) 뒤쫓는 사울을 피해 엔게디 황무지 굴에 숨었는데, 때마침 사울이 그곳에 들어오게 됩니다(삼상 24:3). 이때 다윗은 사울을 죽일 수 있는 절호의 기회가 있었음에도 사울의 겉옷 자락만 베고 그냥 보냅니다. 여호와의 기름 부음 받은 자를 치는 것은 하나님이 금하시는 것이기 때문이었습니다(삼상 24:5-6, 10). 또 한 번의 동일한 사건을 통해서도 사울을 살려 준 다윗은 하나님의 마음에 맞는 사람이 분명합니다(삼상 26:11).

사울은 생각대로 행동하는 반면에, 다윗은 죽음의 고비에서도 말씀을 기준으로 행동합니다. 그러므로 교만하고 불순종하는 사람은 자기 생각을 말하고 행동하며, 믿음으로 순종하는 사람은 하나님의 말씀을 믿고 행동합니다.

다윗, 사울을 살려 주다
… 사울의 옷자락 벰으로 말미암아 다윗의 마음이 찔려 자기 사람들에게 이르되 내가 손을 들어 여호와의 기름 부음을 받은 내 주를 치는 것은 여호와께서 금하시는 것이니 그는 여호와의 기름 부음을 받은 자가 됨이니라(삼상 24:5-6).

하나님의 때를 기다리는 다윗
내가 손을 들어 여호와의 기름 부음 받은 자를 치는 것을 여호와께서 금하시나니 너는 그의 머리 곁에 있는 창과 물병만 가지고 가자 하고(삼상 26:11).

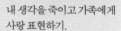

오늘의 미션
내 생각을 죽이고 가족에게 사랑 표현하기.

[미션 수행]
여보, 당신이 있어서 행복합니다.

다윗의 왕권

삼하 1:1 - 삼하 10:19

| 사사 시대 | 통일 왕국 시대 | 분열 왕국 시대 |

Day Point

사무엘상에서 보았듯이, 사람이 택한 왕 사울은 교만하고 불순종하는 옛 사람의 왕국을 상징합니다. 그리고 사무엘하에서 하나님이 택하신 왕 다윗은 믿음으로 순종하는 새사람의 왕국을 상징적으로 보여 줍니다.

사울이 왕이 되기 전에 엘리 제사장의 아들들이 블레셋과의 전쟁에서 이기기 위해 하나님의 궤를 요술 램프처럼 사용하다가 빼앗긴 적이 있습니다(삼상 4:3, 11). 사울은 왕이 된 후 40년 동안 하나님의 언약이 들어 있는 하나님의 궤를 찾아올 생각조차 못했습니다.

그러나 다윗은 헤브론(삼하 1-4장)에서 왕권을 가지고 유다를 다스린 지 7년 후 예루살렘(삼하 5-10장)에서 온 이스라엘을 통치할 수 있는 왕권이 확립되자 하나님의 궤를 예루살렘에 있는 다윗 성으로 옮겨 옵니다(삼하 6:12). 다윗은 그 마음에 언약이 있는 예수 그리스도의 모형, 성전을 품고 있었기 때문입니다(삼하 7:1-2).

그러므로 언약으로 인해 새사람의 왕국에서 사는 자들의 마음에는 영원한 왕이신 예수 그리스도가 계셔야 합니다(롬 10:9-10).

헤브론(삼하 1-4장)

사무엘상에서는 두 사람의 모습이 대조적으로 나타납니다. 사람이 택한 사울 왕과 하나님이 택하신 다윗입니다(삼상 12:13, 16:13). 그런데 사무엘하에서는 두 왕국의 모습이 대조적으로 나타납니다. 헤브론에서 다윗이 왕이 된 유다 왕국과 사울의 아들 이스보셋이 왕이 된 이스라엘 왕국입니다(삼하 2:4, 10).

사무엘상에 나오는 두 사람 중에 누가 더 강할까요? 물론 이미 왕권을 가지고 있었던 사울 왕이 더 강하게 보입니다. 그러나 하나님이 누구를 택하셨는지가 더 중요한 문제입니다. 하나님은 다윗을 선택하셨습니다.

그 증거는 두 왕국에서도 잘 나타납니다. 사무엘하에 나오는 두 왕국 중에는 어느 왕국이 더 강할까요? 물론 절대 다수를 거느린 사울의 아들 이스보셋의 이스라엘 왕국이 다윗의 유다 왕국보다 더 강하게 보입니다. 사울이 왕이었을 당시에 이스라엘 군인이 30만 명이었고, 유다 군인이 3만 명이었습니다(삼상 11:8). 하지만 두 왕국의 군사력과 상관없이 하나님이 어느 왕국을 메시아 왕국으로 인정하시는

지중해

세겜•

요단 강

•마하나임

아스돗•   기브온•
            •여부스
            •베들레헴

헤브론•   사해

시글락•   모압

▲ 사무엘하의 지리적 배경

지에 따라 승패가 갈리게 됩니다. 그 승패는 전쟁이 아니라 언약에서 결정되고, 전쟁의 승패는 그 결과일 뿐입니다(삼하 3:1, 5:3).

다윗이 유다 왕이 될 때 하나님이 그를 헤브론으로 보내신 것은 그곳이 언약의 상징이기 때문입니다(삼하 2:1). 아브라함은 하나님의 '너와 네 자손에게 땅을 주겠다'는 언약을 받고 그 증표로 헤브론에서 단을 쌓고, 헤브론 땅을 소유합니다(창 13:15-18, 23:20). 그 땅은 500년 후에 유다 지파 갈렙의 소유가 되고(수 15:13), 그로부터 500년 후 다윗이 헤브론에서 왕으로 등극함으로 아브라함의 언약을 이어받게 됩니다. 이렇게 아브라함에서 시작해 다윗에게 이른 '천 년 언약'의 예표는 그로부터 천 년 후 예수 그리스도를 통해 성취됩니다.

예루살렘(삼하 5-10장)

아브라함이 받은 약속의 증표가 되는 헤브론에서 시작한 다윗의 왕권은 예루살렘에서 확립됩니다(삼하 5:5). 그것은 메시아 언약에 초점을 맞추고 있기 때문입니다.

하나님이 아담과 세우신 여인의 후손으로 오시는 예수 그리스도에 대한 언약(창 3:15)이 아브라함에게는 후손의 씨(창 15:3, 갈 3:16)로 연결되고, 야곱에게는 유다 지파(창 49:10)에서 오실 것으로 좀 더 구체화됩니다. 유다 지파의 다윗에게는 "네 몸에서 날 네 씨를 네 뒤에 세워 그의 나라를 견고하게"(삼하 7:12) 할 언약이 예표로 솔로몬에게 나타나서 그가 성전을 건축합니다.

오늘의 말씀

다윗, 점점 강해져 가고
사울의 집과 다윗의 집 사이에 전쟁이 오래매 다윗은 점점 강하여 가고 사울의 집은 점점 약하여 가니라(삼하 3:1).

아브라함 언약의 성취, 헤브론의 다윗!
그 후에 다윗이 여호와께 여쭈어 아뢰되 내가 유다 한 성읍으로 올라가리이까 여호와께서 이르시되 올라가라 다윗이 아뢰되 어디로 가리이까 이르시되 헤브론으로 갈지니라(삼하 2:1).

아브라함, 헤브론 땅 소유
보이는 땅을 내가 너와 네 자손에게 주리니 영원히 이르리라 내가 네 자손이 땅의 티끌 같게 하리니 사람이 땅의 티끌을 능히 셀 수 있을진대 네 자손도 세리라 너는 일어나 그 땅을 … 두루 다녀 보라 내가 그것을 네게 주리라(창 13:15-17).

하나님의 궤(언약궤)

> 언약궤는 하나님의 임재와 통치를 의미했다(출 25:22). 이스라엘 장로들은 언약궤를 전쟁터로 가져가면 싸움에서 이기게 하실 것으로 생각했다. 그러나 이스라엘 군대는 크게 패했고 그 궤를 블레셋에게 빼앗겼다(삼상 4:11). 하나님의 궤를 빼앗기게 하신 것은 전능하신 하나님보다 하나님의 궤를 미신적으로 의지했던 이스라엘 백성의 잘못된 신앙에 대한 징계였다. 이것은 불신앙과 불순종의 죄를 지은 자들에게는 하나님이 함께하시지 않는다는 것을 보여 준 사건이었다.

그러나 그 언약은 다윗의 자손(마 1:1, 행 13:22-23)으로 오시는 예수 그리스도가 영원한 왕권(눅 1:31-33)을 가지고 하나님이 거하실 참성전을 건축하실 때 성취되고(겔 37:24, 26-27, 엡 2:22), 새 하늘과 새 땅에서 완성됩니다(계 21:3-4).

그러기에 다윗은 성전의 핵심이 되는 하나님의 궤를 자신이 왕으로 있는 다윗 성으로 모셔 옵니다. "그 궤는 그룹들 사이에 좌정하신 만군의 여호와의 이름으로 불리는 것"(삼하 6:2)이기 때문입니다. 이로써 다윗 자신은 왕국 시대의 대리 통치자일 뿐 진정한 통치자는 예수 그리스도이심을 고백하는 믿음의 모습을 보여 줍니다. 또한 그 증거로 예수 그리스도의 모형인 성전을 마음에 품게 됩니다(삼하 7:2-3).

이는 약속된 그리스도를 통해서 천하 만민이 복을 받는다는 구원의 복음을 좀 더 구체적으로 설명합니다. 그러므로 성전이신 예수님이 마음에 계시는 자는 하나님의 자녀가 된 것이고, 지은 죄는 용서함을 받게 되는 것이 복음입니다(삼하 7:14, 시 32:1, 롬 4:6-8, 10:9-10).

예수 그리스도, 영원한 왕권
보라 네가 잉태하여 아들을 낳으리니 그 이름을 예수라 하라 그가 큰 자가 되고 지극히 높으신 이의 아들이라 일컬어질 것이요 주 하나님께서 그 조상 다윗의 왕위를 그에게 주시리니 영원히 야곱의 집을 왕으로 다스리실 것이며 그 나라가 무궁하리라(눅 1:31-33).

하나님의 궤를 메고 오는 기쁨
… 다윗이 가서 하나님의 궤를 기쁨으로 메고 오벧에돔의 집에서 다윗 성으로 올라갈새 … 다윗이 여호와 앞에서 힘을 다하여 춤을 추는데 그때에 다윗이 베 에봇을 입었더라(삼하 6:12, 14).

다윗, 성전을 마음에 품다
왕이 선지자 나단에게 이르되 볼지어다 나는 백향목 궁에 살거늘 하나님의 궤는 휘장 가운데에 있도다 나단이 왕께 아뢰되 여호와께서 왕과 함께 계시니 마음에 있는 모든 것을 행하소서 하니라(삼하 7:2-3).

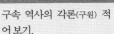
오늘의 미션
구속 역사의 각론(구원) 적어 보기.

[미션 수행]
구원의 정복은 구원의 안식이며(여호수아), 구원의 통치는 순종의 안식이다(사사기). 구원의 신앙고백은(룻기) 멸망의 길(사무엘상)과 구원의 길(사무엘하)로 구분된다.

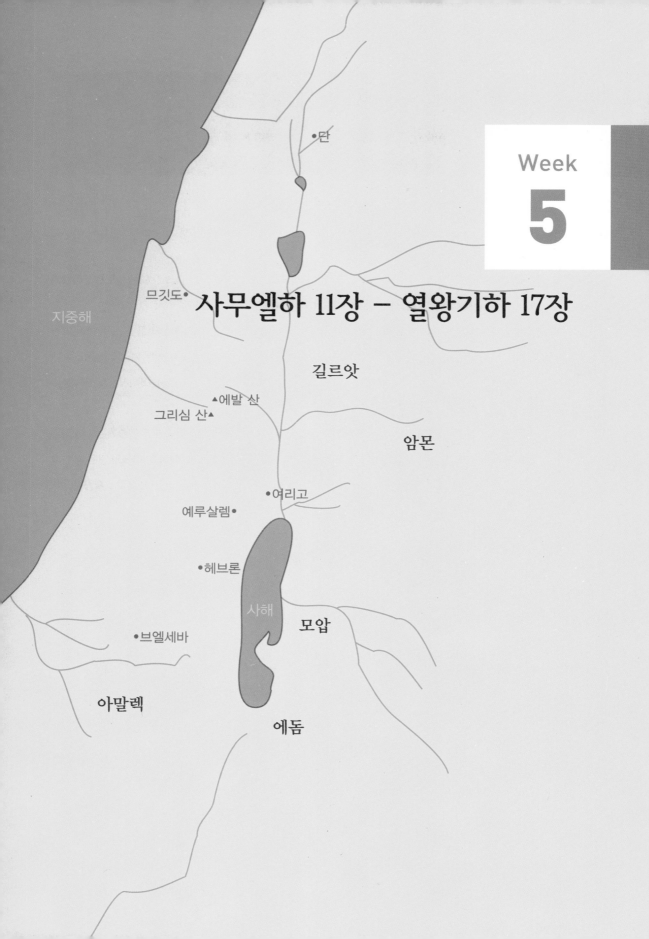

Week

5

지중해

•단

므깃도•

사무엘하 11장 – 열왕기하 17장

길르앗

▲에발 산

그리심 산▲

암몬

•여리고

예루살렘•

•헤브론

사해

모압

•브엘세바

아말렉

에돔

열왕기상

솔로몬 왕국(1~11장) : 하나님의 지혜와 성전 건축
분열 왕국(12~22장) : 여로보암의 길과 다윗의 길

 Key Point

다윗의 길 예수 그리스도

왕정 시대의 큰 업적을 이룬 다윗의 시대는 지나고, 하나님의 택하심을 따라 예수 그리스도의 예표가 되는 솔로몬이 다윗의
왕위(왕상 1:30, 대상 22:9, 28:5~6)를 이어받아 왕국을 다스리게 됩니다(왕상 1~11장).

　이스라엘의 왕들이 등장하는 열왕기(列王記)는 겉으로는 이스라엘의 역사처럼 보이지만 그 속에는 하나님의 구원 역사의 진
리가 흐르고 있습니다. 열왕기는 하나님이 인류를 구원하기 위해 세우신 계획의 흐름을 확인할 수 있는 책입니다. 창조 시대
의 '여자의 후손'과 '뱀의 후손'(창 3:15)의 두 물줄기가 열왕기의 왕정 시대에는 왕을 통해 어떤 길로 흘러내리는지 가늠할 수
있습니다.

　솔로몬 시대가 끝나면서 나라가 둘로 분열되고, 남과 북의 왕들이 어느 길로 가는지를 가늠하기 좋게 두 물줄기는 '여로보암
의 길'(왕상 15:34)과 '다윗의 길'(왕상 3:14)로 구분됩니다(왕상 12~22장). 여로보암의 길은 사망의 예표이고, 다윗의 길은 예수 그
리스도의 예표로서 생명의 길입니다. 예수님이 "내가 곧 길이요 진리요 생명이니"(요 14:6)라고 하신 말씀이 그것을 확증합니다.

솔로몬 왕국(왕상 1~11장) : 하나님의 지혜와 성전 건축

이스라엘의 역사를 보면, 창조 시대에 세상을 창조하신 하나님이 족장
시대(주전 2166-1876년)에 아브라함을 선택하시어 복과 땅과 그의 후손을
통해 메시아를 주겠다고 언약하십니다. 이것을 이루시기 위해 하나님은
430년 동안 애굽에서 종살이한 이스라엘 민족을 해방시켜 광야 시대(주전
1446-1406년)에 40년간 모세의 인도를 받게 하십니다. 그 후 정복 시대(주전
1406-1390년)에는 여호수아가 약속의 땅을 정복하고, 사사 시대(주전 1390-
1050년)의 암울한 시기를 지납니다. 그리고 하나님의 왕권을 구체화하는
통일 왕국 시대(주전 1050-930년)에는 사울이 40년, 다윗이 40년, 솔로몬이
40년간 통치하게 됩니다.

　이렇게 변함없는 하나님의 언약이 천 년을 걸쳐 솔로몬에게 이어진 것

> 솔로몬 왕, 하나님의 택하심
> 여호와께서 내게 여러 아들을
> 주시고 그 모든 아들 중에서
> 내 아들 솔로몬을 택하사 여호
> 와의 나라 왕 위에 앉혀 이스라
> 엘을 다스리게 하려 하실새 내
> 게 이르시기를 네 아들 솔로몬
> 그가 내 성전을 건축하고 내 여
> 러 뜰을 만들리니 이는 내가 그
> 를 택하여 내 아들로 삼고 나
> 는 그의 아버지가 될 것임이라
> (대상 28:5-6).

은 장차 오실 예수 그리스도의 사역을 예표하도록 하나님이 택하셨기 때문입니다(대상 28:5). 이사야가 말한 대로, 솔로몬은 평강의 왕으로 오시는 예수 그리스도의 예표입니다(사 9:6, 대상 22:9). 이렇게 세워진 솔로몬 왕국은 하나님의 지혜(왕상 1-4장)와 성전 건축(왕상 5-11장)으로 빛나는 메시아 왕국의 모형입니다.

솔로몬은 왕위를 계승하자마자 우선순위로 일천 번제를 드립니다. 일천 번제를 통해서 솔로몬은 지혜를 얻게 됩니다(왕상 3:12). 솔로몬이 기록한 잠언은 "지혜는 그 얻은 자에게 생명나무라 지혜를 가진 자는 복되도다"(잠 3:18)라고 말합니다. 잠언에서 의인화된 지혜는 음녀에게서, 말로 호리는 이방 계집에게서 구원하시는 예수 그리스도를 말합니다(잠 2:16).

솔로몬이 주의 백성을 통치하기 위해 구한 지혜는 예수 그리스도가 통치하시는 예표입니다. 예수 그리스도는 오직 위로부터 난 지혜이시며, 하나님의 지혜이십니다(약 3:17, 고전 2:7-8). 그러므로 하나님이 주신 지혜로 통치하는 것은 거룩한 하나님의 백성을 만드는 사역이며, 그 사역의 결정체는 바로 성전입니다. 그래서 예수 그리스도로 인해 세워질 참성전의 모형인 성전을 솔로몬이 건축하게 됩니다.

분열 왕국(왕상 12-22장) : 여로보암의 길과 다윗의 길

이스라엘 왕국 시대의 왕정 제도는 신명기 말씀을 근간으로 합니다. 솔로몬은 "아내를 많이 두어 그의 마음이 미혹되게 하지 말 것이며"(신 17:17)라는 왕정 제도의 말씀을 어기고 이방 신을 섬기다가 나라를 둘로 분열시키고 맙니다.

그로 인해 르호보암으로 시작한 남 왕국과 여로보암으로 시작한 북 왕국의 왕들은 두 갈래의 갈림길에 서게 되었습니다. 그들은 '여로보암의 길'과 '다윗의 길' 중에서 한 길을 선택해야 합니다(왕상 12-16장). 어떤 길을 선택할지 결정짓는 것은 마음이기 때문에 두 마음을 품은 자들은 바알을 품은 마음과 하나님을 품은 마음 중에서 하나를 선택해야 합니다(왕상 17-22장). 하나님은 이미 세상에 빼앗긴 마음을 돌이키게 하시려고 엘리야 선지자를 보내셔서 바알이 아니라 여호와가 하나님이심을 온 천하에 드러내십니다.

하나님의 길, 율법 준수
네가 만일 네 아버지 다윗이 행함같이 내 길로 행하며 내 법도와 명령을 지키면 내가 또 네 날을 길게 하리라(왕상 3:14).

솔로몬, 예수 그리스도의 예표
보라 한 아들이 네게서 나리니 그는 온순한 사람이라 내가 그로 주변 모든 대적에게서 평온을 얻게 하리라 그의 이름을 솔로몬이라 하리니 이는 내가 그의 생전에 평안과 안일함을 이스라엘에게 줄 것임이니라(대상 22:9).

여로보암의 길, 악행
바아사가 여호와 보시기에 악을 행하되 여로보암의 길로 행하며 그가 이스라엘에게 범하게 한 그 죄 중에 행하였더라(왕상 15:34).

열왕기하

북 왕국의 멸망(1-17장) : 엘리사의 구원 사역과 다윗의 자손 보존
남 왕국의 멸망(18-25장) : 히스기야와 요시야의 종교 개혁

 **Key Point**

다윗의 씨 예수 그리스도

이스라엘 통일 왕국의 분열 원인이 솔로몬의 우상 숭배였다면, 남과 북으로 나누어진 분열 왕국의 멸망 원인은 바알을 섬기며 여호와가 보시기에 악을 행한 '여로보암의 길'이었습니다(왕하 10:28-29, 17:15-16, 19, 21-23). 이런 이유로 북 이스라엘은 앗수르에게 멸망당하고(왕하 1-17장), 남 유다는 바벨론에게 멸망당합니다(왕하 18-25장).

이렇게 이스라엘의 역사가 막을 내리게 되면 하나님이 아브라함에게 자손을 주겠다고 하신 언약(갈 3:16)과 다윗에게 하신 언약(삼하 7:16, 왕상 11:36, 15:4, 왕하 8:19)은 어떻게 되는 것일까요? 하나님은 회초리로 그들의 죄를 다스리며 채찍으로 그들의 죄악을 벌할지라도 다윗에게 하신 맹세를 지키겠다고 말씀하십니다(시 89:32-35).

그래서 바알 추종자인 북 왕국의 아합 왕과 이세벨의 딸 아달랴는 남 왕국으로 시집와서 '왕의 자손'을 모두 멸하려고 합니다. 그때 하나님은 요아스를 성전에 피신시킴으로 '씨'를 보전하시고 다윗 왕조의 왕위를 이어 가게 하십니다(왕하 11:1-3). 또한 왕국 시대는 막을 내려도 메시아 왕국을 세우실 예수 그리스도가 '다윗의 씨'로 오실 수 있도록 보전하십니다(사 6:13, 롬 9:29, 행 13:23). 그 '씨'가 어떻게 보전되었는가는 역대기와 에스라서, 느헤미야서, 에스더서에서 보여 줍니다. 하나님의 구원 역사가 절묘하게 나타납니다.

북 왕국의 멸망(왕하 1-17장) : 엘리사의 구원 사역과 다윗의 자손 보존

여로보암 왕으로 시작된 북 왕국 이스라엘은 약 200년 동안 19명의 왕들이 등장하면서 아홉 번이나 왕조가 바뀌는 반역과 함께 바알 우상 숭배로 얼룩진 역사입니다. 그로 인해 주전 722년 앗수르에게 멸망 당합니다.

북 이스라엘의 역사 속에서도 하나님의 구원 역사는 드러납니다. 열왕기상에서는 엘리야(여호와는 하나님이시다) 선지자를 보내셔서 여호와는 하나님이심을 알게 하시고(왕상 18:39), 열왕기하에서는 엘리사(여호와는 구원이시다)를 보내셔서 여호와는 구원이심을 알게 하십니다(왕하 1장-8:15).

엘리사의 하나님이 보여 주시는 구원은 백성의 삶 속에서 다양하게 나

아브라함의 자손, 그리스도
이 약속들은 아브라함과 그 자손에게 말씀하신 것인데 여럿을 가리켜 그 자손들이라 하지 아니하시고 오직 한 사람을 가리켜 네 자손이라 하셨으니 곧 그리스도라(갈 3:16).

다윗 언약, 영원한 왕위
네 집과 네 나라가 내 앞에서 영원히 보전되고 네 왕위가 영원히 견고하리라 하셨다 하라(삼하 7:16).

타납니다. 좋지 못한 물의 근원을 고쳐 주어 열매를 맺게 하고, 모압과의 전쟁에서 이기게 합니다. 과부가 된 선지자의 제자의 아내에게 그릇마다 기름을 채워 주어 그것을 팔아 생활하게 하고, 수넴 여인의 죽은 아들을 살려 줍니다. 흉년이 들었을 때 국에 있는 독을 제거해서 먹을 수 있게 하고, 보리떡 20개로 100명이 먹고도 남게 합니다. 적국인 아람 나라의 군대 장관 나아만의 문둥병을 고쳐 주고, 물에 빠진 쇠도끼를 떠오르게 해 찾아 주기도 합니다. 또한 아람 군대가 침략해 이스라엘의 성을 봉쇄하자 먹을 것이 없어 굶주리는 백성을 위해 아람 군대를 회군하게도 합니다.

이렇게 북 이스라엘에서 엘리사 선지자의 사역이 진행되는 동안에 남유다 왕국으로 시집온 아합 왕의 딸 아달랴는 "왕의 자손"(왕하 11:1)을 멸하려고 합니다. 그러나 하나님이 그 '씨'를 보전하셔서 위기 속에서도 남 왕국은 다윗 왕조를 이어 갑니다(왕하 8:16-17장). 반면에 북 이스라엘은 엘리사를 통해 하나님이 베푸신 구원의 은혜를 모른 채 교만해서 불순종함으로 우상을 섬기다가 앗수르에게 멸망당합니다(왕하 17:22-23).

남 왕국의 멸망(왕하 18-25장) : 히스기야와 요시야의 종교 개혁

남 왕국 유다는 솔로몬의 아들 르호보암으로 시작해 약 350년간(주전 930-586년) 다윗 왕조를 유지합니다. 히스기야와 요시야의 종교 개혁에도 불구하고 135년 전(주전 722년)에 멸망한 북 이스라엘처럼 교만과 불순종으로 우상을 숭배해 바벨론에게 멸망당합니다(주전 586년).

히스기야가 남 유다의 13대 왕으로 재임하는 동안 북 이스라엘을 멸망시킨 앗수르의 침략으로(왕하 18:13) 남 유다는 풍전등화의 위기에 놓입니다. 그러나 하나님은 우상을 제거하며 종교 개혁을 일으킨 히스기야 왕과 이사야 선지자의 기도를 들으시고 응답하심으로 위기를 모면하게 하십니다(왕하 18-21장).

> "내가 나와 나의 종 다윗을 위하여 이 성을 보호하여 구원하리라"(왕하 19:34).

그 후에 16대 요시야 왕은 '다윗의 길'로 행하면서 대대적인 종교 개혁을

다윗 언약, 꺼지지 않는 등불
그의 아들에게는 내가 한 지파를 주어서 내가 거기에 내 이름을 두고자 하여 택한 성읍 예루살렘에서 내 종 다윗이 항상 내 앞에 등불을 가지고 있게 하리라(왕상 11:36).

북 이스라엘, 앗수르에게 멸망 (주전 722년)
이스라엘 자손이 여로보암이 행한 모든 죄를 따라 행하여 거기서 떠나지 아니하므로 여호와께서 그의 종 모든 선지자를 통하여 하신 말씀대로 드디어 이스라엘을 그 앞에서 내쫓으신지라 이스라엘이 고향에서 앗수르에 사로잡혀 가서 오늘까지 이르렀더라(왕하 17:22-23).

남 유다, 바벨론에게 멸망(주전 586년)
바벨론 왕 느부갓네살의 열아홉째 해 오 월 칠 일에 바벨론 왕의 신복 시위대장 느부사라단이 예루살렘에 이르러 여호와의 성전과 왕궁을 불사르고 … 성중에 남아 있는 백성과 바벨론 왕에게 항복한 자들과 무리 중 남은 자는 시위대장 느부사라단이 모두 사로잡아 가고(왕하 25:8-9, 11).

북 이스라엘과 남 유다, 행음한 두 자매의 멸망
내게 배역한 이스라엘이 간음을 행하였으므로 내가 그를 내쫓고 그에게 이혼서까지 주었으되 그의 반역한 자매 유다가 두려워하지 아니하고 자기도 가서 행음함을 내가 보았노라(렘 3:8).

단행합니다. 그러나 걷잡을 수 없을 만큼 널리 번진 우상 숭배(렘 3:6-8)로
인해 결국 바벨론에게 멸망 당합니다(왕하 22-25장). 그러나 '하나님의 씨'
는 포로 시대와 침묵 시대의 잠복기를 거쳐 아브라함과 다윗의 자손으로
오실 준비를 하게 됩니다.

 엘리야와 엘리사

엘리야의 사역
1. 디셉에서 태어남
2. 아합 왕에게 가뭄 예언
3. 그릿 시냇가에서 까마귀 도움 받음
4. 사르밧 과부의 죽은 아들 살림
5. 바알 선지자 450명과 대결
6. 이세벨을 피해 브엘세바로 도망
7. 호렙 산에서 하나님의 음성을 들음
8. 엘리사를 후계자로 삼음
9. 회오리바람에 들려 하늘로 올라감

엘리사의 사역
1. 수넴에서 과부의 아들 살림
2. 불병거, 아람 군대의 눈을 멀게 함
3. 사악한 하사엘이 아람의 왕이 될 것을 예언
4. 북 이스라엘과 북쪽 수리아에서 남쪽 에돔까지
   두루 다니며 사역

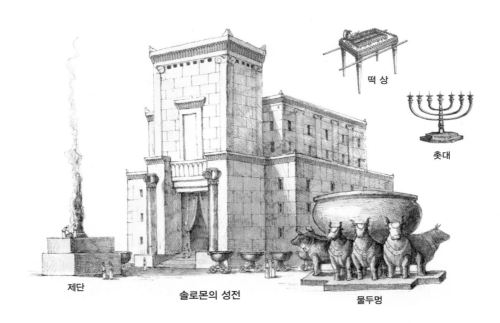

제단 솔로몬의 성전 물두멍

떡 상

촛대

솔로몬 성전의 역사적 의의

하나님은 다윗에게 그의 뒤를 잇게 될 자가 성전을 건축할 것과 이스라엘 왕권을 대대손손 이어 줄 것을 약속하셨다(삼하 7:13). 솔로몬 성전은 그 약속이 솔로몬 때 이루어졌음을 보여 준다. 특히 하나님은 솔로몬에게 직접 이스라엘 백성과 함께하며 항상 인도할 것을 약속하셨는데, 이것을 상징하는 것이 성전이다. 성전의 역사적인 의미는 어디에나 계시는 하나님이 예배를 받으시기 위해 그분의 임재를 상징적으로 나타내려고 선택하신 장소라는 점이다.

성전과 하나님의 임재

하나님의 임재는 '영광의 구름'으로 나타났다(왕상 8:10-11). 또 다른 형태는 '지성소에 놓인 언약궤'다. 그룹들이 날개를 펼쳐 하나님의 임재의 실체를 보여 주는 언약궤를 덮고 있다(왕상 8:6-9). '성전 그 자체와 성전이 세워진 장소' 또한 하나님의 임재를 일깨워 준다. 하나님이 선택하신 곳에 자기 이름을 두시며(왕상 9:3), 하나님이 그 산에 영원히 거하겠다고 하셨기 때문이다(시 68:16).

언약궤

성전을 바치는 의식

제사장과 노래하는 사람들은 베옷을 입었고, 뛰어난 음악가들로 구성된 찬양대는 120명의 나팔 부는 사람들과 노래하는 사람들, 악기를 연주하는 사람들과 함께 정교한 음악으로 하나님을 찬양했다(대하 5:12-13).

Day Point

다윗은 사울에게 쫓기는 도피 생활을 마감하고, 그의 명성에 걸맞게 이스라엘의 왕이 되어 왕권을 확립합니다. 어디를 가든 여호와가 이기게 하심으로 다윗은 부강한 왕국을 세웁니다(삼하 8:6, 14).

그런데 하나님의 은혜로 탄탄대로를 달리던 다윗에게 어두운 그림자가 비치기 시작합니다. 지금까지 예수 그리스도를 예표하는 다윗 왕의 모습을 보았다면, 이제는 다윗의 범죄를 통해 사람의 행위로는 구원 받을 수 없고, 오직 하나님의 은혜로만 구원 받을 수 있음을 보여 주려는 것입니다. 다윗은 밧세바를 범한 간음죄와 그녀의 남편 우리아를 죽인 살인죄를 짓습니다.

윤리적 기준으로 본다면 하나님에게 폐위당한 사울의 범죄가 오히려 가볍게 보입니다. 상대적으로 사울보다 더 무거운 죄를 진 다윗이 폐위를 당하지 않은 것은 그가 '은혜 언약' 아래 있었기 때문입니다(삼하 7:13-15, 롬 6:14). 그러므로 다윗의 범죄로 인해 그의 가정과 나라는 분란이 일어나는 징계를 받지만(삼하 11-16장), 하나님의 은혜로 위기를 극복하게 됩니다 (삼하 17-20장).

다윗의 범죄(삼하 11-16장)

다윗은 어디를 가든지, 누구와 싸우든지 이기는 왕이었습니다. 그런데 그가 어찌 된 일인지 전쟁터에 있어야 할 상황에 왕궁에 머무르고 있습니다. 사무엘하 11장은 "왕들이 출전할 때"가 되었는데도 출전하기는커녕 낮잠을 저녁까지 즐기다가 일어나는 다윗의 모습으로 시작합니다.

이 상황은 분명 불길한 조짐입니다. 아닌 게 아니라 전쟁에 출전하지 않은 다윗은 자신의 심복 우리아 장군의 아내 밧세바를 범하게 됩니다.

"욕심이 잉태한즉 죄를 낳고 죄가 장성한즉 사망을 낳느니라"(약 1:15).

다윗의 욕심은 밧세바를 범하는 간음죄를 짓고, 그 죄를 가리려고 그녀의 남편 우리아를 죽이는 살인죄까지 저지르게 합니다(삼하 11:3-5, 15). 다윗의 밧세바 사건은 인간의 마음속에 잠복해 있는 탐심을 드러낸 것입니다(삼하 12:4). 그것은 옛 사람의 근본적인 죄입니다(골 3:5). 다윗은 범죄한 후 "내가 죄악 중에서 출생하였음이여 어머니가 죄 중에서 나를 잉태하였나이다"(시 51:5)라고 고백하며 원죄를 깨닫게 됩니다.

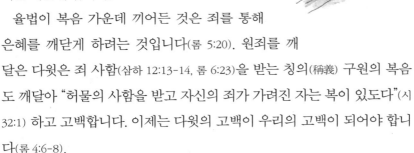

율법이 복음 가운데 끼어든 것은 죄를 통해 은혜를 깨닫게 하려는 것입니다(롬 5:20). 원죄를 깨달은 다윗은 죄 사함(삼하 12:13-14, 롬 6:23)을 받는 칭의(稱義) 구원의 복음도 깨달아 "허물의 사함을 받고 자신의 죄가 가려진 자는 복이 있도다"(시 32:1) 하고 고백합니다. 이제는 다윗의 고백이 우리의 고백이 되어야 합니다(롬 4:6-8).

다윗은 죄는 용서 받았지만, 하나님의 징계를 통해서 거룩하고 흠이 없는 하나님의 아들답게 만들어져 갑니다(신 8:5, 엡 5:27, 히 12:7-8). 징계의 내용은 다윗의 아들 암논이 그의 이복누이 다말을 범하는 간음(삼하 13:14)과 다말의 친오빠 압살롬이 암논을 죽이는 살인(삼하 13:30-33) 그리고 압살롬의 반역(삼하 15:12)으로 쫓기는 다윗에게 보낸 시므이의 저주입니다(삼하 16:7). 거룩하고 흠이 없게 하시려는 하나님의 의도를 아는 다윗은 시므이의 저주를 넉넉히 받아 냅니다(삼하 16:10-11). 이 모든 상황을 하나님이 감찰하고 계심을 알았기 때문입니다(삼하 16:12, 시 139편).

우리에게도 원통한 일이 있을 때마다 원망하기 쉬운 교만과 불순종의 자아는 깨 버리고, 모든 것을 아시는 하나님에게 믿음으로 순종하는 은혜가 필요합니다.

오늘의 말씀

다윗의 승승장구
다윗이 다메섹 아람에 수비대를 두매 아람 사람이 다윗의 종이 되어 조공을 바치니라 다윗이 어디로 가든지 여호와께서 이기게 하시니라(삼하 8:6).

다윗에게 주신 은혜 언약
그는 내 이름을 위하여 집을 건축할 것이요 나는 그의 나라 왕위를 영원히 견고하게 하리라 나는 그에게 아버지가 되고 그는 내게 아들이 되리니 그가 만일 죄를 범하면 내가 사람의 매와 인생의 채찍으로 징계하려니와 … 그에게서 빼앗지는 아니하리라(삼하 7:13-15).

'그 부자' 같은 다윗의 범죄!
어떤 행인이 그 부자에게 오매 부자가 자기에게 온 행인을 위하여 자기의 양과 소를 아껴 잡지 아니하고 가난한 사람의 양 새끼를 빼앗아다가 자기에게 온 사람을 위하여 잡았나이다 하니(삼하 12:4).

다윗의 회복(삼하 17-20장)

다윗의 친구 후새는 다윗을 돕기 위해 반역을 일으킨 압살롬에게 위장 전향합니다. 그러고는 압살롬의 반역에 동참한 다윗의 모사 아히도벨과 계략 대결을 벌입니다.

전쟁은 군사력의 우위보다 계략에 있습니다. 하나님은 예전에 다윗이 남 유다의 왕이었던 시절에 미약한 그가 군사력으로는 훨씬 앞선 북 이스라엘을 이기게 하신 적이 있습니다. 하나님이 이번에는 압살롬이 아히도벨의 계략을 무력화시키고 대신 위장 전향해 온 다윗의 친구 후새의 계략을 선택하게 하심으로써 전쟁의 상황을 역전시키십니다(삼하 17:14).

결국 다윗의 친구인 후새의 계략(삼하 17장)으로 압살롬은 패하게 됩니다(삼하 18장). 다윗의 왕권은 물 건너간 줄 알았는데 상황 역전으로 다시 요단 강을 건너 예루살렘으로 돌아오게 됩니다(삼하 19장). 그리고 세바의 반란까지 깨끗하게 진압됩니다(삼하 20장).

이렇게 하나님이 다윗을 위기에서 건지시는 것은 그와 맺으신 언약 때문입니다(삼하 7:14-15). 그 언약은 다윗의 죄를 용서하는 메시아 왕국 건설의 구원 계획입니다. 하나님은 그 증표로 요단 강을 두 번 건너게 하십니다. 한 번은 사망의 강을 건너 육신이 죽고, 또 한 번은 생명의 강을 건너 영혼이 사는 것과 같습니다. 구원은 예수 그리스도와 함께 사망을 통과해야 그분의 생명으로 나오는 복음입니다(요 5:24, 롬 6:4, 23).

"내가 여호와께 죄를 범하였노라!"
다윗이 나단에게 이르되 내가 여호와께 죄를 범하였노라 하매 나단이 다윗에게 말하되 여호와께서도 당신의 죄를 사하셨나니 당신이 죽지 아니하려니와(삼하 12:13).

죄의 삯은 사망
죄의 삯은 사망이요 하나님의 은사는 그리스도 예수 우리 주 안에 있는 영생이니라(롬 6:23).

여호와의 섭리, 후새 채택
압살롬과 온 이스라엘 사람들이 이르되 아렉 사람 후새의 계략은 아히도벨의 계략보다 낫다 하니 이는 여호와께서 압살롬에게 화를 내리려 하사 아히도벨의 좋은 계략을 물리치라고 명령하셨음이더라(삼하 17:14).

오늘의 미션
주님보다 더 사랑한 것이 있다면?

[미션 수행]
자녀를 주 안에서 사랑하고 주님보다 앞서지 않게 해 주십시오.

다윗의 범죄 후 발생한 사건

나단 예언자는 밧세바와의 부적절한 일로 칼이 다윗의 집에서 떠나지 않으리라는 말을 들었다(삼하 12:10). 다음은 다윗이 죄를 범한 이후에 일어난 사건들이다.

1. 밧세바에게서 태어난 맏아들이 죽었다(삼하 12:15-19).
2. 장자 암논이 압살롬의 누이 다말을 성폭행했다(삼하 13:1-20).
3. 압살롬이 암논을 살해했다(삼하 13:21-29).
4. 압살롬이 반역하고(삼하 15:1-12) 아버지의 후궁들과 동침했다(삼하 16:21-22).
5. 압살롬이 요압에게 죽임을 당했다(삼하 18:9-14).
6. 베냐민 사람 세바가 반란을 일으켰다(삼하 20:1-22).
7. 3년 동안 흉년으로 양식이 없어 굶주렸다(삼하 21:1-14).

다윗과 솔로몬

삼하 21:1 - 왕상 2:46

| 사사 시대 | 통일 왕국 시대 | 분열 왕국 시대 |

Day Point

사무엘하의 뒷부분은 부록처럼 기록된 내용입니다(삼하 21-24장). 기브온 사람들을 무참히 죽인 사울의 죄로 인해 기근이 찾아온 이야기, 블레셋 거인을 죽인 전쟁 영웅들(삼하 21장), 다윗의 승전가인 시편 18편(삼하 22장), 다윗의 마지막 말, 다윗의 용사들의 기념비적인 기록(삼하 23장) 그리고 다윗의 인구조사와 재앙 내용이 나옵니다(삼하 24장).

다윗 왕의 통치 기간 중에 위기는 완전히 사라진 줄 알았는데 인구조사(삼하 24:1)로 인해 복병처럼 나타난 또 다른 위기가 다윗의 통치 말기를 혼란스럽게 합니다. 그러나 그 위기를 전화위복이 되게 하시는 하나님은 훗날 솔로몬 성전의 터가 되는 아라우나 타작마당에서 다윗에게 번제와 화목제를 드리게 하심으로 재앙을 그치게 하십니다(삼하 24:25). 그리고 하나님이 정해 주신 그곳에서 성전을 건축할 솔로몬이 다윗의 다른 왕자들을 모두 제치고 왕위를 계승합니다. 솔로몬은 다윗의 유언에 따라 숙청 작업을 모두 마치고 왕권을 확립합니다(왕상 1-2장).

다윗의 성전 터(삼하 21-24장)

하나님은 다윗에게 언약의 말씀을 주십니다.

"네 집과 네 나라가 내 앞에서 영원히 보전되고 네 왕위가 영원히 견고하리라"(삼하 7:16).

다윗은 생의 마지막 유언에서 하나님이 언약을 반드시 이루어 주실 것을 확신합니다.

"내 집이 하나님 앞에 이 같지 아니하냐 하나님이 나와 더불어 영원한 언약을 세우사 만사에 구비하고 견고하게 하셨으니 나의 모든 구원과 나의 모든 소원을 어찌 이루지 아니하시랴"(삼하 23:5).

하나님은 맹세로 언약하신 것은 반드시 이루십니다.

"주께서 이르시되 나는 내가 택한 자와 언약을 맺으며 내 종 다윗에게 맹세
하기를 내가 네 자손을 영원히 견고히 하며 네 왕위를 대대에 세우리라 하
셨나이다 … 내 언약을 깨뜨리지 아니하고 내 입술에서 낸 것은 변하지 아
니하리로다 내가 나의 거룩함으로 한 번 맹세하였은즉 다윗에게 거짓말을
하지 아니할 것이라"(시 89:3-4, 34-35).

다윗은 유언과 같은 마지막 말로 예수 그리스도를 그의 자손으로 보내
사 구원을 이루실 영원한 언약을 기대하고 있습니다. 이에 대해 하나님은
다윗이 마음의 성전으로 품고 있었던 예수 그리스도가 그 일을 반드시 성
취하실 것을 사무엘하 마지막에서 '성전 터'로 보여 주십니다.

"[다윗이] 그곳에서 여호와를 위하여 제단을 쌓고 번제와 화목제를 드렸더
니 … "(삼하 24:25).

이로써 다윗이 지은 인구조사의 죄로 인해 이스라엘에 발생한 온역 재
앙이 그치게 됩니다. 출애굽기에서는 인구조사로 인한 온역을 예방하려면
각 사람의 속전(贖錢)을 드려야 된다고 말합니다(출 30:12, 15). 이것은 인구
조사로 인해 발생한 온역은 속전을 지불해야만 해결할 수 있다는 뜻입니
다. 결국 번제와 화목제로 드려진 예수 그리스도의 속전으로만 사람의 생
명을 구할 수 있는 것입니다(딤전 2:6).

그것을 확증하기 위해 여호와의 사자가 아라우나 타작마당에 등장하고,
다윗으로 하여금 그곳에 제단을 쌓게 합니다(삼하 24:16, 18, 25, 대상 21:18). 아
라우나 타작마당은 천 년 전 아브라함이 이삭을 번제로 드린 곳이며(창 22:2),
천 년 후 예수 그리스도가 십자가 위에서 죽으실 곳입니다. 또한 하나님이
준비하시고 다윗이 값 주고 산 '성전 터'는 예수 그리스도입니다.

그 증표로 예수 그리스도의 모형인 성전이 솔로몬에 의해 아라우나 타

다윗, 인구조사의 죄
여호와께서 다시 이스라엘을 향
하여 진노하사 그들을 치시려
고 다윗을 격동시키사 가서 이
스라엘과 유다의 인구를 조사
하라 하신지라(삼하 24:1).

아라우나의 타작마당, 성전 터!
… 아라우나의 타작마당에서 여
호와를 위하여 제단을 쌓으소서
하매 … 그곳에서 여호와를 위
하여 제단을 쌓고 번제와 화목
제를 드렸더니 이에 여호와께
서 그 땅을 위한 기도를 들으시
매 이스라엘에게 내리는 재앙
이 그쳤더라(삼하 24:18, 25).

모리아 땅으로 가라!
여호와께서 이르시되 네 아들
네 사랑하는 독자 이삭을 데리
고 모리아 땅으로 가서 내가 네
게 일러 준 한 산 거기서 그를
번제로 드리라(창 22:2).

작마당에 세워지게 됩니다(대하 3:1). 그러므로 우리는 마음의 성전이신 예수 그리스도를 품고 있는 참성전 터입니다(고전 3:16).

솔로몬의 왕위(왕상 1-2장)

하나님이 다윗에게 약속하신 왕위(삼하 7:13)로 인해서 열왕의 시대에 중요한 사안은 '왕위'입니다. 그래서 다윗은 죽기 전에 솔로몬에게 이렇게 유언합니다.

> "여호와께서 내 일에 대하여 말씀하시기를 만일 네 자손들이 그들의 길을 삼가 마음을 다하고 성품을 다하여 진실히 내 앞에서 행하면 이스라엘 왕위에 오를 사람이 네게서 끊어지지 아니하리라 하신 말씀을 확실히 이루게 하시리라"(왕상 2:4).

메시아 왕국은 하나님이 그 조상 다윗의 왕위를 주셔서 영원히 야곱의 집을 왕으로 통치하실 예수 그리스도가 다스리십니다(눅 1:31-33). 그러므로 메시아 왕국의 예수 그리스도에게 연결될 사람이 왕위를 계승해야 합니다(마 1:1, 6). 아무나 왕이 될 수 없습니다.

> "반드시 네 하나님 여호와께서 택하신 자를 네 위에 왕으로 세울 것이며 … "(신 17:15).

그러므로 다윗의 왕위 계승은 대권의 권력 다툼이 아니고 하나님의 택하심입니다. 아도니야는 이것을 모르고 자신의 계략으로 왕이 되고자 반란을 도모합니다. 그러나 하나님의 택하심은 예수 그리스도를 예표하는 평강의 사람 솔로몬이었기에 그가 다윗의 왕위를 계승하게 된 것입니다(왕상 1:30, 대상 22:9, 28:5-6, 사 9:6-7, 요 14:27).

모리아 산 – 아라우나 타작마당 – 솔로몬 성전 건축
솔로몬이 예루살렘 모리아 산에 여호와의 전 건축하기를 시작하니 그곳은 전에 여호와께서 그의 아버지 다윗에게 나타나신 곳이요 여부스 사람 오르난의 타작마당에 다윗이 정한 곳이라(대하 3:1).

몸, 하나님의 성전
너희는 너희가 하나님의 성전인 것과 하나님의 성령이 너희 안에 계시는 것을 알지 못하느냐(고전 3:16).

예수 그리스도, 아브라함과 다윗의 자손
아브라함과 다윗의 자손 예수 그리스도의 계보라(마 1:1).

오늘의 미션
지불된 속전인 생명 값으로 사는 은혜란?

[미션 수행]
창조주가 친히 속전이 되어 참성전으로 살게 하신 그 은혜를 찬양합니다.

| 사사 시대 | 통일 왕국 시대 | 분열 왕국 시대 |

Day Point

솔로몬은 자신이 잘나서가 아니라 하나님의 택하심에 따라 다윗의 왕위를 물려받고 통일 왕국 시대(주전 1050–930년)의 마지막 왕으로서 이스라엘을 40년간 통치하게 됩니다. 사울이 통치한 40년, 다윗이 통치한 40년 그리고 솔로몬이 통치한 40년을 합한 이스라엘의 통일 왕국 시대는 120년 동안 왕국 시대의 절정에 이르게 됩니다.

성경은 하나님의 구원 역사가 흐르는 진리의 물줄기입니다(눅 24:44–47). 그 물길이 점진적으로 선명하게 드러나서 구원의 실체이신 예수 그리스도에게 도달합니다(요 5:39).

또한 성경에 나오는 주요 인물들은 하나님의 구원 역사를 드러내기 위해 예수 그리스도의 예표로 등장하면서, 동시에 전적으로 타락하고 부패한 옛 사람의 모습도 보여 줍니다.

다윗이 그랬듯이 솔로몬도 예외는 아닙니다. 솔로몬은 일천 번제의 희생 제사(대하 1:6)를 통해 예수 그리스도가 왕국을 통치하시는 예표로 하나님의 지혜를 얻고(왕상 3–4장), 예수 그리스도의 모형인 성전을 건축합니다(왕상 5–11장). 그러나 옛 사람의 전형적인 모습으로 세상에 마음을 빼앗기고(골 3:5), 이로 인해 나라가 둘로 분열됩니다.

하나님의 지혜(왕상 3–4장)

성경은 "두 마음을 품어 모든 일에 정함이 없는 자"(약 1:8)가 있다고 말합니다. 솔로몬을 통해서 그의 마음과 우리의 마음을 함께 엿볼 수 있습니다. 솔로몬은 애굽의 왕 바로와 더불어 혼인 관계를 맺고 그의 딸을 아내로 맞이합니다. 그리고 그 여인을 다윗 성에 데려다가 두고 자기의 왕궁과 여호와의 성전과 예루살렘 주위의 성의 공사가 끝나기를 기다립니다(왕상 3:1).

솔로몬의 마음이 성전 공사 이전부터 이미 이방 여인을 사랑함으로 인해 하나님의 율법을 어기고 있는 모습을 보여 줍니다. 하나님은 이방 여인들과의 혼인을 금하셨습니다. 그럼에도 솔로몬은 성이 건축되는 동안 이방 여인들을 아내로 맞이해서 사랑했습니다(왕상 11:1-2). 그리고 한편으로는 하나님에게 일천 번제의 희생 제사를 드려서 그분의 마음에 맞는 지혜를 구함으로써 덤으로 부귀영화까지 받았습니다.

이렇게 솔로몬은 왕국의 시작부터 이방 여인을 품은 마음과 주의 백성을 하나님의 지혜로 통치하려는 마음이 교차됩니다. 솔로몬이 구한 지혜(잠 3:18)는 예수 그리스도를 예표하고, 그가 이방 여인을 품은 마음은 옛 사람의 속성을 나타냅니다(롬 7:21-23).

솔로몬이 쓴 잠언은 지혜가 음녀에게서, 말로 호리는 이방 계집에게서 구원한다고 말합니다(잠 2:16). 이는 예수 그리스도로 의인화된 지혜가 요한계시록에서 말하는 음녀에게서 구원한다는 것입니다(계 17:1, 5). 번제로 드려진 어린 양 예수 그리스도는 만왕의 왕으로서 악한 대적자들과의 싸움에서 이기실 분이시기 때문입니다(계 17:14).

음녀는 땅의 왕들을 다스리는 큰 성 바벨론을 상징하는 악한 세력의 비밀입니다(계 17:5, 18). 음녀의 길은 스올의 길, 음부의 길, 사망의 길입니다(잠 7:25-27, 계 20:14, 21:8). 그래서 음녀와 같은 이방 여인은 호리는 말로 우상을 숭배하게 만듭니다.

이 사망의 길에 빠지지 않는 방법은 지혜가 부르는 소리를 듣고, 그를 찾고, 만나는 것입니다(잠 1:20, 28, 8:1, 35-36).

성전 건축(왕상 5-11장)

솔로몬은 다윗의 왕위를 이어받고 일천 번제를 통해 받은 지혜로 백성을 잘 통치하고, 아버지 다윗이 품고 꿈에 그리던 성전을 건축해 큰 업적을 이룹니다. 반면에 이방 여인을 하나님보다 더 사랑해 우상을 섬긴 죄로 이스라엘을 둘로 분열시키는 큰 과오를 범하게 됩니다. 솔로몬이 성전을 건축한 것은 하나님의 은혜인 반면에, 왕국을 분열시킨 것은 옛 사람의 욕망입

오늘의 말씀

성경, 하나님의 구원 역사(구속사)
… 모세의 율법과 선지자의 글과 시편에 나를 가리켜 기록된 모든 것이 이루어져야 하리라 … 그리스도가 고난을 받고 제 삼 일에 죽은 자 가운데서 살아날 것과 또 그의 이름으로 죄 사함을 받게 하는 회개가 예루살렘에서 시작하여 모든 족속에게 전파될 것 … (눅 24:44-47).

성경, 예수 그리스도를 증언
너희가 성경에서 영생을 얻는 줄 생각하고 성경을 연구하거니와 이 성경이 곧 내게 대하여 증언하는 것이니라(요 5:39).

솔로몬, 멀어져 간 하나님 사랑
여호와께서 … 이스라엘 자손에게 말씀하시기를 너희는 그들과 서로 통혼하지 말며 그들도 너희와 서로 통혼하게 하지 말라 그들이 반드시 너희의 마음을 돌려 그들의 신들을 따르게 하리라 하셨으나 솔로몬이 그들을 사랑하였더라(왕상 11:2).

니다.

하나님은 솔로몬이 성전 건축을 시작할 때와 완성했을 때 하나님의 계명 준수 유무에 따른 복과 징계를 경고하셨습니다(왕상 6:12, 9:6-7). 그러나 솔로몬은 그 경고를 무시할 만큼 옛 사람의 욕심이 컸습니다. 그 결과 그는 지혜이신 예수 그리스도를 구해 한때 부귀영화를 누렸지만, 세상 부귀영화의 유혹과 우상 숭배에 빠져 지혜이신 예수 그리스도를 놓쳐 분열된 왕국을 맛보게 됩니다(왕상 11:4, 9).

예수 그리스도를 모시고 사는 우리도 세상의 유혹에 마음을 빼앗길 수 있습니다. 그러므로 우리는 오직 예수 그리스도만 구하는 참성전으로 건축되어야 합니다.

하나님은 다윗이 죄를 범했을 때 징계는 하시되 폐위하지는 않으셨습니다. 마찬가지로 솔로몬이 지은 죄로 인해 나라를 분열시키시되 다윗의 왕위를 계속 이어 가도록 '한 지파'를 남겨 두십니다. 이는 다윗과 세우신 메시아 언약을 지키시고, 예수 그리스도가 오실 유다 지파를 보전하신 것입니다(왕상 11:12-13, 36).

만왕의 왕, 어린 양 그리스도, 영원한 이김

그들이 어린 양과 더불어 싸우려니와 어린 양은 만주의 주시요 만왕의 왕이시므로 그들을 이기실 터이요 또 그와 함께 있는 자들 곧 부르심을 받고 택하심을 받은 진실한 자들도 이기리로다(계 17:14).

하나님을 얻는 자, 생명의 길

대저 나를 얻는 자는 생명을 얻고 여호와께 은총을 얻을 것임이니라 그러나 나를 잃는 자는 자기의 영혼을 해하는 자라 나를 미워하는 자는 사망을 사랑하느니라(잠 8:35-36).

하나님의 끊음과 던져 버림

… 나를 따르지 아니하며 … 나의 계명과 법도를 지키지 아니하고 가서 다른 신을 섬겨 그것을 경배하면 … 내가 그들에게 준 땅에서 끊어 버릴 것이요 내 이름을 위하여 내가 거룩하게 구별한 이 성전이라도 내 앞에서 던져 버리리니 … (왕상 9:6-7).

오늘의 미션

두 마음이 품어질 때는 어떻게 해야 하는가?

[미션 수행]

믿음의 주요 온전하게 하시는 예수님만 바라보겠습니다!

Day Point

솔로몬의 범죄 이후 이스라엘이 둘로 분열되면서 통일 왕국 시대는 막을 내리고 분열 왕국 시대가 시작됩니다. 여로보암으로 시작되어 앗수르에게 멸망한 북 왕국(주전 930–722년)과 르호보암으로 시작해 바벨론에 멸망한 남 왕국(주전 930–586년)은 근본적으로 서로 다른 모습을 하고 있습니다.

첫째, 북 왕국의 여로보암은 에브라임 지파 출신이고, 남 왕국의 르호보암은 다윗의 정통성을 이어받은 유다 지파 출신입니다. 둘째, 남 유다에는 예루살렘 성전이 있는 반면에 북 이스라엘에는 건축된 성전이 없고, 벧엘과 단에 금송아지 우상이 있습니다(왕상 12:27–29, 출 32:4).

이런 상황에서 분열 왕국 시대의 핵심 쟁점은 금송아지 우상을 섬기는 '여로보암의 길'(왕상 15:34)로 갈 것인지, 하나님의 법도를 따르는 '다윗의 길'(왕상 3:14)로 갈 것인지 선택의 문제였습니다(왕상 12–16장). 그런데 왕들과 백성은 하나님을 떠나 금송아지를 섬기는 '여로보암의 길'로 갑니다. 그들의 마음을 돌이키시려는 하나님의 열심이 엘리야 선지자를 통해 나타납니다(왕상 17–22장).

두 길(왕상 12–16장) : 여로보암의 길과 다윗의 길

" … 생명과 사망과 복과 저주를 네 앞에 두었은즉 너와 네 자손이 살기 위하여 생명을 택하고"(신 30:19).

사람들이 살기 위해 생명의 길을 택하지 못하는 이유는 무엇일까요? "어떤 길은 사람이 보기에 바르나 필경은 사망의 길이니라"(잠 14:12)고 잠언은 말합니다. 그런데 살려고 선택한 길이 '여로보암의 길'이라는 사실에 더더욱 어처구니가 없습니다. 예수님은 "내가 곧 길이요 진리요 생명이니"

(요 14:6)라고 말씀하십니다. 그러므로 살기 위해서는 예수님에게 가야 하며, 그분이 가신 길로 가야 합니다.

하나님이 제시하시고 요구하시는 '다윗의 길'은 바로 하나님의 길입니다. 그런데 북 이스라엘의 왕들은 잘 먹고 잘 사는 길로 여기고 '여로보암의 길'로 가기에 바빴습니다(왕상 15:34, 16:2, 19, 26, 31).

남 유다의 왕들 중에 '다윗의 길'로 행한 왕이 있었지만, 대부분은 여호와가 보시기에 악을 행했습니다. 이것은 전적으로 타락한 옛 사람의 모습입니다. 인간에게는 자력 구원이 없음을 보여 줍니다.

사람이 추구하는 길과 하나님의 길은 하늘과 땅처럼 크기와 높이가 다릅니다(사 55:8-9). 하나님의 길을 모르고 자기가 생각한 길로 가면 그 길은 분명 사망의 길입니다(렘 5:4, 6:16, 19). 생명으로 인도하는 좁은 문, 좁은 길은 십자가의 길입니다(마 7:13-14). 아무도 가려고 하지 않는 그 좁은 길을 믿음으로 순종하며 갈 수 있다면 은혜입니다.

▲ 왕국의 분열

두 마음(왕상 17-22장) : 바알을 품은 마음과 하나님을 품은 마음

하나님은 분열 왕국이 시작되기 전에 솔로몬과 여로보암에게 살기 위해서는 '다윗의 길'을 택하라고 말씀하셨습니다(왕상 3:14, 11:38). 그런데 나라가 둘로 분열된 후 북 이스라엘과 남 유다는 시간이 지날수록 '여로보암의 길'로 가고 있었습니다. 그 길은 하나님을 떠나 바알을 숭배하는 것으로, 북 이스라엘의 아합 왕이 가장 주도적인 역할을 합니다(왕상 16:31).

이로 인해 하나님은 누가 진짜 하나님인지, 어떤 길이 진짜 살길인지 엘리야 선지자를 통해 진검승부를 계획하시고 하늘의 물길을 막아 버리십니다(왕상 17:1, 눅 4:25, 약 5:17). 물길이 막혀 가뭄이 지속되자 살길을 찾던 아합 왕은 엘리야 선지자를 만나 바알과 아세라 선지자 850명과 엘리야 선지자 한 명, 즉 850 대 1의 갈멜 산 대결에 합의합니다(왕상 18:18-19). 이스라엘 백성은 여태껏 두 마음을 품고 바알과 여호와 사이에서 머뭇머뭇하고 있었습니다(왕상 18:21).

 **분열 왕국 시대의 왕들**

북 이스라엘	남 유다
• 선한 왕 : 0명	• 선한 왕 : 8명
• 악한 왕 : 19명	아사, 여호사밧, 요아스, 아마샤,
여로보암 1세, 나답, 바아사, 엘라,	웃시야(아사랴), 요담, 히스기야,
시므리, 오므리, 아합, 아하시야,	요시야
요람(여호람), 예후, 여호아하스, 요	• 악한 왕 : 12명
아스, 여로보암 2세, 스가랴, 살룸,	르호보암, 아비얌(아비야), 여호람
므나헴, 브가히야, 베가, 호세아	(요람), 아하시야, 아달랴, 아하스,
	므낫세, 아몬, 여호아하스, 여호
	야김, 여호야긴, 시드기야

그들의 잘못된 마음을 돌려놓으시기 위해 하나님이 엘리야를 통해 하신 일은 훗날 예수 그리스도의 사역을 통해 완성됩니다. 바알을 섬기는 거짓 선지자와 같은 사탄과 그의 추종자를 멸하시고, 자기 힘으로 잘 살아 보려고 바알 같은 세상에 빼앗긴 마음을 찾아오시는 것입니다(왕상 18:36-37, 히 2:14-15). 예수 그리스도는 하나님이 이스라엘 조상들과 맺으신 언약대로 갈멜 산에서 하나님에게 드려진 번제물의 실체이십니다.

하나님은 엘리야 선지자의 제단에 불을 내려 응답하심으로 여호와가 하나님이신 것과 그분의 사랑을 확증하십니다(왕상 18:38, 롬 5:8). 우리가 하나님의 사랑으로 불타오른다면 우리 마음이 하나님을 향해 (수 24:23) 예수 그리스도를 품고, 그분을 깊이 생각하고, 우리 눈이 그분에게 고정될 것입니다(빌 2:5, 히 3:1, 12:2). 그리고 "여호와 그는 하나님이시로다"(왕상 18:39)라는 고백이 터져 나올 것입니다(요 20:28).

평강의 길을 가지 않다!

여호와께서 이와 같이 말씀하시되 너희는 길에 서서 보며 옛적 길 곧 선한 길이 어디인지 알아보고 그리로 가라 너희 심령이 평강을 얻으리라 하나 그들의 대답이 우리는 그리로 가지 않겠노라 하였으며(렘 6:16).

좁은 문으로 들어가라

좁은 문으로 들어가라 멸망으로 인도하는 문은 크고 그 길이 넓어 그리로 들어가는 자가 많고 생명으로 인도하는 문은 좁고 길이 협착하여 찾는 자가 적음이라(마 7:13-14).

살아 계신 하나님, 죽은 바알

길르앗에 우거하는 자 중에 디셉 사람 엘리야가 아합에게 말하되 내가 섬기는 이스라엘의 하나님 여호와께서 살아 계심을 두고 맹세하노니 내 말이 없으면 수년 동안 비도 이슬도 있지 아니하리라 하니라(왕상 17:1).

갈멜 산의 불, 여호와 그는 하나님!

이에 여호와의 불이 내려서 번제물과 나무와 돌과 흙을 태우고 또 도랑의 물을 핥은지라 모든 백성이 보고 엎드려 말하되 여호와 그는 하나님이시로다 여호와 그는 하나님이시로다 하니(왕상 18:38-39).

오늘의 미션

어떤 상황과 환경 속에서 머뭇거리고 있다면?

[미션 수행]

"여호와 그는 하나님이시로다! 아멘!" 선포하겠습니다.

북 왕국의 엘리야와 엘리사

통일 왕국 시대 ▶ 분열 왕국 시대 ▶ 포로 시대

Day Point

엘리야(여호와는 하나님이시다)는 북 왕국에서 사역한 선지자로, 이스라엘의 역사 속에서 가장 대표적인 선지자입니다. 그는 바알을 섬기는 백성의 마음을 하나님에게로 돌이키게 하는 사역을 했습니다(왕상 18:37, 말 4:6). 그의 사역은 죄에 대해 단호하게 외치며 마음을 돌이키도록 회개를 촉구하는 세례 요한의 사역과도 같습니다(눅 1:17).

말라기는 "보라 여호와의 크고 두려운 날이 이르기 전에 내가 선지자 엘리야를 너희에게 보내리니"(말 4:5)라고 예언합니다. 예수님은 요한을 가리켜 "오리라 한 엘리야가 곧 이 사람이니라"(마 11:14) 하고 말씀하십니다.

요한이 길을 예비한 뒤에 예수 그리스도가 오신 것처럼 하나님은 엘리사를 엘리야의 후계자로 세우십니다(왕상 19:16). 그러므로 엘리사는 '여호와는 구원이시다'라는 자기 이름에 걸맞게 백성을 긍휼히 여기고, 여호와는 구원이심을 나타내며, 예수 그리스도를 예표하는 사역을 합니다. 이는 "그가 자기 백성을 그들의 죄에서 구원할 자"(마 1:21)라는 예수 그리스도의 사역을 확증하는 것입니다.

엘리야(왕하 1장–2:11)

분열 왕국 시대의 엘리야는 예수님이 제자들과 기도하러 오르신 산에 모세와 함께 나타난 적이 있습니다. 그때 예수님, 모세, 엘리야 세 사람이 나눈 대화는 "장차 예수께서 예루살렘에서 별세하실 것"이라는 내용입니다(눅 9:28-31).

예수 그리스도는 아담에게 언약하신 여자의 후손이시며(창 3:15, 사 7:14, 마 1:23) 아브라함에게 언약하신 자손이십니다(창 15:3-4, 갈 3:16). 그분은 다윗에게 언약하신 왕위를 가지고 이 세상에 오셔서(삼하 7:13, 사 9:6-7, 마 1:1) 자기 백성을 죄에서 구원하기 위해 예루살렘에서 죽으시고, 부활하시고, 승천하신 복음이십니다.

예수 그리스도를 믿음으로 의롭 다 함을 얻게 하기 위해 모세의 율 법은 우리를 예수 그리스도에게로 인도하는 사역을 했습니다(갈 3:24). 구약의 선지자들은 하나님의 비밀 인 예수 그리스도의 복음을 선포하 는 사역을 했습니다(히 1:1, 계 10:7). 예수 그리스도는 "율법과 선지자들 에게 증거를 받은 것"(롬 3:21)입니다.

구약의 대표적인 선지자 엘리야 는 갈멜 산 대결에서 여호와가 이스라엘의 하나님이심을 드러냈는데(왕상 18:36), 이는 그리스도 예수의 주 되심을 전파한 바울 사도의 사역(고후 4:5) 과 동일합니다.

그런데 열왕기하에서 아합의 뒤를 이어 왕이 된 아하시야는 여전히 '여 로보암의 길'로 행합니다. 이스라엘에 하나님이 안 계신 것처럼 아하시야 는 자신의 질병에 대해 하나님에게 묻지 않고 블레셋 지역 에그론의 신 바 알세붑에게 묻습니다(왕하 1:16).

이처럼 하나님을 인식하지 못하는 인간의 죄악은 끝이 없습니다. 그러 므로 모세와 선지자들이 전한 복음을 듣고 믿는 것은 전적인 하나님의 은 혜이며(눅 16:29-31), 믿지 않는 것은 망하는 자들에게 복음이 가려졌기 때 문입니다(고후 4:3).

예수 그리스도가 이 땅에서의 사역을 마치고 하늘로 올라가신 예표로, 엘리야 선지자는 사역을 마치고 회오리바람에 이끌려 하늘로 올라갑니다 (왕하 2:11, 행 1:9). 복음 안에 있는 우리도 주님이 다시 오실 때 하늘로 올라 가게 될 것입니다(살전 4:16-17, 계 11:12).

엘리사(왕하 2:12-8:15)

엘리사 선지자는 엘리야에게 역사한 성령의 능력을 갑절이나 가지고 하나 님의 구원 사역을 전개합니다. 엘리사의 사역의 핵심은 소금을 가지고 죽 음의 물을 생명의 물로 바꾼 것입니다.

"엘리사가 물 근원으로 나아가서 소금을 그 가운데에 던지며 이르되 여호와의 말씀이 내가 이 물을 고쳤으니 이로부터 다시는 죽음이나 열매 맺지 못함이 없을지니라 하셨느니라 하니 그 물이 … 고쳐져서"(왕하 2:21-22).

하나님은 변하지 않는 신실한 '소금 언약'을 통해 이스라엘 나라를 영원히 다윗과 그의 자손에게 주십니다(대하 13:5). 또한 소금 언약을 통해 영원한 구원의 불변성과 구원은 언약을 통해서 얻는 것임을 알게 하십니다. 그러므로 변하지 않는 소금 언약은 예수 그리스도를 통해 죽음에서 생명으로 옮기게 하는 복음입니다(요 5:24).

복음에는 구원과 심판의 양면성이 있습니다. 그래서 구원의 소금 사건과 함께 하나님의 말씀을 대언하는 엘리사를 조롱한 자들이 저주를 받아 암곰에게 죽게 되는 사건이 뒤이어 나옵니다.

또한 엘리사 선지자에게 임한 하나님의 생명력 있는 말씀으로 인해 믿음으로 사는 기적을 보여 줍니다. 엘리사는 과부가 된 선지자의 제자의 가난한 아내에게 빌려 온 모든 그릇에 전 재산인 한 그릇의 기름을 부어서 채우라고 말합니다. 이때 과부는 믿음으로 순종해서 빈 그릇에 기름이 채워지는 기적을 봅니다. 그리고 가서 기름을 팔아 빚을 갚고 남은 것으로 가족이 생활하게 됩니다. 이렇게 구원의 복음은 믿음에서 나오는 순종으로 살게 합니다(롬 1:5, 17).

엘리사는 그 외에도 죽은 자를 살리고, 밀가루로 솥에 있는 사망의 독을 해독하고(왕하 4:40), 보리떡 20개로 100명 이상을 먹게 하고, 못 고칠 질병을 치료하는 기적들을 행함으로 예수 그리스도의 사역을 예표로 보여 줍니다(마 9:35).

그러므로 엘리사 선지자의 사역은 기복주의 신앙으로 바알을 섬기는 북이스라엘 같은 세상의 현실에서 영원하고 신실한 소금 언약으로 우리에게 역사하실 그리스도에게 소망을 두게 합니다.

엘의 하나님 여호와여 주께서 이스라엘 중에서 하나님이신 것과 내가 주의 종인 것과 내가 주의 말씀대로 이 모든 일을 행하는 것을 오늘 알게 하옵소서 (왕상 18:36).

소금 언약
이스라엘 하나님 여호와께서 소금 언약으로 이스라엘 나라를 영원히 다윗과 그의 자손에게 주신 것을 너희가 알 것 아니냐(대하 13:5).

가르치심, 전도하심, 고치심
예수께서 모든 도시와 마을에 두루 다니사 그들의 회당에서 가르치시며 천국 복음을 전파하시며 모든 병과 모든 약한 것을 고치시니라(마 9:35).

오늘의 미션
기적이 상식이 되어 용서해야 할 사람 용서하기.

[미션 수행]
내 죄를 사하신 예수님의 보혈을 의지해서 나 또한 용서하지 못했던 사람을 용서하기 원합니다.

남 왕국의 보존과 북 왕국의 멸망

왕하 8:16 - 왕하 17:41

Day Point

북 왕국에서는 엘리사가 그리스도를 예표하는 사역을 활발하게 전개합니다. 그동안 남 왕국에서는 여호사밧의 아들 여호람이 왕이 되어 이스라엘 왕들의 악한 길로 가서 아합의 집과 같이 행했습니다. 여호람은 북 왕국의 악한 아합 왕과 이세벨의 딸 아달랴와 결혼했기 때문입니다. 예전에 솔로몬이 그의 왕비들로 인해 이방 신을 섬기게 된 것처럼 뼛속까지 바알을 섬긴 어머니 이세벨에게서 태어난 아달랴가 자기 남편인 여호람을 바알의 추종자로 만든 것입니다.

하나님은 예후를 북 이스라엘의 왕으로 세우셔서 바알을 추종하는 아합의 집과 그에 속한 자를 멸하고, 바알을 섬기는 자들까지 모두 멸하게 하십니다(왕상 19:17, 왕하 9:6-7, 10:10, 19). 이렇게 예후가 바알을 멸했지만 북 왕국은 여전히 '여로보암의 길'로 행해 멸망에 이르게 됩니다(왕하 10:28-29, 17:21-23). 그러나 남 왕국은 아달랴가 '왕의 자손'을 멸절하려고 할 때 하나님이 다윗과 맺으신 언약을 지키시기 위해 '다윗의 씨'를 보호해 주십니다(왕하 8:19, 11:1-2). 이로써 남 왕국은 북 왕국과 동일한 죄를 지었지만 멸망하지 않고 다윗의 왕위를 이어 가게 됩니다.

남 왕국의 보존(왕하 8:16-12장)

사탄의 세력은 예수 그리스도가 오시는 줄기를 끊기 위해 시돈 사람의 왕 엣바알의 딸 이세벨을 북 이스라엘의 왕인 아합의 아내로 침투시켜 북 왕국이 바알을 섬기도록 합니다(왕상 16:31). 그리고 아합 왕과 이세벨의 딸인 아달랴를 남 유다에 시집보내 왕의 자손인 다윗 왕의 씨를 진멸하려고 합니다(왕하 8:16, 18, 11:1).

성경의 역사는 하나님의 구원 역사를 이스라엘이라는 나라를 중심으로 기록한 것입니다. 그러므로 이세벨은 이스라엘의 분열 왕국 시대에 단순하게 등장한 인물이 아닙니다. 성경은 "자칭 선지자라 하는 여자 이세벨을 네가 용납함이니 그가 내 종들을 가르쳐 꾀어 행음하게 하고 우상의 제물을 먹게 하는도다"(계 2:20)라고 경계합니다.

그러므로 바알 숭배자 이세벨이 예후에 의해 죽게 되었으나(왕하 9:36), 그녀의 딸 아달랴는 불법으로 비밀리에 활동(살후 2:7)을 시작한 "사탄의 깊은 것"(계 2:24)과 같은 존재입니다. 아달랴는 이세벨의 배 속에서 나온 '뱀의 후손'으로, '여자의 후손'의 씨를 멸절하려고 손자들을 죽이고 왕위를 찬탈하면서 사탄의 본색을 드러냅니다(왕하 11:1).

그리고 아달랴는 왕의 씨를 모두 멸절시켰다고 생각하고 6년 동안 어둠의 권세자가 되어 왕 노릇 합니다(계 17:12).

그러나 하나님은 다윗에게 언약하신 대로 구원 계획을 성취하시기 위해

다윗 왕의 씨를 보전하십니다(왕하 11:2-3). 예수 그리스도는 '다윗의 씨'로 오시기 때문입니다(요 7:42). 아달랴의 왕의 자손 멸절 정책하에서 6년간 성전에 숨어 있었던 요아스는 왕의 씨로 보전됩니다.

성도들이 어둠의 권세를 가진 사탄의 세력에게 순교를 당하지만 때가 이르매 하나님이 성도들에게 나라를 얻게 하십니다.

이와 같이 한동안 권세를 받아 나라를 다스리던 아달랴는 제거되고(단

오늘의 말씀

북 이스라엘, 여로보암의 길로!
예후가 이와 같이 이스라엘 중에서 바알을 멸하였으나 이스라엘에게 범죄하게 한 느밧의 아들 여로보암의 죄 곧 벧엘과 단에 있는 금송아지를 섬기는 죄에서는 떠나지 아니하였더라(왕하 10:28-29).

여호람, 아합의 딸과 결혼!
… 유다의 왕 여호사밧의 아들 여호람이 왕이 되니라 … 그가 이스라엘 왕들의 길을 가서 아합의 집과 같이 하였으니 이는 아합의 딸이 그의 아내가 되었음이라 그가 여호와 보시기에 악을 행하였으나(왕하 8:16, 18).

다윗 왕조의 숨은 '씨', 요아스
아하시야의 어머니 아달랴가 … 왕의 자손을 모두 멸절하였으나 요람 왕의 딸 아하시야의 누이 여호세바가 아하시야의 아들 요아스를 … 빼내어 … 죽임을 당하지 아니하게 한지라 요아스가 그와 함께 여호와의 성전에 육 년을 숨어 있는 동안에 아달랴가 나라를 다스렸더라(왕하 11:1-3).

그리스도, 베들레헴에서 나시다
성경에 이르기를 그리스도는 다윗의 씨로 또 다윗이 살던 마을 베들레헴에서 나오리라 하지 아니하였느냐 하며(요 7:42).

7:21-22, 계 13:7, 17:12-14), 성전에 숨어 있던 요아스는 마침내 나라를 얻게 되어 왕권을 이어 갑니다.

"오직 여호와는 그 성전에 계시니 온 땅은 그 앞에서 잠잠할지니라"(합 2:20).

지금은 "공중의 권세 잡은 자"(엡 2:2)로 인해 어두운 말세의 시기입니다. 그러나 구원하시고 심판하시는 하나님이 '묵시의 정한 때'가 있으므로 그 때까지 의인은 믿음으로 순종하며 살아야 합니다(합 2:3-4, 롬 1:17, 히 10:37-38).

북 왕국의 멸망(왕하 13-17장) : 호세아와 아모스 그리고 요나 선지자

엘리사가 하나님이 주신 구원 사명을 마치고 죽게 되면서 북 왕국 이스라엘은 멸망의 징조를 보이기 시작합니다(왕하 13:14). 그 징조는 먼저 내부에서부터 부패하기 시작한 것입니다.

엘리사 선지자가 죽고 난 후 세워진 왕은 여로보암 2세입니다. 이때는 국력이 가장 부강한 전성기로서 정치적, 경제적으로 화려한 번영을 누렸습니다(왕하 14:25). 그러나 백성은 종교적으로 하나님에게 제사를 드리면서도 금송아지 우상을 숭배했습니다. 사회적으로는 부정과 부패, 살인과 간음 등이 만연했습니다. 특히 약자들을 괴롭히는 부자들의 사치와 향락이 극에 달하고 있었습니다.

이때 등장한 아모스 선지자는 이스라엘의 영적인 타락에 대해 심판을 경고합니다. 호세아 선지자는 하나님의 불붙는 사랑으로 그들이 행한 영적 음란에서 회개할 것을 촉구합니다. 특히 당시 요나 선지자는 앗수르의 큰 성읍 니느웨에 가서 복음을 외치게 됩니다.

엘리사 이후에 등장한 아모스와 호세아 선지자는 정의와 사랑을 외쳤지만, 회개하지 않은 북 왕국은 멸망합니다. 그러나 요나 선지자에게 복음을 들은 이방 나라 앗수르의 니느웨 백성은 회개해 구원을 받게 됩니다(욘 3:10).

그러므로 십자가에 죽으시고 3일 만에 부활하신, 요나의 표적(마 12:39-41)으로 오시는 예수 그리스도를 믿지 않고 세상 향락에 취해 교만하고 불순종해서 회개하지 않으면 북 왕국처럼 망하게 됩니다.

여로보암, 북 이스라엘 번영의 전성기
이스라엘의 하나님 여호와께서 그의 종 가드헤벨 아밋대의 아들 선지자 요나를 통하여 하신 말씀과 같이 여로보암이 이스라엘 영토를 회복하되 하맛 어귀에서부터 아라바 바다까지 하였으니(왕하 14:25).

앗수르 니느웨의 회개와 구원
하나님이 그들이 행한 것 곧 그 악한 길에서 돌이켜 떠난 것을 보시고 하나님이 뜻을 돌이키사 그들에게 내리리라고 말씀하신 재앙을 내리지 아니하시니라(욘 3:10).

오늘의 미션
나를 구원하신 하나님에게 감사하기.
[미션 수행]
하늘 아버지가 나의 아버지 되심에 감사합니다.

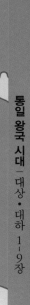

Time Line

통일 왕국 시대 ― 대상 · 대하 1 ― 9 장

주전 1010년
다윗의 즉위

주전 1003년
예루살렘 천도
법궤의 예루살렘 안치

주전 991년
다윗의 간음죄

주전 979년
압살롬의 반란

주전 970년
솔로몬의 즉위

주전 966년
성전 기공

주전 959년
성전 완공

주전 728년
히스기야의 종교 개혁

주전 722년
이스라엘이 앗수르에 멸망함

분열 왕국 시대 ― 대하 10 ― 36 장

주전 622년
요시야의 종교 개혁

주전 586년
유다가 바벨론에 멸망함

주전 538년
고레스의 1차 귀환 조서

Week

6

열왕기하 18장 ~ 역대하 36장

아람

앗수르

지중해

암몬

바벨론

예루살렘•

모압

에돔

홍해

역대상

구원 역사의 족보(1-10장) : 다윗 왕조의 계보와 유다 지파의 계보
구원 언약의 다윗(11-29장) : 언약과 성전

Key Point

구원 역사의 줄기 예수 그리스도

이스라엘 왕정 시대의 역사는 열왕기에서 멸망으로 끝났지만, 하나님의 구원 역사는 끝나지 않고 계속됩니다. 그래서 역대기(歷代記)는 이스라엘 역사를 통한 하나님의 구원 역사가 어떻게 면면히 흘러가는지 족보를 통해 조명합니다(대상 1-10장).

열왕기하 마지막에서도 구원 역사의 줄기가 끊어지지 않고 이어져 가는 것을 보여 줍니다. 바벨론에 멸망해 포로로 잡혀간 유다 왕 여호야긴이 죄수의 의복을 벗고 왕의 식탁에서 양식을 먹음으로 왕의 권위가 회복된 내용으로 끝을 맺습니다 (왕하 25:27-30). 이는 여호야긴의 석방을 통해 유다가 포로에서 해방되리라는 회복을 암시합니다.

또한 신약성경이 마태복음의 족보로 시작함으로써 역대기와 연결된 구원 역사의 줄기가 예수 그리스도임을 밝히고 있습니다(마 1:1-17).

구원 역사의 줄기는 이스라엘의 왕정 역사 속에서 다윗의 언약으로 이어져 내려옵니다(대상 11-21장). 그리고 구원의 완성은 예수 그리스도의 모형인 성전을 통해 나타납니다(대상 22-29장). 그래서 역대기로 다시 쓴 하나님의 구원 역사는 에스라서로 연결되어 여호야긴 왕의 손자 스룹바벨이 바벨론 포로에서 돌아와 무너진 성전을 재건하게 됩니다.

구원 역사의 족보(대상 1-10장) : 다윗 왕조의 계보와 유다 지파의 계보

열왕기의 왕정 시대는 출발부터 멸망이 예견되었습니다. 하나님은 이스라엘 백성이 왕을 요구할 때 분노하심으로 왕을 주셨고, 그들이 '여로보암의 길'로 가는 불순종에 진노하심으로 왕을 폐하셨습니다(호 13:11).

결국 폐위시킬 왕과 멸망시킬 왕국을 주신 이유는 무엇일까요? 이는 하나님이 세우실 왕과 왕국(메시아 왕국)을 대조적으로 보여 주시기 위함입니다. 하나님 없이도 잘살 수 있을 것이라 생각해 하나님을 대적하는 세상의 왕과 왕국은 멸망합니다. 이를 통해 인간 스스로의 힘과 노력으로는 구원을 이룰 수 없다는 사실을 깨닫게 하시려는 것입니다. 그리고 하나님이 세우시려는 메시아 왕국의 예수 그리스도를 통해 인류를 구원하시려는 것입니다.

바벨론 포로 회복의 징조
유다의 왕 여호야긴이 사로잡혀 간 지 삼십칠 년 곧 바벨론의 왕 에윌므로닥이 즉위한 원년 십이 월 그달 이십칠 일에 유다의 왕 여호야긴을 옥에서 내놓아 그 머리를 들게 하고 … 그 죄수의 의복을 벗게 하고 그의 일평생에 항상 왕의 앞에서 양식을 먹게 하였고(왕하 25:27, 29).

왕정의 불순종
내가 분노하므로 네게 왕을 주고 진노하므로 폐하였노라(호 13:11).

역대기는 회복된 포로 후기 공동체의 정체성 확립을 위해 남 유다의 역사를 다시 쓴 것입니다. 열왕기의 왕정 시대가 끝나고 바벨론 포로 귀환 후 다시 쓰는 역대기의 목적은 다음과 같습니다. 첫째, 에스라서, 느헤미야서 그리고 에스더서까지 연결해 하나님의 구원 역사가 끝나지 않았다는 것과 둘째, 하나님의 메시아 왕국은 눈에 보이지 않게 우리 마음에 임한다는 사실을 알리려는 것입니다(눅 17:20-21).

역대기 저자는 족보를 통해 포로 후기 공동체가 하나님의 언약 안에서 이스라엘의 다윗 왕조를 잇는 역사적 정통성 위에 서 있음을 주지시킵니다. 역대상에서는 아담으로부터 시작한 다윗 왕조의 계보(대상 1-3장)와 유다 지파로 시작한 열두 지파의 계보가 바벨론에서 돌아온 포로 귀환자들의 계보에까지 연결됩니다(대상 4-10장).

그 계보에는 창세기에서 아담에게 언약하신 '여자의 후손'(창 3:15, 사 7:14, 마 1:23)이 어떻게 아브라함에게 언약하신 '자손'(창 15:3, 갈 3:16)으로서 다윗에게 언약하신 '왕위'(삼하 7:13, 눅 1:32-33)를 가지고 오시는지, 그 줄기가 기록되어 있습니다. 예수 그리스도는 아브라함과 다윗의 자손으로 오신 구원의 줄기이십니다(마 1:1).

구원 언약의 다윗(대상 11-29장) : 언약과 성전

신약성경은 마태복음 1장의 족보를 통해 '여자의 후손'으로 오시는 예수 그리스도를 아브라함과 다윗의 자손으로 연결시키며 시작합니다(마 1:1). 구약성경의 큰 획을 긋는 하나님의 언약은 '아브라함의 언약'과 '다윗의 언약'입니다. 그래서 아브라함에게 언약하신 약속의 '씨'가 이새의 줄기에서 나오는 한 '싹'으로 예수 그리스도에게 연결됩니다(사 11:1, 렘 23:5, 행 3:25, 13:23).

예수 그리스도를 예표하는 다윗은 왕권을 갖자 블레셋에게 빼앗긴 하나님의 궤를 찾아옵니다. 그리고 하나님이 아브라함에게 약속하신 "그의 언약 곧 천대에 명령하신 말씀을 영원히 기억할지어다"(대상 16:15)라고 말합니다.

하나님은 아브라함에게 하신 구원의 언약을 기억하고 귀하게 여기는 다윗에게 좀 더 선명한 구원의 언약을 주십니다(대상 17:10). 그 언약은 성전 터가 될 곳에서 다윗이 번제를 드리자 인구조사 죄로 인해 발생한 전염병(온역) 재앙이 그침으로써 확증됩니다(대상 11-21장). 그리스도의 모형인 성

하나님 나라, 우리 안에!
바리새인들이 하나님의 나라가 어느 때에 임하나이까 묻거늘 예수께서 대답하여 이르시되 하나님의 나라는 볼 수 있게 임하는 것이 아니요 또 여기 있다 저기 있다고도 못하리니 하나님의 나라는 너희 안에 있느니라(눅 17:20-21).

예수, 처녀 탄생 예언
그러므로 주께서 친히 징조를 너희에게 주실 것이라 보라 처녀가 잉태하여 아들을 낳을 것이요 그의 이름을 임마누엘이라 하리라(사 7:14).

예수, 이새의 줄기에서!
이새의 줄기에서 한 싹이 나며 그 뿌리에서 한 가지가 나서 결실할 것이요(사 11:1).

한 왕조, 다윗!
전에 내가 사사에게 명령하여 내 백성 이스라엘을 다스리던 때와 같지 아니하게 하고 … 여호와가 너를 위하여 한 왕조를 세울지라(대상 17:10).

전 터에서 예수 그리스도가 번제로 드려지시는 십자가 희생으로 구원이 발생하기 때문입니다.

이스라엘 백성을 애굽에서 구원하신 하나님은 그 백성과 언약을 체결하시고 언약의 증표로 성막을 건립하게 하셨습니다. 이와 같이 하나님은 다윗과 언약을 맺으시고 그 증표로 성전을 건축하도록 만반의 준비를 시키십니다(대상 22-29장).

역대하

역사적 성전(1-10장) : 솔로몬 성전과 북쪽 지파
역사적 유다(11-36장) : 유다의 개혁과 새로운 성전

 **Key Point**

유다 지파의 줄기 예수 그리스도

여자의 후손으로 오시는 예수 그리스도가 유다 지파의 줄기에서 오실 것을 창세기에서부터 예언합니다. 창세기에는 유다의 아들들이 아버지의 대를 이어 '씨'를 보전하는 하나님의 언약을 성취하지 않고 불순종하고 있을 때 창녀로 변장한 며느리 다말이 시아버지 유다에게서 베레스를 낳음으로 하나님의 언약을 이어 가는 사건이 나옵니다(창 38장).

그리고 야곱은 그의 유언에서 유다 지파의 줄기에서 예수 그리스도가 오실 것을 예언합니다(창 49:10). 이 예언은 광야 시대인 민수기에서 다시 한 번 더 반복해서 확증됩니다(민 24:17). 인류를 구원하실 예수 그리스도가 이스라엘의 유다 지파에서 오시는 것은 하나님이 사람이 되어 이 땅에 오시는 구원 역사의 줄기입니다. 이는 다말이 씨를 보전하기 위해 창녀로 변신한 것보다 더 낮아지신 것입니다(빌 2:6-7).

"말씀이 육신이 되어 우리 가운데 거하시매 우리가 그의 영광을 보니 아버지의 독생자의 영광이요 은혜와 진리가 충만하더라"(요 1:14).

그래서 솔로몬이 건축한 성전에 "여호와의 영광"(대하 7:1)이 충만하게 표현된 것입니다(대하 1-10장).

그러나 개혁에도 불구하고 유다의 열왕들이 인간의 본질적인 불순종의 죄를 해결할 수는 없었기에 솔로몬 성전은 무너졌습니다. 이에 포로 귀환자들은 성전을 새롭게 재건함으로써 유다 지파의 줄기에서 오시는 예수 그리스도의 충만한 영광의 구원을 소망했습니다(대하 11-36장).

역사적 성전(대하 1–10장) : 솔로몬 성전과 북쪽 지파

포로 귀환자들에게 솔로몬 성전(예루살렘 성전)은 역사적인 성전입니다. 이스라엘 백성이 바벨론에 포로로 잡혀갈 때 무너진 솔로몬 성전은 그들이 70년 만에 바벨론 포로에서 예루살렘으로 돌아왔을 때도 여전히 무너진 채 방치되어 있었습니다.

역대기는 열왕기와는 다른 관점에서 기술되고 있습니다.

첫째, 역대기는 솔로몬 성전을 통한 하나님의 임재와 영광을 나타내기 위해서 인간적인 솔로몬보다는 예수 그리스도의 모형이 되는 '성전'에 초점을 맞춥니다. 성전은 하나님과 그분의 백성이 만나는 장소입니다. 하나님을 만나기 위해서는 죄 사함의 은혜가 필요합니다. 성전은 예수 그리스도에 대한 모형입니다. 그러므로 예수 그리스도가 모든 사람을 위해 자기를 대속물로 주신 은혜로 구원을 받게 됩니다(딤전 2:6).

둘째, 열왕기에서는 왕들의 죄와 허물을 적나라하게 드러내지만, 역대기는 덮어 줍니다(엡 2:1). 역대상에서는 도덕적인 정욕으로 밧세바를 범한 다윗의 허물을 덮어 줍니다. 역대하에서는 종교적인 탐심으로 우상을 숭배한 솔로몬의 허물을 덮어 줍니다(대하 1–9장). 이는 성전의 궁극적인 목적인 육신의 연약함으로 죄를 지어 율법 아래의 사망 상태에서 유일하게 살길이신 예수 그리스도에게 초점을 맞추고 있기 때문입니다(요 14:6).

셋째, 역대기는 구원 역사에 초점을 맞추기 때문에 반란을 일으키고 '여로보암의 길'로 가면서 금송아지 우상을 섬긴 북 이스라엘 왕국에 대해서는 일체 언급하지 않고 남 유다 왕국의 역사만을 기록합니다(대하 10장).

역사적 유다(대하 11–36장) : 유다의 개혁과 새로운 성전

포로 귀환자들에게 남 왕국 유다의 화려한 시대는 역사적 유다였습니다. 그들이 바벨론에 포로로 잡혀가면서 유다 지파의 다윗 왕조는 무너졌고, 70년 만에 예루살렘으로 돌아왔을 때도 여전히 패망한 나라였기 때문입니다. 그러나 역대기는 유다 열왕들의 개혁을 통해 하나님이 말씀으로 통치하시는 나라였음을 보여 주기 위해 왕들의 실수와 허물은 기록하지 않고 있습니다.

열왕기에서는 남 유다가 멸망해 바벨론에 포로로 잡혀간 이유가 므낫세

예수, 유다 지파 줄기
규가 유다를 떠나지 아니하며 통치자의 지팡이가 그 발 사이에서 떠나지 아니하기를 실로가 오시기까지 이르리니 그에게 모든 백성이 복종하리로다 (창 49:10).

예수, 야곱의 구원 줄기
… 한 별이 야곱에게서 나오며 한 규가 이스라엘에게서 일어나서 모압을 이쪽에서 저쪽까지 쳐서 무찌르고 또 셋의 자식들을 다 멸하리로다(민 24:17).

성전 안 여호와의 영광
솔로몬이 기도를 마치매 불이 하늘에서부터 내려와서 그 번제물과 제물들을 사르고 여호와의 영광이 그 성전에 가득하니(대하 7:1).

대속자, 예수 그리스도!
그가 모든 사람을 위하여 자기를 대속물로 주셨으니 기약이 이르러 주신 증거니라(딤전 2:6).

그는 허물과 죄로 죽었던 너희를 살리셨도다(엡 2:1).

므낫세의 모든 죄, 멸망으로!
여호야김 시대에 바벨론의 왕 느부갓네살이 올라오매 … 이 일이 유다에 임함은 곧 여호와의 말씀대로 그들을 자기 앞에서 물리치고자 하심이니 이는 므낫세의 지은 모든 죄 때문이며(왕하 24:1, 3).

왕 때문이라고 말합니다(왕하 24:1, 3). 예레미야 선지자는 "유다 왕 히스기야의 아들 므낫세가 예루살렘에 행한 것으로 말미암아 내가 그들을 세계 여러 민족 가운데에 흩으리라"(렘 15:4)고 전합니다. 그러나 역대기에서는 하나님이 보시기에 므낫세처럼 악한 왕이라도 회개할 기회를 주시어 회복하게 하십니다(대하 33:11-13). 그러므로 역사 속에서 하나님이 유다의 개혁을 얼마나 바라시는지를 알려 줍니다.

또한 열왕들의 불완전한 개혁의 교훈은 새롭게 성전을 재건해 성전의 실체가 되시는 예수 그리스도가 우리의 마음속까지 완전히 개혁해 주시기를 소망하게 합니다.

므낫세의 회개
그가 환난을 당하여 그의 하나님 여호와께 간구하고 그의 조상들의 하나님 앞에 크게 겸손하여 기도하였으므로 하나님이 그의 기도를 받으시며 그의 간구를 들으시사 그가 예루살렘에 돌아와서 다시 왕위에 앉게 하시매 므낫세가 그제서야 여호와께서 하나님이신 줄을 알았더라(대하 33:12-13).

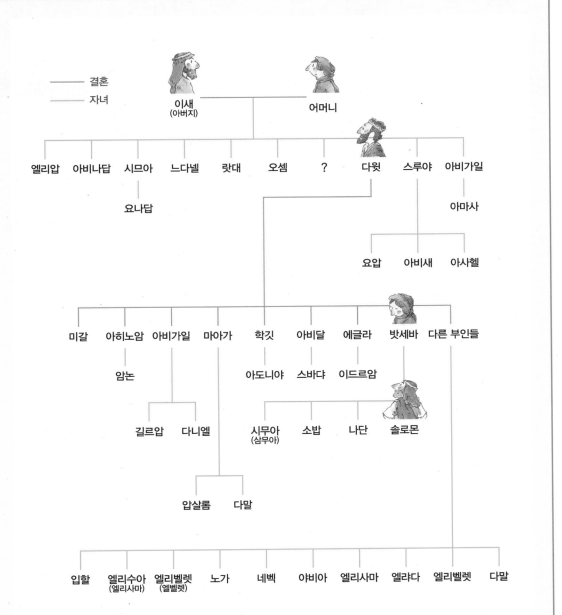

역대기는 다윗 왕가에 대한 기록을 통해 하나님이 다윗 왕에게 약속하신 대로 후손과 나라의 번영에 대한 언약을(삼하 7:4-17) 신실히 지키셨음을 보여 주고자 한 책이다. 그렇기 때문에 다윗의 조상인 유다의 계보를 자세히 기록한 것이다. 하나님은 유다 후손을 통해 다윗을 주셨고, 다윗에게 약속하신 후손을 통해 우리를 구원하신 예수님을 주셨다(마 1장).

남 유다의 잔존 왕국

왕하 18:1 - 왕하 25:30

| 통일 왕국 시대 | 분열 왕국 시대 | 포로 시대 |

Day Point

솔로몬 이후 북 이스라엘 왕국이 주전 722년 앗수르에 멸망하면서 남 유다 왕국만 남은 잔존 왕국 시대를 맞이합니다.

북 이스라엘 왕국이 멸망할 때 남 유다 왕국의 왕은 13대 히스기야 왕이었습니다. 히스기야 왕은 조상 다윗의 모든 행위와 같이 여호와가 보시기에 정직하게 행해서 여러 산당들을 제거하고, 주상을 깨뜨리며, 아세라 목상을 찍고, 이스라엘 자손이 이때까지 향하여 분향했던 모세가 만든 놋 뱀을 부수고 '느후스단'(놋 조각)이라고 불렀습니다. 히스기야는 '다윗의 길'로 행한 왕으로, 그의 전후 유다 여러 왕 중에 그러한 자가 없었습니다(왕하 18:3-6).

히스기야 왕은 선지자들의 말을 귀히 여겨 미가 선지자가 외친 경고의 메시지를 듣고 회개했으며(렘 26:18-19), 앗수르가 침공한 위기 상황에서 하나님에게 기도하고, 이사야 선지자를 통해 받은 응답으로 위기를 넘겼습니다(왕하 19:34).

위기를 모면한 남 유다 왕국은 히스기야가 죽고(왕하 18-21장), 그 뒤를 이어 므낫세와 아몬이 순서대로 왕권을 가지고 악을 행합니다(렘 15:4). 16대 왕 요시야의 종교 개혁에도 불구하고 하나님은 남 유다를 바벨론에게 멸망시키시고 포로로 잡혀가게 하십니다(왕하 22-25장).

히스기야 왕(왕하 18-21장) : 이사야, 미가 선지자

북 이스라엘 왕국이 멸망하고 히스기야가 남 유다 왕국을 통치하는 동안 사역한 선지자는 이사야와 미가입니다(사 1:1, 미 1:1). 미가 선지자는 남 유다가 범죄로 인해 바벨론에 포로로 사로잡히지만 구원할 자가 유다 베들레헴에서 나올 것이라는 소망을 줍니다(미 4:10, 5:2).

"주와 같은 신이 어디 있으리이까 주께서는 죄악과 그 기업에 남은 자의 허물을 사유하시며 인애를 기뻐하시므로 진노를 오래 품지 아니하시나이다"(미 7:18).

하나님은 그 구원과 소망이 예수 그리스도를 통해 성취될 것을 이사야 선지자를 사용하셔서 실제 사건으로 보여 주십니다(사 7:14, 8:5-8). 남 유다는 범죄한 나라의 허물 진 백성으로, 행악의 종자인 옛 사람의 전형적인 모습을 보여 줍니다(사 1:4). 하나님은 이런 나라의 백성에게 앗수르가 침략해 멸망 당할 상황이지만 다윗과 맺으신 언약을 기억하시고 구원을 약속하십니다(왕하 19:34, 20:6).

북 이스라엘 왕국을 멸망시킨 앗수르의 군사력에 비하면 남 유다 왕국은 턱없이 부족한 군사력으로, 싸움에서 앗수르를 이길 수 없는 상황이었습니다. 이때 앗수르는 유다의 항복을 받기 위해 열왕의 신들처럼 유다의 하나님이 너희를 구원하지 못할 것이라고 하나님을 조롱합니다.

> " … 네가 믿는 네 하나님이 예루살렘을 앗수르 왕의 손에 넘기지 아니하겠다 하는 말에 속지 말라 앗수르의 여러 왕이 여러 나라에 행한 바 진멸한 일을 네가 들었나니 네가 어찌 구원을 얻겠느냐"(왕하 19:10-11).

이런 상황에 히스기야 왕은 앗수르에 항복해야 할지, 애굽에게 도움을 요청해야 할지, 아니면 하나님만 의뢰할 것인지를 결정해야 했습니다. 우

오늘의 말씀

히스기야, 탁월한 순종
히스기야가 이스라엘 하나님 여호와를 의지하였는데 그의 전후 유다 여러 왕 중에 그러한 자가 없었으니 곧 그가 여호와께 연합하여 그에게서 떠나지 아니하고 여호와께서 모세에게 명령하신 계명을 지켰더라 (왕하 18:5-6).

예수, 베들레헴 탄생 예고
베들레헴 에브라다야 너는 유다 족속 중에 작을지라도 이스라엘을 다스릴 자가 네게서 내게로 나올 것이라 그의 근본은 상고에, 영원에 있느니라 (미 5:2).

옛 사람의 전형, 남 유다
슬프다 범죄한 나라요 허물 진 백성이요 행악의 종자요 행위가 부패한 자식이로다 그들이 여호와를 버리며 이스라엘의 거룩하신 이를 만홀히 여겨 멀리하고 물러갔도다(사 1:4).

리도 이런 진퇴양난의 상황이 닥칠 때 히스기야처럼 하나님만 의뢰하며 기도해야 할 것입니다(왕하 19:16-19).

앗수르에 멸망당한 이방 나라의 신들은 우상이기 때문에 도울 힘이 없습니다. 그러나 살아 계신 하나님은 자기 백성을 구원하시어 홀로 하나님이심을 나타내십니다. 그 증거로 여호와의 사자가 밤에 앗수르 군사 18만 5천 명을 쳐 하루아침에 송장이 되게 함으로 위기에서 구원하십니다(왕하 19:35).

요시야 왕(왕하 22-25장) : 예레미야, 나훔, 하박국, 스바냐 선지자

히스기야가 죽자 므낫세와 아몬이 순서대로 왕이 되어 히스기야의 종교 개혁을 뒤로 돌려놓는 악을 저지릅니다. 그러나 하나님은 약 300년 전에 준비하신 요시야를 유다의 16대 왕으로 세우시고 종교 개혁을 시작하십니다(왕상 13:1-2, 왕하 23:15-16).

이때 주로 사역한 선지자들은 예레미야, 나훔, 하박국, 스바냐입니다(렘 1:2, 습 1:1). 대표적인 선지자 예레미야는 요시야 왕의 종교 개혁에도 불구하고 유다 백성이 하나님을 떠났다고 말합니다(렘 3:6-10). 요시야는 모세의 율법을 온전히 지킨 왕으로, 요시야 전에도 후에도 그와 같은 자가 없었습니다(왕하 23:25).

그런데 하나님은 요시야 왕이 애굽의 왕 바로 느고에게 죽임을 당하게 하십니다. 이는 하나님이 말씀을 어긴 남 유다를 멸하기로 작정하셨으나 요시야로 하여금 그 모든 재앙을 눈으로 보는 고통을 당하지 않게 하시려는 것입니다(왕하 22:20). 그러나 유다의 마지막 왕 시드기야는 남 유다의 멸망과 자기 아들들이 죽는 모습을 눈앞에서 보고, 결국에는 두 눈이 뽑히게 됩니다(왕하 25:7).

요시야 왕처럼 하나님의 말씀을 읽고 순종하는 자는 하늘의 축복을 보게 될 것이지만, 시드기야 왕처럼 하나님을 믿지 않고 불순종하면 재앙의 저주를 보게 될 것입니다.

히스기야의 구원 기도

여호와여 귀를 기울여 들으소서 여호와여 눈을 떠서 보시옵소서 산헤립이 살아 계신 하나님을 비방하러 보낸 말을 들으시옵소서 … 우리 하나님 여호와여 원하건대 이제 우리를 그의 손에서 구원하옵소서 그리하시면 천하 만국이 주 여호와가 홀로 하나님이신 줄 알리이다(왕하 19:16, 19).

반역한 자매, 남 유다!

… 그의 반역한 자매 유다가 두려워하지 아니하고 자기도 가서 행음함을 내가 보았노라 … 이 모든 일이 있어도 그의 반역한 자매 유다가 진심으로 내게 돌아오지 아니하고 거짓으로 할 뿐이니라 여호와의 말씀이니라(렘 3:8, 10).

전무후무한 개혁 왕, 요시야

요시야와 같이 마음을 다하며 뜻을 다하며 힘을 다하여 모세의 모든 율법을 따라 여호와께로 돌이킨 왕은 요시야 전에도 없었고 후에도 그와 같은 자가 없었더라(왕하 23:25).

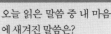

오늘의 미션

오늘 읽은 말씀 중 내 마음에 새겨진 말씀은?

[미션 수행]

모세의 모든 율법을 따라 여호와께로 돌이킨 왕은 요시야 전에도 없었고 후에도 그와 같은 자가 없었더라(왕하 23:25).

구원 역사의 족보

대상 1:1 - 대상 10:14

| 사사 시대 | 통일 왕국 시대 | 분열 왕국 시대 |

Day Point

역대상은 인간 창조의 근원이 되는 구원 역사의 줄기가 창세기의 아담부터 다윗까지 어떻게 연결되는지를 족보로 설명합니다(대상 1-3장). 또한 역대상에 등장한 족보를 통해 포로 귀환자들은 아브라함(창 15:3, 갈 3:16)과 다윗(삼하 7:12-13, 눅 1:32-33)에게 예수 그리스도를 언약하신 하나님에게 선택 받은 백성으로서의 정체성을 갖게 됩니다(대상 4-10장).

열왕기는 선지자적인 관점에서, 이스라엘의 역사를 죄로 인해 멸망할 수밖에 없는 모습으로 그립니다. 역대기는 제사장적인 관점에서, 멸망할 수밖에 없는 인간의 죄와 허물을 용서하고 덮어 주는 모습을 그려 냅니다.

역대기는 바벨론에 포로로 잡혀간 유다 백성에게 소망을 주기 위해 기록된 것으로, 다윗 왕에게 초점을 맞추고 있습니다. 다윗은 예수 그리스도의 예표가 되므로 다시 쓰는 역사 역대기는 예수 그리스도에게 초점을 맞추고, 그분에게 참된 소망이 있음을 알게 합니다(사 9:7, 11:10, 32:1-2, 렘 23:5-6, 겔 34:23-24).

다윗 왕조의 계보(대상 1-3장)

하나님의 감동으로 된 성경은 창세기를 출발해 요한계시록에 도착할 때까지 구원의 물줄기가 도도하게 흐릅니다. 그 내용을 시간 순서대로 정리하면 하나님의 구원 역사(구속사)가 됩니다.

> " … 성경은 능히 너로 하여금 그리스도 예수 안에 있는 믿음으로 말미암아 구원에 이르는 지혜가 있게 하느니라"(딤후 3:15).

성경 66권 중에서 역대상의 족보는 어느 책보다도 구원의 물줄기를 강하고 빠르게 예수 그리스도에게 인도하기 위해 다윗을 겨냥하고 있습니다. 또한 역대상의 족보는 창세기 창조 시대의 아담에게 언약하신 '여자의 후손'이 어떤 계보를 통해서 오는지 구원 역사의 줄기를 선명하게 보여 줍니다.

아담, 셋, 노아, 셈으로부터 시작해 족장 시대에 등장하는 아브라함과 이삭을 거쳐 야곱의 아들 유다가 다말에게서 얻게 된 아들 베레스가 등장합니다. 베레스의 계보(룻 4:18-22)에 나오는 정복 시대의 살몬이 라합에게서 보아스를 낳습

니다. 사사 시대의 보아스는 룻에게서 오벳을 낳고, 오벳은 이새를 낳고, 이새는 통일 왕국 시대의 다윗 왕을 낳습니다(마 1:5-6).

다윗 왕에게 초점을 맞춘 계보는 창세기 38장에서 유다를 통해 운을 떼고, 창세기 49장 10절은 유다 지파에서 예수 그리스도가 왕으로 오실 것을 예언합니다.

그때부터 약 천 년 동안 꽁꽁 숨어 있던 메시아 언약이 사사 시대의 룻기를 통해서 예수 그리스도를 예표하는 다윗 왕의 모습으로 드러납니다(대상 1-2장). 메시아 왕국을 예표하는 다윗 왕국의 왕조는 솔로몬 이후 분열되고, 분열 왕국 시대의 남 유다는 바벨론에 멸망당합니다.

그러나 하나님의 구원 역사는 열왕기하 마지막 장에 예시되었듯이 바벨론에 포로로 잡혀간 포로 시대의 여호야긴 왕이 회복됨으로 면면히 이어집니다. 그리고 포로 귀환 시대에 여호야긴의 손자 스룹바벨이 70년간의 포로 기간을 마치고 예루살렘으로 돌아와 예수 그리스도의 모형인 성전을 재건(스룹바벨 성전)합니다(대상 3:19, 스 2:1-2).

유다 지파의 계보(대상 4-10장)

구원 역사를 가늠하는 족보의 흐름은 아담으로 시작해 셋에서 노아로 이어지고, 노아의 아들 셈에서 아브라함으로 이어져 이삭과 야곱 그리고 유다로 곧바로 넘어가 다윗에게로 연결됩니다.

역대기는 바벨론에게 멸망해 포로로 사는 이스라엘 백성을 민족의 정체

오늘의 말씀

영원한 다윗 언약
네 수한이 차서 네 조상들과 함께 누울 때에 내가 네 몸에서 날 네 씨를 네 뒤에 세워 그의 나라를 견고하게 하리라 그는 내 이름을 위하여 집을 건축할 것이요 나는 그의 나라 왕위를 영원히 견고하게 하리라(삼하 7:12-13).

메시아 왕국의 영원성
그가 큰 자가 되고 지극히 높으신 이의 아들이라 일컬어질 것이요 주 하나님께서 그 조상 다윗의 왕위를 그에게 주시리니 영원히 야곱의 집을 왕으로 다스리실 것이며 그 나라가 무궁하리라(눅 1:32-33).

공의와 소망의 왕, 예수
보라 장차 한 왕이 공의로 통치할 것이요 방백들이 정의로 다스릴 것이며 또 그 사람은 광풍을 피하는 곳, 폭우를 가리는 곳 같을 것이며 마른 땅에 냇물 같을 것이며 곤비한 땅에 큰 바위 그늘 같으리니(사 32:1-2).

성을 지닌 선민 이스라엘로 다시 세우기 위해 족보를 통해 다윗 왕국의 정통성을 세웁니다. 그리고 포로 귀환자들에게 각 지파의 족보를 통해 자기 가문의 뿌리를 찾게 합니다(대상 4-8장). 역대상 9장에서는 이스라엘 백성의 정체성을 찾게 됩니다.

예루살렘으로 돌아온 포로 귀환자들과 함께 기록된 사울의 계보는 다윗 왕에게 구원 역사의 초점을 맞추기 위한 징검다리 역할을 합니다. 그래서 역대상 10장은 사울의 죽음과 다윗의 세우심을 다음과 같이 기록합니다.

"사울이 죽은 것은 여호와께 범죄하였기 때문이라 그가 여호와의 말씀을 지키지 아니하고 또 신접한 자에게 가르치기를 청하고 여호와께 묻지 아니하였으므로 여호와께서 그를 죽이시고 그 나라를 이새의 아들 다윗에게 넘겨주셨더라"(대상 10:13-14).

구원 역사의 물줄기는 사울의 베냐민 지파가 아닌 다윗의 유다 지파에게로 흐릅니다(창 49:10).

이렇게 유다 지파의 계보가 중요한 것처럼 우리에게도 영적 계보가 중요합니다. 예수 그리스도에게 뿌리를 두고 있는 영적 아버지가 필요합니다(고전 4:15). 바울 사도는 디모데와 디도 그리고 오네시모의 영적 아버지였습니다 (딤전 1:2, 딛 1:4, 몬 1:10). 우리에게도 복음으로 낳은 영적 자녀가 있습니까?

다윗의 의로운 가지, 예수
여호와의 말씀이니라 보라 때가 이르리니 내가 다윗에게 한 의로운 가지를 일으킬 것이라 그가 왕이 되어 지혜롭게 다스리며 세상에서 정의와 공의를 행할 것이며(렘 23:5).

예수의 모형, 한 목자 다윗
내가 한 목자를 그들 위에 세워 먹이게 하리니 그는 내 종 다윗이라 그가 그들을 먹이고 그들의 목자가 될지라 나 여호와는 그들의 하나님이 되고 내 종 다윗은 그들 중에 왕이 되리라 나 여호와의 말이니라(겔 34:23-24).

영적 아비
그리스도 안에서 일만 스승이 있으되 아버지는 많지 아니하니 그리스도 예수 안에서 내가 복음으로써 너희를 낳았음이라(고전 4:15).

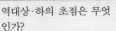

오늘의 미션

역대상·하의 초점은 무엇인가?

[미션 수행]
역대기는 바벨론에 포로로 잡혀간 유다 백성에게 소망을 주기 위해 기록된 것으로, 다윗 왕에게 초점을 맞추고 있다. 다윗은 예수 그리스도의 예표가 되므로 역대기는 궁극적으로 예수 그리스도에게 초점을 맞추고, 그분에게 참된 소망이 있음을 알게 한다.

구원 언약의 다윗

대상 11:1 - 대상 29:30

Day Point

하나님의 구원 역사는 족보를 통해 포로 귀환 시대부터 약 500년 전 이스라엘 왕국 시대의 다윗에게 초점을 맞춥니다. 이는 포로 시대를 사는 백성에게 하나님이 통치하시는 왕국 시대(메시아 왕국)가 도래함을 보여 주려는 것입니다.

　하나님은 아브라함에게 언약하신 말씀에 근거해 애굽의 노예로 살고 있던 이스라엘 백성을 해방시켜 가나안 땅으로 인도하셨습니다. 그 땅에서 메시아가 탄생하실 것을 미가 선지자가 예언합니다(미 5:2). 이사야 선지자는 "이새의 줄기에서 한 싹이 나며 그 뿌리에서 한 가지가 나서 결실할 것이요"(사 11:1)라고 예언합니다.

　이 예언이 약 700년 후에 성취되어 예수 그리스도가 베들레헴에서 다윗의 씨로 탄생하시게 됩니다(마 1:1, 2:1, 6, 행 13:23). 이처럼 하나님이 하신 언약은 반드시 성취됩니다. 그러므로 다시 쓰는 역사 역대기는 아브라함 언약(대상 16:16-17)과 다윗 언약(대상 17:12-13)에 초점을 맞춥니다(대상 11-21장). 그리고 성전 건축은 그 언약의 확증이 됩니다(대상 22-29장). 그러므로 역대기를 통해 언약의 뿌리를 찾은 포로 귀환자들이 성전을 재건하게 되는 것입니다.

언약(대상 11-21장)

이스라엘 역사상 참으로 위대한 다윗은 하나님에게 평가를 받은 인물입니다.

　　"그의 하나님 여호와께서 다윗을 위하여 예루살렘에서 그에게 등불을 주시되 그의 아들을 세워 뒤를 잇게 하사 예루살렘을 견고하게 하셨으니 이는 다윗이 헷 사람 우리아의 일 외에는 평생에 여호와 보시기에 정직하게 행하고 자기에게 명령하신 모든 일을 어기지 아니하였음이라"(왕상 15:4-5).

　역대기는 다윗이 우리아의 아내인 밧세바와 불륜을 저지른 사건과 아들 압살롬의 반역 사건들은 생략하고 여호와가 보시기에 정직하게 행한 내용을 중심으로 기록합니다. 이는 인간적인 다윗보다는 예수 그리스도를 예표하는 다윗에게 초점을 맞추기 때문입니다. 그래서 하나님의 언약궤와 성전 건축이 중심된 내용입니다.

이는 포로 귀환자들에게 하나님의 언약과 성전이 이스라엘의 정체성이라는 것과 성전 재건을 통한 이스라엘의 회복을 상징적으로 보여 주려는 것입니다. 그러나 궁극적으로는 언약의 원형이자 성전의 실체이신 예수 그리스도가 성취하실 것을 암시합니다.

예수의 베들레헴 탄생, 예언 성취
헤롯 왕 때에 예수께서 유대 베들레헴에서 나시매 동방으로부터 박사들이 예루살렘에 이르러 말하되(마 2:1).

언약궤, 다윗 언약의 핵심
금 향로와 사면을 금으로 싼 언약궤가 있고 그 안에 만나를 담은 금 항아리와 아론의 싹 난 지팡이와 언약의 돌판들이 있고(히 9:4).

다윗 언약의 핵심은 언약궤에 비밀처럼 숨겨져 있습니다. '궤'(櫃)는 물건을 넣도록 나무로 네모나게 만든 상자입니다. 그곳에 하나님의 언약이 담겨 있어 '언약궤'라고 말합니다(출 25:10-22). 언약궤 안에는 만나를 담은 금 항아리와 아론의 싹 난 지팡이와 언약의 돌판들이 들어 있습니다(히 9:4).

두 돌판은 율법을 지킬 수 없는 인간의 죄악과 복음의 은혜로만 구원 얻음을 상징합니다. 아론의 싹 난 지팡이(민 17:10)는 패역한 자의 표징이며, 마른 나무 같은 옛 사람에서 새사람으로 중생하는 상징입니다. 만나는 인간의 근본적인 욕구로 하나님에게 반항하는 옛 사람의 상징이며, 생명의 떡(하늘의 만나)이신 예수 그리스도를 먹어야 살 수 있는 영생의 상징입니다(마 4:4, 요 6:48, 54).

그러므로 돌판에 새겨진 계명은 마음 판에 새겨진 예수 그리스도를 상

생명의 떡, 예수!
예수께서 대답하여 이르시되 기록되었으되 사람이 떡으로만 살 것이 아니요 하나님의 입으로부터 나오는 모든 말씀으로 살 것이라 하였느니라 하시니(마 4:4).

내가 곧 생명의 떡이니라(요 6:48).

징합니다. 하늘의 만나는 생명의 양식인 예수 그리스도의 말씀을, 아론의 싹 난 지팡이는 예수 그리스도의 부활을 상징적으로 보여 줍니다.

언약궤는 하나님이 법을 기초해서 언약을 세우셨다는 의미이며, 그 위에 가로 125센티미터, 세로 75센티미터의 속죄소(시은좌)가 있습니다. 거기에는 속죄일(레 16:15)에 속죄소 위에 피를 뿌림으로 율법의 요구(롬 8:4)가 이루어지게 하는 복음의 비밀인 새 언약이 숨겨져 있습니다. 그래서 하나님의 궤(상자)는 '복음 상자'와 같습니다. 그 안에서 "하나님의 의"(롬 1:17)가 되시는 예수 그리스도가 나타나셔서 십자가에서 흘리신 피 뿌림으로 우리가 구원 받게 된 것입니다(마 26:28, 눅 22:20).

성전(대상 22-29장)

다윗에게 주신 메시아 구원 언약의 확증은 성전입니다. 그래서 하나님은 다윗에게 모리아 산 오르난(아라우나)의 타작마당 성전 터에서 번제와 화목제를 드리게 하시고 불로 응답하십니다(대상 21:26). 그리고 성전을 건축할 사람은 다윗이 아닌 솔로몬이라고 말씀하십니다(대상 22:9-10, 사 9:6-7).

눈에 보이는 성전은 솔로몬이 건축하게 됩니다. 그러나 실상은 예수 그리스도가 영원한 왕위(눅 1:32-33)에 오르실 것과 하나님이 거하실 보이지 않는 참성전의 건축자이심을 예표합니다(대상 17:25, 사 11:1, 53:2, 슥 3:8, 4:6, 6:12-13).

오늘의 미션
히브리서 9장 4절에 나오는 언약궤 안에 담겨 있는 세 가지는?

[미션 수행]
언약궤에는 만나를 담은 금 항아리와 아론의 싹 난 지팡이 그리고 언약의 돌 판들이 들어 있습니다.

성전 건축을 위한 다윗의 준비

다윗은 하나님의 전을 건축하고 싶은 소원이 간절했으나 하나님이 허락하지 않으셨다(대상 22:7-8). 아들을 통해 성전을 건축하게 하겠다는 말씀을 듣고(대상 22:9-10) 그는 성전 건축을 위해 다음과 같은 준비에 최선을 다했다(대상 22:14-16).

- 성전을 건축할 돌(대상 22:2)
- 못으로 사용할 철과 놋(대상 22:3)
- 시돈과 두로에서 백향목을 가져옴(대상 22:4)
- 금 10만 달란트, 은 100만 달란트(대상 22:14)
- 석수, 목수, 온갖 일에 익숙한 사람(대상 22:15)
- 성전 봉사를 할 제사장, 레위인을 모으고 직무를 배정(대상 23:2-26장)
- 성전의 설계도(대상 28:11-19)
- 성전을 꾸밀 각종 보석(대상 29:2)

역사적 성전

대하 1:1 - 대하 10:19

| 사사 시대 | 통일 왕국 시대 | 분열 왕국 시대 |

 Day Point

역대하에 기록된 솔로몬 성전(대하 1~9장)은 열왕기상에서 솔로몬의 40년 통치(왕상 1~11장) 기간 중 7년간 세운 성전과 같은 것입니다. 그런데 성전을 건축하고 솔로몬의 통치 기간이 끝나자마자 이스라엘은 남과 북으로 분열되어 분열 왕국 시대를 맞이하게 됩니다. 이때부터 두 왕국은 서로 다른 길을 가다가 먼저 북 이스라엘 왕국이 주전 722년 앗수르에게 멸망당합니다. 그리고 약 135년간 잔존 왕국으로 남아 있던 남 유다 왕국이 주전 586년 바벨론에게 멸망당하면서 솔로몬 성전이 파괴됩니다.

그때 바벨론 포로가 되어 70년 만에 예루살렘으로 돌아온 포로 귀환자들에게 솔로몬 성전은 어떤 의미가 있었을까요? 역대하는 이 의미를 조명하기 위해 솔로몬의 통치 내용보다 역사적 성전에 더 큰 비중을 둡니다(대하 1~9장). 다윗이 마음에 품었던 성전은 이제 역사적 성전이 되어 버렸습니다. 포로 귀환자들도 다윗과 같은 마음을 품고 성전을 재건합니다.

역대기에서 솔로몬 성전을 새롭게 다시 쓰는 의미는 성전의 의미가 건물이 아니라 성전의 실체이신 예수 그리스도가 임마누엘로 역사하시는 것임을 알게 하려는 것입니다. 그런데 성전에 대한 하나님의 마음을 모르는 북쪽 지파는 반란을 일으키고 구원 역사의 줄기에서 떨어져 나갔습니다(대하 10장).

솔로몬 성전(대하 1~9장)

포로 귀환자들에게 이미 '역사적 성전'이 되어 버린 솔로몬 성전의 의미는 성전의 실체이신 예수 그리스도가 친히 모퉁잇돌이 되심으로 말미암아 지금도 우리가 성령 안에서 '실체적 성전'으로 지어져 간다는 것입니다.

" … 그리스도 예수께서 친히 모퉁잇돌이 되셨느니라 그의 안에서 건물마다 서로 연결하여 주 안에서 성전이 되어 가고 너희도 성령 안에서 하나님이 거하실 처소가 되기 위하여 그리스도 예수 안에서 함께 지어져 가느니라"(엡 2:20-22).

역사적 성전은 실체적 성전을 건축하시는 예수 그리스도에게 초점을 맞춥니다. 그러기에 역대하에서는 솔로몬 성전의 위치를 선명하게 기록합니다.

"솔로몬이 예루살렘 모리아 산에 여호와의 전 건축하기를 시작하니 … "(대하 3:1).

그곳은 전에 여호와가 솔로몬의 아버지 다윗에게 나타나신 곳이며, 다윗이 여부스 사람 오르난(삼하 24:18)의 타작마당을 성전 터로 정한 곳입니다. 그리고 이 장소는 천 년 전에 아브라함이 독자 이삭을 번제로 바친 곳입니다(창 22:2).

하나님이 아담에게 가죽옷(창 3:21)을 지어 입히신 것으로 시작된 구원 역사는 이삭 번제 사건을 통해 독생자 예수 그리스도를 번제로 희생시킬 구원 계획을 점진적으로 드러내기 시작합니다. 하나님이 친히 준비하신 모리아 산의 어린 양은 출애굽기에서 유월절 어린 양이 되었습니다. 그리고 그 어린 양의 죽음으로 구원 받은 백성의 모습은 하나님과 연합하게 되는 성막(성전)으로 표현되었습니다(고전 3:16, 고후 6:16).

이렇게 예수 그리스도의 모형으로 지어진 솔로몬 성전이 역사 속에서 무너진 것은 구원 역사의 점진적인 모습을 보여 주기 위한 것입니다. 솔로몬이 성전을 건축했고, 하나님이 말씀하신 대로 성전이 무너졌습니다. 말씀이 성취된 것입니다(대하 7:19-20).

"만일 너희나 너희의 자손이 아주 돌아서서 나를 따르지 아니하며 내가 너희 앞에 둔 나의 계명과 법도를 지키지 아니하고 가서 다른 신을 섬겨 그것을 경배하면 내가 이스라엘을 내가 그들에게 준 땅에서 끊어 버릴 것이요 내 이름을 위하여 내가 거룩하게 구별한 이 성전이라도 내 앞에서 던져 버리리니 … "(왕상 9:6-7).

오늘의 말씀

하나님의 가죽옷
여호와 하나님이 아담과 그의 아내를 위하여 가죽옷을 지어 입히시니라(창 3:21).

나, 하나님의 성전
너희는 너희가 하나님의 성전인 것과 하나님의 성령이 너희 안에 계시는 것을 알지 못하느냐(고전 3:16).

역사적 성전 파괴
그러나 너희가 만일 돌아서서 내가 너희 앞에 둔 내 율례와 명령을 버리고 가서 다른 신들을 섬겨 그들을 경배하면 내가 너희에게 준 땅에서 그 뿌리를 뽑아내고 내 이름을 위하여 거룩하게 한 이 성전을 내 앞에서 버려 모든 민족 중에 속담거리와 이야깃거리가 되게 하리니(대하 7:19-20).

이는 참성전 되신 예수 그리스도가 인간의 죄로 인해 육신이 무너져 죽으실 것을 예표로 보여 주신 사건으로, 실제로 그곳 성전 터에서 어린 양 예수 그리스도가 죽으심으로 확증되었습니다(요 2:19, 21, 계 21:22).

솔로몬 당시에는 그의 지혜에 대한 소문을 들고 스바 여왕이 찾아왔습니다. 하지만 솔로몬보다 더 크신 예수 그리스도가 하나님의 지혜로 이 땅에 오셨는데도 교만한 자들은 찾아오지 않았습니다(마 12:42).

북쪽 지파(대하 10장)

성전을 건축한 솔로몬이 죽은 이후 나라는 남과 북으로 분열됩니다. 통일 왕국 시대의 핵심 내용은 예수 그리스도를 예표하는 다윗 왕국과 성전입니다. 그러므로 분열 왕국의 상징적인 모습은 성전이 있는 남 유다 왕국과 성전이 없는 북 이스라엘 왕국의 대조적인 부분으로, 구원 역사의 줄기에서 벗어난 '여로보암의 길'이 있음을 명시하는 것입니다.

실체적 참성전, 예수 그리스도
예수께서 대답하여 이르시되 너희가 이 성전을 헐라 내가 사흘 동안에 일으키리라 … 그러나 예수는 성전 된 자기 육체를 가리켜 말씀하신 것이라 (요 2:19, 21).

낮추고, 그 얼굴을 찾으라!
내 이름으로 일컫는 내 백성이 그들의 악한 길에서 떠나 스스로 낮추고 기도하여 내 얼굴을 찾으면 내가 하늘에서 듣고 그들의 죄를 사하고 그들의 땅을 고칠지라(대하 7:14).

예수를 향한 무관심의 죄
심판 때에 남방 여왕이 일어나 이 세대 사람을 정죄하리니 이는 그가 솔로몬의 지혜로운 말을 들으려고 땅끝에서 왔음이거니와 솔로몬보다 더 큰 이가 여기 있느니라(마 12:42).

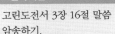

오늘의 미션
고린도전서 3장 16절 말씀 암송하기.

[미션 수행]
너희는 너희가 하나님의 성전인 것과 하나님의 성령이 너희 안에 계시는 것을 알지 못하느냐(고전 3:16).

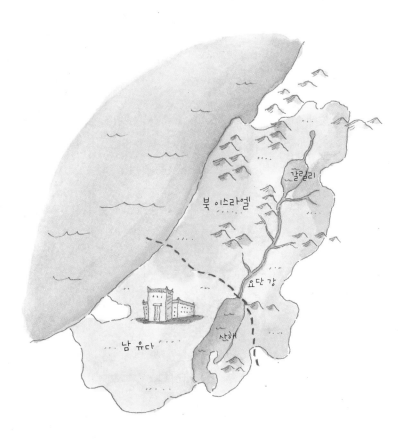

유다의 개혁 1

대하 11:1 - 대하 24:27

| 통일 왕국 시대 | 분열 왕국 시대 | 포로 시대 |

Day Point

이스라엘의 분열 왕국은 단순한 분열이 아닌 하나님과의 분리된 관계를 보여 줍니다. 현상적으로 하나님과의 분리는 솔로몬이 이방 신을 섬긴 것을 징계하시기 위해 남과 북이 분열된 것입니다. 영적으로는 사람이 세상과 벗이 되면 하나님과 원수가 되는 영적 간음으로, 하나님과 분리된 삶을 사는 것입니다(약 4:4). 역대기는 남과 북이 분열된 원인을 솔로몬에게서 찾기보다는(왕상 11:11) 하나님과의 분리된 내용에 초점을 둡니다.

하나님과 분리되는 기준은 하나님이 다윗과 맺으신 언약입니다. 그래서 북 왕국은 남 유다의 르호보암(1대)을 반대해 자기 갈 길로 가게 됩니다(왕상 12:16). 북 왕국이 간 길은 '여로보암의 길'이었습니다(대하 11:14-15). 그러나 하나님과 분리되기를 원하지 않는 자들, 곧 48개 성읍에 흩어져 있던 제사장과 레위인 그리고 이스라엘의 하나님 여호와를 찾는 자들은 '여로보암의 길'에서 돌이켜 레위 사람들을 따라 예루살렘으로 돌아옵니다(대하 11:16).

이렇게 '다윗의 언약'은 예수 그리스도를 통한 구원을 예표합니다(대하 11-13장). 그래서 역대기에서 남 왕국의 아비야(2대)가 북 왕국 여로보암과의 전쟁에서 하나님이 다윗과 맺으신 변하지 않는 '소금 언약'을 선포합니다(대하 13:5, 레 2:13, 민 18:19, 열왕기에는 생략된 기사임). 이로써 역대기는 남 유다 왕들이 하나님의 말씀을 기준으로 개혁하는 모습을 포로 귀환자들에게 인식시킵니다(대하 14-24장). 그러므로 '소금 언약'과 같은 '복음'(마 26:28)을 가지고 세상의 포로에서 귀환한 우리에게도 순종으로 사는 개혁이 필요합니다.

아사의 개혁(대하 14-16장)

복음과 같은 하나님의 언약은 "자기의 기쁘신 뜻을 위하여 너희에게 소원을 두고 행하게"(빌 2:13) 하시는 하나님의 소원입니다. 하나님의 기쁘신 뜻은 거룩한 산 제물로 드리는 영적 예배로(롬 12:1), 예수 그리스도를 통해서 성취되는 삶의 개혁입니다. 이런 하나님의 소원이 유다 왕들의 개혁 속에 나타납니다.

성경에서 선한 왕과 악한 왕의 기준은 도덕적인 기준보다 종교적인 기준입니다. 하나님과의 바른 관계가 무엇보다도 중요하기 때문입니다. 눈에 보이지 않으시는 하나님과의 관계는 성전을 기준으로 해 선한 왕은 성전을 거룩하게 보전하고, 악한 왕은 성전을 우상으로 더럽히게 됩니다.

남 유다의 아사(3대)는 선한 왕으로, "이방 제단과 산당을 없애고 주상을 깨뜨리며 아세라 상"(대하 14:3)을 찍는 개혁을 합니다. 그의 개혁을 통한 눈에 보이는 축복은 구스 사람 세라의 백만 대군을 무찌르고 승리한 것입니다(대하 14장). 또한 북쪽 지파의 에브라임과 므낫세, 시므온 지파 중에서 많은 사람들이 아사 왕에게로 돌아왔고, 그들의 사방에 평안을 누렸습니다(대하 15장).

'산당'(山堂)은 높은 곳에 위치해 제사를 지내는 제단을 말합니다. 사람들의 마음속에 세워진 산당은 높아지려고 하는 교만으로 하나님을 불신하는 것이고, 탐심을 통한 세속적인 우상 숭배입니다. 산당을 헐어 버리는 개혁의 핵심은 죄를 청산하고, 거룩을 유지하는 삶입니다.

우리 마음속에 세워진 산당을 제거하는 개혁의 축복은 하나님의 말씀으로 인생을 개혁해 삶의 질을 높이는 것입니다. 최고의 인생 개혁은 옛 사람이 죽었음을 고백하는 것이고, 최고의 삶의 질은 새사람 예수 그리스도가 우리 안에서 살아 주시는 은혜입니다.

오늘의 말씀

유다로 오는 길과 여로보암의 길
레위 사람들이 자기들의 마을들과 산업을 떠나 유다와 예루살렘에 이르렀으니 이는 여로보암과 그의 아들들이 그들을 해임하여 여호와께 제사장의 직분을 행하지 못하게 하고 여로보암이 여러 산당과 숫염소 우상과 자기가 만든 송아지 우상을 위하여 친히 제사장들을 세움이라(대하 11:14-15).

다윗 언약, 영원한 소금 언약
이스라엘 하나님 여호와께서 소금 언약으로 이스라엘 나라를 영원히 다윗과 그의 자손에게 주신 것을 너희가 알 것 아니냐(대하 13:5).

아사 왕, 여호와를 찾는 사람들
온 유다가 이 맹세를 기뻐한지라 무리가 마음을 다하여 맹세하고 뜻을 다하여 여호와를 찾았으므로 여호와께서도 그들을 만나 주시고 그들의 사방에 평안을 주셨더라(대하 15:15).

선한 길 속의 평강
여호와께서 이와 같이 말씀하시되 너희는 길에 서서 보며 옛적 길 곧 선한 길이 어디인지 알아보고 그리로 가라 너희 심령이 평강을 얻으리라 하나 그들의 대답이 우리는 그리로 가지 않겠노라 하였으며(렘 6:16).

제자, 자기 부인과 십자가
이에 예수께서 제자들에게 이르시되 누구든지 나를 따라오려거든 자기를 부인하고 자기 십자가를 지고 나를 따를 것이니라(마 16:24).

시드기야
철 뿔을 만들어 아람과의 전쟁에서 승리할 것이라고 거짓 예언함(대하 18:10).

미가야
길르앗 라못을 공격하는 전쟁에서 이스라엘이 패배할 것과 아합의 죽음을 예언함(대하 18:27).

예후
여호사밧과 아합의 동맹 정책을 비난함. 그러나 아세라 목상을 제거하고, 하나님에 대한 신앙은 칭찬함 (대하 19:2-3).

야하시엘
모압, 암몬, 마온의 침략에 대해 하나님의 승리를 예언함(대하 20:15).

엘리에셀
아하시야 왕과 연합해서 배를 만든 것을 책망함. 에시온 게벨에서 만든 배가 파선할 것을 예언함(대하 20:37).

여호사밧과 요아스의 개혁(대하 17–24장)

아사 왕의 개혁의 핵심은 산당을 제거한 것입니다. 여호사밧 왕(4대)의 개혁은 그의 조상 다윗의 '처음 길'로 행해 바알들에게 구하지 않은 것입니다(대하 17:3). 다윗의 처음 길은 선한 길이며, 주님이 가신 길입니다(렘 6:16, 벧전 2:21).

그러므로 개혁의 길은 금송아지를 섬겼던 옛 사람을 깨 버리고, 자기를 부인하며, 예수 그리스도를 따르는 삶입니다(마 16:24). 하나님은 우리가 그렇게 살 수 있도록 진리의 성령님을 보내어 가르치십니다(대하 17:9, 19:4, 요 16:13).

여호사밧의 연혼 정책으로 그 아들 여호람(5대)은 아합의 딸 아달랴와 결혼해 아합의 집과 같이 행하며 성전을 더럽힙니다. 여호람의 아들 아하시야(6대)도 어머니 아달랴의 꼬임에 빠져 같은 악을 행합니다. 아달랴는 자기 아들 아하시야가 죽자 '유다 왕국의 씨'를 모두 진멸하려고 합니다. 그러나 하나님의 보호로 살아남은 요아스(8대)는 왕으로 등극해 가짜 왕으로서 세상 임금 노릇을 한 아달랴(7대)를 제거하는 개혁을 단행합니다(요 12:13, 31, 계 17:12).

참으로 의미 있는 영적 개혁은 내 안에서 임금 노릇 하는 옛 사람을 죽이고 진짜 왕이신 예수 그리스도로 사는 것입니다.

레위인들의 율법 교육
그들이 여호와의 율법 책을 가지고 유다에서 가르치되 그 모든 유다 성읍들로 두루 다니며 백성들을 가르쳤더라(대하 17:9).

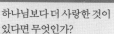
오늘의 미션
하나님보다 더 사랑한 것이 있다면 무엇인가?

[미션 수행]
세상 것을 사랑하며 자랑했던 우매한 제 육신과 마음을 예수님의 십자가 앞에 내려놓습니다.

통일 왕국 시대 　　　　　 분열 왕국 시대 　　　　　 포로 시대

 **Day Point**

요아스 왕(8대)은 말년에 하나님을 배반함으로 죽게 되고, 아마샤(9대)가 유다의 왕이 됩니다. 아마샤는 에돔과의 전쟁에서 승리하고 돌아오는 길에 그들의 우상을 취해 와서 자기의 신으로 세우고 경배하며 섬깁니다. 계속되는 유다의 개혁에도 불구하고 우상의 뿌리는 쉽게 뽑히지 않습니다. 하나님이 보내신 한 선지자가 아마샤에게 경고하지만 그는 듣지 않습니다.

이처럼 우상은 포기하기 힘든 옛 사람의 탐심입니다(골 3:5). 결국 하나님의 진노로 아마샤가 죽임을 당하고, 웃시야(10대)가 왕이 됩니다. 그는 강성해지기 시작하자 교만해져 성전에서 제사장만이 할 수 있는 중보자의 역할을 대신해 향단에 분향하려다가 나병에 걸리게 됩니다(대하 26:16, 19).

후에 웃시야가 죽고 요담(11대)이 왕이 됩니다. 그는 여호와 앞에서 바른 길을 행함으로 강성한 나라를 세웁니다. 그러나 아버지 웃시야의 사건으로 인해 요담은 여호와의 성전에 들어가지 않았고, 백성은 여전히 영적 부패가 심했습니다(대하 27:2, 6).

하나님이 원하시는 개혁은 외형적 웅장함이 아니라 내면의 영성입니다. 교회는 경제 발달로 대형화되었고, 성도는 신학의 발달로 성경 지식이 풍부해졌습니다. 그러나 교회가 사명을 잃고, 성도가 빛을 잃어버렸다면 그것은 부패한 영성입니다.

이제 요담이 죽고 아하스(12대)가 왕이 되어 부패한 영성의 열매를 거둡니다. 그 열매는 '여로보암의 길'로 간 북 이스라엘 왕국보다 남 유다 왕국이 더 타락한 모습입니다(대하 28:22-25). 우리도 진정한 내면의 개혁이 일어나지 않으면 불신자보다 더 악해 "그리스도의 십자가의 원수"(빌 3:18)로 행하게 됩니다. 역대기는 우상으로 성전을 더럽힌 왕들에 대해서는 짧게 기록하고(대하 25-28장), 개혁을 통해 성전을 성결하게 한 왕들을 중심으로 기록합니다(대하 29-36장).

히스기야와 므낫세의 개혁(대하 29-33장)

이스라엘이 남과 북으로 분열되고 약 200년(주전 930-722년)이 지나면서 북 이스라엘 왕국은 앗수르에 멸망당합니다. 남 유다 왕국만 남은 상태에서 히스기야(13대)가 유다의 왕으로 통치합니다. 히스기야는 선왕들이 더럽힌 성전을 성결하게 개혁하기 시작합니다. 그의 개혁의 핵심은 두 가지로

서, '백성의 성결'과 '성전의 성결'입니다(대하 29:5).

하나님의 백성과 하나님의 성전은 하나로 연합된 관계입니다(고전 3:16-17, 고후 6:16). 그리고 하나님과 사람을 하나로 연합시키는 것은 '유월절'입니다. 역대기는 히스기야의 개혁을 통해 포로 귀환자들에게 성결의 중요성과 하나님과 사람의 연합은 인간의 노력이 아니라 전적으로 예수 그리스도의 희생 때문이라는 사실을 알려 줍니다. 그래서 유월절을 앗수르 침략 사건보다 더 중요하게 다룹니다.

유월절은 어린 양의 피의 희생으로 출애굽 하게 된 것으로 영적 출애굽을 예표하며(히 2:15), 출바벨론 해 예루살렘으로 돌아온 포로 귀환자들에게는 구속의 은총을 되새기게 합니다. 구원의 은혜를 깊이 느껴야 자신을 성결하게 하는 개혁을 낯설지 않게 할 수 있습니다.

므낫세(14대)는 누구보다도 개혁에 낯설었을 것입니다. 그는 극심한 악을 행한 이후에 앗수르에 잡혀가 큰 징계를 받고 돌아왔기 때문입니다.

요시야의 개혁과 성전 건축(대하 34-36장)

유다의 왕이 된 아몬(15대)은 아버지 므낫세처럼 겸손하지 않고 악을 행하다가 반역자들에게 죽임당하고, 아들 요시야(16대)가 왕위에 오릅니다.

요시야는 300년 전부터 개혁의 인물로 준비된 자답게, 그가 개혁을 주도할 당시에 성전에서 율법 책을 발견하게 됩니다. 신명기에 의하면, 율법서의 복사본을 평생 옆에 두고 읽어서 하나님 경외하기를 배워야 했습니다(신 17:18-19). 그런데 사무엘 선지자 이후로 유월절을 지키지 못한 것으로 봐서 율법 책이 오랜 세월 숨겨졌던 것 같습니다(대하 35:18). 요시야 때 찾은 율법 책에 기록된 말씀은 요시야의 개혁과 유다를 심판하는 근거가 됩니다(대하 34:24-25). 이로써 포로 귀환자들은 자신들이 포로 되었던 이유를 알게 됩니다.

요시야가 죽고 유다가 바벨론에 멸망할 때까지 네 명의 왕, 즉 여호아하스(17대), 여호야김(18대), 여호야긴(19대), 시드기야(20대)는 여호와가 보시기에 악을 행합니다. 그러나 하나님은 포로 된 백성을 70년 후에 바벨론에서 돌아오게 하시고 성전을 재건하게 하십니다. 그리하여 하나님의 구원 역사가 성전의 실체이신 예수 그리스도를 통해 성취되는 소망을 갖게 하십니다.

역대기 끝, 고레스 칙령
바사 왕 고레스가 이같이 말하
노니 하늘의 신 여호와께서 세
상 만국을 내게 주셨고 나에게
명령하여 유다 예루살렘에 성
전을 건축하라 하셨나니 너희
중에 그의 백성 된 자는 다 올
라갈지어다 너희 하나님 여호
와께서 함께하시기를 원하노라
하였더라(대하 36:23).

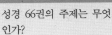

오늘의 미션

성경 66권의 주제는 무엇
인가?

[미션 수행]
성경은 하나님의 비밀로 그
리스도의 생명이 사람에게
임마누엘 되어 하나님을 경
외하는 신비로 살게 한다.

 남 유다, 북 이스라엘

	남 유다	북 이스라엘
나라 이름	유다	이스라엘
1대 왕	르호보암	여로보암
마지막 왕	시드기야	호세아
왕의 수	20명	19명
왕조 수	1왕조	9왕조
정권 교체	국왕 살해가 네 번 일어남	대부분 암살되고, 쿠데타 발생
선한 왕	8명이 선한 왕으로 평가됨	선한 왕으로 평가된 사람은 없음
지파 구성	두 지파로 구성	열 지파로 구성
수도	예루살렘	세겜 → 디르사 → 사마리아
특성	종교와 정치 중심지가 일치됨	종교와 정치 중심지가 분리됨
개혁 여부	아사, 여호사밧, 히스기야, 요시야 왕이 개혁 단행	예후만 부분적인 개혁 단행
멸망	주전 586년 바벨론에게 망함	주전 722년 앗수르에게 망함
멸망 이후	바벨론에서 3차에 걸친 포로 귀환	앗수르에서 아무도 돌아오지 못함
비고	345년간 존속 (주전 931-586년)	209년간 존속 (주전 931-722년)

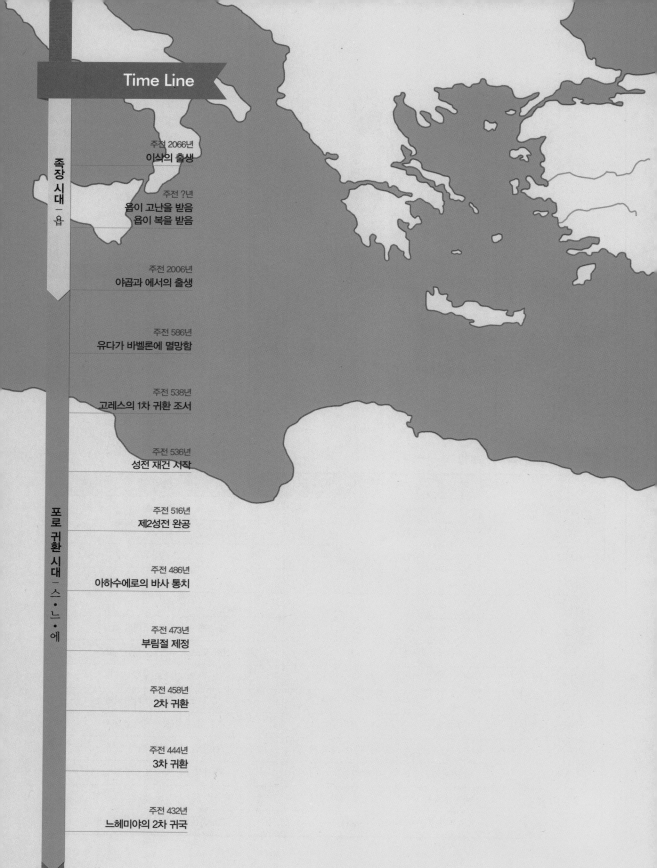

Time Line

족장 시대 ㅡ 욥

주전 2066년
이삭의 출생

주전 ?년
욥이 고난을 받음
욥이 복을 받음

주전 2006년
야곱과 에서의 출생

주전 586년
유다가 바벨론에 멸망함

주전 538년
고레스의 1차 귀환 조서

주전 536년
성전 재건 시작

포로 귀환 시대 ㅡ 스 · 느 · 에

주전 516년
제2성전 완공

주전 486년
아하수에로의 바사 통치

주전 473년
부림절 제정

주전 458년
2차 귀환

주전 444년
3차 귀환

주전 432년
느헤미야의 2차 귀국

에스라 1장 – 시편 41편

지중해

알레포•

암몬

예루살렘•

모압

에돔

•바빌론

수사•

홍해

에스라

 **Key Point**

성전과 율법의 완성 예수 그리스도

이스라엘 역사의 핵심적인 기준은 성전(스 1–6장)과 율법(스 7–10장)입니다. 솔로몬 성전은 율법의 기준에 의해 무너졌지만, 포로 귀환 후 세운 스룹바벨 성전은 복음의 기준에 의해 세워지게 됩니다. 죄의 삯은 사망이므로 성전의 실체이신 그리스도의 육체가 무너지고, 하나님의 은사는 영생이므로 성전의 실체이신 그리스도가 다시 세워지시는 것입니다(롬 6:23). 그러므로 그리스도는 율법의 요구를 완성하시는 참성전으로 율법의 마침이 되십니다(롬 8:4, 10:4).

성전 재건(스 1–6장), 율법 재건(스 7–10장)

에스라서의 시작은 역대하 마지막 부분과 연결되어 있습니다(대하 36:22-23, 스 1:1-3). 그런데 이스라엘의 멸망과 솔로몬 성전(예루살렘 성전)의 파괴는 요시야의 개혁 당시 성전에서 찾은 율법 책에 기록된 저주가 성취된 것입니다(대하 34:24). 에스라서의 서두는 하나님이 이스라엘의 회복에 대해 예레미야 선지자에게 하신 예언이 성취된 것으로 시작합니다.

율법은 이처럼 무시무시한 패망과 파괴를 초래했지만 이제는 하나님의 은혜로 어마어마한 영광을 누릴 회복의 소망이 성전 재건을 통해 나타날 것을 확증해 줍니다(렘 29:10-11).

그래서 포로 귀환 시대에 사역했던 학개와 스가랴 선지자는 이스라엘 백성에게 중단되었던(주전 520년경) 성전 재건을 독려합니다(스 6:14-15). 그들은 "이 성전의 나중 영광이 이전 영광보다 크리라 … 내가 이곳에 평강을 주리라"(학 2:9), "보라 싹이라 이름 하는 사람이 자기 곳에서 돋아나서 여호와의 전을 건축하리라"(슥 6:12)는 하나님의 말씀을 전합니다(사 11:1, 53:2, 행 13:23).

이로써 바벨론 포로에서 1차 귀환한(주전 538년) 스룹바벨이 주도한 성전 재건은 그리스도가 참성전을 세워 구원을 완성시키시는 예표가 됩니다

그리스도, 율법 완성자
그리스도는 모든 믿는 자에게 의를 이루기 위하여 율법의 마침이 되시느니라(롬 10:4).

고레스 칙령, 성전을 재건하라!
바사 왕 고레스는 말하노니 하늘의 하나님 여호와께서 세상 모든 나라를 내게 주셨고 나에게 명령하사 유다 예루살렘에 성전을 건축하라 하셨나니 이스라엘의 하나님은 참신이시라 너희 중에 그의 백성 된 자는 다 유다 예루살렘으로 올라가서 이스라엘의 하나님 여호와의 성전을 건축하라 그는 예루살렘에 계신 하나님이시라(스 1:2-3).

성전 재건, 스룹바벨 성전 완공
유다 사람의 장로들이 선지자 학개와 잇도의 손자 스가랴의 권면을 따랐으므로 성전 건축하는 일이 형통한지라 이스라엘 하나님의 명령과 바사 왕 고

(스 1-6장). 성전이 건축되고(주전 516년) 약 60년 후 2차 포로 귀환(주전 458년) 때 에스라는 "여호와의 율법을 연구하여 준행하며 율례와 규례를 이스라엘에게 가르치기로 결심"(스 7:10)하고 귀환합니다(스 7-10장). 이는 성전 재건을 통해 하나님의 백성으로서의 존재 가치가 회복되면 율법 재건을 통해 말씀이 왕 노릇 하는 은혜 역시 회복되어야 하기 때문입니다.

레스와 다리오와 아닥사스다의 조서를 따라 성전을 건축하며 일을 끝내되 다리오 왕 제 육년 아달월 삼 일에 성전 일을 끝내니라(스 6:14-15).

성벽 재건(1-6장) : 느헤미야의 3차 귀환
영적 재건(7-13장) : 부흥 운동과 개혁 운동

느헤미야

 **Key Point**

마음의 성벽 예수 그리스도

바벨론 포로에서 1차로 귀환한 스룹바벨이 성전을 재건하고, 2차로 귀환한 에스라가 율법을 재건하고, 3차로 귀환한 느헤미야가 성벽을 재건합니다. 이렇게 3차에 걸친 재건은 실로 놀라운 하나님의 작품입니다. 느헤미야는 성벽을 재건해 외부의 침입을 막고(느 1-6장), 에스라와 함께한 영적 재건으로 내부의 부패를 제거합니다(느 7-13장). 그러므로 성벽 재건은 거룩을 회복하는 영적 재건으로, 외부의 유혹과 내부의 탐심을 물리치시는 마음의 성벽 예수 그리스도를 예표합니다(잠 4:23, 빌 2:5).

성벽 재건(느 1-6장), 영적 재건(느 7-13장)

이스라엘의 죄로 인해 왕국 시대에 무너진 솔로몬 성전은 사람들의 죄로 인해 성전의 실체이신 그리스도의 몸이 무너지는 모습을 역사 속에서 드라마틱하게 미리 보여 준 것입니다. 왕국 시대에 무너진 성전을 포로 귀환 시대를 통해 완벽하게 회복하는 연출은 세상에 포로 된 자들이 귀환해 맞이하게 될 영원한 예수 그리스도의 왕국이 도래할 것을 예고편으로 보여 주는 것입니다.

예고편에 세 번째 조연으로 등장하는 느헤미야는 바사 왕 아닥사스다 20년(주전 444년)에 예루살렘에 도착해 52일 만에 성벽을 재건하게 됩니다

성벽 재건 = 영적 재건
모든 지킬 만한 것 중에 더욱 네 마음을 지키라 생명의 근원이 이에서 남이니라(잠 4:23).

성벽 재건 완성
성벽 역사가 오십이 일 만인 엘룰월 이십오 일에 끝나매 우리의 모든 대적과 주위에 있는 이방 족속들이 이를 듣고 다 두려워하여 크게 낙담하였으니 그들이 우리 하나님께서 이 역사를 이루신 것을 앎이니라(느 6:15-16).

(느 1-6장). 이 과정에서도 성전을 재건할 때와 마찬가지로 대적하는 방해 세력이 만만치 않습니다. 방해 세력이 느헤미야의 목숨을 위협할 정도로 강하게 대적한 것은 성벽 재건이 목숨을 걸 만큼 중요한 사역임을 암시합니다.

성전 재건으로 성도의 정체성이 확립됩니다. 율법 재건으로 말씀의 비밀을 깨닫습니다. 성벽 재건으로 거룩을 회복합니다. 구별된 삶의 일체 비결은 목숨을 걸 만한 영적 싸움입니다(엡 6:11).

그런데 영적 싸움은 외부의 침략 세력에만 있는 것이 아닙니다. 성벽 재건만으로는 완벽한 방어가 이루어지지 않습니다. 성벽 내부의 적과 부패 근원을 제거하기 위해서는 영적 재건이 필요합니다. 그래서 느헤미야는 자신보다 먼저 귀환한 두 번째 조연 에스라와 함께 부흥 운동과 개혁 운동을 병행합니다(느 7-13장).

이는 삼위일체 하나님의 연합 사역과 방불합니다. 성전의 실체이신 예수님과 말씀의 실체이신 하나님이 임마누엘로 마음의 성벽이 되어 주신 그리스도 안에서 성령님과 함께 육체의 소욕을 제거하고 성령의 열매를 거두게 하시는 사역입니다(갈 5:16-24).

에스더

첫 번째 조서(1-5장) : 유대인을 위험에 빠뜨린 하만의 조서
두 번째 조서(6-10장) : 유대인을 위험에서 건진 모르드개의 조서

 Key Point

역전의 복음 예수 그리스도

성경에는 여인의 이름으로 된 책이 두 권 있는데, 사사 시대의 룻기와 포로 귀환 시대의 에스더서입니다. 룻은 이방인으로 유대인과 결혼해 암울한 사사 시대에 몰락한 가정을 회복시켰습니다. 에스더는 유대인으로 이방인과 결혼해 암울한 포로 시대에 '죽으면 죽으리이다'라는 신앙고백으로 유대 민족을 죽음에서 생명으로 건진 역전 드라마의 주인공입니다. 유대인을 죽이려는 하만의 조서(에 1-5장)는 율법을 예표하고, 유대인을 죽음에서 건진 모르드개의 조서(에 6-10장)는 복음을 예표합니다. 죽음에서 생명으로 옮기는 역전의 복음은 그리스도입니다(요 5:24).

첫 번째 조서(에 1–5장), 두 번째 조서(에 6–10장)

에스더서에 나오는 첫 번째 조서는 유대인을 위험에 빠뜨린 하만의 조서이고, 두 번째 조서는 유대인을 위험에서 건진 모르드개의 조서입니다.

포로 귀환 시대에 바사 왕의 조서는 무서운 위력을 갖고 있었습니다. 성전과 성벽을 재건할 당시에도 왕의 조서는 성전과 성벽의 공사를 시작하게도 하고, 중단시키게도 합니다. 그런데 왕의 조서가 꾸며질 때 대적의 세력에 의해 하나님의 구원 역사를 방해하는 조서가 꾸며지기도 하고, 하나님의 감동으로 조서가 꾸며져 구원 역사가 성취되기도 합니다(스 1:1, 4:21, 6:12, 7:21, 27).

이미 포로 시대에 기록된 다니엘서에서 그 배경을 찾아보면, 다니엘의 세 친구는 느부갓네살 왕이 세운 금 신상에 절하지 않음으로 풀무불 속에 들어갔지만 불타지 않습니다. 이 사건으로 느부갓네살 왕이 구원의 하나님을 찬양하는 조서는 '그렇게 하지 아니하실지라도' 절하지 않겠다는 다니엘의 세 친구의 신앙고백으로 만들어진 역전의 조서입니다(단 3:18, 28-29).

그리고 다니엘은 왕이 내린 조서에 위배되는 기도를 드리다가 사자 굴에 들어갔지만 사자 밥이 되지 않습니다. 이 사건으로 다리오 왕이 구원의 하나님을 높이는 조서를 내린 것은 다니엘이 사자 굴에 들어가서 죽을지라도 하나님에게 기도하기를 멈추지 않겠다는 신앙고백으로 만들어진 역전의 조서입니다(단 6:10, 26-28).

에스더서는 포로 귀환 시대에 스룹바벨이 1차로 포로 귀환해 성전을 재건하고, 에스라가 2차로 귀환(주전 458년)하기 20년 전에 바사 제국 수산 성에서 일어난 역전의 사건입니다. 유대인의 대적 하만이 유대인을 몰살하려고 왕의 조서(에 3:12)를 꾸밉니다. 그러나 에스더의 '죽으면 죽으리라'는 신앙고백과 기도의 삶으로 인해 새로운 왕의 조서(에 8:9)가 모르드개를 통해 반포됨으로써 죽음에서 생명으로 역전됩니다.

하나님의 말씀인 성경은 만왕의 왕 예수 그리스도의 조서입니다. 그러므로 복음의 조서는 의문에 쓴 증서인 율법의 조서를 십자가에 못 박아 대적의 세력을 무력화시킵니다(골 2:14-15).

왕의 조서, 무서운 위력

만일 왕들이나 백성이 이 명령을 변조하고 손을 들어 예루살렘 하나님의 성전을 헐진대 그곳에 이름을 두신 하나님이 그들을 멸하시기를 원하노라 나 다리오가 조서를 내렸노니 신속히 행할지어다 하였더라(스 6:12).

느부갓네살, 역전의 조서

느부갓네살이 말하여 이르되 … 내가 이제 조서를 내리노니 각 백성과 각 나라와 각 언어를 말하는 자가 모두 사드락과 메삭과 아벳느고의 하나님께 경솔히 말하거든 그 몸을 쪼개고 그 집을 거름터로 삼을지니 이는 이같이 사람을 구원할 다른 신이 없음이니라 하더라(단 3:28-29).

예수 그리스도, 십자가의 조서

우리를 거스르고 불리하게 하는 법조문으로 쓴 증서를 지우시고 제하여 버리사 십자가에 못 박으시고 통치자들과 권세들을 무력화하여 드러내어 구경거리로 삼으시고 십자가로 그들을 이기셨느니라(골 2:14-15).

모르드개의 조서

그때 시완월 곧 삼 월 이십삼 일에 왕의 서기관이 소집되고 모르드개가 시키는 대로 조서를 써서 인도로부터 구스까지의 백이십칠 지방 유다인과 대신과 지방관과 관원에게 전할새 각 지방의 문자와 각 민족의 언어와 유다인의 문자와 언어로 쓰되(에 8:9).

슬픔이 기쁨으로, 반전의 부림절

이달 이날에 유다인들이 대적에게서 벗어나서 평안함을 얻어 슬픔이 변하여 기쁨이 되고 애통이 변하여 길한 날이 되었으니 이 두 날을 지켜 잔치를 베풀고 즐기며 서로 예물을 주며 가난한 자를 구제하라 하매(에 9:22).

 **Key Point**

인내의 복음 예수 그리스도

일반적으로 욥기의 주제를 '욥의 고난'이라고 하는데, 신약성경에서는 "욥의 인내"(약 5:11)라고 말합니다. 욥에게 닥친 환난은 세 가지로, '소유의 고난'과 '생명의 고난'과 '비난의 고난'입니다. 자신의 소유인 재산과 자녀들을 모두 잃고, 자신의 생명을 위협하는 질병에 걸렸을 때 그는 인내합니다. 하지만 친구들의 비난에 대해서는 논쟁하게 됩니다(욥 1~31장). 이때 하나님은 논쟁하는 욥에게 인내하시며 그를 곤경에서 회복시키십니다(욥 32~42장). 그러므로 욥의 인내는 욥 안에서 그를 의롭게 하시는 그리스도의 인내입니다(살후 3:5).

욥의 시험(욥 1~31장), 욥의 결말(욥 32~42장)

신약성경은 믿음으로 의롭다 하심을 받은 자들은 환난 중에도 즐거워한다고 말합니다. "이는 환난은 인내를, 인내는 연단을, 연단은 소망을 이루는 줄"(롬 5:3-4) 알기 때문입니다. 구원의 소망을 이루기 위해서 환난의 고난(벧전 2:20-21)이 필요한 것은 하나님과 사탄 사이에 있는 사람이 이해할 수 없는 고난을 통해서 하나님의 영광을 드러내는 데 쓰임 받기 때문입니다(사 43:21, 고전 10:31).

창세기의 창조 시대에 뱀으로 위장해 아담과 하와에게 하나님이 먹지 말라 명하신 선악과를 먹도록 속임수를 쓴 사탄은 족장 시대에 욥에게 접근해 하나님의 허락을 받고 공식적인 시험을 합니다. 욥은 소유물에 대한 시험과 생명을 위협하는 질병에 대한 시험에서 입술로 범죄하지 않고 하나님에게 영광을 돌립니다. 그런데 친구들의 비난의 화살은 미처 피하지 못하고 논쟁에 빠지게 됩니다(욥 1-31장).

그러므로 시험의 고난을 이길 수 있는 것은 광야에서 사탄의 시험을 이기신 그리스도 안에 있을 때입니다. 사람의 인내는 참다 참다 못 참는 인내

욥의 인내
보라 인내하는 자를 우리가 복되다 하나니 너희가 욥의 인내를 들었고 주께서 주신 결말을 보았거니와 주는 가장 자비하시고 긍휼히 여기시는 이시니라(약 5:11).

그리스도의 고난을 따르라
… 선을 행함으로 고난을 받고 참으면 이는 하나님 앞에 아름다우니라 이를 위하여 너희가 부르심을 받았으니 그리스도도 너희를 위하여 고난을 받으사 너희에게 본을 끼쳐 그 자취를 따라오게 하려 하셨느니라(벧전 2:20-21).

하나님의 영광을 위해
그런즉 너희가 먹든지 마시든지 무엇을 하든지 다 하나님의 영광을 위하여 하라(고전 10:31).

입니다. 그러나 그리스도 안에 있으면 죽기까지 복종하신 그리스도의 십자가의 인내로 이기게 됩니다(빌 2:8).

친구들과의 세 번의 논쟁이 끝나자 느닷없이 등장한 엘리후가 스스로 의롭다고 하는 욥을 책망합니다(욥 32-37장). 이어서 폭풍 가운데 말씀하시는 하나님이 욥에게 인내하시며 하늘의 진리를 자세히 알려 주시고 성숙한 신앙고백을 하게 하십니다. 그동안 지식으로만 알았던 하나님을 진리로 깨닫게 된 욥은 회개합니다. 그리고 친구들의 죄와 허물을 사하는 번제를 드리고 축복함으로 곤경에서 빠져나와 복된 결말을 봅니다(욥 38-42장).

우리도 여러 가지 시험으로 인해 넘어지고 쓰러질 때마다 그리스도의 인내가 우리를 순종하게 해서 결말을 복되게 인도합니다.

욥의 순전함
… 우리가 하나님께 복을 받았은즉 화도 받지 아니하겠느냐 하고 이 모든 일에 욥이 입술로 범죄하지 아니하니라(욥 2:10).

십자가의 인내
사람의 모양으로 나타나사 자기를 낮추시고 죽기까지 복종하셨으니 곧 십자가에 죽으심이라(빌 2:8).

 욥기에 나타난 과학 이야기

약 4천 년 전에 쓰인 욥기에는 최근에서야 밝혀진 과학 원리들이 기록되어 있다. 그 당시 사람들은 도저히 알 수 없었던 내용이 성경에 쓰여 있는 것을 볼 때 우리는 놀라지 않을 수 없다.

공기의 무게
"바람[공기]의 무게를 정하시며 물의 분량을 정하시며"(욥 28:25).
공기에 무게가 있다는 사실은 1640년 이탈리아 과학자 토리첼리가 기압계를 발명함으로 밝혀냈다. 1기압은 수은으로 치면 760mmHg이다.

허공에 떠 있는 지구
"땅을 아무것도 없는 곳에 매다시며"(욥 26:7).
영어 성경에는 지구(Earth)를 우주(space) 혹은 아무것도 없는 공간(nothing)에 달아 놓았다는 표현이 나온다. 1665년 뉴턴의 만유인력의 법칙에 의해 지구가 허공에 떠 있으며 태양과 지구 사이에는 인력이 작용해서 지구를 붙잡고 있다는 것을 설명할 수 있게 되었다.

Day Point

이스라엘 백성이 바벨론에 포로로 잡혀가기 전에 성경은 이미 바사 왕 고레스를 통해 이스라엘 백성이 바벨론 포로 생활에서 해방되어 성전의 기초를 놓게 될 것을 예언합니다(사 44:28). 그리고 예레미야는 70년 후에 바벨론 포로에서 돌아올 것을 예언합니다(렘 25:11, 29:10).

이렇게 성경이 예언한 대로 고레스가 세상 나라의 상징인 바벨론(계 18:2)을 멸망시키고 포로들을 귀환시킨 것은 세상과 사탄에 매여 포로 되었던 하나님의 백성을 자유하게 하는 그리스도의 복음으로 예표됩니다(눅 4:18-19, 갈 5:1).

또한 에스라서가 표면적으로 성전과 율법을 재건한 것은 하나님의 구원 역사의 결과를 예표합니다. 성전을 재건하기 위해 1차로 귀환한 스룹바벨은 바벨론에 포로로 잡혀간 여호야긴(남 유다 19대 왕)의 손자로, 다윗의 자손입니다(마 1:12, 대상 3:16-17). 스룹바벨은 다윗의 자손으로 오실 그리스도가 참성전을 완성하신다는 예표입니다(스 1-6장). 또한 율법을 재건하기 위해 바벨론 포로에서 2차로 귀환한 에스라는 그리스도가 오셔서 율법을 완성하실 사역의 예표입니다(스 7-10장).

성전 재건(스 1-6장) : 스룹바벨의 1차 귀환

이스라엘 왕국 시대에 남 유다 왕국은 1차(주전 605년), 2차(주전 597년), 3차(주전 586년)에 걸쳐 바벨론에 포로로 잡혀가면서 멸망하게 되었습니다. 그런데 그들은 바벨론에서 1차(주전 538년), 2차(주전 458년), 3차(주전 444년)에 걸쳐서 예루살렘으로 돌아오게 됩니다.

바벨론 포로 70년 후에 1차로 귀환한 총독 스룹바벨과 대제사장 여호수아는 약 5만 명의 백성과 함께 1차 귀환의 목적인 성전 재건을 시작합니다.

포로 귀환자들에게 가장 중요한 일은 하나님의 백성으로서의 정체성을 확립하고, 하나님의 언약의 정체성을 세우는 것입니다. 그래서 포로 귀환 시대의 역대기는 민족의 정체성을 찾기 위해 족보로 시작해 무너진 성전

을 재건하는 회복으로 끝납니다. 역
대기에서 연결된 에스라서는 성전
을 재건해 하나님의 백성과 언약의
정체성을 확고히 합니다.

포로 귀환자들은 성전 기초공사
를 시작하기 전에 "그 터"(스 3:3)에
제단을 세우고 그 위에서 번제를
드립니다. 그곳은 아브라함이 이
삭을 번제로 드린 곳이고(창 22:2),
다윗이 오르난(아라우나)의 타작마

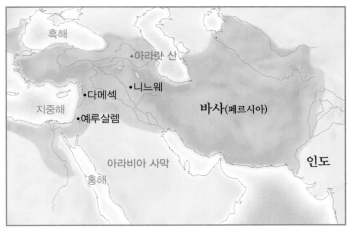

당에서 번제를 드린 곳이며(대상 21:18, 26), 솔로몬이 성전을 건축한 곳입
니다(대하 3:1). 이는 하나님의 구원 계획이 '그 터'에서 번제로 드려지실 그
리스도에게 있음을 점진적으로 밝혀 줍니다. 또한 하나님이 지정하신 '그
터'(고전 3:11)에 성전이 세워진 일은 다른 이름으로는 구원이 없고 오직 예
수 그리스도를 통해서만 구원이 있음을 예고하는 것입니다(행 4:12).

번제를 드린 터 위에 성전 기초공사를 시작했지만 대적들의 방해로 난
관에 부딪치게 됩니다(고후 6:14). 그때나 지금이나 참성전으로 세워지지 못
하게 방해하는 세력이 있습니다. 그러나 하나님은 구원 계획을 성취하시려
고 바사 왕 고레스(주전 536년) 때 시작했다가 중단된 성전을 재건하기 위해
학개와 스가랴 선지자(주전 520년)를 보내셔서 다리오 왕 6년(주전 516년)에
완공하게 하십니다(스 6:15).

율법 재건(스 7-10장) : 에스라의 2차 귀환

왕의 조서로 성전 재건이 실행되었다가 중단되기도 하고, 다시 완공되기도
합니다. 왕이 내린 조서의 위력은 대단했습니다. 하나님에게 감동을 받아
서 조서를 꾸민 것은 고레스와 아닥사스다 왕이 성전을 아름답게 할 뜻을
가졌기 때문입니다(스 1:1, 7:27). 이것은 왕의 조서를 통해서 하나님의 구원
역사가 진행되고 있으며, 그 일을 하나님이 주관하고 계심을 알려 줍니다.

다리오 왕이 내린 조서(스 6:11-12)로 인해 성전 재건을 완공할 수 있었던
것처럼 아닥사스다 왕의 조서(스 7:21, 25-26)는 2차로 귀환한 학자 겸 제사

오늘의 말씀

고레스를 통한 예언 성취
고레스에 대하여는 이르기를
내 목자라 그가 나의 모든 기쁨
을 성취하리라 하며 예루살렘
에 대하여는 이르기를 중건되
리라 하며 성전에 대하여는 네
기초가 놓여지리라 하는 자니
라(사 44:28).

바벨론 포로 귀환, 그리스도 사
역 예표
주의 성령이 내게 임하셨으니
이는 가난한 자에게 복음을 전
하게 하시려고 내게 기름을 부
으시고 나를 보내사 포로 된 자
에게 자유를, 눈먼 자에게 다시
보게 함을 전파하며 눌린 자를
자유롭게 하고 주의 은혜의 해
를 전파하게 하려 하심이라 하
였더라(눅 4:18-19).

여호야긴의 손자, 스룹바벨
바벨론으로 사로잡혀 간 후에
여고냐는 스알디엘을 낳고 스알
디엘은 스룹바벨을 낳고(마 1:12).

여호야김의 아들들은 그의 아
들 여고냐, 그의 아들 시드기
야요 사로잡혀 간 여고냐의 아
들들은 그의 아들 스알디엘과
(대상 3:16-17).

장(아론의 16대손) 에스라가 율법을 재건하게 합니다.

성전 재건이 하나님의 백성의 존재 회복이라면, 율법 재건은 하나님의 말씀의 실천 회복입니다. 에스라가 행한 율법 재건의 핵심은 거룩한 삶과 거룩한 혈통입니다. 거룩한 삶은 거룩한 씨로 말미암는 것이기에 이방 족속과의 통혼을 분리시킵니다(고후 6:16). 이는 또한 예수 그리스도가 태어나실 다윗의 혈통을 보전해야 하기 때문입니다.

에스라의 율법 재건으로 이방 여자를 아내로 삼은 자들이 아내와 관계를 끊어 버림으로 하나님의 말씀을 바로 세우게 됩니다. 그러므로 거룩한 삶으로 나오는 순종은 죄를 끊어 버리게 하는 믿음의 은혜입니다 (롬 1:17).

예수 그리스도, 구원의 유일성
다른 이로써는 구원을 받을 수 없나니 천하 사람 중에 구원을 받을 만한 다른 이름을 우리에게 주신 일이 없음이라 하였더라(행 4:12).

에스라의 결심, 율법 교육
에스라가 여호와의 율법을 연구하여 준행하며 율례와 규례를 이스라엘에게 가르치기로 결심하였더라(스 7:10).

의와 불법, 빛과 어둠의 결별
너희는 믿지 않는 자와 멍에를 함께 메지 말라 의와 불법이 어찌 함께하며 빛과 어둠이 어찌 사귀며 … 하나님의 성전과 우상이 어찌 일치가 되리요 우리는 살아 계신 하나님의 성전이라 … (고후 6:14, 16).

오늘의 미션

율법의 완성이신 예수 그리스도 찬양하기.

[미션 수행]
말씀이 육신이 되어 오신 예수님을 찬양합니다!

 에스라 시대의 페르시아 왕들

고레스(주전 559-530년)
바벨론을 정복, 이스라엘 포로들을 돌려보냈다.

다리오(주전 522-486년)
왕의 허가가 담긴 편지와 더불어 재정적인 지원을 함으로써 예루살렘 성전 건축을 완성시켰다.

아하수에로(주전 486-465년)
에스더를 왕비로 맞이했으며 하만의 계략으로부터 이스라엘 백성을 보호했다. 인도에서 에티오피아까지 127도를 다스린 왕으로 그리스어에 따라 크세르크세스 1세로 알려지기도 했다.

아닥사스다(주전 465-425년)
에스라, 느헤미야가 예루살렘으로 돌아가도록 허락했으며 예루살렘 성벽을 다시 건축하게 했다.

성벽 재건과 영적 재건

느 1:1 - 느 13:31

Day 38

포로 시대   포로 귀환 시대   침묵 시대

Day Point

느헤미야서는 크게 두 부분으로 나눌 수 있습니다. 먼저, 바벨론 포로에서 3차로 귀환한 느헤미야의 예루살렘 성벽 재건입니다. 다음으로, 2차로 포로 귀환한 에스라와 동역한 영적 재건입니다.

고대 시대에 성벽이 없는 도성은 적의 침입에 아무런 방어 대책이 없는 도시나 마찬가지였습니다. 성벽의 유무는 그 도성의 존폐 여부에 큰 영향을 끼칩니다. 성벽은 외부의 적을 막아 내고, 내부의 결속을 한층 강화시키며, 역사와 전통을 보호하는 역할을 합니다. 하나님은 느헤미야를 통해서 성벽을 재건하게 하셔서 세상과 구별된 생활을 강조하려고 하신 것입니다(느 1–6장). 구별된 생활은 거룩한 생활을 회복하는 것으로, 말씀의 통치 안으로 들어오는 것입니다.

이렇게 말씀 통치의 성벽 안으로 들어온 백성에게 에스라와 느헤미야는 합동 작전으로 그들에게 남아 있는 탐심의 찌꺼기들을 제거하는 영적 재건을 시작합니다(느 7–13장). 이 일에 주도권을 가지신 하나님은 당신의 이름을 거룩하게 하시려고 우리의 마음 안에 새 영을 두시고, 새 마음을 갖게 하셔서 육신에서 굳은 마음을 제거하게 하십니다(겔 36:26, 빌 2:5).

성벽 재건(느 1–6장) : 느헤미야의 3차 귀환

바벨론 포로에서 3차로 귀환한 느헤미야의 사명은 성벽 재건입니다. 하나님은 성전 재건을 주도한 스룹바벨에게 "이는 힘으로 되지 아니하며 능력으로 되지 아니하고 오직 나의 영으로 되느니라"(슥 4:6)고 말씀하셨습니다. 이와 같이 느헤미야는 자신의 힘과 능력보다 기도와 삶을 통해 성벽 재건을 52일 만에 완성합니다(느 6:15).

기도의 사람은 기도만 하는 것이 아니라 기도의 삶을 삽니다. 느헤미야는 기도의 사람으로서 성벽 재건을 기도로 시작하고, 기도의 삶으로 마무리합니다.

그는 바사 왕 아닥사스다의 총애를 입은 술 맡은 고위직 관료였습니다.

그러나 예루살렘 성이 허물어지고 성문들이 불탔다는 예루살렘의 소식을 전해 듣고 하나님에게 금식하며 기도를 시작합니다(느 1:3-4). 그의 기도는 자기와 자기 민족의 죄를 회개하며 약 4개월 동안 지속됩니다. 마침내 느헤미야는 기도의 응답으로 예루살렘 성을 건축하라는 왕의 조서를 가지고 예루살렘에 도착합니다.

이때 산발랏, 도비야, 게셈이라는 대적(느 2:19)이 등장해 "너희가 건축하는 성벽은 여우가 올라가도 곧 무너질 것이다"라고 비난합니다. 느헤미야는 이때도 하나님에게 기도합니다(느 4:3-4).

이제 점점 성벽이 모양새를 드러내면서 건축되어 가자 대적의 세력도 공격의 강도를 높여 갑니다. 비난에서 습격으로 작전을 바꾸어 성 건축자들을 죽이고, 성벽 재건을 중단시키려고 합니다. 느헤미야는 하나님에게 기도하면서 파수꾼을 세워 주야로 방비합니다. 성벽에서 일하는 모든 사

오늘의 말씀

느헤미야의 금식 기도
그들이 내게 이르되 사로잡힘을 면하고 남아 있는 자들이 그 지방 거기에서 큰 환난을 당하고 능욕을 받으며 예루살렘 성은 허물어지고 성문들은 불탔다 하는지라 내가 이 말을 듣고 앉아서 울고 수일 동안 슬퍼하며 하늘의 하나님 앞에 금식하며 기도하여(느 1:3-4).

하나님의 사역 훼방자들
호론 사람 산발랏과 종이었던 암몬 사람 도비야와 아라비아 사람 게셈이 이 말을 듣고 우리를 업신여기고 우리를 비웃어 이르되 너희가 하는 일이 무엇이냐 너희가 왕을 배반하고자 하느냐 하기로(느 2:19).

조롱에 대처하는 기도 전략
암몬 사람 도비야는 곁에 있다가 이르되 그들이 건축하는 돌 성벽은 여우가 올라가도 곧 무너지리라 하더라 우리 하나님이여 들으시옵소서 우리가 업신여김을 당하나이다 원하건대 그들이 욕하는 것을 자기들의 머리에 돌리사 노략거리가 되어 이방에 사로잡히게 하시고(느 4:3-4).

람들에게 한 손에는 무기를, 한 손에는 도구를 들게 했으며, 만일에 대비해 절반은 일하게 하고, 절반은 완전무장을 시켰습니다(엡 6:11).

이렇게 52일 동안 성벽 재건을 마무리하면서 느헤미야는 하나님의 도우심을 구하는 기도만 한 것이 아니라 기도의 삶을 살았습니다. 기도할 때 내 욕구가 요구가 되면 안 됩니다. 하나님의 요구가 내 삶이 되어야 그것이 기도입니다. 기도는 하나님을 신뢰하는 믿음이고, 기도의 삶은 마귀를 대적하고 하나님에게 복종하는 순종입니다(약 4:7).

영적 재건(느 7-13장) : 부흥 운동과 개혁 운동

느헤미야의 성공적인 성벽 재건으로 이스라엘 백성은 안전하게 자기들의 성읍에 거주하게 됩니다. 이때 가장 필요한 것은 영적 재건입니다. 성벽 재건으로 외부의 침입을 막을 수는 있지만 내부의 누룩은 더 치명적이기 때문입니다(마 16:12, 눅 12:1). 영적 재건에서 탐욕과 탐심의 누룩을 제거하기 위해서는 하나님의 말씀과 기도가 필요합니다(딤전 4:5).

모세의 율법에 정통한 학자 겸 제사장 에스라는 예전에 요시야 왕이 종교 개혁을 하다가 찾았던 율법 책을 모든 사람 앞에서 낭독하고 그 뜻을 해석해 백성에게 그 낭독하는 것을 다 깨닫게 합니다(느 8:8). 요즘 교회마다 한창 유행처럼 번지고 있는 '성경 읽기'를 하는 것과 같습니다. 이렇게 공식적으로 하나님의 말씀을 초막절에 읽는 것은 광야 생활을 기념하고, 하나님 경외함을 배우게 하려는 것입니다(신 31:9-13).

하나님을 경외하는 자는 영구한 도성이 없는 이 땅에 소망을 두지 않고 영적 약속의 땅(히 13:14)을 바라봅니다. 그런 그들의 삶은 날마다 개혁입니다. 이방인과 결혼하지 않고, 빚을 탕감하며, 안식일을 지키려고 맹세하지만 시간이 지나면 또 부패된 모습입니다.

느헤미야는 제사장 엘리아십과 내통해 성전 뜰에 만든 대적 도비야의 방을 청결하게 하고, 십일조와 안식일을 회복합니다. 이방인과의 통혼 문제를 해결하고, 제사장 직분을 더럽힌 자를 쫓아냅니다. 그러므로 진정한 개혁은 마음의 성벽인 그리스도가 세상과 구별된 삶을 살게 하실 때 완성됩니다(히 9:10).

마귀를 대적하라
그런즉 너희는 하나님께 복종할지어다 마귀를 대적하라 그리하면 너희를 피하리라(약 4:7).

외식을 주의하라
… 예수께서 먼저 제자들에게 말씀하여 이르시되 바리새인들의 누룩 곧 외식을 주의하라(눅 12:1).

율법을 낭독하라, 지키라
모세가 그들에게 명령하여 이르기를 매 칠 년 끝 해 곧 면제년의 초막절에 온 이스라엘이 네 하나님 여호와 앞 그가 택하신 곳에 모일 때에 이 율법을 낭독하여 온 이스라엘에게 듣게 할지니 … 네 하나님 여호와를 경외하며 이 율법의 모든 말씀을 지켜 행하게 하고(신 31:10-12).

오늘의 미션
내 안의 어두움을 말씀으로 제거하기.

[미션 수행]
그런즉 너희는 하나님께 복종할지어다 마귀를 대적하라 그리하면 너희를 피하리라(약 4:7).

Day Point

에스더는 포로 귀환 시대의 여인으로, 몰살 위기에 처한 유대 민족을 '죽으면 죽으리라'는 신앙고백으로 죽음의 위기에서 건진 인물입니다. 그녀는 남 유다를 멸망시킨 바벨론의 포로가 된 곳에서 태어나서 바벨론을 멸망시킨 바사 제국의 아하수에로 왕과 결혼한 유대인입니다.

　포로 귀환 시대에 1차 귀환자들에 의해 예루살렘에 스룹바벨 성전이 재건(주전 516년)된 지 40년 후 그녀는 바사 제국에서 벌어진 부림절 사건의 주역이 됩니다. 모르드개에 대한 하만의 개인적인 감정으로 시작된 유대인을 몰살시키려는 하만의 조서(에 1–5장)가 바사 제국에 반포됩니다. 부림절은 하만에게 맞서는 에스더와 모르드개의 반격으로, 새로운 조서(에 6–10장)가 반포됨으로 유대인의 운명이 죽음에서 승리로 역전된 날을 기념하는 절기입니다.

　욥은 족장 시대의 의인으로, 자신의 소유물을 다 잃고 자녀들이 모두 죽었을 때 '죽으면 죽으리라'는 심정으로 "주신 이도 여호와시요 거두신 이도 여호와시오니"(욥 1:21) 하며 하나님을 찬양했습니다. 죽을 것 같은 고통의 질병에 걸렸을 때도 "하나님께 복을 받았은즉 화도 받지 아니하겠느냐"(욥 2:10) 하며 입술로 범죄하지 않은 인물입니다(욥 1–3장).

　에스더와 욥이 살았던 시대는 서로 다르지만 하나님이 에스더를 통해서 유대 민족을 구원하시는 은혜와 욥을 통해서 한 사람을 의롭게 하시는 인내가 놀랍습니다.

에스더의 신앙고백(에 1–10장)

에스더서의 이야기는 창세기의 족장 시대로 거슬러 올라가면 야곱(이스라엘)과 에서(에돔)에서 시작됩니다. 하나님이 아담에게 약속하신 '여자의 후손' 그리스도는 야곱의 줄기에서 나오시고, 대적의 세력은 에서의 줄기에서 나옵니다.

　에스더서에 나오는 아각 사람 하만은 에서의 후손 아말렉에 뿌리를 두고 있습니다(창 36:12, 대상 1:36). 광야 시대(주전 1446년)에 이스라엘은 아말렉과 전쟁을 합니다(출 17:9, 16). 500년이 지난 후 왕국 시대(주전 1050년)에 이르러서는 사울 왕과 아말렉의 아각 왕이 전쟁을 합니다(삼상 15장). 이때 사울이 아말렉을 완전히 멸하지 못한 '씨'가 바로 500년 후 포로 귀환 시대의 에스더서(주전 478년)에서 하만과 모르드개의 대결로 나타난 아말렉과 이스라엘의 '천년전쟁'입니다.

바벨론

•예루살렘

바사(페르시아)

▲ 에스더서의 지리적 배경

이 싸움은 하나님의 구원 역사가 주요 쟁점입니다. 그러므로 사탄의 세력은 단순하게 모르드개를 죽이려는 것이 아니고, 유대인을 몰살시켜 '여자의 후손'으로 오시는 그리스도의 씨를 멸하려는 것입니다. 대적의 세력에 맞선 에스더의 "죽으면 죽으리이다"(에 4:16)라는 신앙고백은 그로부터 500년 후 십자가에서 '죽으면 죽으리라'는 예수 그리스도의 희생의 예표입니다(롬 5:8).

포로 귀환 시대에도 다윗의 씨를 보전하고 언약의 백성을 구원하는 하나님의 구원 역사는 왕의 조서로 결말을 보여 줍니다. 유대인을 몰살시키려는 하만이 꾸민 왕의 조서(에 3:12)로 인해 에스더는 "죽으면 죽으리이다"라고 고백함으로 아하수에로 왕을 만나 대적 하만의 죄를 폭로해 제거합니다. 에스더는 두 번째 '죽으면 죽으리라'는 심정으로 왕을 만나 하만이 꾸민 조서의 철회를 요구했습니다. 하지만 왕의 조서는 왕도 취소할 수 없었습니다(에 8:8). 그래서 아하수에로 왕은 새로운 조서를 모르드개를 통해 쓰게 합니다.

이는 하만의 죽이는 조서에 대항해 유대인의 생명을 보호하라는 내용으로(에 8:11), 마치 "율법 외에 하나님의 한 의"(롬 3:21)가 나타난 조서와 같습니다. 그러므로 "죄의 삯은 사망"(롬 6:23)이라는 만왕의 왕의 조서도 취소할 수 없습니다. 그러나 새로운 복음의 조서가 되시는 그리스도는 사망에서 생명으로 역전시키십니다(요 5:24). 모르드개가 쓴 새로운 조서로 인해 본토 백성이 유다인이 된 것처럼(에 8:17) 세상의 본토 백성도 복음의 조서를 통해 그리스도인이 됩니다.

오늘의 말씀

에서의 후예, 아말렉
에서의 아들 엘리바스의 첩 딤나는 아말렉을 엘리바스에게 낳았으니 이들은 에서의 아내 아다의 자손이며(창 36:12).

예수, '죽으면 죽으리라'
우리가 아직 죄인 되었을 때에 그리스도께서 우리를 위하여 죽으심으로 하나님께서 우리에 대한 자기의 사랑을 확증하셨느니라(롬 5:8).

이때를 위함, 소명의 자리
이때에 네가 만일 잠잠하여 말이 없으면 유다인은 다른 데로 말미암아 놓임과 구원을 얻으려니와 너와 네 아버지 집은 멸망하리라 네가 왕후의 자리를 얻은 것이 이때를 위함이 아닌지 누가 알겠느냐 하니(에 4:14).

에스더, '죽으면 죽으리이다'
에스더가 모르드개에게 회답하여 이르되 당신은 가서 수산에 있는 유다인을 다 모으고 나를 위하여 금식하되 밤낮 삼 일을 먹지도 말고 마시지도 마소서 나도 나의 시녀와 더불어 이렇게 금식한 후에 규례를 어기고 왕에게 나아가리니 죽으면

욥의 신앙고백 (욥 1-3장)

욥은 족장 시대의 아브라함과 동시대 인물입니다. 고난 받는 욥의 결말(약 5:11)은 포로 시대의 이스라엘 백성에게 소망을 주며, 세상으로부터의 포로 귀환 시대와 방불한 오늘날을 살아가는 우리에게도 귀감이 됩니다. 하나님의 백성에게 고난은 필수 불가결하기 때문입니다(시 34:19, 119:67, 71, 히 5:8, 벧전 2:20-21, 3:17, 4:13). 하나님의 백성에게 이해할 수 없는 여러 가지 고난이 닥칠 때 뚫고 갈 수 있는 비법은 욥의 신앙고백에 있습니다.

욥에게 닥친 고난은 자신의 소유물인 재산과 자녀들을 하루아침에 모두 잃은 것입니다. 이때 욥은 그 소유물이 자신의 것이 아니며, 자신은 하나님의 것을 맡은 청지기일 뿐(벧전 4:10)이라고 신앙고백을 합니다(욥 1:21-22). 욥에게 닥친 또 다른 고난은 자신에게 생긴 질병입니다. 이때도 욥은 자신의 몸 또한 자신의 것이 아니라는 의미로, 생명은 하나님의 복이라는 신앙고백을 합니다(욥 2:10). 이처럼 신앙고백의 비밀은 자기를 부인하고 그리스도를 따르는 믿음에 있습니다(마 16:24).

죽으리이다 하니라(에 4:15-16).

반전, 슬픔이 기쁨으로

왕의 어명이 이르는 각 지방, 각 읍에서 유다인들이 즐기고 기뻐하여 잔치를 베풀고 그날을 명절로 삼으니 본토 백성이 유다인을 두려워하여 유다인 되는 자가 많더라(에 8:17).

비극 속 욥의 찬양

이르되 내가 모태에서 알몸으로 나왔사온즉 또한 알몸이 그리로 돌아가올지라 주신 이도 여호와시요 거두신 이도 여호와시오니 여호와의 이름이 찬송을 받으실지니이다 하고 이 모든 일에 욥이 범죄하지 아니하고 하나님을 향하여 원망하지 아니하니라(욥 1:21-22).

> 주신 이도 여호와시요 거두신 이도 여호와시오니 여호와의 이름이 찬송을 받으실지니이다.

오늘의 미션

'죽으면 죽으리라'는 결심으로 내 생각, 내 마음 그리고 내 뜻 죽이기.

[미션 수행]

자녀에게 잔소리하고픈 생각과 남편에게 세우고 싶은 자존심 그리고 교회에서 내 뜻을 관철시키고 싶은 마음을 죽이겠습니다.

욥의 논쟁

욥 4:1 - 욥 27:23

| 창조 시대 | 족장 시대 | 광야 시대 |

 Day Point

욥기의 문학 장르는 희곡으로, 연극 대본과 같습니다. 욥기에 나오는 극중 인물들에 대해 1-2장에서는 빠르게 전개되다가 3장에서는 욥의 논쟁 대상자들에 대한 소개가 나옵니다. 욥과 논쟁하게 된 세 친구(엘리바스, 빌닷, 소발)는 자신의 생일을 저주하는 욥의 탄식(욥 3:1, 3)을 빌미 삼아 욥이 당하는 고난을 놓고 세 번에 걸쳐 논쟁을 벌입니다(욥 4-27장).

하나님이 의인에게 고난을 허락하신 것은 "의인을 시험하사 그 폐부와 심장"(렘 20:12)을 보시려는 것입니다. 그로 인해 예레미야 선지자도 욥처럼 생일을 저주하게 됩니다(렘 20:14). 이는 고난을 통해서 인간의 연약함을 보게 하시고, 예수 그리스도만이 구원자이심을 드러내는 은혜입니다.

연극의 세 가지 요소는 희곡, 배우, 관객입니다. 희곡의 모든 사건이 현재 시제로 전달되듯이 욥기 또한 현재를 살고 있는 우리로 하여금 이미 그리스도의 모형으로 등장한 성경 인물들을 보면서 관객으로서 감격하게 합니다. 또한 하나님의 말씀인 대본으로 인생을 연극하는 배우가 되어 그리스도의 실체의 삶을 살게 합니다.

첫 번째 논쟁(욥 4-14장)

첫 번째 논쟁의 핵심은 '죄의 문제'입니다. 엘리바스는 "생각하여 보라 죄 없이 망한 자가 누구인가 정직한 자의 끊어짐이 어디 있는가"(욥 4:7)라고 하며, 욥의 고난은 죄 때문이고 하나님이 심판하셨다고 말합니다. 악을 밭 갈고 독을 뿌리는 자는 그대로 거두게 되듯이 욥이 하나님에게 징계를 받는 것은 복이니 징계를 받으라(욥 5:17)고 변론합니다(욥 4-5장). 이에 대해 욥은 뼈를 깎는 괴로운 상태와 죽고 싶은 심정을 토로하며 자신의 결백을 주장합니다(욥 6-7장).

빌닷은 "네 자녀들이 주께 죄를 지었으므로 주께서 그들을 그 죄에 버려두셨나니"(욥 8:4)라고 하며 욥의 자녀들이 죄를 지어 죽었다고 합니다.

하나님은 악한 자는 버리실지라도 순전한 사람은 버리지 않으신다고 변론합니다(욥 8:20). 이에 대해 욥은 하나님이 자신을 까닭 없이 치시고, 온전한 자나 악한 자나 모두 멸망시키신다며 자신이 악하지 않음을 항변합니다(욥 9:22, 10:6-7).

▼ 욥기의 지리적 배경

소발은 자신이 깨끗하다는 욥의 말을 반박합니다. "하나님께서 너로 하여금 너의 죄를 잊게 하여 주셨음을 알라"(욥 11:6)고 하면서, 하나님이 은밀한 죄까지 보시고 심판하신다(욥 11:11)고 변론합니다(욥 11장). 이에 대해 욥은 "너희는 잠잠하고 나를 버려두어 말하게 하라 무슨 일이 닥치든지 내가 당하리라"(욥 13:13)고 말합니다. 그리고 하나님에게 자신의 허물과 죄가 무엇인지 알게 해 달라(욥 13:23)는 기도로 항변합니다(욥 13-14장).

첫 번째 논쟁의 결론은 죄를 해결하는 해답에 있습니다. 죄의 삯은 사망이기에 누구나 죽어야 하지만, 하나님의 은혜는 번제를 통해서 죄 사함 받을 수 있습니다(롬 6:23, 히 9:27). 그래서 욥기는 번제로 시작하는 것입니다(욥 1:5).

두 번째 논쟁(욥 15-21장)

두 번째 논쟁의 핵심은 '교만의 문제'입니다. 죄인은 교만하고 불의해 결국 망하게 됩니다. 그래서 엘리바스는 욥에게 "하나님을 대적하며 교만하여 전능자에게 힘을 과시"(욥 15:25)한다고 변론합니다. 빌닷은 불의한 자의 집은 재앙으로 인해 후손이 끊어질 것이라고 변론합니다(욥 18:19-21). 소발은 욥에게 악인들의 자랑은 잠시뿐이며 "자기의 똥처럼 영원히 망할 것이라"(욥 20:7)고 변론합니다.

이에 대한 욥의 항변을 통해 두 번째 논쟁의 해답을 찾을 수 있습니다. 욥은 친구들의 헛된 위로를 거절하면서 하늘의 대속자, 중보자에게 자신의 결백을 중재해 달라고 요청합니다. 교만한 악인들이 득세(욥 21:7-8)하는 불공평한 세상에서 의인이 겸손하게 살 수 있는 방법은 하늘에 계신 '나의 증인, 나의 중보자'(욥 16:19, 히 12:24), '나의 대속자'(욥 19:25, 마 20:28)가 되시는 그리스도에게 의지하는 것뿐입니다. 예수 그리스도는 번제로 인간의 죄를 사하는 중보자와 대속자가 되어 주십니다.

하나님은 욥의 후손이 끊어지지 않게 하시고, 부귀영화를 누리게 하심으로 욥의 결말을 복되게 하십니다(욥 42:12). 인간은 모두 교만하고 악하지만 예수 그리스도로 인해 구원의 부귀영화를 누리게 됩니다(엡 1:3, 히 6:13-14).

세 번째 논쟁(욥 22-27장)

세 번째 논쟁의 핵심은 '회복의 문제'입니다. 엘리바스는 욥의 악을 말하면서 "네가 만일 전능자에게로 돌아가면"(욥 22:23) 회복할 수 있다고 변론합니다. 빌닷은 하나님 앞에서 깨끗한 사람이 없다(욥 25:4)고 변론하고, 소발은 변론이 없습니다.

이에 대해 욥은 무죄를 변론하고 싶지만 하나님을 볼 수 없다며, 그분이 자신을 단련하신다고 말합니다(욥 23:10). 하나님의 위대하심을 헤아릴 자가 없으니(욥 26:14) 자신은 온전함을 버리지 않겠다고 항변합니다(욥 27:5).

세 번째 논쟁을 해결하는 해답은 하나님의 말씀입니다. 요셉을 말씀으로 단련(시 105:17-19)시키신 것처럼 하나님의 말씀으로 단련되면 순금처럼 회복됩니다(욥 23:10). 전능자에게 돌아가는 길은 오직 말씀입니다(시 119:105). 그래서 하나님은 욥의 논쟁이 끝나자 말씀(욥 38-42장)으로 옳은 길을 설명하십니다.

욥, "나의 증인, 나의 중보자, 나의 대속자"
지금 나의 증인이 하늘에 계시고 나의 중보자가 높은 데 계시니라(욥 16:19).

내가 알기에는 나의 대속자가 살아 계시니 마침내 그가 땅 위에 서실 것이라(욥 19:25).

요셉, 말씀으로 단련
그가 한 사람을 앞서 보내셨음이여 요셉이 종으로 팔렸도다. 그의 발은 차꼬를 차고 그의 몸은 쇠사슬에 매였으니 곧 여호와의 말씀이 응할 때까지라 그의 말씀이 그를 단련하였도다(시 105:17-19).

욥, 순금 같은 단련
그러나 내가 가는 길을 그가 아시나니 그가 나를 단련하신 후에는 내가 순금같이 되어 나오리라(욥 23:10).

오늘의 미션

나를 단련시킨 말씀 적어 보기.

[미션 수행]

고난당한 것이 내게 유익이라 이로 말미암아 내가 주의 율례들을 배우게 되었나이다(시 119:71).

욥의 결말

욥 28:1 - 욥 42:17

창조 시대 　　　　　　 족장 시대 　　　　　　 광야 시대

Day Point

욥의 친구들과 세 번에 걸친 논쟁이 끝나는 시점에서 욥은 지혜에 대한 의문을 제기합니다. 하나님에 대한 욥의 변론(욥 28~31장), 엘리후의 변론(욥 32~37장) 그리고 하나님의 말씀(욥 38~42장)으로 막을 내리는 욥기의 결말은 번제의 축복으로 복되게 끝납니다.

욥의 변론(욥 28~31장)

욥의 변론의 핵심은 '구원의 지혜에 대한 의문'과 '의인의 고난에 대한 의문'입니다. 욥은 세 친구들과 세 번의 논쟁을 마치고 지혜를 찾기 시작합니다. 그것은 죄와 교만과 회복에 대한 논쟁의 해답이 성경이 말하는 지혜에서 오기 때문입니다. 그 지혜는 땅에서 찾을 수 없고, 돈으로도 살 수 없으며, 그 가치는 너무 커서 값을 정할 수 없습니다.

그러나 하나님은 당신만이 지혜가 있는 곳을 아시며, "주를 경외함이 지혜요 악을 떠남이 명철"(욥 28:28)이라고 사람에게 말씀하십니다. 그 지혜에 대한 해답은 예수 그리스도입니다(요 14:6). 사람의 죄를 용서하고 구원하기 위해 번제로 드려지시는 그리스도가 하나님의 지혜이시기 때문입니다. 그러므로 세상의 보물은 땅에 있지만 구원의 진리는 하늘의 보물이신 그리스도에게 있습니다.

이제 욥은 의롭게 살았던 과거(욥 29장)를 회상하며 현재 자신에게 닥친 고난(욥 30장)에 의문을 품습니다. 그리고 자신은 죄를 지은 적이 없다는 결백을 주장(욥 31장)하며 하나님에게 변론을 합니다. 구원의 지혜에 대한 의문은 '엘리후의 변론'에서 그 해답을 찾을 수 있고, 의인의 고난에 대한 의문은 '하나님의 말씀'에서 그 해답을 찾을 수 있습니다.

엘리후의 변론(욥 32~37장)

엘리후의 변론의 핵심은 하나님의 초월성과 구원에 있습니다. 욥의 세 친구들은 욥이 죄로 인해 고난당하는 것이라며 욥을 위로하기보다는 책망했습니다. 그들은 하나님이 통치하시는 세상에서 죄 없는 의인이 고난 받는 것은 부당하기에 욥이 분명 숨겨진 죄로 인해 고난당한다고 생각했습니다 (인과응보의 신학).

그러나 엘리후는 욥을 바라보시는 하나님의 구원에 초점을 맞춥니다. 욥이 자신의 의를 주장하는 것은 하나님을 불의하신 분으로 정죄하는 잘못된 태도이며, 공의와 정의의 하나님이심을 말합니다. 사람이 비록 이해하지 못하는 고난을 당할지라도 그것이 하나님의 공의나 정의를 부정하는 근거가 되지는 못한다는 것입니다. 하나님은 우리 생각보다 더 크신 분이시기 때문입니다(욥 33:12).

엘리후(그는 나의 하나님)는 자신의 이름처럼 하나님을 변론하는 입장에서 말합니다. 하나님이 엘리후의 변론에 대해 아무런 언급이 없으신 것으로 보아 엘리후의 말은 진리에 근거를 둔 것입니다. 엘리후의 결론은 "그대는 하나님께서 하신 일을 기억하고 높이라 잊지 말지니라 인생이 그의 일을 찬송하였느니라"(욥 36:24)고 말합니다. 지혜로운 자는 하나님을 찬양하고, 사람의 본분은 하나님을 경외하는 것입니다(전 12:13). 그러므로 하나님에 대해 자신을 변론(욥 31:35, 33:13)하는 욥에게 엘리후는 진리의 말을 합니다.

> "만일 일천 천사 가운데 하나가 그 사람의 중보자로 함께 있어서 그의 정당함을 보일진대 하나님이 그 사람을 불쌍히 여기사 그를 건져서 구덩이에 내려가지 않게 하라 내가 대속물을 얻었다 하시리라 그런즉 그의 살이 청년보다 부드러워지며 젊음을 회복하리라"(욥 33:23-25).

욥의 친구들이 율법적인 정죄를 말했다면, 엘리후는 중보자와 대속물을 통한 회복의 복음을 전한 것입니다. 이 복음은 그리스도가 번제로 대속물이 되셔서 구원하시는 것입니다.

하나님이 사람에게 질병과 고통을 주시는 이유는 생명의 빛이신 예수 그리스도를 비추시려는 것입니다(욥 33:29-30, 고후 4:4, 6). 또한 생명의 빛이

오늘의 말씀

지혜의 길, 주를 경외
그러나 지혜는 어디서 얻으며 명철이 있는 곳은 어디인고 … 하나님이 그 길을 아시며 있는 곳을 아시나니(욥 28:12, 23).

엘리후, '크신 하나님'
내가 그대에게 대답하리라 이 말에 그대가 의롭지 못하니 하나님은 사람보다 크심이니라 (욥 33:12).

생명의 빛을 비추심
실로 하나님이 사람에게 이 모든 일을 재삼 행하심은 그들의 영혼을 구덩이에서 이끌어 생명의 빛을 그들에게 비추려 하심이니라(욥 33:29-30).

욥, 자신의 유한성 인정
욥이 여호와께 대답하여 이르되 … 무지한 말로 이치를 가리는 자가 누구니이까 나는 깨닫지도 못한 일을 말하였고 스스로 알 수도 없고 헤아리기도 어려운 일을 말하였나이다(욥 42:1, 3).

욥의 회개
내가 주께 대하여 귀로 듣기만 하였사오나 이제는 눈으로 주를 뵈옵나이다 그러므로 내가 스스로 거두어들이고 티끌과 재 가운데에서 회개하나이다 (욥 42:5-6).

그리스도의 고난을 따라가는 성도
죄가 있어 매를 맞고 참으면 무슨 칭찬이 있으리요 그러나 선을 행함으로 고난을 받고 참으면 이는 하나님 앞에 아름다우니라 이를 위하여 너희가 부르심을 받았으니 그리스도도 너희를 위하여 고난을 받으사 너희에게 본을 끼쳐 그 자취를 따

신 그리스도는 사람을 의롭게 하시기 위해 지혜가 되셔서 깨닫게 하십니다(욥 28:28, 33:32-33). 그러므로 하나님에게 의롭다 함을 얻는 법을 깨달은 자는 지혜를 얻은 자입니다(고전 1:21, 2:7-8).

하나님의 말씀(욥 38-42장)

엘리후의 말이 끝나자 하나님이 폭풍우 가운데 나타나십니다. 하나님은 욥의 변론에 대한 답변으로 "네 의를 세우려고 나를 악하다 하겠느냐"(욥 40:8)라고 말씀하십니다. 의에 대한 기준이 사람의 행위에 있는 것이 아니고 하나님의 은혜에 있기 때문입니다. 그것은 그리스도를 믿음으로 의롭다 함을 얻는 은혜입니다(엡 2:8-9).

인간이 겪는 고난의 근본적인 원인은 죄이고, 그 해결책은 번제로 드려지시는 그리스도의 대속입니다. 욥기에 등장하는 욥과 창세기에 등장하는 요셉의 의로운 고난은 그리스도의 고난을 예표하는 것입니다. 그러므로 성도의 사명은 그 고난의 길을 따라가면서 하나님이 하시는 일을 나타내는 것입니다(요 9:3, 벧전 2:20-21).

라오게 하려 하셨느니라(벧전 2:20-21).

오늘의 미션
시가서의 의미적 초점은 무엇인가?

[미션 수행]
구원자가(욥기) 구원의 복을 주고(시편), 구원의 지혜를 통해(잠언), 구원의 삶을 살게 하고(전도서), 구원의 완성을 이룬다(아가).

 고난당할 때

하나님이 하시는 일	우리가 할 일
• 우리를 지켜 주신다(시 121:7).	• 따뜻한 말이나 행동으로 슬픔을 달래 준다(고후 1:4).
• 우리와 함께하신다(사 43:2).	• 안타깝게 생각하는 마음을 보여 준다(욥 6:14).
• 고난을 이겨 낼 힘과 피할 방법을 주신다(고전 10:13).	• 기도한다(행 12:5).
• 슬픔을 기쁨으로 바꾸신다(시 30:11).	• 보살피고 돌본다(잠 22:22).
• 고난으로 말미암아 잃은 것을 갚아 주신다(롬 8:18).	• 도와준다(욥 31:19-20).
• 고난에서 건져 내신다(시 34:17).	• 같은 느낌, 같은 마음을 갖는다(롬 12:15).

사사 시대 ▶ 통일 왕국 시대 ▶ 분열 왕국 시대

 Day Point

시편은 제1권(1–41편), 제2권(42–72편), 제3권(73–89편), 제4권(90–106편), 제5권(107–150편), 총 다섯 권으로 분류됩니다.

이러한 분류는 '모세오경' 구조에 맞춘 것입니다. 모세오경은 하나님이 그분의 백성에게 주신 율법으로, 어떻게 살아야 할지에 대한 기준입니다. 다윗의 '시편오권'은 하나님의 백성이 하나님에게 드린 율법에 대한 응답으로, 신앙생활(찬양, 탄원, 감사, 신뢰, 회상, 지혜, 제왕)의 내용입니다. 다윗은 그리스도의 예표로, 다윗의 시편은 다윗의 기도인 동시에 그리스도의 기도입니다. 또한 그리스도가 임마누엘로 함께하신다는 그리스도인의 기도입니다.

시편 제1권은 모세오경의 창세기(창조)에 유사성이 있으며, 역사적으로는 사울 왕과 대적들에게 압제 받는 다윗의 배경을 가집니다. 궁극적으로는 다윗의 예표가 되시는 그리스도의 탄생과 부활, 십자가 고난과 그분이 희생제물이 되신 내용입니다.

여자의 후손과 뱀의 후손(시 1편)

시편 제1편은 시편 전체의 서론이며, 성경 전체의 총론에 해당되는 내용입니다. 성경 전체의 핵심은 그리스도이며, 그 핵심 내용은 그리스도를 통해 죄 사함을 받고 구원의 복을 누리는 것입니다(눅 24:46-47).

그런데 모든 사람이 그 복을 얻는 것은 아닙니다. 두 개의 길이 다르게 전개되기 때문입니다. 시편 1편에서는 하나님의 은혜로 사는 의인의 길과 하나님의 은혜 없이도 스스로 잘 살 수 있다며 자기 힘으로 사는 악인의 길이 선명하게 구분됩니다. 두 개의 길은 마치 왕국 시대의 '다윗의 길'과 '여로보암의 길'을 연상시킵니다. 창세기 3장에서 죄로 말미암아 출발한 '여자의 후손'과 '뱀의 후손'의 갈림길이 왕정 시대에 와서 '다윗의 길'과 '여로보암의 길'로 나누어진 것입니다.

그러므로 시편 1편에서 여자의 후손은 의인으로, 뱀의 후손은 악인으

로 표현되고, 구원의 복이 있는 자
와 구원의 복이 없는 자로 구분됩
니다. 인본적인 기준에서 착하고
선한 자가 의인이 아니고, 신본적
인 기준에서 의로우신 그리스도의
은혜로 의인으로 구별되는 것입니
다. 그 구별 기준은 혈통으로나 육
정으로나 사람의 뜻이 아니고 하
나님으로부터 난 은혜의 믿음입니
다(요 1:12-13). 이렇게 성경은 하나

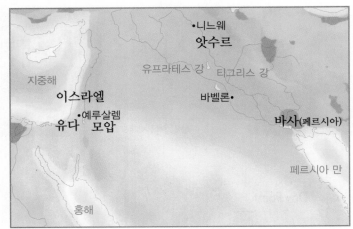

님의 자녀들과 마귀의 자녀들로 구분합니다(요일 3:10-12).

　이로써 시편 1편의 복 있는 사람은 그리스도로 말미암아 얻는 구원의 복
을 말합니다(창 22:18, 엡 1:3).

여자의 후손 예수 그리스도(시 2-41편)

시편 1편에서 말하는 복 있는 사람이 되려면 '여자의 후손'으로 오시는 예
수 그리스도가 나의 구세주 되심을 믿어야 합니다. 그러므로 시편 2편에서
는 기름 부음 받은 왕이시며 하나님의 아들이신 그리스도에게 입 맞추라
(시 2:12)고 촉구합니다. 그리스도를 영접하지 않으면 악인의 길에서 망하
기 때문입니다.

　구원의 복을 주시는 그리스도가 탄생하셔서(시 2:7) 철장 권세를 가지고
뱀의 머리를 밟으시고, 악의 세력을 깨뜨리십니다(시 2:9). 악의 세력을 가
진 마귀를 멸하는 방법은 그리스도가 고난을 받고 죽으시지만 다시 부활
해서 사망 권세를 이기시는 것입니다.

　시편에서 다윗을 통한 예수 그리스도의 예표는 사도행전에서 너무도
선명하게 드러납니다(행 2:24-29, 13:32-38). 사도행전 2장은 베드로의 사역
이 시작되는 장이고, 13장은 바울의 사역이 시작되는 장입니다. 그들은 모
두 다윗의 시편(시 16:8-11)을 인용하면서 예수가 그리스도이심을 증거합
니다.

오늘의 말씀

성경의 핵심, 그리스도의 죽음,
부활, 죄 사함
또 이르시되 이같이 그리스도
가 고난을 받고 제 삼 일에 죽은
자 가운데서 살아날 것과 또 그
의 이름으로 죄 사함을 받게 하
는 회개가 예루살렘에서 시작
하여 모든 족속에게 전파될 것
이 기록되었으니(눅 24:46-47).

두 길, 의인(복 있는 사람)과 악인
복 있는 사람은 악인들의 꾀를
따르지 아니하며 죄인들의 길
에 서지 아니하며 오만한 자들
의 자리에 앉지 아니하고 오직
여호와의 율법을 즐거워하여
그의 율법을 주야로 묵상하는
도다 … 무릇 의인들의 길은 여
호와께서 인정하시나 악인들
의 길은 망하리로다(시 1:1-2, 6).

두 길, 하나님의 자녀와 마귀
의 자녀
이러므로 하나님의 자녀들과
마귀의 자녀들이 드러나나니
무릇 의를 행하지 아니하는 자
나 또는 그 형제를 사랑하지 아
니하는 자는 하나님께 속하지
아니하니라(요일 3:10).

▼ 시편의 지리적 배경

"그[다윗]는 선지자라 하나님이 이미 맹세하사 그 자손 중에서 한 사람을 그 위에 앉게 하리라 하심을 알고 미리 본 고로 그리스도의 부활을 말하되 그가 음부에 버림이 되지 않고 그의 육신이 썩음을 당하지 아니하시리라 하더니"(행 2:30-31).

이렇게 시편은 다윗을 통해 그리스도를 투영합니다. 시편은 그리스도가 십자가 위에서 고난당하시는 내용을 그림자처럼 비추고 있습니다. 그리스도가 "내 하나님이여 내 하나님이여 어찌 나를 버리셨나이까"(시 22:1, 마 27:46) 하고 외치셔도 하나님은 대답조차 없으십니다. "우리가 아직 죄인 되었을 때에 그리스도께서 우리를 위하여 죽으심으로 하나님께서 우리에 대한 자기의 사랑을 확증하셨느니라"(롬 5:8)는 말씀을 성취하려는 것입니다.

예수 그리스도는 수족이 찔리시고, 겉옷과 속옷을 제비 뽑히셨습니다(시 22:16-18, 마 27:38, 요 19:24). 그분은 까닭 없이 미워하는 자들(시 35:19, 요 15:25)로 인해, 또한 우리의 허물과 죄악 때문에 찔리고 상하심으로(사 53:5) 참희생 제물이 되셨습니다 (시 40:6-7, 히 10:5-7).

여호와에게 피하는 자
그의 아들에게 입맞추라 그렇지 아니하면 진노하심으로 너희가 길에서 망하리니 그의 진노가 급하심이라 여호와께 피하는 모든 사람은 다 복이 있도다(시 2:12).

시편, 그리스도의 고난 예표
내 하나님이여 내 하나님이여 어찌 나를 버리셨나이까 어찌 나를 멀리하여 돕지 아니하시오며 내 신음 소리를 듣지 아니하시나이까(시 22:1).

역설 - 그의 죽으심, 우리의 나음
그가 찔림은 우리의 허물 때문이요 그가 상함은 우리의 죄악 때문이라 그가 징계를 받으므로 우리는 평화를 누리고 그가 채찍에 맞으므로 우리는 나음을 받았도다(사 53:5).

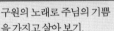

오늘의 미션
구원의 노래로 주님의 기쁨을 가지고 살아 보기.

[미션 수행]
구원하심이 보좌에 앉으신 우리 하나님과 어린 양께 있도다.

 생활 속에서 하나님을 만나는 방법

- 올바르게 행동해야 한다.
- 의를 행해야 한다.
- 진실을 말해야 한다.
- 헐뜯는 말을 하지 말아야 한다.
- 이웃에게 해를 입히지 말아야 한다.
- 누명을 씌우지 않아야 한다.
- 타락한 사람을 경멸하고 하나님을 경외하는 사람을 존경해야 한다.
- 약속한 것을 반드시 지켜야 한다.
- 부당한 이자를 받지 말아야 한다.
- 뇌물을 받지 않고 죄 없는 사람을 억울하게 하지 않아야 한다.

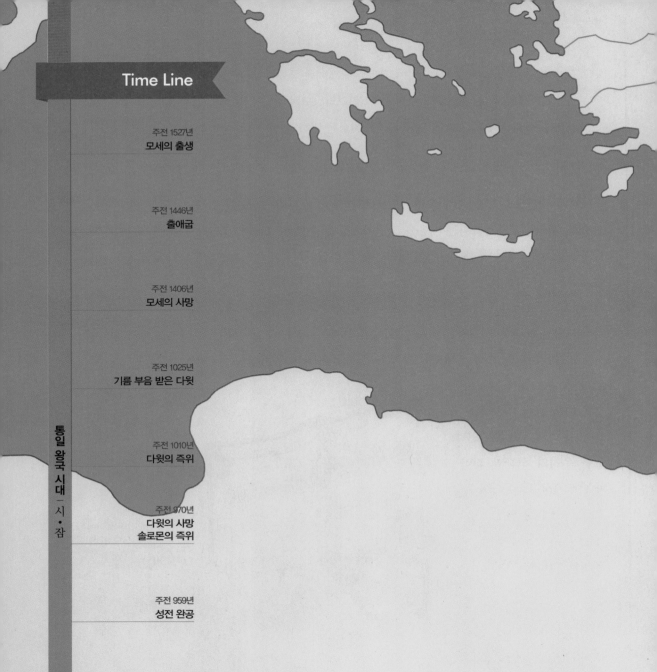

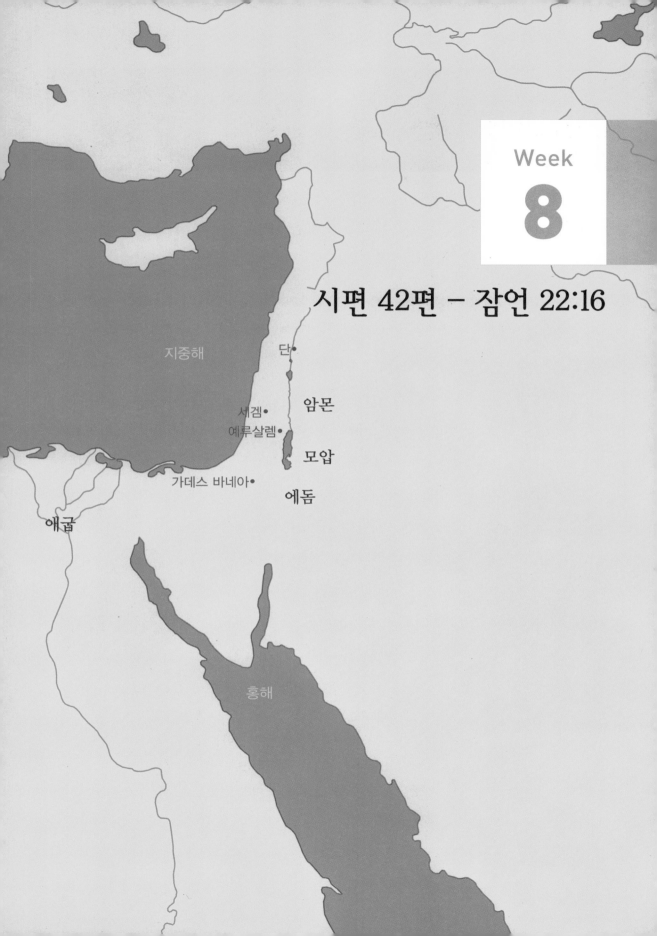

Week

8

시편 42편 – 잠언 22:16

지중해

단

암몬

세겜•

예루살렘•

모압

가데스 바네아•

에돔

애굽

홍해

시편

 **Key Point**

새 노래의 주인 예수 그리스도

시편은 복 있는 사람이 부르는 새 노래입니다. 새 노래(시 33:3, 40:3, 96:1-2, 98:1-2, 144:9, 149:1)는 시편에 자주 등장하며, 요한 계시록에는 하늘에서 구원 받은 백성이 부르는 새 노래의 가사가 기록되어 있습니다(계 5:9-10, 7:10, 14:3). 시편에서 이 노래 가 불리는 것은 예수 그리스도의 복음이 기록되었기 때문입니다. 예수님이 "모세의 율법과 선지자의 글과 시편에 나를 가리 켜 기록된 모든 것이 이루어져야 하리라"(눅 24:44)고 말씀하신 십자가의 복음입니다. 이로써 그리스도는 새 노래의 주인이 되십니다.

또한 시편은 다윗의 왕권을 가지고 오시는 그리스도의 말씀입니다. 예수님이 시편을 자신에 대해 기록된 말씀이라고 하셨고 (눅 24:44), 이미 선지자들도 다윗의 왕권을 가지고 오시는 그리스도를 증거하고 있기 때문입니다(사 11:10, 32:1, 렘 23:5, 겔 34:23 -24, 미 5:2). 또한 이스라엘의 태동기인 출애굽부터 포로기까지 천 년의 시간 속에 편집된 시편 중 절반가량을 그리스도로 예표된 다윗이 썼습니다. 이로 보아 시편은 그리스도를 통한 구원의 복음을 목적으로 기록된 것입니다.

구원의 복(시 1~32편) : 복 있는 사람

성경의 마지막 책인 요한계시록은 복 있는 사람에 대해서 "이 예언의 말씀 을 읽는 자와 듣는 자와 그 가운데에 기록한 것을 지키는 자는 복이 있나 니"(계 1:3)라고 말합니다. 시편도 복 있는 사람에 대해 말합니다. 복 있는 사람은 "오직 여호와의 율법을 … 주야로 묵상"(시 1:2)하는 자입니다.

그런데 다윗은 시편에서 "허물의 사함을 받고 자신의 죄가 가려진 자는 복이 있도다 마음에 간사함이 없고 여호와께 정죄를 당하지 아니하는 자 는 복이 있도다"(시 32:1-2)라고 고백합니다. 신약성경에서도 복은 허물과 죄를 용서 받은 구원을 말합니다(엡 2:1). 복음의 핵심을 설명하는 로마서 에서도 다윗의 시편을 인용해 "일한 것이 없이 하나님께 의로 여기심을 받 는 사람의 복"(롬 4:6)에 대해서 말하고 있습니다.

새 노래로 노래하라
새 노래로 여호와께 노래하라 온 땅이여 여호와께 노래할지 어다 여호와께 노래하여 그의 이름을 송축하며 그의 구원을 날마다 전파할지어다(시 96:1-2).

어린 양의 구원하심
큰 소리로 외쳐 이르되 구원하 심이 보좌에 앉으신 우리 하나 님과 어린 양에게 있도다 하니 (계 7:10).

이로 보건대 시편은 시작부터 구원의 복을 설명하며(시 1:1) 성경 독자들에게 그 길을 분명히 제시합니다. 시편 1편에서 구원의 복이 없는 사람은 악인의 길로, 구원의 복이 있는 사람은 의인의 길로 가는 두 가지 삶으로 구분됩니다. 시편은 구원이 어디에서 오는지를 알려 줍니다.

> "구원은 여호와께 있사오니 주의 복을 주의 백성에게 내리소서"(시 3:8).

그러므로 시편은 사람들이 회개해서 구원 받기를 원합니다. 그런데도 악인과 어리석은 자는 그 마음에 이르기를 하나님이 없다고 합니다(시 10:4, 14:1, 롬 1:28).

> "사람이 회개하지 아니하면 그가 그의 칼을 가심이여 그의 활을 이미 당기어 예비하셨도다"(시 7:12).

그러나 주님을 자신의 복으로 삼는 성도들은 존귀한 자입니다(시 16:1-3). 그들을 위해 그리스도가 십자가에서 죽으셨기 때문입니다(시 22:1, 16, 18, 마 27:38, 46, 요 19:24).

영생의 복(시 33-150편) : 새 노래로 찬양하라

주의 은혜로 구원의 복이 있는 사람들은 "새 노래로 그를 노래하며 즐거운 소리로 아름답게 연주"(시 33:3)해야 합니다. "이 백성은 내가 나를 위하여 지었나니 나를 찬송하게 하려 함이니라"(사 43:21)는 하나님의 계획 때문입니다(시 33:12, 롬 9:11).

시편은 이 계획을 성취하시기 위해 선택된 백성을 대신해 "그리스도가 고난을 받고 제 삼 일에 죽은 자 가운데서 살아날 것과 또 그의 이름으로 죄 사함을 받게 하는 회개가 예루살렘에서 시작하여 모든 족속에게 전파될 것"(눅 24:46-47)을 예고합니다.

> " … 그는 기이한 일을 행하사 그의 오른손과 거룩한 팔로 자기를 위하여 구원을 베푸셨음이로다 여호와께서 그의 구원을 알게 하시며 그의 공의를 뭇

정의와 공의의 메시아 왕국
여호와의 말씀이니라 보라 때가 이르리니 내가 다윗에게 한 의로운 가지를 일으킬 것이라 그가 왕이 되어 지혜롭게 다스리며 세상에서 정의와 공의를 행할 것이며(렘 23:5).

악인 왈(曰), "하나님은 없다!"
악인은 그의 교만한 얼굴로 말하기를 여호와께서 이를 감찰하지 아니하신다 하며 그의 모든 사상에 하나님이 없다 하나이다(시 10:4).

주님! 나의 유일한 복
하나님이여 나를 지켜 주소서 내가 주께 피하나이다 내가 여호와께 아뢰되 주는 나의 주님이시오니 주 밖에는 나의 복이 없다 하였나이다(시 16:1-2).

하나님의 기업 된 백성
여호와를 자기 하나님으로 삼은 나라 곧 하나님의 기업으로 선택된 백성은 복이 있도다(시 33:12).

나라의 목전에서 명백히 나타내셨도다"(시 98:1-2).

　　시편에서 예고하고 나타낸 것은 영생의 복으로, '영생'은 그리스도가 하나님에게 받으신 명령입니다(요 12:50, 시 133:3).

　　그러므로 시편에서 명령한 영생의 복을 성취하시기 위해 다윗의 왕위를 가지고 이 땅에 오신 분은 예수 그리스도이십니다(눅 1:31-33). 그 복을 누리는 우리는 날마다 새 노래로 '할렐루야'입니다(시 150:6).

시편과 예수님

　　장차 오실 메시아에 대한 예언으로 가득한 시편에는 예수님의 탄생, 수난, 죽음, 부활, 재림이 다 기록되어 있다. 예수님은 "시편에 나를 가리켜 기록된 모든 것이 이루어져야 하리라"(눅 24:44)고 하셨다.

탄생
"내가 여호와의 명령을 전하노라 여호와께서 내게 이르시되 너는 내 아들이라 오늘 내가 너를 낳았도다"(시 2:7).

수난
"내 겉옷을 나누며 속옷을 제비 뽑나이다"(시 22:18).

죽음
"나는 물같이 쏟아졌으며 내 모든 뼈는 어그러졌으며 내 마음은 밀랍 같아서 내 속에서 녹았으며 … 주께서 또 나를 죽음의 진토 속에 두셨나이다"(시 22:14-15).

부활
"이는 주께서 내 영혼을 스올에 버리지 아니하시며 주의 거룩한 자를 멸망시키지 않으실 것임이니이다"(시 16:10).

재림
"그가 임하시되 땅을 심판하러 임하실 것임이라 그가 의로 세계를 심판하시며 그의 진실하심으로 백성을 심판하시리로다"(시 96:13).

잠언

 **Key Point**

지혜의 근본 예수 그리스도

잠언은 솔로몬의 지혜서입니다. 솔로몬은 잠언을 통해 여호와를 경외하는 것이 지혜의 근본이라고 말하고(잠 9:10), 그의 인생론인 전도서 말미에 하나님을 경외하는 것이 사람의 본분이라고 말합니다(전 12:13). 그러므로 사람의 본분으로 여호와를 경외하려면 지혜의 근본이 있어야 합니다. 잠언은 지혜를 의인화해 예수 그리스도가 지혜의 근본이심을 묵시적으로 드러냅니다.

"오직 부르심을 받은 자들에게는 유대인이나 헬라인이나 그리스도는 하나님의 능력이요 하나님의 지혜니라"(고전 1:24).

잠언에서 핵심적으로 다루는 지혜는 지혜의 근본(잠 1~9장)과 지혜의 실천(잠 10~31장)으로 구분됩니다. 지혜의 근본은 그리스도를 말하고, 지혜의 실천은 그리스도인의 삶을 말합니다. 복음이 있는 자가 복음의 삶을 살 수 있듯이 지혜가 있어야 지혜롭게 살 수 있습니다. 가장 지혜로운 삶은 그리스도의 현숙한 신부가 되어 여호와를 경외하는 것입니다(잠 31:30).

지혜의 근본(잠 1~9장) : 예수 그리스도

"다윗의 아들 이스라엘 왕 솔로몬의 잠언이라"(잠 1:1).

잠언은 이렇게 시작합니다. 이는 솔로몬이 하나님으로부터 받은 지혜를 통해서 다윗에게 약속하신 그리스도를 나타내려는 것입니다(왕상 3:12). 그러므로 잠언은 세상의 지혜가 아니라 하나님의 지혜인 그리스도의 복음을 전하려는 것입니다.

"그러나 우리가 온전한 자들 중에서는 지혜를 말하노니 이는 이 세상의 지혜가 아니요 또 이 세상에서 없어질 통치자들의 지혜도 아니요 오직 은밀한 가운데 있는 하나님의 지혜를 말하는 것으로서 곧 감추어졌던 것인데 하나님이 우리의 영광을 위하여 만세 전에 미리 정하신 것이라 이 지혜는

사람의 본분, 하나님 경외
일의 결국을 다 들었으니 하나님을 경외하고 그의 명령들을 지킬지어다 이것이 모든 사람의 본분이니라(전 12:13).

지혜의 근본, 여호와 경외
여호와를 경외하는 것이 지혜의 근본이요 거룩하신 자를 아는 것이 명철이니라(잠 9:10).

두 길, 나를 얻는 자와 잃는 자
대저 나를 얻는 자는 생명을 얻고 여호와께 은총을 얻을 것임이니라 그러나 나를 잃는 자는 자기의 영혼을 해하는 자라 나를 미워하는 자는 사망을 사랑하느니라(잠 8:35-36).

이 세대의 통치자들이 한 사람도 알지 못하였나니 만일 알았더라면 영광의 주를 십자가에 못 박지 아니하였으리라"(고전 2:6-8).

세상의 지혜로는 인간이 해결해야 할 구원의 문제를 풀 수 없지만, 하나님 속에 감추어진 지혜는 구원 문제의 해답이 됩니다. 그래서 잠언은 지혜가 "너를 음녀에게서, 말로 호리는 이방 계집에게서 구원하리니"(잠 2:16)라고 말합니다. 이는 지혜가 생명나무이기 때문입니다(잠 3:18). 그리스도로 의인화된 지혜를 얻는 자는 생명을 얻지만, 지혜를 잃는 자는 사망을 사랑하게 됩니다(잠 8:35-36).

그래서 지혜는 어리석은 자와 지혜 없는 자에게 어리석음을 버리고 지혜의 집으로 와서 생명을 얻으라고 외칩니다. 그런데 미련한 여인은 어리석고 미련한 자를 자기 집, 음부 깊은 곳으로 유혹합니다(잠 7:24-27, 9:13-18). 그러므로 잠언을 통해 지혜의 근본이신 그리스도를 발견하는 것은 지혜로우신 하나님의 은혜입니다.

지혜의 실천(잠 10-31장) : 그리스도인의 삶

로마서의 구조를 살펴보면 전반부(롬 1-11장)는 복음의 이론이고, 후반부(롬 12-16장)는 복음의 삶입니다. 잠언도 이와 마찬가지로 전반부(잠 1-9장)는 그리스도의 복음이고, 후반부(잠 10-31장)는 복음이 있는 그리스도인의 삶입니다.

잠언 전반부에서 그리스도로 의인화된 지혜를 얻은 자들은 하나님의 아들로 대우 받는 삶을 살게 됩니다. 잠언에서 말하는 '훈계'는 '교훈', '징계'와 같은 의미인데, 하나님은 당신이 아들로 대우하시는 자에게는 징계하십니다(히 12:5-6, 잠 3:11-12). 이는 하나님이 성전 건축을 통해 다윗과 언약을 맺으실 때 "나는 그에게 아버지가 되고 그는 내게 아들이 되리니 그가 만일 죄를 범하면 내가 사람의 매와 인생의 채찍으로 징계"(삼하 7:14)하겠다고 하신 말씀과 같습니다.

지혜로운 아들은 아비를 기쁘게 해 훈계를 좋아하고 귀담아듣지만, 미련한 자는 지혜와 훈계를 멸시하고, 거만한 자는 지혜를 구해도 얻지 못합니다(잠 10:1, 12:1, 13:1, 14:6).

음녀의 길, 사망!
이제 아들들아 내 말을 듣고 내 입의 말에 주의하라 네 마음이 음녀의 길로 치우치지 말며 그 길에 미혹되지 말지어다 대저 그가 많은 사람을 상하여 엎드러지게 하였나니 그에게 죽은 자가 허다하니라 그의 집은 스올의 길이라 사망의 방으로 내려가느니라(잠 7:24-27).

미련한 여인이 떠들며 어리석어서 아무것도 알지 못하고 자기 집 문에 앉으며 성읍 높은 곳에 있는 자리에 앉아서 자기 길을 바로 가는 행인들을 불러 이르되 어리석은 자는 이리로 돌이키라 또 지혜 없는 자에게 이르기를 도둑질한 물이 달고 몰래 먹는 떡이 맛이 있다 하는도다 오직 그 어리석은 자는 죽은 자들이 거기 있는 것과 그의 객들이 스올 깊은 곳에 있는 것을 알지 못하느니라(잠 9:13-18).

징계, 사랑의 증거
또 아들들에게 권하는 것같이 너희에게 권면하신 말씀도 잊었도다 일렀으되 내 아들아 주의 징계하심을 경히 여기지 말며 그에게 꾸지람을 받을 때에 낙심하지 말라 주께서 그 사랑하시는 자를 징계하시고 그가 받아들이시는 아들마다 채찍질하심이라 하였으니(히 12:5-6).

내 아들아 여호와의 징계를 경히 여기지 말라 그 꾸지람을 싫어하지 말라 대저 여호와께서 그 사랑하시는 자를 징계하시기를 마치 아비가 그 기뻐하는 아들을 징계함같이 하시느니라(잠 3:11-12).

생명의 샘
여호와를 경외하는 것은 생명의 샘이니 사망의 그물에서 벗어나게 하느니라(잠 14:27).

그러므로 잠언의 기록 목적은 세상의 지혜보다는 생명을 얻게 하는 하나님의 지혜에 초점을 둡니다(잠 14:27). 그리고 그리스도로 의인화된 지혜를 가지고 "사람이 보기에 바르나 필경은 사망의 길"(잠 16:25)로 유혹하는 음녀 사탄(벧전 5:8-9)을 대적하며, 하나님을 경외하는 그리스도의 현숙한 신부로 살게 하려는 것입니다(잠 31:30).

탁월한 여자, 여호와를 경외
고운 것도 거짓되고 아름다운
것도 헛되나 오직 여호와를 경
외하는 여자는 칭찬을 받을 것
이라(잠 31:30).

모퉁이의 머릿돌

두 개의 벽이 직각으로 마주치는 곳에 놓여서 그 벽을 지탱해 주는 돌을 '모퉁잇돌'(cornerstone)이라고 한다. 시편 118편 22절에 나오는 '모퉁이의 머릿돌'은 둘 이상의 줄로 배열된 돌들을 하나로 연결해서 묶는 건물 기초 근처의 큰 돌 가운데 하나를 가리킨다. 예레미야는 문을 완성하거나 건물의 가장 모서리 진 모퉁이에 놓이는 최후의 돌이라고 보았다.

이 표현은 자기를 버렸던 원수들에 대해 자신의 권리가 옹호된 것으로 인해서 시편 기자가 크게 기뻐한 것을 반영하는 한편 이방 나라들에게서 멸시 받으며 버려진 돌같이 취급 받던 이스라엘이 하나님의 은혜로 머릿돌과 같은 영광을 얻게 될 것임을 나타낸다. 나아가 유대인과 이방인을 연결해 교회를 이루는 모퉁잇돌이 되신 예수님을 예표하는 것이기도 하다.

신약에서의 인용
예수님 : 불의한 농부들의 비유를 말씀하실 때 이 구절을 자신에게 적용하심(마 21:42, 막 12:10-12, 눅 20:17-18).
베드로 : 그리스도가 유대인들에게 버림을 당하셨으나 하나님이 그분을 높이셔서 교회의 머리가 되게 하셨다고 설명함(행 4:11, 벧전 2:7).
바울 : 건물을 완성하며 통일되게 하는 모퉁잇돌인 그리스도에 의해 새 성전의 돌들이 서로 연결된다고 표현함(엡 2:20).

시편의 출애굽기(제2권)

사사 시대   통일 왕국 시대   분열 왕국 시대

Day Point

모세오경의 출애굽기(구원)와 유사한 시편 제2권(시 42~72편)은 역사적으로는 다윗 왕권과 통치를 배경으로 합니다. 일반적인 내용으로는 하나님의 구원에 대한 언약으로 하나님의 백성이 된 의인들의 고난을 다룹니다. 시편 제2권에 등장하는 의인의 고난은 장차 오실 그리스도의 고난을 예표합니다. 또한 그리스도의 고난을 통해서 구원 받은 성도들도 그리스도의 남은 고난에 동참하게 되는 예표가 됩니다(골 1:24, 벧전 2:21).

그러므로 그리스도가 우리의 죄 때문에 고난당하신 것처럼 우리도 이제는 불순종으로 고난당하지 말고 순종해서 하나님의 뜻대로 살아야 합니다. 그리고 그리스도의 남은 고난에 동참해야 합니다.

어린 양 예수 그리스도(시 42-44편)

출애굽기에서 하나님은 애굽의 종이 된 이스라엘 백성의 신음 소리를 들으시고 아브라함과 맺으신 언약을 성취하시려고 그리스도를 예표하는 유월절 어린 양의 피로 그들을 구원하십니다(출 6:3-5, 12:27). 그리하여 이스라엘 백성이 430년 만에 애굽에서 탈출하게 됩니다(출 12:40-41). 이것은 "하나님께서 미리 정하신 언약을 사백삼십 년 후에 생긴 율법이 폐기하지 못하고 그 약속을 헛되게 하지 못하리라"(갈 3:17)는 말씀을 그리스도가 성취하실 것을 예표합니다(요 1:29).

시편 제2권의 시작은 고난 속에서 주님을 기다리는 상황을 묘사합니다.

"하나님이여 사슴이 시냇물을 찾기에 갈급함같이 내 영혼이 주를 찾기에 갈급하니이다"(시 42:1).

그 고난은 갈망하는 하나님을 어느 때에 만날 수 있는가에 대한 애타는 마음이지만, 죄로 인해 하나님에게로 나아갈 수 없습니다. 그래서 주의 빛과 주의 진리가 되시는 그리스도를 요청하고 있습니다(시 43:3, 57:3, 요 1:17).

어린 양 예수 그리스도는 하나님에게로 나아갈 수 있는 유일한 길이십니다(요 14:6). 그리스도는 단번에 죄를 위해 죽으사 의인으로서 불의한 자를 대신하셨습니다. 이는 우리를 하나님 앞으로 인도하시려는 것입니다(벧전 3:18).

하나님에게로 나아갈 수 있는 길을 열어 준 것은 바로 어린 양 그리스도의 죽으심입니다. "우리가 종일 주를 위하여 죽임을 당하게 되며 도살할 양같이 여김을 받았나이다"(시 44:22)라는 말씀은 이사야서 말씀을 연상시킵니다(사 53:7). 어린 양 예수 그리스도의 희생으로 구원 받은 성도들도 그리스도와 동일한 고난을 받지만 이 모든 일에 우리를 사랑하시는 이로 말미암아 넉넉히 이기게 됩니다(롬 8:35-37).

구원자 예수 그리스도(시 45-72편)

히브리서 기자는 시편을 인용하면서 그리스도를 통치자, 왕으로 묘사합니다(히 1:8, 시 45:6). 왕이신 그리스도는 창세기에서 이미 예정된 자(창 49:10)이시며, 정의를 사랑하고 악을 미워하는 분이십니다(시 45:7). 그분의 왕국은 정의와 공의의 왕국이기 때문입니다(렘 23:5).

그분과 결혼하는 어린 양의 신부는 왕의 오른쪽에 서게 됩니다(시 45:9, 계 3:21). 이렇게 성도가 그리스도의 오른쪽에 설 수 있는 것은 하나님의 전적인 은혜입니다.

> "허물로 죽은 우리를 그리스도와 함께 살리셨고 (너희는 은혜로 구원을 받은 것이라) 또 함께 일으키사 그리스도 예수 안에서 함께 하늘에 앉히시니"(엡 2:5-6).

하나님의 은혜는 '죄의 삯은 사망'이라는 정의를 세우시기 위해 예수 그리스도가 십자가 위에서 자기 백성의 죄를 지고 대신 죽는 공의를 시행하신 것입니다. 이는 그분이 자기 백성을 그들의 죄에서 구원할 자이시기 때문입니다(마 1:21).

시편 51편은 다윗의 범죄를 통해서 그 백성의 죄가 어떤 것인가를 명쾌하게 설명합니다. 그 죄는 모든 인간이 갖고 있는 원죄를 말합니다.

> "내가 죄악 중에서 출생하였음이여 어머니가 죄 중에서 나를 잉태하였나이다"(시 51:5).

로마서는 다윗의 고백을 인용해 원죄를 용서 받는 것은 사람의 행위가 아니라 하나님이 의롭다고 칭해 주시는 것(칭의) 때문이라고 밝힙니다(롬 4:6-8). 그러므로 다윗은 그리스도를 예표하는 동시에 연약한 인간의 모습을 보여줍니다.

이는 그리스도의 신성과 인성을 동시에 나타내는 것입니다. 죄 없는 그리스도는 육신의 몸을 입으시고(롬 8:3) 죄인의 죄를 덮어쓰고 대신 죽으십니다. 하지만 그분은 자기의 의 때문에 다시 부활하여 살아나십니다(고전 15:3, 17).

시편에서 이 구원의 복음을 설명하는 이유는 다윗의 원형이신 그리스도를 통해 죄인들을 주님에게로 돌아오게 하고(시 51:12-15), 측량할 수 없는 주의 의와 구원을 전하려는 것입니다(시 71:15).

회개, 회복된 구원의 즐거움
주의 구원의 즐거움을 내게 회복시켜 주시고 자원하는 심령을 주사 나를 붙드소서 그리하면 내가 범죄자에게 주의 도를 가르치리니 죄인들이 주께 돌아오리이다(시 51:12-13).

공의와 구원의 주를 전파
내가 측량할 수 없는 주의 공의와 구원을 내 입으로 종일 전하리이다(시 71:15).

오늘의 미션
성경 읽기, 구호 외치고 말씀 보기.
[미션 수행]
나는! 죽었고, 예수! 사셨네.

 하나님의 이름을 높이는 법(시 105편)

- 음악을 통해 : 하나님이 행하신 일에 대해 노래한다(2절).
- 이야기를 통해 : 하나님이 행하신 일을 실제적으로 설득력 있게 전달함으로써 하나님의 행사를 알린다(2절).
- 예배를 통해 : 창의적인 방법으로 하나님에게 영광 돌리고 경배한다(3절).
- 성실과 정직을 통해 : 무엇을 하든 주님을 찾고, 능력을 바라보며(4절), 항상 하나님 앞에서 정직히 행한다.
- 역사를 통해 : 하나님이 행하신 일들(5절) 가운데 가장 놀라운 일은 사람으로 오신 예수 그리스도다. 이로 인해 역사의 기원 전후가 나뉘었다. 역사, 곧 history는 His story를 말한다.
- 성경을 통해 : 성경은 하나님의 신비로움과 기적, 심판에 대해 말한다. 성도는 일상에서 사람들을 만날 때마다 성경이 말하는 것들을 알려 주어야 한다(5절).

시편의 레위기(제3권)

시 73:1 - 시 89:52

사사 시대　　　　통일 왕국 시대　　　　분열 왕국 시대

Day Point

시편 제3권(시 73-89편)은 모세오경의 레위기(언약, 성소)와 유사성이 있으며, 역사적으로는 다윗 이후 예루살렘이 함락되는 국가적 고난의 배경을 가집니다. 일반적인 내용으로는 하나님의 백성의 죄로 인해 하나님의 심판과 그들의 회개 기도가 있으며, 하나님은 다윗과 맺으신 언약을 통해 반드시 회복시킬 것을 약속하십니다.

시편 제3권의 궁극적인 의미는 하나님이 다윗과 맺으신 언약을 언약의 원형이신 예수 그리스도가 성취하시는 것입니다.

언약의 원형 예수 그리스도(시 73-78편)

이스라엘 남 유다 왕국 시대의 하박국 선지자는 예루살렘이 멸망하기 직전에 이렇게 부르짖어 기도합니다.

> "여호와여 내가 부르짖어도 주께서 듣지 아니하시니 어느 때까지리이까 내가 강포로 말미암아 외쳐도 주께서 구원하지 아니하시나이다 어찌하여 내게 죄악을 보게 하시며 패역을 눈으로 보게 하시나이까 겁탈과 강포가 내 앞에 있고 변론과 분쟁이 일어났나이다 이러므로 율법이 해이하고 정의가 전혀 시행되지 못하오니 이는 악인이 의인을 에워쌌으므로 정의가 굽게 행하여짐이니이다"(합 1:2-4).

하나님은 악인의 형통과 의인의 고난은 정한 때가 있으니 의인은 믿음으로 살라고 하박국에게 응답하십니다(합 2:2-4, 12). 이처럼 시편 제3권의 시작도 하박국처럼 악인의 형통을 보게 하지만(시 73:2-3), 의인의 길과 악인의 길이 전혀 다름을 깨닫게 합니다(시 73:27-28).

이는 시편 1편에서 말하는 의인과 악인의 종말이 성경의 결론임을 확증하는 것입니다. 의인은 결론을 붙잡고 있음에도 불구하고 죄로 물든 험악한 세상에서 정결해지는 고난을 겪게 됩니다. 그래서 백성의 죄로 인해 그리스도의 모형인 성소가 불타 버리지만(시 74:6-7), 그것은 정결하게 하는 과정입니다. 그러므로 "의의 길"(시 23:3)로 인도해 가시는 하나님의 언약을 기억하며 기도해야 합니다(시 74:20, 합 3:2). 언약을 믿는 믿음만이 고난 속에서도 살길이기 때문입니다.

시편 78편은 그 언약의 비밀이 그리스도임을 드러냅니다. "예로부터 감추어졌던 것을 드러내려 하니 이는 우리가 들어서 아는 바요 우리의 조상들이 우리에게 전한"(시 78:2-3) 것이며, 창세부터 감추어진 것입니다(마 13:35). 이 비밀의 내용은 죄로 인해 잃어버린 자기 백성을 그리스도가 구원하셔서 하나님 나라를 회복하는 것입니다. 이것이 창세부터 "하나님 속에 감추어졌던 비밀의 경륜"(엡 3:9)입니다. 조상들에게 언약하신 "그리스도의 비밀"(엡 3:4, 골 1:26-27)은 다윗과 맺으신 '하나님의 언약'입니다.

하나님의 언약은 북 이스라엘의 에브라임 자손처럼 거절하지 말고(시 78:9-11), 유다 지파에서 다윗의 왕권을 갖고 오시는 언약의 원형 그리스도를 믿으라는 것입니다(시 78:67-70). 하나님이 에브라임 지파를 택하지 않으신 것은 그들이 영적 출애굽의 모형인 출애굽 사건을 잊었기 때문으로, 이는 복음을 믿지 않는 것과 같습니다. 그러나 하나님이 택하신 백성에게는 하늘 양식, 즉 하늘에서 내린 참떡이신 예수 그리스도를 주셨습니다.

> " … 위의 궁창을 명령하시며 하늘 문을 여시고 그들에게 만나를 비같이 내려 먹이시며 하늘 양식을 그들에게 주셨나니"(시 78:23-24).

> " … 모세가 너희에게 하늘로부터 떡을 준 것이 아니라 내 아버지께서 너희에게 하늘로부터 참떡을 주시나니 하나님의 떡은 하늘에서 내려 세상에 생명을 주는 것이니라"(요 6:32-33).

다윗의 왕권 예수 그리스도(시 79-89편)

하나님이 다윗과 맺으신 언약은 왕위를 보전하는 것입니다. 그런데 "이방

오늘의 말씀

악인의 형통함
나는 거의 넘어질 뻔하였고 나의 걸음이 미끄러질 뻔하였으니 이는 내가 악인의 형통함을 보고 오만한 자를 질투하였음이로다 그들은 죽을 때에도 고통이 없고 그 힘이 강건하며 … 이들은 악인들이라도 항상 평안하고 재물은 더욱 불어나도다(시 73:2-4, 12).

두 길, 주님을 떠난 자와 주님에게 가까운 자
무릇 주를 멀리하는 자는 망하리니 음녀같이 주를 떠난 자를 주께서 다 멸하셨나이다 하나님께 가까이함이 내게 복이라 내가 주 여호와를 나의 피난처로 삼아 주의 모든 행적을 전파하리이다(시 73:27-28).

에브라임 지파, 망각의 길
에브라임 자손은 무기를 갖추며 활을 가졌으나 전쟁의 날에 물러갔도다 그들이 하나님의 언약을 지키지 아니하고 그의 율법 준행을 거절하며 여호와께서 행하신 것과 그들에게 보이신 그의 기이한 일을 잊었도다(시 78:9-11).

에브라임 탈락, 유다 선택
또 요셉의 장막을 버리시며 에브라임 지파를 택하지 아니하시고 오직 유다 지파와 그가 사랑하시는 시온 산을 택하시며 … 또 그의 종 다윗을 택하시되 양의 우리에서 취하시며(시 78:67-68, 70).

나라들이 주의 기업의 땅에 들어와서 주의 성전을 더럽히고 예루살렘이 돌무더기"(시 79:1)가 되게 했습니다. 하나님은 어떻게 다윗의 왕위를 보전하며 구원 역사를 이루어 나가실까요?

이스라엘 백성은 예전에 출애굽을 통해 애굽의 노예에서 구원 받은 적이 있습니다. 그리고 이번에는 바벨론의 포로에서 구원을 요청합니다(시 79:9). 출애굽과 출바벨론은 "죽기를 무서워하므로 한평생 매여 종노릇하는 모든 자들"(히 2:15)을 구원하시는 그리스도의 사역의 예표입니다. 근본적으로 구원은 세상에 매인 육신과 사탄에 매여 종노릇하는 죄에서 벗어나 해방되는 것입니다(갈 5:1).

그리스도가 우리에게 주시는 자유의 복음은 하나님이 다윗과 맺으신 언약을 성취하실 때 완성됩니다. 그래서 시편 제3권의 마지막 89편에서 하나님은 다윗과 맺으신 언약을 지키겠다고 하십니다(시 89:3, 34-35).

하나님은 택하신 자와 언약을 맺으시고 그에게 맹세하십니다. 이는 예전에 아브라함에게 하신 맹세와 같습니다(히 6:13-14). 그 맹세의 언약을 다윗이 계승하고, 그 언약을 보증하신 그리스도가 성취하시게 됩니다(히 7:20-22).

하나님의 마음에 맞는 다윗은 그리스도를 예표합니다. 그리스도는 다윗의 왕권을 가지고 돌무더기가 된 예루살렘을 새 예루살렘으로 회복시키시고 구원 역사를 완성하십니다(눅 1:31-33, 계 21:2).

구원의 하나님이여!
우리 구원의 하나님이여 주의 이름의 영광스러운 행사를 위하여 우리를 도우시며 주의 이름을 증거하기 위하여 우리를 건지시며 우리 죄를 사하소서(시 79:9).

다윗 언약의 영원한 수호자, 하나님
내 언약을 깨뜨리지 아니하고 내 입술에서 낸 것은 변하지 아니하리로다 내가 나의 거룩함으로 한 번 맹세하였은즉 다윗에게 거짓말을 하지 아니할 것이라(시 89:34-35).

오늘의 미션

믿음의 고백하기.

[미션 수행]
하나님이 창조하신 생명이 사랑하고 축복하면 행복이고 하나님에게는 영광이 됩니다.

시편의 민수기(제4권)

시 90:1 - 시 106:48

Day Point

시편 제4권(시 90-106편)은 모세오경의 민수기(광야)와 유사하며, 역사적으로는 포로 된 하나님의 백성을 배경으로 합니다.

　일반적인 내용으로는 하나님의 왕권을 통한 통치가 계시되고 있으며, 영원하신 하나님의 통치에 대한 백성의 찬양이 나옵니다. 궁극적인 의미로 성도들은 광야 같은 세상에서 영원한 메시아 왕국으로 인도하시는 그리스도를 찬양하는 새 노래를 부를 수 있습니다. 그분의 통치가 이미 우리 마음 안에서 시작되어 순종으로 살도록 그리스도가 임마누엘로 함께하셔서 역사하시기 때문입니다.

언약의 완성 예수 그리스도(시 90-95편)

시편 제4권을 시작하는 시편 90편은 시편에서 하나뿐인 '모세의 기도 시'입니다. 모세는 광야 시대에 40년 동안 이스라엘 백성을 인도한 지도자로, 광야 생활을 통해 인생살이를 깨닫게 됩니다. 그때 민수기는 "그들에게 일어난 이런 일은 본보기가 되고 또한 말세를 만난 우리를 깨우치기 위하여"(고전 10:11)라고 기록합니다. 모세는 광야 같은 세상에서 원망, 비방, 불신앙, 자만, 혈기, 우상 숭배의 인생살이는 강건하게 80년을 살아도 "그 연수의 자랑은 수고와 슬픔뿐이요 신속히 가니 우리가 날아가나이다"(시 90:10)라고 고백합니다.

　모세의 시편 90편은 모세오경을 축약한 것과 같습니다. 창세전부터 계신 영원하신 하나님은 사람을 티끌, 흙으로 돌아가게 하셨습니다(시 90:3, 창 3:19). 또한 그들을 홍수처럼 쓸어 가시고, 민수기에서 광야의 백성은 주의 진노에 소멸되기도 했습니다(시 90:5, 7).

　주님에게는 하루가 천 년 같고, 천 년이 하루 같습니다. 이에 비해 100년 살기도 힘든 우리의 인생살이는 화살같이 순식간에 날아가는 짧은 세월 속에서 창조자를 기억해야 합니다(시 90:12, 전 12:1-2). 그래야 짧고 짧은 인생이 "주께서 행하신 일"과 "주의 영광"을 통해 영원한 약속의 땅에 들어갈 수 있기 때문입니다(시 90:16). 이는 하나님이 어린 양의 죽음으로 출애굽의 기적을 행하신 것처럼 그리스도를 통해 영적 출애굽으로 참안식의 땅에 들어가기를 소망하는 하나님의 바람입니다(신 18:18).

이스라엘 백성을 광야 같은 세상에서 약속의 땅으로 인도하시어 아브라함의 언약을 완성하실 분은 예수 그리스도이십니다. 오직 그분만이 참안식의 땅으로 인도하실 분이시기 때문입니다. 예수 그리스도는 "지존자의 은밀한 곳에 거주하며"(시 91:1, 요 1:18 참조), "평강의 하나님께서 속히 사탄을 너희 발아래에서 상하게 하시리라"(롬 16:20)는 약속을 성취하실 분이십니다(시 91:13, 계 20:2). 그분은 악인을 멸망시키시고, 의인을 번성하게 하시며(시 92:7, 12-13), 여호와가 다스리시는 메시아 왕국을 세우실 것입니다(시 93:1, 계 19:6).

구원의 반석(출 17:6, 고전 10:4)이신 그리스도를 통해 참안식인 메시아 왕국에 들어가는 자들은 새 노래로 그분을 향해 노래를 부릅니다(시 95:1). 그러나 구원의 반석이신 그리스도의 음성을 듣고도 완악한 마음을 품으면 참안식에 들어가지 못합니다(시 95:7-11, 히 4:7-9).

새 노래의 주인 예수 그리스도(시 96-106편)

새 노래는 그리스도가 다스리시는 나라에서 구원 받은 백성이 부르는 노래입니다. 그래서 요한계시록은 천상에서 새 노래를 부르는 성도들의 모습을 보여 줍니다(계 7:9-10, 14:3). 이것은 옛 언약을 완성하신 새 언약의 그리스도에게 새 노래로 화답하는 것입니

하나님의 타임캡슐
주께서 사람을 티끌로 돌아가게 하시고 말씀하시기를 너희 인생들은 돌아가라 하셨사오니(시 90:3).

수고와 슬픔의 짧은 인생을 기억하라
우리의 연수가 칠십이요 강건하면 팔십이라도 그 연수의 자랑은 수고와 슬픔뿐이요 신속히 가니 우리가 날아가나이다 … 우리에게 우리 날 계수함을 가르치사 지혜로운 마음을 얻게 하소서(시 90:10, 12).

악인의 반전, 흥왕하나 멸망함
악인들은 풀같이 자라고 악을 행하는 자들은 다 흥왕할지라도 영원히 멸망하리이다(시 92:7).

너의 창조주를 기억하라
너는 청년의 때에 너의 창조주를 기억하라 곧 곤고한 날이 이르기 전에, 나는 아무 낙이 없다고 할 해들이 가깝기 전에 해와 빛과 달과 별들이 어둡기 전에 … 그리하라(전 12:1-2).

전능자의 그늘 아래 사는 자
지존자의 은밀한 곳에 거주하며 전능자의 그늘 아래에 사는 자여, 나는 여호와를 향하여 말하기를 그는 나의 피난처요 나의 요새요 내가 의뢰하는 하나님이라 하리니(시 91:1-2).

다(시 96:1-2). 그분이 다스리시는 나라에서 성도들이 왕 노릇 하기 때문입니다(시 96:10, 97:1, 계 5:9-10).

새 노래의 근거는 여호와가 기이한 일을 행하사 그분의 오른손과 거룩한 팔로 자기를 위하여 구원을 베푸시고, 그분의 구원을 알게 하시며, 그분의 공의를 뭇 나라의 목전에서 명백히 나타내신 것입니다(시 98:1-2).

그러므로 여호와의 기이한 새 언약을 성취하시는 예수 그리스도는 새 노래의 주인이십니다. 그분은 "그의 언약 곧 천 대에 걸쳐 명령하신 말씀을 영원히 기억하셨으니 이것은 아브라함과 맺은 언약이고 이삭에게 하신 맹세이며 야곱에게 세우신 율례 곧 이스라엘에게 하신 영원한 언약"(시 105:8-10)의 성취자이십니다. 예수 그리스도는 요셉처럼 말씀으로 단련되어 많은 백성의 생명 구원(창 50:20)을 위해 고난을 받고 죽기까지 순종하사 십자가에 죽으신 분이십니다(시 105:17-19, 빌 3:8, 히 5:8-9).

시편 제4권을 마무리하는 106편은 105편과 마찬가지로 하나님이 그분의 언약을 기억하시고(시 106:45-46) 거역한 백성을 구원하십니다. 이것은 하나님이 자기 이름을 위해서 큰 권능을 만인이 알게 하시려는 것입니다(시 106:8).

　"여호와 이스라엘의 하나님을 영원부터 영원까지 찬양할지어다 모든 백성들아 아멘 할지어다 할렐루야"(시 106:48).

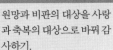
언약을 기억하고 돌이키심
그들을 위하여 그의 언약을 기억하시고 그 크신 인자하심을 따라 뜻을 돌이키사 그들을 사로잡은 모든 자에게서 긍휼히 여김을 받게 하셨도다(시 106:45-46).

오늘의 미션
원망과 비판의 대상을 사랑과 축복의 대상으로 바꿔 감사하기.

[미션 수행]
시부모님을 비판하는 대신 사랑하며 축복하게 하시니 감사합니다.

 시편 속의 하나님은?

- **창조주** : 하늘, 달, 별(8:3), 땅(104:5), 짐승을 만드신 분(104:20).
- **지혜와 지식** : 모든 것을 지혜로 지으시고(104:24), 지혜의 근본이시며(111:10), 내가 하는 모든 일을 샅샅이 아시는 분(139:2-4).
- **전능** : 세상의 통치자들을 비웃으시며(2:4), 큰 소리를 내시며(29:8), 주의 적들을 복종시키시는 분(66:3).
- **영원** : 영원부터 영원까지 계신 분(90:2, 93:2, 102:27).
- **거룩** : 거룩하신 분(47:8, 99:3, 5, 9, 111:9).
- **선하심** : 선하신 분(25:8, 100:5).
- **사랑과 진리** : 자비롭고 진리 되시며(25:10, 136:1-26), 긍휼이 많으신 분(103:3).
- **신실** : 주를 찾는 이에게 응답하시며(9:10), 늘 가까이에서 지켜 주시는 분(121:3).
- **피조물을 살피심** : 사람(33:15)과 식물 등을 보살피시는 분(104:14).
- **의와 진리** : 의로우시며(19:9), 진실하신 분(31:5, 119:151).
- **공의** : 공정한 재판장이시고(7:11), 의와 공의를 사랑하시며(33:5), 억압 받는 사람들을 위해 판단하시는 분(146:7).

사사 시대 ▶ 통일 왕국 시대 ▶ 분열 왕국 시대

 **Day Point**

모세오경의 신명기(율법, 약속의 땅)와 유사한 시편 제5권(시 107–150편)은 역사적으로는 포로 된 하나님의 백성이 회복되는 배경을 가집니다. 일반적인 내용으로는 이스라엘의 조상들에게 베푸신 은혜와 구원 역사를 행하신 하나님에게 올려 드리는 찬양입니다. 궁극적인 의미로는 예수 그리스도가 악의 세력을 상징하는 바벨론 포로에서 자기 백성을 돌아오게 하셔서 영생의 복(시 133:3)을 누리게 하시고, 바벨론(시 137:8, 계 17:18, 18:2)을 무너뜨리실 것을 나타냅니다. 그래서 날마다 '할렐루야'입니다.

새 언약의 실체 예수 그리스도(시 107–110편)

하나님은 죄로 인해 타락한 인간을 구원하시기 위해 아담에게 언약하신 '여자의 후손'(창 3:15)을 아브라함에게 약속하십니다(창 15:3-4). 그리고 아브라함의 자손으로 오시는 예수 그리스도가 다윗의 씨에서 나오시게 됩니다(행 13:22-23, 딤후 2:8).

구약의 약속이 성취되는 신약의 처음은 "아브라함과 다윗의 자손 예수 그리스도의 계보라"(마 1:1)라고 시작됩니다. 그러므로 다윗은 예수 그리스도를 가장 선명하게 예표하는 인물이며, 다윗이 절반가량 쓴 시편에는 예수 그리스도가 선명하게 표현되어 있습니다.

시편 제5권을 시작하는 107편은 죄로 인해 대적의 손에 붙잡힌 자들이 하나님의 구원을 맛보고 여호와의 인자하심을 찬양하는 내용입니다. 그들이 맛본 구원은 앞으로 그리스도가 행하실 사역과 구원의 예표입니다.

첫째, 여호와는 광야에서 길을 잃고 방황하는 자들에게 거주할 성읍을 찾게 해 주십니다(시 107:4-9). 이는 광야 시대 40년 동안 방황하는 백성을 약속의 땅으로 인도하신 것입니다. 그 약속의 땅은 한 성을 예비하신 참안식의 땅이며(히 11:16), 그 길로 인도하시는 분은 그리스도이십니다. 그분이 길이시기 때문입니다(요 14:6).

둘째, 여호와는 하나님의 말씀을 거역하며 지존자의 뜻을 멸시해 흑암과 사망의 그늘에 있는 사람을 인도해 내십니다(시 107:10-16). 이는 포로 시대의 바벨론 포로들을 귀환시키신 것입니다. 또한 세상과 죄와 사탄의 포로에서 해방시키시는 그리스도의 사역을 나타냅니다(사 9:1-2, 42:6-7, 마 4:15-17).

셋째, 여호와는 죄로 인해 죽음의 질병에 걸린 인생에게 말씀을 보내셔서 구원하십니다(시 107:17-22). 이는 말씀이 육신이 되신 그리스도가 자신의 살과 피를 내어 주어 죽을병에 걸린 자들에게 영생의 복을 주시는 사역의 예표입니다(요 1:14, 6:53-54).

넷째, 여호와는 바다에서 광풍으로 고통당하는 자들을 위해 광풍을 잔잔하게 하십니다(시 107:23-32). 이는 배를 침몰시키는 광풍이 부는 바다를 상징하는 세상의 환란에서 우리를 건지시는 그리스도를 예표합니다(눅 8:23-25, 히 6:19).

다윗은 그리스도가 이 네 가지 기적을 성취하실 분이심을 시편 110편을 통해 설명합니다. 특히 1절 말씀은 신약에서 널리 인용됩니다(마 22:44, 행 2:35, 히 1:13).

"여호와께서 내 주에게 말씀하시기를 내가 네 원수들로 네 발판이 되게 하기까지 너는 내 오른쪽에 앉아 있으라 하셨도다"(시 110:1).

이는 그리스도가 육신으로는 다윗의 혈통에서 나셨지만, 영으로는 죽은 자들 가운데서 부활하신 하나님의 아들이심을 증거합니다(롬 1:3-4). 그분은 멜기세덱의 서열을 따라 다윗의 언약을 성취하실 새 언약의 실체이십니다(시 110:4, 히 5:6, 7:17-21).

영생의 복 예수 그리스도(시 111-150편)

여호와는 아브라함과 다윗과 맺으신 언약을 영원히 기억하시고(시 111:5, 창 17:7, 삼하 7:16) 멜기세덱의 서열을 따라 새 언약을 완성하실 예수 그리스

광야에서 성읍으로 인도
그들이 광야 사막 길에서 방황하며 거주할 성읍을 찾지 못하고 주리고 목이 말라 그들의 영혼이 그들 안에서 피곤하였도다 이에 … 그들의 고통에서 건지시고 또 바른 길로 인도하사 거주할 성읍에 이르게 하셨도다(시 107:4-7).

사망의 그늘에서 인도
흑암과 사망의 그늘에서 인도하여 내시고 그들의 얽어맨 줄을 끊으셨도다(시 107:14).

말씀을 보내 위험에서 인도
그가 그의 말씀을 보내어 그들을 고치시고 위험한 지경에서 건지시는도다(시 107:20).

광풍에서 평온의 항구로 인도
광풍을 고요하게 하사 물결도 잔잔하게 하시는도다 그들이 평온함으로 말미암아 기뻐하는 중에 여호와께서 그들이 바라는 항구로 인도하시는도다(시 107:29-30).

도를 예비하셨습니다.

그런데 사람들은 그리스도를 통해서 복을 주시려는 하나님을 경외하고 의지하기보다는 우상을 통해서 복을 받으려고 합니다(시 115:4-8, 135:15-18). 심지어 그들은 생명의 근원이신 그리스도를 건축자의 버린 돌처럼 버렸습니다. 하지만 하나님은 버린 돌을 집 모퉁이의 머릿돌이 되게 하셨습니다(시 118:22). 이 본문도 신약성경에서 널리 인용됩니다(마 21:42, 행 4:11, 벧전 2:7). 이는 건축자인 종교 지도자들이 그리스도를 십자가에 못 박아 죽였지만 하나님이 그분을 죽은 자들 가운데서 부활시키셔서 교회의 머리가 되게 하신 것을 예표합니다(엡 2:20-22).

그리스도가 그렇게 고난당하신 것은 하나님이 영생의 복을 명하셨기 때문입니다(시 133:3, 요 12:50). 성경은 그 영생이 그리스도라고 말합니다(요 5:39).

그러므로 성경을 읽고 연구할 때마다 그리스도를 놓치지 말아야 합니다. 그분이 악의 세력을 상징하는 '바벨론'(시 137:8, 계 17:18, 18:2)을 무너뜨리시고 우리를 새 하늘과 새 땅으로 인도하실 것입니다. 여호와를 자기 하나님으로 삼고(시 144:15) 그분에게 소망을 두는(시 146:5) 복 있는 자로서 호흡이 있는 동안 새 노래(시 149:1)로 여호와를 찬양합시다. 할렐루야!

성경, 영생의 그리스도 증언
너희가 성경에서 영생을 얻는 줄 생각하고 성경을 연구하거니와 이 성경이 곧 내게 대하여 증언하는 것이니라(요 5:39).

여호와를 하나님으로 삼는 백성
이러한 백성은 복이 있나니 여호와를 자기 하나님으로 삼는 백성은 복이 있도다(시 144:15).

오늘의 미션
주기도문으로 나라를 위해서 기도하기.

[미션 수행]
우리나라를 향한 주님의 뜻이 하늘에서 이루어진 것같이 땅에서도 이루어지기를 원합니다.

Day Point

잠언은 지혜의 보물 창고로, 보배이신 예수 그리스도를 알게 하는 지혜 복음입니다. 하나님이 솔로몬에게 기도 응답으로 주신 지혜는 선악을 분별하는 지혜입니다.

"주의 백성을 재판하여 선악을 분별하게 하옵소서"(왕상 3:9).

성경에서 말하는 선악의 기준은 하나님입니다. 하나님 한 분 외에는 선한 이가 없기 때문입니다(눅 18:18–19). 그러므로 하나님을 경외하는 자는 선하고 지혜로운 의인이며, 하나님을 모르는 자는 악하고 어리석은 악인입니다.

솔로몬의 잠언은 지혜를 가르쳐 하나님을 경외하도록 하기 위해 기록되었습니다(잠 1–4장). 하나님을 경외하는 지혜를 모르면 음녀의 유혹에 빠져 귀한 생명을 사냥당하고, 결국 음녀의 집에서 사망하기 때문입니다. 그러므로 지혜 없는 어리석은 자들은 의인화된 지혜가 외치는 소리를 듣고 생명을 주시는 그리스도에게로 돌아와야 합니다(잠 8:33, 35). 그 지혜는 태초에 하나님과 함께 계셨던 창조자, 예수 그리스도입니다(잠 5–9장).

지혜의 목적(잠 1–4장)

"너희 중에 누구든지 지혜가 부족하거든 모든 사람에게 후히 주시고 꾸짖지 아니하시는 하나님께 구하라 … "(약 1:5).

이는 하나님의 지혜와 세상의 지혜가 다르다는 의미입니다. 그래서 야고보서는 세상의 지혜에 대해서 말합니다.

"너희 마음속에 독한 시기와 다툼이 있으면 자랑하지 말라 진리를 거슬러 거짓말하지 말라 이러한 지혜는 위로부터 내려온 것이 아니요 땅 위의 것이요 정욕의 것이요 귀신의 것이니"(약 3:14-15).

또한 하나님의 지혜에 대해서 말합니다.

"오직 위로부터 난 지혜는 첫째 성결하고 다음에 화평하고 관용하고 양순하며 긍휼과 선한 열매가 가득하고 편견과 거짓이 없나니 화평하게 하는 자들은 화평으로 심어 의의 열매를 거두느니라"(약 3:17-18).

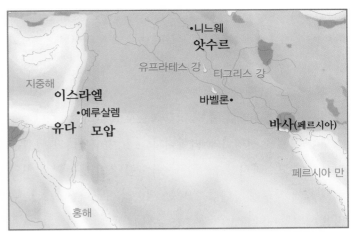

▶ 잠언의 지리적 배경

그러므로 잠언에서 말하는 지혜의 목적은 선한 열매가 가득한 의의 열매를 거두기 위함입니다. 의인화된 지혜가 길거리에서 부르고, 광장에서 소리를 높이며 노방 전도를 합니다(잠 1:20). 전도의 내용은 "나의 책망을 듣고 돌이키라 보라 내가 나의 영을 너희에게 부어 주며 내 말을 너희에게 보이리라"(잠 1:23)라는 그리스도의 복음입니다(행 2:38, 고전 12:3, 사 11:1-2).

지혜 복음을 듣고도 믿지 않는 자들은 듣기를 싫어해 재앙을 만나 멸망합니다. 그러나 지혜 복음을 듣는 자는 평안히 살며 재앙의 두려움 없이 안전합니다(잠 1:33, 요 5:25).

마치 시편 1편에서 의인의 길과 악인의 길이 구분된 것처럼 잠언 1장에서도 지혜 복음의 초청을 거부하면 멸망의 길로 갑니다. 그러나 지혜 복음을 듣고 그리스도를 찾으면 지혜가 마음에 들어와서 질그릇에 보배를 담은 성도가 되어 의인의 길로 갑니다(잠 2:3-5, 10, 마 13:44, 롬 10:10, 고후 4:7). 그래서 잠언은 "지혜는 그 얻은 자에게 생명나무"(잠 3:18, 계 2:7, 22:14 참조)이고, "지혜가 제일이니 지혜를 얻으라"(잠 4:7)고 권면합니다.

지혜와 음녀(잠 5-9장)

잠언에서 '음녀'는 젊은 시절의 짝을 버리고 하나님의 언약을 잊어버린 자입니다.

오늘의 말씀

생명 얻는 지혜의 길
훈계를 들어서 지혜를 얻으라 그것을 버리지 말라 … 대저 나를 얻는 자는 생명을 얻고 여호와께 은총을 얻을 것임이니라 (잠 8:33, 35).

지혜 탐구의 결국, 여호와 경외
지식을 불러 구하며 명철을 얻으려고 소리를 높이며 은을 구하는 것같이 그것을 구하며 감추어진 보배를 찾는 것같이 그것을 찾으면 여호와 경외하기를 깨달으며 하나님을 알게 되리니(잠 2:3-5).

지혜, 영혼의 즐거움
곧 지혜가 네 마음에 들어가며 지식이 네 영혼을 즐겁게 할 것이요(잠 2:10).

음녀, 사망의 길
네 마음이 음녀의 길로 치우치지 말며 그 길에 미혹되지 말지

"그의 집은 사망으로, 그의 길은 스올[음부]로 기울어졌나니 누구든지 그에게로 가는 자는 돌아오지 못하며 또 생명 길을 얻지 못하느니라"(잠 2:18-19).

지혜가 그리스도를 상징하듯이, 음녀는 사탄의 세력을 상징합니다(계 17:1). 잠언은 음녀의 정체를 좀 더 적극적으로 폭로하면서(잠 5-7장) 지혜가 그리스도라는 것을 선명하게 밝힙니다(잠 8-9장). 음녀의 유혹은 꿀처럼 달고 기름처럼 고소하지만, 나중에는 쑥처럼 쓰고 양날의 칼처럼 날카로워 결국 죽음에 이르게 합니다. 그녀는 세속의 아름다운 문화로 유혹해 귀한 생명을 사냥합니다(잠 5:3, 6:26, 7:25-27).

그러므로 악한 여인이 말로 호리는 유혹에 빠지지 않으려면 지혜의 말씀으로 무장하고 대적해야 합니다(엡 6:17). 지혜의 말씀은 내 입에 꿀보다 더 달고, 좌우에 날 선 어떤 검보다 예리하므로 음녀의 달콤한 유혹과 죽음의 칼날을 이길 수 있습니다(시 119:103, 히 4:12).

그런데 어리석은 자 중에 한 지혜 없는 젊은이가 음녀의 유혹에 넘어갑니다. 유혹에 빠져 음녀를 따라가는 그의 모습은 마치 소가 도수장에 끌려가는 것과도 같은데, 어리석게도 그는 자기 생명을 잃어버릴 것을 알지 못합니다.

이렇게 음녀의 말은 사망의 유혹이지만, 지혜의 말은 구원의 의로움입니다(잠 8:8). 구원의 생명을 얻게 하는 의로운 지혜는 태초에 하나님과 함께 계셨던 창조자,
예수 그리스도입니다
(잠 8:22-23, 30, 요 1:1-3).

어다 … 그의 집은 스올의 길이라 사망의 방으로 내려가느니라(잠 7:25, 27).

꿀보다 달콤한 주의 말씀
주의 말씀의 맛이 내게 어찌 그리 단지요 내 입에 꿀보다 더 다니이다(시 119:103).

하나님의 말씀, 영혼 변화의 역동성
하나님의 말씀은 살아 있고 활력이 있어 좌우에 날 선 어떤 검보다도 예리하여 혼과 영과 및 관절과 골수를 찔러 쪼개기까지 하며 또 마음의 생각과 뜻을 판단하나니(히 4:12).

오늘의 미션
하나님이 카운트하시는 것에 점수 올려 보기.

[미션 수행]
내 생각을 죽이고 상대방을 이해하며 기다리는 삶을 살게 해 주십시오.

Day Point

잠언 전반부(잠 1–9장)에서 전하는 지혜 복음을 통해 그리스도를 알게 되면(잠 2:4–5) 여호와를 경외하는 삶을 살게 되는데, 이것이 그리스도인의 삶입니다(잠 10장–22:16). 잠언은 그리스도인을 '지혜 있는 자' 또는 '의인'으로 표현합니다.

지혜로운 자와 미련한 자가 살아가는 방식에는 차이가 있습니다. 지혜로운 의인은 여호와가 주시는 복으로 살지만(잠 10:22), 미련한 악인(잠 11:4)은 죽음에서 건져 주지 못하는 무익한 재물에 소망을 두고 삽니다. 또한 지혜로운 자(잠 15:24)는 훈계를 좋아해 귀담아들어 생명나무를 얻고 사망에서 벗어납니다. 그러나 미련한 자(잠 14:12)는 훈계를 싫어하고 즐겨 듣지 않아 사망의 길로 갑니다(잠 10–15장).

이 둘의 차이는 사람의 마음에서 출발합니다. 하나님은 당신의 뜻을 성취하시기 위해 사람의 마음을 연단하시고, 그 마음에 소원(빌 2:13)을 두고 여호와를 경외하게 하십니다(잠 16장–22:16).

지혜 있는 자와 미련한 자(잠 10–15장)

잠언에서 말하는 지혜 있는 의인과 미련한 악인은 동일한 세상에서 인생살이를 하지만 삶의 목적이 전혀 다릅니다. 의인은 여호와를 경외하는 순종의 삶을 살고, 악인은 자신을 숭배하는 불순종의 삶을 삽니다.

사람들은 물질 만능주의 세상에서 돈이 없으면 살기 힘들다고 말합니다. 물론 돈이 없으면 살기 힘듭니다. 그러나 성경은 믿음이 없으면 살기 힘들다고 말합니다(마 6:30, 롬 1:17). 물질이 필요하지만 하나님과 재물을 겸하여 섬길 수 없고, 먹을 것이 필요하지만 목숨이 음식보다 중요하기 때문입니다(마 6:24-25). 그래서 "사람이 만일 온 천하를 얻고도 제 목숨을 잃으면 무엇이 유익하리요 사람이 무엇을 주고 제 목숨과 바꾸겠느냐"(마 16:26)고 말합니다. 이 말씀에 대해 잠언은 "불의의 재물은 무익하여도 공의는 죽음에서 건지느니라"(잠 10:2)고 대답합니다.

겉으로는 재물이 사람을 살게 하는 것처럼 보이지만 실제로는 하나님의 말씀인 그리스도의 의가 사람을 죽음에서 건집니다(마 4:4).

그러므로 여호와가 주시는 복으로 사는 의인과 저울을 속여서 축적한 불의의 재물로 사는 악인의 삶은 다릅니다. 이들이 서로 다르게 사는 이유는 하나님의 말씀이 기준입니다. 여호와를 경외하는 의인은 훈계를 좋아하지만 교만한(잠 13:10) 악인은 훈계와 꾸지람을 싫어하기 때문입니다(잠 12:1, 13:1).

잠언은 이들의 갈림길을 사망과 생명으로 구분합니다. 악인은 망해서 "어떤 길은 사람이 보기에 바르나 필경은 사망의 길"(잠 14:12)로 갑니다. 지혜로운 의인은 흥해서 "위로 향한 생명 길로 말미암음으로 그 아래에 있는 스올"(잠 15:24)을 떠납니다. 그러므로 "여호와를 경외하는 것은 생명의 샘이니 사망의 그물"(잠 14:27)에서 벗어나게 합니다.

사람의 마음과 여호와의 뜻(잠 16장-22:16)

여호와를 경외하는 의인과 훈계를 싫어하는 악인의 삶은 마음에서부터 다릅니다. 이것은 사람이 마음먹기에 달린 것이 아닙니다. 믿음을 통해 마음 속에 들어온 지혜에 달린 것입니다(잠 2:10).

> "모든 지킬 만한 것 중에 더욱 네 마음을 지키라 생명의 근원이 이에서 남이니라"(잠 4:23).

생명의 근원이 있는 자와 사망의 근원이 있는 자는 서로 다른 마음을 품은 것입니다. 생명의 근원이 있는 의인은 지혜의 복음을 마음으로 믿어 의에 이르고 입으로 시인해서 구원에 이른 자입니다(롬 10:9-10). 사망의 근원이 있는 악인은 그 마음에 남의 재앙을 원하므로 그 이웃도 그 앞에서 은혜를 입지 못하게 하는 자입니다(잠 21:10).

세상만사 인생살이 모두가 사람의 마음대로 되지 않고 여호와의 뜻대로 되는 것입니다(잠 16:33, 19:21, 21:1). 하나님은 사람의 중심을 보시고(잠 16:2, 21:2) 그 걸음을 인도하십니다(잠 16:9, 20:24). 그래서 잠언은 지혜로운 자에

오늘의 말씀

여호와가 주시는 복
여호와께서 주시는 복은 사람을 부하게 하고 근심을 겸하여 주지 아니하시느니라(잠 10:22).

미련한 악인, 무익한 재물에 둔 소망
재물은 진노하시는 날에 무익하나 공의는 죽음에서 건지느니라(잠 11:4).

하나님 〉 재물
한 사람이 두 주인을 섬기지 못할 것이니 … 하나님과 재물을 겸하여 섬기지 못하느니라 그러므로 내가 너희에게 이르노니 목숨을 위하여 무엇을 먹을까 무엇을 마실까 몸을 위하여 무엇을 입을까 염려하지 말라 목숨이 음식보다 중하지 아니하며 몸이 의복보다 중하지 아니하냐(마 6:24-25).

인생의 주관자, 하나님
제비는 사람이 뽑으나 모든 일을 작정하기는 여호와께 있느니라(잠 16:33).

사람의 마음에는 많은 계획이 있어도 오직 여호와의 뜻만이 완전히 서리라(잠 19:21).

게 "너의 행사를 여호와께 맡기라 그리하면 네가 경영하는 것이 이루어지리라"(잠 16:3)고 권면합니다.

"노하기를 더디 하는 자는 용사보다 낫고 자기의 마음을 다스리는 자는 성을 빼앗는 자보다 나으니라"(잠 16:32).

그러나 때로 마음이 미혹되어 지혜 없는 자처럼(잠 16:18, 18:12) 교만해지면 여호와가 도가니로 은을, 풀무로 금을 연단하듯이 마음을 연단하십니다(잠 17:3). 사람의 마음을 연단하시는 하나님의 뜻은 여호와를 경외하게 해서 생명에 이르게 하시기 위함입니다(잠 19:23). 그래서 잠언은 마땅히 행할 길을 아이에게 가르쳐서 미련한 마음을 제거하라고 합니다(잠 22:6, 15, 신 4:10, 롬 1:21).

여호와, 심령을 감찰
사람의 행위가 자기 보기에는 모두 깨끗하여도 여호와는 심령을 감찰하시느니라(잠 16:2).

아이에게 가르치라!
마땅히 행할 길을 아이에게 가르치라 그리하면 늙어도 그것을 떠나지 아니하리라(잠 22:6).

오늘의 미션

모든 부끄러운 말의 독을 말씀 해독제(시편 51편 읽기)로 청소하기.

[미션 수행]

하나님께서 구하시는 제사는 상한 심령이라 하나님이여 상하고 통회하는 마음을 주께서 멸시하지 아니하시리이다(시 51:17).

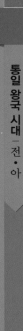

통일 왕국 시대 ─ 전 · 아

주전 970년
솔로몬의 즉위

주전 959년
성전 완공

주전 931년
솔로몬의 사망

주전 790년
웃시야의 즉위

주전 751년
요담의 즉위

주전 733년
르신과 베가의 침입

주전 728년
히스기야의 종교 개혁

분열 왕국 시대 ─ 사

주전 722년
북 이스라엘의 멸망

주전 714년
앗수르 왕 산헤립의 침입

주전 697년
므낫세의 즉위

주전 680년
이사야의 사역 종결

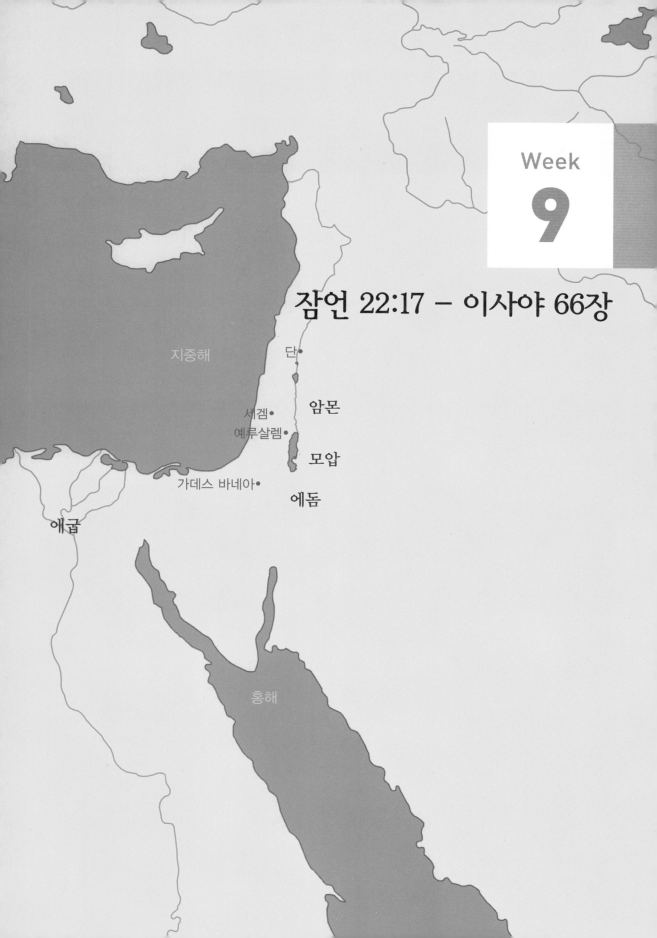

Week

9

잠언 22:17 – 이사야 66장

지중해

단

세겜

예루살렘

가데스 바네아

애굽

암몬

모압

에돔

홍해

전도서

헛된 인생(1~6장) : 해 아래 새것이 없는 인생
복된 인생(7~12장) : 여호와를 경외하는 인생

 **Key Point**

인생의 목적 예수 그리스도

솔로몬은 하나님에게 지혜를 구했는데 지혜뿐 아니라 부귀영화(재산이 많고 지위가 높으며 귀하게 되어서 몸이 세상에 드러나고 이름이 빛남)도 함께 받습니다(왕상 3:12~13). 그는 하나님에게 받은 지혜로 예수 그리스도가 구원자이시며 창조주이심을 잠언에 기록합니다(잠 2:16, 8:30).

또한 솔로몬은 하나님이 주신 부귀영화의 인생을 누려 보았지만 하나님을 떠난 삶은 무가치하고 허무하다는 것을 깊이 깨닫습니다. 그러므로 인생의 목적은 하나님을 경외하게 하시는 그리스도임을 전도서에 기록합니다(전 12:1~2). 전도서는 해 아래 새것이 없기에 헛된 인생이라고 합니다(전 1~6장). 그러나 해 위에서 오신 그리스도를 만나면 복된 인생이 되어 하나님을 경외하는 사람의 본분을 다하게 됩니다(전 7~12장). 그래서 그리스도는 인생의 목적이 되십니다.

헛된 인생(전 1~6장), 복된 인생(전 7~12장)

솔로몬의 인생론인 전도서는 "헛되고 헛되며 헛되고 헛되니 모든 것이 헛되도다"(전 1:2)로 시작합니다. 이렇게 시작하는 것은 세상의 부귀영화가 인생의 목적인 사람들에게 하나님 없는 부귀영화는 헛된 생명이 좇는 무익한 것임을 알리는 충격 요법입니다.

한 예로, 로또 복권에 당첨되어 일확천금을 얻게 된 사람들의 삶의 대부분은 끝이 안 좋다는 것을 뉴스 매체를 통해 쉽게 알 수 있습니다. 그럼에도 불구하고 많은 사람들이 일확천금을 꿈꾸며 주기적으로 복권을 구입합니다. 또는 부귀영화를 얻기 위해 인생을 올인하는 사람도 있습니다.

무엇보다도 성경은 "솔로몬의 모든 영광으로도 입은 것이 이 꽃 하나만 같지 못하였느니라"(마 6:29)고 하며 솔로몬의 부귀영화가 헛되다고 말합니다.

솔로몬은 무익한 인생을 깨닫습니다. 그리고 전도서를 통해 해 아래 새

창조주를 기억하라
너는 청년의 때에 너의 창조주를 기억하라 곧 곤고한 날이 이르기 전에, 나는 아무 낙이 없다고 할 해들이 가깝기 전에 … 그리하라(전 12:1-2).

해 아래 새것이 없다
이미 있던 것이 후에 다시 있겠고 이미 한 일을 후에 다시 할지라 해 아래에는 새것이 없나니(전 1:9).

헛되고 헛되며 헛되고 헛되니
전도자가 이르되 헛되고 헛되며 헛되고 헛되니 모든 것이 헛되도다 해 아래에서 수고하는 모든 수고가 사람에게 무엇이 유익한가(전 1:2-3).

것이 없는 세상에서 인생의 허무함과 인간의 지혜와 수고한 업적과 부자의 재물이 무익함을 공개적으로 알립니다(전 1-6장). 사람은 누구나 인생의 목적을 모르고 태어나기에 헛된 생명으로 살아갈 수밖에 없습니다.

그래서 솔로몬은 전도자가 되어 사람들이 복된 생명을 살도록 구원의 지혜를 설명해 복음으로 초청합니다. 세상살이에 있어서 돈이 유익한 부분이 있지만 지혜가 더 유익한 것은 "사람의 생명이 그 소유의 넉넉한 데 있지"(눅 12:15) 않고, "지혜가 그 지혜 있는 자를 살리기 때문"(전 7:12)입니다. 이 지혜는 전도서 앞부분(전 1-2장)에 나오는 세상의 지혜와 구별되는 하나님의 지혜로, 사망의 헛된 인생에서 구원해 여호와를 경외하는 복된 인생이 되게 합니다(전 7-12장).

슬픔의 인생, 헛되도다!
사람이 해 아래에서 행하는 모든 수고와 마음에 애쓰는 것이 무슨 소득이 있으랴 일평생에 근심하며 수고하는 것이 슬픔뿐이라 그의 마음이 밤에도 쉬지 못하나니 이것도 헛되도다(전 2:22-23).

사람의 본분
일의 결국을 다 들었으니 하나님을 경외하고 그의 명령들을 지킬지어다 이것이 모든 사람의 본분이니라(전 12:13).

첫사랑(1-4장) : 구원의 입맞춤
사랑의 완성(5-8장) : 순결한 사랑

아가

 **Key Point**

사랑의 완성 예수 그리스도

아가(雅歌)서는 솔로몬의 '노래 중의 노래'이며, 내용은 솔로몬과 술람미 여인의 서로에 대한 사랑입니다. 솔로몬은 예수 그리스도를 예표하고, 술람미 여인은 교회를 예표합니다. 구약에서 하나님은 창조주이시며 자기 백성의 남편이십니다(사 54:5, 렘 3:14, 31:32, 호 2:16). 신약에서 예수 그리스도는 신랑이시며, 교회는 그리스도의 신부입니다(고후 11:2, 엡 5:23).

그러므로 구약에서 사랑의 언약으로 시작된 하나님의 첫사랑을 신약에서 예수 그리스도(잠 8:30, 전 12:1, 요 1:1)가 새 언약으로 완성하십니다(롬 5:8, 계 19:7). 사랑의 완성은 언약의 완성이기 때문입니다.

첫사랑(아 1-4장), 사랑의 완성(아 5-8장)

솔로몬은 하나님이 주신 지혜로 성전을 건축한 예수 그리스도의 예표입니다. 솔로몬이 지은 솔로몬 성전은 예수 그리스도를 통해서 하나님의 자녀가 출생하는 참성전의 모형입니다. 솔로몬은 아가서를 통해 하나님의 참성전(예수 그리스도)이 어떻게 건축되는지 설명하려는 것입니다. 신약성경은 참성전인 하나님의 자녀의 출생에 대해 말합니다.

> "보라 아버지께서 어떠한 사랑을 우리에게 베푸사 하나님의 자녀라 일컬음을 받게 하셨는가, 우리가 그러하도다 … "(요일 3:1).

> "하나님의 사랑이 우리에게 이렇게 나타난 바 되었으니 하나님이 자기의 독생자를 세상에 보내심은 그로 말미암아 우리를 살리려 하심이라"(요일 4:9).

그러므로 구원은 하나님의 사랑에서 출발한 것이지 인간의 행위에서 온 것이 아닙니다(엡 1:4). 하나님의 첫사랑인 성전의 설계도는 구원의 입맞춤입니다(아 1:2, 시 2:12). 또한 사랑의 완성인 성전의 완성도는 신랑 되신 그리스도와 신부인 교회가 한 몸(아 2:16)이 되는 신비한 연합입니다(아 1-4장).

유대인들은 절기마다 성경을 낭독합니다. 특히 아가서는 출애굽기와 함께 유월절에 낭독됩니다. 이로 보건대 아가서는 출애굽 당시 유월절 어린 양의 죽음을 예표합니다. 그러므로 유월절 어린 양의 실체이신 그리스도가 죽으심으로 하나님의 사랑이 확증됩니다(아 8:6-7, 롬 5:8).

참성전으로 한 몸이 된 사랑의 완성은 때로 그리스도의 신부에게 세상의 환난으로 신앙의 위기와 사랑의 갈등을 겪게 합니다. 그러나 죽음보다 강한 그리스도의 사랑이 신부의 순결한 사랑을 완성해 갑니다(아 5-8장).

> "너희도 성령 안에서 하나님이 거하실 처소가 되기 위하여 그리스도 예수 안에서 함께 지어져 가느니라"(엡 2:22).

나는 그리스도의 신부
이는 너를 지으신 이가 네 남편이시라 그의 이름은 만군의 여호와이시며 네 구속자는 이스라엘의 거룩한 이시라 그는 온 땅의 하나님이라 일컬음을 받으실 것이라(사 54:5).

죽으심으로 확증하신 사랑
우리가 아직 죄인 되었을 때에 그리스도께서 우리를 위하여 죽으심으로 하나님께서 우리에 대한 자기의 사랑을 확증하셨느니라(롬 5:8).

사랑의 입맞춤
내게 입맞추기를 원하니 네 사랑이 포도주보다 나음이로구나(아 1:2).

사랑의 연합
내 사랑하는 자는 내게 속하였고 나는 그에게 속하였도다 그가 백합화 가운데에서 양 떼를 먹이는구나(아 2:16).

죽음보다 강한 '그 사랑'
너는 나를 도장같이 마음에 품고 도장같이 팔에 두라 사랑은 죽음같이 강하고 … 많은 물도 이 사랑을 끄지 못하겠고 홍수라도 삼키지 못하나니 사람이 그의 온 가산을 다 주고 사랑과 바꾸려 할지라도 오히려 멸시를 받으리라(아 8:6-7).

이사야

 **Key Point**

거룩한 씨 예수 그리스도

이사야는 '여호와는 구원이시다'라는 뜻입니다. 이사야서는 메시아를 예언한 책으로, 그리스도를 통한 하나님의 구원에 초점을 맞춥니다. 하나님이 어떻게 자기 백성을 구원하시는지를 구체적으로 설명하려는 것입니다.

이사야서는 복음의 핵심(사 1-39장)과 복음의 실체(사 40-66장)로 구분할 수 있습니다. 복음의 핵심은 그리스도이시며, 그분을 통해 구원과 심판이 일어납니다. 하나님이 아브라함에게 약속하신 '씨'가 그리스도를 예표하는 거룩한 씨입니다(사 6:13, 갈 3:16). 그 '씨'가 처녀에게 성령으로 잉태되어 '임마누엘'(하나님이 우리와 함께 계시다)이라는 이름으로 탄생(사 7:14, 마 1:21-23)하시고, 그분이 자기 백성을 죄에서 구원하십니다(사 1-12장). 그리고 불순종해 우상을 섬기는 이방 나라들을 심판(사 13-23장)하시고, 종말론적 심판(사 24-27장) 속에서 하나님이 택하신 백성은 거룩한 씨, 임마누엘 예수 그리스도가 구원하십니다(사 28-39장).

복음의 실체는 예수 그리스도와 영원한 천국, 새 하늘과 새 땅입니다. 그러므로 새 하늘과 새 땅을 바라보는 자들은 극히 아름다운 구원의 복음을 전하며(사 40-59장), 나는 죽고 복음이신 그리스도로 살게 됩니다(사 60-66장).

복음의 핵심(사 1-39장) : 그리스도의 구원과 심판

구약성경은 역사서 17권, 시가서 5권, 선지서 17권으로 구성되어 있습니다. 역사서는 예수 그리스도의 구속 역사를 중심으로 기록되어 있고, 시가서는 그리스도의 구속 계획이 개인의 신앙 체험을 통해 기록되어 있습니다. 선지서는 하나님의 말씀을 대언한 것으로, 선지자들이 기록한 것입니다.

> "이 복음은 하나님이 선지자들을 통하여 그의 아들에 관하여 성경에 미리 약속하신 것이라"(롬 1:2).

선지서의 주된 내용은 '죄에 대한 심판'과 '하나님의 구원 약속'입니다. 성경을 기록한 문서 선지자들은 주로 예루살렘이 멸망하고 성전이 무너

아브라함의 자손, 그리스도
이 약속들은 아브라함과 그 자손에게 말씀하신 것인데 여럿을 가리켜 그 자손들이라 하지 아니하시고 오직 한 사람을 가리켜 네 자손이라 하셨으니 곧 그리스도라(갈 3:16).

예수의 탄생 예언 성취
아들을 낳으리니 이름을 예수라 하라 이는 그가 자기 백성을 그들의 죄에서 구원할 자이심이라 하니라 이 모든 일이 된 것은 주께서 선지자로 하신 말씀을 이루려 하심이니 이르시되 보라 처녀가 잉태하여 아들을

지기 전후에 활동합니다. 예수 그리스도의 모형인 성전을 기준으로 기록된 선지서 전체의 결론은 '죄에 대한 심판'으로 성전이 무너지고 백성이 바벨론에 포로로 잡히지만 '하나님의 구원 약속'으로 성전이 재건되고 백성이 포로에서 귀환한다는 내용입니다. 이는 궁극적으로 최후의 심판과 함께 그리스도가 그분의 백성을 죄와 세상과 사탄의 포로에서 해방시키시는 영적 출바벨론입니다.

선지서 중에서 특히 이사야서는 하나님의 구원 약속이 예수 그리스도를 통해 성취될 것을 예언합니다(사 61:1-3, 눅 4:18-21). 복음의 핵심인 그리스도를 눈으로 본 이사야는 백성이 복음을 들어도 깨닫지 못하고, 그리스도를 봐도 알지 못할 것이라고 합니다(사 6:5, 9-10, 요 12:39-41). 이는 복음의 비밀이 세상에 전파되어도 믿지 않는 자들이 있다는 것입니다(마 13:10-11, 14-16). 복음을 듣고도 믿지 못하는 교만한 자들은 빛보다 어둠을 더 사랑하고, 사람의 영광을 하나님의 영광보다 더 사랑합니다(요 3:19, 12:43).

이사야서는 처녀에게 잉태된 임마누엘 그리스도가 구원하시고(사 1-12장) 심판하실(사 13-27장) 것을 역사 속에서 미리 보여 줍니다. 에돔은 심판할지라도 택하심(롬 9:11-13)을 받은 이스라엘은 히스기야 왕 때 앗수르의 침략으로 멸망할 위기에서 구원하신 사건이 그 예가 됩니다(사 28-39장).

복음의 실체(사 40-66장) : 그리스도의 새 하늘과 새 땅

이사야서는 구약성경 전체에서 약속된 메시아를 가장 선명하게 보여 줍니다(사 40-59장). 그리고 천국의 비밀(마 13:11)이신 그리스도를 통해 열리는 새 하늘과 새 땅을 바라보도록 합니다(사 60-66장). 이는 요한계시록(예정된 종말)이 창세기(계획된 창조)의 아담의 선악과 사건을 마지막 아담(예수 그리스도)의 십자가 사건으로 종결함을 의미합니다(롬 5:14, 고전 15:45, 벧후 3:13).

이처럼 이사야서는 이스라엘의 역사를 토대로 구원 역사를 설명하기 위해 그리스도의 탄생(사 7:14, 9:6, 11:1)과 죽으심(사 53:1-11)과 재림으로 완성될 새 하늘과 새 땅(사 65:17-18, 66:2, 계 21:1, 22:14)을 복음의 실체로 드러냅니다. 그러므로 복음의 실체이신 그리스도는 아름다운 복음의 기쁜 소식(사 40:9, 41:27, 52:7)으로, 우리의 허물과 죄악을 인해 죽임당하십니다(사 53:5-6, 엡 2:1). 그 은혜로 우리는 그리스도와 연합된 존재가 되어(사 54-59장) 아름다운 소식

낳을 것이요 그의 이름은 임마누엘이라 하리라 하셨으니 이를 번역한즉 하나님이 우리와 함께 계시다 함이라(마 1:21-23).

완악한 마음
그들이 능히 믿지 못한 것은 이 때문이니 곧 이사야가 다시 일렀으되 그들의 눈을 멀게 하시고 그들의 마음을 완고하게 하셨으니 이는 그들로 하여금 눈으로 보고 마음으로 깨닫고 돌이켜 내게 고침을 받지 못하게 하려 함이라 하였음이더라(요 12:39-40).

그리스도, 천국의 비밀
대답하여 이르시되 천국의 비밀을 아는 것이 너희에게는 허락되었으나 그들에게는 아니 되었나니 … 그러나 너희 눈은 봄으로, 너희 귀는 들음으로 복이 있도다(마 13:11, 16).

그리스도, 마지막 아담
기록된 바 첫 사람 아담은 생령이 되었다 함과 같이 마지막 아담은 살려 주는 영이 되었나니(고전 15:45).

그리스도로 여는 새 하늘과 새 땅
보라 내가 새 하늘과 새 땅을 창조하나니 이전 것은 기억되거나 마음에 생각나지 아니할 것

을 전하는 왕 같은 복음의 제사장(롬 15:16)으로 천국의 비밀을 누리게 됩니다 (사 60-66장).

이라 너희는 내가 창조하는 것으로 말미암아 영원히 기뻐하며 즐거워할지니라 ··· (사 65:17-18).

 이사야서에 나타난 예수님의 일생

구약의 중심 주제는 장차 오실 메시아에 집중되어 있다. 모든 역사와 사건의 초점이 예수님에게 맞춰지며 예수님에 대한 내용이 300여 회 이상 나온다. 이사야서에는 예수님에 대한 예언이 더욱 자세히 기록되어 있다.

예수님의 탄생 : "보라 처녀가 잉태하여 아들을 낳을 것이요 그의 이름을 임마누엘이라 하리라"(사 7:14, 9:6 참조).

기름 부음을 받으신 예수님 : "그의 위에 여호와의 영 곧 지혜와 총명의 영이요 모략과 재능의 영이요 지식과 여호와를 경외하는 영이 강림하시리니"(사 11:2, 62:3 참조).

걸리는 돌 : "그가 성소가 되시리라 그러나 이스라엘의 두 집에는 걸림돌과 걸려 넘어지는 반석이 되실 것이며 예루살렘 주민에게는 함정과 올무가 되시리니"(사 8:14).

예수님의 고난 : "나를 때리는 자들에게 내 등을 맡기며 나의 수염을 뽑는 자들에게 나의 뺨을 맡기며 모욕과 침 뱉음을 당하여도 내 얼굴을 가리지 아니하였느니라"(사 50:6, 53:4 참조).

예수님의 말씀 선포 : "주 여호와의 영이 내게 내리셨으니 이는 여호와께서 내게 기름을 부으사 가난한 자에게 아름다운 소식을 전하게 하려 하심이라 나를 보내사 마음이 상한 자를 고치며 포로 된 자에게 자유를, 갇힌 자에게 놓임을 선포하며"(사 61:1).

예수님의 죽음 : "그는 곤욕과 심문을 당하고 끌려갔으나 ··· 그는 강포를 행하지 아니하였고 그의 입에 거짓이 없었으나 그의 무덤이 악인들과 함께 있었으며 그가 죽은 후에 부자와 함께 있었도다"(사 53:8-9).

예수님의 인격 : "상한 갈대를 꺾지 아니하며 꺼져 가는 등불을 끄지 아니하고 진실로 정의를 시행할 것이며"(사 42:3).

예수님의 부활 : "여호와께서 그에게 상함을 받게 하시기를 원하사 질고를 당하게 하셨은즉 그의 영혼을 속건제물로 드리기에 이르면 그가 씨를 보게 되며 그의 날은 길 것이요 또 그의 손으로 여호와께서 기뻐하시는 뜻을 성취하리로다"(사 53:10).

예수님의 순종 : "주 여호와께서 나의 귀를 여셨으므로 내가 거역하지도 아니하며 뒤로 물러가지도 아니하며"(사 50:5).

예수님의 승천 : "보라 내 종이 형통하리니 받들어 높이 들려서 지극히 존귀하게 되리라"(사 52:13).

예수님의 재림 : "보라 장차 한 왕이 공의로 통치할 것이요 방백들이 정의로 다스릴 것이며"(사 32:1).

Day 49 그리스도의 신부

잠 22:17 - 잠 31:31

사사 시대	통일 왕국 시대	분열 왕국 시대

Day Point

잠언은 여호와를 경외하게 하는 지혜와 사망의 길로 인도하는 음녀가 대결하듯 길거리 광장에서 서로 자기 집으로 초청하는 표면적 모습으로 시작합니다(잠 1~9장). 그리고 지혜 있는 자와 미련한 자가 서로 다른 방식으로 사는 것과 그들의 마음을 드러냅니다(잠 10장~22:16).

이제 잠언의 마지막 부분에서 음녀는 사람의 마음에 자리한 탐심(골 3:5)에 강도같이 매복한 새로운 모습으로 등장합니다. 음녀가 전에는 표면적 유혹의 외침이었다면, 이제는 내면적 마음의 유혹입니다. 음녀는 사람의 마음에 깊은 구덩이와 좁은 함정을 파 놓고 잠복근무를 합니다(잠 22:17~24장).

이렇게 안팎으로 진행되는 영적 전쟁에서 그리스도인은 주인이 추수하는 날에 보낸 충성된 사자로서 주인의 마음을 시원하게 해 주는 복음 전도자로서의 사명을 잘 감당하고, 그리스도의 현숙한 신부로 오직 여호와를 경외하는 삶을 삽니다(잠 25~31장).

"충성된 사자는 그를 보낸 이에게 마치 추수하는 날에 얼음냉수 같아서 능히 그 주인의 마음을 시원하게 하느니라"(잠 25:13).

음녀의 잠복근무(잠 22:17~24장)

잠언에 등장하는 음녀의 정체를 신약성경에서 밝히고 있습니다.

> "또 일곱 대접을 가진 일곱 천사 중 하나가 와서 내게 말하여 이르되 이리로 오라 많은 물 위에 앉은 큰 음녀가 받을 심판을 네게 보이리라 땅의 임금들도 그와 더불어 음행하였고 땅에 사는 자들도 그 음행의 포도주에 취하였다 하고"(계 17:1-2).

음녀의 또 다른 이름은 "그의 이마에 이름이 기록되었으니 비밀이라, 큰 바벨론이라, 땅의 음녀들과 가증한 것들의 어미"(계 17:5)입니다. 그녀는 "무너졌도다 무너졌도다 큰 성 바벨론이여 모든 나라에게 그의 음행으로 말미암아 진노의 포도주를 먹이던 자"(계 14:8)입니다.

잠언 앞부분에 나오는 음녀는 우는 사자같이 두루 다니며 삼킬 자를 찾듯 길거리 광장을 누비는 사탄의 모습이었습니다(벧전 5:8). 그러나 잠언 후반부에 나오는 음녀는 이제 새로운 전략으로 사람의 탐심을 꿰뚫고 강도같이 마음속에 들어와 미혹하기 위해 깊은 구덩이와 좁은 함정을 파 놓고 잠복근무를 하면서 포도주에 취하게 합니다(잠 23:27-30).

그 포도주는 요한계시록에서 말하는 음행의 포도주로, 세상 문화에 취하게 하는 것입니다. 이는 술에 취한 것처럼 마음을 혼미하게 해 그리스도의 영광의 복음의 광채가 비치지 못하도록 합니다(고후 4:4). 세상은 정욕의 것이요, 귀신의 것이니(약 3:15), "세상에 있는 모든 것이 육신의 정욕과 안목의 정욕과 이생의 자랑"(요일 2:16)입니다. 음녀가 세상에 취하도록 마시게 하는 것은 진노의 포도주인데, 포도주에 잠긴 자는 이를 자각조차 할 수 없습니다(잠 23:35). 진노의 포도주는 마지막 추수 때에 멸망당하게 됩니다(계 14:19).

이렇게 "사망으로 끌려가는 자를 건져 주며 살육을 당하게 된 자를 구원"(잠 24:11)하기 위해 지혜 있는 그리스도인은 사탄의 전략에 맞서 복음의 비밀 전략으로 싸워야 합니다(잠 24:5-6, 계 17:14). 그 전략은 영혼의 지혜, 송이꿀을 먹는 것입니다(잠 24:13-14, 시 19:9-10). 하나님의 말씀이신 그리스도만이 사탄을 대적할 수 있는 능력이시기 때문입니다(엡 6:11, 17, 계 19:13).

그리스도의 신부(잠 25-31장)

잠언의 궁극적인 목적은 지혜의 근본이신 예수 그리스도를 통해 여호와를 경외하게 하려는 것입니다.

여호와를 경외하기 위해서는 먼저 지혜로 의인화되신 그리스도를 마음에 믿어야 합니다. 그래서 지혜 있는 의인이 되면 하나님의 말씀으로 무장해 사탄의 세력을 상징하는 음녀의 유혹을 대적해야 합니다. 그리고 그리스도의 비밀을 맡은 충성된 사자(고전 4:1-2)가 되어 복음 전도자의 사명을 감당하고, 그리스도의 현숙한 신부(고후 11:2)로 여호와를 경외해야 합니

오늘의 말씀

술, 그 미련함
재앙이 뉘게 있느뇨 근심이 뉘게 있느뇨 분쟁이 뉘게 있느뇨 원망이 뉘게 있느뇨 까닭 없는 상처가 뉘게 있느뇨 붉은 눈이 뉘게 있느뇨 술에 잠긴 자에게 있고 혼합한 술을 구하러 다니는 자에게 있느니라(잠 23:29-30).

세상, 가려진 복음 광채
그중에 이 세상의 신이 믿지 아니하는 자들의 마음을 혼미하게 하여 그리스도의 영광의 복음의 광채가 비치지 못하게 함이니 그리스도는 하나님의 형상이니라(고후 4:4).

세상의 속성, 정욕과 지나감
이는 세상에 있는 모든 것이 육신의 정욕과 안목의 정욕과 이생의 자랑이니 다 아버지께로부터 온 것이 아니요 세상으로부터 온 것이라 이 세상도, 그 정욕도 지나가되 오직 하나님의 뜻을 행하는 자는 영원히 거하느니라(요일 2:16-17).

지혜, 강함과 승리
지혜 있는 자는 강하고 지식 있는 자는 힘을 더하나니 너는 전략으로 싸우라 승리는 지략이 많음에 있느니라(잠 24:5-6).

송이꿀 같은 지혜를 먹으라
내 아들아 꿀을 먹으라 이것이 좋으니라 송이꿀을 먹으라 이것이 네 입에 다니라 지혜가 네 영혼에게 이와 같은 줄을 알라 이것을 얻으면 정녕히 네 장래가 있겠고 네 소망이 끊어지지 아니하리라(잠 24:13-14).

다. 그러므로 하나님의 마음을 시원하게 해 드리는 충성된 사자(잠 25:13)는 사명을 감당해야 합니다.

> "네 원수가 배고파하거든 음식을 먹이고 목말라하거든 물을 마시게 하라 그리하는 것은 핀 숯을 그의 머리에 놓는 것과 일반이요 여호와께서 네게 갚아 주시리라"(잠 25:21-22, 롬 12:20 참조).

이것은 로마서가 지향하는 복음이 있는 그리스도인의 삶과 같습니다. 즉 하나님을 기쁘시게 해 드리는 산 제물의 영적 예배로(롬 12:1), 나는 죽고 예수로 사는 순종의 삶입니다.

이렇게 말씀 실천의 삶을 통해서 곤고한 자들에게 기쁜 소식을 전하게 됩니다.

> "먼 땅에서 오는 좋은 기별은 목마른 사람에게 냉수와 같으니라"(잠 25:25).

이것은 선으로 악을 이기는 승리이며, 사랑으로 율법을 완성하신 그리스도의 사역입니다(마 5:17, 롬 10:4, 13:10). 그러므로 잠언의 지혜를 가진 자는 그리스도의 사역을 아름답게 감당하는 진주보다 값진 그리스도의 신부입니다(잠 31:30).

여호와를 경외하는 그리스도의 신부
고운 것도 거짓되고 아름다운 것도 헛되나 오직 여호와를 경외하는 여자는 칭찬을 받을 것이라(잠 31:30).

오늘의 미션

정욕, 탐심, 우상 숭배는 죽이고 예수로 살기를 결단하기.

[미션 수행]
빛의 속도로 떠오르는 내 생각은 죽어지고 빛의 속도처럼 말씀이 뜰지어다!

사사 시대 ▶ 통일 왕국 시대 ▶ 분열 왕국 시대

Day Point

솔로몬이 쓴 전도서와 아가서의 주제는 각각 '인생'과 '사랑'입니다.

전도서에서 말하는 인생론은 헛된 인생과 복된 인생으로 구분할 수 있습니다. 헛된 인생은 미래의 부귀영화를 위해 현재의 노력으로 최선의 삶을 삽니다. 그러나 미래의 결론은 공수래공수거(전 5:15), 즉 빈손으로 왔다가 빈손으로 가는 허무한 인생입니다(전 1~6장). 그러나 복된 인생은 그리스도를 통해 원죄를 사함(전 7:12, 롬 4:6~8) 받고 여호와를 경외하는 삶을 삽니다.

"내가 죄악 중에서 출생하였음이여 어머니가 죄 중에서 나를 잉태하였나이다"(시 51:5).

그러므로 복된 인생은 그리스도로 인해 성취된 영원한 미래(전 12:5, 고후 5:1)를 현실로 살기 때문에 날마다 최고의 삶을 살 수 있습니다(전 7~12장).

이렇게 복된 인생이 되면 아가서의 솔로몬과 술람미 여인처럼 사랑에 빠집니다. 연인의 사랑의 비유는 하나님과 당신의 백성과의 사랑, 신랑 되신 그리스도와 그리스도의 신부인 교회의 사랑을 나타냅니다(아 1~8장).

인생의 목적(전 1~12장)

유대인들은 절기마다 성경을 낭독합니다. 특히 전도서는 초막절에 낭독됩니다. 이는 인생살이가 초막 같은 육신의 장막에 잠시 머물다 떠나는 나그네 인생임을 깨닫게 하려는 것입니다(고후 5:1, 벧전 2:11).

솔로몬은 해 아래 새것이 없는 세상에 사는 동안 눈이 원하는 것을 금하지 않고, 마음이 원하는 것을 막지 않으면서 모든 것을 누려 보았습니다. 그러나 이 모든 것이 해 아래에서 무익하다는 것을 깨닫게 됩니다(전 2:10-11).

그가 만족을 느끼지 못한 것은 하나님이 사람을 창조하실 때 영원을 사모하는 마음을 주셨기 때문입니다(전 3:11). 영원을 사모하는 마음은 해 아래 있는 어떤 것으로도 채울 수 없는 빈 공간입니다. 그러나 해 위에 계신 그리스도가 우리 가운데 거하실 때 마음의 빈 공간은 새로운 피조물로 채워지게 됩니다(전 5:2, 요 1:14, 고후 5:17).

▶ 전도서의 지리적 배경

그러므로 사람이 세상에 사는 동안 대학, 직장, 출세, 결혼은 인생의 목적이 아니라 수단입니다. 세상에서 인생의 목적을 발견하지 못하면 생명을 허비하는 헛된 인생이 됩니다. 시간의 노력으로 소유를 얻고, 소유를 통해 인생을 누리고, 그 인생으로 예수님을 발견하면 복된 인생입니다. 예수 그리스도를 만나면 사람의 본분을 다해 하나님을 경외하는 복된 인생이 되기 때문입니다(전 12:13).

그래서 솔로몬은 인생의 목적을 깨닫고 전도자가 되어 '가난한 지혜자'로 묘사되신 그리스도의 복음을 전합니다(전 9:13-18). 가난한 지혜자이신 예수 그리스도(고전 1:24)가 그분의 지혜(고전 1:18)로 위기의 성읍을 구하시지만 가난한 자의 지혜는 멸시를 받고 사람들은 그분의 말을 듣지 않습니다. 이는 그분이 가지신 지혜(십자가)가 어떤 무기보다 강한 힘이 있지만 그분을 외모로 평가하기 때문입니다(사 53:2-3, 막 6:2-4). 세상에서 부귀영화를 누리기 원하는 자들은 그리스도가 자신들이 세상에서 원하는 것을 성취해 주실 수 없다고 생각하기에 그리스도의 그 어떤 지혜로운 생명의 말도 듣지 않습니다.

그러므로 죽음의 종말이 오기 전에 '한 목자'가 준(겔 34:23, 요 10:11, 16) 찌르는 채찍 같은 지혜자의 말을 듣고 그리스도를 믿으라고 전도자는 지금도 외치고 있습니다(전 12:11-12).

사랑의 완성(아 1-8장)

아가서는 전도자의 복음을 듣고 하나님을 경외하게 된 자들의 삶이 얼마나 복된 인생인지를 알려 주는 책입니다. 사람이 사람을 사랑하는 것은 참 아름다운 일입니다. 그런데 사람이 하나님과 사랑할 수 있다는 것은 참으

오늘의 말씀

지혜, 살리는 유익
지혜의 그늘 아래에 있음은 돈의 그늘 아래에 있음과 같으나, 지혜에 관한 지식이 더 유익함은 지혜가 그 지혜 있는 자를 살리기 때문이니라(전 7:12).

해 아래 무익함
무엇이든지 내 눈이 원하는 것을 내가 금하지 아니하며 무엇이든지 내 마음이 즐거워하는 것을 내가 막지 아니하였으니 … 나의 모든 수고로 말미암아 얻은 몫이로다 … 내 손으로 한 모든 일과 내가 수고한 모든 것이 다 헛되어 바람을 잡는 것이며 해 아래에서 무익한 것이로다(전 2:10-11).

가난한 자의 지혜
그러므로 내가 이르기를 지혜가 힘보다 나으나 가난한 자의 지혜가 멸시를 받고 그의 말들을 사람들이 듣지 아니한다 하였노라(전 9:16).

'한 목자'의 지혜 말씀
지혜자들의 말씀들은 찌르는 채찍들 같고 회중의 스승들의 말씀들은 잘 박힌 못 같으니 다 한 목자가 주신 바이니라 내 아

로 신비스러운 일입니다.

아가서는 솔로몬과 술람미 여인의 입맞춤으로 시작된 그리스도와 교회의 사랑 이야기입니다(아 1:2, 시 2:12). 노루와 어린 사슴 같은 그리스도(아 2:9, 8:14)가 복음 들고 산을 넘는 아름다운 발(사 52:7, 롬 10:15)로 달려오셔서 "일어나서 함께 가자"(아 2:10, 마 26:46 참조)고 하십니다.

이 같은 주님의 사랑은 헛된 인생의 겨울과 환난의 비바람이 부는 세상에서 천국의 봄을 바라보게 합니다. 그 봄은 그리스도가 십자가에서 유월절 어린 양으로 죽으실 때 입맞춤으로 시작된 첫사랑의 꽃이 피는 구원의 계절입니다. 죽음같이 강한 신랑 그리스도의 사랑으로 신부는 죽음의 홍수에서 건짐을 받습니다(아 8:7, 계 12:15-16). 그러나 죽음보다 강한 사랑을 거절하는 자는 스올(음부) 같은 잔인한 진노에 빠집니다(아 8:6).

아가서의 마지막에는 교회를 상징하는 솔로몬의 포도원(아 8:11, 마 21:33) 이야기가 나옵니다. 포도원을 맡겨 두고 떠난 그리스도가 다시 오시기를 기다리는 신부는 "아멘 주 예수여 오시옵소서"(계 22:20)의 심정으로 "내 사랑하는 자야 너는 빨리 달리라"(아 8:14) 하고 외칩니다.

그리스도의 신부는 다시 오실 그리스도를 기다리는 정결한 처녀(고후 11:2)입니다. 그리스도의 신부는 세상의 유혹과 사랑의 갈등으로부터 순결한 사랑을 넉넉히 지키게 하는 신랑 되신 그리스도의 사랑 안에서 믿음으로 살아야 합니다(롬 8:37).

들아 또 이것들로부터 경계를 받으라 많은 책들을 짓는 것은 끝이 없고 많이 공부하는 것은 몸을 피곤하게 하느니라(전 12:11-12).

나의 사랑, 내 어여쁜 자
나의 사랑하는 자가 내게 말하여 이르기를 나의 사랑, 내 어여쁜 자야 일어나서 함께 가자(아 2:10).

첫사랑의 봄, "일어나서 함께 가자!"
겨울도 지나고 비도 그쳤고 지면에는 꽃이 피고 새가 노래할 때가 이르렀는데 비둘기의 소리가 우리 땅에 들리는구나 무화과나무에는 푸른 열매가 익었고 포도나무는 꽃을 피워 향기를 토하는구나 나의 사랑, 나의 어여쁜 자야 일어나서 함께 가자(아 2:11-13).

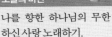

오늘의 미션
나를 향한 하나님의 무한하신 사랑 노래하기.

[미션 수행]
고아처럼 버려두지 않으시는 아버지 사랑을 날마다 노래합니다.

Day Point

하나님의 구원은 이미 새 하늘과 새 땅(사 65:17, 66:22, 벧후 3:13, 계 21:1)이 준비된 예정된 종말(요한계시록)에서 출발한 계획된 창조(창세기)의 목적입니다. 아담의 선악과 범죄로 인한 사망(롬 6:23)에서 구원하시기 위해 '여자의 후손'(창 3:15)으로 약속되신 마지막 아담(롬 5:14, 고전 15:45) 예수 그리스도가 거룩한 씨로 보전되셔서 임마누엘로 우리 가운데 오시게 됩니다.

그러므로 이사야서는 이러한 구원 역사를 설명하기 위해 '죄에 대한 심판'을 경고해 율법의 행위(롬 3:20)로는 구원 받을 수 없음을 선포합니다(사 1-6장). 그리고 하나님이 아담에게 언약하신 '여자의 후손'이 아브라함에게 하신 하나님의 씨의 약속을 따라 이새의 아들, 다윗의 씨(사 9:6-7, 11:1, 행 13:22-23, 딤후 2:8)에서 탄생하신 예수 그리스도(사 7:14, 마 1:21-23)이시며, 그분을 통해 '하나님의 구원 약속'이 성취될 것을 선포합니다(사 7-12장).

"네 씨로 말미암아 천하 만민이 복을 받으리니"(창 22:18, 갈 3:16 참조).

이스라엘의 죄악(사 1-6장)

이사야 선지자는 분열 왕국 시대에 남 왕국의 웃시야, 요담, 아하스, 히스기야 13대 왕에 이르기까지 약 60년간 사역합니다(왕하 15-20장, 대하 26-32장). 이 시기에 유다와 예루살렘에 관해 보게 된 계시는 짐승만도 못한 절망적 상태입니다.

"소는 그 임자를 알고 나귀는 그 주인의 구유를 알건마는 이스라엘은 알지 못하고 나의 백성은 깨닫지 못하는도다 하셨도다 슬프다 범죄한 나라요 허물진 백성이요 행악의 종자요 행위가 부패한 자식이로다 그들이 여호와를 버리며 이스라엘의 거룩하신 이를 만홀히 여겨 멀리하고 물러갔도다"(사 1:3-4).

이스라엘 백성은 형식적인 종교 행위로, 겉으로는 하나님에게 예배하지만 속으로는 탐심으로 우상 숭배(골 3:5)를 했습니다. 이렇게 하나님과의 관계가 무너지자 이웃과의 관계도 무너져 신실하던 성읍이 죄악으로 가득 차게 되었습니다(사 1:21-23).

지중해 / 이스라엘 / 예루살렘 / 유다 / 모압 / 홍해 / 니느웨 / 앗수르 / 유프라테스 강 / 티그리스 강 / 바벨론 / 바사(페르시아) / 페르시아 만

이사야서의 지리적 배경

" … 너희의 죄가 주홍 같을지라도 눈과 같이 희어질 것이요 진홍같이 붉을지라도 양털같이 희게 되리라" (사 1:18).

이들을 의의 성읍, 신실한 고을이 되게 하는 하나님의 구원 계획은 의로써 구속하는 것입니다(사 1:26-27). 그 의가 되시는 메시아가 임마누엘로 임하시는 말일에는 여호와의 전의 산이 모든 산꼭대기 위에 굳게 설 것입니다. 이와 같이 그리스도의 십자가 복음이 세워지면 예루살렘에서 구원이 나오게 됩니다.

이에 대해 이사야 선지자와 동시대에 활동한 미가 선지자도 같은 예언을 합니다(사 2:2-4, 미 4:1-3). 미가 선지자는 그리스도가 베들레헴에서 탄생하실 것을 예언합니다(미 5:2). 이 복음을 믿고 많은 사람들이 그리스도에게 나아올 것이나 우상을 섬기는 자는 멸망하게 됩니다. 멸망의 원인은 불신앙이고(사 3:8), 구원의 소망은 "여호와의 싹"(사 4:2)입니다.

그럼에도 포도원 비유(사 5:1-7)에서 극상품 포도나무를 심었는데 들포도를 맺습니다. 그래서 포도원 주인은 포도원을 없애려고 합니다. 탐욕과 쾌락주의, 거짓과 불의와 교만으로 인해 영적으로 무지한 백성은 복음을 들어도 깨닫지 못하고, 그리스도를 봐도 알지 못하는 심판을 이미 받은 것입니다(사 6:9, 요 3:18-19). 그러므로 이새의 줄기에서 "한 싹"(사 11:1)으로 나온 "거룩한 씨"(사 6:13)로 탄생하시는 그리스도는 인류의 소망이십니다.

오늘의 말씀

새 하늘과 새 땅
보라 내가 새 하늘과 새 땅을 창조하나니 이전 것은 기억되거나 마음에 생각나지 아니할 것이라(사 65:17).

포도원의 들포도
땅을 파서 돌을 제하고 극상품 포도나무를 심었도다 그중에 망대를 세웠고 또 그 안에 술틀을 팠도다 좋은 포도 맺기를 바랐더니 들포도를 맺었도다 … 무릇 만군의 여호와의 포도원은 이스라엘 족속이요 그가 기뻐하시는 나무는 유다 사람이라 … (사 5:2, 7).

그루터기, 황폐 속의 회복
그중에 십 분의 일이 아직 남아 있을지라도 이것도 황폐하게 될 것이나 밤나무와 상수리나무가 베임을 당하여도 그 그루터기는 남아 있는 것같이 거룩한 씨가 이 땅의 그루터기니라 하시더라(사 6:13).

임마누엘의 구원(사 7-12장)

남 왕국 웃시야와 요담이 죽고 아하스(12대)가 왕으로 있을 때 아람과 북이스라엘이 동맹을 맺고 남 유다를 공격합니다. 그러나 하나님은 그들이 패망할 것이므로 두려워하지 말라고 하십니다. 그리고 하나님은 다윗의 집(삼하 7:16)을 보전하시려고 임마누엘의 한 징조를 통해 구원을 약속하십니다(사 7:13-14). 임마누엘의 징조가 아브라함과 다윗에게 약속하신 그리스도임을 알 수 있는 것은 그분이 처녀의 몸에서 탄생하시는 것입니다. 이에 대해 마태복음은 이사야에게 하신 하나님의 말씀을 인용해 그 약속이 성취되었음을 증거합니다(마 1:22-23).

역사 속에서 임마누엘의 징조를 확증하기 위해 앗수르가 유다의 목을 누를 때 "임마누엘이여 그가 펴는 날개가 네 땅에 가득하리라"(사 8:8)고 말씀하신 대로 하나님은 히스기야 왕 때 앗수르의 침략으로 멸망당할 위기에서 유다를 구원하십니다(사 36-39장). "내 종 다윗을 위하여 이 성을 보호하며 구원하리라"(사 37:35, 시 89:34-35 참조)는 하나님의 말씀은 하나님이 다윗과 맺으신 약속에서 비롯된 것입니다.

이처럼 그리스도가 다윗의 왕위를 가지고 평강의 왕으로 탄생하셔서 우리를 구원하시고 임마누엘로 함께 계시니 정말 기묘한 일입니다(사 9:6-7, 눅 1:31-33). 복음에는 구원과 심판이 동전의 양면처럼 있습니다. 여호와를 찾아서 돌아오지 않는 자들은 심판하시고, 택하신 남은 자들은(사 10:22, 롬 9:27, 11:5) 돌아오게 하십니다. "한 싹"(사 11:1)이 메시아 왕국을 세우는 극히 아름다운 하나님의 구원을 온 세상에 알려야 합니다(사 12:5).

예수 그리스도 탄생 예언
그러므로 주께서 친히 징조를 너희에게 주실 것이라 보라 처녀가 잉태하여 아들을 낳을 것이요 그의 이름을 임마누엘이라 하리라(사 7:14).

심판 중 남은 자, 회복
이스라엘이여 네 백성이 바다의 모래 같을지라도 남은 자만 돌아오리니 넘치는 공의로 파멸이 작정되었음이라(사 10:22).

그리스도, 이새의 한 가지
이새의 줄기에서 한 싹이 나며 그 뿌리에서 한 가지가 나서 결실할 것이요(사 11:1).

오늘의 미션

대선지서의 의미적 주제는 무엇인가?

[미션 수행]
메시아 복음(이사야)과 회개 촉구(예레미야), 하나님의 본심(예레미야애가) 그리고 성령(에스겔)과 구원의 삶(다니엘)이다.

Day Point

이사야서는 바벨론, 앗수르, 블레셋, 모압, 다메섹(아람), 구스(에티오피아), 애굽(이집트), 두마(에돔), 아라비아, 두로 등에 대한 하나님의 심판을 다룹니다. 첫 번째 심판의 대상은 바벨론입니다. 그런데 당시는 앗수르가 한창 국제 정세를 장악하고 있는 시기였으며, 바벨론은 약 200년 후에 메대에게 멸망합니다(사 13:17-18). 이 심판은 메시아 왕국이 세워질 때 악의 세력을 상징하는 바벨론이 무너질 것을 나타냅니다(계 14:8, 18:2).

" … 하늘의 하나님이 한 나라를 세우시리니 이것은 영원히 망하지도 아니할 것이요 그 국권이 다른 백성에게로 돌아가지도 아니할 것이요 도리어 이 모든 나라를 쳐서 멸망시키고 영원히 설 것이라"(단 2:44).

하나님은 열국에 대한 심판을 통해서 하나님의 구원 계획(사 14:24-27)을 확고히 하시고, 열국에게 핍박당하는 당신의 백성을 위로하십니다(사 13-19장). 하나님은 당신의 계획이 반드시 실행된다는 것을 확고히 하시기 위해 바벨론의 멸망(사 21:9)을 한 번 더 거론하십니다. 이는 한 나라의 멸망을 통한 영적 전쟁의 종식을 상징하기 위한 것입니다(사 20-23장).

구원 역사를 향한 하나님의 경영(사 13-19장)

바벨론과 앗수르, 블레셋(사 13-14장), 모압(사 15-16장), 다메섹(사 17장), 구스(사 18장), 애굽(사 19장) 등의 열국에 대해 하나님은 심판을 경고하십니다. 구원 역사의 양면성에는 분명한 구원과 함께 강력한 심판이 있기 때문입니다.

이사야 선지자 시대에 메시아 탄생의 예고는 궁극적으로 메시아 왕국을 세우는 하나님의 구원입니다(사 1-12장). 그리고 열국에 대한 심판의 예고는 궁극적으로 세상의 종말입니다. 특히 바벨론의 멸망은 세상의 종말을 예고하는 것으로, 그때의 징조로 하늘과 땅이 진동하며, 해와 달과 별들이 그 빛을 내지 않게 됩니다(사 13:10, 13, 마 24:29, 히 12:26, 계 6:12). 그리고 바벨론의 최후 모습은 "스올 곧 구덩이 맨 밑에 떨어짐"(사 14:15)을 당하게 되는 것입니다. 바벨론의 최후와 동일하게 세상 종말에 사탄이 무저갱에 던져지고, 음부가 둘째 사망에 들어가는 것을 볼 때(계 20:2-3, 14) 바벨론은 악의 세력을 예표합니다.

이렇게 심판을 행하시는 하나님은 당시의 강대국인 앗수르의 멸망을 경고하시면서, 한편으로는 열국에게 고난당하는 이스라엘을 위로하십니다(사 14:25). 온 세계를 향한 하나님의 구원 계획(사 14:26)을 반드시 성취하시기 위해 예수님은 속히 오실 것입니다. 따라서 우리는 세상의 환난을 인내하며 믿음으로 말씀을 지키는 복된 자가 되어야 합니다(계 22:7).

복된 자는 환난 날에 모압처럼 아무 도움이 되지 않는 재물에 소망을 두지 않고(사 15:7) 다윗의 왕위를 가지고 오실 그리스도가 굳게 서실 것을 믿고 기다립니다(사 16:5). 그러나 하나님을 대적해 그리스도에게 소망을 두지 않는 자들은 멸절하게 됩니다(사 7:1, 17:3). 다윗의 왕위를 무력화시키려고 동맹을 맺고 남 왕국 유다를 침략한 다메섹과 에브라임(북 이스라엘)은 앗수르에게 멸망당합니다.

> "네 구원의 하나님을 잊어버리며 네 능력의 반석을 마음에 두지 아니한 까닭이라 … "(사 17:10).

그러므로 이 세상 말일에 세상 모든 거민이 바라볼 수 있는 산 위에 기치가 세워지듯이 갈보리 산 위에 세워진 예수 그리스도의 십자가를 의지하고 복음의 나팔을 불어야 합니다(사 18:3). 종말의 때에 심판당할 애굽을 구원해 복을 주시는 "한 구원자"(사 19:20) 그리스도를 통해 이방인의 구원이 약속되었기 때문입니다(엡 2:11-13).

하나님만 의뢰(사 20-23장)

애굽과 구스가 앗수르에 의해 멸망당하고(사 20장), 바벨론의 멸망과 함께 두마와 아라비아도 멸망당합니다(사 21장). 그리고 예루살렘은 적군에게 공격당하며(사 22장), 두로는 심판의 경고를 받습니다(사 23장). 이사야 18-19장에 예고된 심판대로, 애굽과 구스가 앗수르에게 멸망당합니다(사 20:4). 그로 인

앗수르의 멸망
내가 앗수르를 나의 땅에서 파하며 나의 산에서 그것을 짓밟으리니 그때에 그의 멍에가 이스라엘에게서 떠나고 그의 짐이 그들의 어깨에서 벗어질 것이라(사 14:25).

하나님, 역사의 주관자
이것이 온 세계를 향하여 정한 경영이며 이것이 열방을 향하여 편 손이라 하셨나니 만군의 여호와께서 경영하셨은즉 누가 능히 그것을 폐하며 그의 손을 펴셨은즉 누가 능히 그것을 돌이키랴(사 14:26-27).

그리스도, 정의와 공의의 왕
다윗의 장막에 인자함으로 왕위가 굳게 설 것이요 그 위에 앉을 자는 충실함으로 판결하며 정의를 구하며 공의를 신속히 행하리라(사 16:5).

이방인, 하나님의 자녀
그때에 너희는 그리스도 밖에 있었고 이스라엘 나라 밖의 사람이라 약속의 언약들에 대하여는 외인이요 세상에서 소망이 없고 하나님도 없는 자이더니 이제는 전에 멀리 있던 너희가 그리스도 예수 안에서 그리스도의 피로 가까워졌느니라(엡 2:12-13).

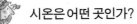

시온은 어떤 곳인가?

시온(사 52:1)은 원래 여부스의 영토이자 요새의 이름이었다(삼하 5:6). 다윗이 시온을 빼앗아 하나님의 법궤를 안치하면서부터(왕상 8:1) 이스라엘의 중심지가 되었으며 이스라엘과 예루살렘의 상징이 되었다. 또한 시온은 하나님이 거하시는 곳이자(시 20:1-2), 거룩한 산이라고 생각했다(시 2:6).

이스라엘 사람들은 포로 생활 중에도 시온의 회복을 사모했는데, 이는 하나님의 축복과 임재의 회복을 의미하기 때문이었다(사 49:14, 51:3, 52:1-8, 슥 2:10-11).

시온의 축복과 관련해서 신약에서는 시온이 하나님의 거처(히 12:22), 새 하늘과 새 땅(계 21:1), 새 예루살렘(계 21:2)을 의미하는 상징으로 쓰였다.

해 앗수르의 위협에서 벗어나려고 애굽과 구스를 의지하던 남 왕국 유다는 이사야가 3년 동안 벗은 몸과 벗은 발로 다닌 예표처럼 애굽과 같은 수치를 당하게 됩니다.

이는 하나님만 의뢰해 그분의 구원을 바라보게 하시려는 것입니다(고후 1:8-9). 하나님만 의뢰하는 자는 세상의 종말을 상징하는 바벨론이 멸망할 때(사 21:9, 계 14:8, 18:2) 그들과 함께 무역하며 교제하던 두마와 아라비아처럼 멸망당하지 않습니다. 그래서 하나님은 유다가 회개하고 하나님을 의지하기를 바라셨지만, 유다는 회개하지 않음으로 죽음에 이르게 됩니다.

하나님은 그들을 살리시기 위해 엘리아김을 세우사 다윗의 집의 열쇠로 천국 문을 열어 주는 그리스도의 예표로 보여 주십니다(사 22:20-22, 9:6, 계 3:7, 1:18). 그리고 교만한 두로를 심판하시고 70년이 찬 후 회복시키신 것처럼(사 23:17-18) 70년이 차면 바벨론을 멸망시키시고(렘 29:10) 악의 세력을 상징하는 바벨론 포로에서 하나님의 백성을 해방시키실 것입니다.

고난, 하나님만 바라보기

… 힘에 겹도록 심한 고난을 당하여 살 소망까지 끊어지고 우리는 우리 자신이 사형선고를 받은 줄 알았으니 이는 우리로 자기를 의지하지 말고 오직 죽은 자를 다시 살리시는 하나님만 의지하게 하심이라(고후 1:8-9).

하나님의 폐하심과 세우심의 주권

그날에 내가 힐기야의 아들 내 종 엘리아김을 불러 네 옷을 그에게 입히며 네 띠를 그에게 띠워 힘 있게 하고 네 정권을 그의 손에 맡기리니 … 또 다윗의 집의 열쇠를 그의 어깨에 두리니 그가 열면 닫을 자가 없겠고 닫으면 열 자가 없으리라(사 22:20-22).

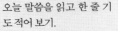

오늘의 미션

오늘 말씀을 읽고 한 줄 기도 적어 보기.

[미션 수행]

나의 죄를 보고 아파하시는 하나님을 보게 하심을 감사합니다.

종말적 심판과 구원

사 24:1 - 사 39:8

Day Point

하나님의 종말적 심판과 구원은 "옛적에 정하신 뜻대로"(사 25:1) 예정된 것입니다. 가깝게는 아브라함과 다윗에게 맺으신 언약대로(사 24:5, 55:3), 멀게는 창세전에 그리스도 안에서 세우신 하나님의 기쁘신 뜻대로 예정된 것입니다(엡 1:4-5). 그러므로 열국의 심판(사 13-23장)은 이미 경고하신 대로 우주적 종말(사 24-27장)로 나타납니다.

이사야 28-39장은 이스라엘의 역사 속에서 구원이 현실적으로 나타납니다. 하나님은 앗수르에게 함락당하기 직전에 사마리아와 유다 지도자들의 죄를 책망하십니다(사 28-29장). 앗수르의 위협에 대비하려고 애굽을 의지하는(사 30-31장) 유다에게는 의로운 왕(사 32장)이신 그리스도가 통치하시는 시대가 오면 당신의 백성을 버리지 않겠다고 하십니다(사 33장). 하나님은 에돔을 심판하듯 열국은 심판할지라도(사 34장) 당신이 택한 백성은 반드시 구원할 것(사 35장)을 약속하십니다.

이를 위해 하나님은 실제로 당시 앗수르의 침략으로 멸망당할 위기에 놓인 유다를 구원하시는 역사적 사건으로 구원의 확증을 보여 주십니다(사 36-39장).

우주적 종말(사 24-27장)

이사야서의 우주적 종말은 하나님이 "온 세계를 향하여 정한 경영"(사 14:26)으로서, 열국의 심판(사 13-23장)이 경고되고, 그 결과로 나타날 종말입니다. 그러므로 종말적 예언은 영원한 언약을 기준으로 세계 전체에 심판이 있지만 남은 자는 구원 받게 된다는 것입니다.

> "세계 민족 중에 이러한 일이 있으리니 곧 감람나무를 흔듦 같고 포도를 거둔 후에 그 남은 것을 주움 같을 것이니라"(사 24:13).

이렇게 하나님은 택하신 백성을 구별해서 구원하시고, 악의 세력은 분리해서 심판하십니다.

"그때에 달이 수치를 당하고 해가 부끄러워하리니 이는 만군의 여호와께서 시온 산과 예루살렘에서 왕이 되시고 그 장로들 앞에서 영광을 나타내실 것임이라"(사 24:23).

이는 우리가 기다려 온 메시아(사 25:9)이신 예수 그리스도의 재림을 나타냅니다. 시온 산에 서신 어린 양(계 14:1) 그리스도가 이 산에서 천국의 혼인 잔치를 베푸시고(계 19:9), 사망을 영원히 멸하시며, 눈물을 씻기시고, 자기 백성의 수치를 온 천하에서 제하실 것입니다(사 25:6-8, 계 7:17, 21:4).

지금도 혼인 잔치에 비유한 천국 초청을 거절하면 심판을 받고, 초청에 택하심을 받은 자는 구원을 얻습니다(마 22:1-14). 택하심을 받은 백성은 천국에서 새 노래를 부르는데, 이는 유다가 바벨론 포로에서 해방될 때 부를 노래(사 26:1, 계 7:10)입니다.

"주의 죽은 자들은 살아나고 그들의 시체들은 일어나리이다 티끌에 누운 자들아 너희는 깨어 노래하라 … "

(사 26:19).

이는 궁극적으로 죄로 인해 스스로의 힘으로 구원할 수 없는 상태에서(겔 37:13-14) 그리스도를 통해 얻은 구원에 대한 찬양입니다. 이렇게 최종적인 구원을 행하신 하나님은 크고 강한 칼로 악의 세력인 날랜 뱀 리워야단을 벌하시고 용을 죽이는 심판을 베푸십니다(사 27:1, 계 20:2).

오늘의 말씀

영혼이 사는 영원한 언약
너희는 귀를 기울이고 내게로 나아와 들으라 그리하면 너희의 영혼이 살리라 내가 너희를 위하여 영원한 언약을 맺으리니 곧 다윗에게 허락한 확실한 은혜이니라(사 55:3).

영원한 메시아 왕국의 연회
… 기름진 것과 오래 저장하였던 포도주로 연회를 베푸시리니 … 또 이 산에서 모든 민족의 얼굴을 가린 가리개와 열방 위에 덮인 덮개를 제하시며 사망을 영원히 멸하실 것이라 주 여호와께서 모든 얼굴에서 눈물을 씻기시며 자기 백성의 수치를 온 천하에서 제하시리라 … (사 25:6-8).

"큰 소리로 외쳐 이르되 구원하심이 보좌에 앉으신 우리 하나님과 어린 양에게 있도다 하니"(계 7:10).

역사적 구원(사 28-39장)

우주적 종말이 있기 전에 누구나 개인적 종말을 맞이하고, 한 나라도 역사적 종말을 맞이합니다. 북 이스라엘을 대표하는 에브라임(사 28:1)은 불순종해 그리스도를 상징하는 "한 돌"(사 28:16, 롬 9:33, 벧전 2:6)을 의지하지 않다가 주전 722년에 앗수르에 멸망당합니다.

남 유다는 북 이스라엘의 멸망을 보고도(왕하 17:19, 렘 3:8, 겔 23:11) 하나님을 의지하지 않습니다. 이는 영적인 지도자들이 세상 문화의 독주에 취해(사 28:7, 29:9-11) 영적 혼수상태에 빠져서 이방 나라 애굽을 의지했기 때문입니다(사 30:1-2, 31:1).

"애굽은 사람이요 신이 아니며 그들의 말들은 육체요 영이 아니라 여호와께서 그의 손을 펴시면 돕는 자도 넘어지며 도움을 받는 자도 엎드러져서 다 함께 멸망하리라"(사 31:3).

그러므로 예루살렘을 보호하는(사 31:5, 마 23:37) "한 돌"이신 그리스도가 장차 한 왕으로 통치하실 것이므로(사 32:1-2, 렘 23:5, 겔 37:24) 순종으로 그분을 따르고 하나님을 경외하는 것이 보배입니다(사 33:6). 예수 그리스도의 십자가 사건은 동전의 양면처럼 공의와 사랑이 나타나는 심판과 구원입니다. 온 세계의 심판은 에돔의 멸망으로 확증됩니다. 그리고 하나님이 대적의 상징인 에돔을 심판하시는 보복의 날(사 34:8)에 기다리던 그리스도가 오셔서(사 35:4) 택하신 백성을 구원하십니다.

하나님은 이 구원의 확증을 역사적 사건을 통해 보여 주십니다(사 36-39장). 그 사건은 히스기야 시대에 앗수르가 침략함으로 남 유다가 위기에 처한 것입니다. 하나님은 유다 족속 중에 "남은 자"(사 37:31-32)를 위해 "내 종 다윗을 위하여 이 성을 보호하며 구원하리라"(사 37:35)고 말씀하십니다. 그리고 여호와의 사자가 나가서 앗수르 군사 18만 5천 명을 하루아침에 죽이는 믿지 못할 놀라운 기적으로 남 유다를 구원하십니다.

지도자의 지혜를 가림, 멸망
대저 여호와께서 깊이 잠들게 하는 영을 너희에게 부어 주사 너희의 눈을 감기셨음이니 그가 선지자들과 너희의 지도자인 선견자들을 덮으셨음이라 그러므로 모든 계시가 너희에게는 봉한 책의 말처럼 되었으니 … (사 29:10-11).

그리스도, 공의와 정의의 왕
보라 장차 한 왕이 공의로 통치할 것이요 방백들이 정의로 다스릴 것이며 또 그 사람은 광풍을 피하는 곳, 폭우를 가리는 곳 같을 것이며 마른 땅에 냇물 같을 것이며 곤비한 땅에 큰 바위 그늘 같으리니(사 32:1-2).

여호와를 경외함이 보배
네 시대에 평안함이 있으며 구원과 지혜와 지식이 풍성할 것이니 여호와를 경외함이 네 보배니라(사 33:6).

그리스도, 아름다운 구원 사역
주 여호와의 영이 내게 내리셨으니 이는 여호와께서 내게 기름을 부으사 가난한 자에게 아름다운 소식을 전하게 하려 하심이라 나를 보내사 마음이 상한 자를 고치며 포로 된 자에게 자유를, 갇힌 자에게 놓임을 선포하며(사 61:1).

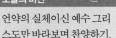

오늘의 미션
언약의 실체이신 예수 그리스도만 바라보며 찬양하기.

[미션 수행]
왕이신 나의 하나님 내가 주를 높이고 영원히 주의 이름을 송축하리이다.

통일 왕국 시대　　　　　분열 왕국 시대　　　　　포로 시대

Day Point

성경의 결론적인 큰 줄기는 '예수 그리스도를 믿으라'는 것과 '예수 그리스도를 믿는 믿음으로 살라'는 것입니다.

구약을 '율법'이라고 한다면, 신약은 '복음'입니다. 그러므로 율법의 요구(롬 8:4)는 '예수 그리스도를 믿어 의롭게 되라'는 것입니다(갈 3:24). 복음의 요구(롬 1:17)는 그리스도가 십자가의 죽음과 부활의 사랑으로 율법을 완성하신 것처럼(롬 10:4, 13:10) 믿는 자들도 나는 죽고 예수로 사는 믿음으로 살라는 것입니다(갈 2:20).

그런데 성경의 결론과 이사야서의 결론이 같습니다. 이사야서의 전반부(사 1-39장)에 해당하는 내용은 구약적 의미와 같고, 후반부(사 40-66장)는 신약적 의미와 같습니다. 특히 후반부는 예수 그리스도가 아름다운 소식(사 40:9, 41:27, 52:7, 61:1, 롬 10:15) 으로서 우리의 죄와 허물을 위해 죽임당하시는 내용(사 40-53장)과 그리스도와 연합된 그리스도인(사 54-59장)이 복음으로 사는 내용입니다(사 60-66장).

그리스도의 복음(사 40-59장)

이사야 선지자의 예언대로, 약 150년 후에 바벨론의 포로가 된 이스라엘 백성을 바사 왕 고레스(사 45:1)가 해방시킵니다. 이는 그리스도(사 41:14, 요 6:69)를 통한 구원 역사의 예표로, 그리스도의 복음입니다. 이렇게 아름답고 기쁜 소식(사 40:9, 41:27)은 이방의 빛이 되시는 그리스도가 죄인들을 그들의 생각, 지식, 육체(사망), 세상(정욕), 공간(감옥), 시간(유한), 세간(세속)에서 자유하게 하신다는 것입니다(사 42:6-7, 갈 5:1).

하나님이 이런 새 일을 행하시는 것은 창조하신 인생들로부터 찬송을 받으시기 위함입니다(사 43:19-21). 그러므로 하나님은 세상의 창조자로서, 다른 신은 없습니다(사 44:6). 창조의 목적(사 45:8, 18-19)은 사람을 하나님의 자녀로 만드는 새 창조에 있습니다(롬 8:19, 고후 5:17). 그래서 하나님 외

에는 다른 구원자(사 45:22, 행 4:12)가 없기에 바벨론의 신(사 46:1)과 바벨론은 무너집니다(사 47:1).

이미 약속하신 새 일(사 42:9, 43:19, 48:6), 은비한 일은 고레스에 의해 이루어질 출바벨론으로, 그리스도의 구원 사역의 예표입니다. 이렇게 구원 받은 백성은 그리스도에게 위임 받은 "이방의 빛"(사 49:6, 행 13:47)이 됩니다. 이방의 곤고한 자를 도울 수 있도록 그리스도의 학자의 혀와 학자같이 알아듣는 귀로 대적, 송사, 정죄하는 자들을 넉넉히 이깁니다(사 50:4, 롬 8:37).

그러므로 하나님의 의를 아는 자들은 사람의 비방을 두려워하지 않습니다(사 51:7-8). 아름다운 옷을 입고 티끌 같은 죄와 세속의 문화를 떠나게 됩니다(사 52:1, 11). 복된 좋은 소식(사 52:7)은 "내 종"(사 52:13), "연한 순"(사 53:2)이신 그리스도가 고난 속에서 5대 제사를 완성하시고, '구원의 씨'(사 53:10)가 되셔서 임마누엘로 역사하시는 것입니다. 그러므로 복된 소식은 내 안에 들어오는 '씨'로 내가 그리스도의 신부가 되고, 구속자 예수 그리스도는 남편이 되셔서 서로 연합되는 한 몸입니다(사 54:5, 엡 5:23).

이런 일은 하나님의 긍휼로 믿기만 하면 얻게 되는 영원한 새 언약의 구원입니다(사 55:1-3, 렘 31:31, 요 5:25, 6:27). 구원은 그리스도와 연합해 새 생명 가운데 살게 하는 것(사 56:3, 롬 6:4)입니다. 하나님의 자녀로서의 정체성을 가지고 입술의 열매(사 57:19)를 맺는 말씀과 하나님이 기뻐하시는 금식(사 58:6-7) 기도로 거룩한 삶을 사는 것입니다(딤전 4:5). 이는 그리스도의 십자가 죽음으로 우리가 산 것처럼 금식으로 내가 죽고 그리스도가 사시는 순종의 은혜입니다 (슥 7:5-7, 마 6:16). 이렇게 살도록 중재자 예수 그리스도(사 59:16, 딤전 2:5-6)가 우리 마음과 입에서

내가 새 일을 행하리니
보라 내가 새 일을 행하리니 이제 나타낼 것이라 너희가 그것을 알지 못하겠느냐 반드시 내가 광야에 길을 사막에 강을 내리니 … 내 백성, 내가 택한 자에게 마시게 할 것임이라 (사 43:19-20).

유일신 구원의 하나님
이스라엘의 왕인 여호와, 이스라엘의 구원자인 만군의 여호와가 이같이 말하노라 나는 처음이요 나는 마지막이라 나 외에 다른 신이 없느니라(사 44:6).

땅의 모든 끝이여 내게로 돌이켜 구원을 받으라 나는 하나님이라 다른 이가 없느니라 (사 45:22).

이방의 빛, 구원 사역
내가 또 너를 이방의 빛으로 삼아 나의 구원을 베풀어서 땅끝까지 이르게 하리라(사 49:6).

고난, 그리고 임마누엘
여호와께서 그에게 상함을 받게 하시기를 원하사 질고를 당하게 하셨은즉 그의 영혼을 속건 제물로 드리기에 이르면 그가 씨를 보게 되며 그의 날은 길 것이요 또 그의 손으로 여호와께서 기뻐하시는 뜻을 성취하리로다(사 53:10).

내게로 나아와 들으라!
오호라 너희 모든 목마른 자들아 물로 나아오라 돈 없는 자도 오라 너희는 와서 사 먹되 돈 없이, 값없이 와서 포도주와 젖을 사라(사 55:1).

새 언약으로 역사하십니다(사 59:21).

그리스도인의 삶(사 60-66장)

그리스도인은 시온에서 임한 구속자, 중재자이신 예수 그리스도를 통해 일어나 빛을 발하는 세상의 빛입니다(사 60:1, 마 5:14). 그러므로 아름다운 소식을 전하는 그리스도인들은 '여호와의 제사장'과 '하나님의 봉사자'(사 61:6)로 살아야 합니다(롬 15:16, 벧전 2:9). 또한 그리스도인은 파수꾼이 되어 주야로 외쳐서 횃불같이 타오르는 구원을 행하시는 여호와가 찬송 받으시도록 그분의 사역이 지속되게 할 사명이 있습니다(사 62:1, 6).

에돔은 이스라엘의 대적과 심판 받을 백성을 상징합니다. 이제 마지막 때에 하나님이 에돔을 심판하시고 구속하실 해가 옵니다(사 63:3-4). 이는 요한계시록의 마지막 추수 때(계 14:19)와 영적 출애굽이 있었던 모세의 때와 같습니다(사 63:11, 계 15:2-3).

그러므로 주의 강림이 가까운 마지막 때일수록 주를 앙망하는 믿음 생활이 더욱 필요합니다(사 64:1, 4). 새 하늘과 새 땅에서 누릴 영원한 영광이 있기 때문입니다(사 65:17, 66:22).

쉼 없는 구원의 횃불

나는 시온의 의가 빛같이, 예루살렘의 구원이 횃불같이 나타나도록 시온을 위하여 잠잠하지 아니하며 예루살렘을 위하여 쉬지 아니할 것인즉(사 62:1).

오늘의 미션

생각, 지식, 육체에 갇혀 사는 것 버리기.

[미션 수행]
내 몸이 아닌 내 영이 소망하는 것으로 살겠습니다.

이사야서에 나타난 메시아에 대한 예언들

메시아는 '기름 부음을 받은 자'라는 뜻이다. 신약성경에서는 일반적으로 '그리스도'라고 번역되었다. 이사야는 약 800년 후에 이스라엘뿐만 아니라 온 세계를 구원하러 오실 메시아 예수님의 모습을 미리 보았다. 이사야서는 30회 이상 예수 그리스도의 탄생, 칭호, 인격, 사명 등에 관해 예언하고 있다.

탄생	출생(7:14), 혈통(11:1), 기름 부음을 받음(11:2)
칭호	임마누엘(7:14), 전능하신 하나님(9:6), 평화의 왕(9:6), 의로우신 왕(32:1), 하나님의 종(42:1), 여호와의 팔(53:1)
인격	영적 분별력(11:3), 공의(11:4), 정의(11:5), 침묵(42:2), 부드러움(42:3), 인내(42:4), 빛남(42:6), 연민(53:4), 온유(53:7), 순결하심(53:9), 죄인을 대신하심(53:10), 구원의 능력(53:11), 존귀(53:12)
사명	빛을 주는 사람(9:2), 심판자(11:3), 책망하는 사람(11:4), 입법자(42:4), 자유케 하는 사람(42:7), 죄를 담당하는 사람(53:4-6), 유일한 구주(53:5), 중보자(53:12)

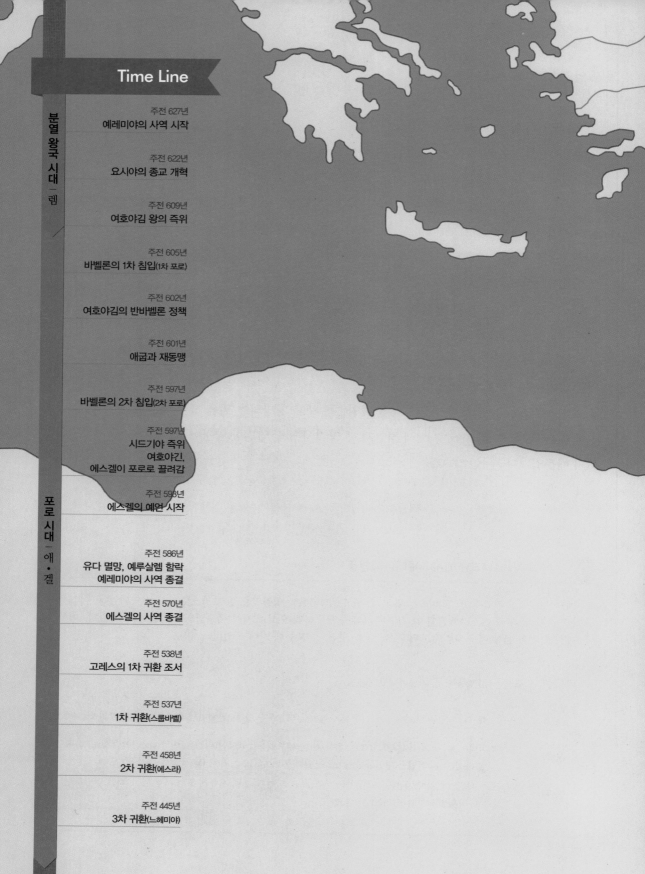

Time Line

분열 왕국 시대 — 렘

주전 627년
예레미야의 사역 시작

주전 622년
요시야의 종교 개혁

주전 609년
여호야김 왕의 즉위

주전 605년
바벨론의 1차 침입(1차 포로)

주전 602년
여호야김의 반바벨론 정책

주전 601년
애굽과 재동맹

주전 597년
바벨론의 2차 침입(2차 포로)

주전 597년
시드기야 즉위
여호야긴,
에스겔이 포로로 끌려감

포로 시대 — 애 · 겔

주전 593년
에스겔의 예언 시작

주전 586년
유다 멸망, 예루살렘 함락
예레미야의 사역 종결

주전 570년
에스겔의 사역 종결

주전 538년
고레스의 1차 귀환 조서

주전 537년
1차 귀환(스룹바벨)

주전 458년
2차 귀환(에스라)

주전 445년
3차 귀환(느헤미야)

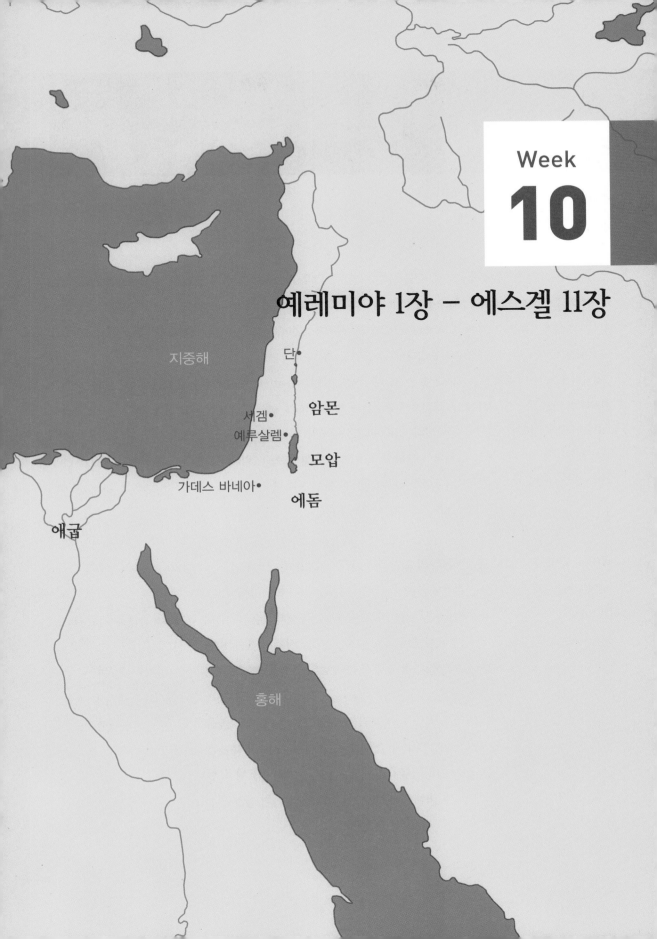

예레미야 1장 – 에스겔 11장

지중해

단•

암몬

세겜•

예루살렘•

모압

가데스 바네아•

에돔

애굽

홍해

예레미야

 **Key Point**

새 언약의 복음 예수 그리스도

북 이스라엘은 하나님이 다윗을 통해 메시아를 보내겠다고 하신 언약(왕상 12:16)을 배반하고 금송아지를 섬기는 '여로보암의 길'
로 가다가 주전 722년 앗수르의 침략으로 멸망합니다. 이후로 남 유다는 히스기야 왕(13대) 때부터 잔존 왕국으로 남게 됩니다.
히스기야 시대에 주로 사역했던 이사야와 미가 선지자의 메시아 예언이 어떻게 성취되는지는 요시야 왕(16대) 시대부터 사
역한 예레미야 선지자를 통해 알 수 있습니다.

　성경의 언약은 크게 둘로 구분되는데, 첫 언약과 새 언약입니다(갈 3:16–17, 히 8:7–11, 렘 11:4, 31:31). 하나님과의 관계는 언약의
관계이며, 구원과 심판의 기준도 언약입니다. 예레미야서는 첫 언약(렘 11:3–4)을 기준으로 유다의 멸망을 예언합니다(렘 1–25장).
그리고 새 언약(렘 31:31–33)을 기준으로 유다의 회복을 예언합니다(렘 26–52장).

　하나님의 언약의 핵심은 이사야서에 기록되어 있듯이 그리스도를 통한 구원입니다. 동물의 피(출 24:8)로 세우신 첫 언약
(시내 산 언약)은 그리스도의 피(마 26:28)로 세우시는 새 언약의 그림자이며, 예수 그리스도는 새 언약의 복음이십니다(눅 22:20).

유다의 멸망 예언(렘 1–25장), 유다의 회복 예언(렘 26–52장)

예레미야 선지자는 남 유다의 요시야 왕(16대) 때부터 여호아하스(17대),
여호야김(18대), 여호야긴(19대), 시드기야(20대) 때까지 사역했습니다. 예
레미야는 유다가 주전 586년 바벨론에 멸망당하는 것을 지켜보면서 40여
년 동안 불순종한 백성에게 눈물로 호소하며 하나님의 복음인 예수 그리
스도의 비밀을 전합니다(롬 1:2).

　성경의 구조를 잘 살펴보면, '복음'(구약의 역사서와 신약의 복음서)과 '복음
의 삶'(구약의 선지서와 신약의 서신서)으로 구분할 수 있습니다. 구약의 복음은
그리스도를 예표하는 유월절 어린 양의 죽음으로 인한 은혜의 구원을 설
명하고, 구원 받은 백성의 삶에 대해서는 첫 언약(시내 산 언약)의 율법(십계
명)을 통해서 설명합니다.

순종 언약
이 언약은 내가 너희 조상들을
쇠풀무 애굽 땅에서 이끌어 내
던 날에 그들에게 명령한 것
이라 곧 내가 이르기를 너희
는 내 목소리를 순종하고 나의
모든 명령을 따라 행하라 그리
하면 너희는 내 백성이 되겠고
나는 너희의 하나님이 되리라
(렘 11:4).

그러므로 구원 받은 백성은 하나님의 계명에 순종하며 살아야 하는데, 유다는 불순종한 삶으로 멸망합니다. 악한 세력의 상징인 바벨론의 포로가 되는 것은 세상에 포로 잡힌 인생을 비유합니다. 그래서 그리스도가 "죽음의 세력을 잡은 자 곧 마귀를 멸하시며 또 죽기를 무서워하므로 한평생 매여 종노릇하는 모든 자들을"(히 2:14-15) 죄에서 해방시키려고 이 세상에 오신 것입니다.

첫 언약의 율법 기능은 인간에게 죄를 깨닫게 해 율법의 행위로는 구원 받을 수 없으므로 하나님만 의지하도록 한 것입니다. 유다가 멸망한 것은 이스라엘 집과 유다 집이 하나님이 그들의 조상들과 맺으신 언약(렘 11:10)을 깨뜨린 죄 때문입니다. 재앙을 피할 수 없는 유다의 죄악은 생수의 근원이신 하나님을 버리고 우상을 섬기는 완악한 인간의 마음(렘 1-20장)입니다.

또한 예레미야가 외친 복음의 소리를 듣고도 사망의 길을 택한 왕(여호아하스, 여호야김, 여호야긴, 시드기야)들로 인해 유다는 멸망을 피하지 못하고 70년간 바벨론의 포로가 됩니다(렘 21-25장). 그러나 하나님은 유다에게 새 언약을 약속하십니다. 유다가 멸망할지라도(렘 26-45장) 새 언약을 성취하시는 그리스도를 통해 70년 후에 바벨론 포로에서 회복될 것을 열국과 바벨론을 멸망시키심으로 확증하십니다(렘 46-52장).

그리스도에 대한 복음
이 복음은 하나님이 선지자들을 통하여 그의 아들에 관하여 성경에 미리 약속하신 것이라(롬 1:2).

불순종, 언약 파괴
그들이 내 말 듣기를 거절한 자기들의 선조의 죄악으로 돌아가서 다른 신들을 따라 섬겼은즉 이스라엘 집과 유다 집이 내가 그들의 조상들과 맺은 언약을 깨뜨렸도다(렘 11:10).

마음에 쓰신 새 언약
그러나 그날 후에 내가 이스라엘 집과 맺을 언약은 이러하니 곧 내가 나의 법을 그들의 속에 두며 그들의 마음에 기록하여 나는 그들의 하나님이 되고 그들은 내 백성이 될 것이라 여호와의 말씀이니라(렘 31:33).

피로 세우신 새 언약
저녁 먹은 후에 잔도 그와 같이 하여 이르시되 이 잔은 내 피로 세우는 새 언약이니 곧 너희를 위하여 붓는 것이라(눅 22:20).

 예레미야 시대의 세계사

앗수르의 쇠퇴, 친애굽 정책
예레미야 선지자가 예언할 당시(주전 627-586년) 북 이스라엘을 멸망시켰던 앗수르는 쇠퇴의 길을 걷고 있었다. 앗수르의 내부 문제로 팔레스타인에 대한 앗수르의 영향력이 약해지자 애굽이 자연스럽게 유다를 장악했다(렘 2:18). 그 결과 유다에서는 친애굽 세력이 득세하게 되었다. 예레미야는 강성해져 가는 바벨론을 예견해 친바벨론 정책을 주장했지만, 이미 애굽과 우호 관계를 맺었던 유다는 친애굽 정책을 고수했다.

강성해진 바벨론과 유다의 멸망
예레미야가 활동하던 시기에 근동 지역의 중심 세력으로 떠오른 나라는 바벨론이었다. 신바벨론의 왕으로 등극한 나보폴라살(주전 625-605년)이 메대와 연합군을 형성해서 앗수르를 공격, 니느웨를 함락시켰고(주전 612년), 그의 아들 느부갓네살 왕은 갈그미스 전투에서 애굽과 앗수르의 연합군을 이겨 근동 지역의 패권을 장악했다(주전 605년).
강성해진 바벨론의 느부갓네살 왕은 반바벨론 정책을 펼치던 유다를 여호야김 왕 때 침입해서(주전 605년) 많은 유다 사람들을 포로로 잡아갔고 속국으로 삼았다.
유다 마지막 왕 시드기야가 친애굽 정책을 고수하며 에돔, 모압, 두로, 암몬, 시돈과 동맹을 형성해 반바벨론 정책을 펼치자(대하 36:13) 느부갓네살은 예루살렘을 멸망시켜 버렸다(주전 586년).

예레미야애가

기쁘다(1-4장) : 슬픔 중에 찾은 하나님의 본심
새롭다(5장) : 진노 중에 찾은 하나님의 은혜

Key Point

찬가의 복음 예수 그리스도

예레미야애가(哀歌)는 예레미야의 슬픈 노래입니다. 그런데 어떻게 찬가(讚歌)의 복음이 될 수 있을까요? 예레미야애가는 히브리어 알파벳 22개의 시적 운율로 기록되어 총 5장에 장별로 22절입니다. 그런데 특이하게도 3장만 66절로, 알파벳이 세 번 반복되어 길게 기록되었습니다. 예레미야서에서 하나님이 사람의 마음을 깊이 살피시는 것처럼(렘 17:10) 하나님의 본심이 예레미야애가 정중앙인 3장 33절에 깊이 숨겨져 있습니다.

"주께서 인생으로 고생하게 하시며 근심하게 하심은 본심이 아니시로다"(애 3:33).

하나님의 본심은 새 언약 그리스도로 인한 구원의 소망이기에 예레미야애가는 슬픔이 변해 기쁨이 되는 찬가의 복음입니다(렘 29:11).

'기쁘다'(애 1-4장), '새롭다'(애 5장)

예레미야애가의 배경은 황폐해진 예루살렘 성에서 먹을 것이 없어 양식을 구하다가 기절하는 슬픈 상황(애 1:19), 하나님의 진노하심으로 어린 자녀와 젖 먹는 아이들이 그 어미의 품에서 죽어 가는 슬픈 상황(애 2:11-12), 그 속에서 자비로운 부녀들이 자기들의 손으로 자기들의 자녀들을 삶아 먹는 슬픈 상황의 연속(애 4:10)입니다.

그러나 예레미야애가에 숨겨진 하나님의 본심(애 3:33)은 유다 집과 맺으신 새 언약 그리스도입니다(렘 31:31).

"너희를 향한 나의 생각을 내가 아나니 평안이요 재앙이 아니니라 너희에게 미래와 희망을 주는 것이니라"(렘 29:11).

하나님의 본심을 알게 되었기에 예레미야애가는 구원의 하나님으로 인

마음을 보시다!
나 여호와는 심장을 살피며 폐부를 시험하고 각각 그의 행위와 그의 행실대로 보응하나니 (렘 17:10).

선지자의 눈물, 유다의 패망
내 눈이 눈물에 상하며 내 창자가 끊어지며 내 간이 땅에 쏟아졌으니 이는 딸 내 백성이 패망하여 어린 자녀와 젖 먹는 아이들이 성읍 길거리에 기절함이로다(애 2:11).

패망의 눈물
그들의 마음이 주를 향하여 부르짖기를 딸 시온의 성벽아 너는 밤낮으로 눈물을 강처럼 흘릴지어다 스스로 쉬지 말고 네 눈동

274 비전 통독

해 절망 중에 회복될 것을 기대하는 소망의 찬가이며, 슬픔이 변해 기쁨이 됨으로 애가가 찬가로 바뀌는 새로움입니다(애 5:21). 이 소망은 전적인 하나님의 은혜입니다.

"여호와의 인자와 긍휼이 무궁하시므로 우리가 진멸되지 아니함이니이다 이것들이 아침마다 새로우니 주의 성실하심이 크시도소이다"(애 3:22-23).

자를 쉬게 하지 말지어다 초저녁에 일어나 부르짖을지어다 네 마음을 주의 얼굴 앞에 물 쏟듯 할지어다 … 주를 향하여 손을 들지어다 하였도다(애 2:18-19).

회복을 간구함
여호와여 우리를 주께로 돌이키소서 그리하시면 우리가 주께로 돌아가겠사오니 우리의 날들을 다시 새롭게 하사 옛적 같게 하옵소서(애 5:21).

하나님의 본심 - 인자, 긍휼
그가 비록 근심하게 하시나 그의 풍부한 인자하심에 따라 긍휼히 여기실 것임이라 주께서 인생으로 고생하게 하시며 근심하게 하심은 본심이 아니시로다(애 3:32-33).

심판에 대한 파수꾼의 사명(1~32장) : 이스라엘과 열국의 심판 예언
회복에 대한 파수꾼의 사명(33~48장) : 이스라엘의 회복과 성전 예언

에스겔

 **Key Point**

선포의 복음 예수 그리스도

예레미야 선지자가 예루살렘에서 바벨론 포로 70년의 심판과 영원한 새 언약의 그리스도로 회복될 것을 선포하는 동안 바벨론의 1차(주전 605년) 포로로 유다 백성과 다니엘이 잡혀갑니다. 그리고 2차(주전 597년) 포로로 예루살렘의 모든 백성과 모든 지도자, 모든 용사 1만 명과 모든 장인과 대장장이 그리고 여호야긴 왕(19대)이 사로잡혀 갑니다(왕하 24:14-15, 렘 29:2).

그때 제사장 에스겔은 2차 포로 중 한 사람으로, 바벨론 포로지에서 5년 후 선지자로 세움을 받게 됩니다(겔 1:2-3). 에스겔 선지자는 애가와 애곡과 재앙을 선포해 예루살렘에 임박한 심판을 경고하는 파수꾼의 사명을 받게 됩니다. 파수꾼의 역할은 망대 위에 서서 적의 동정을 살피며 경계하다가 적의 침입을 사전에 경고하는 일입니다.

그런데 바벨론 포로 상황에서 계속되는 바벨론의 침략(주전 586년 3차 포로)은 이스라엘에 대한 하나님의 공격과도 같습니다(렘 21:13, 겔 43:3). 성경에서 이스라엘의 범죄는 인간의 죄를 대표적으로 묘사합니다. 세상과 악의 세력을 도구로 이용한 심

판은 하나님의 속성을 표현합니다. 이것은 죄에 대해 진노하시는 거룩한 하나님의 성품으로 세상적, 정욕적, 마귀적인 옛 사람을 공격하는 죄의 진멸입니다(겔 1-32장).

이제 죄의 진멸을 상징하는 무너진 성전과 함락된 예루살렘의 소식을 들은 에스겔 선지자는 바벨론 포로에서 귀환하는 이스라엘의 회복을 선포합니다. 에스겔의 마른 뼈 환상과 성전 예언은 이스라엘의 회복을 상징합니다(겔 33-48장). 이는 다윗의 자손으로 오실 그리스도를 통한 화평의 영원한 새 언약의 은혜입니다(겔 34:23-25, 37:26). 그러므로 에스겔서는 그리스도가 우리 옛 사람을 십자가에서 죽게 하시고 새사람으로 살게 하시는 선포의 복음입니다(갈 2:20, 5:24, 6:14).

심판에 대한 파수꾼의 사명(겔 1-32장) : 이스라엘과 열국의 심판 예언

복음에는 인간의 범죄에 대한 하나님의 심판과 그리스도를 통한 은혜의 구원이 동시에 내포되어 있습니다. 에스겔서는 심판과 구원이라는 복음의 양면성을 선포하는 책입니다. 먼저 인간의 범죄에 대해서 이스라엘에 대한 심판(겔 1-24장)과 열국에 대한 심판(겔 25-32장)을 경고합니다. 이스라엘은 반역하는 족속(겔 2:5, 12:2)으로, 결국 믿음 없는 패역한 세대가 되고 맙니다(마 17:17, 행 2:40). 그 패역한 유다 족속의 반역은 음란한 마음과 음란한 눈으로 우상을 섬기는 죄입니다(겔 6:9).

그로 인해 하나님은 예루살렘 성소를 떠나셔서 열방, 특히 바벨론에 포로로 잡혀 있는 자들에게 임시 성소가 되십니다(겔 8:6, 11:16). 이는 성전 개념이 건물이 아니라 하나님 자신임을 보여 주는 것으로, 그 방법은 새 언약의 그리스도가 옛 사람의 음란한 우상을 제거하시고 하나님의 백성이 되게 하시는 것입니다(겔 11:18-20, 24:13).

그리고 하나님의 백성을 대적한 열방(암몬, 모압, 에돔, 블레셋, 두로, 시돈, 애굽)에게는 심판을 선포하면서도, 열방에 흩어져 있는 이스라엘 백성에게는 회복을 선포합니다(겔 28:25-26). 이는 심판을 통해서 열국에게는 심판의 주가 되시는 여호와이심을 알게 하고, 은혜를 통해서 이스라엘에게는 구원의 하나님 여호와이심을 알게 하려는 것입니다.

회복에 대한 파수꾼의 사명(겔 33-48장) : 이스라엘의 회복과 성전 예언

에스겔서는 복음의 양면성을 선포하는 책으로, 심판과 함께 그리스도를 통한 은혜의 구원이 이스라엘에게 '역사적 회복'(겔 33-39장)과 '종말적 회

바벨론 2차 포로
그가 또 예루살렘의 모든 백성과 모든 지도자와 모든 용사 만 명과 모든 장인과 대장장이를 사로잡아 가매 비천한 자 외에는 그 땅에 남은 자가 없었더라 그가 여호야긴을 바벨론으로 사로잡아 가고 왕의 어머니와 왕의 아내들과 내시들과 나라에 권세 있는 자도 예루살렘에서 바벨론으로 사로잡아 가고(왕하 24:14-15).

에스겔을 부르심
여호야긴 왕이 사로잡힌 지 오년 그달 초닷새라 갈대아 땅 그발 강가에서 여호와의 말씀이 부시의 아들 제사장 나 에스겔에게 특별히 임하고 여호와의 권능이 내 위에 있으니라(겔 1:2-3).

하나님의 임시 성소
그런즉 너는 말하기를 주 여호와의 말씀에 내가 비록 그들을 멀리 이방인 가운데로 쫓아내어 여러 나라에 흩었으나 그들이 도달한 나라들에서 내가 잠깐 그들에게 성소가 되리라 하셨다 하고(겔 11:16).

새 영, 부드러운 마음
내가 그들에게 한마음을 주고 그 속에 새 영을 주며 그 몸에

복'(겔 40-48장)으로 나타날 것을 예언합니다.

이스라엘의 역사적 회복은 그리스도의 초림으로 성취될 복음의 예표입니다. 다윗의 왕권(겔 34:24)이신 그리스도와 새 언약(겔 36:26-28, 렘 31:33)을 주시는 하나님과 마른 뼈를 살리는 성령의 생기(겔 37:10)가 참성전으로 회복되게 하십니다(겔 37:27-28). 그러면서 하나님은 이스라엘을 대적하는 곡과 마곡(겔 39:6, 계 20:8)의 세력을 멸해 하나님의 거룩을 나타내시고, 이스라엘 백성에게 "내가 여호와 자기들의 하나님인 줄을"(겔 39:28) 알게 하십니다.

에스겔에게 환상을 통해 보여 주신 성전은 '여호와 삼마'(여호와가 거기 계시다)의 종말적 회복으로, 메시아 왕국의 상징입니다(겔 40-48장).

서 돌 같은 마음을 제거하고 살처럼 부드러운 마음을 주어 내 율례를 따르며 내 규례를 지켜 행하게 하리니 그들은 내 백성이 되고 나는 그들의 하나님이 되리라(겔 11:19-20).

마른 뼈가 살아나다
이에 내가 그 명령대로 대언하였더니 생기가 그들에게 들어가매 그들이 곧 살아나서 일어나 서는데 극히 큰 군대더라(겔 37:10).

성전 되신 그리스도
내 처소가 그들 가운데에 있을 것이며 나는 그들의 하나님이 되고 그들은 내 백성이 되리라(겔 37:27).

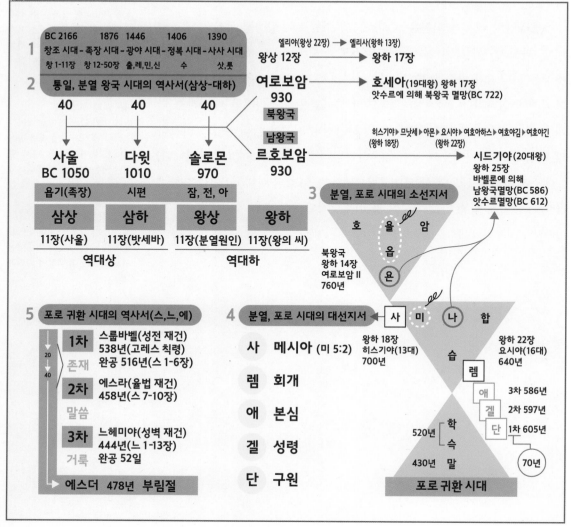

1. 창조, 족장, 광야, 정복, 사사 시대(창-룻)

구약성경의 구원 역사는 창조 시대부터 시작한다. 하나님이 구속사를 성취하시기 위해 족장 시대(주전 2166-1876년)의 아브라함에게 천국을 상징하는 가나안 땅을 약속하신다. 이스라엘 백성은 40년 광야 시대(주전 1446-1406년)를 거쳐 여호수아의 정복 시대(주전 1406-1390년)에 약속의 땅에 진입한다. 그런데 하나님이 아브라함에게 언약하신 약속의 땅에 도착하지만 이스라엘에 왕이 없어 방황하며 사사 시대(주전 1390-1050년)의 혼탁한 암흑기를 겪는다.

2. 통일, 분열 왕국 시대의 역사서(삼상-대하)

• 이스라엘의 초대 왕 사울을 비롯해 다윗과 솔로몬은 통일 왕국 시대(주전 1050-930년)의 주역으로 각각 40년씩 통치한다.

• 솔로몬 이후 왕국은 남과 북으로 분열되어 분열 왕국이 된다. 북 이스라엘(주전 930-722년)은 여로보암으로 시작해서 마지막 왕인 19대 호세아 시대에 앗수르에 의해 멸망한다. 남 유다(주전 930-586년)는 르호보암으로 시작해서 마지막 왕인 20대 시드기야 시대에 바벨론에 의해 멸망한다.

• 시가서 5권 중 욥기는 족장 시대의 책이고, 시편은 주로 다윗에 의해 기록되었고, 잠언과 전도서와 아가서는 솔로몬에 의해 기록되었다.

3. 분열, 포로 시대의 소선지서 12권

• 첫 번째 삼각형 안에 있는 요엘서(성령 강림 예언)와 오바댜서(에돔의 멸망 예언)는 시대가 불분명하고, 나머지 호세아서(하나님의 사랑), 아모스서(하나님의 정의)와 요나서(니느웨의 멸망 예언)는 열왕기하 14장에 나오는 북 이스라엘 여로보암 II(주전 760년) 시대의 책이다.

• 두 번째 삼각형 안에 있는 미가서(메시아 예언)는 이사야서와 동시대로 열왕기하 18장에 나오는 남 유다 히스기야(주전 700년) 시대의 책이다. 나훔서(니느웨의 멸망 선고), 하박국서(의인의 믿음)와 스바냐서(세상의 종말)는 열왕기하 22장에 나오는 남 유다 요시야(주전 640년) 시대의 책이다. 그리고 예레미야 선지자가 쓴 예레미야애가는 바벨론의 3차 포로 때에 기록한 책이고, 에스겔서는 2차 포로 때의 책이며, 다니엘서는 1차 포로 때의 책이다.

• 세 번째 삼각형 안에 있는 3권의 책은 포로 귀환 시대의 책으로 학개서와 스가랴서는 주전 520년에 성전 재건을 독려한 내용이다. 그리고 말라기는 구약의 마지막 책이다.

4. 분열, 포로 시대의 대선지서

분열 왕국 시대의 이사야서는 메시아를 예언하고, 예레미야서는 남 유다의 죄악에 대한 회개를 촉구한다. 포로 시대의 예레미야애가는 이스라엘 백성을 향한 하나님의 본심을 설명한다. 에스겔서는 성령을 통한 이스라엘의 회복을 예언하고, 다니엘서는 회복의 결론인 구원을 보여 준다.

5. 포로 귀환 시대의 역사서(스, 느, 에)

• 1차 귀환은 바사와 고레스(주전 538년)에 의해 시작된다. 1차 귀환의 궁극적 목적은 무너진 성전 재건을 통해 존재를 회복하는 것이다.

• 2차 귀환의 목적은 율법 재건을 통해 무너진 말씀을 회복하는 것이다.

• 3차 귀환의 목적은 성벽 재건을 통해 무너진 거룩을 회복하는 것이다.

• 에스더서는 1차 귀환 후 60년 후에 발생한 부림절 사건으로 유다 민족이 위기에서 구원 받은 내용이다.

구약의 세계에 등장한 고대 국가들

구약의 세계에 위치한 현대 국가들

이스라엘의 역사

아브라함을 따라 가나안에 정착했던 이스라엘 민족은 요셉 이후 기근을 피해 애굽으로 이주한다. 세월이 지나 애굽의 노예가 되어 온갖 어려움을 겪게 된 이스라엘 민족은 모세와 함께 애굽을 떠나 가나안으로 돌아온다. 그리고 사울 왕 때 이르러 이스라엘 왕국을 세운다. 다윗 왕과 솔로몬 왕에 이어 번영을 누리던 이스라엘 왕국은 솔로몬 왕의 아들 대에 북 이스라엘과 남 유다, 이렇게 두 개의 왕국으로 나뉜다.

그 후 북 이스라엘은 주전 722년 앗수르에게, 남 유다는 주전 586년 바벨론에 점령되어 이스라엘 민족은 포로 생활을 하게 된다. 이어 앗수르와 바벨론은 바사에 의해 멸망된다. 바사의 정책에 따라 다시 가나안으로 돌아오게 된 이스라엘 민족은 또다시 헬라 제국의 지배를 받게 된다. 계속된 강대국의 지배를 받고 있던 이스라엘 민족은 끊임없는 독립 투쟁을 벌인다. 그 과정에서 하스몬 왕조가 통치하는 기간도 있었지만, 다시 로마 제국의 지배를 받게 된다. 이후 가나안 지역은 '팔레스타인 지방'이라는 이름으로 불리게 되고, 이 지역은 동로마 제국, 이슬람 세력, 이집트, 오스만 제국의 지배를 받게 된다.

다른 민족의 지배를 받는 동안 각 지역으로 흩어진 이스라엘 민족은 주후 1880년 이후 팔레스타인 지역으로 다시 모이기 시작했고, 제1차 세계대전으로 오스만 제국이 해체되자 영국이 통치권을 위임 받게 된다. 그리고 마침내 영국의 위임 통치가 끝난 주후 1948년 5월 14일 이스라엘은 다시 건국을 선언한다. 나라를 잃고 전 세계에 흩어져·있던 이스라엘 민족이 무려 2천 년 만에 다시 모여 유대인의 나라를 세운다.

이방에게 전해진 복음의 역사

구약 시대에도 하나님을 믿게 된 이방인들이 있었을 것이라 보이지만 바울의 선교 여행 이후 복음이 널리 이방 세계에 전파된다.

예수님 당시 팔레스타인 지역을 지배하고 있었던 로마 제국은 끊임없이 그리스도인들을 박해해 오다가 주후 313년 콘스탄티누스 황제 때 밀라노 칙령으로 기독교를 인정하고, 주후 392년 테오도시우스 황제 때 로마의 국교로 선포한다. 이후 동·서 로마로 나뉘어 동로마에서는 그리스정교가, 서로마에서는 로마가톨릭이 만들어지고, 17세기 종교개혁을 거쳐 루터파, 칼뱅파 등의 개신교가 탄생한다. 오늘날에도 복음이 전파되지 않은 땅끝까지 복음을 전파하는 일에 목숨을 바치는 선교 사역이 이어지고 있다. 성경에서는 예언에 관한 부분을 제외하고는 예수님 시대 이후 주후 1세기 정도까지의 역사를 배경으로 한다. 그러므로 이스라엘 민족의 정착 생활로부터 주후 1세기 로마 시대까지의 이스라엘과 그 주변의 역사를 이해하는 것은 성경 배경 이해에 도움이 된다.

솔로몬 시대의 이스라엘

예수님 시대의 팔레스타인

현재의 이스라엘

이스라엘의 역사	년도	중동의 역사
아브라함이 이끄는 이스라엘 민족의 가나안 정착	주전 2000년경	구바벨론
요셉 이후 애굽으로 이주	주전 1700년경	
모세의 지도로 가나안으로 돌아옴	주전 1300년경	앗수르, 히타이트 성장
사울 왕 때 이스라엘 왕국 건설	주전 1000년경	
솔로몬 왕 사후 이스라엘과 유다로 나뉨		
	주전 800년경	그리스 건국
북 이스라엘 앗수르에게 멸망	주전 722년	
	주전 753년	로마 건국
	주전 732년	앗수르(바빌로니아 멸망시킴)
	주전 705년	앗수르(히타이트 멸망시킴)
	주전 605년	바벨론(앗수르 멸망시킴)
	주전 600년	바사 건국
남 유다 바벨론에게 멸망, 바벨론 포로로 끌려감	주전 586년	바벨론(유다 왕국 멸망시킴)
	주전 539년	바사(바벨론 멸망시킴)
바사의 지배를 받는 중 가나안 지역으로 돌아옴	주전 538년	
	주전 521-486년	바사 전성(다리우스 1세 오리엔트 통일)
헬라 제국의 지배	주전 332년	
	주전 331년	마케도니아=헬라 제국(바사 멸망시킴)
유대 하스몬 왕조 통치	주전 129년	
로마 제국에 속주로 편입	주전 63년	로마(이스라엘 지배)
로마 제국이 직접 지배	주후 6년	로마(이스라엘 멸망시킴)
	주후 64년	로마 대화재
유대 독립 전쟁 및 예루살렘 함락	주후 66-70년	
유대인의 반란이 여러 차례 지속되자 지역 이름	주후 132년	
을 팔레스타인으로 바꾸고 유대인 추방	주후 1-2세기	로마 전성(지중해 주변 제패)
	주후 226년	사산조 페르시아 건국
	주후 313년	로마의 콘스탄티누스 황제 기독교 공인
동로마 제국의 지배	주후 395년	
이슬람교 세력의 지배	주후 636년	
8차례 십자군 원정 중 제1차 원정 때 예루살렘	주후 1096-1270년	
일시 점령		
이집트의 지배	주후 1291년	
오스만 제국의 지배	주후 1517년	
영국이 팔레스타인 지역 위임 통치	주후 1917년	
이스라엘 건국	주후 1948년 5월 14일	

제국의 판도 : 앗수르 → 바벨론 → 페르시아 → 로마

유다의 죄악

렘 1:1 - 렘 13:27

통일 왕국 시대 ▶ 분열 왕국 시대 ▶ 포로 시대

Day Point

예레미야 선지자가 소명을 받았던 시기는 남 유다 요시야 왕(16대) 13년(주전 626년)입니다. 이때의 역사적 배경은 북쪽의 앗수르가 바벨론에 의해 멸망(주전 612년)당할 위기에 놓여 있고, 남쪽의 애굽은 호시탐탐 열국의 패권을 노리고 있는 상황입니다 (왕하 22-25장, 대하 34-36장). 무엇보다도 남 유다의 요시야 왕은 성전을 청결하게 하고 우상 숭배를 금지하는 종교 개혁을 대대적으로 단행해 모세의 모든 율법을 따라 백성을 여호와에게로 돌이킨 전무후무한 왕입니다(왕하 23:25). 그럼에도 불구하고 하나님은 유다의 죄악이 극에 달하자 멸하기로 작정하십니다(렘 1:13). 유다의 죄악은 음란한 마음과 음란한 눈으로 생수의 근원이신 하나님을 버리고 스스로 터진 웅덩이를 판 것입니다(렘 2:13). 터진 웅덩이는 이스라엘 백성이 끝없는 탐심의 우상 숭배로 이방 신을 섬기는 애굽과 앗수르를 의지(렘 2:18)한 영적 간음(렘 3:13-14, 약 4:4)을 말합니다(렘 1-10장). 이처럼 영적 간음은 하나님과 맺은 언약을 깨뜨리는 것이며, 우상 숭배의 교만한 행동으로서 하나님의 심판을 피할 수 없습니다(렘 11-13장).

마음의 죄악(렘 1-10장)

예레미야서에 등장하는 유다의 죄악은 마음의 죄악으로서, 사람의 마음을 대변합니다. 유다의 죄악으로 인한 예레미야 선지자의 쓰리고 아픈 마음은 하나님의 마음을 대변합니다(렘 4:18-19).

"마음에서 나오는 것은 악한 생각과 살인과 간음과 음란과 도둑질과 거짓 증언과 비방이니"(마 15:19).

이와 같은 마음의 죄악을 씻어 버려야 구원을 얻을 수 있습니다(렘 4:14).

"모든 지킬 만한 것 중에 더욱 네 마음을 지키라 생명의 근원이 이에서 남이니라"(잠 4:23).

"사람이 마음으로 믿어 의에 이
르고 입으로 시인하여 구원에 이
르느니라"(롬 10:10).

그러므로 예레미야서는 사람의 마
음(렘 5:24, 6:19, 9:14)과 하나님의 마
음(렘 5:9, 6:8, 7:31, 29:11)을 대조해서
도무지 구원 받을 수 없는 사람을
구원하시는 하나님의 마음을 드러냅니다. 사람의 마음은 악하기에 "정의를
행하며 진리를 구하는 자"(렘 5:1)가 한 사람도 없습니다. 의인은 없나니 하나
도 없기 때문입니다(롬 3:10). 그래서 하나님은 유다인과 예루살렘 주민들에
게 외치십니다.

" … 너희는 스스로 할례를 행하여 너희 마음 가죽을 베고 나 여호와께 속하
라"(렘 4:4).

신약의 성도처럼 구약의 성도들도 율법의 행위로는 구원 받을 수 없고,
하나님의 은혜로 예수님이 믿어지는 마음의 할례를 받아야 합니다(신 30:6,
골 2:11, 엡 2:8-9). 그러므로 멸망의 원인은 마음의 할례를
받지 못했기 때문입니다.

"… 보라 날이 이르면 할례 받은 자
와 할례 받지 못한 자를 내가
다 벌하리니 … 무릇 모든
민족은 할례를 받지 못하
였고 이스라엘은 마음에
할례를 받지 못하였느니
라"(렘 9:25-26).

오늘의 말씀

끓는 가마 환상, 유다 멸망
여호와의 말씀이 다시 내게 임
하니라 이르시되 네가 무엇을
보느냐 대답하되 끓는 가마를
보나이다 그 윗면이 북에서부터
기울어졌나이다 하니(렘 1:13).

하나님 대신 강대국 의지
네가 시홀의 물을 마시려고 애
굽으로 가는 길에 있음은 어찌
됨이며 또 네가 그 강물을 마시
려고 앗수르로 가는 길에 있음
은 어찌 됨이냐(렘 2:18).

마음의 할례에 대해 로마서는 이렇게 말합니다.

> "무릇 표면적 유대인이 유대인이 아니요 표면적 육신의 할례가 할례가 아니니라 오직 이면적 유대인이 유대인이며 할례는 마음에 할지니 … "(롬 2:28-29).

> "하나님은 다만 유대인의 하나님이시냐 또한 이방인의 하나님은 아니시냐 진실로 이방인의 하나님도 되시느니라 할례자도 믿음으로 말미암아 또한 무할례자도 믿음으로 말미암아 의롭다 하실 하나님은 한 분이시니라" (롬 3:29-30).

이는 육신의 할례가 구원을 상징하지만 할례의 행위가 구원을 주는 것이 아니므로 할례를 자랑하지 말고 구원의 삶을 살라는 뜻입니다.

언약의 파기(렘 11-13장)

예레미야는 요시야 왕 13년에 선지자로 소명(렘 1:2, 5)을 받습니다. 그리고 5년 뒤(왕하 22:3, 8) 성전에서 발견된 언약 책(율법 책)의 내용에 힘입어 하나님과 맺은 언약을 깨뜨리고 우상을 숭배하는 자들에게 저주를 선포합니다 (렘 11:3-4).

성경은 구원의 점진성과 양면성을 설명합니다. 따라서 하나님의 언약을 파기하며 불순종한 백성은 징계를 받아 악한 이웃 이방 나라의 포로가 되지만, 또한 그곳에서 이방인을 구원하는 사명을 갖게 됩니다(렘 12:14-16).

이스라엘 백성은 하나님이 조상들과 맺으신 언약의 은혜로 구원 받는 한편, 삶의 기준이 되는 언약에 순종하지 않을 때는 징계를 겸해서 받습니다(삼하 7:14, 히 12:7-8). 이는 언약의 양면성으로, 하나님의 백성답게 살게 하는 구원의 언약이기 때문입니다.

죄가 더한 곳에 은혜가 더욱 큰 것은 하나님의 은혜로 구원 받았기 때문입니다. 또한 우리는 죄에 대해 죽었기 때문에 그 가운데 살 수 없습니다(롬 6:1-2). 우리가 하나님의 백성답게 구원의 삶을 살 수 있는 유일한 원동력은 하나님의 언약이신 그리스도뿐입니다. 그분에게 믿음으로 순종하는 길뿐입니다.

악을 씻어 버리라
예루살렘아 네 마음의 악을 씻어 버리라 그리하면 구원을 얻으리라 네 악한 생각이 네 속에 얼마나 오래 머물겠느냐(렘 4:14).

율법 거절, 패망의 길
땅이여 들으라 내가 이 백성에게 재앙을 내리리니 이것이 그들의 생각의 결과라 그들이 내 말을 듣지 아니하며 내 율법을 거절하였음이니라(렘 6:19).

악한 이웃 열방 심판
내가 내 백성 이스라엘에게 기업으로 준 소유에 손을 대는 나의 모든 악한 이웃에 대하여 여호와께서 이와 같이 말씀하시니라 보라 내가 그들을 그 땅에서 뽑아 버리겠고 유다 집을 그들 가운데서 뽑아 내리라 (렘 12:14).

징계, 아들의 표징
너희가 참음은 징계를 받기 위함이라 하나님이 아들과 같이 너희를 대우하시나니 어찌 아버지가 징계하지 않는 아들이 있으리요 징계는 다 받는 것이거늘 너희에게 없으면 사생자요 친아들이 아니니라 (히 12:7-8).

오늘의 미션
마음의 죄악들을 예수 그리스도의 보혈로 씻어 내기.

[미션 수행]
남편을 미워하는 마음의 죄를 예수 그리스도의 보혈로 씻어 냅니다.

통일 왕국 시대　　　분열 왕국 시대　　　포로 시대

 **Day Point**

유다가 요시야 왕의 종교 개혁에도 불구하고 심판 받을 수밖에 없는 이유에 대해 열왕기는 므낫세 왕이 지은 모든 죄 때문이라고 말합니다(왕하 23:25-26, 24:3). 예레미야서도 "유다 왕 히스기야의 아들 므낫세가 예루살렘에 행한 것으로 말미암아 내가 그들을 세계 여러 민족 가운데에 흩으리라"(렘 15:4)고 말합니다.

　북 이스라엘의 멸망을 자초한 대표가 여로보암이라면, 남 유다는 므낫세라고 할 수 있습니다. 이는 유다로 죄를 범하게 하고, 무죄한 자의 피를 심히 많이 흘렸기 때문입니다(왕하 21:11, 16). 그러므로 죄는 크게 두 가지로 나뉘는데, 하나님을 믿지 않는 '불신앙'과 말씀을 믿는 믿음으로 살지 않는 '불순종'입니다(요 16:9, 롬 14:23).

　예레미야서는 유다의 심판을 통해 구원의 양면성을 설명합니다. 불신앙의 죄는 반드시 심판 받는 것(롬 6:23)과 불순종한 백성이 죄에서 돌이켜 예수로 살도록 풀무불 같은 환경과 말씀으로 정결하게 단련하시는 과정도 있습니다(욥 23:10, 롬 5:3-4).

　복음에 구원과 심판의 양면성이 있듯이, 심판에도 멸망과 연단으로 성화되는 구원의 삶이 있습니다. 그러므로 생수의 근원 되신 여호와를 버린 부패한 사람의 마음(렘 17:9, 13)을 대변한 유다는 심판을 받아(렘 14-20장) 바벨론에서 70년간 포로 생활을 하지만, 70년이 지나면 하나님이 바벨론을 멸하시고 유다를 생명의 길로 돌아오게 하십니다(렘 21-25장). 이는 언약으로 구원 받은 백성이 언약으로 살아야 하듯이, 언약으로 구원하신 하나님이 언약으로 살게 하시기 때문입니다(렘 24:7).

심판의 당위성(렘 14-20장)

하나님의 언약을 어긴 유다의 죄는 심판을 피할 수 없습니다. 그들은 하나님이 보내신 가뭄(렘 14:1)에 목말라하면서 물을 찾아 헤매지만 생수의 근원(렘 17:13)이신 하나님을 찾지 않습니다(암 4:8, 8:11). 그들은 전쟁으로 인한 칼과 가뭄으로 인한 기근과 재앙으로 인한 전염병으로 고통당할 것입니다.

　그런데도 거짓 선지자들은 하나님의 이름으로 거짓 계시와 점술과 헛된 것과 자기 마음의 거짓으로 예언(렘 14:14)해 "평안하다, 안전하다"고 말합니다(렘 6:14, 8:11, 살전 5:3). 인간의 마음(렘 17:9)은 심히 부패해 할례 받지 못한 귀(렘 6:10)로 진리의 말씀을 욕으로 여기고, 비(非)진리의 거짓 예언은 진리로 듣습니다.

거짓 예언과 그 예언을 받은 자들의 심판이 눈앞으로 다가오자 예레미야는 슬픈 마음으로 간구합니다. 하지만 하나님은 모세와 사무엘이 간구해도 듣지 않겠다고 하십니다(렘 15:1). 이는 징계를 통해서 하나님을 배반하고 우상을 섬긴 죄가 얼마나 무서운가를 알게 하시고, 그들을 포로에서 귀환시키심으로 하나님의 은혜를 알게 하시려는 것입니다. 출애굽(신 5:15)과 출바벨론 사건은 세상의 어떤 우상보다 크신 하나님의 능력을 알게 하려는 것입니다(렘 16:14-15, 21).

진흙이 토기장이의 손에 있듯이 이스라엘 족속이 하나님의 손안에 있음에도 그들은 순종하지 않습니다. 그리고 회개를 촉구하는 선지자를 죽이려고 하자 하나님은 토기장이가 만든 옹기를 깨뜨리사 유다의 심판을 확증하십니다(렘 18:6, 19:11).

생명의 길과 사망의 길(렘 21~25장)

하나님은 심판 속에서도 생명의 길과 사망의 길을 제시하셔서 살길을 알려 주십니다(렘 21:8-9). 그럼에도 살길을 선택하지 않는 것은 하나님의 말씀보다 자기 생각이 옳다고 믿기 때문입니다.

"어떤 길은 사람이 보기에 바르나 필경은 사망의 길이니라"(잠 14:12).

그러나 하나님의 생각과 우리의 생각은 하늘과 땅만큼 다르기 때문에 내 생각대로 살면 죽음이고, 내 생각을 죽이고 순종으로 살면 생명입니다(사 55:7-9). 그러므로 내 의지대로 간 길과 내 기준의 생각에서 돌이켜 내 생명의 주인이 그리스도임을 고백하고, 나는 죽고 예수로 살아야 합니다.

결국 남 유다 왕들의 결말은 이러합니다. 요시야 왕의 죽음(주전 609년) 이후 살룸 왕(여호아하스)은 애굽에 잡혀가 죽습니다(렘 22:11-12, 왕하 23:34). 바벨론의 1차 침입(주전 605년) 때 다니엘이 잡혀갑니다. 여호야김은 바벨론을 배반하다가 2차 침입(주전 597년) 때 전쟁 통에 죽습니다(렘 22:18-19,

36:30). 그의 아들 고니야(여호야긴)는 에스겔과 함께 바벨론에 잡혀가지만,
훗날 그를 통해 다윗의 줄기가 이어지게 됩니다(렘 23:5, 마 1:12).

유다의 마지막 왕 시드기야가 바벨론의 3차 침입(주전 586년) 때 포로가
됨으로써(렘 24:8) 유다는 70년
동안 바벨론을 섬기게
됩니다(렘 25:11).

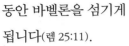

 ### 예레미야서에 나타난 예수님

예레미야는 생애 자체가 예수님과 비슷한 점이 많았을 뿐만 아니라 장차 오실 메시아의 모습을 구체적으로 예언하고 있다.

목자이신 예수님
"내가 그들을 기르는 목자들을 그들 위에 세우리니 그들이 다시는 두려워하거나 놀라거나 잃어버리지 아니하리라"(렘 23:4).

의로우신 예수님
"그의 날에 유다는 구원을 받겠고 … 그의 이름은 여호와 우리의 공의라 일컬음을 받으리라"(렘 23:6).

왕이신 예수님
"그들은 그들의 하나님 여호와를 섬기며 내가 그들을 위하여 세울 그들의 왕 다윗을 섬기리라"(렘 30:9, 23:5 참조).

의로운 가지이신 예수님
"그날 그때에 내가 다윗에게서 한 공의로운 가지가 나게 하리니 그가 이 땅에 정의와 공의를 실행할 것이라"(렘 33:15).

영원한 새 언약

렘 26:1 - 렘 33:26

Day Point

예레미야서는 "영원한 언약"(렘 32:40, 시 105:8–10 참조)에 초점을 두고 전개됩니다. 영원한 언약은 율법이 생기기 430년 전에 아브라함에게 "미리 정하신 언약"(갈 3:17)이며, 누구도 깨뜨릴 수 없는 '다윗에게 세우신 언약'입니다(렘 33:21). 영원한 언약은 아브라함과 다윗의 자손으로 오시는 새 언약의 예수 그리스도를 말합니다(렘 31:31, 마 1:1, 눅 1:31–33, 22:20).

예레미야서는 '유다의 죄악'(렘 1–13장)을 통해 사람의 근본적인 죄를 다루고, '유다의 심판'(렘 14–20장)을 통해 죄에 대한 심판의 필연성을 알립니다. 그러나 죄에 대한 심판뿐 아니라 '다윗의 왕위'(렘 23:5)를 가지고 오시는 그리스도를 통한 하나님의 긍휼도 알려 줍니다(렘 21–25장). 유다는 징계를 받아 바벨론에 70년간 포로가 됩니다. 하지만 70년이 끝나면 바벨론은 영원히 폐허가 될 것입니다(렘 25:12).

이미 이사야서에서 반복적으로 설명했듯이, '바벨론의 멸망'(렘 50–51장, 사 21:9, 13:17, 계 14:8, 18:2)은 우주적 종말을 상징합니다. 바벨론 포로에서의 귀환은 죄와 세상과 사탄에게서 해방되는 영적 출바벨론의 상징이며, 70년의 포로 기간은 인간의 기본적인 수명(시 90:10)을 상징하기도 합니다. 그러므로 하나님의 영원한 언약은 변하지 않고 반드시 실행될 것이라고 외치는 '선지자의 선포'(렘 26–30장)를 일생 동안 믿어야 합니다. '영원한 새 언약'(렘 31–33장)은 그리스도가 구원(초림)하시고, 구원의 삶(임마누엘)을 살게 하시며, 완전한 구원(재림)을 성취하실 은혜의 언약이기 때문입니다.

선지자의 선포(렘 26–30장)

선지자에게는 하나님의 말씀을 받아 선포해야 하는 사명이 있습니다. 하나님은 애굽에서 나온 날부터 오늘날까지 선지자를 부지런히 보내셨지만 이스라엘 백성은 그 말씀을 듣지 않고 우상 숭배를 일삼았습니다(렘 7:25, 25:4). 그 죄의 결과는 바벨론에 포로로 끌려가는 것이었습니다(렘 25:11).

예레미야 선지자도 하나님의 언약의 복음을 전하지만 그들은 듣지 않을 뿐만 아니라 예레미야를 죽이려고 합니다(렘 11:21, 26:8). 적어도 100년 전이사야 선지자가 사역했던 히스기야 시대에는 미가 선지자가 예레미야와 동일한 선포(렘 26:6, 18, 미 3:12)를 했어도 백성이 하나님의 말씀을 두려워 해 죽이지는 못했습니다.

그런데 여호야김 왕은 예레미야 시대에 동일한 선포를 한 우리야 선지 자를 애굽까지 추적해 죽이고 맙니다. 그러나 예레미야 선지자는 아히감을 통한 하나님의 보호하심으로 살게 됩니다. 아직 사명이 남아 있는 자는 이 땅에 더 살아야 할 이유가 있는 것입니다.

이렇게 사명을 가진 예레미야 선지자의 말을 듣지 않고 거짓 선지자의 말(렘 14:14-16)을 들은 백성은 죽거나 바벨론에 잡혀 1, 2차 포로가 됩니다 (렘 29:19-20).

그런데도 하나님이 보내시지 않은 거짓 선지자 하나냐는 거짓 예언을 믿게 하려고 바벨론이 다시는 침략하지 못할 것이며, 이미 빼앗긴 성전 기 구들을 2년 안에 찾아올 것이라고 말합니다(렘 28:3, 15).

거짓 선지자들에는 하나냐(렘 28:15-17)를 비롯해 바벨론에서 거짓 선지 자 노릇을 하다 불에 타 죽은 아합과 시드기야(렘 29:21), 하나님의 복된 일 을 보지 못한 스마야(렘 29:31)가 있습니다.

이 시대는 영적 분별이 필요한 시대로, 말씀을 모르면 무엇이 옳고 그른 지 분별하기 어렵습니다. 그러므로 우리가 듣고 싶은 거짓 선지자의 말보 다 우리가 들어야 할 선지자의 선포를 듣는다면 축복입니다. 예레미야 선 지자의 말대로 이스라엘은 70년 후에 바벨론 포로에서 해방되어(렘 29:10) 영적 다윗이신 예수 그리스도를 섬기게 됩니다(렘 30:9-10, 고후 5:15). 자유 자의 섬김은 순종입니다.

영원한 새 언약(렘 31–33장)

하나님의 구속 역사는 창세기(창 17:7-8)에서 시작해 요한계시록(계 21:7)에 서 완성됩니다. 구속 역사의 핵심은 "나는 그들의 하나님이 되고 그들은 내 백성이 될 것이라"(렘 31:33)는 말씀입니다.

이처럼 성경은 언약으로 시작해서 언약으로 끝납니다. 옛 언약은 사람 의 행위로 돌판에 새긴 율법을 지킴으로 하나님의 백성이 되게 합니다. 새 언약은 하나님의 은혜로 예수님을 믿는 믿음이 마음 판에 새겨진 복음으

하나님을 경외, 영원한 언약
내가 그들에게 복을 주기 위하 여 그들을 떠나지 아니하리라 하는 영원한 언약을 그들에게 세우고 나를 경외함을 그들의 마음에 두어 나를 떠나지 않게 하고(렘 32:40).

바벨론 멸망(역사적 예언)
보라 은을 돌아보지 아니하며 금을 기뻐하지 아니하는 메대 사람을 내가 충동하여 그들을 치게 하리니(사 13:17).

바벨론 멸망(종말적 예언)
또 다른 천사 곧 둘째가 그 뒤 를 따라 말하되 무너졌도다 무 너졌도다 큰 성 바벨론이여 모 든 나라에게 그의 음행으로 말 미암아 진노의 포도주를 먹이 던 자로다 하더라(계 14:8).

진리의 선지자 핍박
예레미야가 여호와께서 명령 하신 말씀을 모든 백성에게 전 하기를 마치매 제사장들과 선 지자들과 모든 백성이 그를 붙 잡고 이르되 네가 반드시 죽어 야 하리라(렘 26:8).

미가의 유다 멸망 예언
유다의 왕 히스기야 시대에 모 레셋 사람 미가가 유다의 모든 백성에게 예언하여 이르되 만 군의 여호와께서 이와 같이 말 씀하셨느니라 시온은 밭같이 경작지가 될 것이며 예루살렘 은 돌무더기가 되며 이 성전의 산은 산당의 숲과 같이 되리라 하였으나(렘 26:18).

로 하나님의 백성이 되게 합니다. 새 언약은 그리스도의 피로 세워진 십자가 언약으로, 예수 그리스도가 죽으실 때 성취됩니다(눅 22:20).

그래서 역사적인 새 언약은 골고다에 세워진 십자가에서 성취되고, 개인적인 새 언약은 사람의 마음에 세워진 은혜의 십자가에서 성취됩니다 (히 10:22).

"사람이 마음으로 믿어 의에 이르고 입으로 시인하여 구원에 이르느니라" (롬 10:10).

이 영원한 언약(렘 32:40)은 영적 다윗이신 예수 그리스도(렘 33:15)가 성취하실 언약으로, 하나님도 깨뜨리실 수 없는 은혜의 언약입니다(렘 33:20-21, 25-26).

이스라엘의 회복
여호와의 말씀이니라 그러므로 나의 종 야곱아 너는 두려워하지 말라 이스라엘아 놀라지 말라 내가 너를 먼 곳으로부터 구원하고 네 자손을 잡혀가 있는 땅에서 구원하리니 야곱이 돌아와서 태평과 안락을 누릴 것이며 두렵게 할 자가 없으리라 (렘 30:10).

오늘의 미션
나의 탐심 불태우기.

[미션 수행]
좋은 물건을 볼 때 갖고 싶다는 욕망의 탐심을 불태우겠습니다.

불순종한 유다의 멸망

렘 34:1 - 렘 45:5

통일 왕국 시대   분열 왕국 시대   포로 시대

 Day Point

예레미야서는 연대기적 기준이 아니라 종말적 사건을 기준으로 기록된 것으로, 미래의 결론인 바벨론 포로 70년과 바벨론의 멸망으로 인한 우주적 종말을 예언합니다(렘 1–25장). 그리고 바벨론에 1, 2차 포로로 잡혀간 상태에서 바벨론의 3차 침입으로 멸망을 눈앞에 둔 유다의 현재 상황과 70년 후 바벨론 포로에서 해방시키실 하나님의 영원한 새 언약 예수님이 동시에 소개됩니다(렘 26–33장). 예레미야서는 결론을 먼저 말하고, 주제별 상황에 맞게 과거를 현재와 혼합해 전개시키는 방식 때문에 연대가 뒤죽박죽 섞여 있습니다.

이제 유다의 마지막 상황은 '불순종한 유다'(렘 34–39장)의 모습으로 그려집니다. 시드기야 왕이 언약의 말씀을 어긴 것(렘 34장)과 여호야김 왕 때 유다 백성의 불순종과 레갑 족속의 순종이 대조적으로 나타납니다(렘 35장). 시드기야보다 더 악한 여호야김은 언약을 어기는 정도가 아니라 하나님의 말씀을 기록한 두루마리 책을 불에 태워 버립니다(렘 36장).

유다의 마지막 왕 시드기야는 바벨론에 항복하라는 하나님의 말씀에 불순종하다가 포로가 되고, 예루살렘은 함락됩니다(렘 37–39장). 그리고 '멸망한 유다'(렘 40–45장)에 남은 백성은 여전히 불순종으로 애굽을 의지하다가 죽음을 면치 못합니다(렘 40–44장). 그러나 순종으로 하나님을 신뢰한 바룩은 구원을 얻게 됩니다(렘 45장).

불순종한 유다(렘 34–39장)

하나님은 유다와 맺으신 "새 언약"(렘 31:31)을 "영원한 언약"(렘 32:40)으로 주시면서 깨뜨릴 수 없는 '다윗의 언약'(렘 33:21)을 상기시키십니다. 이처럼 하나님은 언약을 무엇보다 중요하게 여기시며, 반드시 성취하시는 분이십니다. 그런데 유다 백성은 하나님과 맺은 언약을 일상에 적용하며 살아야 하는데, 밥 먹듯 어기고 물 마시듯 잊어버립니다.

예레미야서는 언약을 신실히 지키시는 하나님과 대비해 언약을 가볍게 여기는 인간의 죄를 몇 개의 예를 들어 고발합니다. 궁극적으로 예루살렘

함락은 하나님의 언약을 어긴 결과임을 알려 줍니다.

첫째, 시드기야는 바벨론의 침공으로 위기 상황이 되자 안식년의 정신으로 7년째 되는 해 노비를 풀어 주는 하나님의 언약(렘 34:13-14, 출 21:2, 신 15:12)을 지키는 척합니다. 그러다 바벨론이 포위를 풀고 돌아가자 풀어 준 노비들을 다시 노비로 삼아 언약을 어깁니다(렘 34장).

종을 자유하게 하는 언약은 예수 그리스도를 통한 구속 역사의 그림자입니다. 그런데도 언약을 파기하는 것은 자신에게 유익이 없다고 판단되면 곧바로 버리는 인간의 악함입니다. 하나님이 세우신 언약의 핵심은 그리스도를 통한 구원입니다. 그러므로 언약을 믿지 않는 자는 언약을 세우신 하나님을 믿지 않는 것이며, 언약을 믿는 자는 표적을 구하지 않고 순종으로 나는 죽고 예수로 사는 은혜를 구합니다.

둘째, 선조의 말에 순종한 레갑 사람과 대비되는 유다 백성의 불순종입니다. 레갑 사람은 겐 족속(대상 2:55)으로, 뿌리는 모세의 장인(삿 1:16)입니다. 그들은 레갑의 아들 요나답(렘 35:14, 왕하 10:15에서는 여호나답으로 불림)이 약 200년 전에 포도주를 마시지 말라고 한 번 명한 말을 지금까지 순종하고 있습니다. 그런데 이에 반해 유월절 어린 양의 피로 구속함을 얻은 유다 백성은 하나님이 출애굽 때부터(렘 7:25) 선지자를 끊임없이 보내셔서 부지런히 말씀하셨으나 그 말씀에 불순종합니다(렘 35장). 이로써 유다 자손에게는 재앙이 선포되고, 레갑 자손에게는 축복이 선포됩니다.

셋째, 여호야김 왕은 선포된 말씀을 듣지 않고, 기록된 말씀까지 불에 태우는 악행을 저지릅니다(렘 36장). 언약의 말씀을 지켜 오히려 우상을 불태워야 하는데도 말입니다. 말씀을 어긴 결과는 멸망이기에, 시드기야 왕 때 예루살렘이 불타게 됩니다(렘 37-39장).

멸망한 유다(렘 40-45장)

유다의 불순종으로 불타 버린 예루살렘의 모습은 우리 옛 사람의 자화상입니다. 나쁜 무화과(렘 24:8)의 비유처럼, 유다에 남은 자들은 바벨론 왕이 세운 그다랴 총독을 암살합니다. 그리고 세상을 상징하는 애굽을 의지해 애굽으로 가지만 거기서 죽음을 피하지 못합니다(렘 40-44장).

열왕기하의 내용은 예루살렘의 함락으로 끝이 납니다. 그러나 예레미야

오늘의 말씀

시드기야의 언약 파기
너희가 돌이켜 내 이름을 더럽히고 각기 놓아 그들의 마음대로 자유롭게 하였던 노비를 끌어다가 다시 너희에게 복종시켜 너희의 노비로 삼았도다 (렘 34:16).

레갑 족속의 순종
… 우리 선조 요나답이 우리에게 명령한 모든 말을 순종하여 우리와 우리 아내와 자녀가 평생 동안 포도주를 마시지 아니하며 살 집도 짓지 아니하며 포도원이나 밭이나 종자도 가지지 아니하고 장막에 살면서 우리 선조 요나답이 우리에게 명령한 대로 다 지켜 행하였노라 (렘 35:8-10).

유다의 불순종
레갑의 아들 요나답의 자손은 그의 선조가 그들에게 명령한 그 명령을 지켜 행하나 이 백성은 내게 순종하지 아니하도다 (렘 35:16).

여호야김, 말씀을 태우다
여후디가 서너 쪽을 낭독하면 왕이 면도칼로 그것을 연하여 베어 화롯불에 던져서 두루마리를 모두 태웠더라 왕과 그의 신하들이 이 모든 말을 듣고도 두려워하거나 자기들의 옷을 찢지 아니하였고(렘 36:23-24).

버려진 나쁜 무화과
여호와께서 이와 같이 말씀하시니라 내가 유다의 왕 시드기야와 그 고관들과 예루살렘의 남은 자로서 이 땅에 남아 있는 자와 애굽 땅에 사는 자들을 나쁜 무화과같이 버리되(렘 24:8).

서는 멸망한 유다에 남아 있는 백성의 불순종을 보여 주면서 하나님의 전적인 은혜가 아니면 도저히 죄에서 돌이킬 수 없는 인간의 존재를 알려 줍니다. 그러므로 자기중심적 신앙은 십자가의 원수(빌 3:18-19)로, 불순종의 삶입니다. 그러나 바룩처럼 하나님을 신뢰하는 자는 순종의 삶을 보여 줍니다(렘 45장).

바룩에게 구원을 약속

바룩아 이스라엘의 하나님 여호와께서 네게 이같이 말씀하셨느니라 … 보라 내가 모든 육체에 재난을 내리리라 그러나 네가 가는 모든 곳에서는 내가 너에게 네 생명을 노략물 주듯 하리라 여호와의 말씀이니라 (렘 45:2, 5).

오늘의 미션

말씀을 믿지 못하는 '나'를 위해 기도하기.

[미션 수행]

성경의 내용을 지식적으로만 이해하지 않고 내용 그대로 인정하고 순종할 수 있게 도와주십시오.

 성경에 묘사된 하나님 나라

생명수 강 : 인류를 구원하실 예수 그리스도의 보혈과 성령님을 상징한다(요 4:10, 7:38).
생명나무 : 하나님의 은혜로 성도들이 풍성한 생명을 누리게 됨을 상징한다(계 22:2).

	에덴동산	새 성전	새 예루살렘
생명수 강	또 그가 수정같이 맑은 생명수의 강을 내게 보이니 하나님과 및 어린 양의 보좌로부터 나와서 길 가운데로 흐르더라 강 좌우에 생명나무가 있어 열두 가지 열매를 맺되 달마다 그 열매를 맺고 … (계 22:1-2).	그가 나를 데리고 성전 문에 이르시니 … 그 문지방 밑에서 물이 나와 물이 발목에 오르더니 … 물이 무릎에 오르고 … 물이 허리에 오르고 … 사람이 능히 건너지 못할 강이더라 (겔 47:1-5).	강이 에덴에서 흘러나와 동산을 적시고 … 첫째의 이름은 비손이라 … 기혼이라 … 힛데겔이라 … 유브라데더라(창 2:10-14).
생명나무	여호와 하나님이 그 땅에서 보기에 아름답고 먹기에 좋은 나무가 나게 하시니 동산 가운데에는 생명나무와 선악을 알게 하는 나무도 있더라(창 2:9).	… 이 물이 흘러들어 가므로 바닷물이 되살아나겠고 이 강이 이르는 각처에 모든 것이 살 것이며 … 달마다 새 열매를 맺으리니 그 물이 성소를 통하여 나옴이라 … (겔 47:6-12).	… 강 좌우에 생명나무가 있어 열두 가지 열매를 맺되 달마다 그 열매를 맺고 그 나무 잎사귀들은 만국을 치료하기 위하여 있더라(계 22:2).

Day Point

예레미야서를 종말적 기준으로 보면 크게 두 부분, 즉 유다의 심판(렘 1–45장)과 열국의 심판(렘 46–52장)으로 나눌 수 있습니다. 심판의 목적은 하나님의 백성을 위한 것으로, 양면성이 있습니다. 하나님의 백성에 대한 심판은 하나님의 백성답게 살게 하려는 징계입니다. 열국에 대한 심판은 하나님의 백성을 핍박하는 악의 세력을 멸망시키기 위함입니다. 그러므로 유다는 바벨론 포로 70년 동안 거룩한 백성으로 세워지게 됩니다.

열국(애굽, 블레셋, 모압, 암몬, 에돔, 다메섹, 게달, 하솔, 엘람)의 심판(렘 46–49장)과 특히 악의 세력을 상징하는 '바벨론의 멸망'(렘 50–51장)은 '유다의 회복'(렘 52장)을 가능하게 합니다. 그리고 예레미야애가는 '하나님의 본심'(애 1–5장)을 알려 줍니다. 인간의 기본적인 수명인 70년 동안 인생은 수고와 슬픔뿐이지만(시 90:10), 바벨론 포로 70년이 끝나면 새 언약이신 그리스도가 소망을 주십니다(렘 29:11).

"여호와여 우리를 주께로 돌이키소서 그리하시면 우리가 주께로 돌아가겠사오니 우리의 날들을 다시 새롭게 하사 옛적 같게 하옵소서"(애 5:21, 고후 5:17 참조).

그러므로 '유다의 회복'과 '하나님의 본심'은 그리스도를 통한 구원(초림)과 구원의 삶(임마누엘) 그리고 완전한 구원(재림)을 동시에 설명합니다.

유다의 회복(렘 46–52장)

하나님은 불순종한 유다를 하나님의 백성답게 살게 하시려고 70년 동안 바벨론의 포로가 되게 하시지만, 바벨론이 멸망하는 날에 포로 된 땅에서 구원하십니다(렘 46:27-28).

바벨론의 멸망에 대해 이사야서는 메대 사람에 의해 멸망하는 역사적 예언(사 13:17)과 그리스도의 재림으로 멸망하는 종말적 예언(사 21:9, 계 14:8, 18:2)을 동시에 설명합니다. 바벨론 포로 생활에서 70년이 차면 동시

에 성취되는 바벨론의 멸망과 유
다의 회복은 역사적 예언입니다.

　이는 그리스도의 초림으로 세상
과 사탄의 포로에서 해방되는 영적
출바벨론의 예표이자 그리스도의
재림으로 인한 우주적 종말의 예표
이기도 합니다. 이는 육적 이스라
엘을 통해 영적 이스라엘에게 그리
스도의 초림으로 인한 '구원'과 재
림으로 인한 '완전한 구원'(몸의 부

활과 천국 입성)을 상징적으로 보여 줍니다. 동시에 인간 기본 수명(시 90:10)
의 상징인 70년 동안 세상에서 임마누엘 된 참성전으로서 거룩한 '구원의
삶'을 살아야 할 것을 알려 줍니다.

　열국의 심판은 세상을 상징하는 애굽(렘 46장)으로 시작해 고대의 거인 아
낙의 후손 블레셋(렘 47장), 우상 그모스를 섬기는 모압(렘 48장), 우상 말감을
섬기는 암몬, 교만한 에돔, 쾌락의 도성 다메섹, 광야에 거하는 게달, 우상을
섬긴다는 표시로 살쩍을 깎은 하솔, 예루살렘을 공격한 엘람(렘 49장), 사탄
을 상징하는 바벨론의 멸망(렘 50-51장)으로 끝이 납니다.

　이렇게 바벨론은 함락되고, 무너지고, 엎드러져 큰 파멸을 당합니다. 그
러나 바벨론에 포로로 잡힌 유다 여호야긴 왕의 회복을 통해 죄를 용서하
시는 그리스도의 대속을 가늠하게 됩니다(렘 52:31-34, 마 1:11).

> "그날 그때에는 이스라엘의 죄악을 찾을지라도 없겠고 유다의 죄를 찾을
> 지라도 찾아내지 못하리니 이는 내가 남긴 자를 용서할 것임이라"(렘 50:20).

하나님의 본심(애 1-5장)

예레미야애가는 예레미야 선지자가 유다 백성이 바벨론에 1차(주전 605년),
2차(주전 597년), 3차(주전 586년)에 걸쳐 포로로 잡혀간 후 함락된 예루살렘
의 처참한 현실을 보고 지은 다섯 편의 슬픈 노래입니다.

　주요 내용은 예루살렘의 범죄(애 1장)로 인한 하나님의 진노(애 2장)가 걸

오늘의 말씀

평안, 미래, 희망
여호와의 말씀이니라 너희를
향한 나의 생각을 내가 아나니
평안이요 재앙이 아니니라 너
희에게 미래와 희망을 주는 것
이니라(렘 29:11).

공의의 심판, 사랑의 회복
여호와의 말씀이니라 내 종 야
곱아 내가 너와 함께 있나니 두
려워하지 말라 내가 너를 흩었
던 그 나라들은 다 멸할지라도
너는 사라지지 아니하리라 내
가 너를 법도대로 징계할 것이
요 결코 무죄한 자로 여기지 아
니하리라 하시니라(렘 46:28).

유다 회복의 전주곡
유다 왕 여호야긴이 사로잡혀
간 지 삼십칠 년 곧 바벨론의 에
윌므로닥 왕의 즉위 원년 열두
째 달 스물다섯째 날 그가 유다
의 여호야긴 왕의 머리를 들어
주었고 감옥에서 풀어 주었더
라 … 그 죄수의 의복을 갈아입
혔고 그의 평생 동안 항상 왕의
앞에서 먹게 하였으며(렘 52:31,
33).

으로 보면 쓰리고 아픈 고통이지만 하나님의 본심(애 3장)은 인자와 긍휼로 하나님만 의지하도록 회개하는 마음을 주시고, 죄악의 형벌을 받은 유다 백성을 회복시켜(애 4장) 다시 새롭게 하시겠다는 것입니다(애 5장).

그러므로 예레미야애가를 통해 인간의 기본 수명인 70년 인생살이의 수고와 슬픔 중에 하나님의 본심(애 3:33)인 그리스도를 찾게 됩니다. 그러면 보물을 주고도 바꿀 수 없는 생명의 양식을 얻게 되고(애 1:11, 요 6:48), 질그릇 같은 인생 항아리에 보배이신 그리스도를 담게 됩니다(애 4:1-2, 고후 4:7). 그리고 피하거나 남은 자가 없을 여호와의 진노(애 2:22) 중에 하나님의 은혜를 찾게 되면 "우리의 날들을 다시 새롭게 하사 옛적 같게"(애 5:21) 회복시키십니다.

> "그런즉 누구든지 그리스도 안에 있으면 새로운 피조물이라 이전 것은 지나갔으니 보라 새것이 되었도다"(고후 5:17).

예루살렘 애가
슬프다 이 성이여 전에는 사람들이 많더니 이제는 어찌 그리 적막하게 앉았는고 전에는 열국 중에 크던 자가 이제는 과부 같이 되었고 전에는 열방 중에 공주였던 자가 이제는 강제 노동을 하는 자가 되었도다(애 1:1).

무궁한 인자와 긍휼
여호와의 인자와 긍휼이 무궁하시므로 우리가 진멸되지 아니함이니이다 이것들이 아침마다 새로우니 주의 성실하심이 크시도소이다 내 심령에 이르기를 여호와는 나의 기업이시니 그러므로 내가 그를 바라리라 하도다(애 3:22-24).

우리 날들을 새롭게 하사
여호와여 우리를 주께로 돌이키소서 그리하시면 우리가 주께로 돌아가겠사오니 우리의 날들을 다시 새롭게 하사 옛적 같게 하옵소서(애 5:21).

오늘의 미션
오늘 본문 중 하나님의 본심이 나와 있는 말씀은?

[미션 수행]
주께서 인생으로 고생하게 하시며 근심하게 하심은 본심이 아니시로다(애 3:33).

성전 재건축 이주 대책

겔 1:1 - 겔 11:25

Day 60

Day Point

하나님은 에스겔 선지자를 이스라엘 자손, 곧 패역한 백성에게 보내셔서 그들이 듣든지, 안 듣든지 하나님의 말씀을 전하라고 하십니다(겔 3:11). 그런데 패역한 족속은 선지자가 예언을 하면 욕으로 듣고(미 2:6), 세속적 타락으로 인해 음란한 마음과 음란한 눈으로 우상을 섬기는 자들입니다(겔 6:9). 파수꾼의 사명을 받은 에스겔 선지자는 하나님을 배반하고 우상을 섬긴 죄로 인해 받을 심판이 임박했다고 패역한 족속에게 외칩니다(겔 1~7장).

이렇게 사람이 패역해 하나님에게 범죄하면 어떻게 다시 새롭게 할 수 있을까요? 건물을 아름답게 세워서 오랜 기간 사용하다가 낡고 흉물스러워지면 헐어 버리고 재건축하는 방법이 있습니다. 에스겔서는 우상으로 더럽혀진 거룩한 예루살렘 성전을 헐고 새롭게 건축해 우상을 섬기는 가증한 사람을 새롭게 하는 방법을 설명합니다. 그래서 하나님은 예루살렘 성전을 떠나서 바벨론에 임시 성소를 세우시고 성전 재건축 이주 대책을 진행하십니다(겔 8~11장).

패역한 이스라엘 족속(겔 1~7장)

대선지서 중에 예레미야서와 에스겔서는 하나님의 성전이 있는 예루살렘의 함락이 얼마나 중요한 사건인지를 가늠하게 합니다.

에스겔과 동시대에 활동했던 예레미야 선지자는 예루살렘에서 하나님의 말씀을 받아먹고 슬프고 아픈 마음으로 선포합니다(렘 1:9, 15:16). 이때 에스겔 선지자는 하나님의 말씀을 창자까지 채우도록 먹어서 '말씀 순대'가 되어 바벨론에 사로잡힌 백성에게 선포합니다(겔 3:2-3, 11). 이는 말씀을 먹는 것이 순종하는 삶이 되고, '말씀 순대'처럼 사람을 살리는 먹을거리가 되어 생명의 복음을 전하는 원동력이 되기 때문입니다.

예루살렘 함락 6년 전부터 에스겔 선지자의 선포가 시작되었고, 예레미야 선지자는 그전부터 예루살렘에서 하나님의 말씀을 전하고 있었지만 패역한 백성은 도무지 듣지 않으려고 합니다(렘 6:10, 16, 겔 3:7). 언약의 말씀을 듣지 않는 백성이 얼마나 패역하고 무서운 죄를 짓는 것인지 알게 하려고 하나님이 부지런히 보내신 선지자들은 한결같이 회개하고 돌이키지 않으면 예루살렘이 함락될 것이라고 선포합니다(렘 26:5-8, 마 23:37-38).

▲ 에스겔서의 지리적 배경

선지자가 이렇게 선포할 때마다 패역한 백성은 선지자를 죽이려는 굳은 마음과 굳은 이마를 가집니다. 그러자 하나님은 말씀을 선포하는 에스겔 선지자를 금강석같이 강하게 하셔서 어떤 선지자들보다 강한 말씀의 힘을 느끼게 하십니다(겔 3:9).

에스겔은 천사를 상징하는 네 생물(겔 1:10, 10:14, 20, 계 4:7)의 수종을 받으며 나타나신 하나님으로부터 선지자의 '소명'(겔 1장)을 받습니다. 에스겔은 패역한 족속에게 하나님의 말씀을 전해야 할 '사명'(겔 2장)을 가지고 바벨론에 사로잡힌 백성에게 '파송'(겔 3장)됩니다. 에스겔은 그들에게 '행위 계시'(겔 4-5장)를 통해 예루살렘이 포위당하고, 백성이 포로가 되며, 기근을 당하게 될 것이라고 선포합니다. 또한 '말씀 계시'(겔 6-7장)를 통해 기복 신앙에 빠져 우상 숭배한 죄로 인해 칼과 기근과 전염병으로 죽게 될 임박한 재앙을 선포합니다.

하나님은 재앙을 내려 패역한 백성의 죄를 진멸하시기 위해 "북쪽에서부터 폭풍과 큰 구름"(겔 1:4)을 몰고 오십니다. 이와 같은 하나님의 현현(겔 43:3-4)은 사람의 모양 같은 '여호와의 영광의 형상의 모양'으로, 예수 그리스도입니다.

"본래 하나님을 본 사람이 없으되 아버지 품속에 있는 독생하신 하나님이 나타내셨느니라"(요 1:18).

"그는 보이지 아니하는 하나님의 형상이시요 …"(골 1:15).

오늘의 말씀

듣지 않는 귀
그들이 말하기를 너희는 예언하지 말라 이것은 예언할 것이 아니거늘 욕하는 말을 그치지 아니한다 하는도다(미 2:6).

예레미야, 주의 말씀을 먹다
만군의 하나님 여호와시여 나는 주의 이름으로 일컬음을 받는 자라 내가 주의 말씀을 얻어 먹었사오니 주의 말씀은 내게 기쁨과 내 마음의 즐거움이오나(렘 15:16).

에스겔, 말씀 순대
내가 입을 벌리니 그가 그 두루마리를 내게 먹이시며 내게 이르시되 인자야 내가 네게 주는 이 두루마리를 네 배에 넣으며 네 창자에 채우라 하시기에 내가 먹으니 그것이 내 입에서 달기가 꿀 같더라(겔 3:2-3).

굳은 이마와 마음
그러나 이스라엘 족속은 이마가 굳고 마음이 굳어 네 말을 듣고자 아니하리니 이는 내 말을 듣고자 아니함이니라(겔 3:7).

예수 그리스도는 "하나님의 영광의 광채시요 그 본체의 형상"(히 1:3)으로서, 자기 백성의 죄를 진멸하러 오시기 때문입니다(마 1:21).

바벨론 임시 성소(겔 8-11장)

에스겔 1장에서 "여호와의 영광의 형상"(겔 1:28)이 8장에서 "불 같은 형상"(겔 8:2)으로 다시 나타나서 바벨론에 있는 에스겔을 예루살렘 성전으로 데리고 갑니다. 그곳에서 하나님의 질투를 일으키는 우상과 가증한 지도자들은 비밀의 방에서 제각기 자기들의 우상을 섬깁니다. 더 가증한 여인들은 수메르의 신 담무스(곡물 생산의 신)를 위해 애곡하고, 더 큰 가증한 자들은 여호와의 성전을 등지고 동쪽 태양(겔 8:16-18, 왕하 23:5)에게 예배하는 모습을 보여 줍니다.

하나님은 이렇게 패역한 백성의 죄를 진멸하는 방법을 예루살렘 성전의 무너짐을 통해 설명하십니다. 그래서 성전의 본체이신 하나님은 건물 성전을 무너뜨리시기 전에 예루살렘 성전을 떠나(겔 8:6) 패역한 백성을 징계하심으로 흩은 열방, 특히 바벨론에서 그들에게 임시 성소가 되십니다(겔 11:16).

이는 건물이 아니라 하나님이 내주하시는 사람이 참성전(고전 3:16)임을 알려 줍니다. 이것은 하나님의 본체이며(빌 2:6) 성전의 원형이신 예수 그리스도가 성취하실 새 언약의 예표입니다(겔 11:19-20).

유다의 작정된 멸망
… 유다 족속이 여기에서 행한 가증한 일을 적다 하겠느냐 그들이 그 땅을 폭행으로 채우고 또다시 내 노여움을 일으키며 … 그러므로 나도 분노로 갚아 불쌍히 여기지 아니하며 긍휼을 베풀지도 아니하리니 그들이 큰 소리로 내 귀에 부르짖을지라도 내가 듣지 아니하리라 (겔 8:17-18).

하나님의 임시 성소
그런즉 너는 말하기를 주 여호와의 말씀에 내가 비록 그들을 멀리 이방인 가운데로 쫓아내어 여러 나라에 흩었으나 그들이 도달한 나라들에서 내가 잠깐 그들에게 성소가 되리라 하셨다 하고 (겔 11:16).

오늘의 미션

오늘의 자존심을 말씀으로 밀어내기.

[미션 수행]
실수를 인정하기 싫어하는 마음을 말씀으로 밀어내겠습니다.

Time Line

에스겔 12장 – 요나 4장

앗수르

바벨론

지중해

사마리아•

예루살렘•

모압

에돔

홍해

다니엘

Key Point

뜨인 돌 예수 그리스도

에스겔 선지자는 주전 597년 바벨론에 2차 포로가 되어 성전 회복에 대한 소망을 줍니다. 다니엘 선지자(마 24:15)는 에스겔보다 먼저 바벨론(주전 605년 1차 포로)에 도착합니다. 다니엘은 '이방 나라의 역사'(단 1~7장) 속에서 여러 왕들이 우후죽순처럼 일어나 세계를 제패하고 다스려도 사람이 손대지 아니한 돌(뜨인 돌)이 나와서 열국을 무너뜨릴 것을 예언합니다. 이는 하나님이 천하의 주인이심을 알리는 것입니다.

이 예언은 열국에 의해 고난 받는 '이스라엘의 역사'(단 8~12장) 속에서 말라기 선지자 이후 말씀이 없는 침묵 시대를 지나 성취됩니다. 그러므로 이방 나라를 무너뜨리고 하나님 나라를 세워 영적 이스라엘의 구원 역사를 성취하는 뜨인 돌의 실체는 예수 그리스도입니다(단 2:34~35, 고전 10:4, 벧전 2:4).

이방 나라의 역사(단 1~7장), 이스라엘의 역사(단 8~12장)

다니엘서에서는 "내가 그들의 눈앞에서 너희로 말미암아 나의 거룩함을 나타내리니 내가 여호와인 줄을 여러 나라 사람이 알리라"(겔 36:23)라는 에스겔 선지자의 예언이 성취됩니다.

바벨론의 느부갓네살 왕 시대에 다니엘의 세 친구 사드락과 메삭과 아벳느고가 우상에 절하지 않고 하나님만 섬기는 신앙고백을 하다가 불 속에 들어가지만 살아 나옵니다(단 3장). 또한 하나님을 신실하게 믿은 다니엘이 메대 다리오 왕 시대에 모함을 받아 사자 굴에 들어가지만 살아 나옵니다(단 6장). 이 두 사건을 통해 느부갓네살 왕과 다리오 왕은 "이같이 사람을 구원할 신은 오직 하나님밖에 없다"는 조서를 천하에 내려 하나님의 거룩을 나타냅니다(단 3:29, 6:26~27).

다니엘서의 '이방 나라의 역사'(단 1~7장)는 뜨인 돌이신 예수 그리스도가 구원 역사를 통해 세우실 하나님의 영원한 나라에 의해 무너질 세속 나

뜨인 돌, 그리스도
다 같은 신령한 음료를 마셨으니 이는 그들을 따르는 신령한 반석으로부터 마셨으매 그 반석은 곧 그리스도시라(고전 10:4).

보배로운 산 돌, 그리스도
사람에게는 버린 바가 되었으나 하나님께는 택하심을 입은 보배로운 산 돌이신 예수께 나아가(벧전 2:4).

70년간 포로 생활 예언
곧 그 통치 원년에 나 다니엘이 책을 통해 여호와께서 말씀으로 선지자 예레미야에게 알려 주신 그 연수를 깨달았나니 곧 예루살렘의 황폐함이 칠십 년만에 그치리라 하신 것이니라(단 9:2).

라의 역사로서, 교만한 옛 사람의 자화상을 나타냅니다. 그러나 '이스라엘의 역사'(단 8-12장)는 세속화된 나라 속에서 하나님의 거룩을 나타내고, 예레미야 선지자의 예언대로 포로에서 귀환합니다(단 9:2, 스 1:1). 이는 영적 이스라엘의 예표로, 신구약 중간사 침묵 시대에 등장하는 바사(페르시아)와 헬라를 거쳐 로마 시대에 오시는 예수 그리스도로 인해 성취되는 구원 역사를 나타냅니다(단 9:25-26).

다니엘, 미래의 역사 예언
그러므로 너는 깨달아 알지니라 예루살렘을 중건하라는 영이 날 때부터 기름 부음을 받은 자 곧 왕이 일어나기까지 일곱 이레와 예순두 이레가 지날 것이요 그 곤란한 동안에 성이 중건되어 광장과 거리가 세워질 것이며(단 9:25).

호세아의 결혼(1-3장) : 호세아와 고멜의 결혼 생활
이스라엘의 영적 결혼(4-14장) : 하나님의 이스라엘 사랑

호세아

 **Key Point**

혼인의 복음 예수 그리스도

호세아서에서 창조주 하나님은 이스라엘 백성에게 자신을 '남편'이라고 호칭하십니다(호 2:16, 사 54:5). 이런 사실을 음란한 여인과 결혼한 '호세아의 결혼'(호 1-3장)을 통해서 간접적으로 밝히시고, 직접적으로는 '이스라엘의 영적 결혼'(호 4-14장)으로 설명하십니다. 이는 혼인이 언약으로 맺어진 것과 같이 아담처럼 언약을 어긴 이스라엘이 그리스도의 새 언약으로 그리스도의 신부가 되는 영적 이스라엘을 예표합니다(렘 31:31-32, 고후 11:2, 엡 5:23, 32).

호세아의 결혼(호 1-3장), 이스라엘의 영적 결혼(호 4-14장)

호세아 선지자는 북 이스라엘 왕 여로보암 2세가 통치하는 시기(주전 760년경)에 40년 남은 멸망(주전 722년)을 향해 질주하는 이스라엘을 향해 하나님의 불타는 사랑을 외칩니다. 그 내용은 '호세아의 결혼'(호 1-3장)으로, 그리스도의 사랑을 예표합니다. 호세아는 음란해서 다른 남자에게 종속된 자기 아내 고멜을 사랑해 은 열다섯 개와 보리 한 호멜 반을 값(약 은 30냥)으로 주고 아내를 되찾아 옵니다(호 3:2). 이는 '호세아'라는 이름이 '여호수아' 그리고 '예수'와 같은 '구속'이라는 뜻으로, 창조주 하나님이 잃어버린

은 삼십에 넘겨 준 예수
내가 예수를 너희에게 넘겨 주리니 얼마나 주려느냐 하니 그들이 은 삼십을 달아 주거늘(마 26:15).

자기 백성을 사랑하셔서 예수 그리스도의 목숨을 값으로 주고 자기 백성을 찾아오신 구원의 예표입니다(마 26:15, 슥 11:12).

그러므로 그리스도가 십자가의 흘린 피로 청혼하신 새 언약의 혼인 잔치는 새 하늘과 새 땅에서 거행되지만 정혼한 혼인 관계는 이 땅에서 지속됩니다. 그런데 '이스라엘의 영적 결혼'(호 4-14장) 관계를 망각하면 아담처럼 언약을 어긴 이스라엘 백성과 같이(호 6:7) 우리도 "음란한 마음이 그 속에 있어"(호 5:4) 간음한 여인들처럼 불순종으로 세상을 좇아 살게 됩니다(약 4:4). 그러나 유일한 구원의 소망은 말씀을 가지고 여호와에게로 돌아가면 믿음으로 살 수 있는 긍휼을 부어 줍니다(호 14:2-3).

은 삼십 개의 품삯
내가 그들에게 이르되 너희가 좋게 여기거든 내 품삯을 내게 주고 그렇지 아니하거든 그만두라 그들이 곧 은 삼십 개를 달아서 내 품삯을 삼은지라 … 내가 곧 그 은 삼십 개를 여호와의 전에서 토기장이에게 던지고(슥 11:12-13).

언약을 어긴 백성
그들은 아담처럼 언약을 어기고 거기에서 나를 반역하였느니라(호 6:7).

요엘

여호와의 날(1-2장) : 메뚜기 재앙과 성령 강림
최후의 심판(3장) : 열국 심판과 이스라엘의 회복

 **Key Point**

새 언약의 증표 예수 그리스도

요엘서에 나오는 '여호와의 날'은 여러 가지 의미를 함축하고 있습니다. 그 당시 메뚜기 재앙은 '여호와의 날'을 상징하는 역사적 사건으로(욜 1장) 회개를 촉구하는 계시적 예언이며(욜 2장), 최후의 심판이 다가오는 종말적 예언입니다(욜 3장). 이런 무시무시한 상황에서 구원 받는 길은 성령을 받는 것입니다(욜 2:28, 32, 렘 31:33, 겔 36:26-27, 눅 22:20). 성령을 선물로 보내 주시는 그리스도는 새 언약의 증표이십니다(요 16:7, 눅 24:49).

여호와의 날(욜 1-2장), 최후의 심판(욜 3장)

요엘서는 창조된 세상은 반드시 종말이 있음을 알림으로 최후의 심판에 대비하는 길을 열어 줍니다. 요엘 시대에 전무후무한 메뚜기 재앙은 '여호와의 날'을 예표합니다. 이날은 최후의 심판이 있는 종말을 의미하며, 그날이 오면 메뚜기 떼가 쓸고 간 자리에 아무것도 남는 게 없는 황폐한 모습과

내 영을 부어 주리니
그 후에 내가 내 영을 만민에게 부어 주리니 너희 자녀들이 장래 일을 말할 것이며 너희 늙은이는 꿈을 꾸며 너희 젊은이는 이상을 볼 것이며(욜 2:28).

같습니다. 이런 비참한 결과를 피할 수 있는 방법에 대해 요엘서는 회개를 외칩니다.

> "… 너희는 이제라도 금식하고 울며 애통하고 마음을 다하여 내게로 돌아오라 하셨나니 너희는 옷을 찢지 말고 마음을 찢고 너희 하나님 여호와께로 돌아올지어다 …"(욜 2:12-13).

이렇게 돌아오면 최후의 심판으로 하늘과 땅이 진동하는 여호와의 날에 피할 길이신 예수 그리스도로 인해 하나님의 성령을 받은 백성은 피난처인 하나님 나라에 거하게 됩니다(욜 3:16, 히 6:18).

여호와의 이름을 부르는 자
누구든지 여호와의 이름을 부르는 자는 구원을 … 시온 산과 예루살렘에서 피할 자가 있을 것임이요 남은 자 중에 나 여호와의 부름을 받을 자가 …(욜 2:32).

약속하신 성령
볼지어다 내가 내 아버지께서 약속하신 것을 너희에게 보내리니 너희는 위로부터 능력으로 입혀질 때까지 이 성에 머물라 하시니라(눅 24:49).

피난처 되시는 하나님
… 앞에 있는 소망을 얻으려고 피난처를 찾은 우리에게 큰 안위를 받게 하려 하심이라(히 6:18).

하나님의 심판(1–6장) : 열국과 이스라엘에 대한 심판
심판에 대한 환상과 회복(7–9장) : 다섯 가지 환상과 이스라엘의 회복

아모스

 **Key Point**

정의의 복음 예수 그리스도

아모스 선지자는 "오직 정의를 물같이, 공의를 마르지 않는 강같이 흐르게 할지어다"(암 5:24)라고 외치면서 정의롭지 못한 이스라엘을 포함한 주변 나라들에게 심판을 선고합니다(암 1–2장). 특히 아모스는 타락한 이스라엘을 심판하기 위한 세 편의 설교(암 3–6장)와 심판에 대한 다섯 가지 환상을 예언합니다(암 7–9장). 그러나 "야곱의 집"(암 9:8)을 온전히 멸하지 않기로 약속하신 대로 이스라엘의 회복은 다윗의 줄기에서 오시는 그리스도가 공의롭게 우리 대신 죽으시는 십자가 정의의 복음으로 세워지는 메시아 왕국의 예표입니다(렘 23:5–8).

하나님의 심판(암 1–6장), 심판에 대한 환상과 회복(암 7–9장)

아모스는 호세아와 동시대의 선지자로, 여로보암 2세 때(주전 760년경) 정

은혜 망각과 불순종
내가 너희를 애굽 땅에서 이끌어 내어 사십 년 동안 광야에서

치적 안정과 경제적 풍요를 누리는 이스라엘이 영적으로 부패해 멸망(주전 722년)을 향해 질주하자 하나님의 정의를 외칩니다. 하나님의 정의는 이스라엘을 핍박한 주변 국가와 하나님의 말씀대로 살지 않은 유다와 이스라엘을 심판합니다.

이스라엘은 하나님이 자신들을 애굽에서 해방시키시고 약속의 땅(아모리 사람의 땅)을 주셔서 하나님 나라를 세우시려는 것을 알고 있었습니다. 그런데도 그들은 특히 사회 정의를 무너뜨리는 도덕적인 죄와 구별된 나실인과 헌신된 선지자를 타락시키는 종교적인 죄로 인해 심판을 피할 수 없게 됩니다(암 1-2장). 심판의 재앙이 임하는 상황에서도 "네 하나님 만나기를 준비하라"(암 4:12)고 하며 돌아오기를 기다리시는 여호와를 찾지 않은 백성은 결국 긍휼의 하나님을 만나지 못하고 도리어 재앙을 만납니다(암 3-6장).

이제 마지막으로 다섯 가지 환상을 통해 심판을 공지합니다(암 7-9장). 그러나 하나님의 정의는 이렇게 심판으로 끝나는 것이 아니라 "다윗의 무너진 장막"(암 9:11)이 그리스도의 십자가 정의로 세워지는 그날 이스라엘의 회복으로 역전됩니다(암 9:14-15).

인도하고 아모리 사람의 땅을 너희가 차지하게 하였고 … 그러나 너희가 나실 사람으로 포도주를 마시게 하며 또 선지자에게 명령하여 예언하지 말라 하였느니라(암 2:10, 12).

멸하지 않을 야곱의 집
보라 주 여호와의 눈이 범죄한 나라를 주목하노니 내가 그것을 지면에서 멸하리라 그러나 야곱의 집은 온전히 멸하지는 아니하리라 여호와의 말씀이니라(암 9:8).

이스라엘의 회복
내가 내 백성 이스라엘이 사로잡힌 것을 돌이키리니 그들이 황폐한 성읍을 건축하여 거주하며 포도원들을 가꾸고 그 포도주를 마시며 과원들을 만들고 그 열매를 먹으리라 내가 그들을 그들의 땅에 심으리니 그들이 내가 준 땅에서 다시 뽑히지 아니하리라 … (암 9:14-15).

오바댜

에돔의 멸망(1:1-16) : 에돔에 대한 멸망 선언
야곱의 회복(1:17-21) : 에서의 심판과 야곱의 회복 선언

Key Point

공의의 복음 예수 그리스도

오바댜서는 에돔에 대한 멸망을 선고해 하나님의 공의를 나타냅니다. 이것은 예수 그리스도의 십자가 공의의 복음입니다.

"너희로 환난을 받게 하는 자들에게는 환난으로 갚으시고 환난을 받는 너희에게는 우리와 함께 안식으로 갚으시는 것이 하나님의 공의시니 주 예수께서 자기의 능력의 천사들과 함께 하늘로부터 불꽃 가운데에 나타나실 때에 하나님을 모르는 자들과 우리 주 예수의 복음에 복종하지 않는 자들에게 형벌을 내리시리니"(살후 1:6-8).

에돔의 멸망(옵 1:1-16), 야곱의 회복(옵 1:17-21)

'에돔의 멸망'(사 34장, 렘 49:7-22, 겔 35장)은 대선지서의 단골 메뉴처럼 나타납니다. 이렇게 반복하면서도 무엇이 부족해 소선지서에서 한 권의 책으로 에돔의 멸망을 확정한 것일까요?

하나님을 피난처로 삼지 않고 바위틈을 의지한 교만한 에돔의 범죄는 형제 나라 유다 자손의 패망을 기뻐한 것보다 더 근본적인 이유가 있습니다. 에돔은 에서의 후손으로, 세상 나라를 상징하는 에서의 산에서 헤롯이 등장합니다. 이스라엘은 야곱의 후손으로, 하나님 나라를 상징하는 시온 산에서 예수 그리스도가 등장하십니다. 그래서 유대인의 왕 노릇을 한 에돔(이두매)의 후손인 헤롯은 예수 그리스도가 탄생하시자 죽이려고 합니다(마 2:16).

그러나 유대인의 진짜 왕(마 2:2)이신 그리스도가 십자가 공의의 복음으로 심판하십니다. 이는 단순한 에돔의 멸망이 아니라 "만국을 벌할 날"(옵 1:15)을 상징하는 것으로, 장자의 명분을 판 에서의 족속은 멸망합니다(창 25:32, 히 12:16). 그러나 장자의 명분을 얻은 야곱의 회복은 '여자의 후손'으로 오시는 그리스도로 인해 아들의 명분을 얻은 자가 받는 구원의 예표입니다(출 4:22, 갈 4:4-5). 그러므로 그리스도의 십자가 공의의 복음은 사탄에 대한 심판과 성도에 대한 하나님의 완전한 구원입니다.

왕, 그리스도의 탄생
유대인의 왕으로 나신 이가 어디 계시냐 우리가 동방에서 그의 별을 보고 그에게 경배하러 왔노라 하니(마 2:2).

만국을 벌하실 날
여호와께서 만국을 벌할 날이 가까웠나니 네가 행한 대로 너도 받을 것인즉 네가 행한 것이 네 머리로 돌아갈 것이라(옵 1:15).

장자의 명분을 판 에서
에서가 이르되 내가 죽게 되었으니 이 장자의 명분이 내게 무엇이 유익하리요(창 25:32).

음행하는 자와 혹 한 그릇 음식을 위하여 장자의 명분을 판 에서와 같이 망령된 자가 없도록 살피라(히 12:16).

속량자, 그리스도 탄생
때가 차매 하나님이 그 아들을 보내사 여자에게서 나게 하시고 율법 아래에 나게 하신 것은 율법 아래에 있는 자들을 속량하시고 우리로 아들의 명분을 얻게 하려 하심이라(갈 4:4-5).

요나

요나의 표적(1~2장) : 물고기 배 속에서 3일간의 요나
요나의 전도(3~4장) : 니느웨의 회개와 하나님의 구원

요나의 표적 예수 그리스도

요나 선지자는 하나님의 명령을 받고 앗수르의 수도인 니느웨 성읍으로 가는 도중에 큰 물고기 배 속에서 3일 밤낮을 지내다가 도착하게 됩니다(욘 1~2장). 요나의 전도를 통해 니느웨 백성은 회개하고 구원을 받습니다(욘 3~4장). 하나님이 요나를 통해 니느웨 백성을 구원하신 '요나의 표적'(마 12:39~41)은 그리스도가 3일 후 죽은 자 가운데서 부활하신 사건을 믿고 구원을 얻는 '그리스도의 표적'을 예표합니다(눅 24:46~47).

요나의 표적(욘 1~2장), 요나의 전도(욘 3~4장)

북 이스라엘의 여로보암 2세 통치 시대에 호세아와 아모스 선지자는 사랑과 정의를 외치며 하나님의 심판을 경고합니다(왕하 14:25, 호 1:1, 암 1:1). 그러나 부패하고 타락한 이스라엘 백성은 회개하지 않습니다. 그 상황에서 하나님이 앗수르의 니느웨로 보내신 요나 선지자가 40일이 지나면 니느웨가 무너질 것이라고 경고하자 그들이 모두 회개하는 놀라운 일이 벌어집니다.

하나님은 물고기 배 속에서 3일을 지내다 살아난 '요나의 표적'으로, 니느웨에 가서 하나님의 심판을 선포한 '요나의 전도'로 악한 니느웨 백성이 구원 받은 사건을 통해 오늘날 악한 세대가 구원 받을 수 있는 방법을 제시하십니다. 3일 동안 큰 물고기를 타고 바다를 건넌 요나의 기적은 바로 불순종하는 악한 죄인을 구원하셔서 인간의 상식과 고정관념을 깨고 순종으로 살게 하시는 그리스도의 표적입니다.

요나의 표적
예수께서 대답하여 이르시되 악하고 음란한 세대가 표적을 구하나 선지자 요나의 표적밖에는 보일 표적이 없느니라 요나가 밤낮 사흘 동안 큰 물고기 배 속에 있었던 것같이 인자도 밤낮 사흘 동안 땅속에 있으리라 심판 때에 니느웨 사람들이 일어나 이 세대 사람을 정죄하리니 이는 그들이 요나의 전도를 듣고 회개하였음이거니와 요나보다 더 큰 이가 여기 있으며(마 12:39~41).

니느웨 전도자, 요나
일어나 저 큰 성읍 니느웨로 가서 내가 네게 명한 바를 그들에게 선포하라 하신지라 요나가 여호와의 말씀대로 일어나서 니느웨로 가니라 … (욘 3:2~3).

재건축을 위한 성전 파괴

겔 12:1 - 겔 24:27

 **Day Point**

하나님의 성전 재건축 이주 대책은 먼저 포로 된 유다 백성을 바벨론으로 보내시고, 그곳에 함께 가신 하나님이 임시 성소가 되십니다. 그리고 패역한 백성을 바벨론으로 옮길 수밖에 없는 상황 설명을 에스겔의 환상을 통해서 눈으로 볼 수 있게 '행위 계시'와 귀로 들을 수 있게 '말씀 계시'로 반복하십니다.

그러나 패역한 족속은 "볼 눈이 있어도 보지 아니하고 들을 귀가 있어도 듣지 아니"(겔 12:2)합니다. 그들은 하나님과 맺은 '언약을 어긴 죄'(겔 12–20장)로 바벨론의 포로(겔 17:19–20)가 되고, 성전은 파괴(겔 24:21)되어 '예루살렘의 최후'(겔 21–24장)를 맞이하게 됩니다.

예루살렘의 함락과 성전 파괴는 이스라엘을 완전히 멸하시려는 것이 아니고 다시 세우시려는 것입니다. 행위 언약을 기준으로 징계하시고, 영원한 은혜 언약을 기준으로 구원하셔서 다시 세우십니다(겔 16:59–60, 렘 30:10–11). 그러므로 성전이 무너지는 것은 자기 백성의 죄를 사하기 위해 대신 성전 된 자기 육체를 헐고 무너뜨리는 예수 그리스도의 십자가 죽음의 예표입니다(요 2:19–21).

언약을 어긴 죄(겔 12–20장)

에스겔은 성벽을 뚫고 도망가는 모습을 연출합니다. 이는 하나님과 맺은 언약을 어기고 반역하는 유다 족속과 시드기야 왕이 성벽을 뚫고 도망가다가 바벨론에 잡혀 포로가 될 것을 예조로 보여 줍니다(겔 12:12, 왕하 25:4-7).

이렇게 시드기야 왕이 잡혀 두 눈이 뽑히고 예루살렘이 함락되는 결정적 책임은 하나님의 말씀을 선포하는 선지자들이 파수꾼의 역할을 감당하지 못했기 때문입니다. '허탄한 묵시'와 '거짓된 점괘'를 말하는(겔 13:7) 여우 같은 선지자와 평강이 없는데 있는 것처럼 유혹하는 선지자 그리고 몇 푼의 돈을 얻기 위해 사람의 영혼을 사냥하는 선지자들 때문입니다.

그러므로 기록된 그리스도의 진리를 자기 생각대로 전하고, 듣고, 이해하면 기복적이고 쾌락적인 종교 생활(딤후 3:1-4)로 변질되어 마음에 자리 잡고 있는 탐심의 우상을 품고 살게 됩니다(겔 14:5). 그렇게 되면 열매 맺지 못하는 쓸모없는 포도나무가 되어 불에 살라지는 무익한 존재가 되고 맙니다(겔 15:5, 요 15:6). 그러므로 구원의 은혜를 기억하고 그리스도 안에 거하는 순종이 언약 안에 거하는 거룩한 백성의 존재 이유입니다.

바벨론 왕은 여호야긴 왕을 포로로 잡아가면서 시드기야를 왕으로 세우고 언약을 맺습니다. 그런데 그 언약을 배반하고 세상을 상징하는 애굽을 의지한 시드기야 왕이 바벨론의 포로 됨을 피하지 못한 것은 궁극적으로 하나님과 맺은 언약을 배반했기 때문입니다(겔 17:19-20). 이스라엘의 조상들이 출애굽 때 세운 안식일의 표징을 광야에서 어긴 것처럼 마음의 탐심으로 우상을 좇아 언약을 어긴 것입니다(겔 20:16). 또한 이스라엘 백성이 광야에서 금송아지 우상을 만들었던 것과 같은 것입니다(출 32:1).

안식일은 단순히 일곱째 날에 쉬는 것이 아니라 창조주에게 피조물이 순종할 때 누리는 참안식을 의미합니다(출 31:17, 히 3:18-19, 4:11). 이스라엘 백성이 하나님과 맺은 할례 의식은 구원의 표징이며(창 17:11), 안식일을 지키는 것은 구원 받은 자의 삶의 표징입니다. 안식일은 의식적인 주일 성수를 의미하는 것이 아니라 안식일의 주인이신 그리스도(마 12:8)가 우리 마음과 삶의 주인이 되시는 것입니다.

예루살렘의 최후(겔 21-24장)

패역한 백성의 죄를 진멸하는 상징적인 모습은 예루살렘의 함락과 무너지는 성전입니다. 예루살렘을 무너뜨리러 오는 날카로운 "바벨론 왕의 칼"(겔 21:19)은 전에 시드기야가 바벨론 왕에게 충성을 맹세하고 어긴 죄악을 기억하고 죽이러 오는 칼로(겔 17:16, 21:23), 마치 안식일을 어긴 자들(겔 22:26, 23:38-39)에 대한 하나님의 말씀의 칼과 같습니다(히 4:12).

성령의 검인 말씀의 칼은 세상의 악한 세력을 대적하는 신무기이며(엡 6:11, 17) 상처 받은 영혼을 치료하는 생명의 검입니다. 말씀의 검객이신 예수 그리스도(요 1:14, 살후 2:8, 계 19:11, 13, 21)는 비진리를 갈라서 진리로, 사망을 찔러서 생명으로, 불순종을 잘라서 순종으로 나오게 하는 말씀의 칼

언약을 어긴 죄
그러므로 주 여호와의 말씀이니라 내가 나의 삶을 두고 맹세하노니 그가 내 맹세를 업신여기고 내 언약을 배반하였은즉 내가 그 죄를 그 머리에 돌리되 … 바벨론으로 가서 나를 반역한 그 반역을 거기에서 심판할지며(겔 17:19-20).

영원한 언약
나 주 여호와가 이같이 말하노라 네가 맹세를 멸시하여 언약을 배반하였은즉 내가 네 행한 대로 네게 행하리라 그러나 내가 너의 어렸을 때에 너와 세운 언약을 기억하고 너와 영원한 언약을 세우리라(겔 16:59-60).

거짓 선지자, 허탄한 묵시
너희가 말하기는 여호와의 말씀이라 하여도 내가 말한 것이 아닌즉 어찌 허탄한 묵시를 보며 거짓된 점괘를 말한 것이 아니냐(겔 13:7).

안식일을 더럽힘
그들이 마음으로 우상을 따라 나의 규례를 업신여기며 나의 율례를 행하지 아니하며 나의 안식일을 더럽혔음이라(겔 20:16).

시드기야, 언약 배반 죄
주 여호와의 말씀이니라 내가 나의 삶을 두고 맹세하노니 바벨론 왕이 그를 왕으로 세웠거늘 그가 맹세를 저버리고 언약을 배반하였은즉 그 왕이 거주하는 곳 바벨론에서 왕과 함께 있다가 죽을 것이라(겔 17:16).

끝입니다.

하나님은 자기 백성의 죄를 진멸하시고 그들을 구원하시기 위해 바벨론에 사로잡힌 자들이 절대로 무너지지 않는다며 우상시하는 예루살렘과 성전을 무너뜨리십니다(겔 24:16, 21). 에스겔 선지자의 아내의 죽음이 성전의 무너짐을 예표하듯, 성전의 무너짐은 "그리스도께서 우리 죄를 위하여"(고전 15:3) 죽으심을 예표합니다. 이는 자신을 우상으로 섬기는 교만한 옛 사람을 죽이고 순종하는 새사람으로 살게 하는 은혜입니다.

무너질 예루살렘 성전
너는 이스라엘 족속에게 이르기를 주 여호와의 말씀에 내 성소는 너희 세력의 영광이요 너희 눈의 기쁨이요 너희 마음에 아낌이 되거니와 내가 더럽힐 것이며 너희의 버려둔 자녀를 칼에 엎드러지게 할지라(겔 24:21).

오늘의 미션

주어진 모든 환경과 상황들에 감사하기.

[미션 수행]
질병을 통해서 절제 훈련을 하게 하시니 감사합니다.

 바벨론

바벨론은 현재 이라크의 바그다드 남쪽 유프라테스 강 유역의 성이었다. 니므롯이 건설한(창 10:10) 이곳은 바벨론 제국의 수도였다. 한때는 우르 사람들의 지배 아래 있기도 했고, 앗수르의 산헤립에게 공격당하기도 했다. 앗수르의 세력이 약해진 뒤 느부갓네살이 이 성을 재건했으며 그는 이 사실을 자랑했다(단 4:30). 나중에 느부갓네살의 뒤를 이어 왕이 된 벨사살은 바벨론의 왕궁에서 죽었으며(단 5:30), 바벨론은 주전 539년에 고레스에게 정복되었다(사 47:1, 렘 50-51장).

열국의 심판과 이스라엘의 회복

겔 25:1 - 겔 39:29

Day Point

열국의 심판에 대한 예언은 다음의 구약성경 말씀에서 집중적으로 나옵니다. 이사야 13-23장에서는 바벨론, 앗수르, 블레셋, 모압, 다메섹, 구스, 애굽, 두마, 아라비아, 두로의 멸망이 언급됩니다. 예레미야 46-51장에서는 애굽, 블레셋, 모압, 암몬, 에돔, 다메섹, 게달, 하솔, 엘람, 바벨론의 멸망이 나옵니다. 에스겔 25-32장에서는 암몬, 모압, 에돔, 블레셋, 두로, 시돈, 애굽의 멸망이 나옵니다. 이는 심판과 구원을 대조적으로 보여 주시는 하나님의 열심입니다.

특이한 것은 예레미야서에서 마지막 때를 의미하는 '그날'에 이방인(렘 48:47, 49:6, 39)의 구원을 암시하고 있는 것입니다. 이는 그리스도를 통해서 성취될 예언으로, 천하 만민이 한 몸이 되는 교회의 모습입니다(엡 2:11-22). 그러므로 이사야서의 열국 심판이 종말적 심판에 무게를 둔다면, 예레미야서의 열국 심판은 세상을 상징하는 애굽으로 시작해 종말적 심판을 상징하는 바벨론의 심판을 반복하면서 이방인의 구원을 전제합니다.

에스겔서에 나오는 바벨론의 멸망을 뺀 열국의 심판은 무엇을 의미할까요? 이는 심판을 통한 하나님의 자기 계시입니다(겔 25-32장). 그러므로 이스라엘의 회복 또한 은혜를 통한 하나님의 자기 계시입니다(겔 33-39장).

열국의 심판(겔 25-32장)

에스겔서의 열국 심판의 대상은 암몬, 모압, 에돔, 블레셋(겔 25장), 두로(겔 26-28장), 시돈(겔 28장), 애굽(겔 29-32장)입니다. 이들에 대한 예언은 이스라엘의 징계(겔 1-24장)와 회복(겔 33-48장) 사이에 기록되어 있고, 열국에 대한 심판 예언의 중간에는 이스라엘의 회복(겔 28:24-26)이 기록되어 있습니다.

이는 이스라엘이 불순종해 징계를 받을지라도 열조와 맺으신 언약으로 구원 받게 된다는 소망을 주는 것이며, 열국이 이스라엘을 제압하고 자기들이 섬기는 우상 신이 여호와를 이긴 것으로 착각하는 망상을 깨뜨려서 여호와가 하나님이신 줄을 알게 하려는 것입니다(왕상 18:39).

그러므로 유다 족속이 사로잡힐 때에 기뻐한 암몬(겔 25:3), 유다 족속을 비웃으며 이방 족속보다 잘되는 것이 없다고 조롱한 모압(겔 25:8), 원수처럼 대하며 핍박한 에돔과 블레셋(겔 25:12, 15)을 심판하시는 것은 그들이 하나님 나라의 건설을 방해하는 영적 이스라엘의 대적이기 때문입니다.

두로는 '만민의 문'이라 불리는 예루살렘이 멸망한 것을 기뻐함으로 땅 깊은 곳 구덩이에서 패망합니다(겔 26장). 두로는 무역이 더욱 번창하자 "나는 온전히 아름답다"고 스스로 말하는 극에 달한 세속 문명의 상징으로, 영원히 바다에 수장됩니다(겔 27장). 두로 왕은 적그리스도(살후 2:4, 요일 4:3, 요이 1:7)의 유형으로, 교만해서 하나님의 자리에 앉아서 하나님의 마음과 같은 체하며 사탄을 상징하는 세상 임금(요 12:31, 16:11, 계 17:12) 노릇을 함으로 심판을 받습니다(겔 28장).

그리고 바알을 섬기는 이세벨의 고향 시돈은 멸망당하고, 이스라엘은 회복되며(겔 28:24), 최종적으로 세상을 상징하는 상한 갈대 지팡이(겔 29:6, 사 36:6, 왕하 18:21) 애굽도 멸망합니다(겔 29-32장). 이는 우리 안에 세상을 사랑해서 세속에 물든 옛 사람의 자화상을 제거하는 것과 같습니다.

이스라엘의 회복(겔 33-39장)

에스겔은 '심판과 멸망'(겔 1-32장)을 외치다가 예루살렘 성이 함락되자 '회복과 구원'(겔 33-48장)을 외치는 파수꾼의 역할을 합니다. 이는 악인이 죽는 것을 기뻐하지 않으시는 하나님의 마음입니다(겔 33:11).

패역한 백성은 마음에 금송아지 욕심이 있어서 말씀을 듣고도 행하지 않지만, 예언이 성취되면 '한 선지자'(겔 33:33, 렘 28:8-9)의 외침이 그리스도의 복음인 줄을 알게 됩니다(마 1:22, 롬 1:2, 히 11:1). 자기 욕심을 위해 거짓을 믿게 한 수많은 선지자가 아닌 '한 선지자'가 외친 그리스도의 예언은 "화평의 언약"(겔 34:25)을 세워 잃어버린 양을 찾으러 다윗의 왕위(겔 34:23-24, 37:24-25, 눅 1:31-33)를 가지고 이 땅에 오시는 선한 목자의 말씀입니다(눅 19:10, 요 10:11).

그러므로 그리스도가 성취하실 새 언약의 복음(겔 36:26-28)은 새 영과 새 마음을 주어 마음의 우상에서 정결하게 하고, 하나님의 백성답게 살게 합니다. 이것이 허물과 죄로 죽어 마른 뼈와 같던 존재가 새 언약을 통해 참 성전으로 건축된 성도의 삶입니다(겔 37:26-28, 엡 2:1-2). 이런 하나님의 백

이방인 모압 구원
그러나 내가 마지막 날에 모압의 포로를 돌려보내리라 여호와의 말씀이니라 모압의 심판이 여기까지니라(렘 48:47).

두로 왕 심판
인자야 너는 두로 왕에게 이르기를 주 여호와께서 이같이 말씀하시되 네 마음이 교만하여 말하기를 나는 신이라 내가 하나님의 자리 곧 바다 가운데에 앉아 있다 하도다 네 마음이 하나님의 마음 같은 체할지라도 너는 사람이요 신이 아니거늘(겔 28:2).

대적자, 적그리스도
그는 대항하는 자라 신이라고 불리는 모든 것과 숭배함을 받는 것에 대항하여 그 위에 자기를 높이고 하나님의 성전에 앉아 자기를 하나님이라고 내세우느니라(살후 2:4).

악한 길에서 돌이키라!
너는 그들에게 말하라 주 여호와의 말씀이니라 나의 삶을 두고 맹세하노니 나는 악인이 죽는 것을 기뻐하지 아니하고 악인이 그의 길에서 돌이켜 떠나 사는 것을 기뻐하노라 이스라엘 족속아 돌이키고 돌이키라 너희 악한 길에서 떠나라 어찌 죽고자 하느냐 하셨다 하라(겔 33:11).

한 선지자의 예언
그 말이 응하리니 응할 때에는 그들이 한 선지자가 자기 가운데에 있었음을 알리라(겔 33:33).

마음에 새기신 새 언약
또 새 영을 너희 속에 두고 새 마음을 너희에게 주되 너희 육신에서 굳은 마음을 제거하고

성을 대적하는 곡과 마곡(겔 38:2-3, 39:1, 6)을 멸하시는 하나님은 참으로 여호와 우리 하나님이십니다(겔 39:28).

부드러운 마음을 줄 것이며 … 내가 너희 조상들에게 준 땅에서 너희가 거주하면서 내 백성이 되고 나는 너희 하나님이 되리라(겔 36:26, 28).

오늘의 미션

하나님의 거룩을 이루기 위해 행할 수 있는 일은?

[미션 수행]
오늘 해야 될 것을 미루는 옛 습관을 고치겠습니다.

이스라엘의 종말적 회복

겔 40:1 - 겔 48:35

 **Day Point**

구약성경의 선지서 17권은 예루살렘의 멸망 전과 후의 내용을 기록합니다. 그 내용의 중심에는 성전이 있고, 성전은 예수 그리스도의 모형으로 성전 파괴와 재건과 함께 70년간의 바벨론 포로와 해방을 동시에 설명합니다. 이미 이사야서와 예레미야서 예언에서 예루살렘이 멸망하고 성전이 파괴되어 바벨론에서 70년 포로 생활을 하게 되지만, 70년이 끝나면 바벨론 포로에서 해방되고 성전은 재건됩니다. 이 예언을 에스겔서에서 하나님이 환상 중에 보여 주신 예루살렘 새 성전이 확증해 줍니다.

그런데 예루살렘 새 성전은 바벨론 1차 포로 귀환 후 세운 스룹바벨 성전의 모습과는 다르고, 요한계시록 21-22장의 내용과는 유사합니다. 그러므로 새롭게 '회복된 성전'(겔 40-43장)은 예루살렘 성전을 떠났던 여호와의 영광이 돌아오는 축복된 모습입니다(겔 8:6, 11:16, 43:2-3). 또한 여호와의 영광이 가득한 '영광된 성전'(겔 44-48장)은 그리스도의 새 언약으로 세워진 참 성전의 성도를 상징합니다.

회복된 성전(겔 40-43장)

에스겔이 환상을 통해 회복된 성전을 보게 된 것은 사로잡힌 지 25년이 지난 때입니다. 당시는 예루살렘이 함락되고 성전이 불타 버린 지 14년이나 지난 시기로, 이는 바벨론에서 포로 생활을 하는 백성에게 위로와 소망을 주는 동시에 이 세상에 사는 하나님의 백성에게 확신과 믿음을 주기 위해서입니다. 왜냐하면 예루살렘 성전이 무너진 것은 당시 이스라엘 백성이 지은 죄 때문이지만 우리가 지은 죄와 동일하므로 그들에게 말한 메시지는 곧 우리를 향한 메시지이기 때문입니다. 그러므로 성전 파괴는 우리 죄로 인해 성전 되신 그리스도의 육체가 무너진 것을 예표하는 것으로, 그리스도의 초림을 통한 새 언약의 구원을 의미합니다.

또한 새 성전을 통한 회복은 그리스도가 재림하실 때 완성되는 완전한 구원을 의미합니다. 신약 시대 이후 우리는 '그리스도의 구속'으로 말미암아 시작된 교회가 성령 안에서 하나님이 거하실 처소가 되기 위해 그리스도 예수 안에서 함께 지어져 가는 '성도의 생활'을 하고 있습니다. 따라서 에스겔이 본 환상 속의 성전은 바벨론을 상징하는 환난의 세상 속에서 우리가 믿음으로 살도록 '완성된 구원'의 소망을 주는 그리스도 재림의 메시지입니다(마 16:18, 엡 2:22, 계 21:2-3).

이렇게 그 시대의 바벨론을 상징하는 현시대에서 믿음으로 살게 하는 은혜는 여전히 복음의 핵심인 그리스도입니다. 그러므로 에스겔의 환상 속에서 보여 주신 회복된 성전의 구조는 그리스도의 복음을 재현합니다. 그래서 에스겔 40장은 제사장이 번제로 드릴 희생제물이 준비되어 있는 성전 안마당의 모습으로 시작합니다. 이는 우리 죄를 위해 희생제물로 준비되신 그리스도의 모습입니다. 그리고 에스겔 41장은 지성소의 모습입니다. 지성소에 들어갈 수 있는 방법은 준비된 그리스도의 죽으심입니다.

"그 길은 우리를 위하여 휘장 가운데로 열어 놓으신 새로운 살길이요 휘장은 곧 그의 육체니라"(히 10:20).

또한 에스겔 42장은 제사장의 모습으로, 인간의 죄로 인해 막힌(사 59:2) 하나님과의 관계를 화목하게 하시는 대제사장 예수 그리스도의 모습을 상징합니다(히 7:28, 8:1). 이렇게 회복된 성전 안에는 여호와의 영광이 가득합니다(겔 43:3-4, 출 40:34, 대하 7:1). 그러므로 에스겔 43장은 성도와 함께하시는, 임마누엘 되신 그리스도의 은혜와 진리가 충만한 모습입니다(요 1:14). 말씀이 육신이 되어 우리 가운데 거하시는 그리스도의 충만한 모습은 우리가 순종으로 살 때 더욱 빛이 날 것입니다.

영광된 성전(겔 44-48장)

에스겔에게 보여 주신 회복된 새 성전(겔 40-43장)에서 드리는 새 예배(겔 44-46장)의 회복으로 인해 성전으로부터 생명수가 흘러나옵니다. 생명수가 흘러나오는 거룩한 새 땅(겔 47-48장)에서 '여호와 삼마'(하나님이 거기에

오늘의 말씀

여호와, 성전으로 돌아오심
이스라엘 하나님의 영광이 동쪽에서부터 오는데 하나님의 음성이 많은 물소리 같고 땅은 그 영광으로 말미암아 빛나니 (겔 43:2).

새 예루살렘, 완성된 구원!
또 내가 보매 거룩한 성 새 예루살렘이 하나님께로부터 하늘에서 내려오니 그 준비한 것이 신부가 남편을 위하여 단장한 것 같더라 … 보라 하나님의 장막이 사람들과 함께 있으매 하나님이 그들과 함께 계시리니 그들은 하나님의 백성이 되고 하나님은 친히 그들과 함께 계셔서(계 21:2-3).

아침마다 드리는 제사
아침마다 일 년 되고 흠 없는 어린 양 한 마리를 번제를 갖추어 나 여호와께 드리고 또 아

계시다), 거기 계신 하나님과 함께 사는 것이 구원 역사의 완성입니다.

그러므로 이런 영광스런 은혜에 소망을 두는 백성은 그리스도의 할례(겔 44:9, 골 2:11)를 받은 '영광된 성전'(고전 3:16, 엡 5:27)이며, '왕 같은 제사장'(벧전 2:9-10)입니다. 세속화된 예배에서 회복되어 하나님이 기쁘게 받으실 예배가 되도록 거룩하게 구별된 산 제물의 삶(겔 45:1, 롬 12:1)을 살아야(겔 46:13-15) 합니다. 이는 나는 죽고 예수로 사는 순종의 삶입니다.

이렇게 살 수 있는 것은 성전의 본체이신 하나님과 성전의 실체이신 어린 양 예수 그리스도의 보좌로부터 흘러나오는 생명의 강물이 은혜로 충만하게 하기 때문입니다(겔 47:1, 12, 계 21:22, 22:1-2). 이것이 하나님과 함께 사는 자가 누리는 여호와 삼마의 은혜입니다(겔 48:35).

침마다 그것과 함께 드릴 소제를 갖추되 곧 밀가루 육분의 일 에바와 기름 삼분의 일 힌을 섞을 것이니 … 그 어린 양과 밀가루와 기름을 준비하여 항상 드리는 번제물로 삼을지니라(겔 46:13-15).

성전에서 흐르는 생명수
그가 나를 데리고 성전 문에 이르시니 성전의 앞면이 동쪽을 향하였는데 그 문지방 밑에서 물이 나와 동쪽으로 흐르다가 성전 오른쪽 제단 남쪽으로 흘러내리더라(겔 47:1).

성소의 생명수
강 좌우 가에는 각종 먹을 과실나무가 자라서 그 잎이 시들지 아니하며 열매가 끊이지 아니하고 달마다 새 열매를 맺으리니 그 물이 성소를 통하여 나옴이라 그 열매는 먹을 만하고 그 잎사귀는 약 재료가 되리라(겔 47:12).

'여호와 삼마'
그 사방의 합계는 만 팔천 척이라 그날 후로는 그 성읍의 이름을 여호와 삼마라 하리라(겔 48:35).

오늘의 미션
언약된 말씀을 믿음으로 용서하기.

[미션 수행]
과거에 묶였던 문제와 관계들을 주님의 이름으로 용서합니다.

Day 64 영원한 나라

단 1:1 - 단 7:28

분열 왕국 시대 | 포로 시대 | 포로 귀환 시대

Day Point

창조된 세상에는 역사 속에서 세워졌던 수많은 나라들이 있지만, 다니엘서는 그중에 바벨론을 세속 나라의 대표로 여깁니다. 시대마다 강대국은 다릅니다. 그러나 강대국이 바벨론을 무너뜨린 메대와 바사를 지나서 헬라를 거쳐 로마로 바뀌어도 세상 나라의 상징적인 머리는 바벨론입니다(계 14:8, 18:2).

당시 바벨론의 느부갓네살 왕이 꾼 금 신상의 꿈은 하나님의 계획을 세상에 밝히 증거하는 것으로, 사람이 손대지 아니한 돌, 뜨인 돌이 세상 나라의 상징인 금 신상을 부수고 영원한 나라를 세우는 내용입니다(단 1~6장).

하나님이 세우시는 한 나라(단 2:44)는 바벨론 시대에 느부갓네살 왕의 조서를 통해 영원한 나라(단 4:3)로 증거되었고, 메대와 바사 시대에 다리오 왕의 조서를 통해 망하지 않을 것이라고 확증됩니다(단 6:26). 이러한 영원한 나라는 예수 그리스도(단 9:25)가 십자가에서 죽으시고 부활하심으로 세워지는 메시아 왕국입니다. 또한 성도들이 거하는 그 나라는 그리스도가 재림하실 때 완전하게 성취됩니다(단 7장).

바벨론과 메대와 바사(단 1~6장)

바벨론에 포로로 잡힌 다니엘은 마치 작전상 포로를 연상하게 합니다. 하나님의 치밀한 계획과 고도의 작전에 의해 이스라엘 백성은 바벨론에 도착합니다. 1차로 도착한 다니엘은 바벨론 시대부터 그다음 시대인 메대 왕 다리오(단 5:31)와 이후 바사 왕 고레스(단 6:28) 때까지 활동하면서 포로 70년 동안 하나님의 거룩 작전(겔 28:25)이 어떻게 진행되는지 다니엘서를 통해 잘 보여 줍니다.

사람이 세상에서 밥 먹고사는 목적이 부귀영화라고 속이는 사탄의 속임수에 넘어간 자들은 자기 영광을 위해 자신을 우상시하면서 세상의 포로가 되어 삽니다. 그러나 겉으로는 세상에 포로 된 것처럼 보이나 하나님의 말씀에 포로 된 자들은 하나님을 마음에 품고 삽니다. 그래서 다니엘과 세 친구는 바벨론 왕궁에서 왕의 진미와 포도주로 자신을 더럽히지 않을 뜻을 정합니다(단 1:8, 겔 14:11). 왕의 진미와 포도주는 세상의 진미와 진노의 포도주를 의미하는 것으로, 우상 숭배와 세속 문화에 취하게 합니다(계 14:8, 17:2).

바벨론의 포로로 끌려간 유다 백성 ▲

그래서 다니엘서는 시작부터 뜻을 정해 우상이 득실거리는 세상에 마음을 뺏기지 않고 영원에 대한 소망을 갖게 하려고 하나님의 뜻을 느부갓네살 왕의 금 신상 꿈으로 밝히 보여 줍니다. 하나님의 뜻은 강력한 세속 나라는 반드시 무너지고, 하나님의 영원한 나라가 세워지는 소망을 갖게 합니다.

소망을 붙잡은 다니엘의 세 친구는 우상에 절하지 않다가 풀무불에 들어가지만, 세상 나라를 상징하는 우상의 신상을 무너뜨리는 사람이 손대지 아니한 돌, 뜨인 돌(단 2:34-35)이신 그리스도로 인해 세상을 상징하는 불 속에서 안전하게 구원 받습니다(단 3:25, 7:13, 10:16). 그리고 하나님은 또 한 번 느부갓네살 왕에게 큰 나무 꿈을 꾸게 하심으로 교만한 인간을 낮추시고, 그분이 사람의 나라를 주관하고 계심을 알려 주십니다(단 4장).

그런데 이런 내용을 이미 알고 있는 벨사살 왕은 스스로 높이며 교만하다가 하나님의 손가락 글씨 심판으로 멸망당합니다(단 5장). 그러나 다니엘은 바벨론을 멸망시킨 메대와 바사 시대에도 거룩해야 될 뜻을 정한 신실한 믿음으로 끝까지 기도하다 모함을 받고 사자 굴에 들어가지만, 세상을 상징하는 사자 굴에서 안전하게 구원 받고 하나님의 거룩을 나타냅니다(단 6장).

영원한 하나님의 나라(단 7장)

대선지서의 주된 내용은 하나님의 거룩이 나타나고 바벨론이 멸망하면 포로에서 귀환하는 것입니다. 다니엘 1-6장까지는 역사적 바벨론이 멸망하고 이사야서에서 예언한 바사 왕 고레스가 등장합니다(단 6:28, 사 44:28). 그

오늘의 말씀

바벨론의 패망
힘찬 음성으로 외쳐 이르되 무너졌도다 무너졌도다 큰 성 바벨론이여 귀신의 처소와 각종 더러운 영이 모이는 곳과 각종 더럽고 가증한 새들이 모이는 곳이 되었도다(계 18:2).

뜻을 정하여
다니엘은 뜻을 정하여 왕의 음식과 그가 마시는 포도주로 자기를 더럽히지 아니하리라 하고 자기를 더럽히지 아니하도록 환관장에게 구하니(단 1:8).

역사의 주관자, 뜨인 돌 그리스도
또 왕이 보신즉 손대지 아니한 돌이 나와서 신상의 쇠와 진흙의 발을 쳐서 부서뜨리매 그때에 쇠와 진흙과 놋과 은과 금이 다 부서져 여름 타작마당의 겨 같이 되어 바람에 불려 간 곳이 없었고 우상을 친 돌은 태산을 이루어 온 세계에 가득하였나이다(단 2:34-35).

불 속에서 구원
왕이 또 말하여 이르되 내가 보니 결박되지 아니한 네 사람이 불 가운데로 다니는데 상하지

느부갓네살의 꿈과 해석

꿈의 내용	다니엘의 해석	꿈의 성취
순금으로 된 머리	바벨론을 다스리는 느부갓네살	신바벨론 제국(주전 605-538년)
은으로 된 가슴과 팔	바벨론보다 못한 나라	메대 - 페르시아 제국(주전 538-333년)
청동으로 된 배, 허벅지	온 세상을 다스릴 나라	그리스 제국(주전 333-63년)
쇠로 된 종아리	뭇 나라를 부서뜨릴 나라	로마 제국(주전 63-주후 476년)
쇠와 진흙이 섞인 발	다른 인종과 서로 섞이며 나뉠 나라	로마 제국 이후 열강들(주후 476-현재)
손대지 아니한 돌	모든 나라를 멸하고 영원히 서게 될 하나님이 세우시는 한 나라	예수 그리스도를 통해 이루어질 하나님이 다스리시는 나라

런데 다니엘 7장은 포로 귀환보다 영원한 하나님 나라를 설명합니다. 이는 점진적 구원 역사를 확증하려고 다니엘의 환상을 통해 영적 바벨론이 어떻게 무너지는지를 종말적 관점에서 보여 줍니다. 다니엘 2장에서 보여 준 금 신상의 네 나라(바벨론-바사-헬라-로마)가 다니엘 7장에서는 네 짐승으로 등장합니다(단 7:17). 마지막 로마 시대 때 그리스도의 초림으로 금 신상이 무너졌고(단 2:35), 역사적 로마를 상징하는 넷째 짐승(단 7:3, 계 13:1)이 용의 권세를 받은 종말적 바벨론을 상징하는 이중적 예표로서, 그리스도의 재림으로 무너집니다(계 13:4, 14:8).

성도는 이렇게 완성되는 영원한 하나님 나라의 백성(단 7:18, 22)으로서, 세상 사는(시 90:10) 동안 계속되는 '영적 전쟁'(계 12:17)에서 예수 믿음(계 13:10, 14:12, 살후 3:5)으로 승리하게 됩니다(계 17:14).

도 아니하였고 그 넷째의 모양은 신들의 아들과 같도다 하고 (단 3:25).

느부갓네살 왕의 조서
참으로 크도다 그의 이적이여, 참으로 능하도다 그의 놀라운 일이여, 그의 나라는 영원한 나라요 그의 통치는 대대에 이르리로다(단 4:3).

다리오 왕의 조서
내가 이제 조서를 내리노라 내 나라 관할 아래에 있는 사람들은 다 다니엘의 하나님 앞에서 떨며 두려워할지니 그는 살아 계시는 하나님이시요 영원히 변하지 않으실 이시며 그의 나라는 멸망하지 아니할 것이요 그의 권세는 무궁할 것이며 (단 6:26).

오늘의 미션
영적 비만을 감량하는 '성질 다이어트' 해 보기.

[미션 수행]
교만에서 비롯된 자랑과 비방하는 말이 내 입술에서 완전히 다이어트 되길 소원합니다.

침묵 시대와 영적 이스라엘

단 8:1 - 호 14:9

| 통일 왕국 시대 | 분열 왕국 시대 – 포로 시대 | 포로 귀환 시대 |

Day Point

역사적 바벨론은 메대와 바사 제국에 의해 무너지고(단 6:28, 사 13:17), 종말적 바벨론의 멸망은 그리스도에 의해 이루어집니다(단 7:13, 마 24:30). 이렇게 역사적 세속 나라와 종말적 악의 세력은 무너집니다. 하나님의 뜻 안에서 이미 완성된 영원한 하나님 나라가 다니엘의 환상을 통해서 가시적으로 나타나는 과정은 신구약 중간 시대(바사-헬라-로마)의 주요 내용과 같습니다(단 8~12장). 하나님은 영원한 나라의 왕이시며, 세상 모든 나라를 주관하시는 만왕의 왕이십니다.

그런데 하나님이 혼인이라는 언약으로 택하신 이스라엘은 결혼 관계를 망각하고 호세아 선지자의 아내 고멜처럼 음란한 마음으로 세속 나라를 부러워해 바알을 섬기며, 자신의 안전을 위해 인간 왕을 섬깁니다. 이에 분노하신 하나님은 왕을 주셨지만 회개하고 돌아오지 않는 이스라엘에 대해 진노하심으로 왕을 폐하십니다(호 13:11).

호세아서는 역사적으로 북 이스라엘 여로보암 2세 때의 이야기이지만 육적 이스라엘의 왕정 제도 폐지와 그리스도로 인해 영적 이스라엘 나라가 세워질 것을 예표합니다(호 1~14장).

침묵 시대(단 8~12장)

신구약 중간 시대는 말라기 선지자 이후 하나님의 말씀이 없어 '침묵 시대'라고 합니다. 역사적으로는 바사와 헬라, 로마 시대입니다. 침묵 시대는 영원한 하나님 나라가 가시적으로 나타나는 과정이며, 구약의 침묵 시대는 그리스도의 초림으로 끝이 납니다. 신약의 교회 시대는 그리스도의 재림으로 끝나고 영원 시대가 열립니다. 신약의 교회 시대는 그리스도가 승천하시고 성령 강림 이후 그리스도의 재림 때까지를 말합니다.

다니엘은 이런 복합적인 내용을 환상을 통해 예언합니다. 먼저 바사를 제패한 헬라의 이야기로, 짐승에 비유한 숫양은 곧 메대와 바사 왕들이며, 숫염소는 헬라 왕입니다(단 8:20-21). 헬라의 큰 뿔인 알렉산더 대왕이 죽은 후 헬라 제국은 네 나라(카산드로스, 리시마코스, 프톨레마이오스, 셀레우코스)로 사분오열됩니다. 셀레우코스 왕조의 안티오쿠스 에피파네스 4세는 종말적 신약의 적그리스도를 상징하는 역사적 구약의 적그리스도의 형태입니다(단 8:11, 살후 2:4). 세상 권세를 등에 업은 짐승(계 13:4), 적그리스도는 성전 제사를 폐하거나 이용해 우상을 섬기게 하는 사탄의 전략을 행합니다.

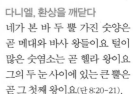

▲ 호세아서의 지리적 배경

이렇게 포로 귀환 후 이스라엘에 나타나는 적그리스도의 현상은 오늘날 신약의 교회 시대와 같습니다. 이는 다니엘이 깨달은 바벨론 포로 70년의 비밀(단 9:2)을 풀어 주는 내용입니다. 기름 부음 받은 왕이신 그리스도의 구속(단 9:25-26)으로 말미암아 세상의 포로에서 해방되어 적그리스도가 판치는 교회 시대(70이레 중에 7이레와 62이레가 지나고 1이레가 남은 적그리스도의 활동 기간)를 살아가는 우리에게 주는 경계의 메시지입니다(단 9:27, 마 24:15).

그러므로 다니엘이 깨달은 큰 전쟁에 대한 환상 계시(단 10-12장)는 하나님의 구원 역사가 사탄과의 영적 전쟁을 통해서 이루어진다는 것을 보여 줍니다. 이는 "사람의 모양 같은"(단 10:18-19) 그리스도가 환난의 시대에 성도들이 믿음으로 살아가도록 미래에 대한 분명한 구원의 확신을 주려는 것입니다(단 12:1).

오늘의 말씀

다니엘, 환상을 깨닫다
네가 본 바 두 뿔 가진 숫양은 곧 메대와 바사 왕들이요 털이 많은 숫염소는 곧 헬라 왕이요 그의 두 눈 사이에 있는 큰 뿔은 곧 그 첫째 왕이요(단 8:20-21).

다니엘의 예언, 70년간의 포로
곧 그 통치 원년에 나 다니엘이 책을 통해 여호와께서 말씀으로 선지자 예레미야에게 알려 주신 그 연수를 깨달았나니 곧 예루살렘의 황폐함이 칠십 년 만에 그치리라 하신 것이니라(단 9:2).

사람의 모양 같은 그리스도의 확신
또 사람의 모양 같은 것 하나가 나를 만지며 나를 강건하게 하여 이르되 큰 은총을 받은 사람이여 두려워하지 말라 평안하라 강건하라 강건하라 그가 이같이 내게 말하매 내가 곧 힘이 나서 이르되 내 주께서 나를 강건하게 하셨사오니 말씀하옵소서(단 10:18-19).

다니엘 시대의 왕들

왕	나라	사건
느부갓네살 왕	바벨론	사드락, 메삭, 아벳느고를 불구덩이에 던져 넣음(단 1-3장). 7년 동안 정신병 증상을 보이며 이상한 행동을 함(단 4장).
벨사살 왕	바벨론	바벨론 제국의 멸망을 예언한 손가락 글씨를 봄(단 5장).
다리오 왕	메대·바사	다니엘을 시기하는 신하들의 모함 때문에 다니엘을 사자 굴에 던져 넣음(단 6장).
고레스 왕	메대·바사	이스라엘 백성을 이스라엘 땅으로 귀환시킴(스 1:1-11).

영적 이스라엘(호 1–14장)

호세아서는 행위(롬 3:20)가 아닌 언약을 통해서 구원 받게 되는 복음의 진리를 설명합니다. 혼인 관계가 언약으로 맺어져 한 몸이 되는 것처럼 호세아의 결혼(호 1-3장)을 통해 이스라엘의 영적 결혼(호 4-14장)을 하나님의 언약으로 설명합니다.

그러므로 언약으로 택하신 이스라엘은 그리스도의 새 언약으로 그리스도의 신부가 되는 영적 이스라엘을 예표합니다(고후 11:2). 그리스도의 십자가 새 언약으로 세상의 포로에서 돌아온 영적 이스라엘은 "그들의 하나님 여호와와 그들의 왕 다윗"(호 3:5)의 실체이신 그리스도를 신랑으로 섬기게 됩니다(엡 5:23, 32).

그런데 이러한 복음의 진리이신 하나님을 아는 지식(호 4:1)이 없으면 음란한 마음(호 5:4)으로 우상과 연합해 세상을 좇아 살게 됩니다. 그러므로 여호와를 힘써 알아야 합니다(호 6:3). 그런데 이스라엘 백성은 아담처럼 언약을 어기고 불순종해 바알을 섬기며 점점 세속화되어 하나님을 두려워하지 않습니다. 그러다가 하나님의 진노로 앗수르를 통해 징계를 받습니다(호 11:5). 이러한 징계를 내리신 하나님의 마음은 긍휼이 온전히 불붙듯 하셔서 이스라엘이 회개하고 돌아오는 방법을 설명하십니다. 불의한 자들이 돌아오는 방법은 그리스도를 통한 구속의 말씀인 여호와의 도를 믿고(호 13:14, 14:2), 입술로 나는 죽고 예수로 사는 순종을 고백하는 것입니다(호 14:9).

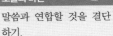

이스라엘의 영적 회복

그 후에 이스라엘 자손이 돌아와서 그들의 하나님 여호와와 그들의 왕 다윗을 찾고 마지막 날에는 여호와를 경외하므로 여호와와 그의 은총으로 나아가리라(호 3:5).

힘써 여호와를 알자

그러므로 우리가 여호와를 알자 힘써 여호와를 알자 그의 나타나심은 새벽빛같이 어김없나니 비와 같이, 땅을 적시는 늦은 비와 같이 우리에게 임하시리라 하니라(호 6:3).

입술의 열매

너는 말씀을 가지고 여호와께로 돌아와서 아뢰기를 모든 불의를 제거하시고 선한 바를 받으소서 우리가 수송아지를 대신하여 입술의 열매를 주께 드리리이다(호 14:2).

오늘의 미션

말씀과 연합할 것을 결단하기.

[미션 수행]

말씀 읽는 시간엔 무슨 일이 있어도 말씀 앞에 서 있기를 결단합니다.

66

소선지서의 표적

욜 1:1 - 욘 4:11

| 분열 왕국 시대 | 포로 시대 | 포로 귀환 시대 |

Day Point

선지서는 복음을 약속한 내용(롬 1:2)으로, 그리스도에 대한 비밀이 숨겨져 있습니다.

요엘서는 심판을 상징하는 '여호와의 날'에 피할 방법으로 그리스도를 통해 성령을 받게 되는 표적이고, 아모스서는 하나님의 정의를 세우시는 그리스도의 십자가 표적입니다. 오바댜서는 하나님의 공의를 세우시는 그리스도의 십자가 표적이고, 요나서는 인류를 구원하시기 위해 죽은 자 가운데서 3일 후에 살아나신 그리스도의 표적입니다.

성령의 강림(욜 1~3장)

복음의 핵심을 설명하는 로마서는 "누구든지 주의 이름을 부르는 자는 구원을 받으리라"(롬 10:13)는 말씀을 요엘서에서 인용합니다(욜 2:32). 이로 보건대 요엘서는 최후의 심판으로 하늘과 땅이 진동하는 여호와의 날이 이르기 전에 누구든지 구원 받도록 복음을 제시한 것이 분명합니다.

이는 행위가 아닌 믿음을 말하는 것으로, 단순히 "주여!"를 외치는 것이 아니라 "사람이 마음으로 믿어 의에 이르고 입으로 시인하여 구원에"(롬 10:10) 이르게 하는 회개입니다. 메뚜기 떼의 습격과 같은 황무한 마음 상태에서는 "주는 그리스도시요 살아 계신 하나님의 아들이시니이다"(마 16:16) 하고 부를 수 없습니다. 그러나 말세에 부어 주시는 성령(행 2:17, 욜 2:28)은 마음을 찢는 회개의 은혜(욜 2:13, 골 3:11)를 부어 주십니다. 이것이 구원을 주시는 그리스도의 복음입니다. 이렇게 하나님이 약속하신 성령을 보내 주시는 그리스도는 마음 판에 새겨진 새 언약의 증표이십니다(눅 24:49, 요 16:7, 요일 3:24, 4:13).

정의의 복음(암 1~9장)

북 이스라엘은 여로보암 2세 때 경제적으로 가장 부요한 시대이면서, 영적으로는 가장 불의한 시대를 보냅니다. 당시는 탐욕과 불법이 성행하고 우상 숭배가 만연했습니다. 이렇게 대조적인 상태는 영적으로도 겉과 속이 전혀 다른 모습으로, 속으로는 바알을 섬기고 겉으로는 하나님을 섬기는 혼합주의 신앙입

니다(암 4:4-5). 경건의 모양은 있으나 경건의 능력은 부인하는 무늬만 하나님의 백성으로, 금송아지 우상을 섬기는 '여로보암의 길'로 달려갑니다(왕하 14:24).

하나님은 이들에게 "이스라엘아 네 하나님 만나기를 준비하라"(암 4:12)

오늘의 말씀

마음을 찢고 돌아오라!
너희는 옷을 찢지 말고 마음을 찢고 너희 하나님 여호와께로 돌아올지어다 그는 은혜로우

아모스가 본 다섯 가지 환상

	내용	의미	성취
메뚜기	풀의 싹이 돋아나기 시작할 때 메뚜기 떼가 다 먹어 버리는 환상(암 7:1-3).	앗수르의 침략과 공격을 의미한다.	아모스의 중보 기도로 앗수르의 공격은 일어나지 않았다.
불	불이 바다를 마르게 하고, 땅을 살라 황폐하게 하는 환상(암 7:4-6).	메뚜기 환상보다 더 급박하고 심각한 심판을 의미한다.	앗수르 왕 디글랏 빌레셀의 침공(왕하 15:29)이 아모스의 중보 기도로 그치게 되었다.
다림줄	손에 다림줄을 들고 수직으로 쌓은 담이 반듯한지 살펴보는 환상(암 7:7-8).	다림줄을 세워 이스라엘 백성의 죄를 살피고 심판하시겠다는 의미다.	앗수르의 살만에셀 왕이 사마리아를 3년 동안 포위했다(왕하 17:5).
여름 과일	잘 익은 여름 과일 한 광주리 환상(암 8:1-3).	아름답게 무르익은 여름 과일이 머잖아 썩어 버리는 것처럼 겉만 화려한 이스라엘도 머잖아 하나님의 심판으로 멸망할 것임을 의미한다.	주전 722년에 이스라엘이 멸망했다.
무너지는 문설주	성전 문지방이 흔들릴 정도로 기둥머리를 쳐서 무너지게 하라고 하시는 환상(암 9:1-12).	화려하게 장식된 기둥머리에서부터 바닥의 문지방까지 예루살렘 성전의 완전한 파괴를 의미한다(암 3-6).	성전이 주전 586년에 파괴되었다(왕하 25:13-17).

결론 : 다섯 가지 환상은 하나님의 심판 아래 놓인 이스라엘이 하나님의 심판을 받아서 멸망할 것과 남은 자들은 반드시 구원 받아 메시아 왕국의 백성으로 거듭날 것을 동시에 보여 준다(암 9:8-12).

고 하셨습니다. 벧엘, 길갈, 브엘세바에서 종교적인 행위로는 구원 받을 수 없으니 구원의 하나님을 찾으라고 하십니다(암 5:4-5). 하나님에 대한 불경건한 우상 숭배와 이웃에 대한 불의한 탐욕의 죄로부터 정의롭게 하는 것은 그리스도가 십자가에서 우리 대신 죽으시는 복음으로, 죄인을 의인으로 만드는 하나님의 정의입니다(암 5:24, 9:11).

에돔의 심판(옵 1장)

오바댜서는 교만한 에돔의 심판을 선고합니다. 인간은 누구나 교만하므로 에돔 족속이나 야곱 족속이나 마찬가지입니다. 그러나 "내가 곧 길이요 진리요 생명이니"(요 14:6)라고 말씀하신 그리스도에게 피하는 자는 의롭게 회복되고, 자기의 능력으로 살아 보려는 교만한 자는 반드시 멸망합니다.

야곱은 인간적으로 에서와 다를 바 없지만 하나님의 주권적 사랑으로 심판에서 피할 길이 열리고(옵 1:17), 에서 족속은 남은 자가 없이 멸망합니

시며 자비로우시며 노하기를 더디 하시며 인애가 크시사 뜻을 돌이켜 재앙을 내리지 아니하시나니(욜 2:13).

여호와를 찾으라, 살리라!
여호와께서 이스라엘 족속에게 이와 같이 말씀하시기를 너희는 나를 찾으라 그리하면 살리라 벧엘을 찾지 말며 길갈로 들어가지 말며 브엘세바로도 나아가지 말라 길갈은 반드시 사로잡히겠고 벧엘은 비참하게 될 것임이라 하셨나니(암 5:4-5).

정의를 물같이, 공의를 강같이
오직 정의를 물같이, 공의를 마르지 않는 강같이 흐르게 할지어다(암 5:24).

소선지서에 나타난 그리스도

호세아	음란한 고멜을 호세아 선지자가 은 15개와 보리 한 호멜 반으로 되찾아 온다(호 3:2). 이는 은 30개에 팔린 그리스도의 피 값을 상징한다(마 26:15).
요엘	성령 강림은 구원을 의미하며(욜 2:28-32), 성령을 선물로 보내 주시는 그리스도의 임마누엘을 의미한다(요 16:7).
아모스	'야곱의 집'(암 9:8)은 온전히 멸하지 않기로 약속한 이스라엘의 회복을 상징하며, 다윗의 줄기에서 오시는 그리스도의 십자가 복음으로 세워지는 메시아 왕국을 예표한다(암 9:11, 렘 23:5-8).
오바댜	세상 나라를 상징하는 에서의 산에서 헤롯이 등장하고(마 2:16), 하나님 나라를 상징하는 시온 산에서 예수 그리스도가 등장하신다(옵 1:21).
요나	'요나의 표적'은 그리스도가 죽은 자 가운데서 3일째 되는 날 부활하신 사건을 믿고 구원을 얻게 되는 '그리스도의 구속'을 예표한다(마 12:39-40).
미가	영원부터 계셨던 예수 그리스도가 육신의 몸을 입고 베들레헴에서 탄생하신다(미 5:2, 마 2:6).
나훔	나훔서의 '아름다운 소식'(나 1:15)은 그리스도를 통한 구원의 소식을 의미한다.
하박국	묵시는 정한 때가 있다. 그때는 세상을 상징하는 바벨론에 대한 심판의 때이고, 의인을 믿음으로 살게 하는 그리스도의 구속의 때이다(합 2:3-4).
스바냐	여호와의 날에 진멸되고 멸절된다는 심판 예언은 모든 이에게 두렵고 떨림으로 구원의 멍에를 지신 예수 그리스도를 찾게 하는 복음이다(습 2:3).
학개	학개서의 성전 건축은 참성전을 예표하는 것이며, '만국의 보배'(학 2:7)이신 예수 그리스도는 질그릇에 담긴 보배이다(고후 4:7).
스가랴	스가랴서는 예수 그리스도의 일대기를 예표로 보여 준다. 다윗의 왕권을 갖고 오시는 예수 그리스도가 유월절 어린 양으로 죽으시기 위해 나귀 새끼를 타고 예루살렘에 입성하시는 모습(슥 9:9, 마 21:9), 은 30개에 팔리시는 모습(슥 11:12), 창에 찔려 죽어 가시는 모습(슥 12:10) 등을 예언한다.
말라기	말라기는 '언약의 사자'(말 3:1)가 임할 것을 예언하는데, 그분은 바로 새 언약의 예수 그리스도시다.

© 2013 조상연

다(욥 1:18, 롬 9:13). 그러므로 하나님의 공의는 그리스도의 십자가 복음으로 인한 심판과 구원입니다.

오늘날 우리도 교만이 가득한 죄인이었지만 하나님의 은혜로 구원 받게 된 것이니, 그 은혜를 생각하면 할수록 순종할 수밖에 없습니다.

요나의 표적(욘 1~4장)

북 이스라엘의 여로보암 2세 때(왕하 14:25) 요나는 하나님의 뜻으로 악독한 앗수르의 니느웨 성읍에 복음을 전하러 가는 도중 물고기 배 속에서 3일을 보냅니다. 이는 그리스도가 무덤에서 3일 동안 계시다가 부활하신 기적의 예표입니다. 당시 요나의 전도로 회개한 니느웨 사람이 있었지만(마 12:41), 그로부터 700년 후 예수님이 전하신 메시지를 듣고도 회개하지 않은 사람이 있습니다. 주후 2천 년이 지난 오늘날 역시 예수님을 믿지 않는 악하고 음란한 세대입니다. 이런 시대에도 여전히 그리스도의 십자가의 도는 하나님의 지혜이고 능력입니다(고전 1:18). 그러므로 요나의 표적은 그리스도의 표적이며, 나는 죽고 예수로 사는 성도의 표적입니다.

에서의 멸망, 야곱의 구원
야곱 족속은 불이 될 것이며 요셉 족속은 불꽃이 될 것이요 에서 족속은 지푸라기가 될 것이라 그들이 그들 위에 붙어서 그들을 불사를 것인즉 에서 족속에 남은 자가 없으리니 여호와께서 말씀하셨음이라(욥 1:18).

여로보암 2세 때 요나의 예언
이스라엘의 하나님 여호와께서 그의 종 가드헤벨 아밋대의 아들 선지자 요나를 통하여 하신 말씀과 같이 여로보암이 이스라엘 영토를 회복하되 하맛 어귀에서부터 아라바 바다까지 하였으니(왕하 14:25).

십자가, 구원의 능력
십자가의 도가 멸망하는 자들에게는 미련한 것이요 구원을 받는 우리에게는 하나님의 능력이라(고전 1:18).

오늘의 미션

하나님 말씀에 100퍼센트 순종함으로 소통하는 시간 갖기.

[미션 수행]
Yes와 아멘으로 하나님의 마음을 사무치게 하는 시간을 갖겠습니다.

Time Line

갈릴리

가버나움•

디베랴•

나사렛•

지중해

미가 1장 – 마가복음 9장

사마리아•

예루살렘•

사해

미가

본질적인 죄(1~3장) : 우상 숭배와 교만
본질적인 복음(4~7장) : 예수 그리스도

 **Key Point**

겸손의 복음 예수 그리스도

미가 선지자는 북 이스라엘과 남 유다의 '본질적인 죄'(미 1~3장)가 우상을 숭배하는 것이며, 그로 인해 예루살렘이 멸망해 성전 이 파괴될 것이라고 예언합니다. 그러나 메시아 왕국을 세우는 '본질적인 복음'(미 4~7장)이신 예수 그리스도가 유다 베들레 헴에서 탄생하셔서 구원하실 것을 예언합니다.

사람을 구원하시는 하나님의 요구는 겸손히 하나님과 동행하는 삶이지만, 그렇게 살게 하시는 분은 오직 겸손하사 나귀를 타신 예수 그리스도이십니다(마 21:5).

본질적인 죄(미 1~3장), 본질적인 복음(미 4~7장)

이사야 선지자와 동시대에 활동했던 미가 선지자(사 1:1, 미 1:1)는 인간의 본질적인 죄와 그 죄를 해결하는 본질적인 복음을 명쾌하게 설명하고, 구원 받은 자가 하나님과 동행하는 삶을 사는 것이 하나님의 요구이며 구원의 목적이라고 밝힙니다. 인간의 본질적인 죄와 허물은 우상 숭배로 이어지고(미 1:5), 그에 대한 현상은 교만한 마음입니다. 그런 백성은 하나님의 말씀을 전하는 선지자의 예언을 욕과 저주로 듣습니다(미 2:6).

정치 지도자들은 백성을 착취하고, 종교 지도자들은 백성을 유혹해 돈과 먹을 것을 주는 자에게는 축복을 외치고, 주지 않는 자에게는 저주를 퍼붓는 등 세속적으로 타락하게 됩니다(미 3:5). 이런 죄악으로 건축된 시온과 예루살렘은 결국 무너집니다(미 3:12). 그러나 하나님은 무너진 시온과 예루살렘에서 복음이신 그리스도를 준비하시고, 그들을 바벨론에서 겪는 해산의 고통으로부터 구원 받게 하십니다(미 4:2, 10). 이렇게 구원을 완성하시는 그리스도가 유다 베들레헴에서 나오시게 됩니다(미 5:2, 마 2:6).

그리스도의 구원을 예표하는 유월절 어린 양으로 출애굽 해 가나안 땅

거짓 선지자, 거짓 평강
내 백성을 유혹하는 선지자들은 이에 물 것이 있으면 평강을 외치나 그 입에 무엇을 채워 주지 아니하는 자에게는 전쟁을 준비하는도다 … (미 3:5).

그리스도, 베들레헴 탄생 예언
베들레헴 에브라다야 너는 유다 족속 중에 작을지라도 이스라엘을 다스릴 자가 네게서 내게로 나올 것이라 그의 근본은 상고에, 영원에 있느니라 (미 5:2).

정의, 겸손, 주를 경외
사람아 주께서 선한 것이 무엇임을 네게 보이셨나니 여호와께서 네게 구하시는 것은 오직 정의를 행하며 인자를 사랑하며 겸손하게 네 하나님과 함께 행하는 것이 아니냐 여호와께서 성읍을 향하여 외쳐 부르

에 들어온 은혜는 무엇을 주고도 갚을 수 없습니다. 하나님의 은혜로 사는 방법은 그리스도의 겸손(마 21:5)으로 하나님과 동행하는 삶과 그리스도의 완전한 지혜로 하나님을 경외하는 삶입니다(미 6:8-9). 이렇게 우리를 구원하시는 주와 같은 신은 어디에도 없습니다(미 7:18).

시나니 지혜는 주의 이름을 경외함이니라 … (미 6:8-9).

하나님의 공의(1장) : 니느웨의 멸망 선고와 유다의 구원 예언
니느웨의 멸망(2-3장) : 니느웨의 피할 수 없는 멸망

나훔

 **Key Point**

위로의 복음 예수 그리스도

나훔 선지자는 '하나님의 공의'(나 1장)에 의해서 하나님과 그분의 백성을 대적하는 앗수르의 수도 니느웨가 멸망당하고, 하나님을 의지해 그분에게로 피하는 유다는 환난 날에 건짐 받을 것을 예언합니다. 그 결과는 유다에게는 아름다운 소식이고, 앗수르에게는 피할 수 없는 '니느웨의 멸망'(나 2-3장)입니다. 하나님의 백성을 핍박하는 원수를 진멸하고, 환난 가운데 구원을 전하는 아름다운 소식(나 1:15, 사 12:5)은 성도에게 위로의 복음입니다.

하나님의 공의(나 1장), 니느웨의 멸망(나 2-3장)

요나가 니느웨 성읍에 복음을 전하고 100년이 지난 후 나훔 선지자가 니느웨의 멸망을 예언합니다. 악하고 음란한 세대(마 12:39)의 상징인 니느웨에 대해 요나서는 피할 수 없는 하나님의 사랑이고(롬 12:20), 나훔서는 피할 수 없는 하나님의 심판입니다(롬 12:19).

복음은 예수 그리스도를 믿음으로 말미암아 모든 믿는 자에게 미치는 하나님의 의로서 차별이 없습니다(롬 3:22). 그러나 믿지 않는 자에게는 심판으로, 믿는 자에게는 구원으로 구별합니다. 이것이 하나님의 공의입니다. 하나님을 의지하는 자는 하나님을 믿는 자로, 환난의 세상에서 그에게 선포되는 구원의 아름다운 소식은 믿음으로 살게 하는 위로의 복음입니다(고후

나훔, 니느웨 멸망 예언
니느웨에 대한 경고 곧 엘고스 사람 나훔의 묵시의 글이라 (나 1:1).

1:5, 9). 반면 하나님을 대적하는 자(나 1:2)는 하나님을 믿지 않는 자로, 반드시 멸망합니다.

그래서 니느웨는 "범람하는 물"(나 1:8)을 상징하는 강력한 세력에 의해 멸망하지만, 역사적으로 볼 때 티그리스 강이 범람해 홍수로 폐허가 됩니다(나 2:8). 니느웨는 주전 612년에 바벨론에 의해 멸망해 예전에(주전 663년) 앗수르에 의해 멸망한 애굽의 도시 노아몬에 비길 수 없을 만큼 참혹하게 됩니다(나 3:7-8).

니느웨, 물로 멸망
그때에 너를 보는 자가 다 네게서 도망하며 이르기를 니느웨가 황폐하였도다 … 네가 어찌 노아몬보다 낫겠느냐 그는 강들 사이에 있으므로 물이 둘렸으니 바다가 성루가 되었고 바다가 방어벽이 되었으며(나 3:7-8).

하박국

 **Key Point**

의인의 복음 예수 그리스도

하박국 선지자는 악인의 형통과 의인의 고난에 대해 하나님에게 질문합니다. 이에 대해 하나님은 '의인의 믿음'(합 1–2장)으로 답변하십니다. 악의 세력이 판치는 세상에서 오직 의인은 믿음으로 살라는 것입니다. 이에 대해 하박국은 '의인의 고백'(합 3장)으로 기도를 올려 드립니다. 그러므로 하박국서는 복음 안에 있는 하나님의 의, 그리스도가 믿음으로 살게 하시는 의인의 복음입니다(롬 1:17).

의인의 믿음(합 1–2장), 의인의 고백(합 3장)

나훔이 악한 니느웨의 멸망을 선언하고 남 유다의 요시야 왕이 종교 개혁을 펼치던 때, 스바냐(습 1:1)가 유다의 심판을 예언하는 음란한 시대에 하박국 선지자는 예레미야 선지자와 함께 사역합니다. 그야말로 하박국 시대는 도덕적, 종교적으로 심히 타락해 하나님의 진노가 임하기 일보 직전입니다.

그런데 이상하게도 타락한 악인이 경건한 의인보다도 잘 사는 것입니다. 더 이상한 것은 하나님의 침묵입니다.

의인은 믿음으로 살리라!
보라 그의 마음은 교만하며 그 속에서 정직하지 못하나 의인은 그의 믿음으로 말미암아 살리라(합 2:4).

"주께서는 눈이 정결하시므로 악을 차마 보지 못하시며 패역을 차마 보지 못하시거늘 어찌하여 거짓된 자들을 방관하시며 악인이 자기보다 의로운 사람을 삼키는데도 잠잠하시나이까"(합 1:13).

그러나 성전에 계신 하나님은 졸지도 주무시지도 않으며 "예루살렘의 구원이 횃불같이 나타나도록 시온을 위하여 잠잠하지 아니하며 예루살렘을 위하여 쉬지"(사 62:1) 않으시는 분입니다(합 2:20). 그분은 침묵하시는 것처럼 보이지만, 실상은 하나님의 뜻을 이루어 가십니다.

또한 악한 세상에서 악인이 잘 사는 것처럼 보이지만, 실상은 묵시의 정한 때가 있습니다. 그때가 바벨론에 대한 심판 날이며, 의인을 믿음으로 살게 하는 그리스도의 구속입니다(합 2:3-4). 또한 그때는 그리스도가 다시 오시는 재림으로, 최후의 심판이 정해진 때를 말합니다. 그러므로 그때까지가 의인이 악한 세상의 환경을 이상하게 생각하지 않고 구원의 하나님을 기뻐하며 믿음으로 사는 기간입니다(합 3:17-19).

구원의 하나님 찬양
비록 무화과나무가 무성하지 못하며 포도나무에 열매가 없으며 감람나무에 소출이 없으며 … 우리에 양이 없으며 외양간에 소가 없을지라도 나는 여호와로 말미암아 즐거워하며 나의 구원의 하나님으로 말미암아 기뻐하리로다(합 3:17-18).

하나님의 심판(1–2장) : 유다와 열국에 대한 심판
하나님의 구원(3장) : 구원을 베푸시는 하나님

스바냐

Key Point

심판의 복음 예수 그리스도

스바냐 선지자는 바알의 우상을 섬기며 하나님을 섬기지 않고, 찾지도 않고, 구하지도 않는 유다와 예루살렘 백성과 하나님의 백성을 무시하고 스스로 교만해 자기를 높이는 열국에 대해 '하나님의 심판'(습 1–2장)을 예언합니다. 그러면서 '하나님의 구원'(습 3장)을 선포해 은혜로 택하심을 따라 남은 자가 있음을 예언합니다(습 3:12–13, 롬 11:5).

여호와의 날에 진멸되고 멸절되는 심판 예언은 우리로 하여금 두렵고 떨림으로 겸손하여 구원의 멍에를 지신 예수 그리스도를 찾게 하는 심판의 복음입니다(습 2:3).

하나님의 심판(습 1-2장), 하나님의 구원(습 3장)

스바냐서의 '여호와의 날'은 우상 숭배로 불경건한 유대인의 죄와 교만하고 불의한 이방인의 죄에 대해서 진노하시는 하나님의 심판이 있음을 알리는 것입니다. 스바냐 시대의 '여호와의 날'은 성전에 계시는 하나님이 바벨론을 보내사 유다를 징벌하시는 날이며, 그날에는 이방인의 옷을 입은 자들도 벌을 받게 됩니다(습 1:7-8). 이는 잘 먹고 잘 살려고 물질에 마음을 두고 우상 숭배에 앞장선 자들을 말합니다(습 1:18).

이처럼 자신만을 위해 사는 자들에게 심판이 준비된 '여호와의 날'은 자신을 향한 시선을 하나님에게로 돌리게 하고, 현재의 집착에서 벗어나 미래를 향해 구원의 하나님을 바라보는 시선을 갖게 합니다. 그래서 여호와의 분노의 날이 이르기 전에 회개하는 자들은 심판 날에 하나님이 숨겨 주시는 은혜를 받게 됩니다(습 2:3). 그렇게 되면 여호와의 날은 도리어 기쁨의 날이 되고, 잠잠히 사랑하시는 하나님의 은혜를 알게 됩니다.

우주적 종말의 날이 다가오는 이때에도 진노 중에 구원 받은 자를 숨기시는 하나님은 슬프고 어렵고 힘든 세상살이에서도 하나님의 백성을 숨기시고, 위로하시며, 칭찬과 명성을 얻게 하십니다(습 3:20).

여호와의 날, 심판
그들의 은과 금이 여호와의 분노의 날에 능히 그들을 건지지 못할 것이며 이 온 땅이 여호와의 질투의 불에 삼켜지리니 이는 여호와가 이 땅 모든 주민을 멸절하되 놀랍게 멸절할 것임이라(습 1:18).

여호와를 찾으라!
여호와의 규례를 지키는 세상의 모든 겸손한 자들아 너희는 여호와를 찾으며 공의와 겸손을 구하라 너희가 혹시 여호와의 분노의 날에 숨김을 얻으리라(습 2:3).

학개

성전 재건축 추진(1장) : 중단된 성전 건축
성전 재건축의 복(2장) : 참성전으로 건축

 **Key Point**

참성전 예수 그리스도

학개서는 바벨론 포로에서 돌아온 유다 백성이 중단된 '성전 재건축 추진'(학 1장)을 위해 도전하고 격려하는 내용입니다. 하나님의 감동으로 성전 건축이 시작되자 '성전 재건축의 복'(학 2장)을 예언합니다. 학개서의 궁극적인 성전 재건축은 단순히 건물을 짓는 것이 아닙니다. 성전의 모형이신 예수 그리스도가 사람에게 임마누엘로 늘 함께 거하신다는 참성전을 예표하는 것입니다(학 2:7-8). 이는 옛 사람이 헐리고 새사람으로 세워지는 새 창조의 복입니다(요 1:14, 엡 2:21-22, 고후 5:17).

성전 재건축 추진(학 1장), 성전 재건축의 복(학 2장)

북 이스라엘이 앗수르에 의해 멸망당하고(주전 722년), 남 유다가 바벨론에 의해 멸망당하면서 예루살렘 성전은 무너집니다(주전 586년). 예레미야 선지자의 예언대로, 바벨론을 멸망시킨 바사 제국 고레스 왕 원년(주전 538년)에 유다 백성은 총독 스룹바벨과 대제사장 여호수아(예수아)의 인도를 받아 바벨론 포로에서 1차로 귀환합니다(스 1:1-2). 그들은 무너진 성전 재건을 시작했지만 앗수르에 의해 혼혈족이 되어 버린 사마리아 사람들의 방해로 건축이 중단됩니다. 하나님은 주전 520년에 학개와 스가랴 선지자를 보내셔서 중단된 성전 건축을 추진하시고, 주전 516년에 성전이 완공됩니다.

학개서는 성전 재건축을 추진하게 하는 내용으로, 학개 선지자의 네 편의 설교를 통해서 성전 건축에 대한 감동과 성전 건축을 통해 임하는 복을 예언합니다. 첫 번째는 성전 재건을 촉구하며(학 1장), 두 번째는 재건되는 성전의 영광에 대해(학 2:1-9), 세 번째는 부정한 사람이 성전 재건을 통해 받는 복에 대해(학 2:10-19), 네 번째는 그 복에 대한 메시지를 전합니다(학 2:20-23).

성전을 건축하라!
너희는 산에 올라가서 나무를 가져다가 성전을 건축하라 그리하면 내가 그것으로 말미암아 기뻐하고 또 영광을 얻으리라 여호와가 말하였느니라(학 1:8).

성전 건축, 축복의 날
곡식 종자가 아직도 창고에 있느냐 포도나무, 무화과나무, 석류나무, 감람나무에 열매가 맺지 못하였느니라 그러나 오늘부터는 내가 너희에게 복을 주리라(학 2:19).

택한 자, 스룹바벨
만군의 여호와가 말하노라 스알디엘의 아들 내 종 스룹바벨아 여호와가 말하노라 그날에 내가 너를 세우고 너를 인장으로 삼으리니 이는 내가 너를 택하였음이니라 … (학 2:23).

성전 건축(1-8장) : 예수 그리스도의 긍휼로 건축
거룩한 성전(9-14장) : 예수 그리스도의 일대기

스가랴

 **Key Point**

거룩한 성전 예수 그리스도

스가랴서는 '성전 건축'(슥 1-8장)이 진행되는 과정을 통해 완성된 '거룩한 성전'(슥 9-14장)이 예수 그리스도의 구속으로 말미암은 것임을 밝히 증거합니다. 그러므로 스가랴서의 성전 건축은 궁극적으로 예수 그리스도의 일대기를 통한 완벽한 복음을 제시합니다. 또한 성전 재건으로 완성된 거룩한 성전은 예수 그리스도가 임마누엘하시는 성도의 예표입니다.

성전 건축(슥 1–8장), 거룩한 성전(슥 9–14장)

"선지자들 곧 선지자 학개와 잇도의 손자 스가랴가 이스라엘의 하나님의 이름으로 유다와 예루살렘에 거주하는 유다 사람들에게 예언하였더니 이에 스알디엘의 아들 스룹바벨과 요사닥의 아들 예수아가 일어나 예루살렘에 있던 하나님의 성전을 다시 건축하기 시작하매 하나님의 선지자들이 함께 있어 그들을 돕더니"(슥 5:1-2).

이렇게 스가랴 선지자는 학개와 동일하게 중단된 성전 건축에 대한 메시지를 전합니다. 그런데 스가랴 선지자는 외형적인 성전 건축에 대한 내용보다 성전의 원형이신 거룩한 예수 그리스도에게 초점을 맞춥니다. 스가랴서의 '성전 건축'(슥 1–8장)은 '싹'(슥 3:8-9, 6:12, 사 6:13, 11:1)이라고 이름하는 예수 그리스도의 긍휼로 건축됩니다.

특히 스가랴서는 환상을 통해 참성전으로 건축되는 과정을 보여 줍니다. 유다 백성이 바벨론 포로에서 귀환해 성전 재건을 시작하게 된 것은 영적 출바벨론의 예표로, 세상의 포로에서 해방됨을 의미합니다. 이는 참성전으로 건축되는 의미로, 죄인의 죄악을 제거해 주시는 예수 그리스도의 복음으로 인해 교회로 탄생하게 됩니다.

그러나 두루마리 율법의 기준에 의해 죄를 범한 자들과 죄악의 상징인 에바 속의 여인은 악의 처소에서 종말을 맞이하게 됩니다. 이런 대조적인 모습이 성전 건축 과정에서 등장하는 것은 성전 건축을 통해 구원과 심판을 설명하려는 것입니다. 이런 과정을 거쳐 하나님의 성령으로 완성된 '거룩한 성전'(슥 9–14장)은 예수 그리스도의 죽으심으로 세워지는 거룩한 성도의 예표입니다.

그래서 스가랴 9장 이후부터는 예수 그리스도의 일대기를 예표로 보여 줍니다. 다윗의 왕권을 가지고 오시는 예수 그리스도가 인간의 죄를 구속하려고 유월절 어린 양으로 죽기 위해 나귀 새끼를 타고 예루살렘에 입성하시는 모습(슥 9:9, 마 21:9), 은 30개에 팔리시는 모습(슥 11:13), 창에 찔려 죽어 가시는 모습 등을 볼 수 있습니다.

내 종 '싹', 그리스도
대제사장 여호수아야 너와 네 앞에 앉은 네 동료들은 내 말을 들을 것이니라 이들은 예표의 사람들이라 내가 내 종 싹을 나게 하리라(슥 3:8).

거룩한 씨, 그리스도
그중에 십분의 일이 아직 남아 있을지라도 이것도 황폐하게 될 것이나 밤나무와 상수리나무가 베임을 당하여도 그 그루터기는 남아 있는 것 같이 거룩한 씨가 이 땅의 그루터기니라 하시더라(사 6:13).

나귀 새끼를 타신 그리스도 예언
시온의 딸아 크게 기뻐할지어다 예루살렘의 딸아 즐거이 부를지어다 보라 네 왕이 네게 임하시나니 그는 공의로우시며 구원을 베푸시며 겸손하여서 나귀를 타시나니 나귀의 작은 것 곧 나귀 새끼니라(슥 9:9).

소망이 되는 열매
이새의 줄기에서 한 싹이 나며 그 뿌리에서 한 가지가 나서 결실할 것이요(사 11:1).

호산나! 다윗의 자손이여!
앞에서 가고 뒤에서 따르는 무리가 소리 높여 이르되 호산나 다윗의 자손이여 찬송하리로다 주의 이름으로 오시는 이여 가장 높은 곳에서 호산나 하더라(마 21:9).

은 삼십에 팔리심
여호와께서 내게 이르시되 그들이 나를 헤아린 바 그 삯을 토기장이에게 던지라 하시기로 내가 곧 그 은 삼십 개를 여호와의 전에서 토기장이에게 던지고(슥 11:13).

 **Key Point**

뜨인 해 예수 그리스도

학개와 스가랴 선지자의 메시지를 통해 드러난 성전 재건은 궁극적으로 건물 성전이 아닌 참성전인 신약 시대의 교회를 의미합니다. 이런 의미로 세워진 '성전 건축의 목적'(말 1-2장)은 참된 예배와 율법을 준수하는 생활입니다.

그런데 말라기 시대의 백성은 타락한 생활을 합니다. 이에 대해 말라기는 '참성전의 생활'(말 3-4장)을 하도록 언약의 사자를 상징하는 새 언약의 예수 그리스도가 임하실 것을 예언합니다. 예수 그리스도는 연약한 육신으로 불순종하는 우리의 우상들을 사람이 손대지 아니한 돌, 뜨인 돌(단 2:31-35)로 깨 버리시고, 공의로운 뜨인 해(말 4:2, 눅 1:78)로 치료의 광선(요 1:9)을 발하사 회복시키십니다.

성전 건축의 목적(말 1-2장), 참성전의 생활(말 3-4장)

말라기 시대는 포로 귀환 후 성전을 재건(주전 516년)하고 약 100년이 지난 후의 모습을 통해 우리의 실상을 동시에 보게 합니다. 포로 귀환 당시 성전 재건을 통해 받은 학개와 스가랴 선지자의 예언대로 이스라엘의 회복이 가시적으로 나타나기는커녕 여전히 바사 제국의 속국으로 있고, 경제적으로도 기근과 병충해로 수입이 부족한 위기감을 느끼자 이스라엘 백성은 신앙의 침체로 이어져 종교적으로 타락한 모습을 보입니다.

성전 건축은 예배를 드리기 위한 것입니다. 그런데 성전 건축의 목적을 잊어버린 백성은 율법과 규례를 무시하고, 눈먼 것과 병든 것을 하나님에게 바치고(말 1:8), 레위와 세우신 언약을 깨뜨린 제사장과 백성은 이방 여인과 혼인해 하나님과 이혼한 생활을 하게 됩니다(말 2:11).

이에 대해 말라기는 예수 그리스도를 예표하는 언약의 사자가 임하시어 자기 백성을 특별한 소유로 삼으시고(말 3:1, 17) 참성전의 생활을 하도록 교만과 불순종을 공의로운 뜨인 해로 치료하사 회복시키실 것을 예언합니다(말 4:2).

> **제사장들의 눈먼 희생제물**
> 만군의 여호와가 이르노라 너희가 눈먼 희생제물을 바치는 것이 어찌 악하지 아니하며 저는 것, 병든 것을 드리는 것이 어찌 악하지 아니하냐 이제 그것을 너희 총독에게 드려 보라 그가 너를 기뻐하겠으며 너를 받아 주겠느냐(말 1:8).

> **언약의 사자, 그리스도**
> 만군의 여호와가 이르노라 보라 내가 내 사자를 보내리니 그가 내 앞에서 길을 준비할 것이요 또 너희가 구하는 바 주가 갑자기 그의 성전에 임하시리니 곧 너희가 사모하는 바 언약의 사자가 임하실 것이라(말 3:1).

마태복음

Key Point

천국의 복음 예수 그리스도

마태복음은 '천국 복음의 총론'(마 1–10장)과 '천국 복음의 각론'(마 11–28장)으로 구성되어 있습니다. 천국 복음의 총론에는 예수 그리스도의 탄생(마 1–4장)과 그분의 말씀(마 5–7장), 그분의 능력(마 8–9장)이 나타나며, 예수 그리스도가 자신의 권세 있는 능력을 열두 제자에게 나누어 주시는 내용이 나옵니다(마 10장).

예수 그리스도는 제자들과 함께 천국 복음을 전하시기 위해 천국 복음의 각론으로 천국에 대한 교육(마 11–13장)을 하시고, 천국 백성의 삶(마 14–18장)과 가치 기준(마 19–22장)을 설명하시며, 다가올 말세의 대비책으로 심판과 종말(마 23–25장)을 가르치십니다. 그리고 예수 그리스도는 많은 사람의 죄를 대속하시기 위해 십자가에 못 박혀 죽으시고 3일 만에 부활하심으로 천국 복음을 완성하십니다(마 26–28장).

천국 복음의 총론(마 1–10장), 천국 복음의 각론(마 11–28장)

예수 그리스도는 이사야 선지자의 예언대로 처녀에게 잉태되시고(사 7:14, 마 1:23), 미가 선지자의 예언대로 유다 베들레헴에서 탄생하십니다(미 5:2, 마 2:6).

> " … 주께서 선지자로 하신 말씀을 이루려 하심이니"(마 1:22).

'여자의 후손'이신 예수 그리스도의 탄생은 아담에게 하신 언약의 성취이고(창 3:15, 갈 4:4), 아브라함에게 언약하신 '자손', '씨'에 대한 성취이며(갈 3:16), 다윗에게 언약하신 '왕위'에 대한 성취입니다(마 1:1, 눅 1:31-32).

이렇게 탄생하신 예수 그리스도는 하나님의 한 의로, 율법과 선지자들에게 증거를 받고 구약 전체를 성취하십니다(롬 3:21, 눅 24:27). 율법은 모세의 율법으로 아브라함에게 맺으신 언약인 예수 그리스도를 증거하고(롬

동정녀에게 나심
그러므로 주께서 친히 징조를 너희에게 주실 것이라 보라 처녀가 잉태하여 아들을 낳을 것이요 그의 이름을 임마누엘이라 하리라(사 7:14).

보라 처녀가 잉태하여 아들을 낳을 것이요 그의 이름은 임마누엘이라 하리라 하셨으니 이를 번역한즉 하나님이 우리와 함께 계시다 함이라(마 1:23).

베들레헴에서 나실 그분
베들레헴 에브라다야 너는 유다 족속 중에 작을지라도 이스라엘을 다스릴 자가 네게서 내게로 나올 것이라 그의 근본은 상고에, 영원에 있느니라(미 5:2).

8:4, 갈 3:24), 선지자들은 선지서 17권으로 다윗에게 맺으신 언약인 예수 그리스도를 증거한 것입니다(롬 1:2). 그러므로 예수 그리스도는 율법을 완성하러 오신 것입니다.

> "내가 율법이나 선지자를 폐하러 온 줄로 생각하지 말라 폐하러 온 것이 아니요 완전하게 하려 함이라"(마 5:17).

예수님은 구약의 율법과 언약을 완성하시기 위해 산상수훈(마 5-7장)으로 복음의 진리를 말씀하시고, 그 진리의 능력(마 8-9장)으로 질병을 치료하십니다. 또한 제자들에게(마 10장) 천국의 비밀을 설명하시고(마 11-13장), 천국 백성의 삶은 하나님과의 관계에서(마 14-17장) 삶의 기준을 설정해 인간관계(마 18장)에서 사랑하고 축복하는 가치 기준(마 19-22장)을 만들어 낸다는 것을 가르치십니다.

이는 불경건한 우상 숭배의 세상에서 경건에 이르기를 연습하는 삶이고, 불의한 세상에서 하나님 나라와 의를 구하는 생활입니다. 이러한 생활은 예수 그리스도가 세상의 종말(마 23-25장)에 다시 오실 때까지 천국의 소망을 갖게 합니다. 예수 그리스도는 천국을 소망하는 자들에게 안식을 주시기 위해 율법을 사랑으로 완성하는(롬 10:4, 13:10) 십자가의 새 언약으로 구약의 첫 언약(마 26:28, 출 24:8, 히 9:15)을 성취하십니다(마 26-28장).

또 유대 땅 베들레헴아 너는 유대 고을 중에서 가장 작지 아니하도다 네게서 한 다스리는 자가 나와서 내 백성 이스라엘의 목자가 되리라 하였음이니이다(마 2:6).

아브라함과 다윗의 자손, 그리스도
아브라함과 다윗의 자손 예수 그리스도의 계보라(마 1:1).

율법과 선지자들의 증거, 그리스도
이제는 율법 외에 하나님의 한 의가 나타났으니 율법과 선지자들에게 증거를 받은 것이라(롬 3:21).

사랑, 율법의 완성
사랑은 이웃에게 악을 행하지 아니하나니 그러므로 사랑은 율법의 완성이니라(롬 13:10).

그리스도 피의 새 언약
이것은 죄 사함을 얻게 하려고 많은 사람을 위하여 흘리는 바 나의 피 곧 언약의 피니라(마 26:28).

예수님 탄생 전후 연대력과 예수님의 계보

주전

로마 폼페이 장군이 예루살렘을 정복함 — 63

로마에 의해 헤롯 대왕이 '유대 사람의 왕'으로 임명됨 — 37
악티움 전투에서 옥타비아누스가
안토니우스와 클레오파트라를 무찌름 — 31
아우구스투스가 로마 황제가 됨 — 30

헤롯 대왕이 죽음, 예수님이 탄생하심 — 4

주후

7 — 예수님이 성전에서 선생들과 대화하심(12세)

14 — 티베리우스가 로마 황제가 됨

26 — 본디오 빌라도가 유대 총독이 됨, 예수님이 사역을 시작하심

30 — 예수님의 십자가 죽음과 부활

33 — 바울이 회심함

37 — 칼리굴라가 로마 황제가 됨

41 — 클라우디우스가 로마 황제가 됨

46 — 바울의 제1차 선교 여행

48

49 — 클라우디우스 황제가 로마에서 유대 사람을 내쫓음

50 — 바울의 제2차 선교 여행

52

53 — 바울의 제3차 선교 여행

57

54 — 네로가 로마 황제가 됨

64 — 로마 대화재와 네로 황제의 기독교 핍박

64 — 베드로와 바울이 죽음

66

70 — 로마 티투스 장군이 예루살렘을 파괴함

소선지서의 복음

미 1:1 - 습 3:20

| 통일 왕국 시대 | 분열 왕국 시대 | 포로 시대 |

Day Point

소선지서의 미가서, 나훔서, 하박국서, 스바냐서는 예루살렘이 멸망하기 전에 선포된 메시지입니다.

미가서는 '겸손의 복음', 나훔서는 '위로의 복음', 하박국서는 '의인의 복음', 스바냐서는 '심판의 복음'에 대한 예언입니다.

겸손의 복음(미 1-7장)

미가서는 하나님의 은혜도 모르고 우상을 숭배하는 세속에 물든 백성에게 종노릇하던 애굽에서 유월절 어린 양으로 해방시키신 은혜를 기억하게 합니다. 이스라엘 백성은 출애굽 한 후 광야에서 본질적인 죄의 속성을 버리지 못하고 모압 지역에서 발람의 꾀에 빠져 우상 숭배와 음행을 행하지만, 하나님은 그들을 약속의 땅으로 인도하셨습니다(미 6:4-5).

이런 큰 은혜에 보답하는 것은 천 마리의 숫양과 엄청난 기름이나 자신의 자녀를 바치는 것이 아닙니다. 그 무엇으로도 하나님을 기쁘시게 할 수 없기에 하나님의 요구는 겸손히 하나님과 동행하는 것입니다(미 6:8).

이런 겸손은 예수 그리스도가 겸손하게 멍에 메는 나귀를 타신 것처럼 자기를 부인하고 자기 십자가의 멍에를 메는 것입니다(마 16:24, 21:5). 이는 원수를 묵상하지 않고 구원의 하나님을 바라보며 "주와 같은 신이 어디 있으리이까"(미 7:18) 하고 감격하는 삶입니다. 결국 겸손을 요구하시는 하나님은 우리에게 있는 어떤 부속물이 아니라 우리의 존재와 거룩한 삶을 원하시는 것입니다.

위로의 복음(나 1–3장)

나훔은 '하나님의 위로'라는 뜻입니다. 하나님은 고난당하는 하나님의 백성을 아름다운 소식으로 위로하십니다. 나훔서의 아름다운 소식은 악인의 진멸입니다(나 1:15). 그래서 상징적으로 하나님을 대적하는 니느웨 백성은 악인이고, 악의 세력에 고난당하는 하나님의 백성은 의인으로 대조되고 있습니다.

나훔 선지자 당시의 아름다운 소식은 악한 앗수르의 멸망 소식이며, 오늘날 우리에게는 예수 그리스도가 사탄의 멍에를 깨뜨리고 결박을 끊어 죄와 사망의 권세에서 구원하시는 위로의 복음입니다(사 52:7, 롬 10:15). 그러므로 위로의 복음을 전하는 아름다운 소식은 심한 고난을 당해 살 소망까지 끊어진 자들에게 자기를 의지하지 말고 오직 죽은 자를 다시 살리시는 하나님만 의지하게 하려는 것입니다(나 1:7, 고후 1:8–9).

의인의 복음(합 1–3장)

하박국 선지자 시대는 역사적으로는 죄악이 관영한 예루살렘의 멸망을 목전에 두고, 영적으로는 악하고 타락해 세속적인 세상의 종말을 앞둔 상황입니다. 하박국서는 그런 상황 속에서 하나님의 백성을 믿음으로 살게 하는 의인의 복음입니다.

신약성경은 하박국서의 "의인은 그의 믿음으로 말미암아 살리라"(합 2:4)는 말씀을 인용해 예수 그리스도의 초림으로 구속을 기다리는 그때나 예수 그리스도의 재림으로 완전한 구원을 기다리는 지금이나 '의인이 믿음으로 사는' 의미를 설명합니다.

먼저 로마서에서는 하나님의 복음 안에 감추어 계셨던 그리스도가 하나님의 의로 나타나시어 믿음으로 의롭게 하시는 복음의 정의를 말합니다(롬 1:17). 갈라디아서는 율법을 지키려는 사람의 행위로 의롭게 되지 못하는 것처럼 자기 노력으로 사는 것이 아니라 하나님의 약속을 믿어 나는 죽고

오늘의 말씀

용서와 인애의 여호와
주와 같은 신이 어디 있으리이까 주께서는 죄악과 그 기업에 남은 자의 허물을 사유하시며 인애를 기뻐하시므로 진노를 오래 품지 아니하시나이다(미 7:18).

악인 니느웨의 진멸
볼지어다 아름다운 소식을 알리고 화평을 전하는 자의 발이 산 위에 있도다 유다야 네 절기를 지키고 네 서원을 갚을지어다 악인이 진멸되었으니 그가 다시는 네 가운데로 통행하지 아니하리로다 하시니라(나 1:15).

여호와, 환난 날의 산성!
여호와는 선하시며 환난 날에 산성이시라 그는 자기에게 피하는 자들을 아시느니라(나 1:7).

묵시, 정한 때에 성취
이 묵시는 정한 때가 있나니 그 종말이 속히 이르겠고 결코 거짓되지 아니하리라 비록 더딜지라도 기다리라 지체되지 않고 반드시 응하리라(합 2:3).

예수로 사는 은혜를 말합니다(갈 3:11).

히브리서는 악인이 잘 사는 세상에서 고난당하는 의인이 묵시의 정한 때에 다시 오실 그리스도를 인내하며 기다리는 동안 이상한 환경과 억울한 상황에 넘어지거나 믿음을 후퇴시키지 말고 하나님을 기쁘시게 하는 믿음으로 살라고 권합니다(히 10:37-38, 합 2:3).

이렇게 사는 의인의 신앙고백은 육적인 열매와 소출이 없어 생활이 궁핍해도 구원의 하나님을 기뻐하는 것입니다(합 3:17-19).

심판의 복음(습 1-3장)

하박국서의 결론은 구원의 하나님을 기뻐하는 성도의 신앙고백입니다. 스바냐서의 결론은 여호와의 심판의 날에 자기 백성을 숨겨 놓으시고 그 백성을 잠잠히 사랑하시며 기뻐하시는 하나님의 은혜입니다.

그런데 이렇게 좋으신 하나님의 기쁨이 되어야 할 자들이 세상으로 눈을 돌리고 우상에 마음을 빼앗겨 여호와의 질투에 불을 붙이고 맙니다(습 1:18). 그들은 하나님이 복도 내리지 않으시고 화도 내리지 않으신다고 말하지만, 하나님의 공의는 악인을 심판하고 의인을 정결하게 합니다. 그래서 진노가 임하기 전, 여호와의 분노의 날이 이르기 전에 회개하도록 심판의 복음을 전하고, 분노의 날에 자기 백성을 숨기시는 은혜로 구원을 얻게 합니다(습 2:3).

이렇게 구원을 베푸실 전능자가 우리 가운데 계시니, 그분이 바벨론 포로에서 돌아오게 하사 칭찬과 명성을 얻게 하시는 것은(습 3:20) 예수 그리스도가 육신의 안락을 위해 세상에 포로 잡혀 사는 자들을 구원하사 순종으로 살게 하시는 예표입니다.

여호와의 심판
그들의 은과 금이 여호와의 분노의 날에 능히 그들을 건지지 못할 것이며 이 온 땅이 여호와의 질투의 불에 삼켜지리니 이는 여호와가 이 땅 모든 주민을 멸절하되 놀랍게 멸절할 것임이라(습 1:18).

이스라엘 회복, 명성과 칭찬
내가 그때에 너희를 이끌고 그때에 너희를 모을지라 내가 너희 목전에서 너희의 사로잡힘을 돌이킬 때에 너희에게 천하 만민 가운데서 명성과 칭찬을 얻게 하리라 여호와의 말이니라(습 3:20).

오늘의 미션

소선지서 열두 권은?

[미션 수행]
호세아, 요엘, 아모스, 오바댜, 요나, 미가, 나훔, 하박국, 스바냐, 학개, 스가랴, 말라기

Day Point

구약성경의 선지서 17권은 예루살렘 멸망 이전에 선포된 선지서(12권)와 바벨론 포로 시대에 선포된 선지서(2권), 포로 귀환 시대에 선포된 선지서(3권)로 구분할 수 있습니다. 그중에서 학개서와 스가랴서 그리고 말라기서는 포로 귀환 시대의 선지서입니다.

학개서는 '성전 재건'을 독려하는 내용이고, 스가랴서는 성전의 원형이신 '예수 그리스도의 일대기'를 다룬 내용입니다. 말라기서는 재건된 성전에서 외식으로 예배드리는 타락한 백성에게 '성전 건축의 목적'을 설명하고 '참성전의 생활'을 하도록 새 언약의 예수 그리스도가 임하실 것을 예언한 내용입니다.

참성전(학 1-2장)

하나님은 악이 창성한 세상에서 하박국과 스바냐 선지자를 통해 여호와가 성전에 계시니 잠잠하라고 하십니다(합 2:20, 습 1:7). 이는 '여호와의 날'을 준비하시고 심판하시기 때문입니다. 그날에 "의인은 그의 믿음으로 말미암아 살리라"(합 2:4)라는 하박국서와 재앙의 날에 숨김을 받아 구원 받는 스바냐서의 결론은 학개서에서 성전 건축으로 완성됩니다.

예수 그리스도를 믿는 믿음으로 구원 받은 성도가 종말의 날에 하나님의 숨김을 받게 되는 것은 학개서의 성전 재건축에 해답이 있습니다.

이스라엘의 역사는 우리 옛 사람의 자화상과 같습니다. 그들의 죄로 인해 무너진 성전은 곧 우리 죄로 인해 성전 되신 예수 그리스도의 육체가 무너지는 예표입니다(롬 5:8). 바벨론 포로에서 돌아와서 재건한 성전은 우리를 참성전으로 세우기 위해 부활하신 예수 그리스도의 예표입니다(요 2:19-22). 이런 진리를 설명하는 학개서는 예수 그리스도 안에서 하나님이 거하실 참성전으로 지어져 가는 우리의 모습을 보게 합니다(엡 2:22).

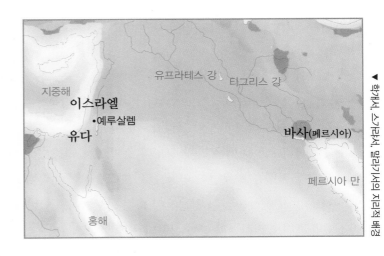

학개서, 스가랴서, 말라기서의 지리적 배경 ▶

학개 선지자는 네 편의 설교를 통해 성전 건축에 대한 감동과 성전 건축을 통해 임하는 복을 예언합니다.

첫째, 성전 재건을 촉구하는 메시지입니다(학 1장). 집은 사람이 거주하는 터전이고, 성전은 하나님이 거하시는 곳입니다. 사람이 집 없이 살 수 없듯이 하나님 없이 살 수 있는 사람은 아무도 없습니다. 육신의 장막을 위해 먹고사느라 하나님이 거하시는 집, 사람 성전에 생명의 양식인 말씀을 채우지 못해 영혼이 황폐해지지는 않았는지 생각해 봐야 합니다.

둘째, 성전의 영광에 대한 메시지입니다(학 2:1-9). 무너진 솔로몬 성전보다는 새롭게 세워지는 스룹바벨 성전이 겉으로 보기에는 초라하고 보잘것없지만 영광은 더욱 큽니다. 이는 보배로우신 그리스도의 영광으로 채워지기 때문입니다. 그러므로 솔로몬 성전은 옛 사람을 의미하고, 새롭게 건축되는 성전은 그리스도의 영광으로 채워지는 참성전인 새사람을 의미합니다. 이는 보배이신 예수 그리스도를 담고 있는 인생을 말합니다(고후 4:6-7). 성도는 하나님의 말씀을 통해 마음에 감동이 되면 나는 죽고 예수로 사는 순종이 나타나고, 내 노력으로 신앙생활을 하던 때와 달리 믿음으로 살면서 하나님의 영광을 보게 됩니다.

셋째, 부정한 사람이 복을 받는 메시지입니다(학 2:10-19). 거룩한 고기를 성물로 드린다고 해서 다른 것까지 거룩해지지는 않습니다. 형식적인 종교 행위로는 삶이 거룩해지지 않습니다. 부정한 자는 무엇을 해도 부정하기 때문에 이미 부정한 자가 헌신적으로 제물과 예배를 드려도 그것까지 부정하게 됩니다. 이것이 입술로는 하나님을 존경하지만 마음은 하나님을 멀리 떠난 상태입니다(마 15:8, 19).

그래서 재앙이 끊이지 않았지만, 성전 재건축을 시작한 날에 넘치는 복을 받게 됩니다. 이는 하나님의 감동으로 성전을 재건하게 된 것으로, 형식

오늘의 말씀

성전에 계신 여호와
오직 여호와는 그 성전에 계시니 온 땅은 그 앞에서 잠잠할지니라 하시니라(합 2:20).

스룹바벨 성전의 영광
이 성전의 나중 영광이 이전 영광보다 크리라 만군의 여호와의 말이니라 내가 이곳에 평강을 주리라 만군의 여호와의 말이니라(학 2:9).

적인 종교 행위에서 회개하고 마음이 하나님에게로 돌아왔기 때문입니다
(학 1:14).

넷째, 복에 대한 메시지입니다(학 2:20-23). 성전 건축을 통해서 받게 되는
복은 궁극적으로 예수 그리스도입니다(엡 1:3). 이는 거룩하지 못하고 부정
한 우리 옛 사람은 죽고 새사람 그리스도로 사는 복입니다.

유다 지파의 스룹바벨은 다윗 왕조의 줄기로, 그리스도를 예표하는 자
입니다. 스룹바벨은 하나님의 인장으로, 그리스도의 초림에 대한 보증이
며 성령을 통해 인침을 받아 참성전이 되는 성도의 보증입니다. 그리고 그
리스도의 재림으로 하늘과 땅이 진동되는 종말에 참성전으로 재건축된 성
도가 진동하지 않는 천국에서 살게 되는 복입니다(히 12:28).

거룩한 성전(슥 1-14장)

학개 선지자와 동시대에 활동했던 스가랴 선지자는 70년 동안 바벨론에
포로로 잡힌 백성을 예루살렘에 돌아오게 해 긍휼로 지어지는 '성전 건
축'(슥 1-8장)의 모습을 보여 줍니다. 스가랴는 여덟 개의 환상을 통해 성전
건축이 진행되는 과정을 설명합니다.

첫째, 각기 네 마리의 말 탄 자들이 나타나서 포로 생활이 끝나고 예루살
렘에서 성전 재건이 시작되었음을 알립니다(슥 1:7-17). 둘째, 네 명의 대장
장이들이 유다와 예루살렘을 괴롭게 한 네 뿔의 열국을 심판합니다(슥 1:18-
21). 셋째, 측량할 수 없을 정도의 큰 성전은 하나님 자신으로, 임마누엘 된
참성전의 모형입니다(슥 2:1-13). 넷째, 대제사장 여호수아의 죄를 제거하는
그리스도의 구속 사역을 예표합니다(슥 3:1-10). 다섯째, 순금 등잔대와 두
감람나무의 환상입니다. 이는 그리스도의 구속 사역으로, 참성전이 되는 성
도는 힘으로도 되지 아니하며 능력으로도 되지 아니하고 오직 하나님의 성
령으로 완성됩니다(슥 4:1-14).

여섯째, 날아가는 두루마리 환상(슥 5:1-4)과 일곱째, 에바 속 여인의 환
상(슥 5:5-11)입니다. 두루마리에 기록된 대로 하나님에게 범죄한 자들은
형벌을 받고 여인으로 의인화된 죄는 영원히 추방됩니다. 여덟째, 네 병거
가 동서남북 열방에서 대적을 멸하고 흩어진 하나님의 백성을 구원합니다
(슥 6:1-8). 그리고 환상에 대한 결과로 대제사장 여호수아에게 면류관을 씌

마음의 감동, 성전 재건축
여호와께서 스알디엘의 아들
유다 총독 스룹바벨의 마음과
여호사닥의 아들 대제사장 여
호수아의 마음과 남은 모든 백
성의 마음을 감동시키시매 그
들이 와서 만군의 여호와 그들
의 하나님의 전 공사를 하였으
니(학 1:14).

오직 나의 영으로 되느니라
그가 내게 대답하여 이르되 여
호와께서 스룹바벨에게 하신
말씀이 이러하니라 만군의 여
호와께서 말씀하시되 이는 힘
으로 되지 아니하며 능력으로
되지 아니하고 오직 나의 영으
로 되느니라(슥 4:6).

운 것은 왕으로 오실 예수 그리스도의 예표이며, 그가 여호와의 전을 건축할 자이기 때문입니다(슥 6:9-15).

성전 재건이 절반 이상 진행될 때(슥 7:1) 하나님은 이스라엘이 바벨론의 포로가 된 이유가 선지자들이 전한 말씀에 불순종했기 때문이라고 하십니다(슥 7:7). 하나님의 감동으로 성전 재건을 시작한 날(슥 8:9, 학 1:14)을 기점으로, 전에는 저주였지만 이제는 축복이라고 말씀하십니다. 또한 성전 재건은 하나님의 백성이 되는 복으로(슥 8:8, 23), 열국의 백성도 이 복에 참여하게 될 것입니다.

이렇게 완성되는 '거룩한 성전'(슥 9-14장)은 예수 그리스도가 공의로운 구원을 베풀기 위해 나귀 새끼를 타시듯 겸손하게 낮아짐으로 세워지는 성도의 모습입니다(슥 9:9, 마 21:5).

겉으로는 볼품없는 예수 그리스도가 자기 백성을 구원하기 위해 건축자의 버린 모퉁잇돌(슥 10:4, 벧전 2:6)이 되셔서 은 30개에 팔려 체포되시고(슥 11:12, 마 26:15), 십자가 위에서 창에 찔리사(슥 12:10, 요 19:34, 37) 그 흘린 피로 죄와 더러움을 씻은 복음으로 참성전을 건축하십니다(슥 13:1). 또한 그분은 세상의 종말에 이 땅에 재림(슥 14:5-6, 마 24:29-30, 눅 21:27, 계 1:7)하시어 천하의 왕으로 온 세상을 통치하시게 됩니다(슥 14:9).

띄운 성전(말 1-4장)

학개서의 성전은 보배로우신 예수 그리스도의 영광으로 채워진 '참성전'입니다(학 2:7). 스가랴서의 성전은 더러운 인간의 죄를 사하시는 거룩한 씨, 예수 그리스도로 세워진 '거룩한 성전'입니다(슥 3:8-9, 6:12, 사 6:13, 11:1). 이렇게 건축된 성전은 성도의 예표입니다.

그러므로 말라기서는 참성전인 성도를 거룩한 예배자로 세우기 위해 '성전 건축의 목적'(말 1-2장)과 '참성전의 생활'(말 3-4장)을 설명하려는 것입니다. 마지막 때에 하나님 나라를 바라보는 성도의 삶이 자신을 산 제물로 드리는 예배이기 때문입니다(롬 12:1).

말라기 시대는 현시대와 별반 다를 바 없는 교회의 자화상입니다. 성도를 상징하는 참성전은 나무나 돌로 건축된 것이 아니고 하나님의 사랑으로 건축된 것입니다(요일 3:1). 이것을 모르는 백성은 오히려 하나님에게 "어떻

'싹'이신 그리스도, 성전 건축
은과 금을 받아 면류관을 만들어 여호사닥의 아들 대제사장 여호수아의 머리에 씌우고 말하여 이르기를 만군의 여호와께서 이같이 말씀하시되 보라 싹이라 이름 하는 사람이 자기 곳에서 돋아나서 여호와의 전을 건축하리라(슥 6:11-12).

정결하게 하는 샘
그날에 죄와 더러움을 씻는 샘이 다윗의 족속과 예루살렘 주민을 위하여 열리리라(슥 13:1).

게 우리를 사랑하셨나이까"(말 1:2) 하고 질문합니다. 에서를 미워하시고 야곱을 사랑하신 것처럼 그렇게 택하심으로 구원 받은 것입니다(롬 9:11-13).

하나님의 사랑을 모르면 입술로는 하나님을 존경하나 마음은 없기에, 오히려 하나님에게 "우리가 어떻게 주의 이름을 멸시하였나이까"(말 1:6) 하고 질문합니다. 또한 더러운 제물을 드리고도 "우리가 어떻게 주를 더럽게 하였나이까"(말 1:7) 하고 질문합니다. 하나님은 예물을 드리는 예배자의 마음을 보십니다. 세속화된 예배의 더러움과 욕심, 속임수를 버리는 것이 예배자의 자세입니다(말 1:14).

이러한 자세가 무너지면 예배 자체를 번거로운 일로 여기고, 하나님과 맺은 언약을 깨뜨리며, 무분별한 생활로 이방 신의 딸과 결혼해 하나님과 이혼한 생활을 하게 됩니다(사 54:5). 이에 대해서 하나님이 진노하시면 그들은 "어찌 됨이니이까"(말 2:14) 하고 놀라듯이 질문합니다. 그리고 하나님이 계시지 않기 때문에 악한 자가 잘 살고 있다는 말로 여호와를 괴롭게 하고도 "우리가 어떻게 여호와를 괴롭혀 드렸나이까"(말 2:17) 하고 질문합니다.

이렇게 세속화된 종교 행위와 타락으로 하나님을 떠나고도 하나님에게 돌아오라고 회개를 촉구하면 "우리가 어떻게 하여야 돌아가리이까"(말 3:7) 하고 질문합니다.

그러면서 여전히 떠난 상태를 확증하듯이 하나님의 것을 도둑질하고도 "우리가 어떻게 주의 것을 도둑질하였나이까"(말 3:8) 하고 질문합니다. 이는 십일조와 헌물입니다. 그러나 십일조가 의미하는 '하나님의 것'은 참성전으로 건축된 하나님의 백성입니다(롬 1:5-6). 그러므로 '참성전의 생활'은 자신을 하나님의 것으로 인정하는 것입니다. 우리 인생을 깨끗하게 하신 언약의 사자(말 3:1), 예수 그리스도의 생명으로 살지 못하고 자기 마음대로 산 것이 곧 하나님의 것을 도둑질한 것입니다.

인생을 도둑질한 것을 어떻게 갚을 수 있을까요? 그것은 하나님을 향한 사랑을 고백하며 여호와를 경외하는 삶을 사는 것입니다(말 3:16). 그런데 완악한 말로 주를 대적하는 불신앙을 고백하는 자들은 "우리가 무슨 말로 주를 대적하였나이까"(말 3:13) 하고 질문합니다.

그럼에도 하나님은 우리의 마음을 돌이키게 하는 엘리야(말 3:1, 4:5-6, 눅 1:17)인 세례 요한을 먼저 보내십니다. 그리고 그 후에 의로운 해로 떠오르는 뜨인 성전(계 21:22)이신 예수 그리스도가 그분의 성전(성도)에 임하시어 참성전의 삶을 살도록 우리의 마음을 치료하십니다(말 3:1, 4:2, 눅 1:77-79, 요 1:9).

하나님의 것, 참성전
… 그의 이름을 위하여 모든 이방인 중에서 믿어 순종하게 하나니 너희도 그들 중에서 예수 그리스도의 것으로 부르심을 받은 자니라(롬 1:5-6).

여호와를 경외, 존중하는 자
그때에 여호와를 경외하는 자들이 피차에 말하매 여호와께서 그것을 분명히 들으시고 여호와를 경외하는 자와 그 이름을 존중히 여기는 자를 위하여 여호와 앞에 있는 기념 책에 기록하셨느니라(말 3:16).

엘리야를 보내리니, 세례 요한
보라 여호와의 크고 두려운 날이 이르기 전에 내가 선지자 엘리야를 너희에게 보내리니 그가 아버지의 마음을 자녀에게로 돌이키게 하고 자녀들의 마음을 그들의 아버지에게로 돌이키게 하리라 돌이키지 아니하면 두렵건대 내가 와서 저주로 그 땅을 칠까 하노라 하시니라(말 4:5-6).

참성전의 삶
주의 백성에게 그 죄 사함으로 말미암는 구원을 알게 하리니 이는 우리 하나님의 긍휼로 인함이라 이로써 돋는 해가 위로부터 우리에게 임하여 어둠과 죽음의 그늘에 앉은 자에게 비치고 우리 발을 평강의 길로 인도하시리로다 하니라(눅 1:77-79).

오늘의 미션
원수를 용서하는 은혜를 누려보기.

[미션 수행]
원수를 용서하는 축제의 삶을 살겠습니다.

천국 복음의 총론

마 1:1 - 마 10:42

Day Point

마태복음의 주제인 천국 복음은 보이지 않는 신비한 세계에 대한 환상이 아니라 육신을 입고 이 땅에 오신 하나님의 아들 예수 그리스도 자체를 의미합니다(요 1:14). 구약 시대의 예수 그리스도는 하나님의 비밀로, "만세와 만대로부터 감추어졌던 것인데 이제는 그의 성도들에게 나타났고"(골 1:26), 우리 안에 계신 그리스도이십니다(골 1:27). 성경은 하나님의 비밀이신 그리스도를 깨닫게 하려는 것입니다(골 2:2).

구약성경은 천국 복음의 기쁜 소식으로 오실 예수 그리스도를 약속한 내용입니다. 신약성경의 사복음서는 구약에서 약속된 그리스도가 이 땅에 오셔서 사람들과 함께 사셨던 내용입니다. 사도행전은 그리스도가 그분의 성령으로 말미암아 성도에게 임마누엘로 연합하사 함께 사시는 내용입니다(요일 4:13).

서신서는 로마서부터 유다서까지 21권으로, 복음의 내용과 의미를 설명해 천국 백성이 된 성도를 복되게 인도해 줍니다. 성도가 성령이 인도하시는 삶의 방식을 따라 살면 요한계시록에서 말하는 새 하늘과 새 땅인 천국에 소망을 두게 됩니다(빌 3:20). 이 소망을 갖게 하시는 예수 그리스도의 탄생(마 1-4장)은 역사적 사실이며, 이 사실이 마음에 믿어지면 그분의 말씀(마 5-7장)과 능력(마 8-9장)이 우리를 그리스도의 제자(마 10장)로 살게 할 것입니다.

예수 그리스도의 탄생(마 1-4장)

신약성경의 첫 번째 책인 마태복음은 "아브라함과 다윗의 자손 예수 그리스도의 계보라"(마 1:1)로 시작합니다. 예수 그리스도의 계보는 하나님이 아브라함에게 약속하신 자손이 다윗의 씨를 통해서 성취된 것을 의미합니다. 이 약속은 모든 사람들에게 예수 그리스도를 믿게 해 구원의 복을 받게 하려는 것입니다(마 1:21). 그러므로 마태복음은 예수 그리스도가 하나님의 아들이심을 증명합니다.

먼저 그분의 탄생은 성경의 예언으로 증명됩니다. 선지자 이사야가 약

700년 전에 처녀의 몸에서 아들이 태어나면 그것이 그리스도의 징조라고 예언한 대로, 요셉과 약혼한 처녀 마리아에게서 성령으로 그리스도가 잉태되십니다(마 1:23, 사 7:14).

그런데 놀라운 사실은 그리스도가 미가 선지자의 예언대로 유다 베들레헴에서 탄생하십니다(마 2:6, 미 5:2). 이는 동방의 박사들에 의해 알려지기도 했지만, 처녀가 잉태한

▲ 예수님의 탄생과 유년기

아들을 베들레헴에서 낳는 것은 사람이 아니라 하나님의 치밀한 계획으로 완성된 작품입니다.

그리고 예수 그리스도가 공생애 사역을 시작하실 즈음 세례 요한의 등장은 주의 길을 준비할 자를 보낼 것이라는 이사야와 말라기 선지자의 예언을 확증합니다(마 3:3, 사 40:3, 말 3:1, 4:6, 눅 1:17). 이렇게 예수 그리스도가 하나님의 아들이심이 충분히 증명되었음에도 하나님은 친히 이 사실을 입증하십니다.

"하늘로부터 소리가 있어 말씀하시되 이는 내 사랑하는 아들이요 내 기뻐하는 자라 하시니라"(마 3:17).

그리고 사탄이 "네가 만일 하나님의 아들이어든"(마 4:3) 하며 낸 시험 문제를 통해 예수님이 하나님의 아들이신 것이 더욱 분명해집니다. 성령을 통해 거듭난 우리도 믿음으로 세상의 시험 문제를 문제없이 이기고 하나님의 자녀답게 살아야 합니다(요 1:12-13, 3:6).

예수 그리스도의 말씀과 능력(마 5-10장)

하나님의 아들로 확증되신 예수님은 천국 복음을 전파하기 시작하십니다. 먼저 산상수훈의 말씀을 통해 천국 백성의 신앙생활을 선포하십니다.

예수 그리스도의 복을 받아 복음이 있는 사람은 세상의 소금과 빛이 됩

오늘의 말씀

하나님의 비밀, 그리스도
이는 그들로 마음에 위안을 받고 사랑 안에서 연합하여 확실한 이해의 모든 풍성함과 하나님의 비밀인 그리스도를 깨닫게 하려 함이니(골 2:2).

예수, 구원자
아들을 낳으리니 이름을 예수라 하라 이는 그가 자기 백성을 그들의 죄에서 구원할 자이심이라 하니라(마 1:21).

그리스도, 베들레헴 탄생
또 유대 땅 베들레헴아 너는 유대 고을 중에서 가장 작지 아니하도다 네게서 한 다스리는 자가 나와서 내 백성 이스라엘의 목자가 되리라 하였음이니이다(마 2:6).

세례 요한, 광야에 외치는 자
그는 선지자 이사야를 통하여 말씀하신 자 일렀으되 광야에 외치는 자의 소리가 있어 이르되 너희는 주의 길을 준비하라 그가 오실 길을 곧게 하라 하였느니라(마 3:3).

니다. 이는 율법을 완성하러 오신 그리스도의 의로 천국 백성이 되기 때문입니다. 서기관과 바리새인보다 더 나은 의는 자기 의가 아닌 그리스도의 의로 원수를 사랑하는 것입니다(마 5장).

복음이 있는 자의 구제, 기도, 금식의 신앙생활은 자신의 이력이나 실력을 위한 것이 아니라 주님을 사랑하는 표현입니다. 사람에게 보이려고 자기의 의를 세우는 것은 종교 행위이지만, 하나님의 의를 세우면 하늘 아버지가 책임지시는 인생이 됩니다(마 6장). 이런 인생살이는 좁은 길을 걷듯 협착해서 상황이 어렵게 보일지라도 생명의 길로 인도되고, 나는 죽고 예수로 사는 말씀의 반석 위에서 살게 됩니다(마 7장).

예수님은 권세 있는 말씀을 마치시고 복음의 능력을 보여 주십니다. 유대인의 나병과 이방인의 중풍병, 베드로의 장모의 열병을 고치시고, 자연계의 풍랑을 잔잔하게 하시고, 초자연계의 귀신 들린 자를 치유하십니다. 그리고 질병 치유의 목적이 무병장수가 아니라 영혼 구원에 있음을 알게 하시려고 침상에 누운 중풍병자의 죄를 사해 주시고 그 증표로 일어나 침상을 가지고 집으로 돌아가게 하십니다(마 8-9장). 그러므로 천국 복음의 핵심은 죄 사함을 얻게 하는 것입니다.

예수님의 열두 제자는 천국 복음의 동역자로 부름 받게 됩니다(마 10장). 우리는 예수님의 제자입니까?

서기관, 바리새인을 능가하는 의
내가 너희에게 이르노니 너희 의가 서기관과 바리새인보다 더 낫지 못하면 결코 천국에 들어가지 못하리라(마 5:20).

죄를 사하는 권능
그러나 인자가 세상에서 죄를 사하는 권능이 있는 줄을 너희로 알게 하려 하노라 하시고 중풍병자에게 말씀하시되 일어나 네 침상을 가지고 집으로 가라 하시니(마 9:6).

오늘의 미션

신약 27권의 의미적 주제는?

[미션 수행]

복음의 핵심을 통해 하나님의 비밀을 맡은 자는 골든타임(말세) 재림의 시기에 골든 복음으로 경건하게 천국 용사로 살 때 고난을 받는다. 그 고난을 이기며 경건하게 사는 방법은 하나님과 교제하는 것이며, 결과는 성도의 인내로 왕노릇하게 된다.

천국의 비밀과 천국 백성의 삶

마 11:1 - 마 18:35

Day 70

포로 귀환 시대	복음 시대	교회 시대

Day Point

죄 사함을 얻게 하는 천국의 복음은 율법과 대조적인 부분이 있습니다.

"우리가 알거니와 무릇 율법이 말하는 바는 율법 아래에 있는 자들에게 말하는 것이니 이는 모든 입을 막고 온 세상으로 하나님의 심판 아래에 있게 하려 함이라 그러므로 율법의 행위로 그의 앞에 의롭다 하심을 얻을 육체가 없나니 율법으로는 죄를 깨달음이니라 이제는 율법 외에 하나님의 한 의가 나타났으니 율법과 선지자들에게 증거를 받은 것이라 곧 예수 그리스도를 믿음으로 말미암아 모든 믿는 자에게 미치는 하나님의 의니 차별이 없느니라"(롬 3:19-22).

세례 요한은 오실 메시아를 전하는 마지막 선지자로서, 율법과 복음의 경계에서 복음과 배턴터치를 합니다(마 11:13-14). 이제 본격적으로 천국 복음(마 11-13장)을 전하시는 예수님은 천국의 비밀 그 자체이십니다(마 13:11).

그 비밀을 아는 천국 백성(마 14-18장)은 먹고사는 문제를 책임지시는(마 14:21, 6:31-33) 하나님의 계명으로 살게 됩니다(마 15:3). 이는 하나님의 아들이신 예수 그리스도를 믿는 믿음에서 오는 결과로, 천국 열쇠를 가진 자의 삶입니다(마 16:19). 또한 영광스러운 그리스도의 죽음으로(마 17:9, 12) 천국에서 살게 될 백성은 이 세상에 사는 동안 용서하며 살아야 합니다(마 18:35).

천국의 비밀(마 11-13장)

세례 요한은 감옥에 갇힌 상태에서 제자들을 예수님에게 보내 "오실 그이가 당신이오니이까 우리가 다른 이를 기다리오리이까"(마 11:3) 하고 질문합니다. 이에 대해 예수님은 이사야서 말씀으로 대답하십니다(사 30:18, 35:4-6, 42:7, 61:1).

"맹인이 보며 못 걷는 사람이 걸으며 나병 환자가 깨끗함을 받으며 못 듣는 자가 들으며 죽은 자가 살아나며 가난한 자에게 복음이 전파된다 하라"(마 11:5).

그리고 세례 요한이 구약의 마지막 책 말라기에서 예언한 엘리야라고 말씀하십니다. 이는 구약에서 기다리던 메시아가 자신임을 밝히 드러내신 것입니다. 예수님은 여자가 낳은 자 중에 가장 큰 자인 요한보다 더 크신 분으로, 천국 복음의 실체이십니다(마 11:10-11).

안식일에 제사장들이 성전 안에서 안식을 범해도 죄가 없는 것처럼, 예수님은 성전보다 더 크신 분으로 안식일의 주인이십니다(마 12:5-6). 안식일을 날짜로 지키는 율법에서 진정한 영혼의 안식을 얻으려면 요나의 전도를 듣고 니느웨 사람들이 회개한 것처럼 요나보다 더 크신 분의 구원의 표적과 솔로몬의 지혜보다 더 큰 십자가 복음의 지혜를 믿어야 합니다(고전 1:21). 이는 예수 그리스도가 십자가에서 죽으시고 3일 만에 다시 살아나시는 복음이며, 이를 믿는 자는 하나님의 자녀가 됩니다(마 12:50, 요 1:12-13).

이 복음을 비유로 설명하는 천국의 비밀은 구원의 보배이신 그리스도와 악한 자의 종말입니다(마 13:11, 17:9). 비유의 궁극적인 결론은 세상의 밭에서 예수 복음의 좋은 씨로 거두는 '알곡'과 마귀가 뿌린 유사 복음의 '가라지'가 진리 대결을 벌이는 영적 전쟁입니다(마 13:38). 그러므로 "수고하고 무거운 짐 진 자들아 다 내게로 오라"(마 11:28)는 예수 진리의 복음 초청을 비진리의 악한 자들은 외면하고 배척합니다(마 13:57).

천국 백성의 삶(마 14-18장)

세례 요한이 고난을 받고 죽은 것처럼 예수님도 악한 자들의 배척으로 인해 고난을 받고 죽임을 당하시지만 3일 만에 살아나시게 됩니다(마 14:2, 16:21, 17:12, 23, 20:19). 이러한 천국의 비밀을 깨달은 천국 백성의 삶은 어떠해야 할까요?

환난의 바람이 부는 세상 바다에서 사람의 먹고사는 인생 문제를 오병이어로 책임지시는 주님을 의심하지 말고 하나님의 아들로 믿어야 합니다(마 14:31). 하나님의 계명을 무시하는 더러운 마음의 형식적인 종교 생활을 청산하고 마음으로 섬기는 신앙인이 되어야 합니다(마 15:8-9). 그리고 예수 그리스도를 하나님의 아들로 믿는 신앙고백으로(롬 10:9-10) 천국 열쇠를 받은 제자는 사람의 일을 생각하지 말고 하나님의 일을 위해 자기를 부인 함으로 나는 죽고 예수로 살아야 합니다(마 16:24).

예수님은 제자들이 이렇게 살 수 있도록 얼굴이 해같이 빛나는, 변형된 부활 후의 모습을 미리 보여 주십니다(마 17:2, 계 21:23). 이는 육신의 몸을 입고 이 땅에 오신 목적이 죽음과 부활을 통해 우리를 죄에서 구원하고 복음 값으로 살게 하려는 것임을 알리시기 위해서입니다.

생명의 속전이 되시는 예수 그리스도의 복음 값으로 사는 것은 세상과 교회에서 높아지려는 교만을 버리고 스스로 자신을 낮추며, 1만 달란트 탕감 받은 은혜로 형제의 연약함을 용서하고 사랑하고 축복하는 삶입니다(마 18:23-24).

제자, 자기 부인
이에 예수께서 제자들에게 이르시되 누구든지 나를 따라오려거든 자기를 부인하고 자기 십자가를 지고 나를 따를 것이니라(마 16:24).

오늘의 미션

용서할 수 없는 상황이 생길 때는?

[미션 수행]
"말씀으로! 복음으로! 믿음으로! 내가 죽고 예수가 살아!"라고 신앙고백하며 용서할 힘을 구하겠습니다.

Day Point

예수 생명 값을 상징하는 1만 달란트의 삶을 사는 천국 백성은 1백 데나리온 같은 세상에서 가치 기준(마 19-22장)을 명확히 세워야 우주적 종말(마 23-25장)을 대비하며 살 수 있습니다. 제자의 가치 기준은 결혼관, 천국관, 구원관(마 19장)을 정립하고, 은혜로 들어가는 천국을 묵상하며, 그리스도의 죽으심과 부활을 묵상합니다. 또한 자기 목숨을 많은 사람의 대속물로 주신 그리스도의 섬김을 통해 인생살이를 정리하고, 예수살이로 내세를 보는 눈을 갖습니다(마 20장). 그러나 복 없는 자들의 세상 가치 기준은 나귀 새끼를 타고 예루살렘에 입성하시는 다윗의 자손 예수 그리스도에게 불순종하고 그분을 죽이려고 합니다(마 21장). 또한 그분의 혼인 잔치에 참여를 거부하고, 하나님의 것을 하나님에게 드리지 않으며, 부활이 없다 믿으며, 하나님을 사랑하지 않고, 그리스도를 주로 고백하지도 않습니다(마 22장).

말세를 대비하는 천국 백성은 노아의 때와 같은 세상에서 천국 복음을 전파하지만, 외식하는 맹인 된 지도자는 지옥 자식을 생산합니다. 결국 복 받은 자들은 예비된 나라를 상속 받고, 저주를 받은 자들은 예비된 영원한 불에 들어갑니다(마 23-25장).

이러한 천국 복음을 전하신 예수님은 구약의 말씀대로 "언약의 피"(마 26:28)로 세우신 새 언약을 십자가에서 성취하시고 천국 복음을 완성하십니다(마 26-28장).

말세 대비책(마 19-25장)

구약의 선지서가 말했던 '여호와의 날', 불 심판의 날은 예수 그리스도가 재림하시는 날이며, 그날은 노아의 때와 같습니다.

> "홍수 전에 노아가 방주에 들어가던 날까지 사람들이 먹고 마시고 장가들고 시집가고 있으면서 홍수가 나서 그들을 다 멸하기까지 깨닫지 못하였으니 인자의 임함도 이와 같으리라"(마 24:38-39).

"이로 말미암아 그때에 세상은 물이 넘침으로 멸망하였으되 이제 하늘과 땅은 그 동일한 말씀으로 불사르기 위하여 보호하신 바 되어 경건하지 아니한 사람들의 심판과 멸망의 날까지 보존하여 두신 것이니라"(벧후 3:6-7).

종말은 반드시 오는데, 생각하지 않은 날, 알지 못하는 시각에 도둑같이 임합니다. 이런 말세를 사는 우리에게 마태복음은 대비책을 설명합니다.

첫 번째 말세 대비책은 깨어 있는 것입니다(마 25:13). 결혼하고 먹고 마시는 시대에 주님과 혼인한 결혼관을 가진 성도는 세상에 빠지지 않습니다.

오늘의 말씀

깨어 있으라
그런즉 깨어 있으라 너희는 그 날과 그때를 알지 못하느니라
(마 25:13).

"너희는 이 세대를 본받지 말고 오직 마음을 새롭게 함으로 변화를 받아 하나님의 선하시고 기뻐하시고 온전하신 뜻이 무엇인지 분별하도록 하라" (롬 12:2).

세상에 빠진 것은 마치 세속 홍수에 빠진 것과 같습니다. 그러나 주님의 말씀을 먹고 마시는 은혜에 빠지면 깨어 있는 상태가 되어 천국 복음을 전하는 구원의 방주 역할을 하게 됩니다.

두 번째 말세 대비책은 충성된 종이 되는 것입니다(마 25:23). 주님은 종에게 충성을 요구하시면서 자기 소유를 맡기십니다. 이는 1만 달란트 탕감 받은 우리 자신을 맡기신 것이며, 이를 잘 관리하는 청지기가 되면 나는 죽고 예수로 살게 됩니다.

착하고 충성된 종아
그 주인이 이르되 잘하였도다 착하고 충성된 종아 네가 적은 일에 충성하였으매 내가 많은 것을 네게 맡기리니 네 주인의 즐거움에 참여할지어다 하고
(마 25:23).

그러므로 동물은 죽어서 가죽을 남기고 사람은 죽어서 이름을 남기지만, 성도는 죽어서 예수를 남겨야 합니다. 왜냐하면 말세는 주님의 승천 이후 재림까지의 기간으로(마 25:31), 그때까지 창세로부터 예비된 천국을 상속 받을 성도의 삶이기 때문입니다. 그러나 이 복음의 진리를 모르는 자들은 아무리 많은 선을 행해도 사탄을 위해 준비된 영벌에 들어가게 됩니다 (마 25:45-46).

의인들은 영생에!
이에 임금이 대답하여 이르시되 내가 진실로 너희에게 이르노니 이 지극히 작은 자 하나에게 하지 아니한 것이 곧 내게 하지 아니한 것이니라 하시리니 그들은 영벌에, 의인들은 영생에 들어가리라 하시니라
(마 25:45-46).

천국 복음 완성(마 26-28장)

예수 그리스도는 새 언약의 천국 복음을 완성하시기 위해 구약성경 선지서의 예언대로 은 30개에 팔리십니다(마 26:15, 호 3:2, 슥 11:12). 은 30개는 죽

임을 당한 종의 몸값으로 죄인의 속전을 의미합니다. 유월절 어린 양의 예표이신 예수 그리스도는 유월절 절기에 피로 세우신 첫 언약을 성취하시기 위해 십자가에서 "언약의 피"(마 26:28, 출 24:8, 히 9:14-15, 20)를 흘리십니다. 이는 한 생명의 구원이 "오직 흠 없고 점 없는 어린 양 같은 그리스도의 보배로운 피"(벧전 1:19)로 성취되기 때문입니다.

이렇게 예수 그리스도는 구약의 예언을 성취하시기 위해 십자가에서 죽으시고 부활하사 사랑으로 율법을 완성하시고(롬 10:4), 첫 언약을 새 언약으로 완성하십니다. 사람이 세상에 태어나서, 천국 복음을 듣고, 그리스도인으로 거듭나서, 천국에 입성하는 천국 복음의 완성은 예수 그리스도의 죽으심과 부활로 성취되고, 그분의 재림으로 확증됩니다.

은 삼십에 팔리심
내가 예수를 너희에게 넘겨주리니 얼마나 주려느냐 하니 그들이 은 삼십을 달아 주거늘 (마 26:15).

새 언약의 피
이것은 죄 사함을 얻게 하려고 많은 사람을 위하여 흘리는 바 나의 피 곧 언약의 피니라 (마 26:28).

새 언약의 중보자 그리스도
… 그리스도의 피가 어찌 너희 양심을 죽은 행실에서 깨끗하게 하고 살아 계신 하나님을 섬기게 하지 못하겠느냐 … 그는 새 언약의 중보자시니 이는 첫 언약 때에 범한 죄에서 속량하려고 죽으사 부르심을 입은 자로 하여금 영원한 기업의 약속을 얻게 … 언약의 피라(히 9:14-15, 20).

오늘의 미션

예수로 살기 위해서 내 뜻, 내 생각, 내 마음 내려놓기.

[미션 수행]
자녀의 진로는 자녀가 선택할 수 있도록 내 뜻을 내려놓겠습니다.

| 포로 귀환 시대 | 복음 시대 | 교회 시대 |

Day Point

한국에 사는 사람이 다른 나라에 가지 않고도 그 나라의 소식을 알 수 있는 방법은 그 나라에 대한 정보를 잘 아는 사람에게 듣는 것입니다. 땅에 사는 사람이 하나님 나라에 가지 않고도 그 나라의 소식을 알 수 있는 방법은 성경을 읽는 것입니다. 모든 성경은 하늘의 정보를 제공하기 때문입니다.

"성경은 능히 너로 하여금 그리스도 예수 안에 있는 믿음으로 말미암아 구원에 이르는 지혜가 있게 하느니라 모든 성경은 하나님의 감동으로 된 것으로 교훈과 책망과 바르게 함과 의로 교육하기에 유익하니"(딤후 3:15-16).

하늘의 정보를 제공하는 성경의 궁극적인 목적은 예수 믿음으로 얻는 구원과 믿음으로 사는 신앙생활입니다.

마가복음은 하나님 나라의 비밀이신 예수 그리스도의 정보를 제공합니다(막 4:11). 예수 그리스도가 "하늘과 땅의 모든 권세"(마 28:18)를 가지신 것과 "땅에서 죄를 사하는 권세"(막 2:10)가 있으신 줄을 알게 해서 구원의 비밀을 알립니다(막 1-6장). 그리고 그 비밀을 아는 예수님의 제자들을 교육해 하나님의 계명을 가지고 하나님의 일을 하며, 권능으로 임하는 하나님 나라를 바라보며 믿음으로 살게 하려 합니다(막 7-9장).

그리스도의 권세(막 1-6장)

마가복음은 신약성경의 사복음서 중에 가장 짧게 기록된 책입니다. 그러므로 예수 그리스도의 생애와 사역에 대해 충분한 설명은 부족하지만 복음의 골격은 명확하게 보여 준다는 장점이 있습니다. 복음의 핵심은 예수 그리스도가 죄를 사하시는 것이고, 죄 사함을 받은 예수님의 제자가 되어 예수 믿음으로 사는 것입니다(마 28:19-20). 그래서 마가복음은 시작부터 죄 사함을 받게 하는 회개와 복음(예수)을 믿으라고 선포합니다(막 1:15).

예수님은 제자를 불러 "사람을 낚는 어부"(막 1:17)가 되게 하시려고 '예수님의 죽으심과 부활하심'(고전 15:1-4, 롬 5:10)이라는 복음의 진수를 교육하시기에 앞서 그리스도에게 죄를 사하는 권세가 있는 줄을 알게 하십니다(막 2:10).

죄인을 의인 되게 하는 권세를 가지신 예수님은 열두 제자를 동역자로 세우십니다. 그들은 제자 실습생으로, 예수님을 따르면서 그리스도의 권세에 대한 교육을 받게 됩니다(막 3:14-15). 권세 교육의 목적은 하나님 나라의 비밀을 알게 하는 것입니다(막 4:11). 그렇다면 권세란 무엇이며, 권세 교육의 유익은 무엇일까요?

첫째, 권세란 사람의 눈과 마음을 뚫고 들어가 마음에 뿌리 내린 죄를 사하고 하나님을 볼 수 있게 하는 능력으로, 자연 세계를 지배합니다(막 4장). 세상의 환난과 같은 바다의 광풍에 놀란 제자들은 죽을 지경이 됩니다. 이때 예수님은 세상을 이기는 믿음을 교육하시려고 말씀으로 바람과 바다를 순종하게 하십니다.

▲ 마가복음의 지리적 배경

둘째, 권세는 영적 세계를 지배합니다(막 5장). 예수님은 더러운 귀신 들린 사람 안에 있는 군대 귀신을 순종하게 하십니다. 이러한 권세는 하나님 나라가 임했음을 의미하며, 아무도 제어할 수 없는 사탄의 권세에 종노릇하는 자들을 해방시키는 능력입니다. 오늘날 귀신 들린 이 세대와 그 속에서 해방된 우리의 소망은 오직 예수 그리스도뿐입니다.

셋째, 권세는 물질세계를 지배합니다(막 6장). 예수님은 오병이어의 기적으로 목자 없는 양 같은 무리들을 불쌍히 여기셔서 먹을 것을 주십니다. 이러한 권세는 사탄에게 속아 세속에 매여 사는 자들에게 예수 그리스도가 '생명의 양식'(요 6:26-27)이심을 알게 하시려는 것입니다(막 6:52).

제자의 신앙생활(막 7-9장)

예수님은 권세 교육을 받은 제자들에게 바른 신앙생활을 가르치십니다.

첫째, 하나님의 계명입니다(막 7장). 입술로는 하나님을 섬기지만 마음으로는 자신의 우상을 섬기는 외식적인 종교 행위는 사람의 계명을 기준으로 가르치고 배운 결과입니다. 제자는 하나님의 계명인 말씀을 마음에 품고 복되게 그분을 경배해야 합니다.

오늘의 말씀

모든 민족을 제자 삼으라!
그러므로 너희는 가서 모든 민족을 제자로 삼아 아버지와 아들과 성령의 이름으로 세례를 베풀고 내가 너희에게 분부한 모든 것을 가르쳐 지키게 하라 볼지어다 내가 세상 끝날까지 너희와 항상 함께 있으리라 하시니라(마 28:19-20).

그리스도, 죄를 사하는 권세
그러나 인자가 땅에서 죄를 사하는 권세가 있는 줄을 너희로 알게 하려 하노라 하시고 중풍병자에게 말씀하시되(막 2:10).

360 비전 통독

둘째, 하나님의 일입니다(막 8장). 자기 우상을 섬기는 자들은 하나님의 일을 생각하지 않고 도리어 사람의 일을 생각합니다. 사람의 일은 십자가의 원수로 행하는 것이고(빌 3:18), 하나님의 일은 자기를 부인하고 자기 십자가를 지는 제자의 삶으로, 나는 죽고 예수로 사는 신앙생활입니다.

셋째, 권능으로 임하는 하나님 나라입니다(막 9장). 예수님이 제자를 동역자로 부르신 것은 하나님 나라의 건설을 위한 것입니다. 그러므로 제자는 하나님 나라에 소망을 두고 "먼저 그의 나라와 그의 의"(마 6:33)를 구해야 합니다. 권능으로 임하는 '그의 나라'는 예수 그리스도의 죽으심과 부활하심을 통해서 성취되는 하나님 나라의 비밀입니다(막 9:9).

전도와 권세 교육
이에 열둘을 세우셨으니 이는 자기와 함께 있게 하시고 또 보내사 전도도 하며 귀신을 내쫓는 권능도 가지게 하려 하심이러라(막 3:14-15).

하나님 나라의 비밀
이르시되 하나님 나라의 비밀을 너희에게는 주었으나 외인에게는 모든 것을 비유로 하나니(막 4:11).

영생의 양식을 위해 일하라
… 너희가 나를 찾는 것은 표적을 본 까닭이 아니요 떡을 먹고 배부른 까닭이로다 썩을 양식을 위하여 일하지 말고 영생하도록 있는 양식을 위하여 하라 이 양식은 인자가 너희에게 주리니 인자는 아버지 하나님께서 인치신 자니라(요 6:26-27).

믿는 자의 권세
예수께서 이르시되 할 수 있거든이 무슨 말이냐 믿는 자에게는 능히 하지 못할 일이 없느니라 하시니(막 9:23).

오늘의 미션
그리스도의 권세에 대해 한 가지 적어보기.

[미션 수행]
사람의 눈과 마음을 뚫고 들어가 마음에 뿌리내린 죄를 사하고 하나님을 볼 수 있게 하는 능력입니다.

주전 37년
헤롯의 유대 왕 즉위

주전 5년
세례 요한의 출생

주전 4년
예수의 탄생

주후 12년
**디베료 가이사의
로마 황제 즉위**

주후 26년
**세례 요한의 사역 시작
본디오 빌라도의
유대 총독 부임**

주후 27년
예수의 공생애 시작

주후 30년
**승리의 입성
예수의 수난과 부활
오순절 성령 강림**

복음 시대 ─ 막 · 눅 · 요

주후 70년
예루살렘의 함락

주후 95년
요한의 밧모 섬 유배

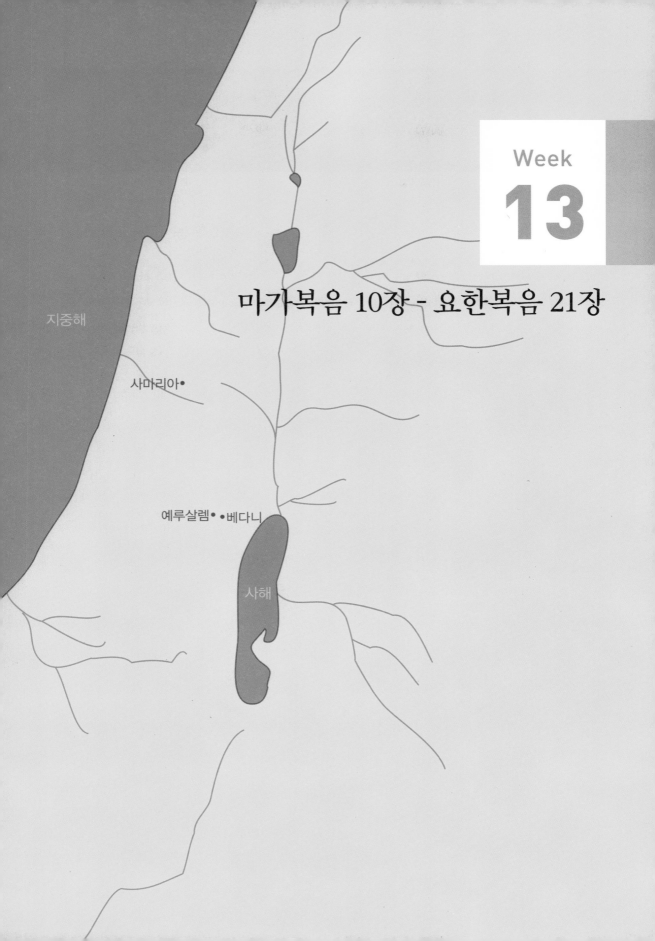

마가복음 10장 - 요한복음 21장

지중해

사마리아●

예루살렘●●베다니

사해

마가복음

 **Key Point**

제자의 복음 예수 그리스도

마가복음에서 예수님은 제자들을 "사람을 낚는 어부"(막 1:17)로 모집하시어 '하늘의 정보'(막 1~9장)와 '하늘의 전도'(막 10~16장) 방법에 대해 교육하십니다. 하늘의 정보는 하나님 나라의 비밀이신 예수 그리스도가 "하늘과 땅의 모든 권세"(마 28:18)를 가지신 것과 "땅에서 죄를 사하는 권세"(막 2:10)가 있으신 줄을 알게 하려는 것입니다. 또한 하늘의 전도 방법은 어부가 미끼를 던져 고기를 잡듯이 예수 그리스도가 친히 미끼가 되시어 사람을 낚으시는 것입니다. 어부가 고기를 낚는 목적은 잡아먹으려는 것이지만, 하나님이 사람을 낚으시는 목적은 예수 그리스도의 제자로 살게 하시려는 것입니다.

하늘의 정보(막 1~9장), 하늘의 전도(막 10~16장)

"하나님의 아들 예수 그리스도의 복음의 시작이라"(막 1:1).

마가복음은 이렇게 복음으로 시작합니다. 이 복음은 예수님이 "죽은 자들 가운데서 부활하사 능력으로 하나님의 아들로 선포"(롬 1:4)된 것입니다. 그러므로 복음 안에 있는 하나님의 의는 죄를 사하는 복음입니다.

"예수는 우리가 범죄한 것 때문에 내줌이 되고 또한 우리를 의롭다 하시기 위하여 살아나셨느니라"(롬 4:25).

마가복음에서 하나님 나라의 비밀(막 4:11)인 '하늘의 정보'(막 1~9장)를 제공하는 것은 죄를 사하는 권세가 있으신 예수 그리스도를 제자들에게 알게 하려는 것입니다. 그리고 '하늘의 전도'(막 10~16장) 방법으로 만민에게 복음을 전파하게 하려는 것입니다(막 16:15).

죄를 사하는 권세
그러나 인자가 땅에서 죄를 사하는 권세가 있는 줄을 너희로 알게 하려 하노라 하시고 중풍병자에게 말씀하시되(막 2:10).

제자들의 권세
이에 열둘을 세우셨으니 이는 자기와 함께 있게 하시고 또 보내사 전도도 하며 귀신을 내쫓는 권능도 가지게 하심이러라(막 3:14-15).

주는 그리스도!
또 물으시되 너희는 나를 누구라 하느냐 베드로가 대답하여 이르되 주는 그리스도시니이다 하매(막 8:29).

섬기러 오심
인자가 온 것은 섬김을 받으려 함이 아니라 도리어 섬기려 하고 자기 목숨을 많은 사하늘과 땅의 모든 권세를 가지신 예수 그리스도는 제자를 모집하십니다(막 1장). 제자들에게 사람의 죄를 사하는 권세를 보여 주시고(막 2장), 제자 훈련의 목적을 설명하시고(막 3:14-15), 하나님 나라의 비밀을 교육하십니다. 그리고 죄로 인해 무너진 자연 세계(바람과 바다가 순종함)와 영적 세계(군대 귀신이 순종함)와 물질세계(오병이어의 기적과 바다 위로 걸으심)를 지배하는 권세를 교육하십니다(막 4-6장). 또한 하나님의 계명과 하나님의 일과 권능으로 임하는 하나님 나라가 어떤 모습인지 보여 주시며 신앙생활을 교육하십니다(막 7-9장).

사람의 생명을 구원해 하나님 나라에 들어가게 하는 '하늘의 전도'(막 10-16장) 방법은 사람의 행위로는 불가능하며, 예수 그리스도가 자기 목숨을 많은 사람의 대속물로 주시는 전적인 하나님의 은혜로만 가능합니다(막 10:45). 그 은혜는 죄를 용서하는 그리스도의 권세이며(막 11:25, 2:10) 그리스도를 주로 시인하는 자가 받는 용서입니다(막 12:37, 8:29).

이렇게 하나님의 은혜로 택하심을 받은 예수님의 제자들은 "인자가 구름을 타고 큰 권능과 영광으로 오는 것을 사람들이 보리라"(막 13:26)는 내세의 소망을 가집니다. 그리고 그리스도의 제자들은 그리스도가 죄인인 우리를 위해 체포되신 것과 십자가에서 죽으신 것과 무덤에서 3일 만에 살아나신 사실을 온 천하에 다니며 만민에게 전파합니다(막 14-16장).

람의 대속물로 주려 함이니라(막 10:45).

용서하라!
서서 기도할 때에 아무에게나 혐의가 있거든 용서하라 그리하여야 하늘에 계신 너희 아버지께서도 너희 허물을 사하여 주시리라 하시니라(막 11:25).

예수의 사역(1-19장) : 죄인을 불러 회개시키는 사역
증인의 사역(20-24장) : 예수 그리스도의 구속사의 증인

누가복음

Key Point

증인의 복음 예수 그리스도

마태복음의 천국 복음으로 제자를 삼아 마가복음에서 훈련된 제자의 사명은, 누가복음에서 예수 그리스도를 증거하는 증인의 삶입니다. 예수님이 부활하신 후 제자들에게 나타나셔서 "너희는 이 모든 일의 증인이라"(눅 24:48)고 말씀하신 '이 모든

일'은 '예수의 사역'(눅 1–19장)을 말합니다. 그것은 예수 그리스도의 핵심 사역으로, 잃어버린 죄인을 불러 회개시키는 것입니다. 그리고 제자들의 '증인의 사역'(눅 20–24장)은 첫째, 예수 그리스도의 구속 사역을 사실대로 근원부터 차례대로 기록한 성경과 자료들을 부지런히 읽고 연구하는 것이고, 둘째, 성령을 통해 깨달은 그리스도의 구속사를 증거하는 것입니다.

예수의 사역(눅 1–19장), 증인의 사역(눅 20–24장)

누가복음은 의사 누가의 작품입니다(골 4:14). 누가복음은 예수님의 제자인 세리 마태가 직접 체험하고 쓴 마태복음에 비해 훨씬 풍부한 자료로 인해 객관적이며, 마가가 베드로에게 듣고 간결하게 요점만 쓴 마가복음에 비해 훨씬 더 세밀하게 기록되어 있습니다. 누가복음은 예수님의 출생에 대해 아주 자세하게 기록해 세례 요한의 근원까지 추적하고, 다윗의 언약과 아브라함의 언약으로 오신 구속사의 줄기 또한 놓치지 않습니다. 그리고 처녀에게 잉태되신 예수님이 베들레헴에서 탄생하심으로 이사야와 미가 선지자의 예언이 동시에 성취됨을 보여 줍니다(사 7:14, 미 5:2).

구약의 예언대로 출생하신 '예수의 사역'은 죄로 인해 잃어버린 자기 백성을 불러 회개시키는 구원 사역입니다(눅 5:32). 예수님의 사역은 주로 '갈릴리 지역'(눅 1–9장)과 '유대 지역'(눅 10–19장)을 중심으로 전개됩니다.

갈릴리 지역의 주된 사역은 제자를 부르시고, 말씀을 교육하시고, 질병을 치유하시고, 하나님 나라를 선포하시는 것입니다.

> " … 가난한 자에게 복음을 전하게 하시려고 내게 기름을 부으시고 나를 보내사 포로 된 자에게 자유를, 눈먼 자에게 다시 보게 함을 전파하며 눌린 자를 자유롭게 하고 주의 은혜의 해를 전파하게 하려 하심이라"(눅 4:18-19, 사 61:1 참조).

이것은 구약에서 예언한 메시아 사역으로, 궁극적으로는 예수 그리스도가 고난을 받아 죽임당하시고 제3일에 살아나셔야 성취됩니다(눅 9:22).

유대 지역의 주된 사역은 누가복음 15장에 나오는 세 가지의 비유(잃은 양, 잃어버린 동전, 되찾은 아들)처럼 잃어버린 죄인을 찾아 구원하는 것입니다. 이 사역의 절정은 19장에 나오는 삭개오 사건으로, 잃어버린 아브라함의

죄인들의 의사
예수께서 대답하여 이르시되 건강한 자에게는 의사가 쓸데 없고 병든 자에게라야 쓸데 있나니 내가 의인을 부르러 온 것이 아니요 죄인을 불러 회개시키러 왔노라(눅 5:31-32).

구속–고난, 죽음, 부활
이르시되 인자가 많은 고난을 받고 장로들과 대제사장들과 서기관들에게 버린 바 되어 죽임을 당하고 제 삼 일에 살아나야 하리라 하시고(눅 9:22).

잃어버린 자, 삭개오 구원
예수께서 이르시되 오늘 구원이 이 집에 이르렀으니 이 사람도 아브라함의 자손임이로다 인자가 온 것은 잃어버린 자를 찾아 구원하려 함이니라(눅 19:9-10).

아브라함의 후손
아브라함이 바랄 수 없는 중에 바라고 믿었으니 이는 네 후손이 이 같으리라 하신 말씀대로 많은 민족의 조상이 되게 하심이라(롬 4:18).

자손을 찾은 것입니다(눅 19:9-10, 롬 4:18).

누가복음의 특징은 '예수의 사역'을 제자들의 '증인의 사역'으로 연결하는 것입니다. 예수님은 부활 후 제자들에게 나타나셔서 구약성경(모세의 율법과 선지자의 글과 시편)에 기록된 예수 그리스도의 구속사를 가르치시고 깨닫게 하셔서 그 모든 일에 증인이 되게 하십니다(눅 24:46-48).

구속사의 증인들
또 이르시되 이같이 그리스도가 고난을 받고 제 삼 일에 죽은 자 가운데서 살아날 것과 또 그의 이름으로 죄 사함을 받게 하는 회개가 예루살렘에서 시작하여 모든 족속에게 전파될 것이 기록되었으니 너희는 이 모든 일의 증인이라(눅 24:46-48).

영생은 그리스도(1-12장) : 영생은 하나님의 복
영생은 임마누엘(13-21장) : 영생은 그리스도와 한 몸

요한복음

Key Point

영생의 복음 예수 그리스도

공관복음(마태복음, 마가복음, 누가복음)은 예수 그리스도의 생애와 사역에 대해 포괄적으로 기록합니다. 반면에 요한복음의 분명한 기록 목적은 영생을 제시하는 것입니다.

"오직 이것을 기록함은 너희로 예수께서 하나님의 아들 그리스도이심을 믿게 하려 함이요 또 너희로 믿고 그 이름을 힘입어 생명을 얻게 하려 함이니라"(요 20:31).

그러므로 요한복음은 예수님이 하나님의 아들이시며, 구약에서 약속한 그리스도이심을 믿게 합니다. '영생은 그리스도'(요 1-12장)를 통해서 얻을 수 있고(요 5:39), '영생은 임마누엘'(요 13-21장)로 예수 그리스도와 한 몸이라는 구원의 비밀을 알게 합니다(요 15:4, 17:21-23).

영생은 그리스도(요 1-12장), 영생은 임마누엘(요 13-21장)

신약성경 사복음서의 주제별 흐름을 살펴보면, 마태복음의 주제인 천국 복음을 통해 모든 민족을 제자로 삼습니다. 그들이 마가복음에서 제자로 훈련되어 온 천하를 다니며 복음을 전파합니다. 제자들은 누가복음에서 강조하는 예수님의 구속사를 증거하는 증인으로 삼습니다. 영생을 목적으로

기록된 요한복음을 통해 제자들은 그리스도의 사랑으로 또 다른 제자들을 양육하며, 영생으로 임마누엘 된 신비를 누리게 됩니다.

그러므로 복음서의 최종적인 결론은 영생이며, 그 '영생은 그리스도'(요 1-12장)입니다. 예수님은 미가 선지자가 예언한 그리스도이시며, 그분의 근본은 상고에, 영원으로 올라가 처음부터 살아 계신 분이십니다(미 5:2). 예수님은 태초에 천지를 창조하신 영원한 생명의 주체(요 1:1-4, 5:39-40)로서 영생의 기준이 되시며(요 1-3장), 영생을 얻는 방법을 제시하시고(요 4-6장), 영생을 주시는 이유(요 7-9장)와 목적(요 10-12장)을 설명하십니다.

예수님을 영접하고 그분의 이름을 믿는 자들은 하나님의 자녀가 되고 영생을 얻습니다(요 1:12, 3:16). 구체적인 방법은 사마리아 수가 성 여인처럼 예수님을 메시아, 곧 그리스도로 믿고(요 4:25), 예수님에 대해 모세가 기록한 모세오경을 구속사로 믿으며(요 5:46), 예수님을 하나님이 주시는 영생을 위한 생명의 떡으로 믿는 것입니다(요 6:27-29).

이렇게 믿게 해서 영생을 주시려는 이유는 죄인을 용서하고 죄에서 자유하게 해서 하나님이 하시는 일을 나타내게 하시기 위해서입니다(요 8:11, 32, 9:3). 영생을 주시는 목적은 하나님이 영생의 복을 명령하셨기 때문입니다(요 12:50, 시 133:3, 엡 1:3).

예수님이 세상에 있는 자기 사람들을 사랑하시되 끝까지 사랑하사 자기 목숨을 버리시는 십자가 대속의 은혜를 통해서 얻게 되는 성도의 '영생은 임마누엘'(요 13-21장)의 영광입니다. 영생은 하나님이 우리와 함께 계시는 임마누엘로, 성령을 통해서 한 몸이 되는 구원의 신비입니다(요 13-17장). 신비로운 구원은 그리스도의 십자가 사건으로 성취됩니다(요 18-21장).

하나님의 자녀
영접하는 자 곧 그 이름을 믿는 자들에게는 하나님의 자녀가 되는 권세를 주셨으니(요 1:12).

성경, 영생의 그리스도 증언
너희가 성경에서 영생을 얻는 줄 생각하고 성경을 연구하거니와 이 성경이 곧 내게 대하여 증언하는 것이니라(요 5:39).

그리스도, 영생의 양식
썩을 양식을 위하여 일하지 말고 영생하도록 있는 양식을 위하여 하라 이 양식은 인자가 너희에게 주리니 인자는 아버지 하나님께서 인치신 자니라 … 하나님께서 보내신 이를 믿는 것이 하나님의 일이니라 하시니(요 6:27, 29).

죄인을 용서
… 예수께서 이르시되 나도 너를 정죄하지 아니하노니 가서 다시는 죄를 범하지 말라 하시니라(요 8:11).

내 안에 거하라!
내 안에 거하라 나도 너희 안에 거하리라 가지가 포도나무에 붙어 있지 아니하면 스스로 열매를 맺을 수 없음같이 너희도 내 안에 있지 아니하면 그러하리라(요 15:4).

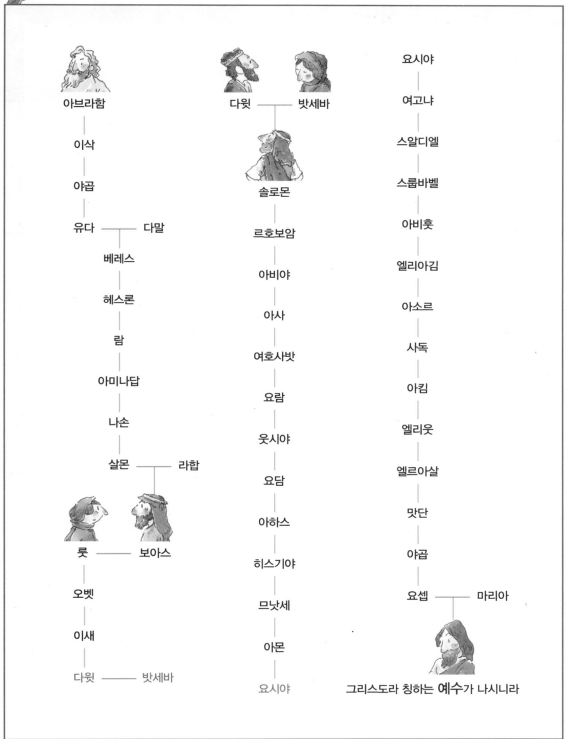

아브라함

이삭

야곱

유다 ─── 다말

베레스

헤스론

람

아미나답

나손

살몬 ─── 라합

룻 ─── 보아스

오벳

이새

다윗 ─── 밧세바

다윗 ─── 밧세바

솔로몬

르호보암

아비야

아사

여호사밧

요람

웃시야

요담

아하스

히스기야

므낫세

아몬

요시야

요시야

여고냐

스알디엘

스룹바벨

아비훗

엘리아김

아소르

사독

아킴

엘리웃

엘르아살

맛단

야곱

요셉 ─── 마리아

그리스도라 칭하는 **예수**가 나시니라

하늘의 전도

막 10:1 - 막 16:20

Day Point

마가복음에서 제자들에게 교육하려는 '하늘의 전도' 방법은 예수 그리스도가 죽으시고 부활하심으로 죄인을 구원하시는 대속의 은혜입니다(막 10:33-34, 45). 사람들은 스스로 지혜롭게 생각해 영생을 얻는 '구원의 방법'(막 10-13장)이 사람의 행위에 있다고 믿지만, 이 세상은 자기 지혜로 하나님을 알지 못합니다. 그러므로 사람을 구원하는 하나님의 지혜는 "하나님께서 전도의 미련한 것으로 믿는 자들을 구원하시기를"(고전 1:21) 기뻐하신 것입니다.

예수님은 사람을 낚는 어부(막 1:17)로 제자들을 불러 훈련시키는 하늘 전도의 미련한 방법이 어떤 것인지 직접 보여 주시기 위해 친히 사람을 낚는 '하늘의 미끼'(막 14-16장)가 되시어 십자가에 달려 죽으십니다. 이러한 십자가의 복음을 믿고 잘 훈련된 예수님의 제자들은 그리스도가 죄인을 위해 죽으신 것과 3일 만에 살아나신 사실을 온 천하에 다니며 만민에게 전파하게 됩니다.

구원의 방법(막 10-13장)

재물이 많은 청년이 "내가 무엇을 하여야 영생을 얻으리이까"(막 10:17)라고 예수님에게 질문을 합니다. 이에 대해 예수님은 "네게 있는 것을 다 팔아 가난한 자들에게 주라 그리하면 하늘에서 보화가 네게 있으리라 그리고 와서 나를 따르라"(막 10:21)고 하십니다. 청년은 재물이 많았기 때문에 슬픈 얼굴로 근심하며 돌아갑니다.

탐심으로 세상과 재물에 마음을 두는 자는 자신이 죄인임을 스스로 깨달을 수 없으며, 하나님과 재물을 겸해서 섬길 수 없습니다(마 6:20-21, 24, 롬 3:20, 7:7). 그래서 예수님은 제자들에게 사람은 무엇을 해도 하나님의 나라에 들어갈 수 없지만 하나님만이 하실 수 있는 구원의 방법을 설명하십니다.

"너희가 성경에서 영생을 얻는 줄 생각하고 성경을 연구하거니와 이 성경이 곧 내게 대하여 증언하는 것이니라"(요 5:39).

성경이 증언한 대로 영생은 하늘의 보화이신 예수 그리스도이며, 구원의 방법은 오직 예수 그리스도의 죽으심과 살아나심입니다(막 10:34, 롬 5:10). 그러므로 예수님이 세상에 오신 것은 "섬김을 받으려 함이 아니라 도리어 섬기려 하고 자기 목숨을 많은 사람의 대속물로 주려 함"(막 10:45)입니다.

그런데 맹인 거지 바디매오는 이런 구속의 은혜를 어떻게 알았는지 길가에 앉아 있다가 외칩니다.

"나사렛 예수시란 말을 듣고 소리 질러 이르되 다윗의 자손 예수여 나를 불쌍히 여기소서 하거늘"(막 10:47).

그때 외친 '다윗의 자손'이라는 말은 '예수님은 하나님이 다윗에게 언약하신 그리스도'라는 고백입니다(막 12:37, 눅 1:31-32). 이에 대해 예수님은 바디매오가 믿음으로 구원을 얻은 증표로 눈을 뜨게 하십니다.

이처럼 구속의 언약을 알고 죄인임을 고백하는 자는 바디매오처럼 눈을 뜨고 예수님을 따르게 됩니다. 그러나 탐심으로 눈이 가려진 자는 구속의 은혜도 모르고 예수님을 어떻게 죽일까 하고 꾀를 씁니다(막 11:18). 그리고 전적인 하나님의 은혜로 그리스도의 구속을 믿는 제자들은 죄로 힘들어하는 사람들을 어떻게 살릴까 하며 허물을 용서하고, 종말의 때에 깨어서 그리스도의 재림에 소망을 둡니다(막 11:25, 13:26).

하늘의 미끼(막 14-16장)
영생을 얻게 하는 구원 방법은 오직 예수 그리스도의 희생입니다. 그래서 예수님은 제자들에게 반복적으로 자신의 죽음과 부활을 가르치십니다(막 8:31, 9:31, 10:34). 그리고 예수님은 제자들과 최후의 만찬(막 14:22-24)을 통해서 떡을 떼시며 성전 된 자신의 몸이 무너질 것(요 2:21)과 포도주를 마시며 유월절 어린 양의 피로 출애굽 한 예표를 성취하는 자신의 피, 곧 언약의 피를 흘리는 것의 의미를 마지막까지 가르치십니다(히 9:14-15). 이는 떡과 포

하늘에 쌓은 보물
오직 너희를 위하여 보물을 하늘에 쌓아 두라 거기는 좀이나 동록이 해하지 못하며 도둑이 구멍을 뚫지도 못하고 도둑질도 못하느니라 네 보물 있는 그곳에는 네 마음도 있느니라 (마 6:20-21).

그리스도의 수난 예고
보라 우리가 예루살렘에 올라가노니 인자가 대제사장들과 서기관들에게 넘겨지매 그들이 죽이기로 결의하고 이방인들에게 넘겨주겠고 그들은 능욕하며 침 뱉으며 채찍질하고 죽일 것이나 그는 삼 일 만에 살아나리라 하시니라(막 10:33-34).

그리스도, 다윗의 왕위
보라 네가 잉태하여 아들을 낳으리니 그 이름을 예수라 하라 그가 큰 자가 되고 지극히 높으신 이의 아들이라 일컬어질 것이요 주 하나님께서 그 조상 다윗의 왕위를 그에게 주시리니 (눅 1:31-32).

용서 > 기도
서서 기도할 때에 아무에게나 혐의가 있거든 용서하라 그리하여야 하늘에 계신 너희 아버지께서도 너희 허물을 사하여 주시리라 하시니라(막 11:25).

도주를 비유로 그리스도의 살과 피를 먹고 마시는 자가 구원을 얻게 되는 진리입니다(요 6:53-54).

그래서 예수님은 사람을 낚는 어부로 부르신 제자들에게 자신이 하늘의 미끼가 되는 모습을 실물로 교육하십니다. 어부가 고기를 잡기 위해 낚싯 바늘에 미끼를 꿰듯이, 예수 그리스도는 십자가에 세 개의 대못으로 꿰어 져 친히 영혼의 미끼가 되셔서 죄의 바다에 빠져 사는 자들을 향해 사정없 이 던져지십니다. 이렇게 던져진 예수 그리스도의 살과 피의 미끼를 마음 으로 믿고 입으로 덥석 무는 은혜의 사람들은 영원한 생명을 얻게 됩니다 (롬 10:9-10, 엡 2:8-9).

이처럼 하늘의 미끼, 예수 그리스도를 먹은 예수의 제자들은 사람을 낚는 어부가 되어 만민에게 복음을 전파하는 세상 선교사 의 사명을 갖게 됩니다(막 16:15-16).

그리스도와 연합, 영생
… 인자의 살을 먹지 아니하 고 인자의 피를 마시지 아니 하면 너희 속에 생명이 없느니 라 내 살을 먹고 내 피를 마시 는 자는 영생을 가졌고 마지막 날에 내가 그를 다시 살리리니 (요 6:53-54).

온 천하에 복음 전파
또 이르시되 너희는 온 천하에 다니며 만민에게 복음을 전파하 라 믿고 세례를 받는 사람은 구 원을 얻을 것이요 믿지 않는 사 람은 정죄를 받으리라(막 16:15-16).

오늘의 미션
미끼가 되어 잡아먹힐 각오 로 하루를 살아 보기.

[미션 수행]
영혼의 미끼로 이 땅에 오 신 예수님처럼 사랑의 미끼 가 되어 구원의 도구가 되 게 하소서.

북쪽 갈릴리 중심 사역

포로 귀환 시대　　　　복음 시대　　　　교회 시대

Day Point

누가복음은 한 가정의 이야기를 통해서 세례 요한과 예수 그리스도의 탄생이 구약성경에서 예언한 언약의 성취라는 결론을 내리고 시작합니다(눅 1장).

"유대 왕 헤롯 때에 아비야 반열에 제사장 한 사람이 있었으니 이름은 사가랴요 그의 아내는 아론의 자손이니 이름은 엘리사벳이라"(눅 1:5).

예수님 출생 당시의 역사적인 증거는 로마 황제 가이사 아구스도가 영을 내려 천하로 다 호적할 때이며(눅 2장), 예수님이 30세에 공생애 사역을 시작하실 때는 본디오 빌라도가 유대의 총독으로 있을 때입니다(눅 3장).

예수님이 하나님의 아들이시라는 영적인 증거는 마귀의 세 가지 시험을 통해 확증됩니다(눅 4장). 예수님은 구약에서 예언한 그리스도이시며, 육신의 몸을 입고 사람으로 세상에 오신 완벽한 증명으로 '사역의 준비'(눅 1–4장)를 마치시고 '갈릴리 사역'(눅 5–9장)을 시작하십니다. 예수님은 갈릴리 지역을 중심으로 제자들을 부르시고, 질병을 치료하시며, 하나님 나라의 비밀을 선포하시면서 죄인을 불러 회개시키는 사역을 전개하십니다.

사역의 준비(눅 1-4장)

누가는 구약의 예언이 성취되는 구속사의 관점에서 누가복음을 기록합니다(눅 24:44-47). 구속사는 그리스도의 생애와 사역에 대한 계시적 예언으로, 시간 속에서 만들어진 역사가 아닙니다. 구속사는 하나님의 계획으로 영원 속에서 준비되신 그리스도가 시간을 뚫고 나타나신 것이며, 과거와 현재와 미래를 아우르면서 나와 우리와 인류를 구원하는 복음입니다. 이러한 구속 역사는 계획된 창조와 예정된 종말을 한눈에 보게 합니다.

그래서 누가복음은 시작부터 사가랴와 엘리사벳 그리고 처녀 마리아를 통해서 2천 년 전 '아브라함의 언약'(갈 3:16)과 천 년 전 '다윗의 언약'(삼하

7:12)의 성취를 한눈에 보여 줍니다(눅 1:31-33, 69-73, 시 105:8-10). 사가랴가 예수 그리스도에 대해 예언한 "구원의 뿔"(눅 1:69, 시 18:2)은 죄와 사탄으로부터 구원하는 능력을 상징하고, "돋는 해"(눅 1:78-79, 말 4:2 참조)는 사망의 그늘에 앉은 어두운 인생들에게 치료하는 광선을 발하는 구원을 의미합니다(시 107:10-15, 사 9:1-2).

세례 요한은 "주의 백성에게 그 죄 사함으로 말미암는 구원을 알게"(눅 1:77) 하기 위해 출생했습니다. 이처럼 우리도 온 백성에게 미칠 큰 기쁨의 좋은 소식을 받았기 때문에(눅 2:10-11, 사 12:5, 52:7, 롬 10:15) 죄 사함으로 말미암는 구원을 증거하는 증인이 되어야 합니다.

누가복음에 나타난 역사적 구속사는 다니엘서의 예언대로 느부갓네살 왕이 꿈꾼 금 신상의 바벨론, 바사, 헬라를 지나 로마 황제 "가이사 아구스도가 영을 내려 천하로 다 호적하라"(눅 2:1)고 한 때에 예수 그리스도가 탄생하셔서 금 신상의 침묵 시대를 깨뜨리시고 하나님의 한 나라를 세우시게 됩니다(단 2:44). 그리고 예수님 탄생 700년 전에 이사야와 미가의 예언대로, 처녀에게서 아들을 낳는 임마누엘 징조와 유대 베들레헴에서 탄생하실 장소가 정확하게 성취됩니다(사 7:14, 미 5:2).

예수 그리스도는 공생애 사역을 시작하시기 전에 마귀의 시험을 통해 하나님의 아들로 증거되시고, 구속사의 궁극적인 목적을 성취하려는 사역의 준비를 마치십니다.

▲ 누가복음의 지리적 배경

갈릴리 사역(눅 5-9장)

성령의 능력으로 행하시는 예수 그리스도는 갈릴리에서 공생애 사역을 시작하십니다. 갈릴리 지역은 이스라엘이 남과 북으로 분열되었을 때 북 이스라엘의 영토였는데 앗수르에게 침략을 당합니다. 그로 인해 갈릴리 지역 사람들은 사망의 그늘에서 절망하게 됩니다(사 9:1-2, 마 4:14-16). 그때 이사야 선지자가 그들을 구원해서 갈릴리를 영화롭게 할 '메시아의 탄생'(사 9:6-7)을 예언합니다.

오늘의 말씀

구약 예언 성취, 구속사
… 모세의 율법과 선지자의 글과 시편에 나를 가리켜 기록된 모든 것이 이루어져야 … 이같이 그리스도가 고난을 받고 제삼 일에 죽은 자 가운데서 살아날 것과 또 그의 이름으로 죄 사함을 받게 하는 회개가 예루살렘에서 시작하여 모든 족속에게 전파될 것이 기록되었으니(눅 24:44, 46-47).

그늘을 비치는 돋는 해, 그리스도!
… 이로써 돋는 해가 위로부터 우리에게 임하여 어둠과 죽음의 그늘에 앉은 자에게 비치고 우리 발을 평강의 길로 인도하시리로다 하니라(눅 1:78-79).

그로부터 700년 후 예수님은 갈릴리에서 하나님의 말씀을 거역하고 지존자의 뜻을 멸시해 사망의 포로가 된 그들에게 '메시아의 구원을 선포'(눅 4:18-19, 7:22)하시고, 죄인을 불러 회개시키는 '구원 사역'(눅 5:32)을 하십니다. 그리고 동역자로 부르신 제자들에게 병든 자를 치료하면서 죄를 사하는 그리스도의 구속 사역을 알게 하십니다.

예수 그리스도의 구속 사역을 모르는 세대의 사람들은 애곡을 해도 울지 않고, 피리를 불어도 춤추지 않습니다. 이는 율법의 죄를 외쳐도 회개하지 않고, 복음의 의를 외쳐도 믿지 않는 세대를 말합니다(눅 7:31-32).

이러한 세대를 구원하시기 위해 예수 그리스도가 죽임을 당하시고 제3일에 살아나시는 구속사의 핵심은 은혜로 구원 받는 것입니다. 이것은 하나님 나라의 비밀로, 하나님이 받을 자격이 없는 성도의 마음을 뚫고 들어가시는 은혜의 구원입니다(눅 8:10, 9:22, 롬 10:10, 엡 2:8).

큰 기쁨의 좋은 소식
천사가 이르되 무서워하지 말라 보라 내가 온 백성에게 미칠 큰 기쁨의 좋은 소식을 너희에게 전하노라 오늘 다윗의 동네에 너희를 위하여 구주가 나셨으니 곧 그리스도 주시니라 (눅 2:10-11).

흑암 속 큰 빛, 그리스도
흑암에 행하던 백성이 큰 빛을 보고 사망의 그늘진 땅에 거주하던 자에게 빛이 비치도다 (사 9:2).

그리스도, 영원한 다윗의 왕좌
… 그의 이름은 기묘자라, 모사라, 전능하신 하나님이라, 영존하시는 아버지라, 평강의 왕이라 할 것임이라 그 정사와 평강의 더함이 무궁하며 또 다윗의 왕좌와 그의 나라에 군림하여 그 나라를 굳게 세우고 지금 이후로 영원히 정의와 공의로 그것을 보존하실 것이라 … (사 9:6-7).

복음에 무반응한 세대
… 이 세대의 사람을 무엇으로 비유할까 무엇과 같은가 비유하건대 아이들이 장터에 앉아 서로 불러 이르되 우리가 너희를 향하여 피리를 불어도 너희가 춤추지 않고 우리가 곡하여도 너희가 울지 아니하였다 함과 같도다(눅 7:31-32).

오늘의 미션
사복음서의 핵심 초점은?

[미션 수행]
마태복음: 하늘의 복음
마가복음: 하늘의 정보
누가복음: 하늘의 사역
요한복음: 하늘의 생명

남쪽 유대 중심 사역

눅 9:51 - 눅 19:44

Day Point

"예수께서 승천하실 기약이 차 가매 예루살렘을 향하여 올라가기로 굳게 결심하시고"(눅 9:51).

북부 갈릴리에서 중부 지역의 사마리아를 거쳐 남쪽으로 가면서 예수님의 사역은 유대 지역으로 옮겨집니다. 예수님의 사역은 겉으로 보면 제자를 부르시고, 질병을 치료하시고, 말씀을 가르치시는 모습입니다. 그러나 예수님의 사역의 궁극적 목적은 그리스도의 구속사를 성취하기 위해 천군 천사를 동원할 능력(마 26:53, 눅 2:13)이 있으심에도 불구하고 핍박에 의해 고난당하시고, 무력하게 십자가에서 죽으시는 것입니다. 예수 그리스도가 구약성경에서 예언한 장소에서 탄생하신 것처럼, 그분의 죽음과 부활도 성전이 있는 예루살렘 지역에서 성취됩니다(눅 13:33). 이는 예수님의 죽음이 성전의 무너짐을 상징하고, 그분의 부활이 참성전의 완성을 의미하기 때문입니다(마 24:2, 눅 13:35).

예수님은 구속사를 성취하기 위해 예루살렘으로 올라가시는 길에 '유대 지역 사역'(눅 10-14장)으로 하나님 나라의 비밀을 전하십니다. 그리고 누가복음 15장에서 '되찾은 아들'(눅 15-19장)의 비유를 설명하시고, 하나님 나라의 복음으로(눅 16:16) 노아 때와 같은 방탕한 세상에서(눅 17:26) 자신을 죄인이라고 고백한 세리가 의롭다 함을 받은 것처럼(눅 18:13-14) 잃어버린 세리 삭개오를 찾아 구원하십니다(눅 19:10).

유대 지역 사역(눅 10-14장)

예수님은 승천하실 기약이 차 가자 예루살렘을 향해 올라가십니다. 예수님의 승천은 때가 찬 경륜을 위해 예정된 것으로, 고난과 십자가의 죽으심과 부활을 연결하는 구속사의 완성을 의미합니다(엡 1:9).

예수님은 예정된 하나님의 나라가 가까이 온 것을 아시고 70명의 전도자를 각 동네와 각 지역으로 보내십니다. 70명의 전도로 귀신들이 항복하고 사탄이 하늘로부터 번개같이 떨어지게 됩니다(눅 10:17-18).

전도는 하늘의 문을 열고 영생을 얻게 하는 영적 싸움입니다. 제자들이 영적 싸움에서 이기는 비결은 성령의 인도하심을 받으며 날마다 영혼의 양식이신 예수로 사는 것입니다. 이는 예수님이 하나님의 성령을 힘입어 마귀를 정복하심으로 하나님의 나라가 이미 임했기 때문입니다(눅 11:20, 마 12:28).

> " … 죽음의 세력을 잡은 자 곧 마귀를 멸하시며 또 죽기를 무서워하므로 한 평생 매여 종노릇하는 모든 자들을 놓아 주려 하심이니"(히 2:14-15).

예수님은 하나님 나라를 세우러 오셨기에 요나의 전도를 듣고 회개함으로 구원 받은 니느웨 사람들을 예화로 설명하시면서, 자신이 요나의 표적처럼 죽었다가 3일 만에 살아남으로 하나님 나라가 완성될 것을 예고하십니다(눅 11:29-30, 마 12:40).

그러나 악한 세대는 요나보다 크신 예수님의 전도를 듣고도 믿지 않습니다. 이는 지식의 열쇠를 가진 영적 지도자들이(눅 11:52, 마 23:13-15) 탐심을 채우려고 형식적인 종교 행위를 하면서 하나님 나라는 구하지 않고 재물을 구하기 때문입니다(눅 12:15, 21, 31).

그럼에도 불구하고 하나님 나라는 겨자씨와 누룩의 비유처럼 왕성하게 성장합니다(눅 13:18-21). 예수님은 왕성한 하나님 나라의 혼인 잔치를 준비하시기 위해 예루살렘을 향해 줄기차게 올라가십니다(눅 14:15, 마 22:2, 계 19:9).

되찾은 아들(눅 15-19장)

하나님 나라의 혼인 잔치에 초청 받아 참석하는 사람들은 잃어버린 하나님의 백성입니다. 예수님은 잃어버린 자기 백성을 찾아 회개시키려고 세상에 오셨고, 잃은 양과 잃어버린 동전 그리고 되찾은 아들의 비유로 그 목적을 명확히 드러내십니다(눅 5:32, 15:32).

그래서 주님은 잃어버렸던 죄인 하나가 회개하고 돌아오면 기뻐하며 잔치를 벌이십니다. 죄로 인해 잃어버린 하나님의 백성을 되찾는 방법은 아버지 집에서 대가를 바라고 수고한 맏아들처럼 품삯으로 받을 수 있는 율법적인 행위가 아닙니다. 그것은 아버지의 재산을 허랑방탕하게 낭비해

예루살렘에서의 수난
그러나 오늘과 내일과 모레는 내가 갈 길을 가야 하리니 선지자가 예루살렘 밖에서는 죽는 법이 없느니라(눅 13:33).

영적 전투의 승리
칠십 인이 기뻐하며 돌아와 이르되 주여 주의 이름이면 귀신들도 우리에게 항복하더이다 예수께서 이르시되 사탄이 하늘로부터 번개같이 떨어지는 것을 내가 보았노라(눅 10:17-18).

요나의 표적, 그리스도의 죽음
… 이 세대는 악한 세대라 표적을 구하되 요나의 표적밖에는 보일 표적이 없나니 요나가 니느웨 사람들에게 표적이 됨과 같이 인자도 이 세대에 그러하리라(눅 11:29-30).

하나님 나라, 작음에서 무성함으로!
… 하나님의 나라가 무엇과 같을까 내가 무엇으로 비교할까 마치 사람이 자기 채소밭에 갖다 심은 겨자씨 한 알 같으니 자라 나무가 되어 공중의 새들이 그 가지에 깃들였느니라(눅 13:18-19).

잃어버린 자를 찾아 구원
이 네 동생은 죽었다가 살아났으며 내가 잃었다가 얻었기로 우리가 즐거워하고 기뻐하는 것이 마땅하다 하니라(눅 15:32).

받을 자격이 전혀 없는 둘째 아들처럼 은혜로 받게 되는 하나님 나라의 복음입니다(눅 16:16).

한 부자와 거지 나사로의 비유에 등장하는 부자는 죽어서 음부에 도착하고, 나사로는 아브라함의 품에 있게 됩니다. 부자는 자기 형제들이 지옥의 고통을 당하지 않도록 죽은 자가 살아나서 간증하면 회개할 것이라고 말합니다. 그러나 아브라함은 모세와 선지자들이 복음으로 전한 그리스도의 구속사를 믿으면 된다고 말합니다(눅 16:31, 24:25-27).

노아의 때와 같은 세상에서 잘 먹고 잘 살기 위해 하나님의 잔치에 참석하지 않는 자들은 부자의 말처럼 기적을 보여 주면 믿겠다고 말합니다. 그러나 요나의 표적과 같은 '그리스도의 구속사'(눅 18:31-33)는 자신이 죄인임을 깨닫는 세리와 같은 삭개오를 찾아 그 집에 유하는 은혜로 구원합니다(눅 19:5, 요 14:16-17, 고전 6:19, 계 21:3).

죄인들의 친구, 그리스도!
예수께서 그곳에 이르사 쳐다보시고 이르시되 삭개오야 속히 내려오라 내가 오늘 네 집에 유하여야 하겠다 하시니(눅 19:5).

오늘의 미션

상대방의 티가 보이면 축복하고, 나의 들보가 보이면 회개하기.

[미션 수행]

아들이 쓰던 물건을 제자리에 놓지 않는 습관이 나의 모습임을 인정하며 회개합니다.

Day Point

예수님은 북쪽의 '갈릴리 지역'(눅 5-9장)을 떠나 남쪽의 '유대 지역'(눅 10-19장)으로 지나가면서 여리고에서 잃어버린 삭개오를 찾아 구원하십니다. 그리고 예루살렘 입성 바로 전에 하나님 나라가 당장 나타날 줄 생각하는 제자들에게 은화 열 므나의 비유를 말씀하십니다(눅 19:11-27).

예수님이 예루살렘에서 요나의 표적처럼 십자가에서 죽으시고 부활하심으로 그리스도의 구속사가 성취될 때 가시적으로 나타나는 하나님 나라는 예수 그리스도의 재림을 통해 완성될 것입니다. 은화 열 므나의 비유는 그때까지 제자들이 예수의 증인으로 살아야 될 것을 당부하신 것입니다.

드디어 예수님은 소선지서 스가랴서의 예언대로 나귀 새끼를 타고 예루살렘에 입성하십니다(눅 19:35, 슥 9:9). 이는 스가랴서의 '메시아 예언'(슥 10:4, 11:12, 12:10, 13:1, 14:5, 9)이 줄줄이 성취될 것을 의미합니다.

예수 그리스도가 심판주로 재림하실 때는 백마를 타고 오십니다(계 19:11). 그런데 구원을 베풀기 위해 오시는 왕이 초라한 나귀 새끼를 타고 오십니다. 이는 부정한 동물인 나귀의 초태생은 제물로 드릴 수 없어서 어린 양으로 대속해야 되는 의식으로(출 13:13), 출애굽 당시 유월절 어린 양의 죽음이 영적 출애굽의 예표이며, 세상에 종노릇하는 나귀 새끼와 같은 부정한 죄인을 대속하실 것을 의미합니다. 예수님의 제자들은 이러한 구속사의 복음을 증거하기 위해 '증인의 신분'(눅 20-21장)을 먼저 확인하고, '예수의 구속사'(눅 22-24장)를 전하는 증인의 사역을 감당해야 합니다.

증인의 신분(눅 20-21장)

예수님은 예루살렘에 도착하셔서 강도의 소굴 같은 성전을 정화하시는데, 성전은 임마누엘 된 참성전의 모형입니다.

성전 청결의 궁극적 의미는 예수님이 강도의 소굴 같은 더러운 죄인을 정결하게 해 성전으로 삼으시고, 날마다 성전에서 가르치신 것처럼 죄 많은 세상에서 거룩하게 살도록 정결하게 하시는 것입니다. 그러므로 예수님의 제자는 거룩한 참성전의 신분으로 하나님의 소유된 백성임을 인식해야 합니다(고전 1:2, 3:16-17, 5:7, 벧전 2:9).

예수님은 주인의 포도원에서 일하는 악한 농부의 비유를 통해서 하나님이 보내신 종들을 핍박한 자들에 의해 메시아로 온 자신도 핍박당하고 죽게 될 것을 예고하십니다.

제자는 마치 악한 농부에게 소출을 받아오라고 주인이 보낸 종과 같습니다. 하나님은 출애굽 때부터 당신의 종, 선지자를 부지런히 보내셨지만, 악한 농부와 같은 이스라엘 백성은 구속사의 복음을 전하는 선지자(롬 1:2)를 핍박하고 죽이기까지 했습니다(눅 20:10, 렘 7:25, 29:19). 이 시대에도 예수님의 제자가 증인으로 살면 예수님이 받으셨던 아름다운 고난(벧전 2:19-21)을 받게 됩니다.

또한 증인의 삶은 '가이사의 것은 가이사에게, 하나님의 것은 하나님에게' 드리는 지혜로 인생살이가 예수살이가 되도록 하나님에게 올인해야 합니다. 또한 부활이 없다 주장하며 노아의 때와 같이 시집가고 장가가는 사람들과는 다르게 부활의 자녀로, 나는 죽고 예수로 살아야 합니다(눅 20:36).

그러므로 증인의 삶은 종말의 때에 나타나는 극심한 환난을 예수로 사는 믿음과 그리스도가 주시는 인내로 이기게 되며, 그분이 구름을 타고 능력과 큰 영광으로 오시는 재림을 고대하게 됩니다(눅 21:19, 27, 살후 3:5, 계 14:12).

예수의 구속사(눅 22-24장)

" … 그리스도가 고난을 받고 제 삼 일에 죽은 자 가운데서 살아날 것과 또 그의 이름으로 죄 사함을 받게 하는 회개가 예루살렘에서 시작하여 모든 족속에게 전파될 것이 기록되었으니"(눅 24:46-47).

이것은 구약성경에서 예언한 '예수의 구속사'(눅 24:27, 44)입니다. 그러므로 예수님은 예레미야 선지자가 예언한 "새 언약"(렘 31:31)을 성취하시기 위해 "이 잔은 내 피로 세우는 새 언약이니 곧 너희를 위하여 붓는 것이라"(눅 22:20)고 말씀하십니다. 그리고 영적 출애굽을 예표한 유월절 어린 양의 죽음을 성취하시기 위해 유월절 명절에 체포되십니다.

제자, 거룩한 참성전
너희는 너희가 하나님의 성전인 것과 하나님의 성령이 너희 안에 계시는 것을 알지 못하느냐 … 하나님의 성전은 거룩하니 너희도 그러하니라(고전 3:16-17).

제자, 고난으로의 부르심
부당하게 고난을 받아도 하나님을 생각함으로 슬픔을 참으면 이는 아름다우나 … 이를 위하여 너희가 부르심을 받았으니 그리스도도 너희를 위하여 고난을 받으사 너희에게 본을 끼쳐 그 자취를 따라오게 하려 하셨느니라(벧전 2:19, 21).

인내, 증인의 삶
너희의 인내로 너희 영혼을 얻으리라(눅 21:19).

그리스도의 재림
그때에 사람들이 인자가 구름을 타고 능력과 큰 영광으로 오는 것을 보리라(눅 21:27).

구약의 예언, 예수의 구속사
또 이르시되 내가 너희와 함께 있을 때에 너희에게 말한 바 곧 모세의 율법과 선지자의 글과 시편에 나를 가리켜 기록된 모든 것이 이루어져야 하리라 한 말이 이것이라 하시고(눅 24:44).

체포되신 예수님은 십자가에서 죽으시고 3일 만에 살아나심으로 유대인의 유월절 명절을 기독교의 부활절 명절이 되게 하십니다. 그리고 부활하신 예수님은 제자들에게 나타나셔서 부활의 기쁜 소식을 전하는 증인의 사역을 맡기십니다(눅 24:48). 증인은 보고 들은 것만 말하는 것이 아니라 부활의 예수 그리스도가 내 속에서 역사하시는 능력을 따라 일상생활에서 나는 죽고 예수로 사는 것입니다(골 1:29).

오늘의 미션

누가복음 9장 43-45절 말씀 적기.

[미션 수행]

사람들이 다 하나님의 위엄에 놀라니라 그들이 다 그 행하시는 모든 일을 놀랍게 여길새 예수께서 제자들에게 이르시되 이 말을 너희 귀에 담아 두라 인자가 장차 사람들의 손에 넘겨지리라 하시되 그들이 이 말씀을 알지 못하니 이는 그들로 깨닫지 못하게 숨긴 바 되었음이라 또 그들은 이 말씀을 묻기도 두려워하더라(눅 9:43-45).

영생은 그리스도

요 1:1 - 요 12:50

포로 귀환 시대	복음 시대	교회 시대

Day Point

누가복음의 마지막은 구약성경이 예수의 구속사임을 증명하며(눅 24:27), 요한복음은 구속사의 내용이 영생임을 증명합니다. 예수님은 자신을 메시아로 믿지 않는 자들에게 구약성경의 핵심 내용이 예수 그리스도라는 것을 알게 하십니다.

"너희가 성경에서 영생을 얻는 줄 생각하고 성경을 연구하거니와 이 성경이 곧 내게 대하여 증언하는 것이니라 그러나 너희가 영생을 얻기 위하여 내게 오기를 원하지 아니하는도다"(요 5:39-40).

"모세를 믿었더라면 또 나를 믿었으리니 이는 그가 내게 대하여 기록하였음이라 그러나 그의 글도 믿지 아니하거든 어찌 내 말을 믿겠느냐 하시니라"(요 5:46-47).

그러므로 요한복음은 '영생의 기준'(요 1-6장)이 되시는 예수 그리스도가 '영생의 목적'(요 7-12장)을 성취하려고 하나님의 보내심을 받은 분이심을 믿도록 합니다.

영생의 기준(요 1-6장)

예수님은 하나님 아버지의 명령을 받고 이 땅에 육신의 몸을 입고 오셨습니다(요 1:14, 12:50).

" … 여호와께서 복을 명령하셨나니 곧 영생이로다"(시 133:3).

성경은 예수 그리스도를 믿으면 영생을 얻을 수 있음을 증언합니다(요 3:16). 성경에서 말하는 영생은 이 땅에서 조금 잘 사는 것이 아니고, 예수님이 기준 되시는 삶을 말합니다. 그러므로 참성경(요 5:39)이신 예수님은 종교 생활을 간신히 하면서 사람들에게 칭찬 받는 엉터리 삶을 청산하게 하시고, 내 생명은 죽고 예수의 생명으로 살게 하십니다(요 14:6). 날마다 예수의 생명으로 살 수 있는 비결은 참떡(요 6:32, 48)이신 예수님을 하나님이 보내신 하늘의 만나처럼 먹고 마시는 믿음입니다.

▲ 요한복음의 지리적 배경

영생의 목적(요 7–12장)

성경의 초점은 예수 그리스도이며, 영생의 궁극적 목적은 죄인을 구원해 예수로 살게 하려는 것입니다. 그러나 세상 교훈에 빠진 사람들은 초점을 잃고 세상에 빠져 삽니다. 참교훈(요 7:16)이신 예수님은 하나님의 교훈을 말합니다. 하나님의 교훈은 다윗의 씨로 베들레헴에서 나오리라고 예언되신 그리스도로(요 7:42), 누구든지 목마른 자들은 돈 없이, 값없이 와서 믿음으로 마시는 생명수입니다(요 7:37-38, 사 55:1). 이 물은 사마리아 여인이 마셨던 참영생수(요 4:14), 예수님입니다.

그런데 예루살렘에 살면서 메시아, 곧 그리스도에 대한 지식이 풍부한 자들은 예수님을 그리스도로 알아보지 못합니다. 그들은 세상의 교훈에 목말라했고, 세상에 소망이 없는 사마리아 여인은 하늘의 진리에 목말라했기 때문입니다.

하늘의 참진리(요 8:32, 14:6)이신 예수님은 간음하다 현장에서 잡혀 온 여인에게 자유를 선포하사 어두움 가운데 살았던 그녀를 참생명의 빛(요 3:21, 8:12)이신 예수님에게로 나오게 하십니다. 빛이신 예수님보다 어두운 세상을 더 사랑함으로 간음한 죄인들이(약 4:4) 용서를 받으면 진리를 따르는 자가 되어 빛이신 예수로 살게 됩니다.

요한복음 9장은 태어날 때부터 맹인 된 사람이 눈을 뜨는 이야기로, 참비전(요 9:39)이신 예수님이 진리의 눈을 뜨게 하사 참성전(요 2:21)이신 예수님의 실체를 보게 하십니다. 성경은 참성전이신 예수 그리스도의 이야기로, 어두운 환경과 캄캄한 인생살이로 앞이 보이지 않아도 영적인 눈이 열리면 참성전이 보입니다.

바울은 영적으로 캄캄한 상태였을 때 예수 믿는 사람들을 핍박했지만 다메섹 도상에서 예수님을 만난 은혜로 진리의 눈을 뜨고 이방인의 사도

오늘의 말씀

독생자 선물, 영생
하나님이 세상을 이처럼 사랑하사 독생자를 주셨으니 이는 그를 믿는 자마다 멸망하지 않고 영생을 얻게 하려 하심이라(요 3:16).

그리스도, 생수의 강!
··· 누구든지 목마르거든 내게로 와서 마시라 나를 믿는 자는 성경에 이름과 같이 그 배에서 생수의 강이 흘러나오리라 하시니(요 7:37-38).

진리의 자유
진리를 알지니 진리가 너희를 자유롭게 하리라(요 8:32).

예수의 유일성
예수께서 이르시되 내가 곧 길이요 진리요 생명이니 나로 말미암지 않고는 아버지께로 올 자가 없느니라(요 14:6).

가 되어 영적 맹인들을 하나님 나라로 인도하는 사명을 받게 됩니다.

"그 눈을 뜨게 하여 어둠에서 빛으로, 사탄의 권세에서 하나님께로 돌아오
게 하고 죄 사함과 나를 믿어 거룩하게 된 무리 가운데서 기업을 얻게 하리
라"(행 26:18).

바울처럼 하나님의 은혜로 눈을 뜬 자들은 참목자(요 10:10)이신 예수님
을 알아보고, 그분의 음성을 들으며, 구원의 꿀을 풍성히 먹는 은혜를 누립
니다. 선한 목자이며 참빛(요 1:9)이신 예수님은 자기 백성의 구원자로 오
셨습니다. 그분은 참생명(요 11:25)을 주시는 그리스도로, 부활의 영생을 설
명하시고, 그 증거로 죽은 나사로를 살리셨습니다.

" … 나는 부활이요 생명이니 나를 믿는 자는 죽어도 살겠고 무릇 살아서 나
를 믿는 자는 영원히 죽지 아니하리니 이것을 네가 믿느냐"(요 11:25-26).

이렇게 죽은 자를 살려 내셔야 하는 이유는 하나님으로부터 세상에 보
내심을 받은 명령이 영생인 줄 아셨기 때문입니다(요 12:50). 그래서
예수님은 영생의 목적을 성취하려고 참밀알(요 12:24)이 되
사 한 알의 밀알처럼 썩어지듯 죽으셔야만 했습니다.
그분의 죽음으로 허물과 죄로 죽었던 우리가 살아
나게 된 것입니다(엡 2:1).

선물, 풍성한 삶
도둑이 오는 것은 도둑질하고
죽이고 멸망시키려는 것뿐이
요 내가 온 것은 양으로 생명을
얻게 하고 더 풍성히 얻게 하려
는 것이라(요 10:10).

한 밀알의 역설
내가 진실로 진실로 너희에게
이르노니 한 알의 밀이 땅에 떨
어져 죽지 아니하면 한 알 그대
로 있고 죽으면 많은 열매를 맺
느니라(요 12:24).

오늘의 미션

로마서 10장 17절 말씀 적
기.

[미션 수행]

그러므로 믿음은 들음에서
나며 들음은 그리스도의 말
씀으로 말미암았느니라(롬
10:17).

| 포로 귀환 시대 | 복음 시대 | 교회 시대 |

 Day Point

요한복음의 내용은 크게 두 부분으로 구분할 수 있습니다. 전반부(요 1~12장)는 예수 그리스도가 하나님 아버지의 보내심을 받고 영생의 비밀을 가지고 오신 내용입니다. 후반부(요 13~21장)는 예수 그리스도가 하늘 아버지에게로 돌아가시는 여정의 이야기입니다. 구약성경에서 하나님이 메시아를 보내겠다고 하신 예언대로 오신 그리스도는 하나님의 본체이십니다(빌 2:6~8).

요한복음에서 예수 그리스도가 보혜사 성령을 보내겠다고 하신 말씀은 부활 승천하신 후 성령으로 우리 안에 임마누엘하겠다는 약속입니다(요 16:7, 요일 3:24, 4:13). 그러므로 영생은 하나님의 본체이신 그리스도이며, 그분이 우리 안에 임마누엘하시는 것은 '영생의 신비'(요 13~17장)입니다. 이러한 '신비한 구원'(요 18~21장)을 성취하기 위해 그리스도가 십자가 위에서 죽으셨습니다.

"그리스도께서도 단번에 죄를 위하여 죽으사 의인으로서 불의한 자를 대신하셨으니 이는 우리를 하나님 앞으로 인도하려 하심이라 육체로는 죽임을 당하시고 영으로는 살리심을 받으셨으니"(벧전 3:18).

우리가 이로써 사랑을 알고, 우리도 형제를 위해 목숨을 버리며 임마누엘 되신 예수로 사는 것이 마땅합니다(요일 3:16).

영생의 신비(요 13~17장)

요한복음의 전반부(요 1~12장)가 예수님의 공생애 3년에 해당되는 반면, 후반부(요 13~21장)는 일주일 미만의 시간입니다. 예수님은 일주일 중 제자들과 최후의 만찬을 가지신 목요일 저녁의 짧은 시간에 가장 많은 말씀을 하십니다.

그만큼 중요했던 내용은 성령을 통해서 그리스도가 성도에게 임마누엘하시는 '영생의 신비'(요 13-17장)에 대한 말씀입니다. 이는 성령으로 아니하고는 누구든지 예수를 주시라 할 수 없기 때문이고(고전 12:3), 성령이 임하시면 권능을 받고 예루살렘과 온 유대와 사마리아와 땅끝까지 이르러 예수의 부활을 증거하기 때문입니다(행 1:8).

　　사람의 생각은 육신을 지배하고, 영은 생각을 지배합니다. 마귀가 사람의 생각을 지배하면 마음속에서 하나님을 부인하고 그리스도를 대적하게 됩니다. 그렇게 마귀가 가룟 유다의 마음에 예수를 팔려는 생각을 넣게 됩니다(요 13:2).

　　사람은 성령을 좇아 살지 않으면 육신의 소욕을 따라 살게 됩니다(갈 5:16-18). 또한 성령님이 아니시면 세상적이고 정욕적이고 마귀적인 생각들을 대적할 수 없습니다(약 3:15). 성령은 눈에 보이지 않지만 분명 살아 역사하십니다. 우리 속에서 역사하시는 "진리의 영"(요 14:17)이 서로 사랑하라는 계명을 지키게 하시며(요 13:34, 14:21, 15:10), 예수 그리스도를 증거하게 하십니다(요 15:26). 그러므로 허상의 세상에서 실상을 보게 하시는 성령이 진리와 생명의 길로 인도하사 죄에 대해, 의에 대해, 심판에 대해 세상을 책망하십니다(요 16:7-8, 13).

　　모든 사람은 죄인입니다(롬 3:10, 23). 그러나 성령이 임하시면 예수를 그리스도로 믿지 않는 죄에서 회개하고 주님에게 돌아오는 기적이 일어납니다. 성령은 죄를 드러내고 회개하게 해서 의롭게 만드는 일을 하십니다. 그래서 예수 그리스도를 믿는 것만이 의롭게 되어 영생 얻는 것임을 성령을 통해 알게 됩니다(요 17:3, 21-23). 그러므로 영생의 신비는 육신의 마음 판에 새겨진 새 언약의 신비입니다(고후 3:3, 히 8:8-10, 겔 36:26-28).

신비한 구원(요 18-21장)

예수 그리스도가 자기 백성에게 성령으로 임마누엘하사 영생의 신비를 누리게 하시는 신비한 구원은 환상적이지 않은, 도리어 지극히 고통스럽고 저주스런 십자가 사랑으로 성취됩니다(갈 3:13). 창조주 예수님은 육신의 몸을 입고 자기 땅에 오셔서 피조물에게 체포당하는 수모를 겪으십니다. 유월절에는 한 사람을 놓아 주는 전례가 있는데, 유대인의 왕이신 예수님 대신 강도 바라바가 사면을 받습니다(요 18:39-40).

　　출애굽 유월절 어린 양의 죽음을 역사적으로 성취하시는 예수님의 죽음으로 인해 우리는 죄의 죽음에서 사면 받은 강도 같은 한 사람입니다. 그러므로 왕의 죽음은 한 사람 종의 생명이 되었고, 왕의 부활은 한 사람 종

그리스도, 십자가의 자기 비하
그는 근본 하나님의 본체시나 하나님과 동등됨을 취할 것으로 여기지 아니하시고 오히려 자기를 비워 종의 형체를 가지사 사람들과 같이 되셨고 사람의 모양으로 나타나사 자기를 낮추시고 죽기까지 복종하셨으니 곧 십자가에 죽으심이라 (빌 2:6-8).

'죽는 사랑'의 필연성
그가 우리를 위하여 목숨을 버리셨으니 우리가 이로써 사랑을 알고 우리도 형제들을 위하여 목숨을 버리는 것이 마땅하니라(요일 3:16).

계명 준수, 그리스도 사랑 안에!
내가 아버지의 계명을 지켜 그의 사랑 안에 거하는 것같이 너희도 내 계명을 지키면 내 사랑 안에 거하리라(요 15:10).

영생, 그리스도를 앎
영생은 곧 유일하신 참 하나님과 그가 보내신 자 예수 그리스도를 아는 것이니이다(요 17:3).

십자가 대속의 사랑
그리스도께서 우리를 위하여 저주를 받은 바 되사 율법의 저주에서 우리를 속량하셨으니 … (갈 3:13).

내 양을 먹이라!
그들이 조반 먹은 후에 예수께서 시몬 베드로에게 이르시되 요한의 아들 시몬아 네가 이 사람들보다 나를 더 사랑하느냐 하시니 이르되 주님 그러하이다 내가 주님을 사랑하는 줄 주님께서 아시나이다 이르시되 내 어린 양을 먹이라 하시고 (요 21:15).

성령이 하시는 일

- 천지 창조에 참여하셨다(창 1:1-2).
- 예수님의 잉태와 탄생을 가능하게 하셨다(눅 1:35).
- 사람들에게 영감을 주셔서 성경을 쓰게 하셨다(벤후 1:21, 딤후 3:16).
- 죄, 의, 심판에 대해 세상을 책망하신다(요 16:8).
- 예수님을 증거하시고 성도들을 진리 가운데로 이끄시며 예수님의 영광을 나타내신다(요 15:26, 16:13-14).
- 성도를 위해 중보 하신다(롬 8:26).
- 사람을 거듭나게 하고(요 3:3-8, 딛 3:5) 거룩한 성품을 갖게 하신다(살후 2:13).
- 성도를 인도하시며 (롬 8:14) 성령의 은사들을 주시고(고전 12장) 성령의 열매를 맺게 하신다(갈 5:22-23).
- 성도에게 능력을 주셔서 증인의 삶을 살게 하신다(행 1:8).

의 영생이 되었습니다. 부활의 주님은 우리를 더 이상 종이라 하지 않으시고 친구 사이(요 15:15)로 찾아오십니다. 베드로에게 하셨던 말씀처럼 "네가 이 사람들보다 나를 더 사랑하느냐"(요 21:15) 하고 물으신다면 우리의 대답은 무엇입니까?

"네, 주님! 날마다 죄에 대하여는 죽은 자로 반응하겠습니다. 오직 예수님으로 인해 가능해진 새 생명 가운데 행하며 살겠습니다"

(롬 6:4 참조).

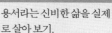 **오늘의 미션**

용서라는 신비한 삶을 실제로 살아 보기.

[미션 수행]

생각으로만 용서했던 친구에게 전화를 걸겠습니다.

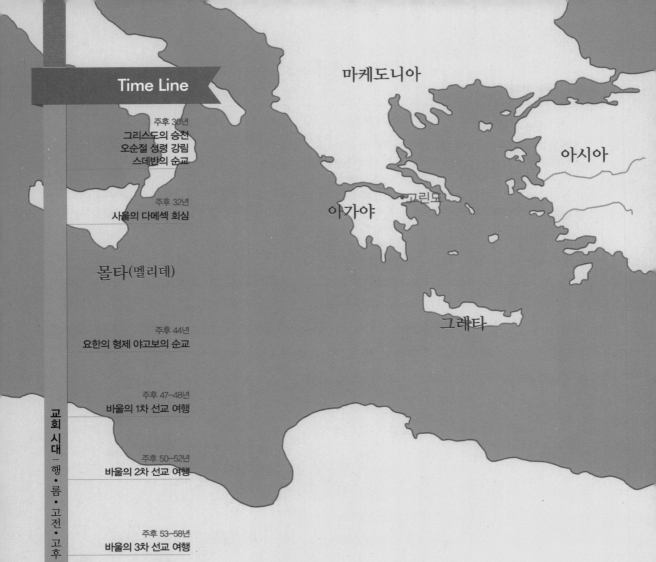

Time Line

마케도니아

아시아

아가야

고린도

그래타

몰타(멜리데)

교회 시대 — 행 · 롬 · 고전 · 고후

주후 30년
그리스도의 승천
오순절 성령 강림
스데반의 순교

주후 32년
사울의 다메섹 회심

주후 44년
요한의 형제 야고보의 순교

주후 47–48년
바울의 1차 선교 여행

주후 50–52년
바울의 2차 선교 여행

주후 53–58년
바울의 3차 선교 여행

주후 58년
바울의 체포

주후 61년
바울의 로마 투옥

주후 64년
네로의 박해

주후 67년
바울의 순교

주후 70년
예루살렘 함락

갈라디아

•다소

•안디옥

키프로스

시리아

지중해

사도행전 1장 - 고린도후서 13장

두로

예루살렘•

홍해

사도행전

 **Key Point**

성령의 역사 예수 그리스도

사도행전의 주된 내용은 땅끝까지 예수 그리스도의 부활하심을 증거하며 복음 전파를 주도하시는 성령의 역사입니다. 성령이 주도적으로 역사하시는 사도행전의 큰 흐름은 베드로 사도가 구심점이 되어 유대 지역에서 유대인에게 선교하는 '성령의 사역'(행 1-12장)과 사도 바울을 중심으로 땅끝까지 이방인에게 확대되어 전 세계로 복음을 확산시키는 '성령의 목적'(행 13-28장)입니다.

성령의 사역(행 1-12장), 성령의 목적(행 13-28장)

누가에 의해 기록된 누가복음과 사도행전은 서로 연결 고리가 있습니다. 누가복음에서 예수님은 부활 후 승천하시기 전에 "볼지어다 내가 내 아버지께서 약속하신 것을 너희에게 보내리니 너희는 위로부터 능력으로 입혀질 때까지 이 성에 머물라"(눅 24:49)고 하십니다. 이 말씀은 사도행전에서 "오직 성령이 너희에게 임하시면 너희가 권능을 받고 예루살렘과 온 유대와 사마리아와 땅끝까지 이르러 내 증인이 되리라 하시니라"(행 1:8)라는 말씀으로 연결됩니다. 이로써 복음서와 사도행전의 연결 고리는 이미 구약에서부터 약속된 성령임을 알 수 있습니다(겔 36:26-28, 욜 2:28).

하나님이 이렇게 성령을 보내신 이유는 예수 그리스도가 십자가에서 죽으시고 부활하심으로 성취하신 구속의 역사는 사람의 눈으로 보지 못하고, 귀로 듣지 못하고, 마음으로 생각하지도 못하기 때문입니다(고전 2:9). 그래서 하나님은 성령으로 구속의 은혜를 우리에게 보이신 것입니다. 성령은 모든 것, 곧 하나님의 깊은 비밀까지도 통찰해서 알려 주십니다(고전 2:10).

그러므로 예수 그리스도의 구속사를 증거하는 '성령의 사역'은 성령 강림(행 1-3장)으로 시작됩니다. 성령은 부활하신 예수님이 그리스도이심을 증

> **새 언약, 약속된 성령**
> 또 새 영을 너희 속에 두고 새 마음을 너희에게 주되 너희 육신에서 굳은 마음을 제거하고 부드러운 마음을 줄 것이며 또 내 영을 너희 속에 두어 너희로 내 율례를 행하게 하리니 너희가 내 규례를 지켜 행할지라 내가 너희 조상들에게 준 땅에서 너희가 거주하면서 내 백성이 되고 나는 너희 하나님이 되리라(겔 36:26-28).

> **사람의 말보다 중한 하나님의 말씀**
> 베드로와 요한이 대답하여 이르되 하나님 앞에서 너희의 말을 듣는 것이 하나님의 말씀을 듣는 것보다 옳은가 판단하라 우리는 보고 들은 것을 말하지 아니할 수 없다 하니(행 4:19-20).

거하는 사도들을 위협하는 사람의 말(행 4:19-20)과 투옥의 억압(행 5:18-20)으로부터 자유하게 하십니다. 그리고 성령 충만한 일꾼(행 6:5)이 복음을 전파하다 순교당하는 현장에서 사망을 담대히 이기게 하십니다(행 7:59-60).

또한 복음 전하는 자들은 여전히 핍박당하지만, 성령은 지역을 넘나드는 빌립의 전도를 허락하시고(행 8장), 복음을 핍박하는 사울을 회심시키십니다(행 9장). 그리고 이방인인 로마의 백부장 고넬료를 구원하시고(행 10장), 이방 지역에 안디옥교회를 개척하십니다(행 11장). 헤롯에게 붙잡힌 베드로를 주의 천사를 보내사 은밀하게 풀어 주시고, 헤롯을 질병으로 죽게 하심으로 하나님의 말씀을 더욱 흥왕하게 하십니다(행 12:24).

성령의 사역은 점점 확대되어 회심한 사울이 '바울'이라는 이름으로 제1차 갈라디아 지역(행 13-15장), 제2차 고린도 지역(행 16-18장), 제3차 에베소 지역(행 19-20장)을 순차적으로 선교하고, 예루살렘에 돌아와서 로마 천부장에게 체포됩니다(행 21장). 그 후에도 바울은 백성과 공회 지도자, 벨릭스 총독과 베스도 총독, 아그립바 2세에게 복음을 전하고(행 22-26장), 성령의 인도하심을 받으며(행 23:11) 로마로 압송되어 전 세계로 확산시킬 복음을 전합니다(행 27-28장).

복음의 핵심(1-11장) : 하나님의 아들 예수 그리스도
복음의 목적(12-16장) : 그리스도를 믿어 하나님에게 순종

로마서

Key Point

순종의 복음 예수 그리스도

구약은 하나님의 사랑에 기초한 율법의 옛 언약이고, 신약은 율법을 완성한 복음의 새 언약입니다. 로마서는 구약에서 예언된 예수 그리스도의 구속 역사를 신약에서 예수 그리스도가 성취하신 '복음의 핵심'(롬 1-11장) 내용과 모든 사람이 복음의 핵심이신 하나님의 아들 예수 그리스도를 믿고 하나님에게 순종하게 하려는 '복음의 목적'(롬 12-16장)을 기록한 책입니다.

복음의 핵심(롬 1-11장), 복음의 목적(롬 12-16장)

사도 바울은 제3차 선교 여행의 주 사역지로 3년간(행 20:31) 머물렀던 에베소를 떠나 마게도냐에서 고린도후서를 쓰고 난 후 고린도를 3개월간 방문합니다(행 20:2-3). 그곳에서 다음 선교 사역에 대한 계획으로 로마에 잠시 들러서 선교 후원을 받아 서바나(스페인)에 가려고 합니다(행 19:21, 롬 15:23). 바울은 이미 예루살렘에서 일루리곤까지 복음을 편만하게 전했기 때문입니다(롬 15:19). 바울은 고린도에서 땅끝을 향한 선교 열정과 복음의 진수를 로마서에 담아 겐그레아교회의 자매 뵈뵈 편으로 로마교회에 보냅니다(롬 16:1).

로마서의 주요 내용은 복음의 핵심이 되시는 예수 그리스도를 믿음으로 말미암아 구원 받고 순종하며 사는 방법입니다. 죄인은 하나님에게 불순종하며 자기의 영광을 위해 살지만, 의인은 하나님에게 순종하며 하나님의 영광을 나타내며 삽니다.

그리스도는 사람이 불순종하는 죄를 해결하고, 하나님에게 순종하게 하는 믿음을 주시기 위해 복음으로 세상에 오셨습니다(롬 1-3장). 하나님의 은혜인 믿음을 통해 만나는 그리스도의 복음은 아브라함을 의롭게 했습니다(롬 4장). 모든 사람에게 차별이 없는 복음은 하나님의 자녀가 된 성도들에게 나타나는 환난의 세상살이를 예수님과 연합한 능력과 율법에서 자유롭게 하시는 성령의 인도하심으로 넉넉히 이기게 합니다(롬 5-8장).

믿음의 조상 아브라함으로부터 시작된 이스라엘이 얻게 되는 구원은 혈통으로나 육정으로나 사람의 뜻으로 나는 것이 아닙니다(요 1:12-13). 오직 택하심을 받은 약속의 자녀가 영적 이스라엘입니다(롬 4:11, 9:6-8, 눅 19:9).

그러므로 구원의 복음은 약속의 '씨'를 통해서 온 세상에 전파됩니다(롬 9-11장). 예수 그리스도의 복음을 통해 구원 받은 성도가 하나님을 기쁘시게 하는 산 제물로 드려지는 순종 생활로 인해 하나님 나라를 세우는 열방 구원이 세계 선교로 확산됩니다(롬 12-16장).

바울의 마게도냐행
… 헬라에 이르러 거기 석 달 동안 있다가 배 타고 수리아로 가고자 할 그때에 유대인들이 자기를 해하려고 공모하므로 마게도냐를 거쳐 돌아가기로 작정하니(행 20:2-3).

로마도 보아야 하리라!
이 일이 있은 후에 바울이 마게도냐와 아가야를 거쳐 예루살렘에 가기로 작정하여 이르되 내가 거기 갔다가 후에 로마도 보아야 하리라 하고(행 19:21).

바울, 서바나 선교 계획
… 그리하여 내가 예루살렘으로부터 두루 행하여 일루리곤까지 그리스도의 복음을 편만하게 전하였노라 … 이제는 이 지방에 일할 곳이 없고 또 여러 해 전부터 언제든지 서바나로 갈 때에 너희에게 가기를 바라고 있었으니(롬 15:19, 23).

은혜로 낳는 하나님의 자녀
영접하는 자 곧 그 이름을 믿는 자들에게는 하나님의 자녀가 되는 권세를 주셨으니 이는 혈통으로나 육정으로나 사람의 뜻으로 나지 아니하고 오직 하나님께로부터 난 자들이니라(요 1:12-13).

칭의, 믿음으로 의롭다 여기심
그가 할례의 표를 받은 것은 무할례 시에 믿음으로 된 의를 인친 것이니 이는 무할례자로서 믿는 모든 자의 조상이 되어 그들도 의로 여기심을 얻게 하려 하심이라(롬 4:11).

약속의 자녀
곧 육신의 자녀가 하나님의 자녀가 아니요 오직 약속의 자녀가 씨로 여기심을 받느니라(롬 9:8).

고린도전서

비밀의 복음 예수 그리스도

하나님의 비밀은 예수 그리스도이고, 예수 그리스도의 비밀은 임마누엘이며, 임마누엘의 비밀은 그리스도가 성도의 주인으로 살아 주시는 신비입니다(골 2:2, 엡 3:4, 살전 5:9-10). 고린도전서는 '하나님의 비밀'(고전 4:1)이신 예수 그리스도가 십자가 위에서 죽으신 구속사의 은혜로 말미암아 사람들 사이에서 벌어지는 분쟁, 음행, 송사, 혼인, 우상의 제물을 먹는 것, 주를 시험하며 우상을 숭배하는 모든 문제들을 해결할 수 있음을 알려 줍니다. 그것은 '하나님의 능력'(고후 13:4)으로, 다시 사신 예수 그리스도의 부활을 통해서 확증됩니다.

하나님의 비밀(고전 1-4장), 하나님의 능력(고전 5-16장)

사도 바울은 제3차 선교 여행(행 19-20장)의 주 사역지인 에베소에 3년간 (행 20:31) 머무는 동안 회당에서 3개월, 두란노 서원에서 2년간 강론하면서 사역에 집중했습니다. 그때 바울은 제2차 선교 여행(행 16-18장) 중에 세운 고린도교회가 여러 가지 문제로 어려움을 겪고 있다는 소식을 접하게 됩니다. 이에 대해 바울은 잘못된 부분을 시정하고 문제에 대한 해답을 제시하기 위해 고린도전서를 쓰게 됩니다.

고린도는 항구 도시로 다양한 문화를 쉽게 접할 수 있다는 이점이 있는 반면, 쉽게 세속 문화에 빠지게도 합니다. 고린도교회는 지역적인 특성상 종교적인 우상 숭배와 문란한 성도덕의 영향으로 문제가 많았습니다. 고린도교회는 '하나님의 비밀'이신 그리스도의 십자가 능력을 모르고 일만 스승을 좇아가다가 분쟁이 발생하게 됩니다(고전 1:18, 4:15).

교회 안에 분쟁이 생기면 또 다른 문제도 생깁니다. 그러므로 광야 같은 세상에서 문제를 해결해 주는 '하나님의 능력'이신 그리스도를 놓치면 음행의 문제에 걸리고(고전 5장), 말끝마다 소송을 제기하고(고전 6장), 결혼의

하나님의 비밀, 예수
이는 그들로 마음에 위안을 받고 사랑 안에서 연합하여 확실한 이해의 모든 풍성함과 하나님의 비밀인 그리스도를 깨닫게 하려 함이니(골 2:2).

일꾼, 하나님의 비밀 맡은 자
사람이 마땅히 우리를 그리스도의 일꾼이요 하나님의 비밀을 맡은 자로 여길지어다(고전 4:1).

하나님의 능력으로 살리라!
그리스도께서 약하심으로 십자가에 못 박히셨으나 하나님의 능력으로 살아 계시니 우리도 그 안에서 약하나 너희에게 대하여 하나님의 능력으로 그와 함께 살리라(고후 13:4).

목적을 깨닫지 못하고 혼인하고 이혼하며(고전 7장), 우상의 제물에 대한 지식을 가지고 우상을 숭배하며, 형식적인 종교 생활을 하게 됩니다(고전 8-10장).

그러나 하나님의 능력이신 그리스도를 마음에 품은 자들은 새 언약의 예수 그리스도를 머리에 두는 신앙의 기준을 가지고 성령이 그리스도의 구속 사역을 증거하기 위해 주시는 신령한 은사를 공동체의 유익을 위해 사용하며, 그리스도의 사랑이 나타나는 아가페 사랑으로 교회의 몸을 세웁니다(고전 11-14장). 그리고 교회의 분쟁과 세상 문제에 빠진 자들을 그리스도의 사랑으로 감싸 주고, 나는 날마다 죽고 예수로 사는 부활 신앙으로 하나님의 마음을 시원하게 해 드립니다(고전 15-16장).

십자가의 도, 구원의 능력
십자가의 도가 멸망하는 자들에게는 미련한 것이요 구원을 받는 우리에게는 하나님의 능력이라(고전 1:18).

영적 아비, 그리스도!
그리스도 안에서 일만 스승이 있으되 아버지는 많지 아니하니 그리스도 예수 안에서 내가 복음으로써 너희를 낳았음이라(고전 4:15).

고린도후서

새 언약의 일꾼(1-6장) : 복음이 마음 판에 새겨진 새 언약의 일꾼
새 언약의 사역(7-13장) : 견고한 진을 파하는 새 언약의 사역

 **Key Point**

심비의 복음 예수 그리스도

바울은 고린도전서에서 고린도교회 내부에서 벌어진 문제들에 대해 '그리스도의 복음인 십자가의 도'를 해답으로 제시합니다. 고린도후서에서는 고린도교회 외부에서 침입해 들어온 다른 예수, 다른 영, 다른 복음에 대해 '마음 판에 새겨진 새 언약의 복음'을 해답으로 제시합니다(고후 11:4).

구원은 예수 그리스도의 구속 사역을 통해 값없이 얻는 은혜입니다. 그런데 유대의 율법주의자들은 오늘까지 구약과 모세의 글을 읽을 때 마음이 수건으로 가려진 것처럼 참뜻을 깨닫지 못하고, 율법을 지켜야 구원이 있다고 생각합니다(고전 3:14-15). 그러나 구원은 돌판에 새겨진 율법에 의하지 않고, 육의 마음 판에 새겨진 새 언약의 복음으로 얻습니다. 그러므로 마음 판에 새겨진 복음으로 구원 받은 '새 언약의 일꾼'(고후 1-6장)은 율법의 견고한 진을 파하는 '새 언약의 사역'(고후 7-13장)을 하게 됩니다.

새 언약의 일꾼(고후 1-6장), 새 언약의 사역(고후 7-13장)

바울은 에베소에서 3년간 사역하는 동안 고린도교회의 문제에 대한 해결책으로 고린도전서를 써 보냅니다. 그런데 여전히 문제가 해결되지 않자 고린도교회를 수습하기 위해 디도를 보냅니다.

그러는 도중 에베소에서 바울이 "사람의 손으로 만든 것들은 신이 아니라"(행 19:26)고 전한 말씀 때문에 아데미 여신을 만들어 생계를 유지해 오던 데메드리오가 소동을 일으키게 됩니다. 그로 인해 바울은 에베소를 떠나 마게도냐로 가는 도중 드로아에서 복음의 문이 열렸는데도 고린도교회의 소식을 가져오는 디도를 만나지 못한 불편한 마음 때문에 그들을 작별하고 마게도냐로 갑니다(행 20:1, 고후 2:12-13).

바울은 마게도냐에서 디도를 만나 고린도교회의 소식을 듣고 너무 기뻐합니다(고후 7:5-7). 고린도교회가 분쟁과 음행에서 돌이켜 회개한 소식을 들은 바울이 마게도냐에서 쓴 편지가 고린도후서입니다.

고린도후서는 예수 그리스도의 구속 사역으로 구원 받은 새 언약의 일꾼의 존재(고후 1-6장), 고린도교회 내부에서 발생한 문제들을 회개한 사실에 감사(고후 7장), 예루살렘에 있는 가난한 성도들을 위한 헌금 요청(고후 8-9장), 외부에서 침투한 왜곡된 복음에 대해서 바른 복음을 제시(고후 10-13장)한 내용을 담고 있습니다.

고린도교회의 '다른 복음'
만일 누가 가서 우리가 전파하지 아니한 다른 예수를 전파하거나 혹은 너희가 받지 아니한 다른 영을 받게 하거나 혹은 너희가 받지 아니한 다른 복음을 받게 할 때에는 너희가 잘 용납하는구나(고후 11:4).

에베소에서 마게도냐로!
소요가 그치매 바울은 제자들을 불러 권한 후에 작별하고 떠나 마게도냐로 가니라(행 20:1).

드로아에서 마게도냐로!
내가 그리스도의 복음을 위하여 드로아에 이르매 주 안에서 문이 내게 열렸으되 내가 내 형제 디도를 만나지 못하므로 내 심령이 편하지 못하여 그들을 작별하고 마게도냐로 갔노라(고후 2:12-13).

고린도교회의 기쁜 소식
우리가 마게도냐에 이르렀을 때에도 우리 육체가 편하지 못하였고 사방으로 환난을 당하여 밖으로는 다툼이요 안으로는 두려움이었노라 그러나 낙심한 자들을 위로하시는 하나님이 디도가 옴으로 우리를 위로하셨으니 그가 온 것뿐 아니요 오직 그가 너희에게서 받은 그 위로로 위로하고 너희의 사모함과 애통함과 나를 위하여 열심 있는 것을 우리에게 보고함으로 나를 더욱 기쁘게 하였느니라(고후 7:5-7).

Day Point

구약과 신약의 경계선을 연결하는 고리는 메시아의 탄생이고, 복음서와 사도행전의 연결 고리는 '성령의 강림'(행 1–3장)입니다. 죄로 인해 하나님과 멀어진 사람의 경계선은 성령으로 말미암은 메시아의 임마누엘로 연결됩니다(요 14:20, 요일 3:24, 4:13).

사도행전은 성령이 주체가 되셔서 죄인을 구원하기 위해 예수 그리스도가 성취하신 구속사를 증거하시는 '성령의 사역'(행 4–11장)입니다. 전 세계로 확산되는 성령의 사역은 먼저 베드로 사도를 구심점으로 예루살렘과 유대 지역에서 시작됩니다.

성령의 강림(행 1–3장)

예수님이 승천하시기 전에 사도들에게 약속하신 성령은 오순절 날에 강림하십니다(행 2:1).

> " … 예루살렘을 떠나지 말고 내게서 들은 바 아버지께서 약속하신 것을 기다리라 요한은 물로 세례를 베풀었으나 너희는 몇 날이 못 되어 성령으로 세례를 받으리라"(행 1:4-5).

성령 강림 사건은 어떤 사람들에게는 새 술에 취한 것처럼 보이기도 합니다(행 2:13). 술 취한 사람은 술의 지배를 받듯이, 성령에 취한 사람은 성령의 인도하심을 받게 됩니다. 성령의 인도하심을 받은 베드로는 성령의 감동으로 기록된 성경을 근거해 예수 그리스도의 부활을 증거합니다(벧후 1:20-21).

> "보혜사 곧 아버지께서 내 이름으로 보내실 성령 그가 너희에게 모든 것을 가르치고 내가 너희에게 말한 모든 것을 생각나게 하리라"(요 14:26).

예수님은 부활하신 후 자신에 대해 기록된 시편이 구속사의 예언이라고 말씀하신 적이 있습니다 (눅 24:44). 베드로는 시편에서 다윗이 예수 그리스도에 대해 한 말을 인용합니다.

"이는 내 영혼을 음부에 버리지 아니하시며 주의 거룩한 자로 썩음을 당하지 않게 하실 것임이로다"(행 2:27, 시 16:10 참조).

베드로는 다윗이 선지자로서 그리스도의 부활을 예언했다고 말합니다.

"그[다윗]는 선지자라 하나님이 이미 맹세하사 그 자손 중에서 한 사람을 그 위에 앉게 하리라 하심을 알고 미리 본 고로 그리스도의 부활을 말하되 그가 음부에 버림이 되지 않고 그의 육신이 썩음을 당하지 아니하시리라 하더니"(행 2:30-31).

이렇게 다윗이 예언한 그대로 하나님은 예수님을 죽은 자 가운데서 다시 살리셨습니다. 하나님이 예수님을 다시 살리신 것은 아브라함에게 "땅 위의 모든 족속이 너의 씨로 말미암아 복을 받으리라"(행 3:25, 창 12:3, 22:18, 26:4, 28:14 참조)고 약속하신 말씀이 우리에게도 성취되어 구원을 얻게 하시려는 것입니다. 구원 받은 성도에게는 예수님의 부활을 증거하시는 성령이 거하십니다.

성령의 사역(행 4-11장)

초대교회를 태동하게 한 역사적인 오순절 성령 강림은 로마 군대의 백부장 고넬료에게도 임합니다(행 10:44-45). 이는 성령의 사역이 이방인에게 확대되고, 이방 지역에 교회가 세워질 것을 미리 보여 준 것이며, 하나님이

오늘의 말씀

내가 너희 안에!
그날에는 내가 아버지 안에, 너희가 내 안에, 내가 너희 안에 있는 것을 너희가 알리라(요 14:20).

오순절의 성령 강림
오순절 날이 이미 이르매 그들이 다같이 한곳에 모였더니 홀연히 하늘로부터 급하고 강한 바람 같은 소리가 있어 그들이 앉은 온 집에 가득하며 마치 불의 혀처럼 갈라지는 것들이 그들에게 보여 각 사람 위에 하나씩 임하여 있더니 그들이 다 성령의 충만함을 받고…(행 2:1-4).

성경, 성령의 감동
먼저 알 것은 성경의 모든 예언은 사사로이 풀 것이 아니니 예언은 언제든지 사람의 뜻으로 낸 것이 아니요 오직 성령의 감동하심을 받은 사람들이 하나님께 받아 말한 것임이라(벧후 1:20-21).

이방인에게도 생명 얻는 회개를 주셨기에 현 교회 시대에도 개인적인 성령 강림이 나타나고 있습니다(행 11:18).

그런데 사도행전에 나타난 성령의 사역은 성령 세례를 받은 사람 중에서, 특히 성령으로 충만해 성령이 주인 되신 상태의 사람들을 통해서 이루어지는 것을 볼 수 있습니다.

성령으로 충만한 사도들은 대제사장과 종교 지도자들의 핍박에도 담대히 예수의 부활을 증거하다가(행 4:10) 감옥에 갇힙니다. 하지만 그들은 날마다 성전에 있든지 집에 있든지 예수는 그리스도라고 가르치는 것과 전도하는 것을 그치지 않습니다(행 5:42).

성령 충만한 사람들은 교회의 직분자로 세워지고(행 6:5), 스데반처럼 순교를 넉넉히 감당하며(행 7:55, 60), 교회가 큰 박해를 당해도 빌립처럼 기록된 성경을 통해 예수를 가르쳐 복음을 전합니다(행 8:35). 스데반을 죽이는데 동조했던 사울(바울)이라는 청년도 예수를 믿고 성령으로 충만해지자 즉시로 예수가 하나님의 아들이심을 전파합니다(행 9:20).

하나님이 성령을 우리에게 보내 주신 것은 그리스도가 우리를 죄에서 자유하게 하려고 구원하신 구속사의 진리를 깨닫게 하시고, 육체의 욕심을 따라 썩어져 가는 구습을 좇는 옛 사람을 벗어 버리고 성령으로 충만해 예수로 살게 하시려는 것입니다 (엡 4:22).

그런데 성령의 인도하심을 따라 살지 않으면 육체의 욕심을 따라 살게 되어 아나니아와 삽비라처럼 성령을 속이고 근심하게 합니다(행 5:3, 엡 4:30). 그러므로 세상의 문화에 취해 세상을 좇지 말고 하나님의 말씀에 취해 성령의 지배를 받아야 합니다(갈 5:16-17, 엡 5:18).

이방인 구원, 생명 얻는 회개
그들이 이 말을 듣고 잠잠하여 하나님께 영광을 돌려 이르되 그러면 하나님께서 이방인에게도 생명 얻는 회개를 주셨도다 하니라(행 11:18).

예수는 그리스도!
그들이 날마다 성전에 있든지 집에 있든지 예수는 그리스도라고 가르치기와 전도하기를 그치지 아니하니라(행 5:42).

성령을 따라 행하라!
내가 이르노니 너희는 성령을 따라 행하라 그리하면 육체의 욕심을 이루지 아니하리라 육체의 소욕은 성령을 거스르고 성령은 육체를 거스르나니 이 둘이 서로 대적함으로 너희가 원하는 것을 하지 못하게 하려 함이니라(갈 5:16-17).

오늘의 미션
나는 싫은데 상대방이 좋아하는 것 해 주기.

[미션 수행]
나의 옛 생명으론 못 하지만 부활의 예수님과 연합해서 사랑을 쏟아 보겠습니다.

성령의 이방인 사역

행 11:19 - 행 20:38

| 복음 시대 | 교회 시대 | 영원 시대 |

Day Point

하나님은 베드로에게 부정한 음식을 먹으라며 세 번씩이나 보여 주신 환상을 통해 유대인들이 부정하게 취급한 이방인들에 대한 구원 계획을 예고하십니다. 하나님이 깨끗하게 하신 것을 사람이 속되다고 할 수 없는 이방인 구원 사역은 성령이 주체가 되시며, 전초기지로 안디옥교회가 세워집니다(행 11:26).

예수의 부활을 전하는 성령의 사역은 여전히 박해를 받지만 하나님의 말씀은 흥왕하게 되고(행 12:24), 이미 이방인의 사도로 준비된 바울은 성령에 의해 선교사로 세워집니다.

바울은 성령의 보내심을 받아 제1차 선교 여행(행 13–15장)으로 갈라디아 지역, 제2차 선교 여행(행 16–18장)으로 고린도 지역, 제3차 선교 여행(행 19–20장)으로 에베소 지역을 선교합니다.

바울의 제1차 선교 여행(행 12–15장)

사도행전의 성령 사역은 예수의 부활을 전하기 위해 유대인을 대상으로 예루살렘에서 시작하지만, 궁극적인 목적은 모든 민족에게 복음을 확산시키는 세계 선교에 있습니다. 그래서 야고보 사도가 헤롯에 의해 죽임을 당하고(행 12:1-2) 베드로 사도가 다른 곳으로 떠나갔어도(행 12:17) 하나님의 말씀은 흥왕하게 됩니다.

성령은 안디옥교회에서 1년 동안 큰 무리를 가르쳐 '그리스도인'(행 11:25-26)이라는 소리를 듣게 한 바울을 선교사로 세우셔서 예수의 부활을 증거하게 하십니다. 바울은 제1차 선교지인 갈라디아 지역(비시디아 안디옥)에서 다윗과 시편을 인용해 그리스도의 구속사를 증거합니다(행 13:22-23).

이는 베드로 사도가 사도행전 2장에서 구약성경의 시편과 그리스도의 예표인 다윗을 통해 예수의 부활을 증거한 것과 동일합니다. 그리고 베드로 사

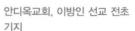

도가 사도행전 3장에서 예수의 이름으로 앉은뱅이를 일으킨 것과 똑같은 상황이 갈라디아 지역(루스드라)에서 사도 바울에게 나타납니다(행 14:8-10).

이렇게 동일한 현상이 나타나는 것은 성령이 증거하시는 예수 그리스도의 복음이 구약성경에서 아브라함과 다윗에게 언약하신 메시아 약속의 성취이기 때문이며, 이를 믿게 하시기 위해 성령이 표적을 통해서도 증거하시기 때문입니다.

사도행전에서 성령이 역사하시는 참된 복음은 기록된 성경을 근거로 예수의 구속사를 밝히 드러내어 하늘의 신령한 복을 받게 하는 것이며(엡 1:3), 이 땅에서 잘 먹고 잘 살게 하는 기복적인 것이 아닙니다. 또한 복음은 모세의 법대로 할례를 받고 율법을 지켜야 구원을 얻게 되는 행위가 아니라 주 예수의 은혜로 구원을 받는 것입니다(행 15:11). 은혜로 구원 받은 자는 우상의 제물과 음란한 행동을 삼가고, 성령이 인도하시는 새로운 삶의 방식으로 나는 죽고 예수로 살아야 합니다.

바울의 제2, 3차 선교 여행(행 16-20장)

바울은 제1차 갈라디아 지역 선교를 마치고 제2차 선교 지역을 아시아로 정합니다. 하지만 성령이 아시아에서의 선교를 허락하지 않습니다.

"성령이 아시아에서 말씀을 전하지 못하게 하시거늘 그들이 브루기아와 갈라디아 땅으로 다녀가 무시아 앞에 이르러 비두니아로 가고자 애쓰되 예수의 영이 허락하지 아니하시는지라"(행 16:6-7).

오늘의 말씀

안디옥교회, 이방인 선교 전초기지

바나바가 사울을 찾으러 다소에 가서 만나매 안디옥에 데리고 와서 둘이 교회에 일 년간 모여 있어 큰 무리를 가르쳤고 제자들이 안디옥에서 비로소 그리스도인이라 일컬음을 받게 되었더라(행 11:25-26).

야고보의 순교

그때에 헤롯 왕이 손을 들어 교회 중에서 몇 사람을 해하려 하여 요한의 형제 야고보를 칼로 죽이니(행 12:1-2).

바울의 전도, "다윗의 후손 예수!"

… 다윗을 왕으로 세우시고 증언하여 이르시되 내가 이새의 아들 다윗을 만나니 내 마음에 맞는 사람이라 내 뜻을 다 이루리라 하시더니 하나님이 약속하신 대로 이 사람의 후손에서 이스라엘을 위하여 구주를 세우셨으니 곧 예수라(행 13:22-23).

"예수는 그리스도!"

바울이 자기의 관례대로 그들에게로 들어가서 세 안식일에 성경을 가지고 강론하며 뜻을 풀어 그리스도가 해를 받고 죽은 자 가운데서 다시 살아나야 그래서 사도 바울 일행은 선교 지역을 아시아에서 유럽으로 옮기게 됩니다. 바울은 마게도냐의 첫 성인 빌립보에 도착해 루디아와 빌립보 감옥의 간수에게 복음을 전합니다. 이로써 빌립보교회가 세워지게 됩니다(행 16장).

바울은 빌립보를 떠나 데살로니가와 베뢰아를 거쳐 아덴에 도착하는 동안 구약성경의 뜻을 풀어서 '예수는 그리스도'라고 증거합니다(행 17장). 그리고 고린도에서 브리스길라와 아굴라를 만나 동역하며 1년 6개월을 머물면서 데살로니가전·후서를 기록합니다(행 18장).

이렇게 제2차 선교 여행을 마친 바울은 제3차 선교 지역인 에베소의 두란노 서원에서 2년간 머물면서 하나님의 말씀을 강론합니다. 그때마다 성령이 주체가 되셔서 사람들의 완악한 마음과 질병을 치료하시는 역사가 일어나고, 주의 말씀은 더욱 흥왕하게 됩니다(행 19장).

바울은 제3차 선교를 하는 동안 에베소에서 고린도전서를, 마게도냐로 이동해 고린도후서를 그리고 고린도를 방문해 서바나에 갈 마음을 품고 로마서를 기록합니다(행 20:1-3, 롬 15:23-24).

바울은 성령에 의해 '선교사'(제1차 선교)로 세워지고, '선교 지역'(제2차 선교)은 성령에 의해 결정됩니다. 그리고 바울의 '선교 사명'(제3차 선교)은 성령에 이끌려 결박과 환난을 당하며 순교를 각오하게 합니다(행 20:22-27). 그러므로 성령이 세우시는 증인(성도)에게는 하나님이 부르시는 곳이 선교지이고, 예수님이 살아 주시는 일상이 선교이며,

성령이 부어 주시는 은혜가

능력입니다.

할 것을 증언하고 이르되 내가 너희에게 전하는 이 예수가 곧 그리스도라 하니(행 17:2-3).

바울, 복음 증언자의 사명
보라 이제 나는 성령에 매여 예루살렘으로 가는데 거기서 무슨 일을 당할는지 알지 못하노라 오직 성령이 각 성에서 내게 증언하여 결박과 환난이 나를 기다린다 하시나 내가 달려갈 길과 주 예수께 받은 사명 곧 하나님의 은혜의 복음을 증언하는 일을 마치려 함에는 나의 생명조차 조금도 귀한 것으로 여기지 아니하노라 보라 내가 여러분 중에 왕래하며 하나님의 나라를 전파하였으나 이제는 여러분이 다 내 얼굴을 다시 보지 못할 줄 아노라 … 모든 사람의 피에 대하여 내가 깨끗하니 이는 내가 꺼리지 않고 하나님의 뜻을 다 여러분에게 전하였음이라(행 20:22-27).

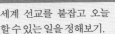

오늘의 미션
세계 선교를 붙잡고 오늘 할 수 있는 일을 정해보기.

[미션 수행]
세계 열방을 축복하며 주기도문합니다.

Day Point

"오직 성령이 너희에게 임하시면 너희가 권능을 받고 예루살렘과 온 유대와 사마리아와 땅끝까지 이르러 내 증인이 되리라 하시니라"(행 1:8).

사도 바울은 제3차 선교 여행을 마칠 즈음 당시의 땅끝인 서바나에 갈 계획을 세웁니다. 바울은 서바나에 가기 전에 마게 도냐와 아가야 사람들의 구제 헌금을 예루살렘에 있는 형제들에게 전달하고, 로마에 잠시 들러 선교 후원을 받으려고 합니 다(행 19:21, 롬 15:23-28).

그러나 성령은 예루살렘에 도착한 바울을 죽이려는 사람들의 손에서 건짐 받아 로마의 천부장에게 결박당하지만, 가장 안 전하게 '감옥 선교'(행 21-26장)와 '로마 선교'(행 27-28장)를 하게 합니다.

바울의 감옥 선교(행 21-26장)

바울이 제3차 선교 여행을 마칠 즈음 성령은 그가 예루살렘에서 결박당할 것을 예고하십니다. 그러나 사도 바울은 이렇게 신앙고백을 합니다.

> "내가 달려갈 길과 주 예수께 받은 사명 곧 하나님의 은혜의 복음을 증언하 는 일을 마치려 함에는 나의 생명조차 조금도 귀한 것으로 여기지 아니하 노라"(행 20:24).

그리고 예루살렘으로 가는 길에 가이사랴에 있는 빌립 집사의 집에 잠 깐 동안 머물면서 순교를 각오합니다(행 21:13).

바울은 선교 사역을 하는 동안 자신의 계획대로 되는 일이 없었습니다. 오로지 성령에 이끌려 순종함으로 자신의 뜻은 죽었고 하나님의 뜻만 살아 있었습니다. 바울에게 나타난 하나님의 뜻은 오로지 예수가 그리스도이심을 증거하는 것입니다. 바울의 선교는 성령의 사역이기 때문입니다.

성령이 미리 예고하신 대로 바울은 예루살렘에서 로마 군대의 천부장에게 결박당합니다(행 21:33). 아무런 잘못도 없는 바울의 체포는 겉으로는 로마의 죄수이지만 실제로는 예수의 증인으로서, 그는 로마에 가기 전까지 2년 동안 로마 군대의 보호를 받으며 간증과 함께 그리스도의 부활을 증거합니다. 사도행전 22장은 백성에게, 23장은 공회의 종교 지도자들에게, 24장은 벨릭스 총독에게, 25장은 베스도 총독에게, 26장은 아그립바 왕에게 복음을 마음껏 전한 내용을 기록합니다.

바울이 이처럼 총독과 왕에게까지 복음을 전할 수 있었던 것은 천부장에게 체포당한 후 유대인 40여 명의 바울 암살 계획을 미리 알게 된 천부장이 바울을 보호하려고 가이사랴에 있는 총독에게 안전하게 보냈기 때문입니다(행 23:32-33).

그렇게 바울이 가이사랴에 수감된 지 2년 후 베스도 총독이 새로 부임하자 유대인들은 이때를 기회로 제2차 암살을 시도합니다. 그러나 바울이 로마 황제 가이사에게 상소함으로 그의 로마 이송이 결정됩니다(행 25:3, 25). 이는 악의 세력이 복음을 방해하고 바울을 죽이려 하지만, 성령의 역사가 죽음의 위기를 증인의 기회로 사용한 역전의 선교 드라마입니다.

바울의 로마 선교(행 27-28장)

주님은 자신의 이름을 이방인과 임금들과 이스라엘 자손들에게 전하기 위해 택하신 바울이 로마에서도 증거하게 하십니다(행 9:15, 23:11).

바울은 로마로 이송되는 도중 유라굴로 광풍으로 인해 배가 파선되어 죽을 고비를 겪습니다. 그러나 하나님은 바울을 로마 황제 가이사 앞에 세우

오늘의 말씀

바울, 예루살렘 - 로마 - 서바나 방문 계획
그러나 이제는 내가 성도를 섬기는 일로 예루살렘에 가노니 이는 마게도냐와 아가야 사람들이 예루살렘 성도 중 가난한 자들을 위하여 기쁘게 얼마를 연보하였음이라 … 그러므로 내가 이 일을 마치고 이 열매를 그들에게 확증한 후에 너희에게 들렀다가 서바나로 가리라 (롬 15:25-26, 28).

주 예수를 위해 죽을 것
바울이 대답하되 여러분이 어찌하여 울어 내 마음을 상하게 하느냐 나는 주 예수의 이름을 위하여 결박 당할 뿐 아니라 예루살렘에서 죽을 것도 각오하였노라 하니(행 21:13).

바울, 베스도 총독에게 호송
이튿날 기병으로 바울을 호송하게 하고 영내로 돌아가니라 그들이 가이사랴에 들어가서 편지를 총독에게 드리고 바울을 그 앞에 세우니(행 23:32-33).

시기 위해 배에 있는 276명의 생명을 보호하시고, 안전하게 멜리데 섬으로 인도하십니다(행 27:23-24). 바울은 멜리데 섬에 3개월 동안 머물면서 보블리오 추장의 부친이 걸린 열병과 이질을 고치고 섬을 복음화합니다.

그 후 바울은 로마에 도착하고, 2년 동안(주후 60-62년) 가택 연금을 당합니다(행 28:30-31). 이때 옥중서신으로 에베소서, 빌립보서, 골로새서, 빌레몬서를 씁니다. 그리고 잠깐 풀려난 후에 목회서신으로 디모데전·후서, 디도서를 씁니다. 특히 디모데후서는 네로 황제의 극심한 박해로 인해 순교하기 직전(주후 67년)에 쓴 것입니다.

바울의 인생은 환난의 연속이었지만, 또한 역전의 연속이었습니다. 바울처럼 성령의 인도하심을 받으며 사는 성도에게는 세상을 사는 동안 유라굴로 같은 환난의 태풍이 불어옵니다. 세상의 광풍은 사람을 죽이려고 하지만, 하나님은 생명을 구원하는 성령의 사역으로 바꾸십니다. 바울에게 유라굴로 광풍은 환난이었지만 이는 멜리데 섬의 선교를 향한 성령의 사역이었고, 바울은 죄도 없이 체포당했지만 이는 로마 선교를 향한 성령의 사역이었습니다.

로마에 의해 예수님이 체포당하신 것도 인류 구원을 위해 세계 선교를 이루고자 하시는 성령의 사역이었습니다. 그러므로 환난과 고난이 뒤섞인 세상에서 미래를 예측할 수 없는 시대를 살아가는 동안 성도의 삶은 작전상 포로가 되어 성령의 인도하심을 받으며 예수로 사는 생명입니다.

바울, "이방 구원을 위해 택한 나의 그릇!"
주께서 이르시되 가라 이 사람은 내 이름을 이방인과 임금들과 이스라엘 자손들에게 전하기 위하여 택한 나의 그릇이라(행 9:15).

바울, 로마 황제 앞으로!
내가 속한 바 곧 내가 섬기는 하나님의 사자가 어젯밤에 내 곁에 서서 말하되 바울아 두려워하지 말라 네가 가이사 앞에 서야 하겠고 또 하나님께서 너와 함께 항해하는 자를 다 네게 주셨다 하였으니(행 27:23-24).

로마 가택 연금 속 복음 전도
바울이 온 이태를 자기 셋집에 머물면서 자기에게 오는 사람을 다 영접하고 하나님의 나라를 전파하며 주 예수 그리스도에 관한 모든 것을 담대하게 거침없이 가르치더라(행 28:30-31).

오늘의 미션

용서받은 죄인에게 찾아오신 예수님 찬양하기.

[미션 수행]
본질적으로 죄인일 수밖에 없는 나를 구원해 주신 하나님 아버지의 사랑을 찬양합니다.

Day Point

로마서의 '복음의 핵심'(롬 1-11장)은 예수 그리스도를 믿어 하나님에게 순종하게 하는 하나님의 복음입니다. 성도는 예수의 생명이 왕 노릇 하는 은혜로 의에게 종노릇하지만, 육신의 욕심을 좇게 되면 죄가 기회를 탑니다. 그리하여 "오호라 나는 곤고한 사람이로다 이 사망의 몸에서 누가 나를 건져 내랴"(롬 7:24) 하고 탄식합니다.

그러나 성령은 성도를 새로운 삶의 방식으로 하나님에게 순종하며 살도록 인도하십니다(롬 8:14). 하나님이 주시는 은혜의 믿음을 통해서 순종의 복음을 만난 믿음의 조상 아브라함의 후손들은 영적 이스라엘이 됩니다(롬 9-11장). 그들에게 나타나는 모든 상황에서 '복음의 목적'(롬 12-16장)인 살든지 죽든지 하나님을 기쁘시게 하려고 산 제물로 드려지는 순종 생활은 열방을 구원하는 세계 선교를 확산시킵니다.

복음의 핵심(롬 1-11장)

로마서는 사도 바울이 로마에 있는 성도들에게 쓴 편지로, 하나님의 복음을 통해 예수 그리스도를 믿어 하나님에게 순종하게 하려는 내용입니다. 죄가 없었던 에덴동산에서도 하지 못했던 순종을 타락한 세상에서 그리스도의 복음이 가능하게 합니다.

타락한 천사인 마귀를 향한 구원 계획은 없지만, 타락한 인간을 향한 구원 계획은 구약의 율법과 선지자들에게 증거를 받으신 예수 그리스도를 믿는 것입니다(롬 3:21-22). 하나님의 은혜로 값없이 의롭다 하심을 얻은 아브라함처럼 구원 받은 하나님의 자녀는 하나님과 화목한 순종으로 생명이 왕 노릇 하고 그리스도와 연합한 새 생명의 의의 무기가 됩니다.

그러므로 예전에는 율법이 주인 노릇을 했지만 이제는 그리스도와 함께 십자가 위에서 죽었으므로 율법에서 자유하게 되었고, 그리스도가 다시 살아나신 것처럼 성령이 인도하시는 새로운 삶의 방식으로 살게 되었습니다. 그래서 전에는 율법을 기준으로 살다가 예수 그리스도의 복음을 만난 후에는 믿음으로 살 수 있다고 바울은 증거합니다.

◀ 로마서의 지리적 배경

그런데 세상 기준으로 살다가 예수 그리스도의 복음을 만나도 믿음으로 살지 못하면 율법으로 살게 됩니다. 그러면 율법을 완성하는 사랑으로 사는 것이 아니라 도리어 율법에 매여 남도 죽이고, 자신도 죽게 되는 상태로 탄식하게 됩니다. 그러므로 예수 그리스도의 복음으로 임마누엘 된 하나님의 자녀는 평소 생활에서 예수 그리스도가 주인으로 사실 때 비로소 믿음으로 순종하며 살 수 있습니다.

사람은 인생 관리를 한다며 돈 새는 것을 막기 위해서 물질을 관리하고, 늙어 가는 것을 막기 위해서 피부를 관리합니다. 그러나 하나님의 자녀는 영혼이 죽어 가는 것을 막기 위해서 말씀 관리를 잘해야 합니다. 물질 관리는 돈이 새기 전에 필요한 곳에 미리 쓰는 것이고, 피부 관리는 늙어 갈수록 아름다운 웃음꽃을 피우는 것이며, 말씀 관리는 말씀이 나를 관리해 나는 죽고 예수로 사는 것입니다.

복음의 목적(롬 12-16장)

복음의 목적은 그리스도를 믿어 하나님에게 순종하는 것이고, 성도의 순종은 하나님을 기쁘시게 하는 산 제물로 드려지는 것입니다(롬 12:1). 세상에 대해서 자신은 죽고 하나님에 대해서 예수로 사는 것을 의미합니다. 그러므로 성도가 산 제물로 드려지는 삶은 영원히 죽기 위해 잠깐 사는 세상살이가 아니라 영원히 살기 위해 잠깐 죽는 예수살이입니다(고후 4:17-18).

하나님의 자녀로 존재가 바뀐 성도가 산 제물로 사는 순종 생활은 세상 권세를 인정해 선을 행하듯이 하늘 권세를 인정해 새 계명인 사랑을 이웃에게 흘려보내는 것입니다(롬 13:10). 그리고 믿음이 연약한 자를 받아 내어

오늘의 말씀

하나님의 영으로 인도
무릇 하나님의 영으로 인도함을 받는 사람은 곧 하나님의 아들이라(롬 8:14).

차별이 없는 하나님의 의
이제는 율법 외에 하나님의 한 의가 나타났으니 율법과 선지자들에게 증거를 받은 것이라 곧 예수 그리스도를 믿음으로 말미암아 모든 믿는 자에게 미치는 하나님의 의니 차별이 없느니라(롬 3:21-22).

거룩한 산 제물로 드리라
그러므로 형제들아 내가 하나님의 모든 자비하심으로 너희를 권하노니 너희 몸을 하나님이 기뻐하시는 거룩한 산 제물로 드리라 이는 너희가 드릴 영적 예배니라(롬 12:1).

보이지 않는 영원한 것
우리가 잠시 받는 환난의 경한 것이 지극히 크고 영원한 영광의 중한 것을 우리에게 이루게 함이니 우리가 주목하는 것은

그들의 약점을 담당하는 것입니다(롬 14:1, 15:1). "하나님의 나라는 먹는 것과 마시는 것이 아니요 오직 성령 안에 있는 의와 평강과 희락"(롬 14:17)이라는 모습을 보여 주어야 합니다.

약한 자의 경우 내성적이지만 생각이 진지하고, 사교성이 적지만 정직하고 과장되지 않으며, 소심하지만 실수가 적고 정확할 수 있습니다. 질투심이 많지만 의욕이 넘치며, 말이 너무 많지만 지루하지 않으며, 자신감이 없지만 오히려 겸손하며, 직선적이지만 속이 깊을 수도 있습니다.

그러므로 믿음이 강해서 말씀에 순종하는 자들은 상대적으로 믿음이 약한 자들을 인내로 돌보아 서로 한마음이 되어 하나님에게 영광을 돌려야 합니다. 이는 예수 그리스도가 연약한 우리를 위해 죽으심으로 하나님에게 영광을 돌리셨기 때문입니다. 이렇게 성도의 순종 생활은 세계 선교를 확산시킵니다.

> "… 그리스도 예수의 일꾼이 되어 하나님의 복음의 제사장 직분을 하게 하사 이방인을 제물로 드리는 것이 성령 안에서 거룩하게 되어 받으실 만하게 하려 하심이라"(롬 15:16).

그러면 예수 그리스도를 믿어 순종한 결과로 맺어진 하나님의 가족을 세계 선교의 열매로 보게 될 것입니다(롬 16:26).

보이는 것이 아니요 보이지 않는 것이니 보이는 것은 잠깐이요 보이지 않는 것은 영원함이라(고후 4:17-18).

사랑, 율법의 완성
사랑은 이웃에게 악을 행하지 아니하나니 그러므로 사랑은 율법의 완성이니라(롬 13:10).

세계 선교, 모든 민족이 믿어 순종
나의 복음과 예수 그리스도를 전파함은 영세 전부터 감추어졌다가 이제는 나타내신 바 되었으며 영원하신 하나님의 명을 따라 선지자들의 글로 말미암아 모든 민족이 믿어 순종하게 하시려고 알게 하신 바 그 신비의 계시를 따라 된 것이니 … (롬 16:25-26).

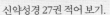

오늘의 미션
신약성경 27권 적어 보기.

[미션 수행]
마태복음, 마가복음, 누가복음, 요한복음, 사도행전, 로마서, 고린도전서, 고린도후서, 갈라디아서, 에베소서, 빌립보서, 골로새서, 데살로니가전서, 데살로니가후서, 디모데전서, 디모데후서, 디도서, 빌레몬서, 히브리서, 야고보서, 베드로전서, 베드로후서, 요한일서, 요한이서, 요한삼서, 유다서, 요한계시록

Day	비밀의 복음
83	고전 1:1 - 고전 16:24

복음 시대	교회 시대	영원 시대

Day Point

바울은 제2차 선교 여행(행 16~18장)으로 마게도냐 지역의 빌립보와 데살로니가 그리고 아가야 지역의 아덴을 지나 고린도에서 1년 6개월간 머물면서 고린도교회를 세우게 됩니다. 고린도교회에는 특별한 은사를 가진 사람들이 많았던 반면, 많은 분쟁과 문제들도 있었습니다.

고린도전서는 바울이 그들에게 아비의 심정으로 '십자가의 도'를 해결책으로 제시한 서신입니다. 고린도전서는 교회의 분쟁(고전 1~4장)과 광야 같은 세상의 문제(고전 5~10장), 그리스도의 은혜(고전 11~16장)로 구분할 수 있습니다.

십자가의 도가 교회의 분쟁을 해결하는 '하나님의 비밀'이고, 세상의 문제를 해결하는 '하나님의 능력'이며, 예수 그리스도의 은혜로 살게 하는 '하나님의 지혜'입니다(고전 1:22~24).

하나님의 비밀(고전 1~4장)

하나님의 비밀은 그리스도가 우리를 위해 죽으셨다는 십자가의 메시지입니다. 하나님의 비밀인 '십자가의 도'는 나의 옛 사람을 십자가에 죽이고 새사람 예수로 살아가게 하는 진리입니다(고전 1:18).

이 비밀의 진수를 모르고 진리의 말씀을 잊어버리면 서로 분쟁하게 됩니다. 분쟁하면 서로 다른 말을 하고, 다른 마음과 다른 뜻을 품게 되어 하나님의 뜻을 따르기보다는 자신의 뜻을 따라 살게 됩니다. 그리고 예수 그리스도가 십자가에 못 박히신 뜻을 깨닫게 하시는 성령의 능력을 믿지 않고 사람의 지혜를 의지하게 됩니다(고전 2:4-5).

그들은 육에 속한 불신자와 비슷한 '육신에 속한 자', 곧 그리스도 안에서 어린아이와 같은 자입니다(고전 3:1). 누구나 거듭날 때 어린아이로 태어나지만 시간이 지나도 자라지 않으면 육신에 속한 자가 되어 시기와 분쟁이 끊이지 않으며, 주님을 따르지 않고 사람을 따라가게 됩니다 (고전 3:3).

"이는 젖을 먹는 자마다 어린아이니 의의 말씀을 경험하지 못한 자요"(히 5:13).

그러나 어떠한 은혜로 자신의 존재가 그리스도의 터 위에 세워진 "하나님의 성전"(고전 3:16)인 것을 깨닫게 되면 인생을 수단과 방법으로 살지 않고 하나님의 비밀인 예수로 살게 됩니다.

바울은 아비의 심정으로 분쟁 해결 방법을 '십자가의 도'로 제시하고, 이제는 분쟁에서 빠져나와 자신을 본받아 하나님의 비밀을 맡은 충성된 일꾼이 되라고 권면합니다(고전 4:1-2, 16). 일꾼의 충성은 믿음으로 속이 꽉 찬 예수가 나타나시는 왕 노릇이며, 그 일은 저주를 받으면 축복하고, 핍박을 당하면 인내하고, 비방을 당하면 친절하게 상대하는 것으로, 예수 그리스도의 십자가와 어울리는 신앙생활입니다(고전 4:11-13).

그러므로 십자가의 도에 어울리는 사람은 자신이 돋보이기 위해 십자가를 장식 삼아 목에 거는 장식용 종교 생활을 하지 않습니다. 그는 목숨이 달린 목을 십자가에 거는 자기 부인과 자기 십자가를 지는 아름다운 고난으로 그리스도가 돋보이시는 삶을 삽니다(고전 4:20).

하나님의 능력(고전 5-16장)
바울은 고린도교회가 음행(고전 5장), 송사(고전 6장), 혼인(고전 7장), 우상의 문제(고전 8-10장)에 직면한 상태를 유월절 어린 양의 죽음으로 애굽에서 나온 조상들의 광야 교회(행 7:38)를 경계의 거울로 제시해 말합니다.

"그들에게 일어난 이런 일은 본보기가 되고 또한 말세를 만난 우리를 깨우치기 위하여 기록되었느니라"(고전 10:11).

오늘의 말씀

십자가의 그리스도, 하나님의 능력과 지혜
유대인은 표적을 구하고 헬라인은 지혜를 찾으나 우리는 십자가에 못 박힌 그리스도를 전하니 유대인에게는 거리끼는 것이요 이방인에게는 미련한 것이로되 오직 부르심을 받은 자들에게는 유대인이나 헬라인이나 그리스도는 하나님의 능력이요 하나님의 지혜니라 (고전 1:22-24).

하나님의 비밀을 맡은 충성된 일꾼
사람이 마땅히 우리를 그리스도의 일꾼이요 하나님의 비밀을 맡은 자로 여길지어다 그리고 맡은 자들에게 구할 것은 충성이니라(고전 4:1-2).

그리스도로 인한 고난의 길
바로 이 시각까지 우리가 주리고 목마르며 헐벗고 매맞으며 정처가 없고 또 수고하여 친히 손으로 일을 하며 모욕을 당한즉 축복하고 박해를 받은즉 참고 비방을 받은즉 권면하니 우리가 지금까지 세상의 더러운 것과 만물의 찌꺼기같이 되었도다(고전 4:11-13).

이는 현시대를 살고 있는 우리에게도 동일하게 적용되는 말씀입니다. 유월절 어린 양, 곧 예수 그리스도의 희생으로 하나님의 성전이 된 우리에게도 유혹의 욕심을 따라 썩어져 가는 구습을 따르는 옛 사람의 묵은 누룩이 있기 때문입니다(고전 5:7, 엡 4:22).

그러나 묵은 누룩과 광야 같은 세상에 살면 누구나 겪을 수 있는 고린도 교회의 시험들은 광야 교회에서 여호수아와 갈렙이 믿음의 시범을 보여 준 것처럼 누룩을 제거하고 시험을 피해 갈 길이 있습니다. 그것은 자기 생각으로 사는 것이 아니라 하나님의 지혜로 음행과 우상을 숭배하는 탐심의 옛 사람을 날마다 죽이고(고전 15:31) 사망을 이기신 부활의 예수로 사는 것입니다. 이것이 "하나님의 능력"(고후 13:4)으로, 사망을 이기신 예수 그리스도의 부활의 비밀(고전 15:51)입니다.

하나님의 지혜로 십자가의 도를 깨달은 신령한 성도는 교회의 머리이신 예수 그리스도에게 뿌리를 두고, 십자가의 뿌리 깊은 영성으로 성령이 주시는 신령한 은사를 공동체의 유익과 교회의 몸을 세우는 데 사용합니다.

그러므로 '세상의 시험'(고전 5-10장)에서 빠져나오는 것은 아담의 몸에서 빠져나오는 것과 같고, 마지막 아담(고전 15:45)이신 그리스도에게 뿌리를 두는 것은 예배의 질서(고전 11-14장)를 지키고, 그리스도의 부활(고전 15장)을 기대하며, '그리스도의 은혜'(고전 11-16장) 안에 사는 것과 같습니다.

나무는 땅에 뿌리를 내리지만 성도는 땅에 발을 딛고 있어도 머리를 하늘에 두고 있기에 새 하늘과 새 땅에 뿌리를 내리고 살아야 합니다.

능력의 하나님의 나라
하나님의 나라는 말에 있지 아니하고 오직 능력에 있음이라 (고전 4:20).

묵은 누룩을 내버리라!
너희는 누룩 없는 자인데 새 덩어리가 되기 위하여 묵은 누룩을 내버리라 우리의 유월절 양 곧 그리스도께서 희생되셨느니라(고전 5:7).

"나는 날마다 죽노라!"
형제들아 내가 그리스도 예수 우리 주 안에서 가진 바 너희에 대한 나의 자랑을 두고 단언하노니 나는 날마다 죽노라 (고전 15:31).

오늘의 미션
성도가 새 하늘과 새 땅에 뿌리를 내리도록 안내하는 것은?

[미션 수행]
성경, 예수, 성령

Day Point

사도 바울은 고린도교회 내부에서 발생한 분쟁 문제를 해결하기 위해 고린도전서를 쓰고, 외부에서 침입한 문제(다른 복음) 를 해결하기 위해 고린도후서를 쓰게 됩니다.

구원은 돌판에 기록된 옛 언약(율법)에 의해서 받는 것이 아니고 마음 판에 새겨진 새 언약(복음)으로 받게 됩니다(롬 10:9-10, 고후 3:3, 4:6). 그런데도 율법이라는 수건이 마음에서 벗어지지 않은 자들이 예수 그리스도의 복음을 왜곡되게 합니다. 그들 은 구약과 모세의 글을 읽을 때 그리스도 안에서 없어질 수건을 얼굴에 쓰고 영적 맹인처럼 모세의 율법을 지켜야 구원이 있 다고 말합니다(행 15:1). 그러나 구약과 모세의 글은 예수 그리스도를 믿어야 구원 받을 수 있음을 기록한 것입니다(눅 16:27-31, 24:44-47, 요 5:46, 갈 3:24).

그러므로 바울은 고린도후서를 통해 하나님의 은혜로 구원 받은 '새 언약의 일꾼'(고후 1-6장)의 존재와 '새 언약의 사역' (고후 7-13장)에 대해 기록합니다.

새 언약의 일꾼(고후 1-6장)

하나님은 "새 언약의 일꾼"(고후 3:6)에게 사형선고와 같은 환난을 통해서 자신을 의지하지 말고 오직 죽은 자를 다시 살리시는 하나님만 의지하게 하십니다(고후 1:9). 이는 새 언약의 일꾼에게 사망을 이기고 위로하는 능력 을 주셔서 모든 환난당하는 자들을 위로하는 하나님의 위로자로 세우시려 는 것입니다.

그러므로 새 언약의 일꾼은 그리스도의 향기로 사탄을 이기고, 형제의 잘못을 용서하고 위로해 구원의 삶으로 인도합니다. 또한 새 언약의 일꾼 은 예수 안에 있는 구속으로 말미암아 하나님의 은혜로 값없이 의롭다 하 심을 얻게 되는 진리를 선포하는 의의 직분으로, 죄인에게 자유와 구원의 소망을 주고, 마음 판에 새겨진 그리스도의 편지가 되게 합니다.

▼ 고린도후서의 지리적 배경

그리고 새 언약의 일꾼이 전한 복음은 그리스도의 영광의 복음의 광채가 마음에 비치게 하는 것으로, 그리스도의 형상을 나타내며 예수의 생명으로 살게 합니다(고후 4:3-4, 10-11). 복음의 능력(고후 2:14, 4:7)은 육신의 질그릇에 금칠하는 삶에서 질그릇을 깨뜨리고 보배이신 그리스도를 드러내는 삶이 되게 합니다. 또한 복음의 능력은 영원한 영광의 중한 것을 얻기 위해 잠시 받는 환난의 경한 세상을 넉넉히 살아 내게 하며, 잠깐 보이다 없어질 세상을 바라보지 않고 보이지 않는 하늘의 영원한 집을 볼 수 있는 믿음의 눈을 갖게 합니다(고후 4:18, 히 11:1, 12:2).

그러므로 새 언약의 복음을 통해 새 창조의 존재(고후 5:17)가 된 우리는 그리스도의 대사가 되어 하나님의 은혜의 복음을 선포하며, 살아 계신 하나님의 성전으로 세상과 구별되게 살아야 합니다(고후 6:16).

"하나님께서 그리스도 안에 계시사 세상을 자기와 화목하게 하시며 그들의 죄를 그들에게 돌리지 아니하시고 화목하게 하는 말씀을 우리에게 부탁하셨느니라"(고후 5:19).

새 언약의 사역(고후 7-13장)

질그릇에 보배를 가진 새 언약의 일꾼에게는 거룩하지 못한 성도를 위해 하나님의 뜻대로 하는 근심, 즉 회개를 일으켜 하나님의 백성답게 복음에 합당한 삶을 살게 하는 '회개 사역'(고후 7장)이 있습니다. 그리고 가난한 성도를 섬기기 위한 '구제 사역'(고후 8-9장), 순진한 성도에게 다른 복음을 전하는 자들의 견고한 이론을 무너뜨리기 위해 바른 복음을 전하는 '진리 사역'(고후 10-13장)이 있습니다.

그러므로 새 언약의 핵심 사역은 바른 복음이며, 복음 안에는 함께 죽으

오늘의 말씀

구원, 예수를 믿고 시인
네가 만일 네 입으로 예수를 주로 시인하며 또 하나님께서 그를 죽은 자 가운데서 살리신 것을 네 마음에 믿으면 구원을 받으리라 사람이 마음으로 믿어 의에 이르고 입으로 시인하여 구원에 이르느니라(롬 10:9-10).

영으로 된 새 언약의 일꾼들
그가 또한 우리를 새 언약의 일꾼 되기에 만족하게 하셨으니 율법 조문으로 하지 아니하고 오직 영으로 함이니 율법 조문은 죽이는 것이요 영은 살리는 것이니라(고후 3:6).

마음의 사형선고, 하나님만 의지
우리는 우리 자신이 사형선고를 받은 줄 알았으니 이는 우리로 자기를 의지하지 말고 오직 죽은 자를 다시 살리시는 하나님만 의지하게 하심이라(고후 1:9).

가리어진 복음의 광채
만일 우리의 복음이 가리었으면 망하는 자들에게 가리어진 것이라 그중에 이 세상의 신이 믿지 아니하는 자들의 마음을 혼미하게 하여 그리스도의

시고 함께 살아 주시는 예수 그리스도가 계십니다(살전 5:10). 그래서 바울은 복음으로 인해 고린도교회의 성도와 '함께 죽고 함께 살기'를 열망합니다(고후 7:3).

그리고 성도에게 나타나는 바른 복음은 가난한 성도를 섬기기 위해 풍성한 구제 헌금을 넘치도록 함으로 '함께 죽고 함께 사는' 사랑의 관계를 서로 확인하게 합니다(고후 8:2, 8, 롬 15:25-26, 31). 이는 육적인 물질을 나누어 서로에게 넉넉한 것으로 서로 보충하는 것이 바른 복음으로 세워진 교회와 성도의 모습이기 때문입니다(행 2:44-45, 롬 15:27, 요일 3:17).

또한 바른 복음을 가진 자는 예수 그리스도의 능력이 머무는 자입니다(고후 12:9). 그는 불순종하는 육신의 마음과 생각 그리고 지식의 모든 이론으로 세워진 견고한 진을 무너뜨리는 하나님의 능력을 믿고(고후 10:4), 예수 그리스도를 위해 육체의 연약함과 궁핍함, 박해와 곤란도 기뻐합니다(고후 12:10). 이렇게 모든 상황과 환경에서 예수로 사는 것이 새 언약의 일꾼의 가장 중요한 사역입니다(빌 4:12-13).

영광의 복음의 광채가 비치지 못하게 함이니 그리스도는 하나님의 형상이니라(고후 4:3-4).

시련 속에 넘치는 기쁨의 연보
환난의 많은 시련 가운데서 그들의 넘치는 기쁨과 극심한 가난이 그들의 풍성한 연보를 넘치도록 하게 하였느니라(고후 8:2).

내가 약한 그때에 강함이라!
그러므로 내가 그리스도를 위하여 약한 것들과 능욕과 궁핍과 박해와 곤고를 기뻐하노니 이는 내가 약한 그때에 강함이라(고후 12:10).

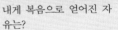

오늘의 미션
내게 복음으로 얻어진 자유는?

[미션 수행]
원수를 미워할 자유만 있는 것이 아니라 사랑할 자유도 있음을 선포합니다.

Time Line

주후 30년
그리스도의 승천
오순절 성령 강림
스데반의 순교

주후 32년
사울의 다메섹 회심

주후 44년
요한의 형제 야고보의 순교

주후 47~48년
바울의 1차 선교 여행

주후 50~52년
바울의 2차 선교 여행

주후 53~58년
바울의 3차 선교 여행

주후 58년
바울의 체포

주후 62년
주의 형제 야고보의 순교

주후 61년
바울의 로마 투옥

주후 64년
네로의 박해

주후 67년
바울의 순교

주후 68년
베드로의 순교

주후 70년
예루살렘 함락

주후 81~96년
도미티안 황제의 박해

주후 95년
사도 요한의 밧모 섬 유배

주후 100년
사도 요한의 사망

심판
새 하늘과 새 땅

교회 시대 ─ 갈 ─ 유

영원 시대 ─ 계

아시아

• 에베소

갈라디아

다소

키프로스

시리아

지중해

두로

예루살렘

홍해

갈라디아서 1장 - 요한계시록 22장

갈라디아서

 **Key Point**

자유의 복음 예수 그리스도

갈라디아서는 사도 바울이 제1차 선교 여행(행 13~14장) 지역인 갈라디아(비시디아 안디옥, 이고니온, 루스드라, 더베)에서 복음을 전한 이후에 세워진 갈라디아 지역 교회에 보낸 편지입니다. 바울이 전한 그리스도의 복음은 악한 세상에서 죄에 매여 있는 사람들을 구원하시기 위해 예수 그리스도가 자기 몸을 십자가에 못 박혀 죽도록 희생시키신 것입니다(갈 1:4).

갈라디아 사람들은 이 복음을 듣고 믿음을 통해서 구원 받았습니다. 그러나 율법에 명시된 할례와 절기들을 지켜야 구원 받을 수 있다며 복음을 변질시키는 유대주의자들의 말을 듣고 어리석게도 복음의 자유를 누리지 못하고 율법에 매이게 됩니다.

바울은 사람이 율법의 행위로는 구원 받을 수 없으며, 하나님이 주시는 은혜로 오직 예수 그리스도를 믿음으로 말미암아 받게 된 구원의 자유를 빼앗기지 말 것을 당부하기 위해 갈라디아서를 썼습니다(갈 5:1).

하나님의 구원
그리스도께서 하나님 곧 우리 아버지의 뜻을 따라 이 악한 세대에서 우리를 건지시려고 우리 죄를 대속하기 위하여 자기 몸을 주셨으니(갈 1:4).

하나님의 자녀
사람이 의롭게 되는 것은 율법의 행위로 말미암음이 아니요 오직 예수 그리스도를 믿음으로 말미암는 줄 알므로 우리도 그리스도 예수를 믿나니 이는 우리가 율법의 행위로써가 아니고 그리스도를 믿음으로써 의롭다 함을 얻으려 함이라 율법의 행위로써는 의롭다 함을 얻을 육체가 없느니라(갈 2:16).

자녀의 믿음
또 하나님 앞에서 아무도 율법으로 말미암아 의롭게 되지 못할 것이 분명하니 이는 의인은 믿음으로 살리라 하였음이라(갈 3:11).

자녀의 성화
나의 자녀들아 너희 속에 그리스도의 형상을 이루기까지 다시 너희를 위하여 해산하는 수고를 하노니(갈 4:19).

자녀의 자유
그리스도께서 우리를 자유롭게 하려고 자유를 주셨으니 그러므로 굳건하게 서서 다시는 종의 멍에를 메지 말라(갈 5:1).

에베소서

Key Point

교회의 복음 예수 그리스도

에베소서는 바울의 옥중서신 중 한 권으로, 사도 바울이 제3차 선교 여행(행 19–20장) 지역인 에베소 사역을 마치고 예루살렘에서 천부장에게 잡혀 로마로 이송된 감옥에서 에베소교회에 보낸 편지입니다. 에베소서는 구원이 어떻게 발생하는지, 구원을 통해 교회로 세워진 성도가 어떻게 살아야 하는지에 대해 기록되어 있습니다.

하나님의 은혜로 구원의 복음을 믿어 하나님의 자녀가 된 자들은 그리스도와 한 몸이 된 교회(하나님이 거하시는 성전)입니다. 그래서 에베소서는 삼위 하나님이 일하심으로 구원을 얻은 성도가 성령 안에서 하나님이 거하시는 교회로 세워지는 신비한 복음입니다(엡 1장). 삼위일체의 신비한 복음으로 세워진 교회(엡 2장)는 그리스도의 비밀을 전하고 드러내며 알게 하는 사명을 가지고(엡 3장), 그리스도의 몸을 세우며(엡 4장), 빛의 열매를 거두고(엡 5장), 복음의 비밀을 담대히 전하는 세계 선교 사역을 합니다(엡 6장).

삼위일체 구원
곧 창세전에 그리스도 안에서 우리를 택하사 우리로 사랑 안에서 그 앞에 거룩하고 흠이 없게 하시려고(엡 1:4).

하나님의 가족
그러므로 이제부터 너희는 외인도 아니요 나그네도 아니요 오직 성도들과 동일한 시민이요 하나님의 권속이라(엡 2:19).

교회의 사명
모든 성도 중에 지극히 작은 자보다 더 작은 나에게 이 은혜를 주신 것은 측량할 수 없는 그리스도의 풍성함을 이방인에게 전하게 하시고 영원부터 만물을 창조하신 하나님 속에 감추어졌던 비밀의 경륜이 어떠한 것을 드러내게 하려 하심이라 이는 이제 교회로 말미암아 하늘에 있는 통치자들과 권세들에게 하나님의 각종 지혜를 알게 하려 하심이니(엡 3:8-10).

빌립보서

 Key Point

일체의 비밀 예수 그리스도

빌립보서는 바울의 옥중서신 중 한 권으로, 사도 바울이 로마 감옥(주후 60~62년)에서 빌립보 교회로 보낸 편지입니다. 빌립보교회는 바울의 제2차 선교 여행(행 16~18장) 때인 주후 50년 경 세워진 유럽 최초의 교회이며, 알렉산더 대왕의 아버지인 마게도냐의 왕 빌립 2세가 주 전 358년에 세운 빌립보 도시에 있습니다.

바울은 로마 감옥에서 네 권(에베소서, 빌립보서, 골로새서, 빌레몬서)의 옥중서신을 씁니다. 그 중 가장 감동적인 편지는 아마도 빌립보서가 될 것입니다.

바울은 빌립보서를 쓰기 10년 전 빌립보 감옥에 갇혔을 때 간수를 구원하는 기회가 있었 습니다(행 16:25~34). 이처럼 복음에는 감옥에서도 매이지 않고 복음의 진보와 믿음의 진보를 나타내는 일체의 비밀이 있습니다(빌 1:12, 25). 하나님은 우리가 일체의 비밀로 살도록 우리 안에 착한 일을 시작하시고(빌 1:6), 우리에게 소원을 두고 행하게 하십니다(빌 2:13). 예수를 아는 지식으로 자신을 발견하게 하시고(빌 3:8), 능력 주시는 주 안에서 기쁨으로 일체의 비 결이신 예수로 살게 하십니다(빌 4:12).

예수 존귀한 삶
나의 간절한 기대와 소망을 따 라 아무 일에든지 부끄러워하 지 아니하고 지금도 전과 같이 온전히 담대하여 살든지 죽든 지 내 몸에서 그리스도가 존귀 하게 되게 하려 하나니(빌 1:20).

예수 마음의 삶
너희 안에 이 마음을 품으라 곧 그리스도 예수의 마음이니 (빌 2:5).

예수 지식의 삶
또한 모든 것을 해로 여김은 내 주 그리스도 예수를 아는 지식 이 가장 고상하기 때문이라 내 가 그를 위하여 모든 것을 잃어 버리고 배설물로 여김은 그리 스도를 얻고(빌 3:8).

예수 능력의 삶
내게 능력 주시는 자 안에서 내 가 모든 것을 할 수 있느니라(빌 4:13).

골로새서

 **Key Point**

실체의 비밀 예수 그리스도

골로새서는 바울의 옥중서신 중 한 권으로, 사도 바울이 로마에서 가택 연금을 당한 상태에서 골로새교회로 보낸 편지입니다(행 28:30). 골로새교회는 에바브라에 의해 세워진 교회입니다(골 1:7). 주후 1세기 당시 골로새교회에는 유대주의, 영지주의, 금욕주의, 천사를 숭배하는 신비주의 등 혼합 이단 사상이 침투해 있었습니다. 하나님의 비밀이신 예수 그리스도의 실체를 깨닫지 못하는 이단 사상들 중 유대주의는 할례(골 2:11)와 절기(골 2:16)를 중요시하고, 영지주의는 철학과 헛된 속임수로 유혹합니다(골 2:8). 금욕주의는 육체의 욕망을 억제하기 위해 세상을 붙잡지도 말고, 맛보지도 말고, 만지지도 말라고 가르치며(골 2:21), 천사 숭배 사상은 신비주의에 빠지게 합니다(골 2:18).

골로새교회는 바울이 직접 세운 교회는 아닙니다. 하지만 바울은 에바브라에게서 이단의 거짓된 가르침이 교회 안에 침투해 온 사정을 듣게 되고, 이러한 형편에 처한 교회를 돕기 위해 골로새서를 씁니다.

교회의 실체
내가 교회의 일꾼 된 것은 하나님이 너희를 위하여 내게 주신 직분을 따라 하나님의 말씀을 이루려 함이니라 이 비밀은 만세와 만대로부터 감추어졌던 것인데 이제는 그의 성도들에게 나타났고(골 1:25-26).

지식의 실체
누가 철학과 헛된 속임수로 너희를 사로잡을까 주의하라 이것은 사람의 전통과 세상의 초등학문을 따름이요 그리스도를 따름이 아니니라(골 2:8).

생명의 실체
이는 너희가 죽었고 너희 생명이 그리스도와 함께 하나님 안에 감추어졌음이라 우리 생명이신 그리스도께서 나타나실 그때에 너희도 그와 함께 영광 중에 나타나리라(골 3:3-4).

세월의 실체
외인에게 대해서는 지혜로 행하여 세월을 아끼라(골 4:5).

데살로니가전서

 **Key Point**

재림의 비밀 예수 그리스도

데살로니가전서는 사도 바울의 제2차 선교 여행(행 16–18장) 때 세워진 데살로니가교회에 바울이 고린도에서 보낸 첫 번째 편지입니다.

바울은 제2차 선교 여행으로 유럽 지역의 빌립보를 지나 데살로니가에서 3주간 머물게 됩니다(행 17:2). 그곳에서 바울이 '예수는 그리스도'라는 말씀을 전하자 강력한 복음의 역사가 일어나 많은 사람들이 복음을 듣고 그리스도를 믿습니다. 그런데 말씀을 듣고 시기한 유대인들이 소동을 일으키며 전도자들을 핍박합니다. 그러자 바울 일행은 베뢰아로 피합니다. 그곳에서도 많은 사람들이 바울이 전한 복음을 믿게 되었다는 소식을 들은 데살로니가의 유대인들은 베뢰아까지 쫓아와서 핍박하며 소란을 일으킵니다. 그러자 바울은 실라와 디모데를 남겨 두고 아덴을 거쳐 고린도로 가게 됩니다.

바울은 나중에 돌아온 디모데를 통해 데살로니가교회의 현지 사정을 전해 듣습니다. 그리고 그들의 믿음과 사랑을 격려하며, 오해하고 있는 그리스도의 재림에 대한 비밀을 잘 풀어 주기 위해서 데살로니가전서를 씁니다.

바울의 데살로니가 전도
그들이 암비볼리와 아볼로니아로 다녀가 데살로니가에 이르니 거기 유대인의 회당이 있는지라 바울이 자기의 관례대로 그들에게로 들어가서 세 안식일에 성경을 가지고 강론하며(행 17:1-2).

데살로니가 교인들의 믿음의 본
우리가 너희 모두로 말미암아 항상 하나님께 감사하며 기도할 때에 너희를 기억함은 너희의 믿음의 역사와 사랑의 수고와 우리 주 예수 그리스도에 대한 소망의 인내를 우리 하나님 아버지 앞에서 끊임없이 기억함이니(살전 1:2-3).

진노에서 건지시는 예수
또 죽은 자들 가운데서 다시 살리신 그의 아들이 하늘로부터 강림하실 것을 너희가 어떻게 기다리는지를 말하니 이는 장래의 노하심에서 우리를 건지시는 예수시니라(살전 1:10).

하나님을 기쁘시게 하는 복음
오직 하나님께 옳게 여기심을 입어 복음을 위탁 받았으니 우리가 이와 같이 말함은 사람을 기쁘게 하려 함이 아니요 오직 우리 마음을 감찰하시는 하나님을 기쁘시게 하려 함이라(살전 2:4).

데살로니가후서

 **Key Point**

진리의 비밀 예수 그리스도

데살로니가후서는 사도 바울의 제2차 선교 여행(행 16–18장) 때 세워진 데살로니가교회에 바울이 고린도에서 보낸 두 번째 편지입니다.

데살로니가교회에는 바울의 첫 번째 편지를 받고 주의 재림이 임박했다는 오해와 주의 날이 이미 이르렀다는 뜬소문이 퍼져 있었습니다. 주의 재림에 대해 직통 계시를 봤다는 환상과 거짓 가르침 그리고 바울이 보내지도 않은 편지를 받았다고 속이는 소리에 현혹되어 일도 안 하고 빈둥거리며 문제만 일으키는 사람들이 있었습니다.

바울은 이러한 데살로니가 교인들에게 주의 재림에 대해 현혹시켜 하나님의 부르심에 합당하게 살지 못하도록 이미 활동을 시작한 불법의 비밀을 폭로합니다. 그리고 진리의 비밀이신 예수 그리스도가 반드시 다시 오실 것이니 그때까지 환난 중에서도 하나님의 사랑과 그리스도의 인내 안에서 믿음으로 살도록 격려하기 위해 두 번째 편지인 데살로니가후서를 씁니다.

거짓 재림에 미혹되지 말라

영으로나 또는 말로나 또는 우리에게서 받았다 하는 편지로나 주의 날이 이르렀다고 해서 쉽게 마음이 흔들리거나 두려워하거나 하지 말아야 한다는 것이라 누가 어떻게 하여도 너희가 미혹되지 말라 먼저 배교하는 일이 있고 저 불법의 사람 곧 멸망의 아들이 나타나기 전에는 그날이 이르지 아니하리니(살후 2:2-3).

일하여 자기 양식을 먹으라!

… 누구든지 일하기 싫어하거든 먹지도 말게 하라 하였더니 우리가 들은즉 너희 가운데 게으르게 행하여 도무지 일하지 아니하고 일을 만들기만 하는 자들이 있다 하니 이런 자들에게 우리가 명하고 주 예수 그리스도 안에서 권하기를 조용히 일하여 자기 양식을 먹으라 하노라(살후 3:10-12).

디모데전서

 **Key Point**

충성의 복음 예수 그리스도

디모데전서는 바울의 목회서신이며, 에베소에서 목회하는 디모데에게 보낸 첫 번째 편지입니다.

바울은 루스드라와 이고니온에 있는 형제들에게 칭찬 받는 디모데를 제2차 선교 여행 때부터 데리고 다닙니다(행 16:2-3). 그리고 제3차 선교 여행 중 3년간 에베소에서의 헌신적인 사역을 마치고 체포되어 로마에서 2년간 감금된 상태에서 옥중서신을 쓴 후 잠깐 풀려납니다.

그 후 바울은 마게도냐 지역으로 복음을 전하러 가면서 디모데를 에베소교회의 목회자로 세웁니다(딤전 1:3). 바울은 디모데에게 당시 에베소교회에서 다른 교훈을 가르치는 자들을 경계하고, 진리의 복음이신 그리스도를 바르게 전하기 위해 충성된 직분으로 선한 싸움을 싸우라고 당부합니다(딤전 1:18-19, 6:12).

그러므로 선한 싸움을 싸우는 충성된 직분자(딤전 3장)는 말씀 생활(딤전 4장)과 기도 생활(딤전 2장)로 자신을 거룩하게 해야 합니다. 그리하여 교회 공동체에 외적인 경건을 드러내고(딤전 5장), 개인적으로는 내적 경건의 내공을 쌓아서 영원한 생명이신 예수로 살아야 합니다(딤전 6장).

선한 싸움을 싸우라
아들 디모데야 내가 네게 이 교훈으로써 명하노니 전에 너를 지도한 예언을 따라 그것으로 선한 싸움을 싸우며 믿음과 착한 양심을 가지라 … (딤전 1:18-19).

경건의 비밀, 예수
크도다 경건의 비밀이여, 그렇지 않다 하는 이 없도다 그는 육신으로 나타난 바 되시고 영으로 의롭다 하심을 받으시고 천사들에게 보이시고 만국에서 전파되시고 세상에서 믿은 바 되시고 영광 가운데서 올려지셨느니라(딤전 3:16).

공적인 성경 읽기
내가 이를 때까지 읽는 것과 권하는 것과 가르치는 것에 전념하라(딤전 4:13).

영생을 취하라
오직 너 하나님의 사람아 이것들을 피하고 의와 경건과 믿음과 사랑과 인내와 온유를 따르며 믿음의 선한 싸움을 싸우라 영생을 취하라 이를 위하여 네가 부르심을 받았고 많은 증인 앞에서 선한 증언을 하였도다(딤전 6:11-12).

디모데후서

 Key Point

경건의 복음 예수 그리스도

디모데후서는 바울의 목회서신이며, 에베소에서 목회하는 디모데에게 보낸 두 번째 편지입니다.

바울은 로마 감옥에서 잠깐 풀려났지만 드로아에서 붙잡혀 다시 감옥에 감금됩니다(딤후 4:13). 그때는 로마의 네로 황제가 정치적으로 그리스도인들을 핍박하는 시기였습니다. 바울이 자신에게 곧 닥칠 순교를 직감하면서 디모데에게 쓴 유언과도 같은 디모데후서는 바울의 마지막 복음 편지입니다(딤후 4:6-8). 디모데후서에서 바울은 자신이 사랑하는 영적인 아들 디모데에게 복음과 함께 고난 받는 것이 예수 그리스도를 나타내는 경건의 능력이라고 유언처럼 고백합니다.

그러므로 복음이 있는 경건한 자는 주를 위해 감옥에 갇혀도 부끄러워하지 않고(딤후 1:8, 3:12), 세상에 매이지 않고, 지식에 매이지 않고, 돈에 매이지 않습니다. 오직 복음에 매여서 예수의 은혜 속에서 강하고(딤후 2:1), 예수의 믿음을 소유하고(딤후 3:15), 예수님이 계신 천국에 소망을 두어야 합니다(딤후 4:18).

복음 안에 갇혀라
그러므로 너는 내가 우리 주를 증언함과 또는 주를 위하여 갇힌 자 된 나를 부끄러워하지 말고 오직 하나님의 능력을 따라 복음과 함께 고난을 받으라(딤후 1:8).

은혜 안에 강하라
내가 말하는 것을 생각해 보라 주께서 범사에 네게 총명을 주시리라(딤후 2:7).

믿음 안에 살라
또 어려서부터 성경을 알았나니 성경은 능히 너로 하여금 그리스도 예수 안에 있는 믿음으로 말미암아 구원에 이르는 지혜가 있게 하느니라(딤후 3:15).

천국 안에 임하라
주께서 나를 모든 악한 일에서 건져 내시고 또 그의 천국에 들어가도록 구원하시리니 그에게 영광이 세세무궁토록 있을지어다 아멘(딤후 4:18).

디도서

선함의 복음 예수 그리스도

디도서는 바울의 목회서신이며, 그레데 섬에서 목회하는 디도에게 보낸 편지입니다. 바울은 주후 62년경 로마 감옥에서 잠깐 풀려난 후 주후 67년경 다시 붙잡히기 전까지 복음을 전합니다. 그러던 중 그레데 섬을 지나다가 그레데인의 윤리적 타락의 심각성을 보고 디도를 그레데 섬에 남겨 둡니다(딛 1:5). 그 후 바울이 디도의 목회에 도움을 주기 위해 쓴 디도서는 마게도냐에서 디모데전서를 써 보낸 후 디모데후서를 쓰기 전에 기록한 편지입니다(딛 1:4).

도덕적으로 타락한 사람을 보고 '고린도인처럼 행하다'라고 말합니다. 한편 '그레데인처럼 행하다'라는 말도 있는데, 이는 거짓말을 일삼는 사람을 지칭합니다. 그만큼 그레데 사람들은 항상 거짓말쟁이로, 배만 부르면 게으름을 피우는 악한 짐승 같은 자들입니다(딛 1:12).

그래서 바울은 그레데 사람들을 그리스도의 복음으로 살게 하려고 디도에게 그리스도가 주인으로 살아 주실 때 나타나는 선한 일에 본을 보이라고 합니다(딛 2:7). 이는 디도서가 그레데의 교회 공동체를 예수의 복음으로 살게 하시려는 하나님의 목회 방침과 같기 때문입니다(딛 3:5).

악한 그레데인
그레데인 중의 어떤 선지자가 말하되 그레데인들은 항상 거짓말쟁이며 악한 짐승이며 배만 위하는 게으름뱅이라 하니 (딛 1:12).

선한 일의 본
범사에 네 자신이 선한 일의 본을 보이며 교훈에 부패하지 아니함과 단정함과 책망할 것이 없는 바른 말을 하게 하라 이는 대적하는 자로 하여금 부끄러워 우리를 악하다 할 것이 없게 하려 함이라(딛 2:7-8).

긍휼함과 성령으로 구원
우리를 구원하시되 우리가 행한 바 의로운 행위로 말미암지 아니하고 오직 그의 긍휼하심을 따라 중생의 씻음과 성령의 새롭게 하심으로 하셨나니 (딛 3:5).

빌레몬서

 **Key Point**

용서의 복음 예수 그리스도

바울의 옥중서신은 로마 감옥(주후 60-62년)에서 기록한 네 권의 책으로, 각각 특성이 있습니다. 에베소서는 구원과 교회에 대한 내용입니다. 구원과 교회는 예수 그리스도의 희생을 통해 생기므로 그리스도의 구속사를 알아야 합니다. 그런데 골로새서를 통해 예수 그리스도의 실체를 배우고 정리할 수 있습니다. 그리고 빌립보서는 구원 받은 성도가 어떤 상황과 환경에서도 예수로 살 수 있는 비밀을 설명합니다. 빌레몬서는 성도가 예수 그리스도로 살아 내는 삶이 오네시모와 같은 죄인을 용서하고 축복하는 것이라는 결론입니다. 그러므로 바울이 쓴 빌레몬서는 용서의 실체를 보여 주는 내용입니다.

바울 당시에는 노예가 주인에게 잘못하고 도망을 치면 주인이 노예를 죽일 수도 있는 시대입니다. 그러한 시대에 빌레몬의 종인 오네시모가 주인에게 잘못을 저지르고 로마로 도망을 쳤는데, 그곳에서 바울을 만나게 됩니다. 빌레몬서는 바울의 전도로 그리스도인이 된 오네시모를 그의 주인인 빌레몬에게 돌려보내면서 바울이 써 준 편지입니다(몬 1:9-12).

빌레몬에게 오네시모를 보내며 도리어 사랑으로써 간구하노라 나이가 많은 나 바울은 지금 또 예수 그리스도를 위하여 갇힌 자 되어 갇힌 중에서 낳은 아들 오네시모를 위하여 네게 간구하노라 그가 전에는 네게 무익하였으나 이제는 나와 네게 유익하므로 네게 그를 돌려 보내노니 … (몬 1:9-12).

오네시모, 종 이상으로 사랑 받는 형제
이후로는 종과 같이 대하지 아니하고 종 이상으로 곧 사랑 받는 형제로 둘 자라 … 그러므로 네가 나를 동역자로 알진대 그를 영접하기를 내게 하듯 하고 (몬 1:16-17).

Key Point

아들의 복음 예수 그리스도

히브리서는 구약의 선지자들이 예언한 예수 그리스도의 구속 역사를 하나님이 모든 날 마지막에 하나님의 아들을 통해 말씀하신 복음입니다(히 1:1–2, 롬 1:2, 마 1:22). 예수 그리스도는 어제(과거)나 오늘(현재)이나 영원토록(미래) 동일한 복음의 실체이십니다(히 13:8).

히브리서는 과거(구약의 모형)와 현재(신약의 실체)와 미래(영원한 천국)를 동시에 보여 줍니다. 먼저, 과거의 '오실 예수 그리스도'(히 1–4장)는 구약에서 모형과 그림자로 표현된 창조의 근본이 되십니다. 그분의 말씀을 듣고 순종하면 영원한 안식에 들어갑니다. 그리고 현재의 '오신 예수 그리스도'(히 5–10장)는 신약에서 레위기의 법대로 제사와 계명을 완성하시고 인류를 구원할 길을 열어 놓으셨습니다. 초림 예수 그리스도는 구약의 모형을 통해 실체를 분명하게 확인할 수 있습니다. 이러한 진리에 의해 그리스도의 피가 죄인을 구원해 하나님의 자녀로 존재를 변화시키고, 하나님의 자녀로 살게 합니다(히 9:14).

마지막으로, 미래의 '다시 오실 예수 그리스도'(히 11–13장)를 기다리는 하나님의 자녀는 참믿음을 갖고, 참아들로 훈련되어, 참사랑으로 사람을 사랑하고 축복하는 삶을 살아야 합니다. 그러므로 재림 예수 그리스도를 깊이 생각하고 바라보는 자들은 현실 세계에서 새 하늘과 새 땅에 소망을 두고 참현실의 실체이신 예수로 살게 됩니다.

히브리서 1장은 창세기의 창조주의 '참계시'를 선포하시는 예수 그리스도를 보여 줍니다(히 1:2, 요 1:1, 창 1:1). 2장은 출애굽기의 구원을 통해 '참구원'을 이루시는 예수 그리스도를 보여 줍니다(히 2:3, 14–15). 3장은 민수기의 불순종을 '참충성'으로 순종하게 하시는 예수 그리스도를 보여 줍니다(히 3:5–6). 4장은 신명기의 새로운 언약에 의해 여호수아가 인도한 가나안 땅은 안식의 모형이고, 영원한 '참안식'으로 인도하시는 분은 예수 그리스도이심을 보여 줍니다(히 4:8).

5장은 '참대제사장'으로 율법과 계명과 제사를 완성하신 예수 그리스도를 보여 줍니다(히 5:5, 8, 롬 10:4, 13:10). 6장은 그리스도의 도의 초보를 버리고 '참진리'이신 예수로 살게 하려고 아브라함에게 약속하신 맹세를 지키시는 예수 그리스도를 보여 줍니다(히 6:1–2, 20). 7장은 '참

예수, 영원토록 동일하신 분
예수 그리스도는 어제나 오늘이나 영원토록 동일하시니라 (히 13:8).

모세보다 우월하신 그리스도
또한 모세는 장래에 말할 것을 증언하기 위하여 하나님의 온 집에서 종으로서 신실하였고 그리스도는 하나님의 집을 맡은 아들로서 그와 같이 하셨으니 우리가 소망의 확신과 자랑을 끝까지 굳게 잡고 있으면 우리는 그의 집이라(히 3:5–6).

언약'으로 더 좋은 언약의 보증이 되시는 예수 그리스도를 보여 줍니다(히 7:22). 8장은 '참장막'으로 더 좋은 언약의 중보자가 되시는 예수 그리스도를 보여 줍니다(히 8:6, 렘 31:31). 9장은 '참성소'에서 더 좋은 제물로 새 언약의 중보자가 되시는 예수 그리스도를 보여 줍니다(히 9:15, 23). 10장은 '참형상'(제물)이 되사 새 언약을 완성하시는 예수 그리스도를 보여 줍니다(히 10:1, 10, 14).

11장은 '참믿음'으로 더 나은 본향을 사모하는 성도들을 세상이 감당하지 못하게 하시는 예수 그리스도를 보여 줍니다(히 11:1-2, 16). 12장은 '참아들'로 훈련되어 세상보다 더 나은 하나님 나라의 백성으로 살게 하시는 예수 그리스도를 보여 줍니다(히 12:8, 28). 13장은 '참사랑'으로 세상에서 예수 그리스도를 본받아 더 나은 선교를 하게 하시는 예수 그리스도를 보여 줍니다(히 13:1, 12-13).

예수, 영원한 제사장
이 뜻을 따라 예수 그리스도의 몸을 단번에 드리심으로 말미암아 우리가 거룩함을 얻었노라 … 그가 거룩하게 된 자들을 한 번의 제사로 영원히 온전하게 하셨느니라(히 10:10, 14).

믿음, 실상과 증거
믿음은 바라는 것들의 실상이요 보이지 않는 것들의 증거니 선진들이 이로써 증거를 얻었느니라(히 11:1-2).

(1-5장) : 믿음의 복음 예수 그리스도

야고보서

Key Point

믿음의 복음 예수 그리스도

하나님의 은혜로 예수 그리스도를 믿어 구원을 받으면 영원한 천국 백성이 됩니다. 천국 백성이 되면 어떻게 살아야 하는가에 대해 예수님의 친동생 야고보는 야고보서를 통해 잘 설명해 줍니다. 야고보서는 행위를 강조하기보다는 성숙한 믿음을 강조하며, 믿음이 사랑으로 표현되는 것이 주 내용입니다(갈 5:6, 약 1:26-27, 2:8, 3:10, 4:11, 5:9).

그러므로 성숙한 믿음이 있는 자는 여러 가지 시험을 만나도 온전히 이겨 내고(약 1장), 시험을 이기는 믿음은 아브라함과 라합처럼 선한 행동으로 나타납니다(약 2장). 세상적이고 정욕적이며 마귀적인 저주스런 말을 삼가고, 화평하게 하는 복된 언행을 하며(약 3장), 겸손한 자세로 하나님에게 복종하고 마귀를 대적합니다(약 4장). 그리고 성숙한 믿음으로 결말이 복된 욥의 인내처럼 고난당하고 질병에 걸릴지라도 인내하고, 죄인을 미혹된 길에서 돌아서도록 엘리야처럼 기도합니다. 그리하면 하나님이 그 영혼을 사망에서 구원하실 것이며, 허다한 죄를 덮으실 것입니다(약 5장). 그래서 성숙한 믿음은 영혼을 구원하는 사랑입니다.

참된 경건
누구든지 스스로 경건하다 생각하며 자기 혀를 재갈 물리지 아니하고 자기 마음을 속이면 이 사람의 경건은 헛것이라 하나님 아버지 앞에서 정결하고 더러움이 없는 경건은 곧 고아와 과부를 그 환난 중에 돌보고 또 자기를 지켜 세속에 물들지 아니하는 그것이니라(약 1:26-27).

행함이 없는 죽은 믿음
이와 같이 행함이 없는 믿음은 그 자체가 죽은 것이라 … 네가 보거니와 믿음이 그의 행함과 함께 일하고 행함으로 믿음이 온전하게 되었느니라(약 2:17, 22).

 **Key Point**

참소망의 복음 예수 그리스도

베드로전서는 세상에서 믿음으로 살다가 고난당하는 그리스도인들에게 참소망의 복음입니다. 세상에 사는 사람들은 대부분 자녀와 물질, 건강 등에 소망을 둡니다. 하지만 살아 있는 참된 소망에 비하면 그것은 죽어 있는 거짓 소망에 불과합니다. 거짓 소망은 영혼을 구원할 수 없습니다. 그러나 참된 소망 되시는 예수 그리스도는 우리의 죄를 위해 죽으시고 부활하심으로 말미암아 우리를 죄와 사망에서 구원하시고 영원한 영광에 들어가게 하십니다(벧전 1:3, 5:10).

그런데 영원한 영광에 들어갈 그리스도인들에게 나타나는 현상은 세상에서 당하는 환난입니다(요 15:19-20, 16:33). 이는 그리스도인이 세상에 속하지 않았기 때문입니다(요 17:14). 그러므로 세상과 구별된 삶을 살면 공중 권세를 가진 로마 시대의 네로 황제가 핍박하는 고난을 가감 없이 받게 됩니다(엡 2:2, 딤후 3:12).

베드로 사도의 사역이 막바지에 이르렀을 때 로마에 큰 화재 사건이 납니다(주후 64년경). 이를 계기로 네로 황제는 그리스도인들을 핍박하며 책임을 전가시킵니다. 그래서 베드로는 산 소망이 되시는 예수 그리스도의 복음을 통해 죽음처럼 힘든 고난을 당하는 성도들에게 고난을 이기는 믿음을 굳게 하라고 베드로전서를 씁니다.

산 소망, 예수 그리스도
우리 주 예수 그리스도의 아버지 하나님을 찬송하리로다 그의 많으신 긍휼대로 예수 그리스도를 죽은 자 가운데서 부활하게 하심으로 말미암아 우리를 거듭나게 하사 산 소망이 있게 하시며(벧전 1:3).

환난 속에서 담대하라!
이것을 너희에게 이르는 것은 너희로 내 안에서 평안을 누리게 하려 함이라 세상에서는 너희가 환난을 당하나 담대하라 내가 세상을 이기었노라(요 16:33).

베드로후서

 **Key Point**

참현실의 복음 예수 그리스도

베드로후서는 불경건한 세상에서 그리스도인들에게 새 하늘과 새 땅을 바라보게 하는 참복음입니다. 베드로 사도가 베드로후서를 쓸 당시는 교회 외부에서 가해지는 핍박이 점점 거세지고, 내부에서는 이단 사설로 복음의 변질과 윤리적 타락이 문제가 되었습니다. 거짓 선생들이 양의 탈을 쓰고 자기 욕심을 채우려고 교회를 어지럽게 했습니다. 그들은 성경의 모든 말씀을 사사로이 해석하고(벧후 1:20–21), 그리스도를 부인하고, 쾌락과 탐심으로 호색을 일삼고(벧후 2:1–3), 주의 재림을 믿지 않는 말과 행동을 거침없이 행했습니다(벧후 3:4).

이처럼 안팎으로 혼란한 교회 현실에서 베드로 사도는 거짓 선생의 잘못된 가르침과 그리스도인들의 잘못된 생활을 바로잡아 주기 위해 베드로후서를 씁니다. 특히 베드로후서는 유다서와 유사한 내용으로, 하나님에게 심판 받게 될 이단을 경계하고, 불에 타서 없어질 현실 세상에서 주의 재림을 통해 다가올 새 하늘과 새 땅의 참현실을 기다리며, 거룩한 행실과 경건한 삶을 살도록 권면합니다(벧후 3:7, 11–13).

성경의 예언, 사사로이 풀지 말 것
먼저 알 것은 성경의 모든 예언은 사사로이 풀 것이 아니니 예언은 언제든지 사람의 뜻으로 낸 것이 아니요 오직 성령의 감동하심을 받은 사람들이 하나님께 받아 말한 것임이라(벧후 1:20–21).

새 하늘과 새 땅!
… 거룩한 행실과 경건함으로 하나님의 날이 임하기를 바라보고 간절히 사모하라 그날에 하늘이 불에 타서 풀어지고 물질이 뜨거운 불에 녹아지려니와 우리는 그의 약속대로 의가 있는 곳인 새 하늘과 새 땅을 바라보도다(벧후 3:11–13).

요한일서

 Key Point

참계명의 복음 예수 그리스도

요한일서는 요한 사도가 하나님의 아들의 이름을 믿는 성도들에게 영생이 있음을 알게 하려고 쓴 것입니다(요일 5:13). 그래서 요한복음이 영생을 얻기 위해 믿어야 할 책이라면(요 20:31), 요한일서는 영생을 얻은 사람이 알아야 할 책입니다. 그래서 요한일서는 영원한 생명이 있는 성도가 어떻게 살아야 되는지를 자세하게 설명합니다. 궁극적인 성도의 삶은 성령으로 말미암아 마음 판에 심겨진 하나님의 씨, 예수 그리스도로 사는 것입니다(요일 3:9, 24, 4:13).

예수 그리스도로 사는 삶은 첫째, 예수 그리스도와 교제하는 것으로, 충만한 기쁨이 있습니다(요일 1:4). 둘째, 육신의 정욕과 안목의 정욕과 이생의 자랑으로 살지 않고 참계명인 새 계명을 가지고 형제를 사랑합니다(요일 2:8, 16–17). 셋째, 그리스도의 사랑을 알고 형제를 위해 목숨을 버리는 사랑은 말과 혀로만 하는 것이 아니라 행함과 진실함으로 합니다(요일 3:16–18). 넷째, 하나님에게 속해 진리의 영과 미혹의 영을 분별하고, 하나님으로부터 온 그리스도의 온전한 사랑으로 서로 사랑합니다(요일 4:6, 10–11). 다섯째, 참된 자, 곧 예수 그리스도 안에서 영생을 누립니다(요일 5:20).

세상 – 육신과 안목의 정욕, 이생의 자랑

이는 세상에 있는 모든 것이 육신의 정욕과 안목의 정욕과 이생의 자랑이니 다 아버지께로부터 온 것이 아니요 세상으로부터 온 것이라 이 세상도, 그 정욕도 지나가되 오직 하나님의 뜻을 행하는 자는 영원히 거하느니라(요일 2:16-17).

하나님은 사랑이시라!

사랑은 여기 있으니 우리가 하나님을 사랑한 것이 아니요 하나님이 우리를 사랑하사 우리 죄를 속하기 위하여 화목제물로 그 아들을 보내셨음이라 사랑하는 자들아 하나님이 이같이 우리를 사랑하셨은즉 우리도 서로 사랑하는 것이 마땅하도다(요일 4:10-11).

요한이서

Key Point

참교훈의 복음 예수 그리스도

요한이서는 예수 그리스도가 육체로 오신 것을 부인하는 적그리스도와 그리스도의 교훈을 부인하는 영지주의가 성도를 미혹해 교회를 어지럽히는 현실을 바라보며 사도 요한이 쓴 편지입니다(요이 1:7). 그는 편지에서 교회와 가정에 이단이 침범하는 것을 경계하라고 당부합니다. 그들은 거짓 교훈으로 그리스도의 참교훈을 왜곡시키기 때문입니다. 이는 그리스도가 우리 죄를 위해 대신 죽으셨다는 구속 사역, 즉 그리스도의 복음을 정면으로 부인하는 것입니다.

오늘날에도 예수님이 하나님의 아들이심을 부인하는 이단 사설이 넘쳐 나고 있습니다. 그들은 그때나 지금이나 영은 선하지만 육체는 악하다는 교훈으로 육체를 함부로 사용하게 합니다. 특히 술, 담배, 마약, 게임 중독, 쾌락 등으로 육신을 병들게 합니다. 그리스도의 참교훈을 가진 하나님의 자녀(요이 1:9)는 영육이 모두 거룩하기 때문에 범사에 헤아려 좋은 것을 취하고, 악은 어떤 모양이라도 버려야 합니다(살전 5:22).

예수가 육체로 오심을 부인하는 미혹하는 자가 세상에 많이 나왔나니 이는 예수 그리스도께서 육체로 오심을 부인하는 자라 이런 자가 미혹하는 자요 적그리스도니(요이 1:7).

그리스도의 교훈 안에 있는 자 지나쳐 그리스도의 교훈 안에 거하지 아니하는 자는 다 하나님을 모시지 못하되 교훈 안에 거하는 그 사람은 아버지와 아들을 모시느니라(요이 1:9).

요한삼서

참섬김의 복음 예수 그리스도

예수님의 열두 사도 중에 마지막으로 남은 사도 요한은 이미 세워진 많은 교회에 비해 목회자가 부족하자 동역자들을 세워 교회를 돌아보게 합니다.

당시에는 사도에게 파견된 순회 전도자들과 개인적으로 전도 여행을 다니는 자들이 있었습니다. 나그네와 같은 순회 전도자들은 복음을 선포하고 교회의 상황을 파악해 파송자에게 보고합니다. 그런데 어떤 교회는 순회 전도자들을 접대하지 않고 파송한 자를 비방하기도 합니다.

이러한 시대적 상황에서 요한 사도는 참된 복음을 전하는 나그네들을 잘 섬기기 위해 진리 안에서 자기의 집을 개방하고 물질을 사용한 가이오를 칭찬하고(요삼 1:1-8), 나그네를 섬기지 않고 배척한 디오드레베의 교만과 못된 행실을 책망합니다(요삼 1:9-10). 그리고 순회 전도자인 데메드리오를 추천하기 위해 요한삼서를 씁니다(요삼 1:11-15). 특히 요한삼서는 요한의 개인적인 서신으로, 가이오에게 보낸 편지입니다.

사랑하는 자, 가이오
장로인 나는 사랑하는 가이오 곧 내가 참으로 사랑하는 자에게 편지하노라 사랑하는 자여 네 영혼이 잘됨같이 네가 범사에 잘되고 강건하기를 내가 간구하노라(요삼 1:1-2).

가이오의 나그네 영접
사랑하는 자여 네가 무엇이든지 형제 곧 나그네 된 자들에게 행하는 것은 신실한 일이니 그들이 교회 앞에서 너의 사랑을 증언하였느니라 … (요삼 1:5-6).

유다서

참진리의 복음 예수 그리스도

예수님의 친동생 유다는 교회 안에서 예수 그리스도를 부인하고 복음을 훼손해 성도의 믿음을 미혹하는 거짓 교사와 이단 사설에 대해 강력하게 경고하고, 성도들에게 믿음의 도를 위해 힘써 싸울 것을 권하기 위해 유다서를 씁니다. 그리스도를 부인하는 자들은 참진리의 복음을 믿는 성도들을 '가인의 길'(박해하는 뱀의 후손의 길)로 가게 하고, 발람의 '어그러진 길'(탐욕스런 여로보암의 길)로 인도하며, '고라의 패역'(하나님의 영광을 비방하는 패역)을 따라가게 합니다. 그러므로 믿음의 도, 참진리 되시는 예수 그리스도의 복음을 지키기 위해서는 거짓 교사와 이단 사설과 싸워야 합니다(유 1:3).

유다서가 제시하는 이단의 정체는 크게 세 가지 행악을 저지릅니다(유 1:11~12). 첫째, 이단의 정체는 '가인의 길'로 향해 형제를 죽이려고 합니다(요일 3:11~12). 그러나 복 있는 사람은 악인의 꾀를 좇지 않고 죄인의 길에 서지 않기 때문에 순교자의 마음(여자의 후손의 길)을 가져야 합니다(시 1:1, 롬 12:1). 둘째, 이단의 정체는 발람의 '어그러진 길'로 인도해 윤리적 타락을 조장합니다(계 2:14, 민 31:16). 그래서 성도는 주님 가신 길(다윗의 길)로 행하며 경건하게 살아야 합니다. 셋째, 이단의 정체는 '고라의 패역'을 좇게 해 하나님을 대적하게 합니다(민 26:9). 그래서 성도는 충성된 참진리의 삶으로 예수 그리스도(하나님의 영광)를 나타내며, 주님이 책임지시는 새 창조, 새 계명, 세계 선교로 영혼을 구원해야 합니다.

거짓 교사의 정체
화 있을진저 이 사람들이여, 가인의 길에 행하였으며 삯을 위하여 발람의 어그러진 길로 몰려갔으며 고라의 패역을 따라 멸망을 받았도다 그들은 기탄 없이 너희와 함께 먹으니 너희의 애찬에 암초요 자기 몸만 기르는 목자요 바람에 불려가는 물 없는 구름이요 죽고 또 죽어 뿌리까지 뽑힌 열매 없는 가을 나무요(유 1:11~12).

이단, 가인의 악한 길
우리는 서로 사랑할지니 이는 너희가 처음부터 들은 소식이라 가인같이 하지 말라 그는 악한 자에게 속하여 그 아우를 죽였으니 어떤 이유로 죽였느냐 자기의 행위는 악하고 그의 아우의 행위는 의로움이라(요일 3:11~12).

요한계시록

Key Point

계시의 복음 예수 그리스도

요한계시록은 성경의 마지막 책이며, 현 세상의 마지막과 새로운 세상의 시작을 알리는 책입니다. 계획된 창조(창세기)는 예정된 종말(요한계시록)에 의해 시작된 것입니다. 그러므로 요한계시록은 성경(66권)의 핵심을 파악하고, 성경 전체를 예수 그리스도의 구속 역사로 관통할 수 있는 참계시의 복음입니다.

사람이 어떤 목적을 갖고 66층 건물을 하나 세우려면 먼저 차질이 없도록 안전하고 정확하게 설계도를 작성해 그대로 진행해야 합니다. 사람보다 더 지혜로우신 하나님이 66층 건물을 세우듯이 하나님 나라를 세우시기 위해 성경 66권에 계시하신 내용은 이미 창세전에 예정된 하나님의 계획입니다(엡 1:4). 지금도 하나님의 계획은 가장 안전하고 정확하게, 차질 없이 진행되고 있습니다.

여자의 후손(창 3:15)이신 예수 그리스도의 구속 역사로 말미암아 창조(창 2:1)는 새 하늘과 새 땅으로 완성되고, 사람은 하나님의 자녀로 새롭게 출생합니다(고후 4:6, 5:17). 그러므로 창조의 목적(창 1:26-28)은 하나님의 자녀가 나라와 제사장이 되어(계 1:6, 벧전 2:9) 땅에서 왕 노릇(계 5:10), 천 년 동안 왕 노릇(계 20:6), 그리스도와 함께 세세토록 왕 노릇 하는 것입니다(계 22:5).

구약성경에 예언된 예수 그리스도의 구속 사역은 신약의 복음서에서 예수 그리스도가 십자가 위에서 죽으시고 부활하심으로 사람의 죄를 대속하시고 하나님의 자녀를 출생시키시면서 성취됩니다(요 19:30). 특히 사도행전에서의 성령 강림은 예수 그리스도의 구속 사역을 확증합니다. 그리고 신약의 서신서(로마서-유다서)는 하나님의 자녀가 임마누엘하신 예수로 살아야 되는 새로운 삶의 방식을 설명합니다. 요한계시록은 결론적인 하나님 나라가 완성되는 모습을 보게 합니다(계 21:6).

요한계시록은 사도 요한에 의해 약 2천 년 전(주후 95년경)에 기록된 책이지만, 지나간 과거가 아니라 다가올 미래에 나타나실 예수 그리스도의 계시입니다(계 1:1). 그러기에 요한계시

천년왕국에서 왕 노릇
이 첫째 부활에 참여하는 자들은 복이 있고 거룩하도다 둘째 사망이 그들을 다스리는 권세가 없고 도리어 그들이 하나님과 그리스도의 제사장이 되어 천 년 동안 그리스도와 더불어 왕 노릇 하리라(계 20:6).

록은 오늘을 사는 현대 그리스도인들에게 꼭 필요한 지침서입니다.

요한계시록은 로마 시대에 기록되었습니다. 그런데 베드로가 당시 로마를 상징적으로 '바벨론'(벧전 5:13)이라 부른 것으로 볼 때, 다니엘서에서 느부갓네살 왕이 꿈으로 본 큰 신상(바벨론 – 바사 – 헬라 – 로마)이 연상 중복됩니다. 큰 신상의 머리에 해당하는 바벨론은 상징적으로 악의 세력의 대명사이고(계 14:8, 17:3, 5), 발에 해당하는 로마는 세상 나라의 상징이며 적그리스도의 짐승 시대의 예고입니다(단 7:1-7, 계 13:1). 그러나 사람이 손대지 아니한 뜨인 돌(예수 그리스도)이 큰 신상의 발을 쳐서 부숴 버리고 하나님의 영원한 나라를 세웁니다(단 2:34-35, 44, 7:27).

이렇게 예수 그리스도의 초림으로 사탄의 머리가 밟히고, 그리스도의 재림으로 하나님 나라는 완성됩니다. 그러므로 예수 그리스도가 다시 오실 때까지(단 7:13, 마 24:30, 계 1:7, 22:20) 성도는 그리스도가 이겨 놓으신 영적 전쟁에서 하나님의 계명과 예수 믿음으로 인해 승리를 경험하게 됩니다(계 12:11, 17, 14:12, 17:14).

바벨론의 멸망

또 다른 천사 곧 둘째가 그 뒤를 따라 말하되 무너졌도다 무너졌도다 큰 성 바벨론이여 모든 나라에게 그의 음행으로 말미암아 진노의 포도주를 먹이던 자로다 하더라(계 14:8).

그리스도의 재림

볼지어다 그가 구름을 타고 오시리라 각 사람의 눈이 그를 보겠고 그를 찌른 자들도 볼 것이요 땅에 있는 모든 족속이 그로 말미암아 애곡하리니 그러하리라 아멘(계 1:7).

영적 싸움의 승리

또 우리 형제들이 어린 양의 피와 자기들이 증언하는 말씀으로써 그를 이겼으니 그들은 죽기까지 자기들의 생명을 아끼지 아니하였도다(계 12:11).

85

교회의 삶

갈 1:1 - 엡 6:24

| 복음 시대 | 교회 시대 | 영원 시대 |

Day Point

바울이 제1차 선교로 세워진 갈라디아교회에 보낸 편지인 갈라디아서는 율법과 복음에 대한 내용이고, 제3차 선교로 세워진 에베소교회에 보낸 편지인 에베소서는 구원과 교회에 대한 내용입니다.

그런데 갈라디아서(자유의 삶)와 에베소서(교회의 삶)의 핵심적 내용은 서로 일치합니다. 두 권의 일체감은 첫째, 구원(갈 1:4)과 삼위일체 구원(엡 1:4)입니다. 둘째, 믿음으로 의롭게 되는 하나님의 자녀(갈 2:16)와 하나님의 권속(엡 2:19)입니다. 셋째, 하나님의 자녀가 믿음으로 사는 것(갈 3:11)은 그리스도의 비밀로 사는 것(엡 3:4)입니다. 넷째, 율법에서 자유한 진리(갈 4:9, 19)는 그리스도의 형상을 이루어 그분의 장성한 분량에 이르는 삶(엡 4:13)입니다. 다섯째, 육체에서 자유한 사랑(갈 5:6, 22-24)은 성령의 열매와 빛의 열매를 거두는 성령 충만한 삶(엡 5:9, 18)입니다. 여섯째, 세상에서 자유한 복음(갈 6:14)은 예수 그리스도의 십자가만 자랑하는 세계 선교의 삶(엡 6:19)입니다.

그러므로 율법의 행위가 아닌 은혜의 복음으로 구원 받은 성도는 '교회의 삶'을 살아야 합니다. 교회의 삶은 예수 그리스도가 주인 되시는 삶입니다(엡 5:23).

자유의 복음(갈 1-6장)

갈라디아서는 율법과 복음에 대해 잘 설명합니다. "율법의 행위"(갈 2:16)가 그리스도의 복음을 변질시키면 구원의 자유를 누리지 못합니다. 그러나 "그리스도의 복음"(갈 1:7)으로 "율법의 요구"(롬 8:4)가 이루어지면(갈 3:24) 율법(세상의 초등 학문)과 육체(육신의 정욕)와 세상(부귀영화)에서 자유하게 됩니다(갈 5:1). 그러므로 하나님의 뜻은 악한 세대에서 율법에 매여 종노릇하는 자들을 구원하시는 것입니다(갈 1:4). 하나님의 구원은 불순종의 자유(선악과)에서 순종의 자유(십자가)로 바꾸는 그리스도의 십자가 복음입니다. 이 복음의 진리는 사람을 하나님의 자녀가 되게 하며, 믿음 안에서 예수로 살게 합니다(갈 2:20).

이렇게 하나님의 자녀가 복음 안에서 예수로 살면 세 가지 현상이 나타납니다. 첫째, 예수로 사는 믿음이 나타나는 모습은 왜곡된 지식이 아닌 진리의 지식으로, 세상의 지식과 율법에서 자유해 그리스도의 형상을 나타냅니다(갈 4:19). 둘째, 예수로 사는 믿음이 나타나는 사랑은 육체의 열매가 아닌 성령의 열매로, 십자가에 못 박은 육체와 함께 욕심에서 자유하게 되어 사랑의 열매를 나타냅니다(갈 5:22-24). 셋째, 예수로 사는 믿음이 나타나는 자랑은 세상의 자랑이 아닌 십자가의 자랑으로, 세상과 사망에서 자유해 새 생명의 탄생을 보게 합니다(갈 6:15).

율법은 현재의 노력이라는 행위로 미래의 결과를 예측합니다. 그래서 율법에 매인 자는 미래의 욕심을 챙기려고 최선의 삶을 살지만, 결과는 사망입니다. 그러나 복음은 예수 그리스도를 통해 성취된 미래의 영생이 현재의 삶을 지배합니다. 그래서 복음으로 구원 받은 성도는 미래의 결과를 믿고 현재의 삶을 예수 믿음으로 살아 냅니다. 이것이 갈라디아서가 말하는 자유의 복음입니다.

▲ 갈라디아서, 에베소서의 지리적 배경

오늘의 말씀

다른 복음은 없다!
다른 복음은 없나니 다만 어떤 사람들이 너희를 교란하여 그리스도의 복음을 변하게 하려 함이라(갈 1:7).

내 안에 사시는 그리스도
내가 그리스도와 함께 십자가에 못 박혔나니 그런즉 이제는 내가 사는 것이 아니요 오직 내 안에 그리스도께서 사시는 것이라 이제 내가 육체 가운데 사는 것은 나를 사랑하사 나를 위

교회의 복음(엡 1-6장)

에베소서는 구원과 교회에 대해 잘 설명합니다. 구원은 하나님이 베푸시는 은혜이며, 하나님의 일하심입니다(사 62:1). 하나님은 사람을 창조하실 때 "우리의 형상을 따라"(창 1:26)라고 말씀하셨습니다. 즉 삼위의 하나님이 일하셨습니다(창 1:26-28). 그리고 사람을 구원하시는 새 창조(고후 5:17)에도 삼위의 하나님이 일하십니다.

하나님의 전신 갑주

전신 갑주는 몸 전체에 착용하거나 입는 갑옷과 투구를 말한다. 로마 군인들은 전쟁에 대비해서 방패와 갑옷, 투구, 검, 신발 등을 갖추어 무장했다. 바울은 성도들에게 마귀와 영적인 싸움을 하고 굳건히 서기 위해 하나님의 전신 갑주를 입으라고 말했다(엡 6:10-18).

성도의 무기	의미
· 진리의 허리띠(엡 6:14)	· 성도의 진실함과 충성(사 11:5)
· 의의 호심경(엡 6:14)	· 성도의 거룩한 삶(롬 6:13)
· 평화의 복음의 신(엡 6:15)	· 복음 전파(롬 10:14-15)
· 믿음의 방패(엡 6:16)	· 그리스도의 능력을 의지하는 온전한 믿음(갈 2:20)
· 구원의 투구(엡 6:17)	· 하나님이 성도들의 구원을 보장해 주심(살전 5:8)
· 성령의 검(엡 6:17)	· 하나님의 말씀(딤후 3:15-17)

하나님은 창세전에 사람을 택하시고(엡 1:4), 그리스도는 당신의 피로 구속하시고(엡 1:7), 성령은 인침을 통해 하나님의 자녀가 되게 하십니다(엡 1:13). 하나님의 자녀는 삼위일체 구원으로 성령 안에서 하나님이 거하실 처소가 되기 위해 그리스도 예수 안에서 함께 지어져 가는 교회입니다(엡 2:22). 이렇게 우리를 교회로 세우신 이유는 거룩하고 흠이 없게 하셔서 하나님이 영광을 받으시려는 것입니다.

그러므로 교회는 영원부터 만물을 창조하신 하나님 속에 감추어졌던 비밀이신 예수 그리스도를 드러내고, 하나님의 각종 지혜를 알게 하고, 그리스도의 풍성한 은혜를 온 세상에 전하는 사명을 갖습니다(엡 3:10). 교회의 사명을 감당하기 위해서 교회에게 주신 직분과 은사는 성도를 온전하게 하며, 그리스도의 몸을 세우는 사역입니다(엡 4:11-13). 이 사역을 잘 감당하는 방법은 성령으로 충만해 빛의 열매를 거두고(엡 5:9, 18), 하나님의 전신 갑주를 입고 마귀를 대적하며, 우리의 새로운 생명이신 예수로 살아 복음의 비밀을 담대히 전하는 비밀 중의 비밀입니다(엡 6:11, 19).

하여 자기 자신을 버리신 하나님의 아들을 믿는 믿음 안에서 사는 것이라(갈 2:20).

성령의 열매와 그리스도인의 삶
오직 성령의 열매는 사랑과 희락과 화평과 오래 참음과 자비와 양선과 충성과 온유와 절제니 이 같은 것을 금지할 법이 없느니라 그리스도 예수의 사람들은 육체와 함께 그 정욕과 탐심을 십자가에 못 박았느니라(갈 5:22-24).

은혜로 속량하심
우리는 그리스도 안에서 그의 은혜의 풍성함을 따라 그의 피로 말미암아 속량 곧 죄 사함을 받았느니라(엡 1:7).

그리스도의 몸을 세움
그가 어떤 사람은 사도로, 어떤 사람은 선지자로, 어떤 사람은 복음 전하는 자로, 어떤 사람은 목사와 교사로 삼으셨으니 이는 성도를 온전하게 하여 봉사의 일을 하게 하며 그리스도의 몸을 세우려 하심이라(엡 4:11-12).

성령 충만을 받으라
술 취하지 말라 이는 방탕한 것이니 오직 성령으로 충만함을 받으라(엡 5:18).

오늘의 미션

예수의 캐릭터, 그리스도의 형상 나타내기.

[미션 수행]
억울하고 섭섭한 상황일 때 예수님의 인내로 넉넉하게 받아 내겠습니다.

비밀의 삶

빌 1:1 - 살후 3:18

복음 시대　　　　　　교회 시대　　　　　　영원 시대

Day Point

빌립보서와 골로새서는 바울의 옥중서신이고, 데살로니가전서와 데살로니가후서는 바울이 제2차 선교 여행 때 세운 데살로니가교회에 보낸 두 개의 서신입니다.

빌립보서에는 성도가 풍부와 궁핍에도 일체의 비결로 살 수 있는 그리스도의 비밀이 기록되어 있습니다. 골로새서에는 진품이신 예수 그리스도로부터 각종 이단들의 모조품을 구별해 낼 수 있는 그리스도의 실체의 비밀이 기록되어 있습니다. 그리고 데살로니가교회에 보낸 두 개의 서신에는 예수 그리스도의 재림에 대한 진리의 비밀이 기록되어 있습니다.

그러므로 네 권의 서신서를 통해 말세를 살아가는 성도의 삶은 나는 죽고 예수로 사는 비밀의 삶임을 알 수 있습니다.

일체의 비밀(빌 1-4장)

빌립보서는 영적 일체의 비밀과 육적 일체의 비밀에 대해 잘 설명합니다. 사도 바울은 빌립보서를 통해 풍부한 생활과 궁핍한 생활에서도 자족하면서 어떻게 기쁨으로 살 수 있는지 자신이 체험한 일체의 비밀을 설명합니다.

일체의 비밀에는 살든지 죽든지 그리스도를 존귀하게 하는, 복음에 합당한 삶을 살게 하는 힘이 있습니다(빌 1:27). 모든 환경과 상황에서 예수 그리스도로 만족하는 일체의 비밀은 그리스도 예수의 마음을 품고 그분의 심장으로 사는 생활입니다(빌 2:5-8).

예수 그리스도의 심장은 원망과 시비가 없으며, 겸손한 마음으로 다른 사람들을 돌아봅니다. 그리고 세상의 기준이 아닌 천국 시민의 기준으로 살게 하며(빌 3:20), 영적 일체의 비밀인 복음의 진보와 믿음의 진보를 동시에 보여 줍니다. 그러므로 복음에 합당한 삶을 사는 일체의 비밀은 그리스도가 능력으로 내 안에서 주인으로 살아 주시는 것입니다(빌 4:13).

실체의 비밀(골 1-4장)

바울은 골로새서를 통해 이단 사설에 빠져 모조품 인생을 사는 자들을 진품이신 예수 그리스도의 생명으로 살게 하려고 그리스도의 실체를 드러냅니다. 철학과 헛된 속임수, 사람의 유전과 세상의 초등 학문은 그림자이고, 실체는 예수 그리스도입니다(골 2:17). 그러므로 그리스도를 정확히 아는 것이 가짜의

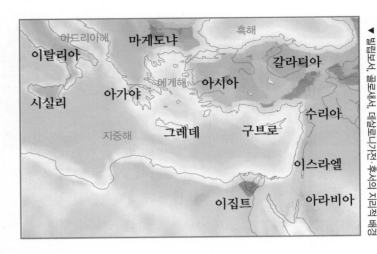

정체를 밝히는 지름길이고, 자신의 실체는 진품 예수의 생명임을 발견해야 합니다.

하나님의 비밀이신 그리스도를 깨달으면, 성도는 하나님의 자녀로 사는 것이 진품 인생인 줄 알게 됩니다(골 1:26). 그리하여 세상의 지식이 아닌 하늘의 진리로 살게 되고(골 2:8), 자기의 탐심을 위하지 않고 예수의 생명으로 살게 되며(골 3:4-5), 세월을 아껴서 예수 그리스도가 나타나시는 기회로 살게 됩니다(골 4:5). 그러므로 성도가 모조품 인생으로 살지 말아야 할 이유는 옛 사람은 죽었고 그리스도의 진품 생명으로 다시 태어났기 때문입니다(골 3:2-4). 그래서 진품 인생은 실체의 비밀이신 예수로 살게 됩니다.

재림의 비밀(살전 1-5장)

데살로니가 교인들은 앞으로 다가올 진노에서 성도를 구출하려고 하늘에서 강림하시는 그리스도의 재림을 기다리고 있었습니다(살전 1:10). 그래서 바울은 데살로니가전서를 통해 주의 재림을 기다리는 성도의 자세에 대해 설명합니다.

주의 재림을 기다리는 자들은 하나님을 기쁘시게 하는 복음으로 구원받았기에 하나님의 값어치로 살아야 합니다(살전 2:12). 그것은 그리스도가 강림하실 때까지 거룩하고 흠 없게 사는 것입니다(살전 3:13). 거룩하고 흠 없게 사는 것은 하나님을 기쁘시게 하는 것으로, 세상과 짝하는 음란을 버리고 부르심에 합당하게 형제를 사랑하는 것입니다(살전 4:3).

오늘의 말씀

예수의 마음을 품으라
너희 안에 이 마음을 품으라 곧 그리스도 예수의 마음이니 그는 근본 하나님의 본체시나 … 오히려 자기를 비워 종의 형체를 가지사 사람들과 같이 되셨고 사람의 모양으로 나타나사 자기를 낮추시고 죽기까지 복종하셨으니 곧 십자가에 죽으심이라(빌 2:5-8).

내게 능력 주시는 자
내게 능력 주시는 자 안에서 내가 모든 것을 할 수 있느니라(빌 4:13).

하나님 안에 감추어진 생명
위의 것을 생각하고 땅의 것을 생각하지 말라 이는 너희가 죽었고 너희 생명이 그리스도와 함께 하나님 안에 감추어졌음이라 우리 생명이신 그리스도께서 나타나실 그때에 너희도 그와 함께 영광 중에 나타나리라(골 3:2-4).

그리스도의 재림을 기다림
또 죽은 자들 가운데서 다시 살리신 그의 아들이 하늘로부터 강림하실 것을 너희가 어떻게 기다리는지를 말하니 이는 장

이렇게 살 수 있는 방법은 임마누엘 그리스도가 내 안에서 주인으로 살아 주시는 비밀입니다(살전 5:24). 그러면 항상 기뻐하고, 쉬지 말고 기도하며, 범사에 감사하라는 하나님의 뜻이 그리스도 예수 안에서 이루어집니다(살전 5:16-18).

진리의 비밀(살후 1–3장)

바울이 데살로니가교회에 보낸 첫 번째 편지는 그리스도의 재림(살전 1:10, 2:19, 3:13, 4:16, 5:23)에 대한 내용입니다. 이는 환난당하는 데살로니가교회 성도들에게 소망을 주기 위함입니다.

그런데 그리스도의 재림이 이미 지나간 것으로 오해한 자들이 있었습니다. 그들에게 바울은 데살로니가후서를 통해 그리스도의 재림은 분명히 있지만(살후 1:7) 하나님을 대적하는 불법의 사람, 멸망의 아들이 나타나기 전에는 일어나지 않을 것을 설명합니다(살후 2:3).

주의 재림이 가까울수록 이미 활동을 시작한 불법의 비밀과 미혹의 역사는 거짓 것을 믿게 합니다. 그렇지만 말세를 만난 성도는 주의 재림 때까지 진리의 비밀로 구속 사역을 시작하신 그리스도의 인내 안에서 세상의 환난을 이기게 됩니다(살후 3:5, 계 14:12).

래의 노하심에서 우리를 건지시는 예수시니라(살전 1:10).

기뻐하라, 기도하라, 감사하라! 항상 기뻐하라 쉬지 말고 기도하라 범사에 감사하라 이것이 그리스도 예수 안에서 너희를 향하신 하나님의 뜻이니라(살전 5:16-18).

예수 재림의 확실성
환난을 받는 너희에게는 우리와 함께 안식으로 갚으시는 것이 하나님의 공의시니 주 예수께서 자기의 능력의 천사들과 함께 하늘로부터 불꽃 가운데에 나타나실 때에(살후 1:7).

오늘의 미션

그의 아들의 죽으심으로 원수와 화목하게 됨을 기뻐하기.

[미션 수행]
화목해지기 어려운 사람에게 "사랑하고 축복합니다"로 인사하겠습니다.

Day Point

디모데전서와 디모데후서, 디도서는 바울의 목회서신이고, 빌레몬서는 바울이 로마의 감옥에서 빌레몬에게 보낸 옥중서신입니다.

목회서신은 교회 공동체 생활과 목회자와 성도의 경건 생활에 대한 지침서입니다. 목회서신은 디모데전서의 충성된 일꾼이, 디모데후서의 경건한 삶을 살아서, 디도서의 교회 공동체를 복음이 이끄는 삶으로 살게 합니다.

바울이 감옥에서도 매이지 않고 복음으로 쓴 빌레몬서는 죄를 진 종 오네시모에게 매이지 않고 그리스도의 용서를 베푸는 경건한 주인 빌레몬이 되게 합니다. 그러므로 종을 용서하는 주인 빌레몬은 바울에게 목회의 꽃과 같은 아름다운 열매입니다.

충성의 복음(딤전 1-6장)

바울은 충성된 디모데에게 에베소교회를 맡기고, 목회에서 가장 중요한 사역 세 가지를 당부합니다(딤전 4:13). 첫째는 공적인 성경 읽기, 둘째는 설교하기, 셋째는 가르치기입니다.

에베소교회에는 공적인 성경 읽기 프로그램이 있었습니다. 성경 읽기는 설교를 듣거나 성경 공부를 하는 것처럼 중요합니다. 성경을 읽고 들으면 믿음이 생기기 때문입니다(롬 10:17). 그래서 마귀와 같은 악의 세력은 성경을 읽지 못하게 방해합니다(딤전 4:1, 딤후 4:3-4).

중세 시대(주후 5-16세기)가 성경을 못 읽게 함으로 역사적 암흑시대였던 것처럼, 지금은 성경을 못 읽는 개인적 암흑시대입니다. 그렇지만 만일 우리가 성경을 펼치면 그것을 읽게 될 것입니다. 만일 우리가 성경을 읽으면 그것을 믿게 될 것입니다. 만일 우리가 성경을 믿으면 그것으로 살게 될 것입니다(계 1:3, 22:7).

경건의 복음(딤후 1-4장)

바울은 생의 마지막 복음 편지를 디모데에게 쓰면서 처음부터 끝까지 복음과 함께 고난을 받으라고 합니다(딤후 1:8). 그리스도의 좋은 군사로 고난을 받고(딤후 2:3), 경건하게 살면서 핍박을 받고(딤후 3:12), 모든 일에 신중하며 고난을 견뎌 내라고 당부합니다(딤후 4:5). 사도 바울은 복음의 가치가 얼마나 크고 귀한

것인지 알고 있기에 가장 사랑하는 영적인 아들 디모데에게 고난이 준비된 영광의 면류관이라고 설명합니다(딤후 4:8, 롬 8:18).

바울은 감옥에 갇혀 있으면서도 자유자의 삶을 삽니다. 그는 "예수 안에 있는 믿음과 사랑"(딤후 1:13)의 복음을 가지고, "예수 안에 있는 은혜"(딤후 2:1) 속에서, "예수 안에 있는 믿음"(딤후 3:15)이 나타나는 디모데를 '예수의 제자'로 키워 냅니다(딤후 4:5). 우리도 감옥 같은 세상에 매이지 않고 경건한 삶을 살아야 영적 자녀들에게 신앙의 유산을 물려줄 수 있습니다.

선함의 복음(딛 1-3장)

디도서는 목회서신으로, 사도 바울이 디도에게 그레데교회를 맡기면서 어떻게 믿음으로 온전하게 하며 복음을 전할 수 있는가를 설명하면서 이것을 하나님의 선한 일로 풀어냅니다.

그레데 사람들은 하나님을 시인하나 행위로는 부인하므로 가증하고, 복종하지 않고, 모든 선한 일을 버리는 자들입니다(딛 1:16). 바울은 이런 자들 중에 나이가 많은 여자에게는 선한 것을 가르치는 자가 되게 하고(딛 2:3), 젊은 여자에게는 가정에서 선하게 행하는 자가 되게 하며(딛 2:5), 종들에게는 선한 충성을 하는 자가 되도록 권면하라고 합니다(딛 2:10).

모든 사람에게 구원을 주시는 하나님의 은혜가 나타나서 우리를 대신해서 그리스도가 죽으신 것은 우리를 죄에서 깨끗하게 하사 선한 일에 충성하는 친백성이 되게 하려 함입니다(딛 2:14). 그러므로 하나님의 선한 일은

오늘의 말씀

믿음은 말씀 들음에서!
그러므로 믿음은 들음에서 나며 들음은 그리스도의 말씀으로 말미암았느니라 (롬 10:17).

거짓 가르침
그러나 성령이 밝히 말씀하시기를 후일에 어떤 사람들이 믿음에서 떠나 미혹하는 영과 귀신의 가르침을 따르리라 하셨으니(딤전 4:1).

진리를 떠난 허탄한 이야기
때가 이르리니 사람이 바른 교훈을 받지 아니하며 귀가 가려워서 자기의 사욕을 따를 스승을 많이 두고 또 그 귀를 진리에서 돌이켜 허탄한 이야기를 따르리라(딤후 4:3-4).

말씀의 복
이 예언의 말씀을 읽는 자와 듣는 자와 그 가운데에 기록한 것을 지키는 자는 복이 있나니 때가 가까움이라(계 1:3).

복음과 함께 고난을 받으라
그러므로 너는 내가 우리 주를 증언함과 또는 주를 위하여 갇힌 자 된 나를 부끄러워하지 말고 오직 하나님의 능력을 따라

예수 그리스도의 죽으심이고, 우리의 선한 일은 예수 그리스도의 사심으로 사는 것입니다(딛 3:8).

용서의 복음(몬 1장)

바울이 감옥에서 빌레몬에게 보낸 편지인 빌레몬서의 주요 내용은 도망친 종인 오네시모를 사랑 받는 형제로 대하라는 것입니다(몬 1:16). 이와 같은 바울의 당부는 당시 사회 분위기로서는 도저히 받아들일 수 없었지만, 빌레몬은 바울의 편지를 읽고 오네시모를 용서합니다(몬 1:21).

그러므로 용서는 세상에서 가장 큰 자유자의 '용기'(勇氣)입니다. 이런 사랑의 '용기'(勇氣)는 예수 보배를 담은 질그릇의 '용기'(容器)입니다(고후 4:7). 그리스도를 담아낸 '용기'(容器)는 배짱으로 용서하는 것이 아니라 임마누엘 그리스도가 살아 주시는 은혜로 용서하는 것입니다.

복음과 함께 고난을 받으라(딤후 1:8).

선한 일을 힘쓰라!
이 말이 미쁘도다 원하건대 너는 이 여러 것에 대하여 굳세게 말하라 이는 하나님을 믿는 자들로 하여금 조심하여 선한 일을 힘쓰게 하려 함이라 이것은 아름다우며 사람들에게 유익하니라(딛 3:8).

오늘의 미션
더 가져야 하는, 다 가져야 하는, 또 가져야 하는 욕심 내려놓기.

[미션 수행]
다른 사람과 비교하지 않고 내가 가진 것에 만족하겠습니다.

아들의 삶

히 1:1 - 약 5:20

복음 시대   교회 시대   영원 시대

Day Point

성경을 구약과 신약으로 요약하면 구약은 옛 언약이고, 신약은 새 언약입니다. 히브리서는 구약의 언약(히 1–4장)을 성취하신 새 언약의 예수 그리스도의 실체를 보여 주고(히 5–10장), 고난스런 현실 세계에서 영광스런 참현실의 세계로 인도하시는 예수 그리스도를 바라보게 합니다(히 11–13장).

그리고 야고보서는 하나님의 친아들(히 12:7–8)로 대우 받는 우리가 마지막 결말을 볼 때까지 인내하며, 세상의 여러 가지 시험을 이겨 내고 성숙한 믿음으로 살아가도록 안내합니다(약 1:3, 5:11).

아들의 복음(히 1–13장)

히브리서는 하나님의 아들이신 예수 그리스도의 복음을 믿고 교회 안에 들어온 유대인을 대상으로 쓴 것입니다.

초대교회 성도들은 그리스도가 부활하시고 승천하신 후에 약속하신 성령이 강림하셨듯, 주의 재림도 곧 있을 줄 알았습니다. 그런데 기다리는 예수님은 오시지 않고, 유대 사회에서 추방당하고, 로마의 억압을 당하고, 감옥에 갇히는 등 핍박만 심해지자 유대교로 다시 돌아가려는 분위기가 일어나게 됩니다. 이런 상황이 발생하자 히브리서 기자는 기독교가 유대교보다 훨씬 우월하다는 점을 구약을 인용해 조목조목 설명합니다.

당시에 기독교로 개종한 유대인이 핍박을 피해 다시 유대교로 돌아가려는 모습이나 지금 세상에 살다가 구원 받은 그리스도인이 다시 세상을 붙잡고 살아가려는 모습은 너무도 흡사합니다. 그렇지만 유대교보다 기독교가 훨씬 우월하듯이, 세상의 부귀영화보다 그리스도가 계시는 천국이 훨씬 좋은 곳입니다.

그러므로 흔들리지 않는 하늘나라를 받은 천국 백성(히 12:28)은 세상에서 에서처럼 한 그릇 음식을 위해 살지 말고, 장자의 명분을 얻은 야곱처럼 아들의 명분을 가지고 영원한 나라의 진리로 형제를 사랑하고 축복하는 아들의 삶을 살아야 합니다. 왜냐하면 어제나 오늘이나 영원토록 동일하신 예수 그리스도는 구약의 선지자보다 우월하시고(히

1장), 천사보다 뛰어나시고(히 2장), 모세보다 충성되시고(히 3장), 여호수아보다 더 좋은 인도자이시고(히 4장), 아론의 계열이 아닌 멜기세덱의 계열을 따르는 영원한 대제사장이시기 때문입니다(히 5-10장).

이렇게 위대한 예수 그리스도를 믿는 하나님의 자녀들은 세상이 감당하지 못하는 자들이며(히 11:36-38), 그리스도가 주인으로 살아 주시는 은혜로 주님이 하늘 영문 밖, 세상 광야로 나아가신 길을 따라갑니다(히 13:12-13, 레 16:10). 예수 그리스도의 아사셀(백성의 죄를 전가시켜 죄와 허물을 대신 짊어지고 죽도록 광야로 내보내는 제비 뽑힌 속죄제 염소) 영성은 욕심을 스스로 내어놓아야만 세상에서 자유하고, 생명을 스스로 내어놓아야만 생명을 살리게 되는 진리를 알게 합니다. 그 길로 인도하시는 예수 그리스도는 우리의 진리이시며 생명이십니다(요 14:6).

믿음의 복음(약 1-5장)

성경은 크게 두 가지를 요구합니다. 먼저 예수를 믿으라고 합니다. 그리고 믿음으로 살라고 합니다. 야고보서는 행위를 통한 성숙한 믿음을 강조합니다. 그런데 믿음으로 살아야 되는 환경과 상황은 언제나 시험 문제입니다. 대부분의 시험은 다른 곳에서 오기보다는 내 욕심에서 오는 경우가 많습니다(약 1:14). 사람은 누구나 욕심이 있습니다. 욕심은 암과 같아서 제거하지 못하면 사망에 이르게 됩니다(약 1:15). 그러므로 시험과 욕심을 이기는 믿음은 성숙한 믿음입니다. 그래서 성숙한 믿음이 없으면 죽은 믿음입

니다(약 2:17).

그러나 임마누엘 그리스도가 주인으로 살아 주시면 생명을 느끼는 성숙한 믿음이 나타납니다. 믿음의 조상으로 불리는 아브라함과 함께 믿음의 본보기로 등장한 라합은 자기 나라의 견고한 여리고 성을 무너뜨리기 위해 온 정탐꾼을 배짱으로 도와준 것이 아닙니다. 그녀는 이스라엘 백성의 하나님을 하늘과 땅의 하나님으로 믿었던 것입니다(수 2:11, 히 11:31, 약 2:25).

우리 또한 기생(妓生) 라합과 같은 존재로, 세상에 붙어서 기생(寄生)하며 살다가 예수 그리스도의 구속 역사로 말미암아 구원 받아 믿음으로 살아가는 하나님의 친아들이 된 것입니다.

그러므로 하나님의 자녀로서의 성숙한 믿음은 편견과 위선이 없는 믿음입니다. 의의 열매를 거두고(약 3:17-18), 세상과 벗하지 않는 믿음으로 겸손하게 하나님에게 복종하고 마귀를 대적합니다(약 4:4, 7).

결론적으로 성숙한 믿음은 하나님의 자녀답게 살아서 세상의 환난과 시험을 이기는 그리스도의 인내입니다(약 1:3, 롬 5:3-4, 살후 3:5, 계 14:12). 그 인내는 욥의 본보기처럼 복된 결실을 맺게 됩니다(약 5:11, 욥 42:10).

그런즉 우리도 그의 치욕을 짊어지고 영문 밖으로 그에게 나아가자(히 13:12-13).

욕심 – 죄 – 사망
오직 각 사람이 시험을 받는 것은 자기 욕심에 끌려 미혹됨이니 욕심이 잉태한즉 죄를 낳고 죄가 장성한즉 사망을 낳느니라(약 1:14-15).

위로부터 난 지혜
오직 위로부터 난 지혜는 첫째 성결하고 다음에 화평하고 관용하고 양순하며 긍휼과 선한 열매가 가득하고 편견과 거짓이 없나니 화평하게 하는 자들은 화평으로 심어 의의 열매를 거두느니라(약 3:17-18).

오늘의 미션
어떤 고난 앞에서도 오뚝이처럼 일어나기.

[미션 수행]
까닭 없는 시험에도 오뚝이처럼 일어나겠습니다.

Day Point

베드로 사도가 쓴 베드로전서는 고난을 이기는 산 소망의 믿음이, 베드로후서는 이단의 거짓 지식을 이기는 참된 진리가 핵심 내용입니다.

그리고 요한 사도가 쓴 요한일서는 하나님과 교제해야 하는 중요성을 기록하고, 요한이서는 거짓된 이단을 경계하고 그들과 교제하지 말 것을 기록하며, 요한삼서는 참된 그리스도인의 교제를 격려하기 위해 기록한 것입니다.

예수님의 친동생이 기록한 유다서는 베드로후서와 유사성이 있으며, 거짓된 삶으로 그리스도를 부인하는 자들과 힘써 싸워 믿음의 도를 지키는 참된 삶을 촉구하는 편지입니다.

참소망의 복음(벧전 1–5장)

베드로전서는 고난당하는 그리스도인들에게 참소망이 되시는 그리스도의 복음을 전합니다. 복음으로 말미암아 성도에게 닥친 시험은 잠깐 근심할지라도 '기쁨의 고난'이 됩니다(벧전 1:6). 이는 고난을 이기는 믿음을 견고히 하는 계기가 되고, 그로 인해 예수 그리스도가 재림하실 때 칭찬과 영광과 존귀를 얻게 될 것이기 때문입니다(벧전 1:7).

선을 행함으로 받는 '아름다운 고난'(벧전 2:20-21)은 주의 발자취를 따라가는 길입니다. 그러므로 의를 위해 받는 '소망의 고난'(벧전 3:14-15)을 두려워하거나 근심하지 말고, 그리스도인으로서 받는 '영광스런 고난'(벧전 4:16)을 이상하게 여기지 말고, 부끄러워하지도 말아야 합니다. 영원한 영광에 동참하는 '잠깐의 고난'(벧전 5:10)은 세상에 있는 그리스도인이라면 누구나 당하는 동일한 고난이기 때문입니다(벧전 5:9, 히 12:1).

참현실의 복음(벧후 1-3장)

베드로후서는 예수 그리스도의 구속 역사를 힘입어 보배로운 믿음을 가진 자들에게 쓴 편지입니다(벧후 1:1).

구약 시대에 거짓 선지자들이 있었던 것처럼, 지금도 보배로운 믿음이 없는 거짓 선생들이 있습니다. 그들은 성경의 모든 예언을 사사로이 해석함으로 예수 그리스도의 복음을 훼손하고 변질시켜 그리스도를 부인하고 육체의 정욕에 빠지도록 유혹합니다(벧후 2:18). 그러나 보배로운 믿음을 가진 자들은 옛 세상과 같은 불경건한 현실에서 살아도 참된 진리의 복음을 가지고 거룩한 행실과 경건함으로 참현실의 새 하늘과 새 땅을 바라보게 됩니다(벧후 3:13).

참계명의 복음(요일 1-5장)

요한일서는 참된 자, 곧 예수 그리스도 안에서 영생을 누리는 삶을 설명합니다(요일 5:20). 성도는 영원한 생명이신 예수 그리스도(요일 1:2)가 주인으로 살아 주시는 은혜로 흉악한 자를 이기고(요일 2:6, 13), 적그리스도(요일 2:22-23)와 미혹의 영(요일 4:6)을 분별하고, 미혹하는 마귀의 일을 대적하고(요일 3:7-8), 세상의 죄와 악한 쾌락을 믿음으로 이기게 됩니다(요일 5:4, 요 16:33).

참교훈의 복음(요이 1장)

요한이서는 그리스도의 교훈을 가진 자들에게 미혹하는 이단을 경계하라고 쓴 것입니다. 그런데 이단보다 더 무서운 것은 '이단 생활'입니다(빌 3:18). '이단 신학'은 그리스도의 교훈인 구원의 본질을 미혹해 다른 교훈을 전하는 것이고, '이단 신앙'은 마음이 미혹되어 구원의 생활이 흐려져 다른 교훈으로 사는 것입니다(골 3:5).

그러므로 참교훈을 가진 자는 비진리를 경계하며 진리를 사랑하고(요이

오늘의 말씀

그리스도인의 고난
만일 그리스도인으로 고난을 받으면 부끄러워하지 말고 도리어 그 이름으로 하나님께 영광을 돌리라(벧전 4:16).

적그리스도
거짓말하는 자가 누구냐 예수께서 그리스도이심을 부인하는 자가 아니냐 아버지와 아들을 부인하는 그가 적그리스도니 아들을 부인하는 자에게는 또한 아버지가 없으되 아들을 시인하는 자에게는 아버지도 있느니라(요일 2:22-23).

땅에 있는 지체를 죽이라
그러므로 땅에 있는 지체를 죽이라 곧 음란과 부정과 사욕과 악한 정욕과 탐심이니 탐심은 우상 숭배니라(골 3:5).

사랑의 계명
… 우리가 아버지께 받은 계명대로 진리를 행하는 자를 내가 보니 심히 기쁘도다 부녀여, 내가 이제 네게 구하노니 서로 사랑하자 이는 새 계명같이 네게 쓰는 것이 아니요 처음부터 우리가 가진 것이라 또 사랑은 이것이니 우리가 그 계명을 따라

1:1-3), 비본질을 경계하며 진리에 순종하고(요이 1:4-6), 비복음을 경계하며 진리이신 예수로 살아야 합니다(요이 1:7-13).

참섬김의 복음(요삼 1장)

요한삼서는 가이오처럼 참된 그리스도인을 섬기는 자들의 영혼이 잘되고, 범사에 잘되고, 강건하기를 축복하는 내용입니다(요삼 1:2). 이런 축복을 받는 사람들은 진리 안에서 진리를 증거하고(요삼 1:3-4), 진리를 위해서 교회를 돌보는 참된 그리스도인을 섬깁니다(요삼 1:5-8). 이러한 삶은 진리로 말미암아 살아가는 은혜입니다(요삼 1:12).

참진리의 복음(유 1장)

유다서는 교회 안에서 그리스도를 부인하는 자들에게 가인의 살인과 발람의 욕심과 고라의 반역을 행하며 거짓 지식을 가르치는 이단 사설에 감염되지 말고, 참진리이신 예수 그리스도의 복음을 위해 싸우라고 말합니다(유 1:3). 세상의 전쟁터에서 영적 전쟁은 진리로 싸워야 이길 수 있습니다.

행하는 것이요 … (요이 1:4-6).

데메드리오를 추천
데메드리오는 뭇사람에게도, 진리에게서도 증거를 받았으매 우리도 증언하노니 너는 우리의 증언이 참된 줄을 아느니라(요삼 1:12).

믿음의 도를 위하여 싸우라
사랑하는 자들아 우리가 일반으로 받은 구원에 관하여 내가 너희에게 편지하려는 생각이 간절하던 차에 성도에게 단번에 주신 믿음의 도를 위하여 힘써 싸우라는 편지로 너희를 권하여야 할 필요를 느꼈노니(유 1:3).

오늘의 미션
신약 27권의 의미적 주제는?

[미션 수행]
신학은 하나님을 아는 지식으로 하나님을 알게 되는 비밀이며, 신앙은 성도의 믿음 생활로 하나님을 경외하는 신비다. 신학의 비밀(예수의 생명) 구원과 신앙의 신비(성도의 순종) 구원의 삶은 복음의 능력으로 완성된다.

교회 시대　　　　　　　　영원 시대

Day Point

초대교회 당시 로마의 네로 황제가 행한 박해(주후 64~67년)로 많은 그리스도인들과 베드로를 포함한 대부분의 사도들이 죽었습니다. 그러나 요한은 예수님이 말씀하신 대로 베드로보다 조금 더 살았습니다(요 21:21-22). 그래서 사도 요한은 로마의 도미티안 황제의 박해(주후 90~96년) 때 밧모 섬에 유배되어 주후 95년경 요한계시록을 기록해 아시아에 있는 일곱 교회에게 보냅니다(계 1:4).

예수 그리스도가 교회와 성도에게 하늘의 영광을 보여 주시고, 땅에서 벌어지는 환난과 핍박을 믿음으로 이기게 하시려고 요한에게 계시하신 것이 요한계시록입니다.

요한계시록은 요한이 과거에 본 것(계 1장), 지금 있는 현재의 일(계 2~3장), 장차 될 미래의 일(계 4~22장)로 구분할 수 있습니다(계 1:19~20).

일곱 교회(계 1~3장) : 에, 서, 버, 두, 사, 빌, 라

복 있는 사람은 여호와의 율법을 주야로 묵상합니다(시 1:2). 복 있는 자가 예언의 말씀을 읽고, 귀 있는 자가 듣고 지켜서 승리하는 삶을 살게 됩니다.

요한계시록은 특히 아시아의 일곱 교회가 일곱 가지 상황과 환경에서 이기는 방법을 제시합니다. 일곱 교회(계 1:11), 곧 에베소(계 2:1-7), 서머나(계 2:8-11), 버가모(계 2:12-17), 두아디라(계 2:18-29), 사데(계 3:1-6), 빌라델비아(계 3:7-13), 라오디게아(계 3:14-22)교회로 그 시대의 신앙 상태를 나타내며, 오늘날 우주적 교회의 대표적인 모습이기도 합니다.

첫째, 에베소교회가 니골라당의 행위를 미워하고 잃어버린 처음 사랑을 예수 사랑으로 회복하면 생명나무의 열매를 먹게 됩니다(계 22:2). 둘째, 서머나교회가 환난과 궁핍 속에서 죽도록 충성하면 둘째 사망의 해를 받지 않고 생명의 면류관을 받게 됩니다(계 20:14, 약 1:12). 셋째, 버가모교회가 발람의 추종자 니골라당의 교훈(우상의 제물, 음행)에서 돌이키고 순교자의 삶을 살면 예수 그리스도를 상징하는 감추었던 만나를 먹게 됩니다. 넷째, 두아디라교회가 그리스도를 아는 지식으로 이세벨이 우상의 제물과 행음하게 한 꼬임에서 빠져나오면 만국을 다스리는 권세를 받게 됩니다(계 20:6).

다섯째, 사데교회가 옷을 더럽히는 세상 쾌락에서 빠져나와 옳은 행실을 하면 어린 양의 피로 깨끗해진 흰옷을 입게 되고 그 이름이 생명책에서 지워지지 않습니다(계 1:5, 7:13-14, 20:12, 15). 여섯째, 빌라델비아교회가 작은 능력 안에 있는 예수의 능력으로 말씀을 지키면 삼위 하나님의 이름이 새겨진 성전 기둥이 됩니다(계 21:2, 14). 일곱째, 라오디게아교회가 불로 연단한 금을 상징하는 믿음으로 자신의 수치를 가린 흰옷을 사서 입고 열심을 내면 그리스도의 보좌에 함께 앉게 됩니다(계 22:5).

그러므로 예수 믿음의 사랑으로(에베소), 충성하고(서머나), 순교하며(버가모), 그리스도를 아는 지식으로(두아디라), 예수 옷을 입은 옳은 행실(사데)과 예수의 능력으로 살면(빌라델비아), 주님과 동고동락하면서 그분의 보좌에서 함께 왕 노릇 하게 됩니다(라오디게아). 이것이 여러 가지 상황과 환경에서 이기는 방법과 결과입니다.

새 창조의 완성(계 4-22장)

요한계시록은 여자의 후손과 뱀의 후손의 싸움 그리고 그 결과를 함축적으로 보여 줍니다(계 12-14장). 그리스도의 구속 역사를 통해 구원 받은 하나님의 백성은(계 15장) 장차 나타날 천상에서 드리는 예배(계 4-5장)의 영광을 위해 일곱 인(계 6-7장)과 일곱 나팔(계 8-11장)의 고난을 넉넉히 이깁니다.

오늘의 말씀

아시아의 일곱 교회에 편지
요한은 아시아에 있는 일곱 교회에 편지하노니 이제도 계시고 전에도 계셨고 장차 오실 이와 그의 보좌 앞에 있는 일곱 영과(계 1:4).

요한계시록, 지금 일과 장차 될 일
그러므로 네가 본 것과 지금 있는 일과 장차 될 일을 기록하라 네가 본 것은 내 오른손의 일곱 별의 비밀과 또 일곱 금 촛대라 일곱 별은 일곱 교회의 사자요 일곱 촛대는 일곱 교회니라(계 1:19-20).

생명나무 열매
… 강 좌우에 생명나무가 있어 열두 가지 열매를 맺되 달마다 그 열매를 맺고 그 나무 잎사귀들은 만국을 치료하기 위하여 있더라(계 22:2).

흰옷 입은 자들
장로 중 하나가 응답하여 나에게 이르되 이 흰옷 입은 자들이 누구며 또 어디서 왔느냐 내가 말하기를 내 주여 당신이 아시나이다 하니 그가 나에게 이르되 이는 큰 환난에서 나오는 자들인데 어린 양의 피에 그 옷을

"너희로 환난을 받게 하는 자들에게는 환난으로 갚으시고 환난을 받는 너희에게는 우리와 함께 안식으로 갚으시는 것이 하나님의 공의시니 … " (살후 1:6-7).

그러나 하나님을 모르는 자들과 우리 주 예수의 복음에 복종하지 않는 자들은 그들에게 형벌을 내리는 일곱 대접과 큰 성 바벨론이 무너지는 광경을 보게 됩니다(계 16-18장).

그리고 성도는 그리스도의 신부로 어린 양의 혼인 잔치에 참여하고(계 19장), 천 년 동안 그리스도와 더불어 왕 노릇 하고(계 20장), 새 하늘과 새 땅에서 세세토록 왕 노릇 하게 됩니다(계 21-22장).

창세전에 계획된 예수 그리스도의 구속 역사(창 2:1, 3:15, 엡 1:4)는 예수 그리스도의 초림으로 타락한 인간 구원의 새 창조가 시작되었고(요 19:30, 고후 5:17), 예수 그리스도의 재림으로 하나님의 나라가 가시적으로 나타날

씻어 희게 하였느니라(계 7:13-14).

하나님 나라 완성
또 내게 말씀하시되 이루었도다 나는 알파와 오메가요 처음과 마지막이라 내가 생명수 샘물을 목마른 자에게 값없이 주리니 이기는 자는 이것들을 상속으로 받으리라 나는 그의 하나님이 되고 그는 내 아들이 되리라(계 21:6-7).

말씀을 지키는 자의 복
보라 내가 속히 오리니 이 두루마리의 예언의 말씀을 지키는 자는 복이 있으리라 하더라 (계 22:7).

때 구원의 새 창조가 완성됩니다(계 21:6-7, 22:20). 그러므로 성도는 아시아의 일곱 교회처럼(계 1-3장) 예수 그리스도가 계시하신 예언의 말씀을 읽고 듣고 지켜서 세상을 이기는 복된 자입니다(계 1:3, 22:7, 고전 15:57).

오늘의 미션

감사 기도로 말씀 읽기 마무리하기.

[미션 수행]
90일 동안 완독할 수 있게 해 주신 주님에게 감사드립니다.

 창조의 완성, 새 하늘과 새 땅

하나님은 천지를 창조하시고 보기에 좋다고 말씀하셨다. 인간의 죄 때문에 더럽혀진(창 6:5) 세상의 모든 피조물은 탄식하며 예수님의 재림을 고대하고 있다(롬 8:19-23). 새 하늘과 새 땅이 이루어지면(계 21:1) 인간의 타락으로 잃어버렸던 에덴을 완전히 회복하게 된다(계 21:1-8, 22:1-5).

창세기에 나타난 처음 세상	요한계시록에 나타난 새로운 세상
에덴동산 : 처음 하늘과 처음 땅(창 1:1)	하나님 나라 : 새 하늘과 새 땅(계 21:1)
생명나무 : 타락 후 금지된 나무(창 3:22-24)	생명나무 : 허락된 생명나무(계 22:2)
첫 사망(창 2:17)	사망이 없음(계 21:4)
첫 아담의 통치(창 1:28)	둘째 아담이신 예수님의 통치(계 21:5)
바벨탑(창 11장)	바벨론의 멸망(계 18장)
사탄이 하나님 말씀을 더하거나 뺌(창 3:3)	말씀을 더하거나 뺀 사람에 대한 심판(계 22:18-19)
만물의 시작(창 1:1)	만물의 종말(계 22:20)

Loving People Blessing Nations!

레제나하우스

레제나하우스 소개
- 레제나는 레위인, 제사장, 나실인의 앞 자를 딴 것으로 구별된 성도의 호칭이다.
- 레제나는 세상의 선교사로 사람을 사랑하고 세상을 축복하는 거룩한 사명이다.
- 레제나하우스는 성경 1천 독으로 새로운 종교 개혁에 헌신하는 세계 선교의 현장이다.

레제나하우스 비전
- 레제나하우스는 같은 말로 하나님 말씀을 세워 그리스도의 생명과 본질을 드러내는 구속사를 전개한다.
- 레제나하우스는 같은 마음으로 순종의 마음을 품어 나는 죽고 예수로 사는 새로운 종교 개혁을 일으킨다.
- 레제나하우스는 같은 뜻으로 하나님의 뜻을 이루기 위해 온 세상이 성경 읽는 가정, 교회, 나라가 되도록 세계 선교에 헌신한다.

레제나하우스 사역
세미나(말씀 관통 세미나, 비전 통독 세미나, 성경 통독 운영 세미나, 성경 통독 강사 세미나, 말통 원리 세미나), 심화 연구 과정, One-Day 성경 통독, 선교사의 날, 선교단체 협력, 아웃리치, 온라인 밴드, 레제나 리트릿, 온라인 센터, 가정 센터, 지역 센터 등이 있다.

레제나하우스 통독
1. 역사적 구조의 성경 읽기로 성경 역사의 골조를 세운다.
- 역사적 구조(구약 11권과 신약 3권)의 책을 선별해 읽는다.
2. 문학적 구조의 성경 읽기로 구원 역사의 골조를 세운다.
- 창세기부터 요한계시록까지 정독과 속독으로 읽는다.
3. 성경의 핵심을 관통하는 책을 우선적으로 1천 독한다.
- 로마서를 1천 독하여 복음의 핵심을 관통한다.
- 바울서신(로마서~히브리서) 14권 100장을 1천 독하여 율법적 내용을 복음적 의미로 관통한다.
- 신약성경을 1천 독하여 구속사의 구조적 핵심을 관통한다.
- 신구약성경을 1천 독하여 신약과 구약의 균형을 관통한다.

레제나하우스 교육 과정
- **초급 말통 과정**(말통 52일 연대기 10주)
《말씀 관통 프로젝트》는 성경 66권을 13시대로 나누고 역사적 핵심이 되는 14권을 선별하여 전체적인 성경의 골조를 세우는 과정이다. 본 과정은 첫째로 옛 사람이 벗어지고 새 사람의 형상을 덧입는 은혜를 알게 된다. 둘째로 성경 역사가 마스터되고 존재와 말씀과 거룩이 회복된다. 셋째로 마음속에 있는 원망, 분함, 악의, 비방, 부끄러운 말이 말씀 통독을 통해 '사랑하고 축복하는 마음'과 '나는 죽었고, 예수 사셨네!' 하는 고백하는 기적의 삶이 된다.
  ▶ 말통 속성 과정 신설(말씀 관통 프로젝트, 연대기 5주 과정)

- **중급 예통 과정** (예통 90일 구속사 16주)

  《비전 통독》은 성경 66권을 구속사로 관통하여 예수님의 스토리를 알아가는 과정이다. 본 과정은 첫째로 예수통치가 임하여 Yes! 아멘 순종하는 비전을 알게 된다. 둘째로 성경 66권을 90일 동안 구속사적 관점으로 관통하게 된다. 셋째로 "나는 죽었고, 예수 사셨네!"의 '나죽예사'와 사람을 용서하고 사랑하는 '천국용사'의 삶이 플러스 된다.
  ▶ 예통 속성 과정 신설 (비전 통독, 구속사 8주 과정)

- **고급 강사 과정** (말통 및 예통 강사 세미나)

  강사 과정은 말통과 예통 인도자로 세우기 위한 One-Day 과정이다. 본 과정은 첫째로 학습자를 잘 인도할 수 있도록 전체적인 강의와 진행 방법 등을 배우게 된다. 둘째로 효율적인 강의를 위한 PPT와 소그룹 인도를 위한 행정 서식이 제공된다. 셋째로 심화 연구 과정에 참여할 수 있는 자격이 부여된다.
  ▶ 성경 통독 운영 세미나 신설 (《비전 통독》, 원데이 과정)

- **세미나 교육 자료**

신구약
주제 폴더

신구약
역사 폴더

📖 심화 연구 과정 (강사 과정 수료자 연장교육)

심화 연구 과정은 말통과 예통 강사 과정 수료자를 대상으로 대그룹 강의와 일대일 및 소그룹 인도자 양성을 위한 교육 과정이다.
본 과정은 첫째로 성경의 각 권에 나타난 구속사와 역사적 구조에 대해 세부적으로 연구한다. 둘째로 소그룹 운영 가이드와 강의를 위한 교안 및 학습도구들을 개발하고 자료를 제공한다. 셋째로 강사와 소그룹 인도자에게 필요한 교육과 훈련을 받게 된다.

📖 레제나하우스 세미나 문의 http://lejena.godpeople.com
- 화채 (불꽃 채플) 비전 공동체 : 주혜선 간사 _ 6461grace@gmail.com
- 바칼예통 캠퍼스 (구속사 16주) : 안숙향 간사 _ owj0149@naver.com
- 목요말통 캠퍼스 (연대기 10주) : 주영미 간사 _ joyjooym@hanmail.net
- 토요말통 캠퍼스 (연대기 10주) : 김영숙 간사 _ dyds0425@naver.com
- One-day 강사 심화 연구 과정 : 신기영 간사 _ skyloveru@naver.com
- 말통 및 예통 세미나 속성 과정 : 김성국 총무 _ drn121@naver.com
- 후원 홍보 : 전구영 자문위원   • 교육 행정 : 최상용 자문위원
- 운영 자문 : 추교명 장로   • 기획 자문 : 김효구 장로

📖 레제나하우스 후원 안내
- 국민은행 _ 046801-04-143829 예금주 _ 레제나하우스
- 미션 펀드 _ http://go.missionfund.org/lejena (미션 펀드를 통한 후원은 기부금 영수증 발급가능)
- 후원 문의 _ 070-8249-0765 _ joy-jsy@hanmail.net